Katholische Kirche – Sozialistischer Staat DDR

Dokumente und öffentliche Äußerungen 1945 – 1990

KATHOLISCHE KIRCHE
Sozialistischer Staat DDR

Dokumente und öffentliche Äußerungen 1945 – 1990

Herausgegeben von
Gerhard Lange,
Ursula Pruß,
Franz Schrader,
Siegfried Seifert

benno VERLAG

Die Deutsche Bibliothek – CIP-Einheitsaufnahme

Katholische Kirche – sozialistischer Staat DDR :
Dokumente und öffentliche Äußerungen 1945 – 1990 /
hrsg. von Gerhard Lange ... –
Leipzig : Benno-Verl., 1992
ISBN 3-7462-1023-2
NE: Lange, Gerhard [Hrsg.]

ISBN 3-7462-1023-2

VORWORT

Erstmals wird mit dem vorliegenden Band eine umfangreiche Sammlung von Dokumenten vorgestellt, die über Weg und Schicksal der katholischen Kirche im Osten Deutschlands zwischen 1945 und 1990 Auskunft geben. Die Veröffentlichung trägt gleichermaßen Erwartungen von katholischen Christen wie von historisch Interessierten in Ost und West Rechnung. Sie bedarf der Ergänzung durch die möglichst umfassende Publikation von Dokumenten aus den einzelnen Bistümern und Jurisdiktionsbezirken.

Die Herausgeber des vorliegenden Bandes haben der Versuchung widerstanden, sich angesichts der politischen Situation, in der sie 1990 ihre Arbeit begannen, auf die Präsentation gesellschaftlich oder politisch besonders interessanter Texte oder Text*auszüge* zu beschränken. Allein so kann deutlich werden, was vielen Katholiken in der DDR bewußt war: Nur aus dem Glauben, aus der lebendigen Verbindung zu Christus und Seiner Kirche kann der einzelne Kraft schöpfen für sein Leben als *Christ* in der konkreten Gesellschaft, in die er sich gestellt sieht.

Jedem, der der Geschichte der katholischen Kirche in Sowjetischer Besatzungszone, DDR und Ost-Berlin nachzugehen versucht, wird diese Textsammlung einen wichtigen Dienst leisten.

Die Besinnung auf die Vergangenheit hat größere Bedeutung für die Bewältigung der Aufgaben in Gegenwart und Zukunft. Auch deshalb ist dieser Band nicht zuerst eine wissenschaftliche Edition für Historiker, sondern ein erinnerndes Textbuch für die Frauen und Männer, die im sozialistischen Staat DDR ihren Weg als das pilgernde Gottesvolk, das die Kirche ist, gegangen sind.

Georg Card. Sterzinsky

Bischof von Berlin
Leiter der Arbeitsgemeinschaft
der Bischöfe der Deutschen Bischofskonferenz
Region Ost

INHALTSVERZEICHNIS

EINLEITUNG

Der überwiegende Teil der in dieser Sammlung vorgestellten Dokumente lag bisher nicht gedruckt vor. Sie standen lediglich als Veröffentlichungen „nur für den innerkirchlichen Dienstgebrauch" zur Verfügung. So lautete in der DDR die Schutzbezeichnung gegenüber dem Staat für kirchliche Publikationen, die zumeist mittels einfacher Vervielfältigungsverfahren in den Bischöflichen Ämtern und Ordinariaten in der DDR und Ost-Berlin hergestellt und an die Kirchengemeinden verteilt wurden. Nur relativ wenige kirchliche Dokumente konnten seit Kriegsende im östlichen Teil Deutschlands einer breiteren Öffentlichkeit gedruckt zugänglich gemacht werden, etwa durch die in Seitenzahl und Auflagenhöhe staatlich eingeschränkten Kirchenzeitungen „Tag des Herrn" und „St. Hedwigsblatt". Nur in Ausnahmefällen konnten Dokumente der katholischen Kirche als eigenständige Veröffentlichungen publiziert und öffentlich vertrieben werden.

Von verschiedensten Seiten, von Zeitgeschichtlern wie von interessierten katholischen Gläubigen und Seelsorgern, wurde deshalb der Wunsch nach Veröffentlichung wichtiger Dokumente für das kirchliche Leben in Sowjetischer Besatzungszone und DDR – „im Bereich der Berliner Bischofskonferenz", wie die kirchliche Bezeichnung lautete – an die Herausgeber herangetragen.

I. Der Bereich der Berliner Bischofskonferenz

Die Berliner Bischofskonferenz wurde 1976 durch Anerkennung ihrer Statuten seitens der römischen Bischofskongregation kanonisch errichtet (Nr. 80); sie war die Weiterführung der Berliner Ordinarienkonferenz, deren Anfänge in die Zeit vor Gründung der DDR zurückreichen. Die nach der Kapitulation erfolgte Aufteilung Deutschlands in Besatzungszonen und die Festlegung der Oder-Neiße-Linie hatten zur Folge, daß sich mit Ausnahme des Bistums Meißen alle katholischen Bischofssitze außerhalb des Gebietes der späteren DDR befanden; der Bischofssitz der Diözese Berlin lag zwar strenggenommen im Sowjetischen Sektor von Berlin, jedoch hatte der Bischof seinen Wohnsitz bis 1961 im Westteil der Stadt, die als ganze unter dem Viermächtestatus stand; die in Brandenburg und Vorpommern liegenden Berliner Bistumsanteile gehörten zur Sowjetischen Besatzungszone/DDR.

Die Abtrennung der Sowjetischen Besatzungszone erforderte vor allem aus pastoralen Gründen und zur Gewährleistung geordneter kirchlicher Verhältnisse sehr bald die Übertragung gewisser Leitungsbefugnisse an Geistliche, die ihren Wohnsitz in diesem Gebiet hatten; nach Gründung der Bundesrepublik Deutschland und der Deutschen Demokratischen Republik im Mai bzw. Oktober 1949 war nur so Leben und Wirken der Kirche in Pastoral und Caritas zu gewährleisten.

Der Bereich der Berliner Ordinarienkonferenz/Berliner Bischofskonferenz umfaßte die folgenden sechs (bis 1973 sieben) Jurisdiktionsbezirke:

- den Ostteil des Bistums Berlin, d. h. Ost-Berlin und den in der DDR (Brandenburg und Vorpommern) liegenden Teil der Diözese;

- das Bistum Dresden-Meißen; bis 1980: Bistum Meißen;
- die Apostolische Administratur Görlitz; bis 1972 als Erzbischöfliches Amt Görlitz in der DDR gelegener Teil der Erzdiözese Breslau;
- das Bischöfliche Amt Erfurt-Meiningen; bis 1973: Generalvikariat Erfurt (in der DDR gelegener Teil der Diözese Fulda) und Kommissariat Meinigen (in der DDR gelegener Teil der Diözese Würzburg);
- das Bischöfliche Amt Magdeburg; bis 1973: Erzbischöfliches Kommissariat Magdeburg (in der DDR gelegener Teil der Erzdiözese Paderborn);
- das Bischöfliche Amt Schwerin; bis 1973: Bischöfliches Kommissariat Schwerin (in der DDR gelegener Teil des Bistums Osnabrück).

Die Bezeichnung „katholische Kirche in der DDR" wurde von der Kirche selbst nur zögernd benutzt.

Wesentliche Gründe dafür waren, daß man kirchlicherseits jeden Anschein einer Art katholischer „DDR-Landeskirche" vermeiden und ferner in völkerrechtlicher Hinsicht in der deutschen Frage nichts präjudizieren wollte. Der DDR-Regierung lag außerordentlich viel daran, nach dem Prinzip „Staatsgrenzen = Kirchengrenzen" zu selbständigen Diözesen auf DDR-Gebiet zu kommen, um so einerseits die eigene völkerrechtliche Anerkennung weiter voranzutreiben und andererseits die katholische Kirche in der DDR stärker aus den deutsch-deutschen, aber auch aus den weltkirchlichen Beziehungen herauszulösen.

Ein weiterer Grund war, daß das Bistum Berlin über den gesamten Zeitraum konsequent am Viermächte-Status für *ganz* Berlin festhielt, Ost-Berlin also zu keinem Zeitpunkt als integralen Bestandteil des DDR-Staatsgebietes verstand – auch nicht nach der Akkreditierung zahlreicher Botschafter in der „Hauptstadt der DDR". Dies bleibt zu beachten, wenn auch im folgenden sowie in den Dokumenten nicht in jedem Fall ausdrücklich zwischen DDR und Ost-Berlin unterschieden wird; denn die im SED-Regime vorgegebenen gesellschaftlichen Verhältnisse erstreckten sich auf das ganze Gebiet; daraus – nicht aus der Rechtslage – resultierten die Situation des einzelnen Gläubigen und die pastoralen Notwendigkeiten.

II. Die Dokumente

Auswahlkriterium für die Herausgeber war der erkennbare Bezug der Dokumente auf die Bedingungen, in denen die Kirche und der einzelne katholische Christ in der SBZ/DDR das Leben aus dem Glauben zu gestalten suchten. Die hier vorgelegte Sammlung enthält die öffentlichen und halböffentlichen kirchlichen Äußerungen zu ideologisch, politisch und gesellschaftlich relevanten Fragen und Problemen, soweit sie von den Herausgebern in den Bischöflichen Ämtern, unter Benutzung kirchlicher Archive und Registraturen aufgefunden werden konnten.

In diese Sammlung von Grundtexten wurden Äußerungen mit rein „innerkirchlicher" Thematik – wie die Kirchliche Bußordnung und die Kirchliche Eheordnung, Verlautbarungen zum priesterlichen Zölibat und zur Einführung des Ständigen Diakonats – nicht aufgenommen.

Wegen der notwendigen Begrenzung des Umfangs der Publikation mußte auf den Abdruck von Dokumenten des Bischöflichen Werkes „Not in der Welt" und der Caritas verzichtet werden.

Ebenfalls nicht aufgenommen wurden die bereits in der DDR gedruckt vorliegenden Texte der Ökumenischen Versammlung für Gerechtigkeit, Frieden und Bewahrung der Schöpfung (1988/89), an der mit bischöflicher Beauftragung 26 katholische Teilnehmer mitwirkten und deren Beschlüsse von den Mitgliedern der Berliner Bischofskonferenz bestätigt worden waren.

1. *Öffentliche Äußerungen*

Zum überwiegenden Teil dokumentiert der vorliegende Band öffentliche Äußerungen der katholischen Kirche.

1.1. *Gemeinsame Hirtenbriefe/Hirtenworte*

Als öffentlich gelten zuerst die in den für jedermann zugänglichen Gottesdiensten verlesenen Hirtenbriefe und Kanzelabkündigungen.

Bei den dokumentierten Hirtenbriefen handelt es sich bis auf wenige Ausnahmen um *gemeinsame* Bischofsschreiben, die in den katholischen Kirchen in der SBZ/DDR zur Verlesung kamen. Bis etwa 1950 waren dies ausschließlich die von der Fuldaer Bischofskonferenz verabschiedeten Hirtenbriefe der deutschen Bischöfe.

a) Gemeinsame Hirtenbriefe des deutschen Episkopats

Die gemeinsamen Hirtenbriefe der Fuldaer Bischofskonferenz wurden in die vorliegende Dokumentation aufgenommen, sofern sie in der genannten Weise von besonderer Bedeutung für die Katholiken in der SBZ/DDR waren und hier zur Verlesung kamen. Eine gewisse Ausnahme, insofern es nicht die Situation der katholischen Christen in der DDR zur Sprache bringen will, stellt das kurze Hirtenwort zum Eichmann-Prozeß vom Juni 1961 dar (Nr. 55). Es wurde als für lange Zeit letztes gemeinsames Wort zu Zeitfragen und wegen der Bedeutung des Themas dokumentiert.

Obwohl gerade im Hinblick auf das Thema dem gemeinsamen Wort der Deutschen, der Berliner und der Österreichischen Bischofskonferenz vom 20. Oktober 1988 zum Gedenken an die Judenpogrome 1938 zweifellos hohe Bedeutung zukommt, wurde das Dokument wegen seines beträchtlichen Umfangs hier nicht abgedruckt. Dieses „grenzüberschreitende" Bischofswort kam in den Gemeinden nicht zur Verlesung, wurde aber unmittelbar nach seiner Verabschiedung in der Ost-Berliner katholischen Kirchenzeitung „St. Hedwigsblatt" im Wortlaut veröffentlicht. Das zum selben Anlaß von der Berliner Bischofskonferenz verfaßte und in den Gemeinden verlesene Hirtenwort ist dokumentiert (Nr. 100).

b) Gemeinsame Hirtenbriefe der ostdeutschen Ordinarien

Die Herausgeber waren bemüht, alle erreichbaren gemeinsamen Hirtenbriefe der Berliner Ordinarien-/Bischofskonferenz zu dokumentieren.

1.2. Hirtenbriefe einzelner Ordinarien

Der Publikation von Hirtenschreiben einzelner Bischöfe und Ordinarien soll mit der vorliegenden Dokumentation nicht vorgegriffen werden. Deshalb sind derartige Dokumente nur ausnahmsweise in die Sammlung aufgenommen worden. Dabei handelt es sich im wesentlichen

- um die zwischen den Ordinarien abgestimmten Äußerungen unmittelbar nach dem Beginn der Jugendweihe-Kampagne in der DDR. Die Bischöfe und Ordinarien waren übereingekommen, um Weihnachten 1954 in je eigenen Schreiben die Katholiken auf den eindeutig atheistischen Charakter der Jugendweihe aufmerksam zu machen; vier dieser Hirtenworte konnten durch die Herausgeber aufgefunden und hier vorgelegt werden.
- um Dokumente aus der Zeit des politischen Umbruchs im Herbst 1989.

1.3. Predigten von Bischöfen und Ordinarien

Abgesehen von der Wiedergabe des durch die Ordinarien vereinbarten Textes für eine Predigt zum Pfingstfest 1959 (Nr. 47) haben die Herausgeber sich zum Abdruck von fünf Bischofspredigten entschlossen, die jeweils von grundsätzlicher Bedeutung sind. Angemerkt sei, daß die Predigt von Kardinal Bengsch vom September 1969 in Bernau (Nr. 70) erst nach Abschluß des Manuskripts eingefügt wurde. Anlaß war eine 1991 mit Akten aus dem Ministerium für Staatssicherheit veröffentlichte „Erfolgsmeldung“ eines Inoffiziellen Mitarbeiters (IM) dieses Ministeriums, wonach „die Leitung der katholischen Kirche in der DDR veranlaßt werden (konnte), eine positive Stellungnahme zum 20. Jahrestag der DDR abzugeben.“*

1.4. Sonstige Verlautbarungen des Episkopats

Immer wieder haben die Ordinarien in der DDR von ihrem in der DDR-Verfassung von 1949 verbürgten Recht Gebrauch gemacht, zu Lebensfragen des Volkes Stellung zu nehmen. Nur in Ausnahmefällen konnten solche Äußerungen in der Öffentlichkeit publiziert werden, und sei es nur in den Kirchenzeitungen, die jedoch nicht frei im Handel, sondern nur im Abonnement zu beziehen waren. Wichtige Stellungnahmen und Erklärungen der Ordinarien wurden deshalb häufig als Kanzelabkündigungen verfaßt und kamen im Sonntagsgottesdienst der Gemeinden zur Verlesung.

1.5. Synodendokumente

Trotz der Behinderungen durch das Druckgenehmigungsverfahren in der DDR konnten die Beschlüsse der Pastoralsynode der Jurisdiktionsbezirke in der DDR (1973–1975) mehrfach ungekürzt publiziert werden. Deshalb wurden in die vorlie-

* Besier/Wolf (Hg.), „Pfarrer, Christen und Katholiken“. Das Ministerium für Staatssicherheit der ehemaligen DDR und die Kirchen, Neukirchen-Vluyn, 1991

gende Dokumentation lediglich Ausschnitte des als Grundsatzdokument zu verstehenden Beschlusses „Glaube heute" (Nr. 76) und der Beschluß „Dienst der Kirche für Versöhnung und Frieden" (Nr. 78) aufgenommen. Die Herausgeber waren sich bei dieser notwendigen Beschränkung dessen bewußt, daß alle neun Synodenbeschlüsse, vor allem das Dokument „Der Christ in der Arbeitswelt", wesentliche Aussagen und Impulse für das Christsein unter den gesellschaftlichen Bedingungen der DDR enthalten.

1.6. *Sonstige öffentliche Äußerungen*

Unter den übrigen Dokumenten mit Öffentlichkeitscharakter kommt dem Antwortbrief der deutschen Bischöfe an ihre polnischen Mitbrüder (Nr. 63) in mehrfacher Hinsicht herausragende Bedeutung zu. Der gemeinsam von den (ost- und west-) deutschen Bischöfen beim Konzil verabschiedete Brief ist in der DDR weder gedruckt noch verlesen worden. Vermutlich als einziges Kommunikationsmittel im gesamten Ostblock konnte jedoch das Ost-Berliner „St. Hedwigsblatt" wenigstens Auszüge aus dem Briefwechsel veröffentlichen.

2. *„Halböffentliche" Äußerungen*

Zu den in die Dokumentation aufgenommenen „halböffentlichen" Äußerungen gehören im wesentlichen:

a) Informationen an den Klerus über konkrete Probleme und Sorgen für die katholische Kirche in den Jurisdiktionsbezirken in der DDR sowie über Eingaben und Memoranden an die Regierung oder andere staatliche Stellen. Häufig wurde der Klerus von den Ordinarien jeweils ausdrücklich aufgefordert, die Gläubigen „in geeigneter Weise" zu unterrichten.

b) Anweisungen an den Klerus – etwa im Hinblick auf die pastorale Behandlung des Problems „Jugendweihe" oder auf das Verhalten gegenüber „gesellschaftlichen" Erwartungen, sich politisch im Sinne des SED-Regimes zu äußern.

Wo sich die Herausgeber für die Aufnahme derartiger Verlautbarungen *einzelner* Ordinarien oder Ordinariate entschieden haben, geschah das auch hier mit Rücksicht auf den prinzipiellen Charakter des jeweiligen Dokuments. Die notwendige Aufarbeitung der entsprechenden Akten der einzelnen Jurisdiktionsbezirke wird erweisen, wie oft auch solche Einzeläußerungen Ergebnis gemeinsamer Absprachen der Ordinarien sind. Mit Sicherheit läßt sich dies beispielsweise für die Anweisung über die religiöse Unterweisung in den Schulferien (Nr. 52) nachweisen.

Wegen ihrer beispielhaften Bedeutung für die Situation der Kirche haben auch einige wenige Dokumente Aufnahme gefunden, die keinen Hinweis darauf enthalten, daß sie in o. g. Weise als öffentlich oder halböffentlich zu bezeichnen wären (Nrn. 20, 39, 48, 51). Der inhaltliche und zeitliche Zusammenhang mit anderen Dokumenten ließ den Herausgebern die Aufnahme dieser Dokumente gerechtfertigt erscheinen.

III. Schlußbemerkungen

Die vorliegende Dokumentation erhebt nicht den Anspruch einer wissenschaftlich-textkritischen Quellenedition. Mögliche Defizite haben die Herausgeber bewußt in Kauf genommen, um die Dokumentation ohne noch größeren Zeitverzug vorlegen zu können.

Die Formulierung der thematisch orientierten Überschriften erfolgte durch die Herausgeber.

Die beigefügte Zeittafel soll eine Einordnung der Dokumente in den Rahmen wichtiger zeitgeschichtlicher Daten erleichtern.

Da kirchliche Archive im Gebiet der neuen Bundesländer teilweise erst im Aufbau befindlich sind, waren die Herausgeber auf das Entgegenkommen in den Bischöflichen Ämtern und Ordinariaten angewiesen. Wichtige Anregungen und Ergänzungen verdanken sie Generalvikar Peter Birkner, Görlitz.

Besonderer Dank gebührt Professor Dr. Konrad Repgen und Dr. Ulrich von Hehl, die bereitwillig ihre Erfahrungen zur Verfügung stellten.

Im Interesse der kirchengeschichtlichen Forschung sind die Herausgeber dankbar für ergänzende oder korrigierende Hinweise.

Berlin, im Februar 1992

Die Herausgeber

23. August 1945

1. EINEN NEUEN ANFANG MACHEN

Erstes gemeinsames Hirtenwort der deutschen Bischöfe nach dem Ende des Zweiten Weltkriegs

Die am Grabe des hl. Bonifatius versammelten Bischöfe Deutschlands entbieten dem Klerus und den Gläubigen ihrer Diözesen Gruß und Segen im Herrn!

Geliebte Diözesanen!

Zwei Jahre lang war es uns wegen des tobenden Krieges nicht möglich, uns zu gemeinsamer Beratung zu versammeln. Wir vermissen bei dieser ersten Tagung nach Kriegsende schmerzlich den ständigen Vorsitzenden unserer Konferenz, Kardinal Bertram, Erzbischof von Breslau, der am 6. Juli d. J. auf Schloß Johannesberg im Herrn entschlafen ist, nachdem er 25 Jahre unsere Konferenzen geleitet, 31 Jahre lang die Diözese Breslau verwaltet und fast 40 Jahre lang den Bischofsstab geführt hat. Wenn einmal die Schriftsätze und Eingaben veröffentlicht werden, die er, allein in den letzten 12 Jahren, in allen schwebenden Fragen an die Regierungsstellen eingereicht hat, wird die Welt staunen über den Weitblick und die Klugheit, mit der er auf der Wache stand und für die Rechte Gottes und seiner Kirche und zum Wohle aller Notleidenden und Gedrückten eintrat. Wir senden ihm einen Gruß inniger Dankbarkeit ins Grab nach und gedenken seiner in unseren Gebeten.

Trotz allen Wechsels der Zeitereignisse tagen wir an der alten heiligen Stätte, am Grabe des hl. Bonifatius, des Apostels der Deutschen. Wir tagen in demselben Glauben, den er unseren Vorfahren gepredigt hat; in der gleichen Treue gegenüber dem römischen Papste, mit dem er die deutsche Kirche aufs festeste verbunden hat. In diesem Glauben und in dieser Verbundenheit haben wir die feste Überzeugung, auf einem Felsen zu stehen, an den Wogen wohl anprallen, den sie aber niemals unterhöhlen und zu Fall bringen können.

Unser erstes Wort sei ein Wort innigen Dankes an unseren Klerus und unsere Diözesanen für die unerschütterliche Treue, die sie der Kirche in schweren Zeiten gehalten haben.

Wir wissen, daß es für viele von euch nicht gefahrlos war, immer wieder Hirtenworte von uns zu vernehmen, die den Zeitirrtümern und Zeitverbrechen entgegentraten. Mit tiefem Interesse und innerer Anteilnahme sind Millionen und Millionen unseren Ausführungen gefolgt, wenn wir für die Rechte der Persönlichkeit eingetreten sind, wenn wir die Übergriffe des Staates in das kirchliche Leben zurückgewiesen haben, wenn wir von den unerhörten Bedrückungen sprachen, die durch Staat und Partei auf allen Gebieten des geistigen und religiösen Lebens ausgeübt wurden, wenn wir gegen Rassendünkel und Völkerhaß unsere Stimme erhoben haben. Wir wissen wohl, daß Angeber allüberall sich fanden, um euch in eurem Fortkommen, in eurem Aufstieg zu hemmen, wenn festgestellt werden konnte, daß ihr solchen Predigten gelauscht hattet.

Wir danken aus tiefstem Herzen euch christlichen Eltern, daß ihr mutig für die katholische Schule eingetreten seid allen Einschüchterungen und Drohungen zum Trotz, wenn auch schließlich der Kampf um euer Elternrecht nicht zum Erfolg geführt hat. Wir erinnern uns mit heiligem Stolze, wie in so vielen Gegenden das Kreuz, das von Frevlerhänden aus dem Schulzimmer entfernt worden war, wieder an seinen alten Platz gebracht wurde. Ihr hattet alle keinerlei irdische Macht, nur die Macht eurer Glaubensüberzeugung und eures Glaubensmutes.

Auch dir, liebe Jugend, gilt unser besonderer Dank. Ihr seid bis aufs Blut für eure Ideale eingestanden, und eure Haltung war uns Trost und Stütze in einem menschlich aussichtslos erscheinenden Kampfe.

Wir danken all den Priestern und all den Laien, die so zahlreich und so unerschrocken für Gottes Gesetz und Christi Lehre eingetreten sind. Viele sind im Kerker und durch Mißhandlungen wahre Bekenner geworden, und viele haben für ihre Überzeugung das Leben geopfert.

Wie erwärmt die Erinnerung daran unser Herz, daß immer und immer wieder Katholiken jeden Standes und Alters sich nicht gescheut haben, Volksgenossen fremden Stammes zu beschützen, zu verteidigen, ihnen christliche Liebe zu erweisen. Gar mancher ist für eine solche Liebestat im Konzentrationslager zugrundegegangen! Ihm ist sein „übergroßer Lohn" geworden, uns allen aber die tröstende Gewißheit, daß in unserem Volke Christentum geübt wurde, trotz aller Bedrückung und Verfolgung.

Gerührt erinnern wir uns all derer, die ihr karges tägliches Brot mit einem unschuldig verfolgten Nichtarier teilten und Tag für Tag gewärtig sein mußten, daß ihnen mit ihrem Schützling ein furchtbares Los bereitet werde.

Katholisches Volk, wir freuen uns, daß du dich in so weitem Ausmaße von dem Götzendienst der brutalen Macht freigehalten hast. Wir freuen uns, daß soviele unseres Glaubens nie und nimmer ihr Knie vor Baal gebeugt haben. Wir freuen uns, daß diese gottlosen und unmenschlichen Lehren auch weit über den Kreis unserer katholischen Glaubensbrüder hinaus abgelehnt wurden.

Und dennoch: Furchtbares ist schon vor dem Kriege in Deutschland und während des Krieges durch Deutsche in den besetzten Ländern geschehen. Wir beklagen es zutiefst: Viele Deutsche, auch aus unseren Reihen, haben sich von den falschen Lehren des Nationalsozialismus betören lassen, sind bei den Verbrechen gegen menschliche Freiheit und menschliche Würde gleichgültig geblieben; viele leisteten durch ihre Haltung den Verbrechen Vorschub, viele sind selber Verbrecher geworden. Schwere Verantwortung trifft jene, die auf Grund ihrer Stellung wissen konnten, was bei uns vorging, die durch ihren Einfluß solche Verbrechen hätten hindern können und es nicht getan haben, ja diese Verbrechen ermöglicht und sich dadurch mit den Verbrechern solidarisch erklärt haben.

Wir wissen aber auch, daß bei solchen, die in abhängiger Stellung waren, insbesondere bei Beamten und Lehrern, die Parteizugehörigkeit oftmals nicht eine innere Zustimmung zu den furchtbaren Taten des Regimes bedeutete. Gar mancher trat ein in Unkenntnis des Treibens und der Ziele der Partei, gar mancher gezwungen, gar mancher auch in der guten Absicht, Böses zu verhüten. Es ist eine Forderung der Gerechtigkeit, daß immer und überall die Schuld von Fall zu Fall geprüft wird, damit nicht Unschuldige mit den Schuldigen leiden müssen. Dafür sind wir Bischöfe von Anfang an eingetreten und dafür werden wir uns auch in Zukunft einsetzen.

Wir werden aber auch alles daran setzen, daß im Volke, insbesondere in der Jugend, die Gedanken von Gottesrecht und Menschenrecht, von menschlicher Würde und Gewissensfreiheit wieder fest wurzeln und daß von innen heraus einer Wiederkehr solcher Zustände und eines neuen Krieges vorgebeugt werde.

Wir wollen neu aufbauen und sind dankbar für jede Hilfe, die uns zuteil wird bei unserer religiösen Sendung. Wie hoffen, daß katholischen Eltern wieder die Möglichkeit gegeben wird, ihre Kinder in katholische Schulen zu schicken. Es gibt keine bessere Bürgschaft für die Gesundung der geistigen Lage als eine wahrhaft religiöse Erziehung, die in der Bekenntnisschule gesichert ist. Darum bestehen wir in Einmütigkeit und Übereinstimmung mit den Weisungen Papst Pius' XI. in seiner herrlichen Erziehungsenzyklika auf der *katholischen Schule für die katholischen Kinder*. Wo keine Möglichkeit einer *öffentlichen* katholischen Schule gegeben ist, muß der Kirche die Freiheit bleiben, *private* katholische Volksschulen zu errichten. Ebenso verlangen wir katholische höhere Privatschulen, besonders die Ordensschulen, wie sie vor 1933 bestanden und segensreich gewirkt haben. Wir stützen unsere Forderung auf unser durch Gesetz und Konkordat gebürgtes Recht. Wir erwarten von allen Gläubigen, daß sie unsere Bemühungen um die echt katholische Erziehung der Kinder nach Kräften unterstützen.

Geliebte Diözesanen! Wenn wir nach dem furchtbaren Zusammenbruch jetzt einen neuen Anfang machen, wenn wir das Haus unseres völkischen und staatlichen Lebens neu aufrichten wollen, dann laßt uns dabei die Lehren der jüngsten Vergangenheit beachten! Hatte man nicht das Haus bauen wollen, ohne daß der Herrgott mitbaute? Ist es nicht letztlich darum zum Turm von Babel geworden? Hatte man nicht bauen wollen, ohne den *einen* Eckstein zu beachten, den Gott selbst gelegt hat, Jesus Christus, durch den allein wirksam und auf die Dauer die Mauern zusammengehalten werden? *Das* wird das erste beim Wiederaufbau sein müssen, daß Gott wieder im Leben des Einzelnen und der Gemeinschaft jene Stelle zuerkannt wird, die ihm als dem höchsten Herrn gebührt und die man anderen, zweitrangigen Werten zuerkannt hatte, dem Staat, der Rasse, der Nation. Unser Volk, ja die gesamte Menschheit ist heute wieder vor jenes Entweder-Oder gestellt, von dem erstmals der greise Simeon im Tempel zu Jerusalem gesprochen hat: „Dieser ist gesetzt zum Falle und zur Auferstehung vieler ..." (Luk. 2,34). Die Entscheidung für uns lautet heute: Entweder mit Christus wieder bergan, einer schöneren Zukunft entgegen, oder ohne, ja gegen Christus hinab in den völligen Untergang.

23. August 1945

Wir müssen wieder zurückfinden zu einem lebendigen Gottesglauben, damit uns die Grundvoraussetzung allen menschlichen Gemeinschaftslebens wieder geschenkt wird: die *Ehrfurcht*. Ehrfurcht allein kann menschliches Gemeinschaftsleben auf dieser Erde möglich und erträglich machen. Ehrfurcht vor Gott, dem Schöpfer und Herrn, Ehrfurcht vor seinem heiligen Willen, wie er sich uns kundtut in den heiligen 10 Geboten! Und Ehrfurcht auch vor dem Mitmenschen! Ist nicht gerade die Ehrfurchtslosigkeit der nun hinter uns liegenden Zeit die Quelle aller Übel und die Wurzel aller Sünden gewesen, die wir beklagen und unter denen wir gelitten haben? Nur auf der Grundlage der Ehrfurcht kann sich ein rechtes Familienleben aufbauen, nur die Ehrfurcht das Verhältnis der Geschlechter zueinander ordnen und heiligen.

Ehrfurcht muß herrschen vor dem Leben, das Gott allein schenken und auch wieder nehmen kann! Der Mensch darf nicht selbst über sein Leben verfügen, denn es ist Gottes Lehen. Selbstmord, mag man ihn auch noch so harmlos benennen als „Freitod" oder wie immer, bleibt ein schwerer Eingriff in Gottes Herrscherrechte, eine der furchtbarsten und folgenschwersten Sünden, falls sie bei vollem, klarem Bewußtsein geschieht.

Leben darf auch dann nicht bewußt und gewollt vernichtet werden, wenn es durch Betrug oder Vergewaltigung seinen Ursprung genommen hat. Rein menschlich gesehen gehören solche Fälle sicher zu den tragischsten, in die eine Frau geraten kann, und es gehört eine große sittliche Kraft dazu, dieses Leid durchzustehen. Alle, die mit solchen Fällen in Berührung kommen, seien es Verwandte, vielleicht der eigene Gatte oder Bräutigam, Vater oder Mutter, seien es Ärzte oder Priester, Sozialbeamte, Mitglieder der Frauen- und Jungfrauenvereine, oder wer immer, alle werden mit größter Anteilnahme der Unglücklichen sich annehmen und ihr Los zu erleichtern suchen. Es werden mit öffentlicher Hilfe nötigenfalls Anstalten gegründet oder bestehende ausgebaut werden müssen, in denen solche Kinder aufgenommen werden können, um in christlicher Liebe erzogen zu werden. *Niemals aber kann es gestattet sein und niemand kann das Recht geben, in die Herrscherrechte Gottes einzugreifen und keimendes Leben zu töten!* Jeder Arzt, der den Eid des Hippokrates kennt, wird es unter seiner Ehre als Arzt halten, zu solchem Tun seine Hand zu leihen. Die Mütter werden, so schwer es ihnen fällt, bemüht sein müssen, weniger an das ihnen widerfahrene Unrecht als an das unschuldige Leben zu denken, das heranreift. Gott, vor dessen Auge sie schuldlos dastehen, wird ihnen die Kraft schenken, ihr Los in christlichem Starkmut zu tragen.

Es muß wieder Ehrfurcht herrschen auch vor der Persönlichkeit des Nächsten! Wir haben es alle noch zu lebendig vor Augen, was aus dem Menschen wird, der entrechtet, mißhandelt, seiner Menschenwürde beraubt wird! Es kann keine wahre Gemeinschaft ihre segenspendenden Wirkungen unter den Menschen entfalten, wenn nicht die Ehrfurcht vor dem fremden Ich, vor seinem Recht auf Eigentum, auf seinen guten Namen von allen geachtet wird.

In der Tat, nur auf einem lebendigen Gottesglauben läßt sich ein rechtes Volks- und Staatsleben aufrichten. Er ist das einzige tragfähige Fundament. Laßt uns auf diesem Fundament aufbauen im Geiste der Liebe, jener Liebe, die unser Herr und Heiland uns gelehrt und die er zum Kennzeichen seiner Jüngerschaft gemacht hat: „Daran sollen alle erkennen, daß ihr meine Jünger seid, wenn ihr einander liebt (Joh. 13,35). Es klingt uns noch in den Ohren, wie man diese Liebe geschmäht und als unmännlich in Acht und Bann erklärt hat, um an ihre Stelle Macht und Gewalt zu setzen. Wir tragen heute die entsetzlichen Folgen dieses Appells an die Gewalt. Die Liebe hat sich noch zu allen Zeiten als der festeste Mörtel beim Bau jeglicher menschlicher Gemeinschaft erwiesen. Wir brauchen gerade heute, in dem schier uferlosen Elend, in das wir gestürzt sind, diese opferfrohe und opferstarke Liebe. Ein schwerer Winter liegt vor uns. Er würde nicht leichter werden, wenn wir mutlos die Hände in den Schoß legten oder aus einer Art Verzweiflung uns von radikalen Strömungen fortreißen ließen. Nein, wir wollen in gläubigem Gottvertrauen mutig Hand anlegen, treu und unentwegt arbeiten, in selbstloser Liebe einander helfen, in rechter Verbundenheit zueinander stehen. Helft einander aus mit Wäsche und Kleidung sowie mit dem notwendigen Hausrat! Unterstützt euch gegenseitig beim Wiederaufbau eurer zerstörten Wohnungen! Bietet denen, die heimatlos geworden sind, in herzlicher Liebe ein gastliches Dach und teilt mit ihnen den Tisch! An die Landbevölkerung richten wir die ernste Bitte, zu gerechten Preisen die Lebensmittel abzugeben und ihrer Ablieferungspflicht gewissenhaft nachzukommen, nicht aber ihre Produkte für sich allein oder für die benachbarten kleineren Städte zurückzuhalten. Mag die Not, die über uns gekommen ist, noch so groß sein, wir werden in Glauben und Liebe stärker sein als alles Erdenleid und alle Bosheit der Sünde. Gewiß werden die berufenen Männer in öffentlicher Stellung Mittel und Wege finden, um die Behebung der gewaltigen Schäden der Kriegszeit in sozialem Ausgleich gerecht auf alle Schultern zu verteilen.

Liebe Diözesanen! Eine Zeit reiner Diesseitigkeit ist zusammengebrochen und hat uns ein ungeheures Trümmerfeld hinterlassen. Laßt uns diese Trümmer beseitigen vor allem in Buße und Rückkehr zum Herrn, unserem Gott! Laßt uns ans Werk gehen und neu bauen auf dem festen Fundament des Glaubens an den Dreieinigen Gott, in Unterordnung unter Gottes heiligen Willen. Laßt uns unseren schweren Weg durch Arbeit, Not und Sorge gehen mit dem Blick auf die ewigen Güter, die Gott uns verheißen hat für unsere treuen Dienste hier auf Erden. „Wir haben ja hier keine bleibende Stätte, wir trachten vielmehr nach der zukünftigen" (Hebr. 13,14).

Wie tröstet gerade dieser Gedanke uns Christen inmitten allen Leids: dieses Leben, so ernst, so verantwortungsvoll, ist doch nur ein Vorspiel, eine Prüfungszeit. Erst wenn diese Prüfungszeit vorüber ist, beginnt das eigentliche, das ewige Leben. Dann wird der allgerechte, allweise und allgütige Gott einem jeden vergelten nach seinen Werken, und nicht einmal ein Trunk kalten Wassers, den man dem Nächsten um Christi willen gereicht hat, wird vergessen sein! Dann werden wir gerichtet werden vor allem nach dem Maße, mit dem wir selbst das große Gebot der Liebe befolgt haben, ein Gebot, das gerade in diesen Zeiten der Not seine königliche Stellung über alle anderen Gebote geltend macht.

23. August 1945

Der Aufblick zu den ewigen Wohnungen, die Gottes Vatergüte seinen Kindern bereitet hat, ist auch der schönste Trost für uns Christen, wenn wir an all die vielen denken, die der furchtbare Krieg uns geraubt hat, sei es, daß sie irgendwo in der weiten Welt ihr Grab gefunden haben, sei es, daß das Meer sie verschlungen hat, sei es, daß sie in der Heimat unter Trümmern begraben wurden. Allen steht der Eingang in Gottes Herrlichkeit offen, wofern sie im Frieden Christi gestorben sind; vielleicht noch im letzten Augenblick die Gnade der Versöhnung mit Gott fanden. Und selbst ihre Leiber wird der Herrgott zu finden wissen und wird sie am jüngsten Tage ihnen unversehrt, verjüngt und verklärt, in ewiger Jugendschöne zurückgeben.

Unser Gruß, unsere Mahnung und unsere Bitte richtet sich besonders an euch, ihr lieben Männer, die ihr aus dem Kriege heimkehrt und vielleicht vor ein Nichts euch gestellt seht. Ihr wart bereit, für euer Volk zu sterben, nun seid bereit, für euer Volk zu leben! In dem Gottvertrauen, das im großen Zusammenbruch nicht mit versunken ist! Im Verein mit eurer Gattin, die euch schon angetraut ist, oder mit dem Mädchen, dem ihr am Altare des Herrn die Hand reichen werdet und deren kostbarste Mitgift Fleiß, Liebe zur Einfachheit und Verbundenheit mit Gott sind, werdet ihr ein christliches Heim bauen. Ihr werdet es euch zur Ehre rechnen, euren weniger glücklichen Kameraden, die als Versehrte zurückgekommen sind, in echter Kameradschaftlichkeit zur Seite zu stehen und ihnen vor allem behilflich zu sein bei der Umschulung zu einem neuen Beruf, damit sie recht bald wieder selbst ihr Brot verdienen können, in allem eingedenk des Apostelwortes: „Der eine trage des andern Last, so werdet ihr das Gebot Christi erfüllen" (Gal. 6,2).

In Seinem heiligen Namen segnen wir euch, die Jungen und die Alten, und flehen die Fülle göttlichen Trostes und göttlicher Kraft auf euch herab.

Es segne euch der allmächtige Gott, der Vater + der Sohn + und der Heilige Geist + Amen.

Gegeben zu Fulda am 23. August 1945

Für das Bistum Berlin:
Konrad, Bischof

(Amtsblatt des Bischöflichen Ordinariats Berlin, Stück 2 vom 15. September 1945, mit der Anweisung: „Vorstehender Hirtenbrief ist am Sonntag, dem 9. September 1945 – bei verspätetem Empfang an einem darauffolgenden Sonntag – in allen hl. Messen langsam und deutlich zu verlesen. gez. Prange, Generalvikar.")

23. August 1945

2. DER DEUTSCHE EPISKOPAT AN DEN ALLIIERTEN KONTROLLRAT

(Verabschiedet bei der ersten Plenarkonferenz des deutschen Episkopats nach Ende des Zweiten Weltkrieges; die Konferenz fand vom 21.–23. August 1945 in Fulda statt.)

Die katholischen Bischöfe Deutschlands haben sich von jeher von ihren gemeinsamen Tagungen aus auch an die obersten Inhaber der staatlichen Gewalt in Deutschland gewandt, um einerseits sie für die religiösen Güter und Einrichtungen des Volkes, deren Pflege den Bischöfen anvertraut ist, um ihre Hilfe und ihren Schutz anzugehen; andererseits aber auch, um auf Grund ihrer besonderen Kenntnis des Volkes und seiner Nöte und Bedürfnisse die Inhaber der Staatsgewalt auf jene Tatsachen aufmerksam zu machen, deren Beachtung zum Wohl des Volkes gefordert wurde.

Die oberste Staatsgewalt in Deutschland liegt zur Zeit bei dem Interalliierten Kontrollrat bzw. für die einzelnen Besatzungszonen bei den zuständigen Oberbefehlshabern. Da die Bischöfe diesen aus dem vollständigen militärischen Zusammenbruch Deutschlands hervorgegangenen Zustand anerkennen, werden sie sich bemühen, im Rahmen ihrer kirchlichen Sendung alle Anstrengungen der Militärregierung, die auf die Wiederherstellung geordneter friedlicher und menschenwürdiger Zustände in Deutschland hinzielen, nach Kräften zu unterstützen, und auch ihre Gläubigen anhalten, gemäß den Lehren der christlichen Offenbarung eine gleich loyale Haltung gegenüber den Inhabern der bestehenden Staatsgewalt einzunehmen.

Die Bischöfe sind sich dabei bewußt, daß der Kontrollrat seine Herrschaft in Deutschland am Ende eines furchtbaren Krieges angetreten hat, in dessen Verlauf sich die bisherigen Machthaber in Deutschland schlimmster und unmenschlichster Verbrechen schuldig machten und dadurch den deutschen Namen mit Schmach bedeckten. Im Hinblick darauf erfüllt es die Bischöfe mit Dankbarkeit, daß das Potsdamer Communiqué und die kürzlich veröffentlichten Botschaften alliierter Oberbefehlshaber sich nicht die Auffassung zu eigen machten, das gesamte deutsche Volk sei als Verband von Verbrechern zu betrachten und demgemäß zu behandeln, sondern sich zum Ziele setzten, die wirklich Schuldigen in einem geordneten Verfahren zu ermitteln und dann zu bestrafen, dem übrigen deutschen Volke aber zu helfen, sein Leben auf neuer Grundlage aufzubauen und seinen Platz in der Völkergemeinschaft wieder einzunehmen. Im Vertrauen auf diese Erklärung und ermutigt durch gleichgerichtete Maßnahmen, die von den Alliierten bereits ergriffen wurden, bitten wir deren Aufmerksamkeit auf einige besonders schwere Notstände lenken zu dürfen, deren Behebung nur mit Hilfe der Alliierten möglich ist, während ihre Fortdauer die Massen des deutschen Volkes in Verzweiflung stürzen und dadurch aufs neue zu einem Herde der Beunruhigung auch für die übrige Welt machen müßte.

An erster Stelle müßten wir die immer fühlbarer werdende Hungersnot setzen, wenn wir nicht aus den Kundgebungen der Kontrollkommission erkannt hätten, daß sie ihr Möglichstes tun will, den bisher drohenden Gefahren zu begegnen.

Eine einmalige schnelle und umfassende Hilfe durch Lebensmitteleinfuhr aus Übersee wird vor allem in den nächsten Monaten erforderlich sein, da der deutsche Boden, der schon in normalen Zeiten für die Ernährung seiner Bevölkerung nicht ausreichte, zu einem großen Teil durch den Krieg verwüstet ist; das erst recht, wenn er dazu auch noch die umgesiedelten Volksmassen des Ostens aufnehmen muß. Wir bitten aber dringend, daß bei der etwaigen Ausführung der vorläufigen Potsdamer Beschlüsse über die Neufestsetzung der deutschen Grenzen jenen deutschen Bewohnern der vom deutschen Staatswesen abzutrennenden Gebiete, die ihre Wohnsitze nicht verlassen und in ihrem neuen Staatsverband loyal mitarbeiten wollen, gestattet wird, auf ihrem von den Vorfahren ererbten Heimatboden zu verbleiben.

Ebenso schwer wie unter dem Hunger leidet das deutsche Volk vor allem der ländlichen Gegenden unter der dort herrschenden Unsicherheit. Immer wieder müssen wir von verzweifelten Landbewohnern hören, daß das Leben zur Zeit des Luftkriegs noch erträglicher war als die jetzige beständige Angst vor Überfällen umherschweifender Banden. Wir bitten den Kontrollrat inständig, für die Wiederherstellung der öffentlichen Sicherheit zu sorgen, entweder durch ausreichende Bewaffnung der deutschen Polizei oder durch den Einsatz alliierter oder gemischter Truppen.

Tiefbetrübt stehen wir auch vor der Tatsache, daß deutsche Frauen und Mädchen nach den uns zugehenden Berichten mancherorts vergewaltigt worden sind. Wir bitten den alliierten Kontrollrat, ja – hier scheuen wir diesen Ausdruck nicht – wir flehen ihn an, auch hier die notwendigen strengen Maßnahmen unverzüglich zu ergreifen.

Ein großes Hindernis für die Wiederaufbauarbeit in Deutschland war es in den letzten Monaten, daß es durch die weitgehende Ausschaltung der ehemaligen Parteimitglieder vielerorts an den erforderlichen sachverständigen Kräften fehlte. Nachdem nunmehr durch die Potsdamer Beschlüsse die Maßregelung ehemaliger Parteimitglieder auf solche beschränkt worden ist, „die mehr als rein äußerlich an der Betätigung der Partei beteiligt waren", hoffen wir, daß es dem alliierten Kontrollrat gelingen wird, auch diesem Problem eine Lösung zu geben, die sowohl den praktischen Bedürfnissen wie den Forderungen der Gerechtigkeit entspricht.

Aus Gründen der Menschlichkeit bitten wir, auch dafür Sorge zu tragen, daß die zahlreichen Kinder, die während des Krieges, nicht zuletzt auch um sie dem parteigegnerischen Einfluß ihrer Eltern zu entziehen, in entlegene Gegenden Deutschlands durch das nationalsozialistische Regime verschickt wurden, wieder baldigst zu ihren geängstigten Eltern zurückgebracht werden, auch wenn dabei Grenzen zwischen verschiedenen Besatzungszonen überschritten werden müssen.

Den zahlreichen Angehörigen der gefangenen und als vermißt bezeichneten

Soldaten gegenüber fühlen wir uns verpflichtet, auch dafür einzutreten, daß alle Kriegsgefangenen, soweit sie nicht notwendig für Aufbauarbeiten erforderlich sind, alsbald entlassen werden und daß sogleich schon allen Gefangenen die Möglichkeit geboten werde, ihren Angehörigen ein Lebenszeichen zu geben.

Wir haben Verständnis dafür, daß die Verpflegung der Kriegsgefangenen – zumal in den ersten Nachkriegsmonaten – nicht in allen Gegenden in gleichem Maße ausreichend sein konnte. Wir bitten den Kontrollrat, auch dieser Frage wohlwollende Aufmerksamkeit zu widmen, indem wir bemerken, daß zur Zeit Ernährung und Gesundheitszustand der deutschen Gefangenen, die in Lagern untergebracht sind, den Angehörigen große Sorge bereitet.

Was nun die Angelegenheiten religiösen und kirchlichen Charakters im engeren Sinne angeht, so haben wir nach einer langen Periode der Bedrückung und Verfolgung mit großer Befriedigung aus der Potsdamer Erklärung entnommen, daß nunmehr der katholischen Kirche in Deutschland wieder die Freiheit der Religionsausübung, „soweit die Erfordernisse der militärischen Sicherheit es zulassen", und „die Unantastbarkeit religiöser Einrichtungen" zugesichert ist. Wir geben uns der Hoffnung hin, daß die hier gegebene Zusicherung recht bald volle Verwirklichung findet, möchten aber auf einige Punkte hinweisen, in denen die Wiederherstellung religiöser Einrichtungen und der Freiheit der Religionsübung besonders dringlich ist.

Zu den wesentlichen religiösen Einrichtungen der katholischen Kirche und ihrer Religionsübungen gehört die unbehinderte, lebendige Verbindung sowohl der Gläubigen als auch insbesondere der Bischöfe mit dem Papst, in dem wir den von Gott bestellten irdischen Stellvertreter Christi sehen. Wir bitten deshalb den Kontrollrat, die nachgeordneten Stellen anzuweisen, unseren Verkehr mit dem Hl. Vater im Rahmen der Möglichkeiten zuzulassen und zu erleichtern. Auch glauben wir, darauf aufmerksam machen zu sollen, daß allgemeine Regelungen innerhalb des kirchlichen Gebietes für die deutschen Diözesen nur nach Weisung oder unter Zustimmung des Hl. Stuhles erfolgen können.

Wesentliche und notwendige Voraussetzung für die Freiheit der Ausübung der katholischen Religion ist auch der ungehinderte Verkehr der Bischöfe mit allen Gemeinden ihrer Diözesen. Wir bitten deshalb, diesen Verkehr auch dort zu gestatten, wo dabei die Grenzen zwischen zwei Besatzungszonen passiert werden müssen.

Unentbehrlich für die Entfaltung des kirchlichen Lebens ist auch das religiöse Schrifttum. Solange die gegenwärtige Papierknappheit andauert, bitten wir, wenigstens den Anträgen auf Gestattung der nur sehr wenig erfordernden Kirchlichen Amtsblätter und auf Neudruck mit größter Papierersparnis hergestellter kleiner Katechismen jetzt schon stattzugeben, aber auch die Anträge auf Gestattung des Neudruckes von Gebetbüchern, biblischen Geschichten, größeren Katechismen und Herausgabe kleiner religiöser Wochenzeitungen mit Wohlwollen zu behandeln.

Wir haben Verständnis dafür, daß die zahlreichen Gebäude, die der Kirche durch rechtswidrige Gewaltakte des Dritten Reiches geraubt wurden, jetzt aber in das Eigentum der Kirche zurückkehren sollen, vorderhand zu einem Teile noch von den Besatzungsbehörden für ihre eigenen Zwecke benutzt werden. Wir bitten aber, jetzt schon der Kirche soviel von diesen Gebäuden zu überantworten, daß in ihnen die zur Ausbildung zukünftiger Priester erforderlichen Konvikte und Seminarien untergebracht werden können.

Die moralische und religiöse Aufbauarbeit, welche die Kirche in den nächsten Jahren zu leisten haben wird, würde wesentlich erleichtert, erhebliche Kräfte gespart und erhebliche Mehrausgaben für neue seelsorgliche Einrichtungen, insbesondere für Kirchen, Pfarrhäuser etc. würden vermieden werden, wenn die etwaige Umsiedlung aus den östlichen Gebieten so gelenkt würde, daß katholische Umsiedler in katholischen Gegenden angesiedelt würden.

Zu einer reibungslosen Wiedereingliederung der Kriegsteilnehmer in das Friedensleben der Heimat wird auch die Mitwirkung der Seelsorge in hohem Maße erforderlich sein. Wir bitten daher, auch die kriegsgefangenen Priester und Theologiestudierenden zu den Gefangenen zu rechnen, deren beschleunigte Entlassung im Interesse des Wiederaufbaues liegt.

Vorstehende Bittschrift, die wir deutschen Bischöfe in einer der bittersten Stunden der deutschen Geschichte verfaßten, überreichen wir den verantwortlichen Vertretern der Siegerstaaten in der Überzeugung, damit eine heilige Gewissenspflicht gegenüber Gott und unserem Volke zu erfüllen, zugleich aber auch der Befriedung der Welt und deshalb auch dem Wohle aller übrigen Nationen zu dienen.

(Ludwig Volk, Akten deutscher Bischöfe über die Lage der Kirche 1933–1945, Bd. VI, 1943–1945, Veröffentlichungen der Kommission für Zeitgeschichte, Grünewald, Mainz 1985, S. 695-699)

31. August 1945

3. MITARBEIT DES PRIESTERS IM ÖFFENTLICHEN LEBEN

Runderlaß des Bistums Meißen

Die im CIC. aus Can. 139 § 1, 2, 3 und Can. 1347 § 1 und 2 ersichtliche Beschränkung der kirchlichen Vorschriften auf die elementarsten Regeln scheint anzudeuten, daß die Kirche bezüglich der bürgerlichen Rechte der Geistlichen offenbar keine Beengung der Gewissensfreiheit wünscht – außer in Gegenden, wo besondere Vereinbarungen maßgebend sind, wie im verflossenen Konkordat.

In der kirchlichen Wortverkündigung hat der Priester die Offenbarungen Gottes, die Forderungen Christi, die Weisungen der Kirche darzulegen und dem christlichen Volke die Gewissenskräfte zur Unterscheidung der Geister zu schärfen. Ein wertvolles Hilfsmittel hierfür bieten ihm die bedeutenden Enzykliken der letzten Päpste.

Außerhalb des Gotteshauses möge der Priester seine politische Meinung zur allgemeinen Orientierung des christlichen Volkes – weder in der praktischen Betätigung zögernd, noch die angemessenen Grenzen überschreitend – sagen mit dem Ziele der Erreichung eines Rechtsstaates, der auf christlichen Grundsätzen sich aufbaut. Die notwendige Organisation und die Führung wird er wohl meistenfalls geeigneten Laien überlassen.

(Runderlaß des Bistums Meißen Nr. 37/1945, Bautzen, 31. 8. 1945)

9. März 1947

4. ZU DEN IN MOSKAU BEGINNENDEN FRIEDENSVERHANDLUNGEN ÜBER DEUTSCHLAND

Hirtenbrief der Oberhirten der Diözesen Deutschlands

Geliebte Diözesanen!

Am 10. März beginnen in Moskau die Verhandlungen, die unserem Volk nach sechs leidvollen Kriegsjahren, nach zwei schmerzlichen Jahren des Wartens den ersehnten Frieden schenken sollen. Frieden, die Hoffnungen, die für uns dies Wort in sich begreift, sind unübertrefflich zusammengefaßt in den Worten unseres Heiligen Vaters:

„Was wir ersehnen, ist ein wahrer Friede, der dieses Namens würdig ist; – ein Friede, gesichert in Aufrichtigkeit und Rechtlichkeit, in Gerechtigkeit und Wirklichkeitssinn; – ein Friede ehrlichen und entschlossenen Einsatzes zur vorbeugenden Meisterung jener wirtschaftlichen und sozialen Verhältnisse, die nach den Erfahrungen der Vergangenheit auch in Zukunft wieder leicht zu bewaffneten Konflikten führen könnten; – ein Friede, den jeder rechtlich Gesinnte in jedem Volk, jeder Nation billigen kann; – ein Friede, den die kommenden Geschlechter als die glückliche Frucht einer unglücklichen Zeit ansehen können; – ein Friede, der eine säkulare entscheidende Wende, ein Ja zu Menschenwürde und zur Freiheit in Ordnung darstellt; – ein Friede, der wie eine ‚Magna Charta' ist, welche die dunkle Epoche der Gewalt abschließt; – ein Friede, der uns unter der barmherzigen Führung Gottes durch die zeitlichen Güter so hindurch gehen läßt, daß wir die ewige Seligkeit nicht verlieren."

Geliebte Diözesanen!

Es ist schon für einen einzelnen Menschen, ohne daß Gottes Gnade ihm hilft, unmöglich, ganz zu erkennen und zu verwirklichen, was ihm persönlich wahrhaft zum Frieden dient. Das gilt noch viel mehr, wenn es sich um den Frieden ganzer Völker handelt. Bei den kommenden Friedensverhandlungen geht es nicht nur um den Frieden für unser Volk, sondern um den Frieden der abendländischen Völkergemeinschaft, ja, um den Frieden der ganzen Welt. Allen Einsichtigen ist es klar, daß dieses Ziel nur erreicht werden kann, wenn nicht wie im Kriege Macht und Leidenschaft, sondern Versöhnlichkeit und Recht das letzte Wort sprechen.

Die schwergeprüften Menschen unseres Volkes erwarten, daß die ihnen auferlegten Opfer jene vierfache Grenze nicht überschreiten, die das natürliche Recht bei einem Friedensvertrag zu wahren gebietet: die Ausrichtung auf das gemeinsame Wohl der Völkerfamilie; die Begrenzung auf die notwendige Sicherung aller Völker vor einem neuen Krieg; die Begrenzung auf die berechtigten Entschädigungs- und Wiedergutmachungsforderungen der Sieger; die Grenzen der Leistungsfähigkeit der Besiegten.

Geliebte Diözesanen!

Wie wir erfuhren, werden keine Deutschen bei den Friedensverhandlungen zugelassen werden. Wir können nicht selber unsere Sache dort vertreten. Wir können nur Gott den Herrn bitten, daß er schützend seine Hand über unser Volk hält. Zu ihm steigt darum in den kommenden Wochen der Friedensverhandlungen inständig unser Gebet. Am Sonntag, dem 16. März, werden wir uns in allen Kirchen zum Gebet um den Frieden versammeln. Während der ganzen Dauer der Friedensverhandlungen werden die Priester wie schon bislang täglich beim heiligen Opfer das Gebet um den Frieden als Gebet in schwerem Anliegen beten. Den Gebeten nach der heiligen Messe werden wir in der gleichen Zeit das Gebet anfügen:

„Herr Jesus Christus, Du hast in Deinem heiligen Opfer, dessen Gedächtnis wir eben gefeiert haben, der Welt den wahren Frieden geschenkt; schenke uns, wir bitten Dich, durch die Wirksamkeit eben dieses Opfers jenen Frieden, der ein Abglanz Deines Friedens ist."

Haltet Eure Kinder an, darum zur Königin des Friedens zu flehen. Verbindet dieses Gebet mit Eurem Opfer, mit dem tagtäglichen, geduldigen und tapferen Opfer, das Euch der Ausgang des Krieges auferlegte, mit dem heiligen Opfer, das den auf unseren Altären gegenwärtig sein läßt, den die heiligen Schriften selbst „unseren Frieden" nennen. Seid überzeugt, daß dieser Sturm Eurer Gebete entscheidend dazu beitragen kann, den kommenden Frieden zu einem wahren Frieden zu machen, einem Frieden, wie unser Heiliger Vater sagt: „... erstritten am Kreuzesholz, benetzt vom Blute des Herrn der Welt; nicht dem Blute des Hasses und Verderbens, sondern der Liebe und Verzeihung."

Der Liebe und dem Erbarmen eben dieses unseres Herrn und Heilandes empfehlen wir Euch und unser ganzes deutsches Volk und segnen Euch im Namen + des Vaters und + des Sohnes und + des Heiligen Geistes. Amen

Die Oberhirten der Diözesen Deutschlands
Für die Diözese Berlin:
+ Konrad Kardinal von *Preysing*
Bischof von Berlin

(Rundschreiben des Bischofs von Berlin – Berlin-Dahlem, den 21. Februar 1947 – mit folgendem „Zusatz des Bischöflichen Ordinariats": „Der vorstehende Hirtenbrief ist am Sonntag, dem 9. März 1947, in allen Gottesdiensten zu verlesen. Nach allen stillen heiligen Messen ist nach den leoninischen Gebeten vor der dreimaligen Anrufung: ‚Herz Jesu, erbarme Dich unser!' mit den Gläubigen das gegen Ende des Hirtenbriefes eingefügte Gebet um den Frieden zu beten. Berlin-Dahlem, den 21. Februar 1947. gez. Prange, Generalvikar")

21. August 1947

5. DIE NOT IST GROSS

Hirtenbrief der deutschen Bischöfe

Die Bischöfe Deutschlands, die sich auch in diesem Jahre wieder am Grabe des hl. Bonifatius versammelt haben, um auf ihre ernsten Beratungen über das Wohl und Wehe von Kirche und Vaterland den Segen des Apostels der Deutschen, des hl. Bonifatius, herabzuflehen, entbieten allen Gläubigen Gruß und Segen im Herrn.

Geliebte Diözesanen! So vielgestaltig die Anliegen, die den Episkopat beschäftigen, auch sein mögen, so steht doch überall seinen Verhandlungen das gütige Wort des Herrn: *„Mich erbarmt des Volkes“* (Matth. 15,32). Der Notschrei, der aus allen Herzen dringt, der durch alle Dörfer und Städte gellt, der alle Feierglocken und Freudenklänge übertönt, darf am wenigsten von den Hirten der Kirche überhört werden, die gewillt sind, auch noch den leisen Pulsschlag des Jammers zu vernehmen, von dem ihre geliebte Herde befallen wird. Wir fühlen mit unserem Volke, wir sind mit ihm verwachsen, wir gedenken jederzeit seiner Not und suchen ihr nach Kräften zu steuern. Im Bewußtsein unserer bischöflichen Aufgabe und Verantwortung stellen wir uns die Frage: Wie können wir unserem armen, bedrückten Volke helfen? Unser Hirtenwort soll darum ein *Trost- und Mahnbrief* sein, der von allen Kanzeln widerhallt und an alle Herzen pocht, der allen helfen will, die guten Willens sind.

I

Geliebte Diözesanen! *Die Not ist groß, ist riesengroß.* Wachsend ohne Unterlaß hält sie besonders seit Beginn des zweiten Weltkrieges uns umklammert. Die Schrecken des Krieges sind vorüber, die Segnungen des Friedens haben uns noch nicht beglückt. Wenn wir unser leidgedrücktes, verelendetes Volk betrachten, dann kommt uns das ergreifende Wort in den Sinn, das Gott durch den Propheten Isaias gesprochen hat (1,5ff.): „Wie soll Ich euch ferner noch schlagen? Ganz krank ist das Haupt, ganz siech das Herz. Kein heiler Fleck ist von der Sohle bis zum Scheitel mehr, nur Beulen, Striemen, frische Wunden, nicht ausgedrückt und nicht verbunden und nicht mit Öl gekühlt. Euer Land ward zur Wüste, eure Städte fraß das Feuer.“

Unser Volkskörper blutet wirklich aus tausend Wunden. Wohnungsnot, Nahrungsnot, Kohlennot, Mangel an den einfachsten und wichtigsten Bedarfsdingen des täglichen Lebens machen das Leben schwer und unerträglich. Die vielfach mit größter Hast und mit unsagbarer Härte durchgeführte Ausweisung von Millionen Menschen aus dem Osten, diese Verstoßung von Haus und Hof, hat es verschuldet, daß in dem verkleinerten, mit Ruinen bedeckten deutschen Raume eine Wohnungs- und Nahrungsnot entstanden ist, die jeder Beschreibung spottet. Der Hungertod hat bereits reiche Ernte gehalten und wird noch reichere halten. Wir danken von Herzen den deutschen Behörden, die das Menschenmögliche getan haben, um den *Flüchtlingsstrom* aufzunehmen und in zahllosen Kanälen in die Dörfer und Städte zu leiten. Wir zollen innigen Dank und Anerkennung jenen Gläubigen, die um der Liebe Christi willen ihre Häuser und Wohnungen geöffnet haben und Barmherzigkeit an denen üben, die so unbarmherzig aus ihrer Heimat ausgewiesen worden sind. Wir danken aufrichtig allen Wohltätern im Auslande, die sich bemühen, die schreiende Not unseres Volkes zu lindern.

Möge unser eigener Helferwille nicht erlahmen. Es wäre unser Wunsch, sog. *Patenschaften* zu gründen, wobei in jeder Kirchengemeinde besser gestellte Familien bestimmte Flüchtlingsfamilien mit Hausrat, Kleidungsstücken, Lebensmitteln, auch Geld unterstützen würden. Es könnte dadurch den entwurzelten Ausgewiesenen Halt gegeben und manche Sorge genommen werden. Der verewigte Bischof Maximilian *Kaller*, selbst Flüchtling und Freund der Flüchtlinge, auf dessen allzu frühes Grab wir einen Kranz dankbarer Liebe niederlegen und für dessen Seelenruhe wir beten, hat uns ein Beispiel rastloser Fürsorge für die Heimatberaubten hinterlassen.

Herzergreifend ist die Not unserer *Kriegsgefangenen*. Die ungestillte Sehnsucht nach der Heimat zehrt Tag und Nacht an ihrem Lebensmarke. Aus den Gefangenenlagern erreichen uns traurige Berichte der Lagergeistlichen, die von der zunehmenden Mutlosigkeit, Abstumpfung und vom Anwachsen radikaler und nihilistischer Gesinnung Kunde geben. Es läßt sich auch begreifen, daß das Gemüt dieser Männer und Jungmänner nach den Schrecken eines sechsjährigen Krieges, nach einer beispiellosen Ausnützung ihrer Arbeitskraft, nach den haarsträubenden Erlebnissen an den Fronten, durch die bittere und langdauernde Gefangenschaft ganz zermürbt wird. Über sieben Millionen katholischer Männer und Frauen, Jugendlicher und Kinder mit ebenso vielen Andersgläubigen haben am Weihnachtsfest 1946 durch ihre von Tränen befeuchteten Unterschriften die Alliierten angefleht, es möchten doch in kürzester Zeit ihre teuren Gefangenen freigegeben werden. Wir erneuern unsere Bitten um die Freigabe der Kriegsgefangenen und wiederholen auch mit aller Innigkeit und Dringlichkeit das Ersuchen um Weitherzigkeit und Großmut gegenüber jenen, die nur dem Druck des Nazismus und nicht dem Geiste der Bedrücker folgten.

Geliebte Diözesanen! Aus dem bisher Gesagten ist schon zu ersehen, daß mit der äußeren Not sich vielfach die *seelische Not* verbindet. Wer glauben möchte, daß die deutliche Sprache, die Gott in Kriegsgewittern gesprochen hat, genügen würde, die Menschen zur tieferen Besinnung auf ihr ewiges Heil, zur glühenderen Christusliebe und zur größeren Kirchentreue führen würde, hat sich vielfach sehr getäuscht. Wir sehen Kräfte am Werke, die an den Grundmauern des christlichen Glaubens und der christlichen Sitte rütteln. Je mehr der Materialismus sich in die Welt des Diesseits verbohrt und die ewigen Wahrheiten und Heilsquellen ablehnt, desto größer soll der Eifer der Gläubigen sein, ihrem Gott die Treue zu halten und den religiösen Gütern im Denken und Handeln, in den Familien und im Gemeindeleben jenen Platz einzuräumen, der ihnen als den ersten und höchsten Lebenswerten gebührt. Ohne Glaubensfestigkeit würde die Jugend in das sturmbewegte Meer des Lebens hinausfahren und hätte nicht Steuer noch Anker; ohne Religion und Gottesfurcht würden die Familien der tragenden Säulen entbehren, die ihre Einheit, Treue und Ehrbarkeit sichern und stützen; ohne den Trost der christlichen Hoffnung müßte alles zusammenbrechen, wenn die Hände erkalten, das Augenlicht erlischt und die letzte Stunde naht.

Groß ist auch die *sittliche Not.* Die Ehrfurcht vor dem 7. Gebot Gottes, die Achtung des Eigentums, der Unterschied zwischen Mein und Dein sind für viele ein überwundener Standpunkt. Diebstähle, Einbrüche, das lichtscheue Gewerbe des verheerenden Schwarzmarktes stehen in Blüte und fördern Arbeitsscheu und Geldgier. Wir richten besonders an euch, ihr lieben Bauersleute, die inständige Bitte: Laßt euch nicht blenden und verblenden von den lockenden Geldscheinen! Erfüllt eure Ablieferungspflicht um des Gewissens willen und gebt von dem, was euch noch darüber verbleibt, mit freigebigen Händen. Laßt den Segen Gottes auf eurer Arbeit und eurem Besitz durch Ehrlichkeit und Freigebigkeit ruhen. Vergeßt nicht unsere Kinder- und Altersheime; seid eingedenk unseres so segensreich wirkenden Caritas-Verbandes; spendet mit vollen Händen, spendet in christlicher Liebe! Almosengeben macht nicht arm.

Geliebte Diözesanen! Noch mehr als der sittliche Wert des Eigentums wird die rechte Ordnung auf dem Gebiete der Sittlichkeit im engeren Sinne mißachtet. *Schamhaftigkeit* und *Herzensreinheit,* die Perle der Jugend, der Schmuck und die Anmut des Frauentums, Ehre und Würde des Mannes sind leider Gottes in der Wertschätzung gesunken. Entfesselt rast die Leidenschaft der sinnlichen Lust durch die Lande. Aus schnöder Gewinnsucht gibt man Ehre und Gewissen dahin und richtet sich nicht nach dem, was erlaubt ist, sondern was gefällt. Das Gewissen spricht nicht mehr an, seine mahnende Stimme wird übertönt und sein Urteil verachtet. Da heißt es einen kräftigen Trennungsstrich ziehen zwischen christlicher Sitte und heidnischer Lebensart, zwischen Gut und Böse, zwischen Christus und Belial.

Auch das *Familienleben,* die Heiligkeit der Ehe, die Treue unter den Gatten, die christlichen Erziehungsgrundsätze sind vielfach ins Wanken geraten. Und doch bildet gerade die Familie als Keimzelle von Kirche und Staat, als der heilige Herd, auf dem das Feuer der Gottes- und Nächstenliebe nicht erlöschen darf, als der gesegnete Quell, aus dem immer neue Kraft und neues Leben dem Volke zuströmen, unsere größte Hoffnung für den Aufstieg unseres Volkes. Wir bitten die lieben Eltern und diejenigen, die an die Gründung einer Familie schon denken können, doch alles von sich fern zu halten, was dem christlichen Namen Unehre macht, die religiös-sittliche Kraft schwächt und wie ein unheilvoller Schwamm an den Grundmauern des Familienlebens fressen würde. Unverrückbar wie die Sterne des Himmels müssen über unserem Begehren und Belieben die göttlichen Wahrheiten und Gesetze stehen, die wunderbar groß und schön die Menschen aller Zeiten und aller Orte verpflichten.

Wie sehr auch der Heilige Vater wegen des Anschwellens der Schmutzflut der Unsittlichkeit in Sorge ist, läßt sich daraus schließen, daß er als erste Gebetsmeinung für den Monat August dieses Jahres vorgeschrieben hat: „Überwindung der zügellosen Sittenverderbnis durch die Verehrung des unbefleckten Herzens Mariä.“

21. August 1947

II

Geliebte Diözesanen! *Die Not ist groß, ist riesengroß,* für Leib und Seele des Menschen. Darum schauen wir nach *Nothelfern* aus. Gemäß dem Sprichwort: „Hilf dir selbst, dann hilft dir Gott," denken wir zunächst an irdische Hilfe, an Selbsthilfe, an Nächstenhilfe, an Welthilfe. Man wirft den Deutschen vor, daß sie sich darin gefallen, sich selbst zu bemitleiden, daß sie die Eigenart hätten, immer fremde Helfer zu suchen. Keinesfalls trifft diese Anklage auf alle oder den größeren Teil des deutschen Volkes zu. Wir sind vielmehr bereit, unsere ganze Kraft, unseren Fleiß, unseren Erfindungsgeist, unsere zähe Ausdauer in die Waagschale zu werfen, um unser Los zu bessern und unsere Lage zu heben. Wir sind keine Träumer, die statt die Hände zu regen, sie in den Schoß legen, die am liebsten in die Wolken gucken und mit dem Nachdenken über ihre traurige Lage zu keinem Entschluß und zu keinem Schaffen gelangen. Man gebe uns Arbeit, Maschinen, Rohstoffe, ausreichende Ernährung, Bewegungsfreiheit: Wir werden mit Freuden zur Selbsthilfe greifen. Zur Zeit sind wir jedoch auf fremde Hilfe angewiesen. Innigen und ehrfurchtsvollen Dank schulden wir dem *Heiligen Vater,* dessen Herz in Liebe zum deutschen Volke schlägt, der unser Volk kennt aus den Tagen seines Glückes, der mitleidsvoll teilnimmt an dem tiefen Leid, das über uns hereingebrochen ist. Willkommen sind uns seine wertvollen Gaben an Nahrungsmitteln und Kleidern, willkommen seine mannhaften Worte, in denen er die Menschenrechte verteidigt, die auch für uns gelten und unveräußerlich sind: das Recht auf Freiheit und Leben, auf Wahrheit und Gerechtigkeit. Das Wort des Papstes als der höchsten Autorität auf Erden in Fragen der Religion und Sittlichkeit, der Gerechtigkeit und Wahrheit hallt durch alle Lüfte, findet den Weg in alle Häuser und pocht mit Ungestüm an die Tore, hinter denen über das Völkerwohl und den Frieden beraten und entschieden wird.

Eine unerläßliche Voraussetzung für die Gesundung unseres deutschen Volkes erblicken wir in der möglichst vollkommenen *Lösung der sozialen Frage.* Wir rufen die katholischen Männer und Frauen, unsere reifere katholische Jugend auf, sich in der heutigen Notzeit eingehend mit dem Studium der sozialen Frage zu befassen und nach Mitteln und Wegen zu suchen, die einem glücklichen Zusammenleben der verschiedenen Schichten, Berufe und Stände in der menschlichen Gesellschaft dienen können. Arbeitgeber und Arbeitnehmer dürfen sich nicht wie zwei feindliche Lager gegenüber stehen. Mit der Lohntüte am Wochenende wird die soziale Frage noch nicht gelöst. Wie die Maschine Öl braucht, wenn sie nicht heißlaufen soll, so braucht im Arbeitsprozeß der ganze Mensch Beachtung, braucht Rücksichtnahme auf seine religiösen Ansprüche, seine geistigen Bedürfnisse, seine Wohnverhältnisse, seine Gesundheit, seine Freizeitgestaltung, auf das Wohl von Frau und Kindern. Was Leo XIII. schon vor 50 Jahren gefordert hat, daß dem Arbeiter ein Lohn entrichtet werde, mit dem er seiner ganzen Familie ein menschenwürdiges Dasein zu bieten vermöchte, das sollte endlich als goldenes Jubiläumsgeschenk der Arbeiterschaft dargereicht werden. Zur Entproletarisierung würde es wesentlich beitragen, wenn der Arbeiter nach des Tages schwerer Last in einem behaglichen, schlichten Heim, das von Fruchtbäumen und Fruchtboden umgeben ist, ausruhen könnte. Eine befriedigende Lösung der gewiß schwierigen Frage, wie eine gerechte Gewinnverteilung dem gemeinsamen Wohle, dem Arbeitgeber und dem Arbeiter, in bester Weise dienen könnte, ist anzustreben. Sie verlangt eine echte soziale Gesinnung, weckt aber auch die innere Teilnahme der Arbeiterschaft am Erfolg sowie eine engere Verbundenheit mit dem Unternehmer. Es muß das Ziel aller Reform in der Wirtschaftsgesellschaft sein, dem Arbeiter zu ermöglichen, bei Fleiß und Sparsamkeit zu jenem bescheidenen Wohlstand sich emporzuschwingen, der ihn aus dem Sklavenjoch der Maschine zu einem zufriedenen Leben erhebt und seine Versorgung in den Tagen des Alters ausreichend sicherstellt. Der Siedlungsgedanke ist die tragende Säule im Neubau des Arbeiterhauses. Die Kirche wird sich an der Lösung der sozialen Frage nicht nur moralisch, sondern bereitwillig auch mit ihrem Besitztum beteiligen. Die Magna Charta des katholischen Sozialprogramms bilden die unvergänglichen Rundschreiben Leos XIII. *„Rerum Novarum"* und Pius' XI. *„Quadragesimo Anno"*, zusammen mit den lichtvollen Kundgebungen unseres glorreich regierenden Papstes Pius' XII., der die richtungweisenden Gedanken seiner Vorgänger in das helle Licht der Zeit rückt. Aus der Fülle und Klarheit, aus der Glaubenstiefe und Menschenfreundlichkeit der päpstlichen Worte sollen die verantwortlichen Persönlichkeiten, Männer und Frauen, in Staat und Kirche, jene Anregungen schöpfen und jene Anrufe empfangen, die zum Fortschritt, zur Erneuerung, zur Befriedung der menschlichen Gesellschaft allmählich führen. Wenn die neue berufsständische Ordnung, von der Pius XII. sprach, als „segensreiche Himmelstochter" kommt, dann werden Arbeitgeber und Arbeitnehmer sich die Hände reichen und zuverlässiger als in der Vergangenheit zu Bringern jener Lebensgüter werden, von denen die Allgemeinheit lebt. Arbeitgeber und Arbeitnehmer sind nicht Gegensätze und Gegenspieler, sondern Schicksalsgenossen und Arbeitsfreunde.

Geliebte Diözesanen! Auch eine *neue Ordnung der Eigentumsverhältnisse* wird sich als unvermeidlich erweisen. Wohl läßt sich das 7. Gebot, das das Eigentum schützt, niemals außer Kraft setzen und das Wort des ehemaligen Führers der französischen Sozialisten Proudhon: „Eigentum ist Diebstahl" nicht zum neuen Rechte stempeln. Das Privateigentum beruht auf einer Forderung der Menschennatur und dem ausdrücklichen göttlichen Willen: Es ist als Hebel des Fortschrittes und als Quelle der Schaffensfreude unerläßlich und unersetzlich. Damit ist aber nicht gesagt, daß die kapitalistische Anhäufung der irdischen Güter in wenigen Händen der gottgewollten Ordnung entspricht. Namentlich nach einem Kriege vom Ausmaß des letzten Weltkrieges erscheint die rechte Verteilung der irdischen Güter auf das schwerste gestört. Es wird daher ein angemessener *gesetzlicher Lastenausgleich* unvermeidlich sein, bei dem Gemeinwohl und soziale Gerechtigkeit mit dem grundsätzlichen Festhalten am Privateigentum in Einklang zu bringen sind. Die soziale Neuordnung, die nicht in einer Umwandlung des Privatkapitalismus in einen Staatskapitalismus bestehen darf, verlangt die besten Kräfte des Volkes und ist des Schweißes der Edelsten wert. Es darf weder die frische Schwungkraft der Jugend, besonders der christlichen Arbeiterjugend, noch die reife Erfahrung des Alters fehlen, wenn die soziale Frage zufriedenstellend gelöst werden will. Die Kirche will, daß ihre Gläubigen sich einsetzen für eine Staats-, Wirtschafts- und Gesellschaftsordnung, die auf Gerechtigkeit und Liebe aufgebaut ist. Auch an den politischen Fragen und Strömungen nimmt sie pflichtgemäß lebhaftes Interesse, weil hier zugleich weittragende Entscheidungen über Religion und Kultur, Ehe und Schule fallen. Wir geben der Hoffnung Ausdruck, daß unser katholisches Volk seine politische Haltung stets unter dem Gesichtspunkte der christlichen Welt- und Lebensordnung, die sich stets zum Segen für Volk und Vaterland auswirkt, bestimmen wird.

III

Geliebte Diözesanen! *Die Not ist groß, ist riesengroß.* Menschliche Hilfe allein muß versagen. Aus dem Dunkel der Zeit schauen wir auf zu *Christus,* der gesprochen hat: „Ich bin das Licht der Welt, wer Mir nachfolgt, wandelt nicht in der Finsternis"! In der Armut des Lebens greifen wir nach Gottes Hand, von der es heißt: „Du öffnest Deine Hand und erfüllst alles, was da lebt, mit Segen!" Im tiefsten Schmerz suchen wir den Weg zu jenem göttlichen Herzen, das wir anrufen als das „Herz voll Güte und Liebe", als das „Gefäß der Gerechtigkeit und Liebe", als „brennenden Feuerofen der Liebe". Papst Pius XI. hat am 3. Mai 1932 ein Rundschreiben „Die Liebe Christi drängt uns" an die Welt gerichtet, in dem er zu *Gebet* und *Buße* auffordert. Das Rundschreiben erfolgte vor dem Weltkriege und vor der Machtergreifung des „Dritten Reiches". Der weitblickende Papst sah drohende Wolken heraufziehen und darum seine ernsten Worte. Er schreibt: „Der Glaube lehrt uns die große Macht des demütigen, vertrauensvollen, beharrlichen Gebetes. Mit keinem anderen guten Werke hat der Allmächtige je so weitgehende, so umfassende, so feierliche Verheißungen verknüpft wie mit dem Gebet: Bittet und ihr werdet empfangen, suchet und ihr werdet finden, klopfet an und es wird euch aufgetan werden ... Menschen, die in allen Nationen zu demselben Gott um den Weltfrieden beten, können nicht zugleich Boten des Völkerhasses sein; Menschen, die sich im Gebet an die göttliche Majestät wenden, können nicht diesen nationalistischen Weltherrscherdrang nähren, der aus jedem Volk seinen eigenen Götzen macht. Menschen, die aufschauen zu dem Gott des Friedens und der Liebe, die zu ihm sich wenden durch Christus, der unser Friede ist, werden nicht ruhen, bis endlich der Friede, den die Welt nicht geben kann, vom Geber alles Guten sich auf die Menschen niedersenkt, die guten Willens sind." In gleicher Weise wie zum Gebete mahnt der Papst zur Buße, die er als „eine rettende Waffe in der tapferen Hand der Streiter Christi" bezeichnet, die sie zum Schutz und Wiederaufbau der sittlichen Ordnung in der Welt schwingen sollen. „Diese Waffe trifft alle Übel in ihrer tiefsten Wurzel, nämlich die Gier nach irdischem Reichtum und ausschweifendem Lebensgenuß." Daß die soziale Frage nicht ausschließlich und in erster Linie mit irdischen Mitteln zu lösen ist, drückt derselbe Papst in der nämlichen Enzyklika mit den herrlichen Worten aus: „Den dauerhaften, alles durchwehenden Friedensodem vermögen nicht Friedensverträge, noch hochfeierliche Abkommen, nicht internationale Zusammenkünfte und Beratungen, auch nicht die edelsten und selbstlosesten Bemühungen irgendeines Staatsmannes zu schaffen, wenn man nicht zuerst die *heiligen Rechte des Natur- und Gottesgesetzes* anerkennt. Keinem Wirtschaftsführer, keiner Organisationsgewalt wird es je gelingen, die wirtschaftlichen Verhältnisse in friedlicher Lösung zu ordnen, wenn nicht zuerst im Reiche der Wirtschaft selbst das in Gott und Gewissen verankerte Sittengetz als Sieger herrscht. Das ist der Grundwert jeden Wertes im politischen und wirtschaftlichen Leben der Völker."

Geliebte Diözesanen! Nun liegt es an euch, den Segen Gottes auf die friedlose und schmerzgeprüfte Welt durch Gebet und Buße herabzurufen. Ihr könnt euch nicht das geben, was sich Gott vorbehalten hat. Ihr könnt nicht durch Arbeit gewinnen, was dem Gebet verheißen ist. Ihr könnt nicht durch eigene Kraft erraffen, was Gott schenkt. Gott und seine Werke, sein Trost und seine Liebe lassen sich durch menschliche Leistungen nicht ersetzen. Der göttliche Helfer ist immer größer als die menschliche Not. Auch aus dem bittersten Leid und dem tiefsten Elende kann Gottes gütige Hand herausführen. Wenn die Leidenswogen am höchsten gehen, dann bleibt euch eines: *das Kreuz des Herrn!* Für alle Zukunft bleibt das Kreuz eine Kanzel der Wahrheit, ein Thron der Gerechtigkeit, ein Altar der Liebe. Vom Kreuz aus will Christus die Menschheit mit durchbohrten Händen umarmen, mit durchbohrten Füßen heimsuchen und an sein durchbohrtes Herz uns drücken. Am Kreuze stirbt nicht das Leben, sondern der Tod. Der lästernde Schächer zerbricht am Kreuz, der betende landet im Paradies. Durch Finsternis und Todesnot hallen die Worte des Gekreuzigten: „Vater vergib ihnen, sie wissen nicht, was sie tun." Vom Blute, das am Kreuzesstamm zur schuldbeladenen Erde herabrinnt, sagt und singt der hl. Thomas: „Dieses Bluts ein Tropfen / Ist der Welt genug, / Gnädig tilgt er alle / Frevel, die sie trug."

So hört den Ruf des Herrn: „Wer Mein Jünger sein will, nehme sein Kreuz auf sich und folge Mir nach." Schon unsere geliebte Jugend muß ihre Schultern unter das Kreuz des Herrn beugen und das Wort der Bibel ehren: „Heilsam ist's für den Mann, das Joch in seiner Jugend schon zu tragen" (Klg. 3,27). Männer und Frauen! Ihr seid mit der Bürde des Kreuzes vertraut, aber wisset: nur durch die Berührung mit dem Kreuz von Golgatha wird euer Joch leicht und eure Bürde süß. Ihr Enterbten, Ausgewiesenen, Ausgebombten, Gefangenen: flüchtet euch unter das Kreuz dessen, von dem geschrieben steht: „Ich aber, Ich bin ein Wurm und kein Mensch, der Leute Spott, und verachtet vom Volk ... Ich bin hingegossen wie Wasser, ausgerenkt sind alle Meine Gebeine ... Meine Zunge klebt Mir am Gaumen ... Hände und Füße haben sie Mir durchbohrt" (Ps. 21).

Geliebte Diözesanen! *Die Not ist groß, ist riesengroß.* Wir wollen sie zu meistern suchen. Wir wollen die Hände zur Arbeit regen, wir wollen die Hände zum Gebete falten. Gott ist und bleibt in Seiner Weisheit, Allmacht und Liebe unsere große Hoffnung. Er wird uns nicht über unsere Kräfte versuchen lassen. Christus gab einstens in der Wüste das wunderbare Brot des Leibes und im Abendmahlssaal das noch wunderbarere Brot des Sakramentes: wir vertrauen, daß Er uns immer wieder für Leib und Seele das Brot brechen wird, dessen wir bedürfen. Christus spendete Wein bei der Hochzeit von Kana und verwandelte Wein in Sein Blut am Abend Seines Lebens: wir vertrauen, daß Er Leib und Seele erquicken wird mit jenen

Wassern des Heiles, wonach wir dürsten. Christus ging Wohltaten spendend durch das heilige Land: wir vertrauen, daß Er als liebevoller Wohltäter der Menschheit auch das deutsche Volk, Land, Leute, Häuser und Ruinen segnen werde. Christus heilte Krankheiten aller Art und trieb Teufel aus: wir vertrauen, daß Er uns im Leide trösten und aufrichten und die Dämonen, die in der Welt umherschweifen, in die Schranken weisen werde. Christus hat den Sturm beschworen, der über den See Genesareth raste und das Apostelschiff in Seenot brachte: wir vertrauen, daß Er auch die erregten Wogen glätte, die der abgezogene Sturm zurückgelassen hat, und daß Er neue Stürme, die am Horizont wetterleuchten, in erbarmender Liebe beschwöre. So sei Christus für uns und für alle Welt und für alle Zeit: Der Weg, die Wahrheit und das Leben.

Es segne euch der allmächtige Gott, der + Vater und der + Sohn und der + Heilige Geist.

Fulda, den 21. August 1947

++ JOSEPH KARDINAL FRINGS, Erzbischof von Köln
++ MICHAEL KARDINAL FAULHABER, Erzbischof von München
++ KONRAD KARDINAL VON PREYSING, Bischof von Berlin
++ KONRAD *Gröber*, Erzbischof von Freiburg
++ LORENZ *Jäger*, Erzbischof von Paderborn
++ JOSEPH OTTO *Kolb*, Erzbischof von Bamberg
++ FRANZ RUDOLPH *Bornewasser*, Erzbischof, Bischof von Trier
+ WILHELM *Berning*, Bischof von Osnabrück
+ MATTHIAS *Ehrenfried*, Bischof von Würzburg
+ MICHAEL *Buchberger*, Bischof von Regensburg
+ JOSEPH *Kumpfmüller*, Bischof von Augsburg
+ JOSEPH GODEHARD *Machens*, Bischof von Hildesheim
+ ALBERT *Stohr*, Bischof von Mainz
+ MICHAEL *Rackl*, Bischof von Eichstätt
+ SIMON KONRAD *Landersdorfer*, Bischof von Passau
+ JOHANNES *Dietz*, Bischof von Fulda
+ JOSEPH *Wendel*, Bischof von Speyer
+ JOHANNES JOSEPH *van der Velden*, Bischof von Aachen
DR. FRANZ HARTZ, Praelatus nullius der Freien Prälatur Schneidemühl
DR. FRANZ MONSE, erzbischöfl. Generalvikar des deutschen Anteils der Diözese Prag
DR. FERDINAND PIONTEK, Kapitelsvikar der Erzdiözes Breslau
DR. JAKOB RAUCH, Kapitelsvikar des Bistums Limburg
FRANZ VORWERK, Kapitelsvikar der Diözese Münster
ARTHUR KATHER, Kapitelsvikar des Bistums Ermland
DR. MAXIMILIAN KOTTMANN, Generalvikar von Rottenburg.

(Morus-Verlag Berlin, 1947; kursiv gedruckte Namen von den Herausgebern hinzugefügt.)

20. Dezember 1947

6. ERKLÄRUNGEN ZU ZEITFRAGEN IM NAMEN DER KATHOLISCHEN KIRCHE DEUTSCHLANDS

Anweisung des Bischofs von Berlin

Erklärungen im Namen der katholischen Kirche

Ich sehe mich veranlasst, allen kirchlichen Dienststellen der Diözese Berlin folgendes in Erinnerung zu bringen.

Nur die Gesamtheit der Bischöfe Deutschlands ist berechtigt, Erklärungen zu Zeitfragen im Namen der katholischen Kirche Deutschlands abzugeben. Für den Bereich seines Bistums ist in analoger Weise der Bischof zuständig, derartige Erklärungen abzugeben.

Sollten seitens weltlicher Stellen von den meiner Jurisdiktion unterstehenden kirchlichen Dienststellen Erklärungen zu Zeitfragen eingefordert oder erbeten werden, die als Stellungnahme der katholischen Kirche gewertet werden könnten, so ersuche ich, mit dem Hinweis auf diesen Erlass und die ihm zugrunde liegende Rechtslage, eine solche Erklärung nicht abzugeben.

+ Konrad Cardinal von Preysing
Bischof von Berlin

Vorstehende Verfügung wurde den Priestern im Bistum Berlin bereits durch Rundschreiben J.-Nr. 3326/47 vom 20. Dezember 1947 zur Kenntnis gegeben.

(Amtsblatt des Bischöflichen Ordinariats Berlin, 20. Jahrgang, Stück 1 vom 1. Januar 1948, Nr. 5.
Die Anweisung ist im Wortlaut – unterzeichnet von Bischof Wilhelm Weskamm – erneut abgedruckt in: Amtsblatt des Bischöflichen Ordinariats Berlin, 26. Jahrgang, Stück 1 vom 1. Januar 1954, Nr. 6; sowie – unterzeichnet von Bischof Dr. Julius Döpfner, mit der Einleitung „S. E. unser Hochwürdigster Herr Bischof hat nachstehende bereits früher mehrfach gegebene Anweisung erlassen:" – in: Amtsblatt des Bischöflichen Ordinariats Berlin, 29. Jahrgang, Stück 5 vom 1. Mai 1957, Nr. 8.)

26. August 1948

7. AUFRUF ZUR NEUORDNUNG

Hirtenbrief der deutschen Bischöfe

Die am Grabe des hl. Bonifatius versammelten Erzbischöfe und Bischöfe Deutschlands entbieten dem Klerus und den Gläubigen ihrer Diözesen Gruß und Segen im Herrn.

Geliebte Diözesanen!

Die große Stunde des christlichen Gewissens hat geschlagen. Der Stundenschlag muß alle Christen zu ernster Gewissenserforschung wecken. Wir müssen uns besinnen, wie wir die Aufgaben, die Christus uns gestellt hat, im Dunkel unserer Zeit erfüllen, damit wir einst vor Christus im Lichte der Ewigkeit bestehen können.

Zunächst müssen wir eine Grundfrage beantworten: *Wie stehen wir als Christen zu Christus?* Dann aber wollen wir Antwort geben auf einige *Zeitfragen*, die uns in der Unordnung und in der Neuordnung unserer Tage gestellt sind.

I. Die Frage: Wie stehen wir zu Christus? ist *auch heute keine unnötige Frage*. Über ein Jahrzehnt war bei uns der christliche Name verpönt und wurde in der Öffentlichkeit totgeschwiegen. Viele haben um dieses Namens willen Schmach und Verfolgung gelitten. Heute sind die Worte „Christentum" und „christlich" wieder öffentlich in Gebrauch gekommen, ja man muß fast fürchten, daß sie zu sehr verbraucht und abgenützt werden. Nur wenn wir wissen, was es bedeutet, wenn wir uns Christen nennen und von Christentum sprechen, werden wir auch als Christen handeln. Wir müssen uns vor allem klar darüber sein, daß Christus nicht in die Welt gekommen ist, um den Grundstein zu einem irdischen Reich zu legen. Seine Sendung bestand darin, die Frohbotschaft vom Himmelreich zu künden und die Königsherrschaft Gottes wieder aufzurichten. Weil aber Gott kein Gott der Toten, sondern der Lebendigen ist (Matth. 22, 32), so ist Christus gekommen und am Kreuz gestorben, *damit wir das Leben haben* und es in Fülle haben (Joh. 10,10). Wer darum nicht wiedergeboren wird aus dem Wasser und dem Heiligen Geiste, der kann das Reich Gottes nicht schauen und in das Gottesreich nicht eingehen (Joh. 3, 3. 5). Durch das Sakrament der Wiedergeburt empfangen wir aus der Fülle Christi Gnade über Gnade. *Durch die Taufe werden wir Christen.* Wer durch die Sünde die Gnade Christi verliert, der hat nur den Namen, daß er lebt, und er ist tot (Offb. 3, 1). *Christliches Leben gestalten können aber nur Christen, die in der Gnade leben.* So ist die Lebensfrage des Christentums zu tiefst die Gnadenfrage in der Seele des Christen. Wir müssen also mit der Wirklichkeit und Notwendigkeit der Gnade rechnen, wenn wir uns bei allen unseren Berechnungen nicht verrechnen wollen. Ohne die Gnade des Erlösers geht die Menschheit immer mehr dem Zerfall entgegen. Zerfallserscheinungen stehen heute sichtbar genug vor unseren Augen.

Christus aber, der gesprochen hat: Ich bin gekommen, daß sie das Leben haben und es in Fülle haben, hat auch gesagt: Ich bin gekommen, um der Wahrheit Zeugnis zu geben (Joh. 18, 37). Als Lehrer der Wahrheit sprach Er wie einer, der Macht hat (Matth. 7, 29). Dauerhafter als Himmel und Erde sind Seine Worte (Matth. 24, 35). Wer zu Christus, dem Gottessohn, Ja sagt, kann zu keinem Wort, das aus dem Munde Christi kommt, ein Nein sprechen.

Zur Hüterin und Lehrerin Seiner Wahrheit hat Christus Seine Kirche bestimmt, als Er zu Seinen Aposteln und ihren Nachfolgern im Bischofsamt die Worte sprach: „Mir ist alle Gewalt gegeben im Himmel und auf Erden. Gehet hin und lehret alle Völker ... Sehet, Ich bin bei euch alle Tage bis ans Ende der Welt" (Matth. 28, 18ff). „Wer euch hört, der hört Mich, wer euch verachtet, der verachtet Mich."

Geliebte Diözesanen! Darum müssen auch alle, die auf dem weltweiten Feld *Katholischer Aktion* arbeiten, von der kirchlichen Hierarchie die großen Lehr- und Arbeitsanweisungen entgegennehmen. Damit soll keinem ungesunden *Klerikalismus* das Wort geredet, noch einer starken und verantwortungsbewußten, auch selbständigen *Aktivität der Laien* das Urteil gesprochen werden. Im Gegenteil begrüßen wir diese Aktivität und wünschen sie in jeder Weise gefördert. In der Kirche Christi dürfen Spannungen zwischen Priestern und Laien, die nun einmal in der Natur der Sache liegen, kein Hindernis für eine vertrauensvolle Zusammenarbeit sein. Priester und Laien müssen wissen, daß sie im gleichen Kraftfeld stehen, in Christus, jeder allerdings in seiner Art und Aufgabe.

Um die Einigkeit unter Seinen Aposteln hat Christus in den Jahren Seines öffentlichen Lebens immer wieder gerungen. Um die Einheit zwischen Aposteln und Gläubigen hat Er am Abend Seines irdischen Lebens inständigst gebetet: „Nicht nur für diese allein (meine Apostel) bitte Ich, sondern auch für jene, die auf ihr Wort hin an Mich glauben. Lasse sie alle eins sein! Wie Du, Vater, in Mir bist und Ich in Dir bin, so lasse sie in Uns eins sein, damit die Welt es glaube, daß Du Mich gesandt hast" (Joh. 17, 20.21). Die Einheit zwischen Priester und Volk soll nach dem Willen Christi eine Glaubenspredigt sein für die Welt. Das Ja des Priesters zum Laien in der Kirche, das Ja des Laien auch in der Welt zum Priester und das von allen bewußt und gemeinsam im Chor gesprochene Ja zu einander soll der Welt das Ja zu Christus abgewinnen, dem Gesandten des Vaters. Dann werden nicht nur die einzelnen Christen Lichter sein, die auf dem Leuchter stehen, die im Haus und vor den Menschen außerhalb des Hauses leuchten, dann wird die Kirche der Stadt auf dem Berge gleichen, die nicht verborgen bleibt (Matth. 5, 14-16).

Geliebte Diözesanen!

II. Wenn wir nun hinschauen auf die Wirklichkeit unserer Tage, dann sehen wir statt dieses lichten Bildes ein zum Teil sehr düsteres Schattenbild. Weitgehende *Unordnung* ist das Kennzeichen unserer Zeit. *Neuordnung* heißt der Ruf unserer Not. Wir können als Christen die Unordnung im Einzelleben und im Zusammenleben der Menschen nicht übersehen und den Ruf nach Neuordnung nicht überhören; denn wenn es noch eine *helfende Ordnungsmacht* gibt, dann müssen wir Christen sie stellen. Das ist für uns eine Aufgabe, und hier liegt eine Verantwortung.

26. August 1948

Die tiefste Unordnung unserer Tage liegt in dem gestörten und zum Teil zerstörten *Ordnungsverhältnis des Menschen zu Gott*. Millionen rechnen in ihrem Leben einfach nicht mehr mit Ihm. Sie kämpfen nicht gegen Gott, sie kümmern sich aber nicht um Ihn. Sie fühlen Gott gegenüber keine Verpflichtung und keine Verantwortung. Ohne die rechte Ordnung zu Gott wird keine Ordnung zu schaffen sein und die Ruhe nicht kommen, die aus der Ordnung wächst, der Friede. Welch eine Aufgabe steht hier vor den Christen! Sie müssen den Spuren ihres Meisters folgen, der in die Welt eingetreten ist, um den *Ordnungsweg* des Vaters zu gehen in der Erfüllung Seines Willens bis zu Seinem Tod am Kreuze. Kein Versucher und keine Versuchung konnten Ihn aus dieser Ordnung reißen. Obwohl Er hungerte, machte Er aus Steinen kein Brot (Matth. 4, 4). Obwohl Er nichts hatte, wohin Er Sein Haupt legen konnte, fluchte Er denen nicht, die ein Haus besaßen. Er hat über die ungastliche Stadt, die Ihm und den Seinen keine Aufnahme gewährte, nicht Feuer vom Himmel gerufen (Luk. 9, 51 ff). Er war immer in dem, was des Vaters ist. Des Vaters Wille war Seine Speise (Joh. 4, 34). Gleichwohl hat Er keinen Zweifel darüber gelassen, daß der Reichtum eine größere Gefahr für das Himmelreich ist als die Armut, und im Gleichnis erzählt, wie der reiche Prasser, der den Lazarus obdachlos vor seiner Türe verkommen ließ, in der Hölle begraben wurde (Luk. 16, 23). So ist Christus vor Gott gewandelt. Er hat gesegnet und nicht geflucht, Er hat gebetet und nicht verwünscht, Er hat gehungert und die Hungrigen gespeist. Werden die Christen, die Reichen und die Armen, die Satten und die Hungrigen, die Einheimischen und die Fremden, der Spur des Meisters folgen und in gläubiger Ehrfurcht vor Gott wandeln?

Geliebte Diözesanen! Eine weitere Unordnung unserer Tage ist die *Unterordnung der menschlichen Persönlichkeit unter die Güter dieser Welt*, die Umkehrung der von Gott gesetzten Ordnung, nach der der Mensch über die Welt und ihre Schätze herrschen soll, ihnen aber nicht ausgeliefert werden darf. „Die Kirche sucht in erster Linie den Menschen selbst", sagt der Heilige Vater in einer Ansprache, „sie bemüht sich, den Menschen zu bilden, an ihm die Ähnlichkeit mit Gott herauszuarbeiten und zu vervollkommnen ... Der moderne Imperialismus dagegen verfolgt einen umgekehrten Weg ... Er sucht nicht den Menschen an sich, sondern die Dinge und Kräfte, denen er den Menschen dann dienstbar macht. Damit trägt er in sich Keime, die das Fundament des menschlichen Zusammenlebens gefährden. Kann unter diesen Umständen", so fragt der Papst, „die heutige Angst der Völker um ihre Existenz wundernehmen?" Möchten wenigstens die Söhne der Kirche, die in verantwortlichen Stellen die Geschicke der Menschen zu bestimmen und das Los der Völker mitzuentscheiden haben, das Wort des gemeinsamen Vaters der Christenheit befolgen! Möchten alle es hören und beherzigen!

Dann müßte wohl, um ein Beispiel anzuführen, auch in der *Währungsreform* noch ein Weg gefunden werden, der den *Alten, den Invaliden, den Rentnern, den Familien ohne Ernährer*, kurz allen denen Rechnung trägt, deren Ersparnisse zu einem Nichts zusammengeschmolzen sind, und die keine Kraft und keine Möglichkeit mehr haben, sich im Leben noch etwas zu verdienen. Mit Sorge und Teilnahme denken wir hier auch an die, die in der *Berufsausbildung* stehen, besonders an unsere Studierenden, deren geplanter Lebensweg ernstlich gefährdet, wenn nicht noch kurz vor dem

Ziele gänzlich unmöglich gemacht wird. Wir möchten wünschen und hoffen, daß unter die Währungsreform nicht der Rechenstift des Bürokraten den Schlußstrich zieht, sondern daß auch den notleidenden Menschen Rechnung getragen wird. Vor allem möge man auch bedenken, welche Notstände sich entwickeln müssen, wenn den Vereinigungen der *freien Wohlfahrtspflege* nur leere Kassen bleiben und die öffentliche Fürsorge wie die Sozialversicherungen nur unzureichend ihre Aufgaben erfüllen können. Allen, die an den Rand der Not gedrückt wurden, oder schon in den Abgrund der Not gestürzt sind, gilt unser Mitgefühl und unsere Teilnahme. Jedenfalls darf die *christliche Liebes- und Opferbereitschaft*, namentlich bei denen, die durch Gehalt und Lohn oder durch den Absatz von Waren und Erzeugnissen Einnahmen haben, im Gutestun nicht ermüden (Gal. 6, 9). Wir rufen alle auf zum *Diakonat der dienenden Liebe!*

Über die *Unordnung in den Nahrungs-, Wohn- und Besitzverhältnissen* brauchen wir kein Wort zu verlieren. Unter ihr leiden Tag wir Tag für Tag. Millionen hat der Krieg um Hab und Gut gebracht. Weitere Millionen hat die Nachkriegszeit aus Heim und Heimat vertrieben. Wohl jeder dritte Deutsche ist heut ein Habenichts und von den anderen zwei Dritteln haben viele kaum das Notwendige. Wenn nun auch noch Betriebe und Fabriken, die vom Krieg verschont der Friedensarbeit dienen und den Menschen Verdienstmöglichkeiten bieten könnten, *abgebaut* und niedergelegt werden sollen, dann ist nicht zu verstehen, wie in das wirtschaftliche und soziale Leben in absehbarer Zeit wieder rechte Ordnung kommen soll. Was wird geschehen, wenn in der Zukunft die Zahl derer wächst, die am hellen Mittag müßig auf den Straßen stehen müssen, weil sie von niemand mehr gedungen werden können? Wohin wird sich der Strom der Unzufriedenen ergießen, wenn jetzt das Strombett der geordneten Arbeitsmöglichkeit zugeschüttet wird?

III. Aus der Unordnung der Zeit dringen immer lauter die Notrufe nach einer *Neuordnung* des Lebens.

Der Neuordnung des wirtschaftlichen Lebens soll auch die Währungsreform dienen. Sie war notwendig, obwohl sie die Armut, in der sich unser Volk befindet, erst recht offenbar gemacht hat. Wir hoffen und wünschen, daß sie den Erfolg bringt, den man von ihr erwartet. Dazu verantwortungsbewußt mitzuwirken ist Pflicht jedes einzelnen. In diesem Zusammenhang erfüllt es uns mit ernster Sorge, geliebte Diözesanen, wenn wir sehen, wie *Überpreise* geboten und gefordert werden. Wir bitten und ermahnen euch: Fordert und bietet nicht mehr, als billig ist! Nehmt nicht mehr, als recht ist. *Macht euch nicht schuldig an der Not der Armen durch zügellose Gier nach Geld oder Waren!*

Der Neuordnung wird auch der *Lastenausgleich* dienen müssen. Ungleich haben Krieg und Nachkriegszeit die Not verteilt. Sie haben sich die Schuldigen nicht ausgesucht und Unschuldige müssen bitter leiden. Die Lasten müssen ausgeglichen werden. Denn nur *wenn einer des anderen Last mitträgt, erfüllen wir Christi Gesetz*. Gott hat im Alten Bunde einen regelmäßigen Lastenausgleich angeordnet. Die ersten Christen haben freiwillig und hochherzig unter sich die Lasten ausgeglichen, „je nachdem einer bedürftig war" (Apg. 2,45). Kein Christ wird darum heute einem gerechten Lastenausgleich widerstreben können. Man muß sich darüber klar sein, daß alle Güter, die wir noch besitzen, nicht reichen werden, um die Schuld nach außen abzutragen und die Not im Innern auszugleichen. Es ist gerecht, wenn ungerechte Gewinne ermittelt werden und zur Verteilung kommen. Es wird nicht zu umgehen sein, daß auch der rechtmäßig erworbene Besitz belastet wird. Das Recht auf Privateigentum wird dadurch nicht angetastet. Es bleibt verankert im heiligen Gesetz Gottes. Aber ein gerechter, durch die außergewöhnlichen Zeitumstände bedingter Lastenausgleich widerstreitet nicht dem naturrechtlichen und daher von den Christen festzuhaltenden Eigentumsbegriff. Gott hat die Güter dieser Welt nicht nur zum Wohle einzelner Menschen, einzelner Menschenklassen oder einzelner Völker bestimmt, sondern sie auf das Wohl aller Menschen hingeordnet. Wenn darum der Staat durch eine die Lasten des Volkes gerecht verteilende Gesetzgebung die durch Krieg oder Katastrophen, wie wir sie erlebt haben, schwer verletzte Ordnung wieder zu heilen sucht, dann werden Christen um des Gemeinwohles willen einer solchen Regelung sich nicht widersetzen und nicht entziehen. Durch einen geordneten Ausgleich wird die Gefahr vermindert, daß gewaltsame Lösungen versucht werden, die alles verderben. So wird durch ihn in Wahrheit das Eigentumsrecht nicht angegriffen, sondern es werden die Voraussetzungen für den Weiterbestand einer gesunden Eigentumsordnung geschaffen.

Es darf nicht übersehen werden, daß die *Entproletarisierung vieler nicht erreicht* werden kann *durch die Verproletarisierung aller*. Es wird nicht jedem seine frühere Lebensstellung und sein bisheriger Besitz wiedergegeben werden können. Es wird aber auch nicht möglich sein, daß jedem seine frühere Lebenshaltung unverändert gewahrt bleibt. Alle aber haben das *Recht auf ein menschenwürdiges Dasein* und dürfen die *Eingliederung in den Arbeitsprozeß* erwarten. Wertvoller und wichtiger als die Verteilung der doch nicht ausreichend vorhandenen Güter ist für die Bedarfsdeckung die Förderung der Produktion neuer Güter, was wieder die Erhaltung der Produktionsbetriebe, die der Friedensarbeit dienen oder doch auf Friedensarbeit umgestellt werden können, notwendig und die Einstellung neuer Arbeitskräfte möglich macht.

Am wertvollsten und wichtigsten aber ist es, dem Volke das Bewußtsein zu geben, daß Gerechtigkeit gesucht und erstrebt, daß der geistige Brückenbau in unserem Volke begonnen wird, daß vor allem der Gegensatz: Hie Besitzbürger – hier Proletarier, hie Einheimische – hier Vertriebene überwunden wird.

Geliebte Diözesanen! Das Wort *Neuordnung steht auch an dem Wege geschrieben, den wir als Volk für die Zukunft gehen müssen*. Wir danken den Männern, die als Christen aus christlicher Verantwortung schwere Sorgen auf sich genommen und die Lösung undankbarer und durch verschiedene Umstände fast unlösbarer Aufgaben unternommen haben. Das staatliche Aufbauwerk ist doch noch lange nicht vollendet. Es steht vielmehr vor einem neuen und entscheidungsvollen Bauabschnitt. Wir wollen dafür Sorge tragen, daß die Grundsteine mit der Ehrfurcht vor Gott gesalbt und nicht in den Schatten der Gottesferne gelegt werden. Jeder Baustein soll nach den Bauplänen Gottes geformt und gesetzt werden, ob es sich um unverletzliche Personenrechte handelt oder um Gemeinschaftspflichten, um den Schutz der Familie und die Heiligkeit der Ehe oder um das Lebensrecht des Kindes und das naturgegebene Erziehungsrecht der Eltern, oder ob Eigentumsrechte gewährleistet und Eigentumspflichten eingeschärft werden. Die Wirtschafts- und Sozialordnung muß der Personenwürde und den Lebensbedürfnissen des Menschen wie dem Gemeinwohl gerecht werden. Die Wahrung der Rechte und die Freiheit der Kirche wird für die christliche Lebensgestaltung in einem Staate von ausschlaggebender Bedeutung und darum bei der Staatsbildung und -gestaltung eine verantwortungsvolle Pflicht und Sorge für die Christen sein. Dieser *Verantwortung* müssen sich die *Wähler* bewußt sein, die durch ihre Stimme die Bauleute berufen, die die Verfassung eines Staates zu gestalten und die Staatsgesetze zu beschließen haben. Als Christen müssen wir wissen, daß auch für eine neue wirtschaftliche und gesellschaftliche Lebensgestaltung sowie zur Sicherung der Arbeit und des Arbeiters kein anderes Fundament gelegt werden kann, als das gelegt ist: Christus. Diejenigen aber, die vom christlichen Volke zu christlicher Aufbauarbeit erwählt worden sind, haben die heilige Pflicht, ganz und gar nach den Grundsätzen Christi zu handeln in Wahrheit, Gerechtigkeit und Liebe, damit der christliche Name nicht zuschanden werde.

Die große *Bedeutung der Presse, des Rundfunks, des Theaters und des Filmes* für die Unordnung oder für die Neuordnung, für den Untergang oder für die Auferstehung unserer Zeit kann von den Christen nicht übersehen werden. Es ist nicht gleichgültig, in welchem Sinne die Leitartikel geschrieben und die Nachrichtenagenturen gelenkt werden. Es ist nicht gleichgültig, ob der Geist des Guten oder des Bösen durch den Äther spricht. Nicht nur durch Rede, auch durch Schweigen und Verschweigen kann die öffentliche Meinung beeinflußt werden. Es ist nicht gleichgültig, wie das Drehbuch eines Filmes geschrieben und die Rollen bei der Aufnahme gespielt werden. Es kann dem Christen auch nicht gleichgültig sein, welche Zeitung er liest und mit seinem Gelde unterstützt. Es wäre gut, wenn die Hörergemeinschaften des Rundfunks häufiger und vernehmlicher ihrer Meinung und ihren Wünschen Ausdruck gäben durch eine gesunde, aus christlicher Verantwortung gegebene Kritik wie auch durch positive Anregung und Förderung. Das christliche Gewissen kann auch nicht schweigen zu der Frage der Filmzensur und des Jugendschutzes, und die Filmbesucher selbst müssen sich in jedem einzelnen Falle ihrer christlichen Verantwortung bewußt sein. Dabei wollen wir nicht vergessen, daß die berechtigte Anerkennung wertvolle Anregung sein kann, daß aber das ungerechtfertigte Schweigen zu leicht als Zustimmung gedeutet wird.

Geliebte Diözesanen!
Wir haben versucht, einige Aufgaben dieser Zeit in euer Blickfeld zu bringen. Zum Schluß aber muß noch einmal deutlich gesagt werden, daß Ordnung in Familie, Staat und Welt nur erreicht werden kann durch den *innerlich geordneten Menschen.* Alles Handeln setzt das rechte Sein voraus. Also bitten wir euch herzlich, daß ihr selber versucht, Ordnung zu schaffen und zu halten in eurem Leben, das Wesentliche zu sehen in der Verbindung mit Gott und diese Verbindung täglich inniger zu gestalten. Die Freude an der Liebe Gottes soll euch helfen, daß ihr jeden Morgen froh an diese Arbeit herangeht. Wir kommen damit wieder zum Ausgangspunkt unserer Gedan-

ken zurück: Nur Christen, die in der Gnade leben, können christliche Ordnung schaffen. Wenn wir uns mit dieser Bitte besonders an die *Eltern* wenden, dann werdet ihr, liebe Väter und Mütter, das verstehen. Wir haben oft genug zu euch von der *Wichtigkeit der konfessionellen Schule* gesprochen, wir haben euch oft genug die Bitte vorgetragen, eure Elternrechte auf konfessionelle Erziehung eurer Kinder zu wahren, wir bitten auch heute wieder darum. Aber wir müssen es euch heute noch einmal sagen, daß ihr selber es ernst nehmen müßt mit der Erziehung eurer Kinder. Wenn ihr nicht selber euren Kindern die Freude am Glauben beibringt, wenn ihr nicht selber aus der Gnade Christi lebt, dann wird unsere Jugend den Gefahren dieser Zeit nicht gewachsen sein. Unsere Jugend ist bedroht und gefährdet genug. Sie braucht Menschen, die ruhig und klar durch diese verworrene Zeit schreiten, weil sie alle Tage nach der Hand Gottes greifen. Wie der Priester heute mehr wie je die Verantwortung spüren muß, seiner Gemeinde den rechten Weg nicht nur zu zeigen, sondern vorzuleben, so auch ihr. Die Gnade Gottes läßt euch nicht im Stich.

Es ist Gott, der uns auch durch diese Zeit väterlich führen wird. Wir wollen uns alle Tage freuen an Seiner Liebe. Er soll sich alle Tage freuen an unserem guten Willen. Darum beugen wir mit dem Völkerapostel unsere Knie vor dem Vater unseres Herrn Jesus Christus. „Ihm aber, der vermöge der in uns wirkenden Kraft über all das hinaus noch weit mehr zu tun vermag, als wir bitten und ersinnen können, Ihm sei die Ehre in der Kirche und in Christus Jesus" (Eph. 3, 20).

Es segne euch der allmächtige Gott, der Vater und der Sohn und der Heilige Geist.

Fulda, den 26. August 1948.

++ JOSEF KARDINAL FRINGS, Erzbischof von Köln
++ MICHAEL KARDINAL FAULHABER, Erzbischof von München
++ KONRAD KARDINAL VON PREYSING, Bischof von Berlin
++ LORENZ *Jäger*, Erzbischof von Paderborn
++ JOSEPF OTTO *Kolb*, Erzbischof von Bamberg
+ WILHELM *Berning*, Bischof von Osnabrück
+ MICHAEL *Buchberger*, Bischof von Regensburg
+ JOSEPH *Kumpfmüller*, Bischof von Augsburg
+ JOSEPH GODEHARD *Machens*, Bischof von Hildesheim
+ ALBERT *Stohr*, Bischof von Mainz
+ SIMON KONRAD *Landersdorfer*, Bischof von Passau
+ JOHANNES *Dietz*, Bischof von Fulda
+ JOSEPH *Wendel*, Bischof von Speyer
+ JOHANNES JOSEPH *van der Velden*, Bischof von Aachen
+ MICHAEL *Keller*, Bischof von Münster
+ FERDINAND *Dirichs*, Bischof von Limburg
Dr. FRANZ HARTZ, Praelatus nullius der Freien Prälatur Schneidemühl
HEINRICH METZROTH, Weihbischof, Vertreter der Diözese Trier

29. Dezember 1949

Dr. FRANZ MONSE, Erzbischöfl. Generalvikar des deutschen Anteils der Diözese Prag
Dr. FERDINAND PIONTEK, Kapitelsvikar der Erzdiözese Breslau
ARTHUR KATHER, Kapitelsvikar des Bistums Ermland
Weihbischof Dr. WILHELM BURGER, Kapitelsvikar der Erzdiözese Freiburg
Domdekan Dr. LUDWIG BRUGGAIER, Kapitelsvikar der Diözese Eichstätt
Domkapitular Dr. VINZENZ FUCHS, Kapitelsvikar der Diözese Würzburg
Generalvikar Dr. AUGUST HAGEN, Vertreter der Diözese Rottenburg

(Gedruckt für das Bistum Berlin mit dem Zusatz: „Der vorstehende Hirtenbrief ist an den Sonntagen, den 12. und 19. September 1948 in allen heiligen Messen zu verlesen.")

29. Dezember 1949

8. LEBENSRECHT UND LEBENSMÖGLICHKEIT FÜR DIE KATHOLISCHE KIRCHE IM GEBIET DER DEUTSCHEN DEMOKRATISCHEN REPUBLIK

Kardinal von Preysing an den stellvertretenden Ministerpräsidenten in der DDR, Otto Nuschke

Der Bischof von Berlin
Jr. Nr. 707/49

Berlin-Zehlendorf, den 29.12.1949
Bogotastr. 10

An den
Herrn stellv. Ministerpräsidenten
in der Deutschen Demokratischen Republik
Herrn Otto Nuschke
Berlin

Betr. Lebensrecht und Lebensmöglichkeit für die katholische Kirche im Gebiet der Deutschen Demokratischen Republik.

In den letzten Monaten des Jahres 1949 hat die provisorische Regierung der Deutschen Demokratischen Republik die Verwaltungsfunktionen übernommen, die bisher nach der bedingungslosen Kapitulation in den Händen der Besatzungsmacht lagen. Ich möchte diesen Abschnitt in der Geschichte unseres Volkes zum Anlaß nehmen, auf die Sicherung lebenswichtiger Interessen des religiösen Lebens im Gebiet der Deutschen Demokratischen Republik zu drängen. Die Bestimmungen des Potsdamer Abkommens ebenso wie die Direktiven der Viermächteabschlüsse, aber auch die in Frage kommenden Paragraphen der Verfassung der Deutschen Demokratischen Republik scheinen mir unter den gegenwärtigen Umständen die Grundlage für eine für die katholische Kirche erträgliche Entwicklung zu bieten. Das vordringliche Problem liegt darin, daß die für das Gebiet der Deutschen Demokratischen Republik verbindlichen internationalen und deutschen staatsrechtlichen Bestimmungen über die Religions- und Gewissensfreiheit endlich praktisch ausgeführt werden.

In diesem Anliegen spreche ich für die Katholiken des Bistums Berlin, dessen größerer Teil im Gebiet der Republik liegt. Ich weiß aber, daß meine hier vorgetragenen Anliegen und Sorgen auch die Anliegen und Sorgen der mehr als 2 Millionen Katholiken in der gesamten Deutschen Demokratischen Republik und ihrer kirchlichen Vertreter sind. Zwischen ihnen und mir besteht darin vollkommene Übereinstimmung, daß die Religions- und Gewissensfreiheit in der Deutschen Demokratischen Republik von den staatlichen Stellen praktisch so gehandhabt wird, daß das religiöse Leben dadurch teils unterbunden, teils gefährdet ist.

Im einzelnen möchte ich mich zunächst auf die Darstellung des Widerspruchs zwischen Theorie und Praxis in der Religionsfreiheit für drei Gebiete beschränken:

1. Der Atheismus als Ziel der staatlichen Erziehung

Die katholischen Eltern stellen mit wachsender Besorgnis fest, daß ihre Kinder in den staatlichen Schulen nicht nur in einer areligiösen Atmosphäre, sondern sogar im Geist der Gottlosigkeit erzogen werden. Diese in unversöhnlichem Gegensatz zum christlichen Elternhaus stehende Erziehung hat den Charakter des Zwanges. Denn die Deutsche Demokratische Republik hält am absoluten Staatsmonopol in der Schulfrage im Widerspruch zum Elternrecht fest. Demzufolge haben die christlichen Eltern nicht die Möglichkeit, die Kinder anderen Schulen als den staatlichen anzuvertrauen. In diesem Zusammenhang möchte ich noch darauf hinweisen, daß der vom Staat geforderte atheistische Unterricht notwendig eine schwere Verletzung der Gewissensfreiheit auch für die Lehrpersonen im Gefolge hat, die sich zum Christentum bekennen. Besonders in den naturwissenschaftlichen und in den geschichtlichen Fächern zeigt sich in der monopolistischen, staatlichen Zwangsschule die Tendenz, die Kinder gottlos zu machen. Hierzu nur ein Beispiel für viele: Während das Kind in dem nur in bescheidenem Maße zugelassenen kirchlichen Religionsunterricht belehrt wird, in Christus den Herrn und Erlöser der Menschen zu sehen, wird im staatlichen Geschichtsunterricht nach dem staatlichen Geschichtsbuch das Kind belehrt, daß Christus überhaupt nicht existiert habe.

2. Der Aufbau der katholisch-kirchlichen Presse wird nicht zugelassen.

Seit der Kapitulation bemühen sich kirchliche Stellen unaufhörlich um die Erlaubnis, katholisch-kirchliche Zeitschriften und Bücher herauszugeben. Bis heute sind alle diese Bemühungen vergeblich gewesen. Die konsequente Verweigerung dieser Erlaubnis, vor allem durch deutsche Dienststellen, bezeugte den überlegten Willen, der Kirche staatlicherseits nicht das Recht einzuräumen, Zeitschriften in den Dienst ihrer Mission zu stellen. Das führte dazu, daß heute in der Deutschen Demokratischen Republik – wohl einzig unter allen Staaten Europas – die Bischöflichen Ordinariate und Kommissariate nicht einmal ein Amtsblatt für die kirchliche Verwaltung herausgeben dürfen. Auch die Gläubigen warten bis heute vergeblich darauf, daß sie ein Kirchenblatt oder ein Sonntagsblatt erhalten. Das Gefühl der religiösen Unterdrückung, das hierdurch bei ihnen wachgehalten wird, wird noch dadurch vertieft, daß der Vertrieb kirchlicher Zeitschriften, deren Verlagsort außerhalb der Republik liegt, unterbunden wird. Ebensowenig besteht in der Republik zur Zeit die Möglichkeit, in einer einigermaßen genügenden Menge katholische Broschüren und Bücher herauszubringen.

3. Einschränkung der Religionsfreiheit durch Verwaltungsmaßnahmen

Ich erblicke in der „Anordnung der Deutschen Verwaltung des Innern vom 1.7.1949 über die Anzeigepflicht von Veranstaltungen" eine Verletzung der durch das Abkommen von Potsdam und durch die Verfassung garantierten Religionsfreiheit. Denn durch diese Anordnung werden Betätigungen, die auf Grund der Religionsfreiheit einer Kontrolle nicht unterliegen dürfen, der Polizeikontrolle unterworfen. Die Katholiken nehmen auf Grund der internationalen Abmachungen und der Verfassung das Recht für sich in Anspruch, ohne jede polizeiliche Aufsicht sich nicht nur zu gottesdienstlichen Zwecken zu versammeln; vielmehr haben sie auch das Recht der Versammlungsfreiheit zu caritativen und religiös-kulturellen Zwecken.

Ich habe vorstehend zunächst nur drei Gebiete behandelt, auf denen die Katholiken in der Deutschen Demokratischen Republik in ihrem religiösen Leben bedrückt werden. Bei meinem Schreiben bin ich von der Überzeugung ausgegangen, daß die gesetzlichen Voraussetzungen gegeben sein dürften, zwischen der Regierung und der katholischen Kirche zu einem erträglichen Zustand zu kommen. Voraussetzung hierzu wäre aber, daß die von mir aufgezeigten Quellen der religiösen Bedrückung von vornherein beseitigt würden.

Dieses Schreiben sende ich abschriftlich zugleich an folgende Minister der Deutschen Demokratischen Republik: An den Herrn Minister des Innern, an den Herrn Minister für Volksbildung, an den Herrn Minister für Post- und Fernmeldewesen sowie an den Herrn Minister des Äußeren.

gez. + *Konrad Kardinal von Preysing*
Bischof von Berlin

(veröffentlicht in: Walter Adolph, Kardinal Preysing und zwei Diktaturen, Berlin 1971, S. 234-235)

1. Februar 1950

9. BETEILIGUNG DER KIRCHE AN POLITISCHEN BESTREBUNGEN

Runderlaß des Bistums Meißen

Beteiligung der Kirche an politischen Bestrebungen:

Gegenüber den Versuchen, die kirchlichen Gemeinden, die „der Leib Christi" sind, politischen Massenorganisationen gleichzustellen und ihnen einen Platz in der politischen Arena zuzuweisen, legen wir dem Seelsorgeklerus jene gebotene Zurückhaltung auf, die sich aus dem Schriftwort ergibt: „Mein Reich ist nicht von dieser Welt."

Unentwegt arbeitet die Kirche an dem Ziel, „daß ein Hirt werde und eine Herde". Ihr oberstes Grundgesetz der Liebe ist die völkerverbindende Brücke. In der Erziehung der Völker und Menschen zu dieser Grundhaltung der Liebe leistet die Kirche den ihr gemäßen Beitrag zu den Bemühungen der Völker um die Befriedung der Welt. Die Lebensgesetze und Lebensäußerungen der Kirche sind infolge ihres übernatürlichen Quellortes wesenhaft anderer Art als die aller anderen möglichen menschlichen Organisationen. Nur in der Erhaltung und Betonung ihrer Andersartigkeit vermag sie der Welt den Friedensbeitrag zu geben, den diese von der Kirche erwarten kann.

Die Fundamentverschiedenheit zwischen politischer und kirchlicher Gemeinschaft erfordert die zwei Wege, die im Evangelium mit den Worten des Herrn wiedergegeben sind: „Gebt Gott, was Gottes ist, und dem Kaiser, was des Kaisers ist."

Demzufolge sind Versuche, die Kirchengemeinden in politische Bewegungen mit politischen Zielen einzugliedern und die Geistlichen zur Mitarbeit in diesbezüglichen Ausschüssen aufzufordern, sowohl im Namen des der Kirche eigentümlichen Gottesauftrags als auch um der Vordringlichkeit der Seelsorgsarbeit des Klerus willen abzuweisen.

(Runderlaß des Bistums Meißen Nr. 32/1950, Bautzen, 1. 2. 1950)

14. Februar 1950

Kardinal von Preysing:

10. GEGEN DEN MISSBRAUCH KATHOLISCHER PRIESTER FÜR DIE PARTEIPOLITISCHEN ZIELE DER SED

Schreiben an die Priester des Bistums Berlin

Der Bischof von Berlin — Berlin-Zehlendorf, den 14. 2. 1950
Bogotastr. 10

Hochwürdige Mitbrüder!
Die Ortsausschüsse der sogenannten Nationalen Front bemühen sich, wie ich aus Zuschriften und Anfragen erfahre, auch den Klerus zu Beitritt und Mitarbeit zu gewinnen. Es ist bekannt, daß die Initiatoren und die Hauptträger der Nationalen Front in den Reihen der SED und der kommunistischen Massenorganisationen stehen.

Diese Partei sucht unter Mißbrauch des Wunsches der Deutschen, die Einheit ihres Vaterlandes wiederherzustellen, ihre Machtposition über ganz Deutschland auszudehnen. Zugleich fordern maßgebende Männer der SED, daß die staatsrechtlichen, gesellschaftlichen und kulturellen Verhältnisse in der Deutschen Demokratischen Republik Vorbild und Richtmaß für die Einheit Deutschlands sein müßten.

Ich möchte Sie bei dieser Gelegenheit darüber informieren, daß ich in den letzten Wochen im Hinblick auf unbestreitbare Tatsachen bei der Regierung der DDR habe Klage darüber führen müssen, daß die Glaubens- und Gewissensfreiheit im Gebiet der DDR unterdrückt wird. Sie selbst wissen aus alltäglicher Erfahrung, wie der atheistische Geist des dialektischen Materialismus unter Förderung durch staatliche und parteiamtliche Stellen bei uns sich immer mehr breit macht.

Es ist daher für einen katholischen Priester mit Ehre und Wahrheit unvereinbar, daß er seinen Namen und seinen Stand für die parteipolitischen Ziele der SED mißbrauchen läßt. Ein Priester, der in der Nationalen Front mitarbeitet, dient nicht einem patriotischen Anliegen; er läßt sich vielmehr für Bestrebungen in Dienst nehmen, die die in der DDR sich immer mehr durchsetzende Einpartei-Diktatur auf unser ganzes deutsches Vaterland ausdehnen wollen.

Der Priester darf sich an keinerlei Aktion beteiligen, die, wenn auch getarnt, Kirchenfeinden Vorschub leistet.

Mit Gruß und Segen
+ Konrad Card. von Preysing
Bischof von Berlin

1. März 1950

11. DIE CHRISTLICHE WAHRHEIT UND DER GOTTLOSE MATERIALISMUS

Hirtenwort der deutschen Bischöfe

Mit ernster Sorge beobachten wir deutschen Bischöfe die weltanschauliche und religiöse Entwicklung, die nach dem Kriege in unserem Vaterland und darüber hinaus in Europa und in der Welt eingesetzt hat. Wir stellen fest, daß trotz rühmlicher Ausnahmen eine wirkliche *Rückkehr zu Gott ausgeblieben* ist. Der Krieg hat auch diesesmal zwar die Verhältnisse, selten jedoch die Menschen geändert. „Doch das Volk bekehrte sich nicht zu dem, der es schlug", sagt die Schrift, „und ausgestreckt blieb noch immer sein Arm". Wie früher steht auch heute nicht Gott im Mittelpunkt, sondern der Mensch. Sein Reich soll kommen, sein Wille geschehen. Er *betet* nicht mehr um das tägliche Brot, er will es alleine schaffen und mit dem Brot allein den Menschen satt machen und ein Paradies auf Erden herbeiführen. Heute wie früher sollen diese sichtbare Welt und das irdische Leben alles sein, hinter denen nichts mehr liegt und kein ewiges Leben unser wartet. *Die vollständige Verdiesseitigung des Lebens ist nach wie vor das Zeichen unserer Zeit und die letzte Quelle all unserer Not und Ausweglosigkeit.*

Ob wir nach Westen oder Osten schauen, überall zeigt sich heute ein *praktischer Materialismus*, der das wirtschaftliche Fortkommen und den Lebensgenuß zum einzigen Lebensinhalt macht, weder nach Wahrheit noch nach Recht fragt, sich über die Herrenrechte Gottes und die Stimme des Gewissens hinwegsetzt und den heutigen Massenmenschen dazu verleitet, einfach darauf los zu leben und sich auszuleben. Darüber hinaus wird der Versuch unternommen, den *Materialismus auch als Lehre und Weltanschauung* wissenschaftlich zu begründen und mit allen Mitteln der Propaganda ins Volk hineinzutragen, vor allem östlich des Eisernen Vorhangs: durch Bücher und Zeitschriften, durch Parteiversammlungen, in der Lehrerausbildung und vor allem im Unterricht und in der Erziehung der Jugend. Zwar ist es wahr, daß dieser Materialismus von der wirklich fortschrittlichen Wissenschaft bereits überwunden ist und unter den eigentlich wissenschaftlichen Forschern keinen nennenswerten Vertreter mehr hat. Das hindert aber nicht, ja, es war sogar zu erwarten, daß erst heute materialistische Gedankengänge breitere Kreise des Volkes erfaßt haben. Menschen, die zwar nicht selbständig denken und forschen, aber Bildung und Wissen genug besitzen, um die Gedanken anderer aufzunehmen und geschickt weitergeben zu können, werden zu Propagandisten dieses Materialismus, dessen falsche Lehren sie unter der Fahne der „fortschrittlichen Wissenschaft" zu verbreiten suchen. Auf Seiten der gläubigen Christen, besonders unter der wenig geschulten Jugend, fehlt es dagegen weithin an dem notwendigen Wissen, das sie instand setzen würde, die Schwäche und Unhaltbarkeit der materialistischen Beweisgründe zu durchschauen und sich nicht von der wissenschaftlichen Aufmachung blenden zu lassen.

Die Bischöfe würden daher eine strenge Gewissenspflicht versäumen, würden sie nicht warnend und wegweisend ihre Stimme erheben, um auf die Irrtümer und Gefahren dieses Materialismus hinzuweisen. Laßt Euch nicht täuschen! *Es geht im Materialismus nicht um rein wirtschaftliche Fragen. Es geht nicht um eine notwendige soziale Neuordnung und nicht um die gerechtere Verteilung des Besitzes. Es geht vielmehr um die letzten Lebensfragen des Menschen. Es geht um GOTT, den allmächtigen Schöpfer und Herrn. Es geht um den Menschen und seine Würde. Es geht um den letzten Sinn des Menschenlebens und der Menschheitsgeschichte. Es geht um die Ewigkeit und unser ewiges Schicksal. Der Materialismus ist seinem ganzen Wesen nach gottlos und religionslos, er ist bis in seine Wurzeln christusfeindlich und kirchenfeindlich eingestellt. Darum kann niemand gleichzeitig wahrer Christ und wirklicher Materialist sein. Er muß sich entscheiden: Für Gott oder gegen Gott – für die Ewigkeit oder gegen die Ewigkeit – für Christus oder gegen Christus – für die Kirche oder gegen die Kirche.*

Das ist auch der Sinn des Dekretes, das unser Heiliger Vater gegen den gottlosen Kommunismus erlassen hat. Gegenüber allen Entstellungen, die dieses Dekret sowohl in der Presse des Ostens wie des Westens erfahren hat, betonen wir ausdrücklich, daß es dabei nicht um Politik geht. Die Kirche lehnt es ab, in den politischen und wirtschaftlichen Kämpfen zwischen den kommunistischen und antikommunistischen Mächten in die Reihen der einen Seite einzutreten. Es ist falsch zu behaupten, sie stelle sich auf Seiten des Kapitalismus. Der Kapitalismus ist in vielen seiner Lehren ebenso wie der Kommunismus ein materialistisches System, das der göttlichen Ordnung widerspricht. Die Kirche nimmt gegen jedes System Stellung, das die sozialen Verhältnisse der Menschen nicht aus dem Geiste Christi ordnet. Sie wünscht darum auch nicht, daß ihre religiös begründeten Verurteilungen für eine politische und wirtschaftliche Auseinandersetzung mißbraucht werden. In der Verurteilung des gottlosen Kommunismus geht es der Kirche allein um die Reinerhaltung des christlichen Glaubens, der Sakramentenspendung, um die Einheit der Kirche. Wer mit Wissen und in voller Freiheit der gottlosen materialistischen Weltanschauung anhängt, darf nicht zu den Sakramenten zugelassen werden. Und wer diese Weltanschauung verbreitet, ist aus der Kirche ausgeschlossen.

Das klingt hart. Aber wenn es um die Grundlagen des christlichen Glaubens, wenn es um die Wahrheit und die Rechte Gottes geht, kennen wir keine Kompromisse, die den Menschen irreführen und sein ewiges Heil gefährden würden. Wir zwingen keinen Menschen dazu, die Wahrheit anzunehmen, aber wir haben das Recht und die Gewissenspflicht, sie klar und unmißverständlich zu sagen, wenn es nottut. Christlicher Glaube und materialistische Weltanschauung schließen sich aus wie Feuer und Wasser, wie Licht und Finsternis. Darum rufen wir Bischöfe Euch, den gläubigen Katholiken, zu:

I. Denkt christlich!

Das falsche und verhängnisvolle Tun der Menschen beginnt immer mit einem falschen Denken in den letzten Fragen des Menschenlebens. Haltet Euch an die Wahrheit, die Christus uns gebracht hat, damit Ihr nicht in die Irre geht. Wie damals zur Zeit seines irdischen Lebens steht Christus heute vor Euch als Lehrer der Wahrheit und guter Hirt. „Euch ist gesagt worden", heißt es in der Bergpredigt, „ich aber sage Euch!" Er stellt Menschensatzung und Gottes Wahrheit gegenüber und fordert von uns die Entscheidung.

* *Der Materialismus* sagt Euch: Die Materie, der Stoff, ist das Erste und Einzige und Letzte. Sie war und ist und wird immer sein. Sie ist ewig. Außer ihr gibt es nichts, also auch keinen GOTT, der sie erschaffen.

Der christliche Glaube sagt Euch: GOTT ist der Erste und der Letzte und der Ewige. Alles ist durch ihn geworden, was geworden ist. ER hat die Welt erschaffen und hat sie aus dem Nichts erschaffen.

Zum Beweis dafür beruft sich der christliche Glaube auf GOTT selbst, der auf vielfache und mannigfaltige Weise durch die Propheten gesprochen hat, zuletzt durch seinen eigenen Sohn. Er beruft sich auf die Jahrtausende alte Überzeugung der Menschen und Völker, die einen GOTT verehrt und angebetet haben. Er beruft sich auf die großen Geister aller Zeiten, auch auf die wirklich bedeutenden Naturforscher der Neuzeit, die durch die Wissenschaft nicht von GOTT weg, sondern zu GOTT hingeführt worden sind. Er beruft sich auf die Philosophie, die nach den letzten Ursachen dieser veränderlichen Welt fragt und sie nur in GOTT finden kann. Er beruft sich auf das Zeugnis des Gewissens, das so unerbittlich das Gute von uns fordert und uns der Schuld anklagt, wenn wir falsch gehandelt haben. Der Materialismus dagegen hat keinen Beweis dafür, daß es *keinen* Gott gibt. Er hat keinen Beweis dafür, daß die Materie *ewig* ist: er behauptet einfach. Auf die Frage: Woher die Materie sei?, bleibt er die Antwort schuldig. Die letzte Grundlage des Materialismus ist also ein blinder Glaube, der sich nicht weiter beweisen läßt.

Der Materialismus sagt Euch: Aus der Materie hat sich alles entwickelt, die heutige Welt und auch der Mensch in ihr. Diese Entwicklung verlief nicht allmählich, sondern rasch, gleichsam sprunghaft, oder, wie man sich auszudrücken pflegt, dialektisch. Aber entscheidend ist, daß die Materie selbst alle jene Kräfte in sich enthält, die zur Erklärung der Entwicklung notwendig sind. In diesem ganzen Bild der Entwicklung der Natur ist kein Platz für GOTT, dessen Weisheit alles Geschehen lenkt und dessen Allmacht alles trägt.

Der christliche Glaube sagt Euch: GOTT ist nicht nur der Schöpfer, GOTT ist auch der Erhalter der Welt. Entwickeln kann sich nur, was vorher eingewickelt da war, weil Gott es als Kraft und Lebensdrang hineingelegt hat und ständig im Wachsen und Werden mit seiner Allmacht trägt. Nicht blinder Zufall, sondern Gottes Weisheit hat die Ordnung der Welt erstehen lassen und die Entwicklung ist nach dem Bauplan geschehen, den GOTT in die Natur hineinlegt. „Im Anfang war nicht die Materie, im Anfang war auch nicht das Leben, im Anfang war der Geist", hat ein

* Wenn der folgende Text bis zum nächsten * (S. 39) aus Zeitmangel nicht zur Verlesung kommen kann, folgt jetzt unmittelbar der ... Text auf S. 39; es muß dann aber der Text zwischen den beiden ** in Vereinsversammlungen usw. besprochen werden.

Naturforscher gesagt; der Geist des Schöpfergottes, dessen Weisheit das All erfüllt. Vergebens versucht der Materialismus, das Höhere aus dem Niederen zu erklären. Eine Maschine ist nicht mit den Eisenteilen erklärt, aus denen sie zusammengesetzt ist. Ein Kunstwerk nicht mit den Farben, mit denen es gemalt ist. Eine Symphonie nicht durch Luftschwingungen, die unser Ohr treffen. Der menschliche Geist nicht durch den Bau seines Gehirns, das er als Instrument braucht, um denken zu können. Die „dialektischen Sprünge" des Materialismus sind eben nur ein Wort, das man erfunden hat, weil man die Ordnung der Welt ohne Gottes Schöpfergeist nicht erklären kann. Warum springt die Materie zum Leben über, warum entwickeln sich aus dem toten Stoff Pflanze und Tier, warum fängt das Leben im menschlichen Körper zu denken und zu wollen an: lauter Fragen, auf die der Materialismus viele Worte, aber keine Antwort weiß.

Der Materialismus sagt Euch: Die menschliche Seele ist nichts anderes als eine Bewegungsform des Stoffes. Materie ist das, was im Menschen denkt und empfindet, was die Wahrheit sucht und das Gute will. Es gibt also keine geistige unsterbliche Seele. Mit dem Leib zerfällt auch der Geist und mit dem Tode ist alles aus.

Der christliche Glaube sagt Euch: Mag der menschliche Leib sich auch langsam aus niederen Lebewesen entwickelt haben (was die Naturwissenschaft untersuchen, nicht bloß behaupten, sondern auch beweisen soll), die menschliche Seele konnte sich nicht entwickeln, sie ist unmittelbar von Gott erschaffen nach Gottes Bild und Gleichnis, Geist vom Geiste Gottes und unsterblich. Diese unsterbliche Seele unterscheidet den Menschen himmelhoch vom Tier, sie macht ihn zur Person und damit zum vollkommensten Wesen in der ganzen Schöpfung. *Von* GOTT geschaffen, ist dieser Mensch auch *für* GOTT erschaffen, daß er ihn suche und finde, ihn lobe und anbete, ihn liebe und ihm diene. Alles übrige aber ist des Menschen wegen geschaffen, der die Krone und Sinnmitte der ganzen Schöpfung ist.

Kann man den Menschen, den ruhelosen Wahrheitssucher, den ewigen Glücksucher und rastlosen Gottsucher schlimmer mißverstehen, als der Materialist es tut? Kann man ihm noch mehr seinen Wert absprechen und seine Würde nehmen, um ihn noch brutaler auszunutzen und noch gewissenloser mit seinem Leben umzugehen? Wer den wesenhaften Unterschied des Menschen vom Tier nicht mehr sieht, ist blind, und alle dialektischen Sprünge vom Menschen zum Tier enden immer damit, daß der Mensch zum Tier zurückspringt, um brutal andere auszunutzen oder ausgenutzt zu werden. Alle großen Worte von Freiheit, Gleichheit und Brüderlichkeit verlieren ihren Sinn, wenn der Mensch die ihm von Gott geschenkte Würde und seinen ewigen Wert verliert. Es bleiben Worte, vor denen Christus warnt, wenn er sagt: „An ihren Früchten werdet ihr sie erkennen."

Der Materialismus sagt Euch: Die wirtschaftlichen Vorgänge bestimmen mehr als alle andern den Ablauf der Weltgeschichte, ja, alles andere ist eigentlich nur die Folge und eine Begleiterscheinung der Produktion und der Produktionsweise. Das Ziel dieser geschichtlichen Entwicklung ist das irdische Paradies, das bessere Leben hier auf Erden, die klassenlose Gesellschaft.

Der christliche Glaube sagt Euch: Gott greift ins Weltgeschehen ein und lenkt und leitet es durch seine Vorsehung. Kein Haar fällt vom Haupte ohne den Willen des

Vaters. Er läßt den Menschen schaffen in seiner Freiheit, er läßt selbst den Bösen noch wirken, aber alles dient im letzten seinen Plänen und ewigen Zielen.*

Wenn der Materialismus sagt, die Materie, der Stoff sei das Erste und Letzte, aus ihr habe sich alles entwickelt, auch der Mensch mit seiner Seele, und außer der Materie gäbe es nichts, auch keinen Gott, so wißt Ihr aus dem Zeugnis des menschlichen Geistes und dem Glauben an die Offenbarung Gottes: GOTT ist der Erste und Letzte. Er hat die Welt erschaffen. Er erhält und regiert sie. Er hat dem Menschen, als der Krone der Schöpfung, eine unsterbliche Seele gegeben, die ihn vom Tiere unterscheidet. Der Materialismus wird Euch den Beweis für seine Behauptung von der Ewigkeit der Materie immer schuldig bleiben. Er stellt einfach seinen Unglauben gegen unseren Glauben.

Wenn der Materialismus sagt, die wirtschaftlichen Vorgänge allein bestimmten den Ablauf der Weltgeschichte, man brauche nur die wirtschaftlichen Verhältnisse entsprechend zu ändern, dann würde das irdische Paradies in der klassenlosen Gesellschaft sich entwickeln, – so wißt Ihr: Wir Katholiken verkennen gewiß nicht die große Bedeutung der materiellen Lebensbedingungen. Wir wissen aus eigener bitterer Erfahrung, daß ein Mensch, der leiblich hungert, auch geistig und religiös verhungern kann. Gerade darum haben die Päpste immer wieder soziale Gerechtigkeit gefordert und die führenden Männer der Politik und Wirtschaft im Gewissen gemahnt, die zehn Gebote Gottes auch im Bereich der Wirtschaft und Politik zu achten. Auch der Christ ist bemüht, das Leben auf dieser Welt erträglich zu gestalten, die Verhältnisse zu ordnen und die soziale Frage zu lösen. Dennoch weiß er, daß das Paradies auf Erden eine Utopie ist, ein Traumbild, das nie wirklich werden wird. Nicht die Wirtschaft bringt dem Menschen das letzte Glück, sondern Gott und die Ewigkeit mit Gott, zu der der Mensch berufen ist. „Die Augen nach oben gerichtet, schaut unser Glaube den neuen Himmel und die neue Erde"; während die Verheißungen der falschen Propheten dieser Erde in Blut und Tränen versinken, erstrahlt in himmlischer Schönheit die große endzeitliche Verheißung des Welterlösers: „Siehe, ich mache alles neu".

Denkt christlich! Aber vergeßt auch ein zweites nicht:

II. Handelt christlich!

Wir müssen die Wahrheit *tun*, wie Christus gesagt hat. Den atheistischen Materialismus kann man nicht wie irgendein philosophisches System mit Worten oder mit Propaganda überwinden, zutiefst kann er nur von solchen überwunden werden, die selber keine Materialisten sind. Wir müssen wirklich in unserem Leben zuerst GOTT suchen und dann die irdischen Dinge. Wir müssen das Heil unserer unsterblichen Seele wirklich jedem irdischen Gewinn und Genuß vorzuziehen bereit sein. Die Kraft dazu aber wächst nur aus einem tiefen Glauben an Christus. Hier erhebt sich für die Christen eine ernste Gewissensfrage: Sind wirklich alle, die sich Christen nennen und auf seinen Namen getauft sind, *gläubige* Christen? Ist ihnen der Glaube nicht vielfach nur noch ein lose übergeworfenes Gewand, aber nicht mehr die innerste Kraft ihres Lebens, von der alle Lebensbereiche getragen und geformt werden? Ein kämpferischer, gottloser Materialismus kann nicht durch einen lahmen Glauben überwunden werden. Laßt Euch darum ganz erfüllen von der göttlichen Macht des Glaubens, der immer noch der Sieg ist, der die Welt überwindet (vgl. 1. Joh. 5,4).

Und ein Zweites: Laßt Euch erfüllen von der Kraft der Liebe Christi, die die Vollendung der Gerechtigkeit ist. Auch hier erhebt sich für die Christen wiederum eine Gewissensfrage: Haben wir alles getan, um eine gerechte Ordnung des sozialen Lebens aufzubauen? Haben wir alles versucht, um mit der Liebe des Samariters die Wunden zu heilen? Warum wurden jene sozialen Bewegungen, die aus der Not der Unterdrückung und Rechtlosigkeit entstanden, so leicht die Bannerträger des gottlosen Materialismus? Ist das nicht auch eine Anklage gegen die Christen, die nicht entschlossen genug die Forderungen der Gerechtigkeit und Liebe erfüllten? Hier ist auch ein ernstes Wort zu sagen den kapitalistischen Ländern. Sie würden sich täuschen und nähmen ihre Aufgabe zu leicht, wenn sie der Meinung wären, sie könnten mit dem Hinweis auf ihren höheren Lebensstandard und die bei ihnen herrschende liberalistische Freiheit eine Bewegung überwinden, die durch das in der Welt auch heute noch weithin herrschende Unrecht hochgekommen ist und solange Gefolgschaft finden wird, wie dieses Unrecht weiter besteht. Solange Millionen von Menschen immer wieder um ihr Existenzminimum kämpfen müssen und heute nicht wissen, wovon sie morgen leben sollen, solange das Gespenst der Arbeitslosigkeit drohend durch die Länder geht und der Egoismus des einen die Arbeitsmöglichkeit des anderen einschränkt, solange die Habsucht Einzelner oder ganzer Gruppen in der Wirtschaft das letzte Wort hat und die Wirtschaftsführer sich nicht zu einer planvollen Lenkung der Weltwirtschaft zusammenfinden, solange bleibt unsere Erde ein Vulkan, der eines Tages wieder in gewaltigen Erschütterungen explodieren kann. An uns Christen ergeht in dieser Stunde die ernste Mahnung: Redet nicht nur vom Christentum, sondern handelt als Christen in Gerechtigkeit und Liebe. Wir rufen Euch das Wort Papst PIUS' XI. ins Gedächtnis: Es hat heute niemand das Recht, mittelmäßig zu sein. Das gilt vor allem von der sozialen Tat. Wir erinnern Euch an die Worte unseres Heiligen Vaters Papst PIUS XII. aus seiner Botschaft an den Bochumer Katholikentag: Worauf es ankommt, ist, daß die soziale Lehre der Kirche Gemeingut aller christlichen Gewissen werde, und daß sie diese Lehre in die Tat umsetzen. Die soziale Tat verlangt aber Opfer von allen Beteiligten. Diese Opfer müssen gebracht werden. Sie ertragen heute weniger Aufschub denn je zuvor.

Geliebte Diözesanen! Wir Bischöfe wissen wohl, wie schwer viele von Euch es haben und wie schwer es für Euch ist, die Ihr wirtschaftlich und sozial abhängig seid, Euch jederzeit offen und furchtlos zu Christus und Seiner Kirche zu bekennen. Doch vergeßt nicht: Ihr steht nie allein, Gott ist mit Euch! Wir können Euch kein irdisches Paradies versprechen. Aber wir versprechen Euch, daß, wenn die christlichen Grundsätze der Gerechtigkeit und der Liebe immer mehr zur Herrschaft kommen, daß dann und *nur* dann eine wirkliche Gemeinschaft der Menschen geschaffen werden kann.

„Die Gnade des Herrn Jesus Christus und die Liebe Gottes und die Gemeinschaft des Heiligen Geistes sei mit Euch allen. Amen" (2. Kor. 13,13).

Gegeben am 1. März 1950

JOSEPH KARDINAL FRINGS, Erzbischof von Köln
KONRAD KARDINAL VON PREYSING, Bischof von Berlin
LORENZ *Jäger*, Erzbischof von Paderborn
FRANZ RUDOLF *Bornewasser*, Erzbischof, Bischof von Trier
WILHELM *Berning*, Erzbischof, Bischof von Osnabrück
PETRUS *Legge*, Bischof von Meissen
JOSEF GODEHARD *Machens*, Bischof von Hildesheim
JOHANNES *Dietz*, Bischof von Fulda
JOHANNES JOSEPH *van der Velden*, Bischof von Aachen
MICHAEL *Keller*, Bischof von Münster
WILHELM *Kempf*, Bischof von Limburg
DR. FERDINAND PIONTEK, Kapitelsvikar

(Gedruckt mit der Anweisung: „Dieser Hirtenbrief ist am Sonntag, dem 23. April 1950, in allen Gottesdiensten zu verlesen."
Kursiv gedruckte Familiennamen der Bischöfe von den Herausgebern hinzugefügt.)

22. April 1950

12. DIE BEDRÄNGNIS STEIGERT SICH VON TAG ZU TAG

Kardinal von Preysing an die Provisorische Regierung der DDR, Ministerpräsident Otto Grotewohl

Der Bischof von Berlin
J.-Nr. G 739/50

Berlin-Zehlendorf, den 22. April 1950
Bogotastr. 10

An die
Provisorische Regierung der Deutschen Demokratischen Republik
z. Hd. des Herrn Ministerpräsidenten Otto Grotewohl

Berlin W 8
Prinz Albrecht Straße 3/4

Am 29. 12. 1949 wandte ich mich in einem Schreiben an den Stellvertreter des Ministerpräsidenten, Herrn Otto Nuschke, unter dem Rubrum „Lebensrecht und Lebensmöglichkeit für die katholische Kirche im Gebiet der Deutschen Demokratischen Republik". Ich wies in diesem Schreiben darauf hin, daß im Widerspruch zur Verfassung und den Bestimmungen des Potsdamer Abkommens die Glaubens- und Gewissensfreiheit in der DDR unterdrückt wird. Ich behandelte insbesondere drei Gebiete, auf denen sich diese Unterdrückung unbestreitbar und öffentlich zeigt. Im einzelnen erhob ich Einspruch dagegen, daß der Atheismus als Ziel der staatlichen Erziehung gilt, daß der Aufbau der katholisch-kirchlichen Presse nicht zugelassen wird und daß schließlich die Einschränkung der Religionsfreiheit durch Verwaltungsmaßnahmen erstrebt wird. Abschrift meines Schreibens vom 29. 12. 1949 übersandte ich an folgende Minister der DDR: An den Herrn Minister des Innern, an den Herrn Minister für Volksbildung, an den Minister für Post und Fernmeldewesen sowie an den Herrn Minister des Äußeren.

Unter dem 21. 1. 1950 bestätigte mir der Herr Stellvertreter des Ministerpräsidenten den Eingang meines Memorandums und schrieb: „Das Memorandum bringt Fragen von großer Tragweite zur Sprache, die ich mit den beteiligten Ministerien verhandeln muß. Ich habe diese Verhandlungen bereits eingeleitet und darf Ihnen zu gegebener Zeit von dem Ergebnis Mitteilung machen."

Vier Monate sind vergangen, seitdem ich das Memorandum über die Unterdrückung der Glaubens- und Gewissensfreiheit in der DDR abgesandt habe. Von dem oben erwähnten Zwischenbescheid abgesehen, habe ich keine Antwort erhalten. Dieses Schweigen der verantwortlichen Regierungsstellen wiegt schwer. Noch aufschlußreicher ist die Tatsache, daß die in meinem Schreiben vom 29.12.1949 festgestellten Verletzungen der Glaubensfreiheit inzwischen ungehindert weitergehen. Als besonders bedrohlich aber für die Glaubens- und Gewissensfreiheit hat sich in den letzten vier Monaten herausgestellt, daß die Handhabung der Staatsgewalt in der DDR immer mehr darauf abzielt, das Leben nach christlichem Gewissen in der Republik unmöglich zu machen. So ist es allzu natürlich, daß Millionen von Christen in der Regierungspraxis der DDR eine tödliche Bedrohung ihrer höchsten Lebenswerte sehen. Im eigenen Namen sowie im Namen der Ordinarien und der Bischöflichen Kommissare der Republik (Meißen, Görlitz, Magdeburg, Erfurt, Schwerin, Meiningen) möchte ich mich daher an den verantwortlichen Chef der Regierung mit diesem Schreiben wenden und darauf dringen, daß die durch die Bestimmungen der Verfassung und des Potsdamer Abkommens garantierte Glaubens- und Gewissensfreiheit in der Republik endlich verwirklicht wird.

Im Nachstehenden will ich einige das Gewissen der Christen bedrückende Entwicklungen und Tatsachen anführen. Zugleich aber will ich auch die damit zusammenhängenden unabdingbaren Forderungen erheben, ohne deren Erfüllung von der Existenz der Glaubens- und Gewissensfreiheit in der Republik nicht gesprochen werden kann.

1. Dem Materialismus wird in der DDR der Rang einer exklusiven staatlichen Weltanschauung, einer exklusiven Staatsreligion eingeräumt, deren Theorie und Praxis dem gesamten Volksleben aufgezwungen werden sollen. Es läßt sich eindeutig die Tendenz feststellen, die Maßstäbe für die Beurteilung und Gestaltung des Lebens dem materialistischen Denken zu entnehmen. Ob im Kindergarten, ob in der Schule, ob auf der Universität, ob in den systematisch zwangsweise vorgenommenen Schulungen, ob in der FDJ, ob bei den Jungen Pionieren, überall wird zwangsweise das materialistische Welt- und Menschenbild als einzig zugelassenes Vorbild für die Formung des einzelnen Menschen und der Gesellschaft benutzt.

Es erübrigt sich, viele Worte über die Unvereinbarkeit des Materialismus mit der christlichen Lehre zu machen. Der Materialismus – um nur einen Beleg für die Unvereinbarkeit mit dem Christentum anzuführen – schließt den Glauben an den persönlichen Gott ebenso aus wie die Überzeugung von der Unsterblichkeit der Menschenseele. Soweit eine Staatsgewalt den Materialismus als die den Bürger einzig verpflichtende Weltanschauung mit Zwang propagiert, beraubt sie sich selbst der Fähigkeit, Glaubens- und Gewissensfreiheit zuzulassen.

Um diesen für den Christen unerträglichen Zustand zu beseitigen, erhebe ich folgende Forderungen:

In der DDR muß davon abgelassen werden, den Materialismus als staatliche Weltanschauung aufzuzwingen.

Die Schüler in den staatlichen Zwangsschulen dürfen nicht weiter im Geiste dieser antichristlichen Weltanschauung zwangsweise unterrichtet werden.

Jeder Zwang muß aufhören, mit dem Kinder und Jugendliche in die Organisationen der Jungen Pioniere und der FDJ gepreßt werden.

2. Die Glaubensfreiheit, soweit sie noch in der DDR geduldet ist, wird in steigendem

Maße planmäßig auf die Kultusfreiheit innerhalb der Kirchenmauern eingeschränkt. Soweit das religiöse Leben außerhalb der liturgischen Formen zu seiner naturgemäßen Betätigung drängt, muß die Verordnung vom 1.7.1949 über die „Anzeigepflicht von Veranstaltungen" dazu dienen, der Polizei die Handhabe zu bieten, dagegen einzuschreiten. Die Einschränkung des religiösen Lebens auf das rein Kultische bei gleichzeitiger Formung des öffentlichen und privaten Lebens nach dem Geiste des Materialismus gehört zum Liquidationsrezept des Religiösen überhaupt, wie es sich in der Literatur des Materialismus findet.

Demgegenüber erhebe ich folgende Forderungen:

Die mit Hilfe der Polizeigewalt unternommenen Versuche, das religiöse Leben in der DDR auf kirchliche Kulthandlungen in Gotteshäusern einzuschränken, müssen beendet werden.

Die Christen müssen unbeanstandet das Recht haben, auch außerhalb des Gottesdienstes die Ziele zu verfolgen, die ihrem christlichen Gewissen gemäß sind. Dazu gehören u. a. die Jugendseelsorge in den Pfarreien, die religiöse Bildungsarbeit, die caritative Arbeit.

3. Die Grundsätze des Materialismus in ihrer Anwendung auf alle Lebensgebiete werden in immer größerem Maße der öffentlichen Meinung aufgezwungen. Alle Mittel, die der Propaganda dienen können, werden dafür verwandt. Man scheut nicht vor dem Zwang zurück, um auch Erwachsene zu Kundgebungen oder zum Eintritt in Organisationen zu veranlassen, deren Geist und Methoden viele Christen mit ihrem Gewissen nicht vereinbaren können.

Ich erhebe in Einklang mit der Verfassung der DDR die Forderung:

Der oft unter Einsatz aller staatlichen Propagandamittel ausgeübte Druck zum Eintritt in irgendwelche Organisationen und Massenbewegungen muß aufhören.

Weder die Ehre noch die Existenz derer, die aus berechtigten Gründen einer Organisation nicht beitreten, dürfen gefährdet werden.

4. Die Monopolstellung, die dem Materialismus in der Bildung und Lenkung der öffentlichen Meinung eingeräumt wird, hebt die Glaubens- und Gewissensfreiheit auf. Um hierfür nur ein Beispiel anzuführen, weise ich auf folgendes hin: Die katholische Kirche verfügt in der DDR nicht über eine einzige periodisch erscheinende Zeitschrift; gegen die Verbreitung der katholischen Zeitschriften, die außerhalb der Republik ihren Erscheinungsort haben, wird wiederum die Polizei eingesetzt. Es ist keine Seltenheit, daß Reden und Verlautbarungen hoher kirchlicher Würdenträger nach ihren Motiven und Zielen gröblich entstellt in den in der DDR zugelassenen Organen publizistisch behandelt werden. Demgegenüber fehlen den Katholiken alle Möglichkeiten, die notwendige Aufklärung zu geben.

Zur Herstellung der Glaubens- und Gewissensfreiheit muß ich hier folgende Forderungen erheben:

Die katholische Kirche muß das Recht haben, Zeitschriften herauszugeben, die im Dienste ihrer Lehre und Weltanschauung stehen. Diese Zeitschriften müssen in ihrer inhaltlichen Gestaltung frei sein, das heißt in diesem Falle, bei Kontroverspunkten darf nicht das Richtmaß der materialistischen Weltanschauung im Hinblick auf die Zulässigkeit des Vertriebs angelegt werden. Ebenso müssen sie das Recht haben, die Kirche, ihre Lehre und Amtsträger ebenso verteidigen zu können, wie die oben genannten Organe in der DDR das Recht in Anspruch nehmen, sie zu diffamieren.

Ich fordere weiter, daß die Katholiken auch das Recht erhalten, ohne Behinderung durch Polizeimaßnahmen oder einseitige Zensur katholische Zeitschriften, deren Erscheinungsort außerhalb der Republik liegt, zu beziehen.

Abschließend möchte ich noch auf folgendes hinweisen: Die Bedrängnis der christlichen Gewissen in der DDR steigert sich von Tag zu Tag. Die Unruhe darüber hat weite Kreise erfaßt. Die Forderungen, die ich in diesem Schreiben erhoben habe, betreffen nicht Privilegien, sondern ergeben sich aus den Bestimmungen des Potsdamer Abkommens und der Verfassung der DDR. Bei dem Ernst der Lage und der tiefen Bedeutung des Inhalts meiner Vorstellung darf ich wohl einer baldigen klaren Antwort entgegensehen.

gez. + *Konrad Kardinal von Preysing*
Bischof von Berlin

(veröffentlicht in: Walter Adolph, Kardinal Preysing und zwei Diktaturen, Berlin 1971, S. 235-238)

9. Mai 1950

13. VERFASSUNGSRECHTLICHER SCHUTZ DER KATHOLISCHEN KIRCHE IM GEBIET DER DDR

Kardinal von Preysing an alle Seelsorgestellen des Bistums Berlin in den Ländern Brandenburg und Mecklenburg

Der Bischof von Berlin

Berlin-Zehlendorf, den 9. 5. 1950
Bogotastr. 10

Betrifft: Verfassungsrechtlicher Schutz der katholischen Kirche im Gebiet der Deutschen Demokratischen Republik.

Am 29. 12. 1949 habe ich dem Stellvertreter des Ministerpräsidenten der DDR, Herrn Otto Nuschke, ein Memorandum unter dem Rubrum „Lebensrecht und Lebensmöglichkeit für die katholische Kirche im Gebiet der DDR" übersandt.

Unter dem 21. 1. 1950 habe ich daraufhin folgende Antwort erhalten: „Das Memorandum bringt Fragen von großer Tragweite zur Sprache, die ich mit den beteiligten Ministerien verhandeln muß. Ich habe diese Verhandlungen bereits eingeleitet und darf Ihnen zu gegebener Zeit von dem Ergebnis Mitteilung machen." Auf dieses Ergebnis habe ich vier Monate vergeblich gewartet.

Unter dem 22. 4. 1950 habe ich ein neues Memorandum an den Herrn Ministerpräsidenten Otto Grotewohl gerichtet. Am 26.4.1950 habe ich folgende Antwort erhalten: „Am 28. 4. 1950 findet bei der Regierung unter meinem Vorsitz eine Verhandlung mit Vertretern der evangelischen Kirche in der DDR statt, bei der Fragen des Verhältnisses zwischen der DDR und der Kirche, wie sie in Ihrem Schreiben aufgeworfen werden, eingehend erörtert werden sollen. Ich stelle Ihnen anheim, Vertreter Ihrer Kirche zur Teilnahme an dieser Verhandlung zu entsenden."

Weihbischof W. Weskamm, Magdeburg, und Prälat W. Adolph, Berlin, haben an der Verhandlung teilgenommen. Dabei ist den Vertretern der evangelischen wie der katholischen Kirche von den verantwortlichen Ministern erklärt worden, daß die Regierung der DDR willens ist, den verfassungsrechtlichen Schutz der Kirche zu sichern und jede Verletzung der Verfassung in dieser Hinsicht zu beseitigen.

Ich ersuche daher die Seelsorger, meinem Ordinariat gegebenenfalls wie bisher unter Angabe der Einzelheiten verfassungswidrige Eingriffe oder Beschränkungen der Glaubens- und Gewissensfreiheit durch lokale Instanzen mitzuteilen.

+ *Konrad Card. von Preysing*
Bischof von Berlin

(veröffentlicht in: Walter Adolph, Kardinal Preysing und zwei Diktaturen, Berlin 1971, S. 247)

29. Juli 1950

14. DIE KIRCHE VERKÜNDET DEN FRIEDEN

Gemeinsames Hirtenwort der Bischöfe und Bischöflichen Kommissare in Meißen, Görlitz, Magdeburg, Erfurt und Schwerin

Noch sind die tiefen Wunden, die der letzte Krieg den Völkern geschlagen hat, nicht geheilt, noch hat kein wirklicher Friede die Beziehungen unter den Völkern wieder normal gemacht und entspannt, da steht die Angst vor neuen furchtbaren Möglichkeiten schon wieder vor den Menschen.

Die Frage des Friedens ist eine Lebensfrage, in der alle Gutgesinnten sich einig sein müßten.

1. Die Kirche Christi kann nicht anders, als den Frieden verkünden und ihn auf der Grundlage der Gerechtigkeit und der Liebe bereiten helfen. Täglich fleht sie in ihren Gliedern in allen Völkern, daß Gott unsere Tage in seinem Frieden leiten möge, und ihr Rufen „Dona nobis pacem" meint auch diese Not. Täglich ist sie bemüht, überall im heiligen Gesetz Gottes und im Evangelium Christi die Grundlage zu schaffen, auf der die Völker mit ihren verschiedenen Interessen im gerechten Ausgleich ihr Leben friedlich bauen können. – Die Kirche Christi muß den Frieden künden und dem Frieden dienen, und die Glieder der Kirche bemühen sich, es ernstlich und ehrlich zu tun.

2. Für den wahren Frieden kann die Kirche aber nicht durch Mittel und Einrichtungen politischer Art wirken; sie muß es vielmehr auf ihre eigene Weise tun, wenn anders ihr Wort und Wirken nicht alle Kraft und innere Berechtigung verlieren soll. Sie würde dann auch in die sichere Gefahr gebracht, weltlichen Interessen dienstbar zu werden. – Aus diesem Grunde kann sie, die sich dem Frieden innerlich verpflichtet weiß, sich nicht in Komitees und Aktionen einreihen, die sich in ihrer Bezeichnung auf den Frieden beziehen, ihrem Ziele und ihrem Charakter nach aber unbedingt in das politische Gebiet gehören.

Es ist unwahr und beleidigend, wenn man die Kirche und ihre Glieder, besonders auch die Geistlichen, die mit ihrer Unterschrift oder Mitgliedschaft in solchen Fällen zurückhalten, deshalb als Friedensgegner, als Kriegsfreunde hinstellt und öffentlich angreift.

Es wird auch niemand gelingen, von da aus eine Spaltung in die Kirche zu tragen, etwa zwischen den Bischöfen und ihren verantwortlichen Beauftragten einerseits und den Geistlichen sowie den Gläubigen andererseits, und so die Ordnung der Kirche durcheinanderzubringen.

3. Wir wissen wohl, wie unendlich ernst diese Stunde ist, und wir sind uns der tiefen Verantwortung vor Gott, vor unserem Gewissen und vor unserem Volke sehr bewußt. Darum rufen wir alle unsere Gläubigen dringend auf, zusammen mit allen christlichen Brüdern in allen Völkern für den Ausgleich untereinander, für den wahren Frieden und für die Vermeidung jedes neuen Krieges mit ihrer Person,

ihrem Wirken und ihrem Beten sich einzusetzen. Gott, welcher der Herr der Welt heute und morgen ist, gebe allen Völkern Gedanken des Friedens und den für die Leitung der Völker Verantwortlichen die Kraft und den Mut zum Frieden. Er halte neues Unheil in Gnaden von uns fern.

Gegeben den 25. Juli 1950.

+ Petrus *Legge*, Bischof von Meißen
Dr. Ferdinand Piontek, Cap.-vic. in Görlitz
Weihbischof Wilhelm Weskamm,
erzb. Commissar in Magdeburg
Dr. Joseph Freusberg, Gen.-vic. in Erfurt
Dr. Bernhard Schraeder,
bischöfl. Commissar in Schwerin.

(Runderlaß des Bistums Meißen, Bautzen, 29. 7. 1950, Nr. 123)

22. August 1951

15. LASST FRIEDE SEIN!

Hirtenwort der in Fulda am Grabe des hl. Bonifatius versammelten deutschen Bischöfe an ihre Diözesanen

Geliebte Diözesanen!

In ernster, unheildrohender Zeit haben sich die Bischöfe Deutschlands wieder am Grabe des hl. Bonifatius, des Apostels der Deutschen, versammelt, um inständig seine Fürbitte zu erflehen für ihre Herde und um zu beraten über die Mittel und Wege, die aus dem Abgrund der Nöte und Gefahren in eine freiere und frohere Zukunft führen können. Die Welt von heute leidet unter einer *schrecklichen Friedlosigkeit der Völker, der Stände und der menschlichen Seelen*.

Fast erdrückend ist die Last der bangen Sorge um den *Völkerfrieden*. Immer noch droht der Ausbruch eines neuen Welt- und Völkerkrieges, und es ist kaum auszudenken, wie furchtbar die Kriegsführung und wie entsetzlich die Folgen eines solchen Krieges wären. Aber auch schon die *Kriegsgefahr* ist unheilvoll genug. In dieser harten Not blicken wir auf zum Vater im Himmel und zu seinem göttlichen Sohn, der der Welt den Frieden Gottes gebracht hat. Die Kirche betet täglich und innig um den Frieden, den die Welt nicht geben kann. Daher ist unsere erste und eindringliche Mahnung an Euch, liebe Diözesanen: *Betet auch Ihr um den Frieden!* Betet für Euch im Stillen, aber betet auch gemeinsam und in Scharen! Gerne sprechen wir unsere Freude und Anerkennung aus den Tausenden von Männern und Frauen, die an vielen Orten betend zu einem Heiligtum zogen, um durch Fürbitte unserer himmlischen Mutter Maria der Welt den Frieden zu erflehen.

Wir denken dabei besonders an den *Frieden unter den Christen,* die ja alle durch das kostbare Blut Christi erlöst und in der Taufe Kinder Gottes wurden. Die Bitte des Heilandes in seinem hohenpriesterlichen Gebet: „Daß alle Eins seien" soll uns immer Mahnung und Verpflichtung sein! Angelegentlich beten wir um die Gesinnung der Liebe und des Friedens vor allem unter allen unseren *katholischen Glaubensbrüdern in der ganzen Welt,* eingedenk des Apostelwortes: „Ihr alle, die ihr getauft seid, habt Christus angezogen. Da ist nicht mehr Jude noch Grieche, nicht mehr Herr und Knecht, nicht mehr Mann und Frau, ihr alle seid Eins in Christus" (Gal. 3,27f.). Christus ist für alle gestorben; er hat uns erlöst aus allen Stämmen und Nationen und Völkern und uns unserem Gott zu einem Reiche gemacht (Apok. 1,5). Wir alle sind Glieder des mystischen Leibes Christi, im Glauben, in der Liebe und Gnade innig mit ihm und untereinander verbunden.

Hinter uns liegt das Heilige Jahr. Der Heilige Vater hat die besondere Gnadenquelle des Heiligen Jahres für dieses Jahr allen Gläubigen zugänglich gemacht. Darum möge auch dieses Jahr nicht zu Ende gehen, ohne daß wir es zu einem Jahr des Gebetes, der Sühne, der Liebe und des Friedens gemacht haben!

Ein zweiter Friedensaufruf richtet sich an unsere *Brüder und Schwestern in der deutschen Heimat:* Möchte doch der verhängnisvolle Geist des Bruderzwistes dem Geiste der Versöhnung, der Verständigung und der Bruderliebe weichen! Möchten doch die sozialen Gegensätze und Spannungen auf dem Boden der Gerechtigkeit und Liebe ausgeglichen und beseitigt werden! Vieles wurde schon erreicht, aber leider ist der soziale Friede immer noch bedroht. Möge auf der Grundlage der Gerechtigkeit und Sachlichkeit unverzagt und unverdrossen weitergearbeitet werden in dem Bewußtsein, daß der soziale Friede zum Glück, der soziale Unfriede aber zum Unglück führt. Wir begrüßen alle Maßnahmen zum Besten der wirtschaftlich Schwachen und der Notleidenden, begrüßen besonders jegliche Hilfe für kinderreiche Familien. Wir begrüßen es wärmstens, wenn in sozialen Kursen die sozialen Aufgaben unserer Zeit immer mehr erkannt und nach Mitteln zur Heilung gesucht wird.

Dem sozialen Frieden und dem sozialen Aufstieg dient auch ein *harmonisch-friedliches Verhältnis zwischen Kirche und Staat.* Daher würden wir es sehr begrüßen, wenn die Spannungen zwischen beiden, die auf verschiedenen Gebieten, insbesondere auch auf dem Gebiet der Jugenderziehung, immer wieder in Erscheinung treten, in einer beiderseits befriedigenden Weise sich beheben ließen. Möge insbesondere der unglückliche und unwürdige Kampf gegen die Bekenntnisschule, dort, wo er entbrannt ist, aufhören! Den christlichen Eltern darf nicht das Recht bestritten und die Pflicht erschwert werden, ihre Kinder nach ihrem Glauben und Gewissen zu erziehen! Wo keine katholischen Schulen bestehen, müssen wir die Eltern und Erziehungsberechtigten in letzter Hirtensorge mahnen, durch ganz lebendige christliche Erziehung in der Familie ihre Kinder zu innerlichen Christen zu erziehen und den Religionsunterricht gut auszunutzen und zu erweitern.

Laut rufen wir in unser liebes deutsches Volk hinein: *Laßt Friede sein zwischen Kirche und Staat, Friede zwischen Kirche und Schule, Friede zwischen den einzelnen Ständen!*

Aller Friede hat letzthin seinen Sitz und seine Quelle in *menschlichen Herzen*. Ohne den Frieden in den Seelen und ohne den Frieden mit Gott werden wir vergeblich den Frieden unter den Menschen und Völkern anstreben. Der größte Friedensfeind ist *die Sünde*. Sie zerstört das Glück der Einzelmenschen, der Familien, der Staaten und Völker. Non est pax cum impiis: Feinde Gottes haben keinen Frieden. Daher mahnen wir recht ernst und dringlich zu einer *sittlichen Erneuerung*. Wir mahnen unsere liebe Jugend, daß sie sich nicht in den Strudel der Unsittlichkeit hineinreißen lasse, daß sie sich nicht beschmutzen und verführen lasse durch unsittliche Bücher, Zeitschriften, Bilder und Filme! Wir mahnen mit der Liebe des Guten Hirten unsere *Familienväter und Mütter*, daß sie dem unreinen und unchristlichen Zeitgeist den Zutritt zu ihren Familien und Häusern versperren, damit die Familie nicht noch weiter herabsinke und verfalle. Wenn irgendwo, dann müssen der Friede und die Liebe in den Familien ein Heim und Heiligtum haben. Wir erwarten auch vom Staate, daß er die Jugend schütze vor weiterer Gefährdung und Verführung durch Schmutz und Schund, und daß er die Familie schütze vor weiterem Verfall durch Erleichterung der Ehescheidung, durch jegliche Lockerung des Ehebandes und durch Rüttelung an dem gottgewollten Verhältnis zwischen Ehemann und Ehefrau. Zur letztgenannten Frage sagt lichtvoll die Enzyklika Casti connubii: „Sollte in einem Lande die soziale und wirtschaftliche Lage der verheirateten Frau wegen der gewandelten Kulturverhältnisse eine Abänderung benötigen, so ist es Aufgabe der Staatsgewalt, die bürgerlichen Rechte der Gattin den Bedürfnissen und Forderungen der Jetztzeit anzupassen unter Berücksichtigung der Eigenart der weiblichen Natur, der Sittlichkeit und Ehrbarkeit und des Gemeinwohles der Familie; nur *muß die wesentliche Ordnung der Hausgemeinschaft unangetastet bleiben*, da sie durch eine höhere als menschliche, nämlich die göttliche Autorität und Weisheit festgesetzt ist und darum keiner Änderung durch Staatsgesetze oder durch das Gutdünken der einzelnen unterliegen kann."

Wir schließen unseren Aufruf für den Frieden mit den Worten unseres Heiligen Vaters in seiner letzten Weihnachtsansprache: „Lang, dunkel, steinig und dornig ist der Weg, der zum wahren Frieden führt ... Aber je größer unsere Aufgabe ist und je schwächer die rein natürlichen Mittel zu ihrer Lösung sind, umso mehr müssen unsere Blicke sich nach oben richten und unsere Hände sich betend erheben zur Majestät desjenigen, der vom Glanz seiner göttlichen Herrlichkeit sich zu uns herabgelassen hat und „einer von uns" geworden ist. Die Macht des Herrn, der die Herzen der Herrscher lenkt, so wie er will, gleicht Wasserbächen, deren Lauf er regelt. Er kann den Sturm stillen, der das Schifflein schüttelt, in dem nicht nur die Gefährten des hl. Petrus sich befinden, sondern die gesamte Menschheit. Daher ist es für Kinder der Kirche eine heilige Pflicht, mit ihren Gebeten und Opfern den Herrn der Welt Jesus Christus, Gott hochgelobt in Ewigkeit, zu bestürmen, daß er den

Wellen und dem Meere gebiete und dem gequälten Menschengeschlecht die große Ruhe des wahren Friedens schenke."

In treuer Glaubens- und Liebesverbundenheit spenden Euch, liebe Diözesanen, den bischöflichen Segen die Erzbischöfe und Bischöfe Deutschlands.

Fulda, am Feste des Unbefleckten Herzens Mariä
22. August 1951

Für das Bistum Berin
+ *Wilhelm*, Bischof von Berlin.

(Amtsblatt des Bischöflichen Ordinariats Berlin, Sondernummer, Berlin, 15. September 1951, mit der Anweisung: „Vorstehendes Hirtenwort ist am Sonntag, dem 23. September 1951, in allen Gottesdiensten zu verlesen.")

20. September 1951

16. WAHL DER ELTERNBEIRÄTE AN ALLGEMEINBILDENDEN SCHULEN

Anweisung des Erzbischöflichen Kommissariates Magdeburg

Im Gesetzblatt der DDR Nr. 44/1951 Seite 279 ist die Verordnung „über die Bildung und die Aufgaben der Elternbeiräte an allgemeinbildenden Schulen" vom 12. April 1951 veröffentlicht.

Die Wahl der Elternausschüsse ist von erheblicher Bedeutung. Die Kandidaten für den Elternausschuß, der für jede Schule und für jedes Jahr neu zu wählen ist, werden von einem Wahlausschuß bestimmt, der besteht aus dem Schulleiter als Vorsitzendem und je einem Vertreter der FDJ, des DFD, sowie einem Vertreter der Gemeinde. Die von diesem Wahlausschuß nominierten Kandidaten müssen sich in einer Elternversammlung stellen und werden von dieser gewählt. Die Wählerversammlung der Eltern kann auf Grund der Vorstellung mit Stimmenmehrheit die Streichung von Kandidaten verlangen. Aus der Wählerversammlung können an deren Stellen andere Kandidaten benannt werden, die in die Kandidatenliste aufzunehmen sind, wenn es die Mehrheit verlangt. Mit der Mehrheit der Elternversammlung können diese neuaufgestellten Kandidaten, die sich ebenfalls in der Wählerversammlung stellen müssen, gewählt werden. Die Wählerversammlung muß für jede Schule getrennt stattfinden und ist für dieses Jahr angesetzt auf die Zeit vom 22. bis 29. Oktober. Auf die Bedeutung, daß überzeugte christliche Eltern evangelischer und katholischer Konfession in den Elternausschüssen sitzen, braucht nicht besonders aufmerksam gemacht zu werden. Es wird empfohlen, örtlich sich mit den evangelischen Pfarrern in Verbindung zu setzen, damit die christlichen Eltern auch von der Kanzel aus auf ihre demokratischen Pflichten und Rechte hingewiesen werden.

(Anweisung des Erzbischöflichen Kommissariates Magdeburg an alle Seelsorgestellen, Magdeburg, 20. 9. 1951)

13. August 1952

17. ÜBER DIE INNERE LAGE DER KIRCHE IN DEUTSCHLAND

Hirtenbrief der Bischöfe Deutschlands

Geliebte Diözesanen!

Eine Woche vor dem Berliner Katholikentag haben sich Eure Bischöfe am Grabe des hl. Bonifatius in Fulda versammelt. Gemeinsam haben wir die Lage der Christenheit in allen deutschen Landen prüfend überschaut. Laßt Euch jetzt etwas von dem sagen, wie sich Euren Bischöfen diese Lage darstellte, und zwar sowohl die äußere wie *die innere Lage der Kirche in deutschen Landen.* Fast wie von selbst ergibt sich dann, was unser Herr Jesus Christus von uns und Euch erwartet.

I.

Wenden wir uns der *äußeren* Lage zu, welch unterschiedliches Bild bietet sich dar! Es gibt Länder, in denen gerade in jüngster Zeit das Recht der Eltern auf ihre Kinder durch Volksbefragung, Verfassung und Schulgesetz feierlich proklamiert und sichergestellt worden ist. Gott sei Dank! Es darf allerdings nicht übersehen werden, daß auch diese Erfolge bzw. Teilerfolge nur nach harten Kämpfen erreicht werden konnten.

Es gibt andere Länder, in denen man es den Eltern gegen alles Recht unmöglich macht, ihre Kinder in eine katholische Schule zu schicken. Wir sind entsetzt über die Verblendung vieler, die für Demokratie und Menschenwürde eintreten wollen und nicht sehen, wie sie in der Beschränkung der religiösen Erziehung der Kinder der organisierten Gottlosigkeit in die Hände spielen. Begreift man denn nicht, daß der lebendige Gottesglaube in den Herzen der Menschen das letzte Bollwerk gegen Vermassung und Versklavung ist, und daß der, der diesem Bollwerk nicht seine ganze Stärke lassen will, dem Untergang die Wege bereitet? Und daß es ein Hohn ist, wenn ein solcher sagt oder gar meint, er tue es im Namen der Freiheit? Ist es nicht, um ein Beispiel zu nennen, ein beschämender Vorgang, daß die tapferen Männer und Frauen von Oldenburg, die in den dreißiger Jahren um den Glauben ihrer Kinder einen in der ganzen Welt bewunderten Kampf geführt haben, im Jahre 1952 gegen eine Demokratie den gleichen Kampf führen müssen?

Und schließlich gibt es Länder, in denen man sich nicht damit begnügt, die Kinder in der Schule ganz oder fast ganz ohne religiöse Unterweisung aufwachsen zu lassen, sondern sogar versucht, die Eltern unter Druck zu setzen, damit sie ihre Kinder glaubensfeindlichen Jugendgemeinschaften zuführen und das unter Methoden, die wir aus der unlängst vergangenen Zeit nur zu gut kennen.

Es gibt Bischöfe, denen es frei steht, ihre Gläubigen zu besuchen, bei ihnen zu predigen und unter ihnen das Sakrament der Firmung zu spenden. Es gibt aber auch Bischöfe, denen man es erschwert, wenn nicht gar unmöglich macht, ihre eigenen Bistümer zu bereisen, dort zu predigen und zu firmen. Wir klagen vor Gott, daß der Vater des Bistums die eigenen Söhne und Töchter nicht besuchen darf! Es gibt sogar Bezirke, in denen der Gottesdienst, die Heimabende und die Seelsorgstunde bei der Polizei angemeldet werden müssen. Man sagt dort, daß sei selbstverständlich keine Maßnahme gegen die Kirche, sondern nur die Anwendung der allgemeinen staatlichen Gesetze auf die Kirche. Wer entsinnt sich da nicht wieder der Formulierungen einer eben vergangenen Epoche!

Außer den kirchenpolitischen sind auch die wirtschaftlichen und sozialen Verhältnisse nicht ohne Einfluß auf die religiösen. Die großen Nöte unseres Vaterlandes, seine politische Zerreissung, die Lage der Vertriebenen, der Mangel an Wohnungen, die fortdauernde Trennung vieler Familien und andere Kriegsfolgen berühren auch das Glaubensleben. Von all dem soll aber in *diesem* Hirtenbrief nicht weiter die Rede sein.

II.

Schauen wir auf die *innere* Situation, so muß zunächst ein Wort über die *Schattenseiten* gesagt werden. Geliebte, wißt Ihr, was der bedeutsamste und verhängnisvollste Vorgang unserer Tage ist? Schreckliche Ereignisse und Bewegungen haben wir erlebt, und doch sind sie alle selber nur Zeichen *dieses* Vorganges: Wir meinen nämlich die Abwendung der Menschen von Gott, und das als *Massen*erscheinung! In vielen Zeiten und Kulturen gab es einzelne Ungläubige. Aber erst seit dem vorigen Jahrhundert, in Frankreich wohl früher, wenden sich mehr und mehr *Massen* von Gott und Glauben ab. Dieser Vorgang geht bis in die Heidenwelt hinein, so daß man das Wort vom „Sterben der Götter" geprägt hat! Dieser Vorgang der Verweltlichung der Herzen ist in seiner Furchtbarkeit von vielen noch gar nicht wahrgenommen, und seine Folgen sind noch nicht absehbar. Das ist nun nicht so zu verstehen, als zerfalle die Menschheit in einen Block Gläubige und einen Block Ungläubige, sondern manchmal möchte man meinen, daß vor den Augen fast aller die *Wirklichkeit der anderen Welt*, der Welt Gottes, sich verdunkle.

Denken wir doch an uns selbst: Ist Gott uns, uns den Gläubigen, *so* lebendig und wirklich, daß wir bei unserem Tun und Lassen erst nach *seinem* Willen fragen? Ist in unseren katholischen Ehen das Gesetz Gottes noch *die* Kraft, die das Verhalten tatsächlich bestimmt? Und müssen wir nicht klagen, daß viel zu wenige junge Menschen sich dem Priester- und Ordensstande zuwenden? Daß es zu wenige sind, die im großherzigem Entschluß sich vollständig und ein für allemal an Christus und die Kirche hingeben? Wird nicht bald der Verweltlichung der Herzen die Verweltlichung der Häuser, nämlich unserer katholischen Anstalten, folgen, wenn unsere Orden und religiösen Genossenschaften wegen Mangel an Schwesternnachwuchs Krankenhäuser, Kinder- und Altersheime verlassen oder schliessen müssen?

Das Volk hat neue Götter. Seinen Göttern *opfert* man! Wenn die Menschen, die noch in die Kirche gehen, für die einzelne hl. Messe so viel gäben, wie die Kinobesucher für den einzelnen Film, dann brauchten wir weder Kirchgeld noch Kirchensteuer noch Sammelvereine, und der Wiederaufbau und Neubau der Kirchen wäre so wenig ein Problem wie der Auf- und Neubau von Kinos. In manchen unserer Länder gibt das Volk für Genußmittel und Toto und Radio soviel aus, daß, jedes für sich, dem Volke fast so viel oder mehr kostet als der Dienst an Gott. Bei jeder Glocke und Orgel, die gebaut werden, heißt es: Warum baut man nicht besser Wohnungen dafür? Man schämt sich als Bischof fast, eine Kirche fertig zu stellen. Aber noch nie ist es gehört worden, daß nach einem grossen Sportfest einer auch nur laut *gedacht* hätte: Warum baut man dafür nicht besser Wohnungen, obwohl eine einzige solcher grösseren Veranstaltungen soviel wie drei Kirchenbauten kostet. Wir sagen damit nichts gegen den mässigen Gebrauch von Genußmitteln, erst recht nichts gegen gute Radiosendungen und saubere Filme und zuchtvollen Sport. Wir wollen nur zeigen, wie sich die Blickpunkte verschoben haben.

Seinen Göttern *gönnt* man alles. Es tut der Filmdiva und dem Boxer keinen Abbruch an Beliebtheit, wenn alle Welt weiß, daß man von einem ihrer Jahreseinkommen *zehn* Wohnungen bauen könnte.

Hier kann man das Wort des hl. Paulus anführen: „Und so übergab sie Gott den Verkehrtheiten ihres Herzens" (Röm 1,24). Die Dekadenz in allen Formen zieht ein, d. h. die tragenden Kräfte im Menschen selbst zersetzen sich, der Geschmack für das, was wirklich solide und gesund ist, geht verloren. Der Mensch verliert Richtung und Halt und in seiner Hilflosigkeit ist er froh, in einer Masse sich mittreiben zu lassen. „Was alle tun", wird höchste Norm und ersetzt Eigenurteil und Gewissen.

Die Philosophie sucht nicht mehr nach der Wahrheit, sondern stellt, sich im Kreise drehend, das „Existierende" dar. Die Kunst gefällt sich nur zu oft in Darstellung des Verzerrten. Die Literatur, auch die gehobene, wühlt nicht selten in Schmutz und Minderwertigem. Die Völker werden unsicher in ihrem Recht auf Selbstbehauptung und Selbstverteidigung, sie wollen nicht mehr wachsen und töten ihre Kinder, noch ehe sie geboren sind. Im Religiösen wagt man aus lauter Angst zu verletzen, oft nicht mehr die Wahrheit zu bezeugen, erst recht nicht mehr zu bekehren und zu missionieren, es sei denn bei farbigen Völkern. Die Zersetzung geht so weit, daß bei vielen Frauen die Mütterlichkeit abstirbt, bei Männern das Vaterbewußtsein ausgelöscht wird, Liebesfähigkeit und Liebeskraft dahinschwinden. Der von Gott gelöste Mensch verliert die Fähigkeit, den Satan zu wittern, obwohl nach den Worten unseres Herrn die Hölle ihre klaren Kennzeichen hat: Lüge und Haß. Wer diese nicht zu erkennen und zu deuten weiss, ist an seinem inneren Auge blind geworden.

Schliesslich wandten wir deutschen Bischöfe unseren Blick im einzelnen auf die Ehe und auf die Jugend, auf den Stand der Seelsorge und auf die Diaspora, auf die religiöse Not besonders der Vertriebenen in der Diaspora. Aber davon hier nicht mehr.

Es wäre jedoch Unrecht und Undank gegen Gott, wenn man nicht auch das *Positive* in der inneren Situation unserer Kirche in Deutschland sähe. Des Positiven ist so viel, daß man bei seiner Darlegung vielleicht meinen könnte, das oben Gesagte würde halb zurückgenommen. Man muß beides, Negatives und Positives, zusammen sehen. Dabei steht uns nicht zu, beides gegeneinander abzuwägen und das abschliessende Urteil über die Zeit zu fällen. Das vermag nur ein anderer. Er allein weiß, was unter uns an wirklicher Sünde geschieht und was an wirklicher Heiligkeit da ist. Er allein weiß, wie der jetzt lebende Mensch vor hundert Jahren gelebt hätte, und wie derjenige, der damals lebte, unter heutigen Umständen und Sitten leben würde. Wenn eine spätere Geschichtsschreibung infolge merkwürdiger Quellenlage nur das Positive erführe, von dem jetzt noch zu sprechen ist, dann müsste sie unsere Zeit für eine der größten der Kirchengeschichte halten.

Bei aller Lauheit und Kirchenfremdheit sind auch heute noch selbst die *Massen* unseres deutschen katholischen Volkes irgendwie mit dem Glauben verbunden. Der Großteil der Eltern, auch der kirchlich abständigen, verlangt in eindrucksvoller Weise, daß ihre Kinder katholisch erzogen werden. Fast alle Kinder katholischer Eltern werden zu den heiligen Sakramenten der Taufe, der Buße, der Eucharistie und der Firmung geführt. Fast alle rein katholischen Ehen werden kirchlich geschlossen. Der Empfang der Sterbesakramente wird im Ernstfalle und wenn Zeit bleibt selten verweigert, das kirchliche Begräbnis sozusagen immer gewünscht. Die Zahl der Gottesdienstbesucher und derjenigen, die die Ostersakramente empfangen, verspricht fast dieselbe wie vor dem Kriege zu werden. Vor dem Kirchenaustritt als letzter Konsequenz schreckt man zurück. Und wenn wir oben herausgestellt haben, daß das Volk neue Götter hat und ihnen opfert, so sind doch immerhin der Eingang der Kirchensteuer und die darüber hinausgehende freiwillige Leistung noch so groß, daß Erstaunliches im Wiederaufbau und Neubau von Gemeinden und Kirchen, Jugendheimen, Kindergärten geleistet wird. Kirchenzeitungen, Missionszeitschriften und sonstige religiöse Wochen- und Monatsblätter gehen insgesamt in ihrer Auflage hoch in die Millionen. – Diese Fäden, die 20 Millionen deutsche katholische Menschen an ihre Kirche binden, erinnern uns an die Mahnung des Herrn, daß wir den glimmenden Docht nicht auslöschen und das geknickte Rohr nicht brechen. Die allermeisten, auch die Lauen und Gleichgültigen, gehören nicht nur durch die Taufe zu uns, sondern ebenso durch den mehr oder weniger wirksamen Rest ihres Glaubens. Vergessen wir nie, daß wir ihnen gegenüber eine erhöhte Pflicht des fürbittenden Gebetes, des vorbildlichen Lebens der christlichen Liebe und des apostolischen Eifers haben.

Darüber hinaus aber sehen wir noch feste Blöcke starken katholischen Lebens. Mit dem Wort „Blöcke" wollen wir sagen, daß nicht die Gesamtheit unseres katholischen Volkes gemeint ist, daß es sich aber andererseits nicht nur um kümmerliche Reste handelt, die zudem noch am Dahinschwinden wären. Es handelt sich vielmehr um beachtenswerte und hoffnungtragende Gruppen und Bewegungen.

Es gibt unter uns viele gesunde, saubere und kinderliebende Ehen. Daß es sie gibt inmitten der Dekadenz, die wir oben geschildert haben, ist fast ein Wunder. Man muß an das Wort des hl. Paulus denken: „Inmitten eines verrotteten Geschlechtes seid Ihr wie leuchtende Sterne" (Phil 2,15). Wo die Seelsorger sich um Brautleute, junge und alte Familien bemühen, da helfen sie mit, daß in den Sumpf hinein, der heute in unserem Volke ist, die Inseln der Sauberkeit gebaut werden. Hier liegen Hoffnungen für unsere Zukunft.

Und wenn wir auch zu wenig junge Menschen haben, die Priester oder Ordensleute werden oder, in der Welt bleibend, sich ganz Gott und der hl. Kirche weihen: Daß aus der verdorbenen Atmosphäre, in der, wie Ihr wißt, unsere Jugend heranwächst, überhaupt noch so viele Gottgeweihte hervorgehen, muß mit dankbarem Staunen gesehen werden. Es führt uns gerade vor Augen, welche Gewalt die Gnade Gottes hat.

Nicht unerwähnt sei, wie sich vor unseren Augen der Wandel in der Akademikerschaft und in den sogenannten gebildeten Schichten zum Glauben hin vollzogen hat und vollzieht. Diesem Vorgang kommt besondere Bedeutung bei, denn auch die Ideen folgen einem Gesetz der Schwere: Die Gottlosigkeit ergriff nämlich zuerst die sogenannten gebildeten Schichten. Vor den Hörsälen und Universitäten drang sie über Redakteure und Redner in die Zeitungen und Volksversammlungen ein. Und von dort her senkte sie sich in die Massen herab. Nun hat der umgekehrte Prozeß angehoben. Gottlosigkeit *ist* nicht mehr modern.

Viel anderes Positive stand uns Bischöfen noch vor Augen. Aber eine besondere Freude für uns und das ganze katholische Volk in Deutschland sind die Berichte, die zu uns Bischöfen kamen über die Haltung der Getreuen unter der Jugend in den Gebieten der Glaubensbedrängnis. Wie manche Maßnahme der Gegenseite, so erinnert uns auch diese katholische Jugend in ihrer tapferen Haltung an die Zeiten des sogenannten Dritten Reiches.

Vergessen wir nicht die Heiligen unter uns! Welche Zeit der Kirchengeschichte hatte wohl soviele Zeugen für Christus! Wie viele unter uns meistern unter unglaublichen Schwierigkeiten ihr Leben in christlicher Weise! Neben aller Gedankenlosigkeit, ja Härte: wieviel staunenerregende Liebestätigkeit!

Geliebte Diözesanen!

Die Lage der Christenheit in Deutschland ist nicht auf einen Nenner zu bringen, weder was das Äussere noch was das Innere angeht. Nur Gott vermag dieses bewegte Bild zu deuten und die Linie der Zukunft darin zu lesen. Das aber sahen und bezeugen wir, daß in dieser unserer Situation Gottes Kraft sich wunderbar gezeigt hat und zeigt. Von ihm steht geschrieben: „Ich bin, der war und der ist und der sein wird". Ja, er wird sein, wenn alles, was wider ihn stand, vergangen und vergessen ist.

Denn *Gott lebt!*

Ihr aber, unsere lieben Söhne und Töchter im Herrn, vergesset nicht Eure Berufung! Ihr seid im Sumpfe die Insel der Reinheit, Ihr seid in der Trostlosigkeit die

Hoffnung der Kirche, Ihr seid, anderem Augenschein zum Trotz, die wirklichen Gestalter der Zukunft. Und wenn das Bekenntnis des Glaubens schwer wird, die Betätigung der christlichen Liebe Opfer fordert, die Bewahrung der Keuschheit und Treue harte Kämpfe verlangt, so seid dessen eingedenk, daß der Herr selber Euch gerade in *diese* unsere äussere und innere Situation stellt. Damit spricht er Euch das Vertrauen aus, daß Ihr in seiner Kraft Land und Volk für ihn und sein Reich gewinnt. Dazu stärke Euch der allmächtige Gott! Es segne Euch der Vater und der Sohn und der Heilige Geist! Amen.

Gegeben zu Fulda, den 13. August 1952.
Die am Grabe des hl. Bonifatius versammelten Bischöfe Deutschlands:

++ Joseph Kardinal Frings, Erzbischof von Köln
++ Lorenz *Jäger*, Erzbischof von Paderborn
++ Joseph Otto *Kolb*, Erzbischof von Bamberg
++ Wendelin *Rauch*, Erzbischof von Freiburg
++ Wilhelm *Berning*, Erzbischof, Bischof von Osnabrück
++ Michael *Buchberger*, Erzbischof, Bischof von Regensburg
+ Joseph Godehard *Machens*, Bischof von Hildesheim
+ Albert *Stohr*, Bischof von Mainz
+ Simon Konrad *Landersdorfer* O.S.B., Bischof von Passau
+ Johannes *Dietz*, Bischof von Fulda
+ Joseph *Wendel*, Bischof von Speyer
+ Johannes Joseph *van der Velden*, Bischof von Aachen
+ Michael *Keller*, Bischof von Münster
+ Joseph *Schröffer*, Bischof von Eichstätt
+ Julius *Döpfner*, Bischof von Würzburg
+ Wilhelm *Kempf*, Bischof von Limburg
+ Carl Joseph *Leiprecht*, Bischof von Rottenburg
+ Joseph *Freundorfer*, Bischof von Augsburg
+ Heinrich *Wienken*, Bischof von Meißen
+ Wilhelm *Weskamm*, Bischof von Berlin
+ Matthias *Wehr*, Bischof von Trier
+ Dr. Franz Hartz, Prälat der Freien Prälatur Schneidemühl
Dr. Ferdinand Piontek, Kapitelsvikar der Erzdiözese Breslau
Arthur Kather, Kapitelsvikar von Ermland
Dr. Franz Monse, Generalvikar von Glatz
Ferdinand Buchwieser, Kapitular-Vikar von München-Freising

(Rundschreiben des Bischöflichen Ordinariats Berlin, J.-Nr. 3300/52, mit folgender Anweisung: „Vorstehendes Hirtenwort ist am Sonntag, dem 14. September 1952, in allen Kirchen unseres Bistums zu verlesen. gez. Puchowski, Generalvikar".
Kursiv gedruckte Namen von den Herausgebern hinzugefügt.)

11. Januar 1953

18. RELIGIONSLOSE SCHULE UND CHRISTLICHE ELTERNPFLICHT

Hirtenwort der Bischöfe und Bischöflichen Kommissare im Bereich der DDR und Ost-Berlins

Geliebte im Herrn!

Unser Recht

Durch Artikel 41 der Verfassung der DDR ist der Kirche das Recht zugesichert, zu den Lebensfragen des Volkes von ihrem Standpunkt aus Stellung zu nehmen. Von diesem uns feierlich verbürgten Recht machen wir heute Gebrauch, indem wir Stellung nehmen zur Frage der *Schule.*

Unsere Klage

Mit tiefem Schmerz stellen wir fest: unsere Schule ist religionslos, hat in ihrem Lehrplan keinen Raum für Religion. Wir haben *nur* religionslose Schulen: nicht einmal die Möglichkeit, eigene christliche Schulen zu errichten, hat man uns gelassen.

In diesen religionslosen Schulen wird der Materialismus gelehrt: vom materialistischen Geist sind die Lehr- und Lernbücher getragen und durchtränkt. Der Materialismus aber leugnet Gott, leugnet Christus, leugnet die Unsterblichkeit der Seele, leugnet die Gnadenkraft der Sakramente, leugnet Himmel und Hölle und rühmt sich dieser Leugnung, preist sie als wissenschaftliches Ergebnis.

In diesen Schulen *müssen* unsere Kinder gehen – Tag für Tag – viele Jahre hindurch. Und das geschieht, obwohl sich die ganz überwiegende Mehrheit des deutschen Volkes zum christlichen Glauben bekennt, und obwohl die gläubigen Lehrer und Lehrerinnen, deren Zahl nicht gering ist, aufs tiefste unter dem Gewissensdruck leiden.

Unsere Zuversicht

Glaube niemand, wir seien gesonnen, uns mit diesem Zustand abzufinden! Wir fordern unser Recht und werden darum darauf bestehen. Vielen müssen wir ertragen, weil die Macht gegen uns ist. Oft müssen wir lange warten, weil wir nicht Gewalt gegen Gewalt setzen. Aber unerschüttert bleibt unsere Zuversicht: Gott und Religion werden wieder in unsere Schulen einziehen.

Fragt Eure Kinder!

Inzwischen müßt Ihr, liebe christliche Eltern, auf der Wacht sein, müßt Euch vergewissern, wie es um Eure Kinder steht. Fragt sie, welche Lehren und Behauptungen ihnen vorgetragen werden, für welche Ideen man sie gewinnen will. Kein Priester verdenkt es Euch, wenn Ihr Eure Kinder über den von ihm erteilten

Religionsunterricht fragt, im Gegenteil, er freut sich darüber. Ihr habt als Eltern das Fragerecht bei der Schule ebenso wie beim Religionsunterricht. Es sind Eure Kinder, Euer Fleisch und Blut.

Ihr werdet richtig fragen – so fragen, daß die Autorität keinen Schaden leidet – nicht argwöhnisch, sondern teilnehmend. Aber fragen müßt Ihr, dürft Euch nicht selber taub machen gegen die Einflüsse, die auf Eure Kinder wirken.

Belehrt Eure Kinder!

Belehrt Eure Kinder über Gott und Religion, Christentum und Kirche! Stellt richtig, was sich an Irrigem und Schiefem, Unklarem und Verworrenem bei ihnen anzusetzen droht! Belehrt sie über die Schöpfung und Erlösung und die anderen religiösen Wahrheiten!

Ihr werdet auch da den richtigen Ton zu finden wissen. Keine Angriffe gegen Personen! Nicht um die Person geht es, sondern um die Wahrheit. Keinem wollen wir wehe tun, aber erst recht nicht der Wahrheit. Der Wahrheit dient Ihr am besten, wenn Ihr sie in einfachen, schlichten Worten Euren Kindern vor Augen stellt. Die Wahrheit ist wie die Sonne: die Sonne diskutiert nicht – sie scheint.

Belehrt Eure Kinder – nicht, damit sie sich in Streit einlassen, sondern damit sie wissen, wie sie ihre religiöse Überzeugung wahren und sich selber innerlich treu bleiben können und sollen, auch wenn äußere Umstände sie zum schweigenden Anhören anderer Lehren zwingen.

Sucht Fühlung mit gleichgesinnten Eltern Eurer Gemeinde und wendet Euch an Euren Seelsorger! In religiösen Zusammenkünften sollen sich Eltern und Priester immer wieder finden. Lernen können nicht nur die Eltern vom Priester, sondern auch der Priester von den Eltern: der Priester hat das größere theologische Wissen, die Eltern die genaue Kenntnis der einzelnen Fälle. Gemeinsam müssen Eltern und Priester beraten, wie unsere Kinder zu belehren sind, damit ihr christliches Glaubensleben verteidigt und erhalten, gefördert und vertieft wird. Diesen schützenden Damm kann keiner allein aufwerfen.

Betet für Eure Kinder!

Wer für Gott und die Religion eintreten will, darf sich nicht auf natürliche Mittel allein verlassen. Unsere Kraftquellen liegen im Übernatürlichen. Adjutorium nostrum in nomine Domini! Unsere Hilfe ist im Namen des Herrn!

Betet für Eure Kinder – nicht nur dann und wann, sondern regelmäßig! Wenn Eure Kinder eine Reise machen, dann falten sich von selbst Eure Hände zum Gebet, daß Gottes Engel sie begleite, alle Gefahr von ihnen abwende, sie unversehrt zu Euch zurückführe. So schickt Eure Kinder betend und segnend auch zur Schule, zeichnet ihnen mit geweihtem Wasser ein Kreuz auf die Stirn: Nun geh' mit Gott!

Betet mit Euren Kindern!

Die Waffe des Gebetes ist am wirksamsten, wenn Eltern und Kinder sie gemeinsam gebrauchen. Ein Kind, das die Mutter mit gefalteten Händen den sorgenvollen Blick zum Kruzifix erheben sieht und von ihren Lippen die Bitte vernimmt: Kind, bet' mit mir in unserer Not! – ein Kind, das jeden Abend den Vater zum gemeinsamen Gebet niederknien sieht und aus seinem Munde die machtvollen Bitten des Vaterunsers hört – ein solches Kind erlebt die Religion, und dieses fortgesetzte Erleben wirkt tiefer als die Belehrung, nachhaltiger als die Ermahnung.

Kinder, für die das gemeinsame Beten mit den Eltern nicht eine feiertägliche Ausnahme ist, sondern selbstverständlich wie das tägliche Brot, sind am sichersten gefeit gegen alle religionslosen und religionswidrigen Einflüsse, woher sie auch kommen mögen.

Wir, die wir diesen Brief an Euch richten, stehen mit Euch nicht nur in der Gemeinschaft des Glaubens, sondern auch des Gebetes. Jeden Tag gedenken wir beim hl. Meßopfer Euer und Eurer Kinder, wie wir auch Eures Gebetes für uns gewiß sein dürfen, und im tröstlichen Bewußtsein dieser übernatürlichen Verbundenheit schließen wir mit den Worten:

Es segne Euch und Eure lieben Kinder der allmächtige Gott, der Vater, der Sohn und der Heilige Geist. Amen.

Für das Bistum Berlin

+ *Wilhelm*
Bischof von Berlin

(Vorstehendes Hirtenschreiben ist am Fest der Heiligen Familie, Sonntag, den 11. Jan. 1953, in allen Kirchen und in allen Gottesdiensten zu verlesen.)

3. Mai 1953

19. RECHT AUF GLAUBENS- UND GEWISSENSFREIHEIT

Bischöfliches Grußwort an die katholische Jugend

Wir Bischöfe und Bischöflichen Stellvertreter senden allen Gläubigen einen österlichen Segensgruß. Wie St. Paulus seiner Gemeinde in Korinth schrieb, so schreiben wir Euch: Gepriesen sei Gott, der Vater unseres Herrn Jesus Christus, der Vater der Erbarmung und Gott allen Trostes, der uns in all unserer Bedrängnis tröstet, damit wir auch andere zu trösten vermögen, die in irgend einer Bedrängnis sind, mit derselben Ermutigung, mit der wir selbst von Gott ermutigt werden (2. Kor. 1,4).

Wir sind der frohen Zuversicht, daß Ihr alle mit dem auferstandenen Herrn in gnadenvoller Gemeinschaft seid und die göttliche Kraft der österlichen Sakramente erfahren habt.

Unser besonderer Gruß gilt heute den jungen Christen in jeder katholischen Gemeinde. Immer war ihnen des Heilands liebende Sorge zugewendet, und Eure Seelsorger haben dies von ihm als verpflichtendes und liebes Erbe übernommen.

Indem wir Euch diesen Gruß schreiben, wollen wir alles christliche Leben in der katholischen Jugend unserer Gemeinden dankbar anerkennen und Euch in Eurem Streben ermutigen. Ihr wendet Euer Leben bewußt dem ewigen Gott zu, der die Welt und alles Leben in ihr schuf und erhält. Ihr gehört Christus Jesus zu, der unser Heiland und Erlöser ist und uns beten lehrte: Vater unser im Himmel. Ihr steht in der lebendigen Gemeinschaft der hl. Kirche, in der Gottes Hl. Geist lebt und gnadenvoll wirkt. Als junge Christen in der katholischen Kirche sucht Ihr Euer Leben christlich aufzubauen und Euch für das Werk Eures Lebens zu bereiten. Das ist Euch innerste Gewissenssache.

Ihr habt – wie wir alle – ein unzerstörbares Recht auf die Freiheit Eures Gewissens und Eures Glaubens, und gar niemand darf es wagen, Euch deshalb zu bedrängen. Ihr habt das Recht, Christen zu sein und zu bleiben. Ihr habt das Recht, in unserer Kirche als lebendige Glieder der Gemeinschaft zu leben und zu wirken. Ihr habt das Recht, Christus Jesus als Eurem Herrn und Meister zu gehören und wie Petrus zu sprechen: „Herr, zu wem sollten wir gehen? Du hast Worte des ewigen Lebens."

Gegenüber jedem, der Euch etwa andere Beweggründe unterschieben oder Euch mit böswilligen Verleumdungen bewerfen wollte, bezeugen wir Euer ernstes christliches Streben und Euer Lebensrecht als Christen.

Ihr dürft Euch nicht wundern, daß Ihr mancherlei Prüfungen habt, z. T. solche, die Euch persönlich schwer treffen und Eure Zukunftspläne, Euer Studium zerstören, Euer Fortkommen erschweren und Euch manche Wege verbauen. Wir beklagen mit Euch jeden Druck und alle Ungerechtigkeit, die Euch widerfahren. Auch wenn wir diese Bedrängnis nicht von Euch abwenden können, wird aus Unrecht niemals Recht, sondern es bleibt, was es ist. Christen denken an das Wort Christi: Selig seid ihr, wenn man euch schmäht und verfolgt und euch fälschlich alles

Böse nachsagt um meinetwillen. Freut euch und frohlocket, denn euer Lohn wird groß sein im Himmel (Mt. 5,11).

Vielleicht ist mancher von Euch in Versuchung, zu verzagen. Es geht uns meist wie den beiden Jüngern, die nach Emmaus wanderten und so vieles noch nicht durchschauten, auch nicht den Sinn der Passion. Erst mußte Christus ihnen selbst diesen Sinn erschließen und ihnen zeigen, wie das Kreuz den Segen brachte; so wird auch für uns und für Euch im Kreuz der große Segen Gottes sein. Fürchtet Euch nicht!

Wir bitten auch Euch Eltern, daß Ihr in dieser Zeit mit besonderer Treue zu Euren Söhnen und Töchtern steht und ihnen Euren christlichen Rat und Eure elterliche Hilfe nach bestem Gewissen leiht. Auch Ihr wißt ja um die Wahrheit des Wortes: „Was nützt es dem Menschen, wenn er die ganze Welt gewinnt, aber seine Seele dabei verliert." Eure Hilfe und Euer Rat, auch Euer Gebet und Euer Rückhalt wird sie innerlich stärken und klären.

Und auch Ihr alle als ganze Gemeinde werdet Eure jungen Christen besorgt in Euer Gebet hinein nehmen und Euch freuen, wenn Eure katholischen Jungen und Mädchen in christlicher Treue zueinander stehen und voll tapferen Vertrauens sind. Ihr sorgt Euch nicht wenig darum, daß unsere jungen Christen nicht in Glaubenslauheit oder Unglauben untergehen, daß sie nicht in Zuchtlosigkeit sich verirren, und wollt ihnen in aller Angst die Nähe Gottes sichern.

Dabei wissen wir alle, daß Gottes Kraft mehr ist als alle Menschengewalt. Aber sie muß erbetet werden. Wir wollen uns mit Euch allen überall in lebendigem Gebet für unsere hl. Kirche und unsere jungen Christen vereinigen; gerade in diesen Wochen vor Pfingsten, wo uns der Maimonat so oft mit der Mutter Maria zum Gebet zusammenführt, laßt uns diese „Kraft aus der Höhe", diesen Geist des Rates und der Stärke allen erflehen.

Zum Schluß sagt uns St. Paulus, der Apostel unseres Herrn, ein gutes Wort: „Wer wird uns trennen können von der Liebe Christi? Not oder Drangsal, Verfolgung, Hunger, Blöße, Gefahr oder Henkersschwert? Es steht ja geschrieben: Um Deinetwillen sind wir dem Tode preisgegeben den ganzen Tag, sind Opferschafen gleich geachtet – aber all das überstehen wir siegreich durch den, der uns geliebt hat. Ja, ich bin gewiß, weder Tod noch Leben, weder Engel noch Gewalten noch Mächte, weder Gegenwärtiges noch Kommendes, weder Hohes noch Tiefes, noch überhaupt etwas in der Welt wird uns zu trennen vermögen von der Liebe Gottes, die in Jesus, dem Verheißenen, unserem Herrn, ist."

Für das Bistum Berlin: Wilhelm *Weskamm,* Bischof von Berlin
Für das Bistum Meißen: Heinrich *Wienken,* Bischof von Meißen
Für das Erzbischöfl. Amt Görlitz: Dr. Ferdinand Piontek, Kapitelsvikar, Görlitz
Für das Erzbischöfl. Kommissariat Magdeburg: Dr. Friedrich Maria Rintelen, Weihbischof in Magdeburg
Für das Bischöfl. Generalvikariat Erfurt: Dr. Joseph Freusberg, ernannter Weihbischof in Erfurt

11. Juli 1953

Für das Bischöfl. Kommissariat Schwerin: Msgr. Dr. Bernhard Schräder, Bischöflicher Kommissar in Schwerin
Für das Bischöfl. Kommissariat Meiningen: Domkapitular Joseph Schönauer, Bischöflicher Kommissar in Meiningen.

(Veröffentlicht vom Bischöflichen Ordinariat Berlin mit folgender Anweisung: „Vorstehendes Hirtenwort ist am Sonntag, dem 3. Mai, in allen Gottesdiensten zu verlesen. gez. Puchowski, Generalvikar.")

11. Juli 1953

20. SORGE UM DEN LEBENSWEG DES DEUTSCHEN VOLKES IM GEBIET DER DDR

Memorandum des Bischofs von Berlin, Wilhelm Weskamm, übergeben an Ministerpräsident Otto Grotewohl

Wenn eine Überlegung über das Verhältnis der *DDR* zur katholischen Kirche angestellt werden soll, dann muß die Grundlage dafür die Erkenntnis der tatsächlichen Lage sein, wie sie sich herausgebildet hat und noch besteht.

Das Leben und die Arbeit der Kirche hat in den vergangenen Jahren und ganz besonders im letzten eine Einengung und systematische Drosselung erfahren, die sich auf alle Gebiete kirchlichen Lebens erstreckt, und zwar in der ganzen DDR (wenn auch in zeitlicher Verschiedenheit).

Einige Beispiele für diese Entwicklung:

1. Die Polizeimaßnahmen gegen kirchliche Veranstaltungen
Die Verfügung von 1951 über die Anmeldung von Veranstaltungen wurde auf interne Weisung hin in einer Weise ausgelegt, daß eine allgemeine Drangsalierung und eine Auslieferung an die Willkür der Polizeiorgane die Folge war.

Einige Einzelheiten:

Exerzitien (= religiöse Einkehrtage) vom Rate des Kreises verboten.
Gemeindemissionen (= religiöse Erneuerungswochen innerkirchlichen Charakters) in empörender Weise mitten in ihrem Ablauf unterbrochen und verboten,
Geistliche ohne rechtliche Grundlage verhaftet, in beleidigender Weise behandelt und aus dem Kreise verwiesen.

Gottesdienste, die an Orten ohne jegliches Gotteshaus seit Jahren legal in einem Gasthaus stattfanden, untersagt.
Fronleichnamsprozession an manchen Orten in diesem Jahr schikaniert (grundsätzlich sogar im 500-m-Schutzstreifen gestattet!)
Für den Religionsunterricht wurden von den Schulleitern und Bürgermeistern weisungsgemäß die Schulräume verweigert und gekündigt. – Die Reihe läßt sich beliebig fortsetzen. Tatsächlich hatten die Gläubigen den Polizeimaßnahmen gegenüber das Empfinden der Rechtlosigkeit.

2. *Maßnahmen gegen kirchlichen Besitz*
Die Lage der katholischen Kirche in unserem Gebiet ist an sich schon schwierig und wurde es durch das Einströmen von über 2 Millionen katholischen Umsiedlern noch viel mehr.

Keine Lizenz für kirchliche Bauten, keine Genehmigung für den Erwerb von Bauplätzen für Kirchen usw. – Nach genauen Mitteilungen sind in der letzten Zeit Erhebungen über kirchliches Eigentum und dergleichen vertraulich durch die Behörden in aller Stille gemacht, ohne daß der Episkopat über Umfang und Zweck dieser Regierungsschritte aufgeklärt wäre.

Die Finanzämter weigern sich, die Unterlagen für die gesetzlich fundierte Kirchensteuer zu geben.

3. *Oberschulen und Studium* haben diese Drosselungsmaßnahmen auch reichlich erfahren. Bei der Zulassung zu den Oberschulen, zu den Abschlußexamina und zum weiteren Studium traten sie klar zutage. „Oberschulen sind nur für die zukünftigen Staatsfunktionäre". Für christliche Schüler verschloß man die Oberschule und das Studium immer mehr.

Das Bischöfliche Konvikt in Dresden, welches Bischof Wienken wieder errichten wollte (Vorbildung für das Priesterseminar!), wurde vom Ministerium für Volksbildung abgelehnt, weil für solche Einrichtungen keinerlei Bedürfnis vorhanden sei.

Für das Priesterseminar in Erfurt wurden die zugesagten Zuzugsgenehmigungen nur sehr mäßig und sehr langsam gegeben; ein der Kirche gehöriges, unbedingt benötigtes Schulhaus, welches die Stadt Erfurt zurückgeben wollte, wurde auf Weisung von Berlin verweigert.

4. *In den Haftanstalten 1–7* ist bis heute trotz immer wiederholten Drängens noch kein hauptberuflicher Seelsorger angestellt, so daß die katholischen Inhaftierten keine Möglichkeit der Aussprache mit einem Seelsorger haben. Es fehlt ihnen auch immer noch die Möglichkeit der sakramentalen Beichte, ein Grundrecht des Christen, dessen Vorenthaltung auch nicht mit Berufung auf angebliche Staatssicherheit begründet werden kann.

5. Die gleichen Tendenzen der Einschränkung und Drosselung zeigen sich gegenüber der *kirchlich-caritativen* Arbeit.

a) Seit 1. Januar d. Js. werden Zuschüsse der Sozialversicherungskasse für Kindererholungskuren in kirchlichen Heimen nicht mehr gewährt.
b) Wenn Erziehungsberechtigte auf die Unterbringung von Kindern in kirchlichen Kinderheimen drängen, wurde seitens vieler behördlicher Stellen die Zahlung des Pflegegeldes abgelehnt. („Die Kinder stehen zu Ihrer Verfügung. Die Kosten für die weitere Heimunterbringung können wir leider nicht übernehmen.")
Einem neuerrichteten Säuglingsheim mußte die Genehmigung aus politischen Gründen versagt werden, obwohl die Notwendigkeit der Einrichtung bei allen Behörden bejaht wurde.
c) Ebenso wurde oft die Zahlung der Waisen- und Halbwaisenrente mit der Begründung abgelehnt, daß bei Heimunterbringung in konfessionellen Heimen eine Zahlung nicht mehr möglich sei. Obwohl diese Entscheidung den gesetzlichen Vorschriften zuwiderläuft und schriftlich und mündlich dagegen Einspruch erhoben worden ist, ist die berichtigende Entscheidung der SVK bis heute nicht weitergegeben, weil immer noch, seit über 8 Wochen, eine notwendige Unterschrift fehlt.
d) Die Maßnahmen gegen kirchliche Kinderheime sind noch in frischer Erinnerung. Die durchgeführten „Kontrollen" durch besondere Kommissionen hatten meist einen feindseligen Charakter und glichen viel eher einer „schlagartigen Besetzung" als einer ordnungsgemäßen Prüfung. Zur Begründung des vorgesetzten Zieles mußte jede Methode dienen. Der Hauptton lag auf der anderen „weltanschaulichen Linie".
e) Die katholischen Krankenhäuser kämpfen seit Jahren um eine gerechte Erhöhung der Pflegesätze, welche oftmals nur 50 % jener in den städtischen Anstalten betragen.
Nur ein Teil der Häuser hat die Zusage einer Angleichung erhalten können. Die Zahlung der Sätze scheitert aber daran, daß die SVK keine Mittel eingeplant hat und die erforderliche Anweisung des Ministeriums der Finanzen nicht erfolgt.

6. Beschränkung der Seelsorge durch *Sperre gegen Geistliche,* welche seitens der Bischöfe für die Gemeinden in der DDR angestellt wurden. Indem man seit Jahren die durch die bestehenden Bistümer hindurch gezogenen Grenzen absolut machte – wozu seitens der Katholischen Kirche sicherlich keine stichhaltige Veranlassung gegeben war –, brachte man die Gemeinden in sehr schlimme Lage und verbarg nach Meinung der Gläubigen nur sehr schwer an manchen Stellen das Gesicht einer kirchenfeindlichen Maßnahme.

Dasselbe ist bezüglich der Krankenschwestern u. ä. zu sagen, eine Anzahl, die im Gesamtgeschehen gar nicht ins Gewicht fällt.

Die fast völlige Sperre von Interzonenpässen für kirchliche Personen sei nebenbei erwähnt.

7. Die Einengung *kirchlichen Schrifttums* liegt auf derselben Linie. Der einzige katholische Verlag, der nach 5jährigem Mühen endlich erstehen durfte, erfuhr eine große Einschränkung des einzigen Kirchenblattes und eine starke Hemmung in

seiner an sich ungenügenden Verlagsarbeit, so daß die Armut in der geistigen Versorgung der Christen in der DDR beklagenswert und deutlich wurde.

So ernst die in vorgenannter Aufstellung als Beispiele erwähnten Tatsachen sind und so sehr sie uns bedrücken, so ist damit doch nicht das volle Ausmaß der Sorge des Episkopates um den Lebensweg des deutschen Volkes im Gebiet der DDR, der von Partei und Regierung bestimmt und durchgeführt wird, zum Ausdruck gebracht. Sehr ernste Sorgen erfüllt die Oberhirten der Katholischen Kirche über

die innere Ausrichtung der gesamten schulischen und außerschulischen Erziehung im Bereich der DDR, die eindeutig auf eine zwangsweise Erziehung zum Marxismus für Lehrende und Lernende, für die Erzieher und zu Erziehende hinausgeht,

die innere Ausrichtung der gesamten zwangsweise durchgeführten Schulung der Erwachsenen, die ausschließlich die Gestaltung des Lebens jedes deutschen Bürgers im Gebiet der DDR nach den Grundsätzen des Marxismus und Leninismus erstrebt,

die innere Ausrichtung der Verwaltungsstellen einschl. der Deutschen Volkspolizei, die in der gleichen erzwungenen Einseitigkeit erfolgt und ihrer Auswirkung sich oft nur zu deutlich gezeigt hat,

die innere Ausrichtung der Justiz, die nicht mehr einen strafbaren Tatbestand objektiv festzustellen sich bemüht und nach der Größe objektiver Schuld die Strafe zuerkennt, sondern die von politischen Stellen vorgeschriebenen Urteile zu vollstrecken hat.

Wenn die katholische Kirche auf dem Hintergrund dieser Erfahrungen und Zustände einem Gespräch über eine Änderung und eine befriedigende Form des Verhältnisses von Staat und Kirche in der Deutschen Demokratischen Republik zustimmt, so hat sie dabei nicht zunächst die berechtigten Erleichterungen für sich auf den genannten Gebieten im Auge, sondern sie ist erfüllt von ganz großer Sorge um das Leben und die geistigen Grundlagen unseres Volkes und um den Bestand der öffentlichen Ordnung und Wohlfahrt, um den Frieden nach innen und außen und um die Brücke zu einer wirklichen Einheit.

Das Ziel einer solchen Besprechung könnte sich vielleicht in folgenden konkreten Punkten umreißen lassen, ohne daß die Aufzählung vollständig und erschöpfend sein soll:

1. Freiheit für das religiöse und kirchliche Leben in den Gemeinden, für den Religionsunterricht und die außerschulische religiöse Belehrung. Diese religiöse Freiheit müssen auch die Christen in den Krankenhäusern, Haftanstalten usw. genießen.
   Deshalb eine genaue und eindeutige Festlegung der Bestimmungen über kirchliche Veranstaltungen und polizeiliche Befugnisse.
2. Freiheit für die Ausbildung und für die Anstellung von Priestern unter Berücksichtigung der Einheit der Bistümer.
3. Freiheit für die caritative Arbeit in den einzelnen Pfarreien und in den kirchlichen Anstalten.

4. Eine echte Freiheit für die Versorgung der Christen mit kirchlichem Schrifttum, besonders Sonntagsblatt und religiöse Literatur.
5. Freiheit für den kirchlichen Grundbesitz und die Möglichkeit, durch Bau von Kirchen, Kapellen usw. dringenden kirchlichen Bedürfnissen abzuhelfen.
6. Freiheit von weltanschaulichem Zwang (dialektischer Materialismus) für Schule, Universität, Lehrer, Angestellte und Arbeiter des öffentlichen Dienstes.
   Ebenso die Freiheit vom Zwang, bestimmten Organisationen anzugehören.
7. Rechtssicherheit nach den Maßstäben des Rechtsstaates: Unabhängige Richter, Einhalten der Verfahrensordnung, freie Verteidigung, angemessenes Verhältnis zwischen Straftat und Strafmaß, Verbindung zwischen den Inhaftierten und den Angehörigen.

Alle diese Punkte stellen keine neuen Forderungen dar, sondern sind im Grunde die Rechte und Freiheiten, welche die Verfassung der Deutschen Demokratischen Republik in ihren Artikeln 41-48, ferner 9, 12 und 40 deutlich und klar nennt und garantiert. Vielleicht kann ich auch darauf hinweisen, daß wir uns darin in Übereinstimmung mit der Note der UdSSR vom 10.3.1952 befinden, in welcher es unter 3 heißt:

> „Dem deutschen Volke müssen die demokratischen Rechte gewährleistet sein, damit alle unter deutscher Rechtsprechung stehenden Personen ohne Unterschied der Rasse, des Geschlechts, der Sprache oder der Religion die Menschenrechte und die Grundfreiheiten genießen, einschließlich der Redefreiheit, der Pressefreiheit, des Rechts der freien Religionsausübung, der Freiheit der politischen Überzeugung und der Versammlungsfreiheit."

gez. + Wilhelm Weskamm
Bischof von Berlin

1. Januar 1954

21. ZUR BERLINER KONFERENZ DER AUSSENMINISTER DER SIEGERMÄCHTE ÜBER DEUTSCHLAND

Wort der deutschen Bischöfe

Im ersten Monat des neuen Jahres 1954 soll die Konferenz der Außenminister in Berlin stattfinden, auf der vor allem ernste Lebensfragen unseres deutschen Volkes behandelt werden. Es geht um die Einheit unseres Vaterlandes, die wir schon 9 Jahre schmerzlich entbehren müssen.

In diesen entscheidungsvollen Tagen setzen wir unsere ganze Hoffnung auf Den, der die Geschicke der Völker leitet und die Herzen der Mächtigen lenkt wie Wasserbäche.

Wir Bischöfe fordern unsere Priester und Gläubigen auf, mit uns inständig im Gebet zu verharren, damit der Geist Gottes den verantwortlichen Männern Einsicht und Weisheit verleihe, ihren Sinn mit Gedanken der Gerechtigkeit erfülle. Recht und Gerechtigkeit sind die Fundamente, auf denen die Staaten ruhen; Recht und Gerechtigkeit bilden die Grundlagen der Beziehungen der Staaten untereinander. Die Auswirkungen des Rechtes und der Gerechtigkeit sind die gegenseitige Achtung und die Bereitschaft zum wahren Frieden unter den Völkern. „Gerechtigkeit schafft Frieden, und die Frucht der Gerechtigkeit ist Ruhe und Sicherheit für immer" (Is. 32,17). Der Geist Gottes lasse die Mächtigen der Erde ein Werk tun, das dem Frieden und der Einheit in unserem Volke, sowie der Entspannung und dem Frieden unter den Völkern dient.

Maria, unsere himmlische Mutter, der zu Ehren wir dieses Jahr als Marianisches Jahr festlich begehen, möge als die Königin des Friedens unsere Fürbitterin in diesem unserem großen Anliegen am Throne Gottes sein.

Für die Konferenz der deutschen Bischöfe:
gez. + Jos. Card. Frings
Für die Diözese Berlin
gez. + *Wilhelm*, Bischof von Berlin.

(Mit Rundschreiben – J.-Nr. 4207/53 – des Bischöflichen Ordinariats Berlin vom 29. Dezember 1953 an alle Seelsorgestellen des Bistums Berlin mit folgender Anweisung:

„1. Das beiliegende ‚Wort der deutschen Bischöfe zur Berliner Konferenz' soll in allen Kirchen des Bistums am 1. Januar 1954 oder Sonntag, den 3. Januar, in allen Gottesdiensten verlesen werden.
2. Bis zum Abschluß der geplanten Berliner Konferenz wird hiermit die oratio aus der missa pro pace als imperata pro re gravi angeordnet.
3. Am Sonntag vor der Konferenz soll eine Andacht in dieser besonderen Meinung in allen Kirchen gehalten werden.

Außerdem soll dieses große Anliegen recht oft in das Gebet der Gemeinde aufgenommen werden.

4. Für die Dauer der Konferenz ist nach allen hl. Messen ein geeignetes Gebet zu verrichten (so z. B. Diözesangebetbuch Fürbitten S. 19, Lied 182 ,Verleih' uns Frieden gnädiglich').

gez. Puchowski, Generalvikar.")

28. August 1954

22. ZUM ENTWURF EINES FAMILIENGESETZBUCHES

Die Bischöfe und Bischöflichen Kommissare im Bereich der DDR an Ministerpräsident Grotewohl

Der Bischof von Berlin

Berlin-Zehlendorf, den 28. 8. 1954
Bogotastr. 10

An den Ministerpräsidenten
der Deutschen Demokratischen Republik
Herrn Otto Grotewohl
Berlin W1
Leipziger Platz

Sehr verehrter Herr Ministerpräsident!

Die Regierung der Deutschen Demokratischen Republik hat den Entwurf eines Familiengesetzbuches bekanntgegeben und den Wunsch ausgedrückt, daß er in breitester Öffentlichkeit diskutiert werde. Der Minister der Justiz, Frau Dr. Hilde Benjamin, begründet die Notwendigkeit dieser Diskussion damit, daß die Bestimmungen des Familiengesetzbuches wie keine anderen unmittelbar in das persönliche Leben jedes einzelnen Menschen eingreifen und mit den moralischen Anschauungen aufs engste verbunden sind.

Auch wir Oberhirten der katholischen Diözesen und Diözesanbereiche im Gebiet der Deutschen Demokratischen Republik halten diesen Entwurf für sehr tiefgreifend und folgenschwer. Dieser Entwurf berührt in der Tat die persönlichsten Fragen des Menschen und greift in Lebensbezirke ein, die ganz wesentlich auch dem Gewissensbereich angehören. Die Mehrzahl der Bürger der Deutschen Demokratischen Republik bekennt sich zur christlichen Glaubens- und Sittenlehre. Die katholischen Christen sehen in der Ehe eine Institution, die vom Natürlichen wie vom Religiösen her geheiligt ist. Sie erkennen die Zwecke der ehelichen Gemeinschaft, nämlich die Erzeugung und Erziehung von Nachkommenschaft, die gegenseitige Hilfeleistung der Ehegatten und die geordnete Befriedigung des Geschlechtstriebes als von Gott unveränderlich bestimmt und darum jeder anderen Deutung entzogen an. Ein Staat, der es mit der naturrechtlich gegebenen und in seiner Verfassung gewährleisteten Gewissensfreiheit ernst nimmt, muß gerade in einem Gesetzeswerk wie diesem die religiösen Grundsätze seiner christlichen Bürger über Ehe und Familie berücksichtigen und ihre Gewissensforderungen gelten lassen. Das gilt auch, wenn er entsprechend der ihm zustehenden Aufgabe die bürgerlich-rechtlichen Beziehungen auf diesem Gebiet regelt. Diese staatliche Regelung darf nicht im Widerspruch zur gottgeschaffenen Ordnung stehen oder sie stören oder gar zerstören.

Der zur Diskussion gestellte Entwurf eines Familiengesetzbuches nimmt auf die christlichen Grundsätze keine Rücksicht. Er ist ganz offensichtlich von der materialistischen Weltanschauung getragen und dient dem Bestreben, sie im Gesetzgebungswege auf dem Gebiet des Ehe- und Familienrechts durchzusetzen. In dieser Hinsicht erfüllen uns vor allem die grundsätzlichen Bestimmungen (§§ 1-4) mit Sorge. Gerade sie dürften für die Auslegung des Gesetzes in Rechtsprechung und Verwaltungspraxis richtungweisend sein. Zu ihnen soll daher in einigen wenigen Punkten Stellung genommen werden; Ergänzungen sowie Ausführungen zu den einzelnen Bestimmungen des Gesetzentwurfes bleiben vorbehalten.

Es ist untragbar, daß in einem Gesetz, dessen Anwendung Millionen Christen unterworfen sind, der religiösen Bedeutung von Ehe und Familie mit keinem Wort gedacht werden soll, obgleich andere tragende und sicher nicht zu unterschätzende Kräfte ausdrücklich erwähnt sind. Zumindest müßte klargestellt werden, daß die religiösen (kirchlichen) Verpflichtungen im Hinblick auf Ehe und Kindererziehung durch das Gesetz nicht berührt werden.

Der Entwurf sieht in Ehe und Familie nur eine wirtschaftlich-gesellschaftliche Funktion und bezieht sie in die staatliche Machtsphäre ein, ohne der menschlichen Persönlichkeit in ihrer Eigenart Raum zu lassen. Das gilt insbesondere hinsichtlich der Frau und Mutter. Wir wenden uns mit Entschiedenheit gegen die Auffassung, daß die Gleichberechtigung der Frau im wesentlichen durch ihre Anteilnahme an der Produktion und am Leben in Staat und Gesellschaft verwirklicht wird. Eine solche Betrachtung mißachtet die natürliche Ordnung, die der verheirateten Frau und Mutter grundsätzlich ihren Platz innerhalb der Familie zuweist. Dieser Platz ist ein Ehrenplatz und entspricht den besonderen Eigenschaften und Fähigkeiten, mit denen der Schöpfer die Frau ausgestattet hat. In der Erfüllung der ihr seinsgemäßen Aufgaben liegt ihre hohe Würde, und sie selbst findet darin ihre tiefste Befriedigung. Ehe und Familie sind nur dann gesichert, wenn die Frau und Mutter Mittelpunkt der Häuslichkeit ist. Dann schöpft der Mann in einem wirklichen Zuhause die Kraft zu seiner Berufsarbeit, und die Kinder wachsen in einer Atmosphäre heran, die ihrem zeitlichen und ewigen Wohle dient. Auch der Staat wird in einer Familie, in der die Frau und Mutter den ihr gebührenden Platz einnimmt, seine beste Stütze haben. Die Frau ohne Rücksicht auf ihre körperliche, geistige und seelische Eigenart schematisch neben den Mann zu stellen, heißt nicht ihre Gleichberechtigung verwirklichen, sondern etwas gleich machen wollen, das von Natur verschiedenartig ist. Gewiß zwingt die wirtschaftliche Lage in vielen Fällen die Frau heute, neben dem Ehemann berufstätig zu sein. Wir warnen aber davor, diese zeitbedingte Erscheinung durch ein Gesetz als Normalfall aufzustellen und so die natürliche Ordnung zu verkehren. Dem Staat wird es vielmehr obliegen, unter Wahrung dieser Ordnung außerhalb des Familienrechts Mittel und Wege zu finden, um einen Zustand zu überwinden, der der Frau und Mutter zweifache Last aufbürdet.

Wir müssen unsere sehr ernsten Bedenken gegenüber den zahlreichen Bestimmungen des Entwurfs geltend machen, die in Verkennung des Wesens und der Aufgabe der Frau eine Art von Gleichberechtigung statuieren, die zur Auflösung der Familiengemeinschaft führen muß, nicht aber ihrem Aufbau und ihrer Festigung dient.

Die Anzeichen für diese Folge werden am ehesten im Leben des Kindes deutlich. Das Kind hat seinen natürlichen Platz in der Geborgenheit der Familie. Seine Pflegebedürftigkeit und seine körperliche und geistige Entwicklung weisen es naturgemäß auf die Mutter hin. Wir befürchten katastrophale Folgen, wenn man die Entwicklung so vorantreibt, daß schon das Kleinkind in den meisten Fällen den Eltern entzogen ist. Die Ergebnisse pädagogischer und psychologischer Forschung stimmen darin überein, daß gerade dieses Kindheitsalter von entscheidender Bedeutung für das Werden eines Menschen ist und am wenigsten einer unnatürlichen Zerreißung verfallen darf.

Bei der Erziehung des Kindes werden im Entwurf die beiden Faktoren Schule und Jugendorganisation genannt. Unzählige christliche Eltern sind in schwerem Gewissenskonflikt, wenn sie mit steigender Sorge feststellen, daß sie ihrer innersten Überzeugung zuwider ihre Kinder einer Schule zuführen müssen, welche Gott keinen Raum im Leben des Menschen läßt. Der Hinweis auf die Möglichkeit des Religionsunterrichtes durch die Kirche verfängt nicht, weil die ganze Erziehung und Unterrichtung der Schule dem entgegenläuft und zugegebenermaßen zur Religionslosigkeit führen soll.

Ähnliches gilt hinsichtlich der Jugendorganisation, deren Wirken ganz von der Erziehung zur materialistischen Weltanschauung durchzogen ist. Ihre Monopolstellung erweckt schmerzliche Erinnerungen und ist die Quelle ungezählter Gewissensnöte junger Christen.

Wir wissen, daß wir gerade in diesen Punkten eine grundsätzlich andere Überzeugung vertreten, als sie im Familiengesetzbuch und in der ihr zugeordneten Wirklichkeit heute gelten will. Aber wir würden unser Gewissen sehr belasten, wenn wir zu einer Entwicklung schweigen würden, die nach unserer festen Überzeugung den Keim des Unheils in sich trägt.

Wir haben bisher nur von grundsätzlichen Bedenken gesprochen, die sich aus der weltanschaulichen Haltung des Entwurfes ergeben. Es erscheint uns nämlich wenig fruchtbar, über einzelne Bestimmungen zu diskutieren, wenn ein Gesetz in seiner Konzeption von einem Geiste erfüllt ist, der eine bestimmte Auslegung von vornherein aufzwingt. Das gilt umso mehr, als die meisten Entscheidungen des Familiengesetzbuches von weisungsgebundenen Verwaltungsdienststellen zu treffen sind. Ist ein Gesetz vom Geiste materialistischer Weltanschauung getragen, dann werden auch die Weisungen zu seiner Durchführung nur daraus erfolgen. Wir besorgen deshalb, daß selbst viele Bestimmungen, die ohne Zweifel auch nach christlicher Auffassung der sozialen Entwicklung entsprechen und sich als Fortschritt gegenüber der bisherigen Regelung darstellen, sich anders auswirken, als man nach dem Wortlaut annehmen sollte.

Die Regierung der Deutschen Demokratischen Republik hat den Entwurf des Familiengesetzbuches zur Diskussion gestellt, wie wir annehmen in dem Bestreben, mit ihm den Wünschen und Rechten der Staatsbürger zu entsprechen. Auch der Kirche muß es gestattet sein – und es ist ihr in der Verfassung eigens als Recht zugesichert –, Stellung zu den Lebensfragen des Volkes zu nehmen. So bringen wir namens des christkatholischen Teiles unseres Volkes seine berechtigten Forderungen vor gegenüber einem Gesetzentwurf, der in seinen tragenden Grundsätzen im Widerspruch zur Schöpfungsordnung steht.

Bei diesem Gesetz handelt es sich um eine Materie, die jeden Staatsbürger in seinem persönlichen Bereich trifft und die gar nicht von der Religion getrennt werden kann. Eine gegenseitige gutwillige Fühlungnahme und das gemeinsame Suchen nach einer Lösung, die dem Gewissen der Christen in der Deutschen Demokratischen Republik gerecht wird, ist deshalb notwendig.

Wir Oberhirten der katholischen Kirche in der Deutschen Demokratischen Republik haben diese Einwendungen und grundsätzlichen Einsprüche um unseres Gewissens und um unseres Volkes willen vorgebracht, wobei wir die Behandlung von Einzelheiten des Gesetzentwurfes uns vorbehalten und auch etwaigen Einwendungen, die seitens des Heiligen Stuhles auf Grund allgemeiner Rechtsgrundsätze oder besonderer Vertragsnormen gegebenenfalls gemacht werden, nicht vorgreifen wollen.

Namens der Bischöfe und Bischöflichen
Kommissare im Bereich der DDR
gez. *W. Weskamm*
Bischof von Berlin

(Dokumentiert in „Tag des Herrn. Katholisches Kirchenblatt", Nr. 43/44 vom 23. 10. 1954 mit folgender Einleitung:
„Die am 11. Oktober 1954 in Berlin versammelten Bischöfe und Bischöflichen Kommissare im Bereich der Deutschen Demokratischen Republik haben die Schriftleitung beauftragt, den nachfolgenden Brief vom 28. August 1954 an den Ministerpräsidenten der Deutschen Demokratischen Republik, Herrn Otto Grotewohl, in dieser Nummer unseren Lesern zur Kenntnis zu geben."
Das Dokument wurde gleichzeitig im vollen Wortlaut abgedruckt im „St. Hedwigsblatt. Katholisches Kirchenblatt im Bistum Berlin", Nr. 43 vom 24. Oktober 1954, und im „Petrusblatt. Katholisches Kirchenblatt für das Bistum Berlin", Nr. 43 vom 24. Oktober 1954.)

12. Dezember 1954

23. ZUR GEPLANTEN JUGENDWEIHE

Hirtenwort des Bischofs von Berlin, Wilhelm Weskamm

Geliebte im Herrn!

In den Tagen vor Weihnachten waren die Bischöfe und kirchlichen Oberen im Bereich der DDR zu wichtigen Beratungen zusammen. Aus den drückenden Sorgen heraus, die sie beschäftigen, sage ich Euch heute ein ernstes Wort. Es ergeht zuerst an die katholischen Eltern und ihre Jungen und Mädchen; aber es geht jeden in der Gemeinde an. Es handelt sich um folgendes:

Überall ruft zur Zeit ein „Zentraler Ausschuß für Jugendweihe in der DDR" zu sog. „Jugendweihen" auf, die im April für die zur Entlassung kommenden Kinder stattfinden sollen. Nach Weihnachten soll eine Vorbereitung darauf durch besondere Unterweisung beginnen, in welcher u. a. von der Entstehung und Entwicklung der Welt und des Lebens sowie über wichtige Lebensfragen der Jugendlichen gesprochen werden soll.

Dazu sage ich als Bischof Euch Eltern und Euren Kindern ein offenes und ernstes Wort.

„Jugendweihe" ist immer eine Sache jener gewesen, die den christlichen Glauben und die Kirche ablehnen. Ihre Väter waren früher die ungläubigen Freidenker, die damit einen Ersatz für die hl. Sakramente der Kirche und ihre hl. Feiern bieten wollten.

Die jetzt geplanten „Jugendweihen" können für einen katholischen Christen niemals in Frage kommen; sie haben als Grundlage eine materialistische Weltanschauung und wollen die Belehrung im materialistischen Geiste, die die religionslose Schule begonnen hat, fortsetzen und mit einer Feier krönen. –

Ich frage Euch: Kann man ein Bekenntnis zu Gott ablegen und zugleich auch ein Bekenntnis zur Gottlosigkeit?

Kann man sich auf die hl. Kommunion und auf die hl. Firmung vorbereiten – und zugleich einem Kursus für den Unglauben beitreten? Kann man zu den hl. Sakramenten gehen – und zugleich Gott den Herrn und Schöpfer leugnen?

Ihr alle müsst wissen, daß es hierin keine Halbheit geben kann. „Niemand kann zwei Herren dienen!" –

Ihr dürft Euch also nicht durch scheinbar neutrale und harmlose Werbung täuschen lassen. Der Apostel Johannes sagt: „Prüfet die Geister, ob sie aus Gott sind!" (1 Joh. 4,1)

Ihr dürft Euch auch nicht durch Gedanken an etwaige Vor- oder Nachteile erweichen lassen. „Was nützt es dem Menschen, wenn er die ganze Welt gewinnt, aber seine Seele dabei verliert?" (Matth. 16,26)

Übrigens wird Euch gesagt, daß die Teilnahme freiwillig sei. Niemand kann Euch zwingen!

So ermahne ich Euch sehr zu einer unbedingten Entschiedenheit von Anfang an. –

12. Dezember 1954

Ihr Jungen und Mädchen, die Ihr nun aus der Schule kommt, Ihr seid Euch alle darüber klar, daß Ihr Christen seid – gerade so wie Eure Väter und Eure Vorfahren. – Ihr habt Euch schon Gott dem Herrn geweiht. Ihr seid ja Kinder Gottes durch die hl. Taufe; Ihr vergesst nie den Tag Euer ersten hl. Kommunion, und habt Ihr nicht vor dem Bischof gekniet, daß er Euch die Hand auflege und Euch salbe zur hl. Firmung? Da haben wir die katholische Jugendweihe gehabt – und sie gilt in alle Ewigkeit.

Nun habt Mut und sagt Euer „Nein", wenn man Euch zu einer anderen Jugendweihe holen will. Ihr braucht nicht viel zu reden, sagt nur Euer klares „Nein" – und betet um Kraft, daß Ihr Euren christkatholischen Weg geht – wenn es sein müsste, auch allein; *Gott* lässt Euch nicht allein!

Euch Eltern aber sage ich: Helft Euren Kindern zu einer klaren katholischen Entscheidung und nehmt die Sorge um ihre Seelen noch viel ernster; bemüht Euch noch viel mehr um ein christliches Familienleben und verliert das Vertrauen nicht!

Wer weiss, was Ihr Euren Kindern als Erbteil werdet hinterlassen können? Sichert ihnen zuerst das Erbteil des christlichen Glaubens in dieser gefahrvollen Zeit!

Der ewige Gott erhalte Euch und Eure Kinder im Glauben!

Es segne Euch der allmächtige Gott, der Vater, der Sohn und der Heilige Geist!

Berlin, 3. Adventssonntag 1954

gez. + *Wilhelm*
Bischof von Berlin

(An die Seelsorger der in Ost-Berlin und der DDR gelegenen Gemeinden des Bistums Berlin mit folgenden Hinweisen:

„1. Dieses Hirtenwort ist möglichst am 2. Weihnachtstag (St. Stephanus) in allen Gottesdiensten jener Gemeinden, die im Demokratischen Sektor Berlins und in der DDR liegen, zu verlesen; auch in der Gottesdiensten der Aussenstationen muss es bekanntgegeben werden.
2. Den hochw. Seelsorgern muss die lebendige Sorge um die Schulentlassenen ein besonderes Herzensanliegen sein. Ein lebens- und gegenwartsnaher Entlassungsunterricht, belebt mit Lichtbildern u. ä., ist Gewissenspflicht aller Geistlichen und Katecheten.
3. Frühzeitige Elternbesprechungen werden sehr empfohlen.
4. Die schöne Ausgestaltung der kirchlichen Feier beim Austritt der Jungen und Mädchen aus der Schule möge unter aktiver Anteilnahme der Pfarrjugend und der Eltern geschehen ..."

Das Hirtenwort wurde nach Verlesung veröffentlicht in St. Hedwigsblatt. Katholisches Kirchenblatt im Bistum Berlin, Nr. 1 vom 2. Januar 1955)

15. Dezember 1954

24. ZUR GEPLANTEN JUGENDWEIHE

Hirtenwort von Kapitelsvikar Dr. Ferdinand Piontek, Görlitz

Liebe Diözesanen, vor mehreren Jahrzehnten hat ein sozialistischer Führer, dessen Name bei den Sozialisten noch heute in hohem Ansehen steht, den Ausspruch getan: „Christentum und Sozialismus stehen sich gegenüber wie Feuer und Wasser" (A. Bebel, Christentum und Sozialismus, S. 16). Das ist ein wahres Wort, das unterschreiben wir. Es gibt aber Leute, die wollen uns was anderes einreden und uns bestimmen, mitzutun, wo es gegen unser Gewissen geht.

So hat sich vor kurzem ein „Zentralausschuß für Jugendweihen" aufgetan. Dieser Zentralausschuß will die Knaben und Mädchen vor der Entlassung aus der Grundschule durch mehrere Wochen über die wichtigsten Fragen des Lebens in Vorträgen und Aussprachen belehren, und den Abschluß soll eine feierliche Jugendweihe bilden.

Nun, Ihr meine lieben katholischen Eltern, die Ihr beobachtend und beurteilend durchs Leben gegangen seid, Ihr wißt, welchen Klang das Wort Jugendweihe für uns hat. Die Jugendweihe ist nicht neu, sie ist schon vor Jahrzehnten entstanden und zwar in jenen Kreisen, die vom Christentum nichts wissen wollen, dem Christentum feindlich gegenüberstehen wie das Wasser dem Feuer. Und aus demselben Lager kommt auch heute die Werbung für die Jugendweihe.

Zwar will uns der Zentralausschuß glauben machen, seine Jugendweihe sei etwas anderes als die frühere, und jeder könne unbeschadet seiner Weltanschauung an ihr und an der Vorbereitung teilnehmen. Aber laßt Euch durch solche Worte nicht irreführen! Der Zentralausschuß verspricht Euch ein Kunststück, das niemand fertigbringt. Feuer beibt Feuer, und Wasser bleibt Wasser. In Wirklichkeit geht es darum, die Belehrung und Ausbildung im materialistischen Geiste, die die religionslose Schule begonnen hat, fortzusetzen und ihr anläßlich der Schulentlassung ein Feierkleid umzuhängen.

Katholische Eltern, Ihr dürft Eure Kinder weder an der Jugendweihe noch an ihrer Vorbereitung teilnehmen lassen. Das verbietet Euch Euer Gewissen. Niemand kann zwei Herren dienen. Denkt an die Verantwortung, die Ihr vor Gott für Eure Kinder habt! Niemand kann Euch zur Jugendweihe zwingen, weder der Zentralausschuß noch sonst jemand. Seid standhaft und handelt so, daß Ihr vor dem Gerichte Gottes bestehen könnt!

Meine lieben Jungen und Mädchen, die Ihr vor der Schulentlassung steht, man wird an Euch herantreten mit der Aufforderung: Kommt zur Jugendweihe, laßt Euch zur Jugendweihe vorbereiten! Sagt nein, ohne Euch auf Erörterungen einzulassen! Niemand hat das Recht, Euch nach den Gründen zu fragen. Sagt nein, kein zögerndes Nein, kein schüchternes Nein, sondern ein entschlossenes Nein, ein lautes Nein! Sagt nein, auch wenn rechts und links von Euch jemand ja sagt! Sagt so laut nein, daß alle es hören können! Beweist, daß Ihr tapfere Jungen und mutige Mädchen seid!

15. Dezember 1954

Was braucht Ihr die Jugendweihe? Ihr seid dem dreieinigen Gott geweiht durch die hl. Taufe. Ihr seid Christus geweiht und mit Ihm verbunden durch die hl. Kommunion. Ihr seid dem Heiligen Geiste geweiht und mit Ihm vereinigt durch die hl. Firmung. Ihr habt fast alle die Firmung durch mich empfangen. Erinnert Euch des Tages, da ich in Eure Kirche kam! Da saßt Ihr vor mir in heiliger Erwartung, angetan mit Eurem besten Kleide, von Eurem Seelsorger gut vorbereitet. Da hörtet Ihr meine Worte, da bekanntet Ihr in Frage und Antwort den hl. Glauben, da verspracht Ihr, der Kirche treu zu bleiben. Dann tratet Ihr vor mich an den Altar und knietet nieder, meine Hand fühltet Ihr auf Eurem Haupt, und das hl. Öl berührte Eure Stirn. Das war Euer Firmungstag. Ja, so ist *unsere* Jugendweihe, die christliche Jugendweihe, die Jugendweihe vor Gott, mit Gott und für Gott, und eine andere Jugendweihe können wir nicht brauchen!

Es segne Euch der allmächtige Gott, der Vater, der Sohn und der Heilige Geist.
Görlitz, den 15. Dezember 1954

Dr. Ferdinand Piontek
Kapitelsvikar.

(Dieses Hirtenwort ist am 26. Dezember 1954 bei allen hl. Messen zu verlesen.)

21. Dezember 1954

25. ZUR GEPLANTEN JUGENDWEIHE

Hirtenwort des Bischofs von Meißen, Heinrich Wienken

Meine lieben Diözesanen! Christliche Eltern!
Katholische Jungen und Mädchen!

In ernster Sorge wende ich, Euer Bischof, mich an Euch mit einem mahnenden und warnenden Wort. In erster Linie gilt es jenen Eltern, deren Kinder im kommenden Jahre die Schule verlassen werden. Es gilt dann diesen Jungen und Mädchen selbst. Letztlich aber geht meine Sorge Euch alle an, meine lieben Diözesanen!

Ein „Zentraler Ausschuß für Jugendweihe" hat Euch Eltern aufgerufen, Eure Jungen und Mädchen, die im nächsten Sommer die Schule verlassen, zu einer Jugendweihe zu schicken, die im April stattfinden soll. Zur Vorbereitung auf sie sollen vom 25. Januar ab wöchentliche Unterweisungen außerhalb der Unterrichtszeit und ohne Unterrichtscharakter stattfinden. Z. T. habt Ihr diese Einladungen sogar durch staatliche Schulorgane (Schulleiter) erhalten. Viele von Euch haben mich gefragt oder fragen lassen, welches mein Urteil über diese Jugendweihe sei.

Von *Jugendweihe* haben wir in unserem Volk schon in den Jahren der Weimarer Republik gehört; in jener Zeit, wo jeder in unserem Vaterlande den Ausspruch eines sozialistischen Führers kannte, dessen Name bei den Sozialisten noch heute in hohem Ansehen steht: „Christentum und Sozialisten stehen sich gegenüber wie Feuer und Wasser".[1] Damals war die Jugendweihe Sache von sozialistischen Freidenkern, welche die Kirche und ihre heiligen Feiern ablehnten. „Sie war – so schrieb jüngst eine Zeitung[2] – mehr oder weniger eine Kampfansage gegen veraltete reaktionäre Weltanschauungen." Aber nicht nur das! Sie sollte schon damals eine Lücke, eine Leere bei den Freidenkern und ihren Kindern ausfüllen und Ersatz für den kirchlichen Schulentlassungsunterricht und die kirchlichen Feiern sein auf einer unchristlichen Basis und die Befestigung der jungen Menschen in der materialistischen Weltanschauung bewirken.

Heute, sagt man, könnten an der Jugendweihe „alle jungen Menschen, ungeachtet ihrer Weltanschauung, teilnehmen"[3], sie trage nicht mehr den Charakter der Opposition, sondern einen „optimistischen, vorwärtsweisenden Charakter".[2]

So dankbar wir Christen für die Erklärung sind, daß der Charakter einer offenen Opposition gegen das Christentum bei der Jugendweihe nicht mehr vorhanden sei, so bleibt bei uns doch die Frage: Auf welches Ziel ihr „optimistischer, vorwärtsweisender Charakter" hinsteuert? Die Antwort wird für uns nicht beruhigender,

1) August Bebel, Christentum und Sozialismus. (Seite 16)
2) Deutsche Lehrerzeitung, 1. Jahrg. Nr. 67, 24.11.1954
3) Aufruf des Zentralen Ausschusses für Jugendweihe in der DDR

wenn es in derselben Zeitung 8 Tage später heißt: „Deshalb lebt die schöne Tradition der Jugendweihe wieder auf“[4)].

Katholische Eltern! Wer garantiert Euch angesichts dieser Unklarheit des positiven Programms der Jugendweihe, daß dieses heute anders ist als bei der Jugendweihe früher? Wer steht Euch dafür ein, daß der katholische Glaube Eurer Kinder nicht bloß nicht angegriffen, sondern ehrfürchtig unberührt gelassen wird?

Meine Sorgen gehen aber noch tiefer: Es werden, so heißt es in der genannten Zeitung, mit Eurer Jugend „Probleme erörtert, wie die Erde entstand und das Leben sich entwickelte“[4], oder es wird, wie es in einer von einem Schulleiter an die Eltern versandten Einladung heißt: „über das Leben, über die Menschwerdung auf Erden, über die Entwicklung des Weltalls usw.“ gesprochen werden. Vergleicht dieses Programm einmal mit jenem populär wissenschaftlichen Buche, das jüngst „für die Jugend“ in einer ersten Auflage von 120 000 Stück herausgekommen ist, den Titel „Weltall, Erde, Mensch“ trägt und unverhohlen für die materialistische Welt- und Lebensanschauung wirbt. Katholische Eltern! Sind der Wortlaut der Einladung und der Titel dieses Buches nicht ein merkwürdiges Zusammentreffen? Wer garantiert Euch dafür, daß beide miteinander wirklich nichts zu tun haben?

Als Euer Bischof sage ich Euch: So lange all diese Undurchsichtigkeiten bestehen, könnt Ihr katholischen Eltern es in Eurem Gewissen vor Gott und Euren Kindern nicht verantworten, sie dieser Jugendweihe und ihren vorbereitenden Veranstaltungen zuzuführen.

Vergeßt auch nicht danach zu fragen, was für einen Charakter eigentlich die Jugend*weihe* hat. Weihe ist ein Begriff aus dem religiösen, dem weltanschaulichen Bereich. Hier aber wird das Wort verwendet für eine Sache, von der man betont, daß sie für jeden „ohne Unterschied der Weltanschauung“, also ohne Unterschied seines religiösen Bekenntnisses sein soll. Warum verwendet man dann aber das religiöse Wort Weihe? Gewiß geht schon lange ein großer Verweltlichungsprozeß vor sich, der alles Religiöse saekularisieren will. Wir Christen stützen ihn aber nicht und verlangen darum, wenn man uns für eine weltliche Sache haben will, daß diese auch mit einem weltlichen, offen und klar sprechenden Namen bezeichnet wird. Andernfalls kann Euch niemand übelnehmen, wenn Ihr mißtrauisch seid und die Befürchtung hegt, daß ernstzunehmende Versuche im Gange seien, aus den Herzen Eurer Kinder religiöse Überzeugungen durch einen verweltlichten Ersatz zu verdrängen.

Beachtet schließlich auch, daß man Euch ausdrücklich versichert: die Teilnahme an der Jugendweihe sei *freiwillig*. Es handelt sich auch nicht um eine schulische Angelegenheit. Niemand kann Euch also zwingen! Laßt Euch in Eurer christlichen Festigkeit auch nicht durch den Gedanken etwaiger Vor- oder Nachteile unsicher machen. „Was nützt es dem Menschen, wenn er die ganze Welt gewinnt, aber seine Seele dabei verliert?“ (Matth. 16,26). Denkt an das ernste Wort unseres Heilandes: „Wer einem dieser Kleinen, die an mich glauben, Ärgernis gibt, für den wäre es besser, daß ihm ein Mühlstein um den Hals gehängt und er in die Tiefe des Meeres versenkt würde.“ (Matth. 18,6).

4) Deutsche Lehrerzeitung, 1. Jahrg. Nr. 69, 1. 12. 1954

Und Ihr, meine lieben Jungen und Mädchen, die Ihr vor der Schulentlassung steht: Man wird an Euch herantreten mit der Aufforderung: Kommt zur Jugendweihe, laßt Euch zur Jugendweihe vorbereiten! Sagt dazu nein, ohne Euch auf Erörterungen einzulassen! Ihr habt das Recht abzulehnen, und niemand hat das Recht, Euch nach den Gründen zu fragen. Sagt nein, ein entschlossenes Nein! Sagt nein, auch wenn rechts oder links von Euch jemand ja sagt! Beweist, daß Ihr tapfere Jungen und Mädchen seid, wie St. Stephanus einst tapferer Zeuge für den Heiland gewesen ist.

Was braucht Ihr die Jugendweihe? Ihr seid dem Dreieinigen Gott geweiht durch die hl. Taufe. Ihr seid Christus geweiht und mit ihm verbunden durch die hl. Kommunion. Ihr seid dem Hl. Geiste geweiht und mit ihm vereinigt durch die hl. Firmung. Ihr habt fast alle die Firmung durch mich empfangen. Erinnert Euch des Tages, da ich in Eure Kirche kam! Da saßet Ihr vor mir in heiliger Erwartung, von Eurem Seelsorger gut vorbereitet. Da hörtet Ihr meine Worte, da bekanntet Ihr in Frage und Antwort den heiligen Glauben, da versprachet Ihr, der Kirche treu zu bleiben. Dann tratet Ihr vor mich an den Altar und knietet nieder, meine Hand fühltet Ihr auf Eurem Haupt, und der hl. Chrisam berührte Eure Stirn. Das war Euer Firmungstag. Ja, so ist *unsere* Jugendweihe, die christliche Jugendweihe, die Jugendweihe vor Gott, mit Gott und für Gott, und eine andere Jugendweihe können wir nicht brauchen!

Und jüngst, am Feste der unbefleckt empfangenen Jungfrau Maria, habt Ihr diese Eure Weihe an den heiligen Dreieinigen Gott in die Hände der lieben Gottesmutter gelegt. Vertraut Euch ihr an all Euren Nöten an, wenn Euch jemals der Mut und die Tapferkeit im Stich lassen wollen, und sprecht mit unerschütterlichem Zutrauen Tag für Tag das Gebet: „Unter Deinen Schutz und Schirm fliehen wir, o heilige Gottesgebärerin". Noch nie ist es vorgekommen, daß diese gütige Mutter und mächtige Schützerin einen Menschen verlassen hat. Sie wird auch Euch helfen, Euren heiligen katholischen Glauben zu bewahren und tüchtige und tapfere Christen zu werden, die ihr Volk und Vaterland mit aller Kraft ihres Herzens lieben.

Es segne Euch alle der allmächtige Gott, der + Vater und der + Sohn und der Heilige + Geist! Amen.

Bautzen, am Fest des heiligen Apostels Thomas,
21. Dezember 1954

+ Heinrich
Bischof von Meißen

(Runderlaß des Bistums Meißen Nr. 84/1954, Bautzen, 22.12.1954, mit folgender Anweisung:

„Dieses Hirtenwort ist möglichst am 2. Weihnachtstag (St. Stephanus) in allen Gottesdiensten zu verlesen; auch in den Gottesdiensten der Außenstationen muß es bekanntgegeben werden.

Den hochw. Seelsorgern muß die lebendige Sorge um die Schulentlassenen ein besonderes

Herzensanliegen sein. Ein lebens- und gegenwartsnaher kirchlicher Entlassungsunterricht, belebt mit Lichtbildern u. ä., ist Gewissenspflicht aller Geistlichen und Katecheten. Frühzeitige Elternbesprechungen werden sehr empfohlen.
Die schöne Ausgestaltung der bisher schon immer gebräuchlichen kirchlichen Feier anläßlich des Austritts der Jungen und Mädchen aus der Schule möge unter aktiver Anteilnahme der Pfarrjugend und der Eltern geschehen.

Im Auftrage:
Dr. Hötzel")

21. Dezember 1954

26. ZUR GEPLANTEN JUGENDWEIHE

Hirtenwort von Weihbischof Dr. Friedrich Rintelen, Magdeburg

Geliebte im Herrn!
Wir stehen in der Weihnachtsoktav. Glaubend haben wir uns wieder in die Liebe Gottes vertieft, die uns Menschen sucht, die um unsere Gegenliebe wirbt, die uns retten und ewig glücklich machen will. Glaubend haben wir den Sohn des Allerhöchsten angebetet, der aus Liebe zu uns Mensch geworden ist, in dem allein für uns Menschen das Heil ist.

Mit stets neuer Sorge erfüllt es uns alle, daß man immer wieder versucht und sich bemüht, vor allem unsre Kinder und Jugendlichen von Christus weg zu führen, der noch allein „der Weg, die Wahrheit und das Leben" ist, und daß man sie hinführen will zu Zisternen, die kein Wasser haben.

Jetzt wieder ruft ein Zentraler Ausschuß für Jugendweihe Euch Eltern auf, Eure Kinder, die im nächsten Jahr die Schule verlassen, zu einer sogenannten Jugendweihe zu schicken. Vorher sollen die Jungen und Mädchen mehrere Woche hindurch in Vorträgen und Aussprachen auf diese Jugendweihe vorbereitet werden.

Die „Jugendweihe" ist nicht neu. Sie ist schon vor Jahrzehnten eingeführt worden. Sie war und ist eine Angelegenheit der Menschen, welche die Kirche und ihren Glauben und ihre heiligen Feiern ablehnen. Wir katholischen Christen aber lehnen die nichtkirchliche und antikirchliche Jugendweihe ab. Ihr katholische Eltern dürft Eure Kinder nicht zu diesen Jugendweihen schicken. Schickt sie auch nicht zu den Jugendweihe-Vorbereitungsstunden. Laßt Euch nicht vorreden, diese Jugendweihe richte sich nicht gegen die Kirche, ihren Glauben und ihre heiligen Feiern. Ich sage Euch: Sie richtet sich gegen die Kirche, sie richtet sich gegen ihren Glauben und will ihre heiligen Feiern verdrängen.

Katholische Eltern, zeigt in dieser Sache einmal, daß ihr einmütig zusammensteht. Haltet Eure Kinder von der Jugendweihe fern! Es geht bei der Jugendweihe nicht um eine Angelegenheit des Staates oder der Schule – auch dann würden wir sie ablehnen – sondern es geht nur um die Sache eines Zentralausschusses, der uns nichts angeht. –

Meine lieben Jungen und Mädchen, die ihr bald zur Schulentlassung kommt, man wird sicher an Euch herantreten und Euch auffordern: Kommt zur Jugendweihe, kommt zu den Jugendweihe-Vorbereitungsstunden. Sagt nein, sagt ein entschlossenes Nein, ein deutliches Nein. Wenn man Euch fragt, warum Ihr nicht kommen wollt, so erklärt: Weil ich ein katholischer Christ bin. Mehr sagt nicht. Laßt Euch nicht vor Erwachsenen auf Erörterungen ein. Katholische Jungen und Mädchen zeigt einmal, daß Ihr in der hl. Firmung die Kraft des Heiligen Geistes empfangen habt!

Was brauchen wir eine weltliche Jugendweihe? In der Taufe sind wir dem Vatergott geweiht, sind wir Kinder Gottes geworden. In der heiligen Kommunion sind wir Christus geweiht, sind wir vereint worden mit dem Gottessohn. In der heiligen Firmung sind wir dem Heiligen Geist geweiht, sind wir erfüllt worden von Seinem Licht, Seiner Liebe und Seiner Kraft.

Katholische Eltern, laßt uns gemeinsam tun, was wir können, daß unsre heranwachsende Jugend nicht verloren geht. Sorgt, daß alle Eure Kinder regelmäßig zum Religionsunterricht kommen und regelmäßig die Sonntagsmesse besuchen. Ich denke, daß auch Ihr alle regelmäßig noch eine Stunde in der Woche am Sonntag für Gott den Herrn übrig habt, daß Ihr darin Euren Kindern ein gutes Beispiel gebt. Sorgt, daß Eure Kinder fest im Glauben verwurzelt ins Leben schreiten. Wer den christkatholischen Glauben hat, dem leuchtet im Leben eine Sonne. Wer diesen Glauben verliert, dem erlöschen alle Lichter.

Es segne Euch der dreieinige Gott, der Vater und der Sohn und der Heilige Geist!

Magdeburg, den 21. Dezember 1954

gez. Friedrich Rintelen
Weihbischof.

(Rundschreiben des Erzbischöflichen Kommissariats Magdeburg mit der Anweisung: „Vorstehendes Schreiben ist am 26. Dezember, dem Festtag des heiligen Stephanus, in allen heiligen Messen zu verlesen.")

1. Februar 1955

27. ZUR JUGENDWEIHE

Kanzelverkündigung in den Kirchen des Bistums Berlin in Ost-Berlin und in der DDR

Kanzelverkündigung

Am Sonntag, dem 6. März 1955, ist in allen Kirchen, die im demokratischen Sektor Berlin oder in der DDR liegen, bei allen Gottesdiensten folgendes bekanntzugeben:

Als Antwort auf vielfache Fragen bezgl. der Schulentlassenen und zur Klärung der Gewissen wird hiermit folgendes unseren Gläubigen bekanntgegeben:

1. Von der sog. Jugendweihe ist bekanntgegeben, daß sie *freiwillig* sei. Wir nehmen das ausdrücklich zur Kenntnis. Als Christen, die über 90% der Bevölkerung ausmachen, beanspruchen wir die volle Glaubens- und Gewissensfreiheit und erheben Einspruch gegen jeden offenen oder versteckten Zwang gegen Jugendliche und ihre Eltern.

2. Die geplante Jugendweihe ist nicht etwa eine neutrale Schulfeier, sondern ein *feierliches Bekenntnis zur materialistischen Weltanschauung*. – Die Darlegungen in den Vorbereitungsstunden über die Entstehung der Welt und des Lebens, über das Werden des Menschen und seine Stellung in der Gesellschaft sowie über Religion stammen aus dieser glaubenslosen Lehre und sind mit dem christlichen Glauben unvereinbar.

3. Deshalb kommt für den Christen die Beteiligung an solcher Jugendweihe einer *Verleugnung seines Glaubens* gleich. Hier ist im Gewissensbereich unbedingt jener Punkt erreicht, an dem man einer klaren Entscheidung nicht mehr ausweichen kann.

4. Die Verleugnung des Glaubens ist *eine schwere Sünde*. Da sie öffentlich und feierlich geschieht, ist sie auch ein *schweres Ärgernis*.

5. Daraus ergibt sich folgendes:
   a) Eltern, welche ihre Kinder der Jugendweihe zuführen, führen sie auf den Weg des Unglaubens und verletzen aufs schwerste ihre Gewissenspflicht gegen ihre Kinder.
   b) Jeder, der bei der geistigen Vorbereitung oder bei der Durchführung der Jugendweihe sich beteiligt (als Mitglied der Ausschüsse oder durch Unterweisung), setzt sich in Gegensatz zu seinem Glauben und Gewissen und fördert den Unglauben.

c) Jugendliche, welche sich für die Jugendweihe entscheiden, entscheiden sich dadurch gegen ihr bisheriges christliches Leben. Durch die hl. Taufe und die hl. Firmung wurden sie Gott, ihrem Schöpfer, und Christus, dem Erlöser, geweiht. Was sie jetzt tun wollen, widerspricht ihrem Taufgelöbnis und kommt einer Verleugnung des Glaubens gleich.

6. Alle diese Genannten können zu den hl. Sakramenten nicht zugelassen werden, bis sie ihre Sünde wahrhaft bereut und das schwere Ärgernis des schlechten Beispiels wiedergutgemacht habe. Sie müssen diese Gesinnung durch eine schriftliche Erklärung vor dem Seelsorger und zwei Zeugen kundtun.

7. Wir bitten unsere Gemeinden, für jene Gläubige, die den Glauben in solcher Weise verleugnet und öffentliches Ärgernis gegeben haben, ganz besonders zu beten und dafür besorgt zu sein, sie wieder für das Evangelium Christi zu gewinnen.

(Beilage zum Amtsblatt des Bischöflichen Ordinariats Berlin, Stück 2 vom 1. Februar 1955, Nr. 39)

15. März 1955

28. ZUR JUGENDWEIHE

Pastoralanweisung des Bistums Meißen an den Klerus

Jugendweihe

Im Nachgang zum „Hirtenwort zur Jugendweihe" vom 22. 12. 1954 und auf Grund der Entwicklung der Jugendweihevorbereitungen im Bereiche des Bistums Meißen werden folgende Maßnahmen und Verhaltensweisen den Seelsorgern des Bistums mit der Verpflichtung eines Rückberichtes an das Ordinariat – Termin: 1. April – aufgegeben:

1. In allen Seelsorgebezirken ist die genaue Zahl der katholischen Kinder zu ermitteln, die an den Vorbereitungsstunden zur Jugendweihe teilnehmen und entschlossen sind, den Akt der Jugendweihe an sich vollziehen zu lassen.
   Hierbei ist festzustellen, ob auch Kinder nicht entlaßreifer oder bereits entlassener Jahrgänge zur Beteiligung an den Vorbereitungsstunden aufgerufen wurden.

2. Durch persönliche Besuche der Seelsorger bei den Eltern dieser Kinder ist
   a) festzustellen, ob Gründe weltanschaulicher oder anderer Art vorliegen, die im letzten auf die Freiwilligkeit der Entscheidung für die Beteiligung an der Jugendweihe eingewirkt haben;
   b) ein ernstes Gespräch über die Unvereinbarkeit der materialistischen Welt-, Lebens- und Gesellschaftsauffassung mit dem katholischen Welt- und Lebensbild herbeizuführen. Hierbei ist davon auszugehen, daß diese Unvereinbarkeit vom „Zentralen Ausschuß für Jugendweihe" in seiner „Argumentation zur Jugendweihe" vom 18.1.1955 als Erziehungsziel mit folgenden Worten betont wird: „Sie (die Jugendweihe) hilft bei der Bekämpfung von Mystizismus, Aberglauben und pseudowissenschaftlichen Anschauungen. Sie ist ein wesentliches Mittel der sittlichen Erziehung. Sie dient der Erziehung zu einer neuen Moral ...";
   c) auf eine klare Entscheidung der Eltern im Sinne des Hirtenbriefes zu dringen (CIC. can. 1325 § 1 und 2).

3. Die Seelsorger mögen mit pastoraler Klugheit und Eindringlichkeit diejenigen Kinder zurückzugewinnen suchen, die ihre Meldung zu den Vorbereitungsstunden zur Jugendweihe entweder aus Angst vor späteren beruflichen Nachteilen oder ohne vorherige Überlegung der antireligiösen Tendenzen der Jugendweihe vollzogen haben. Da die Jugendweihe „keine staatliche Angelegenheit" ist, haben zuständige staatliche Stellen versichert, daß aus der Nichtbeteiligung an der Jugendweihe keine Folgerungen wegen mangelnder gesellschaftlicher Betätigung gezogen werden dürfen. Eine Bloßstellung dieser Kinder im Religionsunterricht ist zu vermeiden.

4. Sollte ein Kind durch seine Beteiligung an der Jugendweihe Ärgernis in der Gemeinde erregen oder propagandistisch seine katholischen Altersgenossen im Sinne der Jugendweihe zu beeinflussen suchen, mögen die Seelsorger seine Auffassung im Sinne katholischer Glaubensüberzeugung zu verändern suchen und es, wenn es die Lage erfordert, von Ehrenämtern, die es beim Gottesdienst oder in der Pfarrjugend innehat, ausschließen.

5. Alle Seelsorger sollen in positiver Weise der antireligiösen Tendenz der Jugendweihe entgegenwirken:
   a) bei der Jugend im Religionsunterricht und in den Jugendstunden der Pfarrjugend durch überzeugende Darlegung der Vereinbarkeit von echter Wissenschaft mit katholischem Glauben, durch eine Buchbesprechung des Buches: „Weltall, Erde, Mensch" unter Aufzeigung des hypothetischen Charakters seiner Aussagen und durch Weckung echter Freude über die christliche Urtatsache: „Wir sind Christi Leib!";
   b) durch eine intensive Vorbereitung der Entlaßjahrgänge auf die Christusweihe der katholischen Jugend, die beim Eintritt der Jugendlichen ins öffentliche und Berufsleben inmitten der Gemeinde bei feierlichem Gottesdienst vollzogen

werden soll. Zeitlich soll die Christusweihe auf den Schluß des Schuljahres bzw. in die Nähe des Termins der Schulentlassung fallen, damit eine begriffliche Verbindung mit der Konfirmation vermieden wird und die Liturgiefeiern der österlichen Zeit nicht beeinträchtigt werden;

c) durch Weckung des Verantwortungsbewußtseins der katholischen Elternschaft gegenüber den Gefahren, die den Kindern in ihrem Glauben durch die Beteiligung an den Vorbereitungsstunden zur Jugendweihe und den Eltern selbst durch Zuführung der Kinder zu ihnen erwachsen (CIC. can. 2319 § 1,4 und § 2, can. 2315). Die Weckung des Verantwortungsbewußtseins kann sowohl in der Predigt erfolgen als auch in besonderen Elternversammlungen und Elternbesuchen, wobei auf die ernste Gefahr der Bewußtseinsspaltung im Kinde hinzuweisen ist, die, durch die Zweigleisigkeit der vorgetragenen Lehren hervorgerufen, Anlaß zu schweren seelischen Störungen des Kindes werden kann.

6. Sollte die Gefahr vorliegen, daß das Gemeindeleben durch ärgerniserregendes Verhalten von Erwachsenen (CIC. can. 1325 § 1 und 2) in dieser Frage geschädigt wird, sollen die Seelsorger versuchen, den Fall nachzuprüfen, und ohne übergroße Nachsicht bei vorliegender Contumacia (CIC. can. 2242, § 2) diese Erwachsenen von kirchlichen Ehrenämtern ausschließen, wenn nicht nach der Art des Vergehens (vergl. can. 1325, § 2 und cann. 2314, 2315, 2316, 2319) oder nach dem Grade des Öffentlichkeitscharakters des Vergehens pro foro interno et externo eine Wiedergutmachung aufzuerlegen ist. In letzterem Falle ist an das Ordinariat zu berichten.

7. Katholischen Lehrpersonen, denen eine aktive Mitwirkung in den Ausschüssen für Jugendweihe, bei den Vorbereitungsstunden und bei der Jugendweihe selbst dienstlich auferlegt wird, möge ein Hinweis auf die volle Glaubens- und Gewissensfreiheit gegeben werden, die sie nach Artikel 9 der Verfassung der DDR ohne Benachteiligung für ihr Dienst- und Arbeitsverhältnis in Anspruch nehmen können. Außerdem ist die Freiwilligkeit der Beteiligung an der Jugendweihe seitens staatlicher Stellen immer betont worden. Sollten dennoch Lehrpersonen mit dienstlichen Strafmaßnahmen wegen ihrer verweigerten Mitwirkung an der Jugendweihe bedroht werden, wird um umgehende Mitteilung an das Ordinariat gebeten.

8. Das Jugendseelsorgeamt hat Materialien für die Vorbereitungsstunden zur Christusweihe katholischer Jugend zusammengestellt und stellt diese auf Anforderung zur Verfügung. Sie sind zu beziehen bei der Hauptarbeitsstelle Dresden, Benno-Stift. Eine Buchbesprechung zu dem Buch: „Weltall, Erde, Mensch" stellt Erzvikar Pfarrer Derksen, Dresden, zur Verfügung.

(Runderlaß des Bistums Meißen Nr. 30/1955, Bautzen, 15. 3. 1955)

25. August 1955

29. AUS SORGE UM DEN FRIEDEN DER WELT, DIE EINHEIT DEUTSCHLANDS UND DIE FREIHEIT DER KIRCHE

Grußwort der in Fulda versammelten Erzbischöfe und Bischöfe Deutschlands

Geliebte Diözesanen!

Die deutschen Bischöfe haben sich auch dieses Jahr wieder am Grabe des heiligen Bonifatius in der Arbeit und Sorge für die Kirche zusammengefunden.

Wir wissen wohl – und sind dessen froh –, daß die Gedanken und Gebete aller katholischen Christen in ganz Deutschland sich mit der Arbeit unserer Konferenz verbunden haben.

Die Ergebnisse unserer Konferenz werden, so hoffen wir, auf manchen Gebieten das kirchliche Leben fördern und klären; zu gegebener Zeit wird darüber manches zu sagen sein.

Bevor wir auseinandergehen, drängt es uns, euch durch ein kurzes Wort aufzurufen, ihr möchtet euch mit uns vor Gott vereinen in den gemeinsamen Anliegen, die über aller unserer Arbeit als schwere Sorge gestanden haben.

Bei diesem Ruf an euch denken wir an das Wort des Herrn, daß alle Wächter umsonst über eine Stadt wachen, wenn nicht der Herr selbst als erster wacht. Er ist es, der die Geschicke aller in Seinen Händen hält; Er muß in Seine allmächtige und gütige Hand alle Anstrengungen der Menschen nehmen, damit sie gesegnet werden. Er muß aber darum *gebeten* werden: bittet, und ihr werdet empfangen; klopfet an, so wird euch aufgetan!

Wir rufen euch also auf, mit uns gemeinsam die Hände und die Herzen zu erheben.

Das 1. Anliegen ist dieses: ihr möchtet mit uns beten, daß unter den Völkern der Erde *wahrer Friede* werde. Die Völker sehnen sich nach den Jahren zermürbender Unruhe nach einem friedlichen Leben und andererseits sehen sie mit wahrem Entsetzen die unbegrenzte Furchtbarkeit, die ein neuer Krieg allen, wirklich *allen* bringen würde, – bis zur Gefahr der völligen Vernichtung allen Lebens in weiten Gebieten der Erde – eine schreckliche Gefahr, die die verantwortlichen Staatsmänner wie auch die Männer der Wissenschaft zu ernstesten Warnrufen veranlaßt.

Lasset uns gemeinsam in dieser Sorge um den Frieden der Völker rufen, daß der Herr die Verantwortlichen zu verantwortlichem Tun führe, damit sie die Probleme auf *friedliche* Weise lösen und die vielfachen Unruhequellen in Gerechtigkeit und Liebe heilen. Dann würden auch bei jenen, die nach dem Kriege noch nicht wieder heimkehren durften, alte Wunden heilen. Mit dem alten Flehruf der Litanei laßt uns sprechen: „Daß Du den Völkern Frieden und wahre Eintracht schenken wolltest, wir bitten Dich, erhöre uns!"

Das 2. Anliegen erwächst aus der seit 10 Jahren bestehenden *Zerreißung unseres Vaterlandes*. Wir sehen darin eine Wunde, die immer, solange sie besteht, die Beziehungen zwischen den Völkern unheilvoll vergiften wird. Als Christen sehen wir auch nicht nur die Störung unseres nationalen Lebens mit allen bösen Folgen, sondern wir tragen auch schwer mit an der vielfältigen Gewissensnot und Glaubensbedrängnis unserer Brüder.

Zwischen das Hoffen der einen auf eine schnelle Abhilfe – und das mutlose Verzagen der anderen wollen *wir* unseren anhaltenden Gebetsruf stellen, der beim Herrn anklopft und nicht nachläßt zu flehen.

Wir flehen, daß der Herr diese Heimsuchung unseres Volkes beende; es ist eine wirkliche Heimsuchung, auch wenn der und jener sie vielleicht gar nicht mehr als solche empfindet. Der Herr möge aus dieser Heimsuchung uns Segen erwachsen lassen, vor allem den Segen innerer Einkehr; Er möge die Bedrängten stärken und aufrichten und möge unserem Volk die Einheit schenken, daß es Ihm dann in Freiheit und tiefer Gläubigkeit diene. Betet für unser Volk!

Und *eine 3. Sorge* wollen wir in eure Fürbitte hineinlegen: die Sorge um die *Freiheit der Kirche.* Wir alle sehen mit großer Besorgnis die offene und versteckte Verfolgung, der die Kirche in manchen Ländern ausgesetzt ist. Nicht minder schlimm sind die Ärgernisse, die aus einem liberalistischen und verweltlichten Denken gegen das Wirken der Kirche sich richten und insbesondere die heranwachsende Generation an dem tiefen und vollen Hineinwachsen ins religiöse Leben behindern. Immer zwar wird die Kirche die Gegnerschaft der Welt erfahren und überwinden müssen; immer braucht sie deshalb auch das heiße Flehen der Christenheit, daß die Kirche voll der Kraft und Weisheit des Heiligen Geistes sei, daß sie die Freiheit zum Wirken habe und sie in Gottes Kraft nütze. Mit aller Eindringlichkeit sagen wir euch: *Betet mit uns für unsere heilige Kirche!*

Wir hoffen, daß ihr diesen kurzen Ruf versteht. Er will mehr, als daß ihr euch einmal an dieses Anliegen im Gebet erinnert. Wenn wir Bischöfe in unsere Diözesen heimkehren, dann nehmen wir diese Sorge als ständige Last mit. Möget auch ihr diese Unruhe im Herzen tragen, so wie ihr euch sonst innerlich sorgt etwa um einen Kranken oder einen noch Vermißten. Wir müssen beharrlich die *Macht und Hilfe Gottes herbeirufen,* der den Himmel und die Erde geschaffen hat, und der auch uns in dieser Zeit trägt.

Es segne euch der Vater und der Sohn und der Heilige Geist! Amen.

Gegeben zu Fulda, den 25. August 1955.
Die am Grabe des hl. Bonifatius versammelten Bischöfe Deutschlands. Für die Oberhirten aller deutschen Diözesen:

gez. + *Wilhelm*
Bischof von Berlin

(Mit Schreiben des Bischöflichen Ordinariats Berlin – J.-Nr. 3448/55 – vom 29. 8. 1955 „an alle kath. Pfarrämter und Seelsorgsstellen im Bistum Berlin", mit der Anweisung: „Vorstehendes Hirtenwort ist am Sonntag, dem 4. September 1955, in allen Gottesdiensten zu verlesen. gez. Puchowski, Generalvikar".)

23. Oktober 1955

30. ZUR JUGENDWEIHE

Erklärung der Bischöfe und Bischöflichen Kommissare im Bereich der Deutschen Demokratischen Republik

In diesen Tagen haben die neuen Vorbereitungsstunden für die Jugendweihe begonnen. Zu gleicher Zeit wird in Elternversammlungen, beim Unterricht in der Schule und in den Zeitungen für die Teilnahme an der Jugendweihe geworben. In aller Deutlichkeit haben im vergangenen Jahre die Bischöfe erklärt, daß *katholisches Glaubensbekenntnis und diese Jugendweihe sich ausschließen.* Jetzt wird vom Zentralen Ausschuß für Jugendweihe behauptet, daß religiöses Bekenntnis und Jugendweihe vereinbar seien; ja, die Jugendweihe verletze keine religiösen Gefühle und sei vom Geist der Toleranz getragen.

Demgegenüber erklären wir: Die Vorbereitung auf die Jugendweihe in den Jugendstunden ist eine *Einübung des Unglaubens,* die verletzt die religiösen Gefühle und ist nicht vom Geist der Toleranz getragen. Der Glaube an die Erschaffung der Welt durch Gott wird mit dem Wort „Mystizismus" und „Aberglaube" belegt, der Schöpfungsbericht der Bibel wird ein „Märchen" genannt, die Morallehre der Kirche wird als fortschrittsfeindlich bezeichnet. Das Buch „Weltall, Erde, Mensch", das bei der Jugendweihe feierlich überreicht wird und das bei den Jugendstunden als Unterlage der Belehrung dient, wirbt unverhohlen für die materialistische Welt- und Lebensanschauung. Was in diesem Buch im Namen einer fortschrittlichen Wissenschaft gelehrt und bekannt wird, schließt den Glauben an den lebendigen Gott und Seine Kirche aus.

Katholische Eltern, katholische Lehrer und Lehrerinnen, katholische Männer und Frauen! Wir wiederholen es: *Ihr könnt nicht bei der Jugendweihe und ihrer Vorbereitung mitwirken.* Ihr könnt nicht zustimmen, daß katholische Kinder zu derselben Zeit bei der Jugendweihe eingeübt werden im Unglauben – und beim Religionsunterricht eingeübt werden im Glauben. *Das eine schließt das andere aus.*

Nehmt das in der Verfassung Euch garantierte Recht auf Glaubens- und Gewissensfreiheit in Anspruch. Es darf Euch wegen Eures Bekenntnisses zum katholischen Glauben kein privates und staatsbürgerliches Recht beschränkt werden. Laßt Euch nicht irremachen und von übereifrigen Propagandisten und Verteidigern des Atheismus einschüchtern!

Wir katholischen Bischöfe und Kommissare der Bistümer im Bereich der Deutschen Demokratischen Republik erklären daher feierlich: Wer freiwillig an der Jugendweihe und ihrer Vorbereitung teilnimmt oder seine Kinder dazu schickt, *sündigt* gegen den Glauben, bringt seinen Glauben und den Glauben seiner Kinder in ernste Gefahr und gibt der Gemeinde schwerstes Ärgernis durch schlechtes Beispiel.

Wir alle aber wollen in dieser entscheidungsvollen Zeit im gemeinsamen Gebet für die Eltern, die Kinder und Lehrer zusammenstehen. Wir wollen uns bewußt sein, daß die Freudigkeit des Glaubens und die Kraft zum Bekenntnis vom Himmel erfleht werden müssen. „Wer ist aber gegen uns, wenn Gott mit uns ist!"

gez. + Wilhelm Weskamm
Bischof von Berlin

+ Otto Spülbeck
Bischof-Koadjutor von Meißen

Ferdinand Piontek
Kapitelsvikar in Görlitz

+ Friedrich Rintelen
Weihbischof in Magdeburg

+ Joseph Freusberg
Weihbischof in Erfurt

Domkapitular Joseph Schönauer
Bischöfl. Kommissar in Meiningen

Msgr. Bernhard Schräder
Bischöfl. Kommissar in Schwerin

(Mit Schreiben des Bischöflichen Ordinariates Berlin – J.-Nr. 7042/55 – vom 12. 10. 1955 „an alle Hochw. Herrn Geistlichen im Bistum Berlin", mit der Anweisung:
„Das vorliegende Hirtenwort ist am Sonntag, dem 23. Oktober 1955, bei allen Gottesdiensten zu verlesen und auch auf den Außenstationen in geeigneter Weise bekanntzumachen. Bischöfliches Ordinariat, gez. Haendly, Generalvikar i. V.")

19. Februar 1956

31. GEGEN DEN DIALEKTISCHEN UND DEN PRAKTISCHEN MATERIALISMUS

Hirtenbrief der deutschen Bischöfe zur Fastenzeit 1956

Geliebte Diözesanen!

Jahr um Jahr hört Ihr einen Hirtenbrief des Bischofs Eurer eigenen Diözese. Aber in diesem Jahr schreiben alle deutschen Bischöfe gemeinsam ein Hirtenwort zur Fastenzeit. Denn eine gemeinsame Sorge bedrückt uns.

I.

Ihr wißt, daß in unseren Tagen eine Irrlehre drohend ihr Haupt erhebt, die sich selbst nennt den dialektischen Materialismus. Sie ist besonders verbreitet in ganz Osteuropa, weithin in Mitteleuropa, in China und in anderen Ländern Ostasiens. Dieser dialektische Materialismus behauptet, daß es nichts gebe als die Materie. Er kann zwar nicht bestreiten, daß der Mensch Geist und Verstand hat, aber er behauptet, daß auch Geist und Verstand nichts anderes seien als Funktionen und Ausstrahlungen der Materie. Weil er nur die Materie kennt, hat er keinen Raum mehr für ein Fortleben nach dem Tode und keinen Raum mehr für unseren Herrn und Gott. Zu vielen Zeiten hat es Gottesleugner gegeben, aber bewußte Gottlosigkeit als Massenerscheinung gibt es erstmalig in unserer Zeit. Zum erstenmal, so lange die Welt besteht, wird fast die gesamte Jugend großer Völker ohne Gott und gegen den Glauben an Gott erzogen. Auch in weiten Teilen unseres Vaterlandes will man die Jugend für diesen dialektischen Materialismus gewinnen. Abschluß und Höhepunkt dieser Erziehung soll die sogenannte Jugendweihe sein.

Dazu kommt aber eine andere Sorge, und gerade sie läßt uns Bischöfe heute diesen gemeinsamen Hirtenbrief schreiben. Müßten nicht wir Christen umso gläubiger sein, je mehr der dialektische Materialismus sich ausbreitet und Gottes Majestät millionenfach angetastet und geleugnet wird? Müßten nicht unsere Gläubigen mit umso größerer Treue Gott dem Herrn anhangen, um Sühne zu leisten und um seinen Zorn zu mindern? Statt dessen beobachten wir Bischöfe, wie viele unserer Gläubigen selbst *praktisch* dem Materialismus verfallen sind. Nicht wenige von denen, die – vielleicht sogar mit Leidenschaft – den dialektischen Materialismus ablehnen, ja mit Schrecken an seine Folgen denken, sind in ihrer Lebenshaltung Materialisten geworden.

Die praktischen Materialisten leugnen Gott nicht. Im Gegenteil, sie beten: „Ich glaube an Gott, den allmächtigen Vater". Aber sie nehmen Gott den Herrn nicht mehr ernst. Sie leben, als ob es Gott den Herrn nicht mehr gäbe. Seine Gebote schieben sie beiseite. Wenn sie in ihrem Alltag ihre Entscheidungen zu treffen haben, fragen sie nicht mehr: „Was sagt Gott dazu?" Sie richten sich vielmehr nach ihrem

Vorteil oder nach der Meinung der Leute. Die praktischen Materialisten leugnen auch das Jenseits nicht. Im Gegenteil, sie beschließen ihr Glaubensbekenntnis mit dem Satz: „Ich glaube an das ewige Leben". Aber sie nehmen das ewige Heil ihrer unsterblichen Seele nicht mehr ernst. Sie besuchen vielleicht noch die Sonntagsmesse und hören auch diesen Hirtenbrief, aber der Meßbesuch bedeutet ihnen nichts anderes mehr als die Erledigung einer Pflicht oder Gewohnheit. So kann man ein Christ sein, der, wie man zu sagen pflegt, noch „praktiziert", und gleichzeitig schon dem praktischen Materialismus verfallen.

Die Halbchristen haben sich einen neuen Gott erwählt, und ihm sind sie mit Leib und Seele hingegeben. Und dieser neue Götze ist Besitzen und Genießen. Dem Verdienst und Erwerb haben sie sich mit geradezu inbrünstiger Leidenschaft verschrieben. Fast ungehemmt greifen sie nach allen Möglichkeiten des Vergnügens, auch solchen bedenklicher Art, bis an die Grenze des sittlich Erlaubten und darüber hinaus. Sie kennen nur noch Erwerb und Genuß. – Ist es nicht nackter Egoismus, wenn der Kindersegen deswegen verweigert wird, weil man zuerst das Fernsehgerät, das neue Radio, das Motorrad oder die Contax anschaffen will; wenn man die eigenen Kinder als lästig empfindet; wenn ohne Rücksicht auf das Glück der Kinder die Ehen gebrochen und schließlich geschieden werden; wenn man älter gewordene Väter und Mütter in Altersheime abschiebt, auch wenn gar keine Not es erfordert; wenn man die eigene Ehe nur noch sieht und behandelt als einen sexuellen Zweckverband; wenn der Nächste dem Nächsten im Grunde genommen gleichgültig geworden ist und jeder bei sich denkt: „Wenn es nur mir gut geht!"

Geliebte Diözesanen, begreift, wie ungeheuer die Gefahr ist, die uns alle bedroht: das Hinübergleiten in den praktischen Materialismus und den praktischen Atheismus vollzieht sich in der Regel im einzelnen Menschen in so kleinen Schritten, daß der Betreffende selbst es zunächst fast nicht bemerkt. Aber wenn dieses Abgleiten einmal begonnen hat, folgen die nächsten Schritte fast unausweichlich, bis schließlich Geld und Genuß als die neuen Götzen ganz an die Stelle des heiligen Gottes getreten sind.

Dabei haftet dem hemmungslosen Streben nach Erwerb und Genuß geradezu etwas Gespenstisches an, wenn man auf den Hintergrund schaut, vor dem es sich vollzieht. Wir meinen die Bedrohung der Völker durch die sogenannte Atomkraft. Im August 1945 fielen die ersten Atombomben auf Hiroshima und Nagasaki. Diese zwei Bomben kosteten einhundertdreißigtausend Menschen das Leben. Dazu kommen die Verwundeten. Zehn Jahre weiter, und schon hören wir von Bomben, die nicht nur Städte, sondern Provinzen vernichten können. „Die größten Autoritäten", so sagte ein führender Atomforscher, „sind sich darüber einig, daß ein Krieg mit der Wasserstoffbombe durchaus zur Vernichtung der ganzen Menschheit führen könnte." Und noch weiß keiner, welche Erfindungen uns bevorstehen. Väter und Mütter wagen fast nicht die Frage zu stellen, welchen Geschicken ihre Kinder und Enkel entgegengehen. Die Völker und ihre Lenker sind ratlos geworden. Jeder ist gegen jeden mit Mißtrauen erfüllt, und jeder kann jeden vernichten. Wie gefährdet ist alles Leben auf dieser Erde geworden, wie wurde offenbar die Vergänglichkeit der irdischen Dinge. Wirkt es nicht grotesk, daß ausgerechnet in dieser Situation so viele Menschen sich krampfhaft an die brüchigen Dinge klammern und ihr Heil in möglichst viel Geld und Besitz und Genuß suchen?!

II.

Geliebte Diözesanen! So darf es mit uns nicht weitergehen. Lasset uns vor den Herrn treten und „sein Angesicht suchen“ (Ps. 104,4) und wie die Hörer des Täufers fragen: „Was sollen wir tun?“ (Lk. 3,10).

Wir Bischöfe aber rufen Euch mit eben diesem Johannes dem Täufer zu: „Tuet Buße!“ (Mt. 3,1). Tuet Buße, das heißt nicht nur: tuet bestimmte Bußwerke!, sondern heißt noch mehr: ändert Euren Sinn, ändert Euer ganzes Leben, denket um, bekehret Euch! Erkennet wieder an, daß Gott Euer Herr ist! Daß Eure Kräfte, Euer Einkommen, Euer Gatte, Eure Gattin, Eure Kinder zunächst *ihm* gehören und daß Ihr darum mit all dem und all diesen umgehen müßt, nicht wie es *Eurem* Gutdünken, sondern wie es *seinem* heiligen Willen entspricht. Habet Furcht vor Gott, wie unser Heiland uns lehrt: „Fürchtet Euch nicht vor denen, die den Leib zwar töten können, darüber hinaus aber nichts vermögen. Ich will Euch zeigen, wen Ihr fürchten sollt: Fürchtet den, der über den Tod hinaus noch in die Hölle stürzen kann. Ja, ich sage Euch: *Den* sollt Ihr fürchten!“ (Lk. 12,4f; cf. par.) Wie spottet ein Mensch seiner selbst, der vor der Macht des dialektischen Materialismus und der Wasserstoffbombe Respekt hat, aber es darauf ankommen läßt, mit *Gott* in Feindschaft zu stehen! Dialektischer Materialismus und Atombombe vergehen, und ihre Schrecken hören einmal auf, die Hölle aber bleibt ewig. Frevelt nicht leichtfertig gegen die Gebote und fügt nicht weiteren Frevel hinzu, indem Ihr Euch dann selbst die Lossprechung gebt mit dem Hinweis darauf, daß Euer Gewissen Euch dies und jenes gestatte. Verhöhnet nicht die Majestät Gottes, indem Ihr die Stimme Eurer Leidenschaft und Eurer kleinen Süchte „Gewissen“ nennt. Denn die Stimme des Gewissens ist letztlich die Stimme *Gottes*. Darum muß das Gewissen sich bilden und orientieren an den Geboten Gottes, wie die Kirche als die gottgesetzte Lehrerin der Wahrheit sie uns lehrt. Belügt Euch nicht selbst! Schon vor fast 3000 Jahren ruft der Prophet Isaias ein „Wehe“ über diejenigen, die das Böse gut und das Gute böse nennen (Is. 5,20). Sündigt auch nicht und sagt dabei: „Der liebe Gott ist nicht so kleinlich.“ Gottes Erbarmen ist groß, aber gegen den Frevler, der nicht Buße tut, entbrennt sein Zorn: „Furchtbar ist es, in die Hände des lebendigen Gottes zu fallen“ (Hebr. 10,31).

Geliebte Diözesanen, habet doch Erbarmen mit Euch selbst und denket weiter als nur die wenigen Jahrzehnte oder Jahre bis zu Eurem Tode – vielleicht sind es auch nur Tage –, und höret die Mahnung des Herrn: „Was nützt es dem Menschen, wenn er die ganze Welt gewinnt, aber Schaden leidet an seiner Seele“ (Mt. 16,26 par.). Ihr, die Ihr praktisch Materialisten seid: Für das Alter wollt Ihr versorgt sein, aber nach dem, was nach Alter und Tod kommt, fragt Ihr nicht! Der Götze Geld und der Götze Genuß retten Euch nicht! Sie begleiten Euch nicht über die Sterbestunde hinaus, vielleicht bleiben sie Euch nicht einmal in den irdischen Tagen treu. Wer Euch rettet, ist der barmherzige Gott. „Er will nicht den Tod des Sünders, sondern daß er sich bekehre und lebe“ (Ez. 18,23).

Tuet Buße; denket um; stürzet die Götzen, die doch ohnmächtig sind; beuget Euch von neuem unter den einen und alleinigen Herrn und Gott, denn er ist ein eifersüchtiger Gott (Ex. 20,5); Ihr könnt nicht ihm dienen und dem Mammon (Mt. 6,24); Ihr könnt Euch nicht zu ihm bekennen und dann tun, was Ihr wollt. Erkennet die „Zeichen der Zeit" (Mt. 16,3); brüchig ist unsere Welt, vergänglich ihr Glück, alles ist eitel (Ekkl. 12,9), wer aber dem Herrn dient, dem wird eine ewige Wohnung im Hause des Vaters bereitet (Joh. 14,2). – Folgende drei Hilfsmittel wahrer Bußgesinnung möchten wir Bischöfe Euch besonders empfehlen:

1. Es gibt ein eigenes *Sakrament der Buße*, die heilige Beichte. Wer in schwerer Sünde ist, *muß* dieses Sakrament empfangen, ehe er zum Tisch des Herrn treten darf. Aber wir sollten auch sonst recht häufig zur heiligen Beichte gehen. Denn beim Beichten erkennt der Mensch unseren Gott wirklich als seinen Herrn an, beklagt die Übertretung seines heiligen Willens und versucht im Vorsatz, sein Leben wieder neu nach den Geboten Gottes auszurichten. Hier nimmt der Mensch das Gericht Gottes gleichsam vorweg und beugt sich seinem Urteil. – Gewiß ist es für den Katholiken, der häufig oder gar täglich die heilige Kommunion empfängt, nicht notwendig, jedesmal erst zu beichten. Dennoch sollten wir regelmäßig, nach kurzen Abständen, zum Bußgericht kommen. Das Bußsakrament ist um seiner selbst willen wert, häufiger empfangen zu werden. Wir Bischöfe richten also an unsere Gläubigen die herzliche Bitte und Mahnung, das Sakrament der Buße recht oft und in wahrer Verdemütigung zu empfangen. Wer dieser Mahnung nachkommt, ergreift ein wirksames Schutzmittel gegen das so gefährliche, weil zunächst fast unmerkliche, allmähliche Abgleiten in den praktischen Materialismus.

In gleicher Richtung wirken die heiligen *Exerzitien*. Sie bestehen darin, daß wir uns für einige Tage zurückziehen, strenges Schweigen beobachten und nach Anleitung eines erfahrenen Priesters die Wahrheiten von Gott und Ewigkeit betend überdenken. In einer Generalbeichte wird das Verhältnis zu Gott neu geordnet. Wer solche Exerzitien im heiligen Ernst durchgeführt hat, kehrt von ihnen wie ein neuer Mensch beglückt zurück. Es wäre für Eure Bischöfe ein großer Trost, wenn recht viele Männer, Frauen und Jugendliche sich entschließen könnten, in diesem Jahre in heiligen Exerzitien sich aus der Tiefe ihrer Seele neu für Gott und gegen die Götzen unserer Tage zu entscheiden.

2. Eine andere klare Absage an den Götzen Genußgier ist das heilige *Fasten*. Die Kriegs- und Nachkriegsverhältnisse haben es mit sich gebracht, daß dieser altehrwürdige christliche Brauch fast ganz aus der Übung gekommen ist. Wir Bischöfe mahnen Euch, die Abstinenz am Freitag, dem Todestag des Herrn und Heilandes, wieder ernst zu nehmen, und die wenigen Fasttage, die geblieben sind, streng zu beobachten und Euch nicht leichtfertig dispensieren zu lassen. Wie aber die Kirche, wenn sie uns nur zur österlichen Kommunion *verpflichtet*, uns doch die häufige heilige Kommunion herzlich nahelegt, so sollt Ihr auch, über das *vorgeschriebene* Maß des Fastens hinaus, Euch eine ständige Zucht im Gebrauch von Genußmitteln aller Art auferlegen, besonders in den Bußzeiten der Kirche.

Wir meinen das Maßhalten und den zeitweiligen Verzicht gegenüber dem

Alkohol, dem Nikotin und den Süßigkeiten. Wir denken aber auch an das weite Gebiet der täglichen Sensation. Wie wäre es, wenn wir nicht nur die schlechten Filme mieden, sondern auch die im Gehalt mäßigen Unterhaltunsgsfilme weniger oft besuchten? Wenn wir in den Bußzeiten auf jeden Filmbesuch verzichteten? Wenn wir uns in den Bußzeiten bei Rundfunkhören und Fernsehen auf ernste und wirklich bildende Sendungen beschränkten? Zu den besonderen Bußzeiten rechnen wir die Werktage der Fastenzeit, die Werktage der Adventswochen, die Vigiltage, nicht zuletzt den Freitag, den Todestag unseres Herrn. Schon die Kinder wollen wir anleiten, in ihrer Weise Verzicht zu leisten. Zeitweilige Enthaltung in der Ehe, zu der Ihr Euch gemeinsam entschließt, kann Ausdruck einer tiefen Liebe zu Christus sein. – Die Buße gehört zum christlichen Lebensstil.

3. Die deutlichste Kampfansage gegen den Götzen Geld und Genuß ist das *Almosengeben*. Allerdings nur dann, wenn das Almosen in einer Höhe geleistet wird, die dem Einkommen des Einzelnen und seinem Lebensaufwand entspricht, mit anderen Worten, wenn es einen spürbaren Verzicht darstellt. Was damit gemeint ist, macht folgende Begebenheit aus dem Leben Jesu klar: Als der Herr eines Tages sah, wie reiche Leute *viel* Geld in einen Opferkasten warfen und eine Witwe zwei Heller, da sagte er: „Die arme Witwe hat mehr hineingelegt als alle anderen, denn alle anderen warfen von ihrem Überfluß hinein" (Lk. 21,3f.; Mk. 12,43f.). Nicht umsonst erklärt der Herr, daß ein Reicher nur schwer ins Himmelreich eingehen wird, ja, bei Menschen sei es unmöglich, aber bei Gott ist alles möglich (Mt. 19,23-26 par.). Darum seine ernste Mahnung: „Machet Euch Freunde mit dem ungerechten Mammon, damit sie Euch, wenn es einmal zu Ende geht, in die ewigen Wohnungen aufnehmen!" (Lk. 16,9). Wer reich ist und sein privates Jahreseinkommen nach hohen Zahlen berechnet, überlege, ob er nicht einen größeren Teil gebe für die Einrichtung eines katholischen Kinderheimes, eines Altersheimes, einer Diasporakirche, für die Ausbildung der Priester, der Seelsorgehelferinnen, der Katecheten, ob er nicht eine bedrängte Familie wirtschaftlich mit durchtrage, ob er nicht wenigstens bestehende Einrichtungen kirchlicher oder caritativer Art großherzig unterstütze. Und der unverheiratete junge Mensch, der weder seine Angehörigen großmütig unterstützt noch für die spätere Familiengründung spart, sondern gewohnt ist, den größeren Teil seines Einkommens für sich persönlich auszugeben, überlege, ob er nicht seiner Haltung nach auch unter das „Wehe den Reichen" (Lk. 6,24) fällt und um die Rettung seiner armen Seele bangen muß! Überall gibt es Menschen in Not, und wer mit den Augen Christi um sich schaut, wird genug Gelegenheit haben, Almosen zu geben. Die Armen unter uns aber sollen nicht vergessen, daß noch die Witwe zwei Heller gab.

III.

Geliebte Diözesanen! Es ist unheimlich auf unserer Erde geworden. In der allgemeinen Ratlosigkeit und angesichts der ungeheuren Bedrohung kann uns nur einer helfen: Gott der Herr. Aber die Verfechter des dialektischen Materialismus leugnen ihn, und jene, die praktisch Materialisten sind, wähnen, über seine Gebote und über ihn selbst hinwegsehen zu dürfen. So wird Gott herausgefordert. Wehe uns, wenn sein Zorn gegen uns entbrennen sollte!

Wenn wir uns aber vom praktischen Materialismus lösen und in aufrichtiger Buße, in Gebet, Fasten und Almosengeben zu unserem Herrn und Gott zurückkehren, so wollen wir damit die flehentliche Bitte, aber auch die vertrauensvolle Hoffnung verbinden, daß Gottes Güte uns vor den drohenden Schrecken bewahre. Der Arm des Herrn ist nicht zu kurz, um zu helfen; sein Ohr ist nicht taub, um zu hören (Is. 59,2). So spricht der Herr: „Des Volkes Heil bin ich; in jeder Not, in der sie zu mir rufen, will ich sie erhören. Ich will ihr Herr sein ewiglich." Und wir antworten. „Auf dich, o Herr, habe ich meine Hoffnung gesetzt. Ich werde nicht zuschanden werden in Ewigkeit." – Die Mutter Maria aber lasse die Arme nicht sinken, um das Erbarmen Gottes für uns arme Sünder und Büßer zu erflehen. – So segne Euch und allen Euren guten Willen und Eure Buße der allmächtige und barmherzige Gott, + der Vater und der Sohn und der Heilige Geist. Amen

++ Joseph Kardinal Frings, Erzbischof von Köln
++ Joseph Kardinal Wendel, Erzbischof von München-Freising
++ Lorenz *Jäger*, Erzbischof von Paderborn
++ Eugen *Seiterich*, Erzbischof von Freiburg
++ Joseph *Schneider*, Erzbischof von Bamberg
++ Michael *Buchberger*, Erzbischof, Bischof von Regensburg
+ Joseph Godehard *Machens*, Bischof von Hildesheim
+ Albert *Stohr*, Bischof von Mainz
+ Simon Konrad *Landersdorfer*, OSB., Bischof von Passau
+ Johannes Baptist *Dietz*, Bischof von Fulda
+ Michael *Keller*, Bischof von Münster
+ Joseph *Schröffer*, Bischof von Eichstätt
+ Julius *Döpfner*, Bischof von Würzburg
+ Wilhelm *Kempf*, Bischof von Limburg
+ Karl Joseph *Leiprecht*, Bischof von Rottenburg
+ Joseph *Freundorfer*, Bischof von Augsburg
+ Wilhelm *Weskamm*, Bischof von Berlin
+ Matthias *Wehr*, Bischof von Trier
+ Isidor Markus *Emanuel*, Bischof von Speyer
+ Johannes *Pohlschneider*, Bischof von Aachen
+ Otto *Spülbeck*, Apostolischer Administrator des Bistums Meißen
Ferdinand Piontek, Dr., Kapitelsvikar in Görlitz
Arthur Kather, Kapitularvikar *des Bistums Ermland*
Ludwig Polzin, Kapitularvikar *der Freien Prälatur Schneidemühl*
Franz Monse, Dr., Generalvikar *des deutschen Anteils der Erzdiözese Prag*
+ Johannes von Rudloff, Kapitularvikar des Bistums Osnabrück

(Anlage zum Amtsblatt des Bischöflichen Ordinariats Berlin, Stück 3 vom 1. 3. 1956, Nr. 47, veröffentlicht mit der Anweisung: „Obiges Hirtenschreiben ist am ersten Fastensonntag,

dem 19. Februar 1956, in allen Gottesdiensten zu verlesen. Gez. Puchowski, Generalvikar. Berlin, den 29. Januar 1956."
Kursiv gedruckte Familiennamen der Bischöfe und Erzbischöfe sowie Diözesen von den Herausgebern hinzugefügt.)

13. April 1956

32. ZUM RELIGIONSUNTERRICHT AN DEN SCHULEN IN OST-BERLIN UND IN DER DDR

Hirtenwort des Bischofs von Berlin

Liebe Christen!

Heute muß ich zu Euch reden von einer wesentlichen Sorge, die wir alle haben: Von dem Religionsunterricht für unsere jungen Christen.

Der Magistrat von Groß-Berlin hat im Februar d. J. eine Verfügung erlassen, die dem Religionsunterricht neue Schwierigkeiten bereitet. Danach soll der Religionsunterricht erst 2 Stunden nach dem Ende des Schulunterrichts sein dürfen. Unsere Kinder müssen also den Schulweg zweimal machen, um nachmittags zum Religionsunterricht zu kommen. Für die kirchlich bestellten Katecheten will man eine staatliche Erlaubnis zum Betreten der Schule verlangen, die von einer politischen Beurteilung abhängig ist. Sodann wird verfügt, daß an Mittel- und Oberschulen jetzt gar kein Religionsunterricht mehr sein soll.

Wir haben gegen diese Bestimmungen, die zunächst für Groß-Berlin gelten, aber sicher in die Deutsche Demokratische Republik hineinwachsen, sofort scharfen Einspruch erhoben. Man setzt sich in dieser Verfügung u. E. über die Verfassung hinweg (§ 40/44); man schafft schwere Behinderung für den Religionsunterricht und verbirgt nur mühsam, was man im Grunde anstrebt. Wir waren in letzter Zeit Zeuge von verschiedenen Revisionen und von Eingeständnissen von geschehenem Unrecht. In Bezug auf die atheistische Weltanschauung aber ist nichts geändert, und die Kampfreden gegen die Religion in letzter Zeit stehen sicher mit der Verfügung über den Religionsunterricht in innerer Verbindung.

Wir erheben gegen diese Behandlung des christlichen Religionsunterrichtes noch einmal *in aller Öffentlichkeit Einspruch* und verlangen eine *ehrliche, ungehinderte Freiheit* für den Religionsunterricht an christliche Kinder. Wenn das Verhältnis zwischen Staat und Kirche immer schwieriger wird, so trägt jedenfalls nicht die Kirche die Schuld daran.

Wir alle stehen nun immer mehr vor der drängenden Frage, die seinerzeit auf dem Berliner Katholikentag gestellt wurde: *Werden unsere Kinder Christen?* Werden unsere Kinder trotz allem den Weg zu Jesus Christus, dem Heiland, und zum Vater finden und lebendig in die Kirche hineinwachsen?

Das ist eine Gewissenssache, die unsere *Priester* und unsere *Katecheten* angeht. Und wir legen ihnen die Sorge für eine lebendige Verkündigung der Frohbotschaft erneut auf die Seele. Sie geht Euch, *Väter* und *Mütter*, genau so persönlich an. Ihr müßt Euch sehr um das religiöse Leben Eurer Kinder kümmern und ihnen helfen, daß ihr Glaube Freude und Schwung und Opfermut hat. Für den Religionsunterricht soll Deinem Kind kein Weg zu viel sein, und es wird auf jeden Fall regelmäßig und gern da sein. – Ich rufe Euch, *Jungen* und *Mädchen!* Sorgt, daß Eure Religionsstunde vollzählig und lebendig und schön wird, zumal wenn Ihr jetzt den schönen, neuen Katechismus bekommt. Gibt es etwas Größeres und Herrlicheres als Gottes Taten und Christi Liebe? Mögen andere heute diesen und morgen jenen Menschen vergotten, uns bleibt Jesus derselbe in Ewigkeit. Seine Getreuen wollen wir sein, zumal am Sonntag und im Religionsunterricht!

Noch ein Wort an die *Oberschüler:* Wenn in dem Raum der Schule kein Religionsunterricht mehr sein kann, dann sprecht mit Eurem Religionslehrer und schließt Euch als religiöse Arbeitsgemeinschaft zusammen, auch aus verschiedenen Pfarreien. Diese Arbeitsgemeinschaft kann vielleicht noch fruchtbarer und ergiebiger werden als der bisherige Religionsunterricht im Schulraum. Nur braucht es bei Euch etwas frohen Glauben und etwas tapferen Sinn und wohl auch ein paar, die besonders dafür sorgen. Ich werde mich sehr freuen, wenn ich demnächst höre, wie bewußt und treu Euer Kreis junger, katholischer Christen zusammenhält und -arbeitet. Wie klar und tapfer war die Haltung und Entscheidung bezgl. der sog. „Jugendweihe". Ihr findet gewiß auch hier den rechten Weg.

Möge das wahr werden, was schon so manchmal in der Kirche sich zeigte: „Sie sannen Böses wider uns, Gott aber lenkte es zum Guten".

So frage ich Euch alle, Eltern und Jugend, noch einmal: Werden unsere Kinder Christen? Und die Antwort soll lauten: *Mehr als je!*

Der Herr segne Euch alle.

+ *Wilhelm*
Bischof von Berlin

Berlin, den 13. 4. 1956

(Rundschreiben des Bischofs von Berlin mit folgender Anweisung: „Obenstehendes Hirtenwort ist am 3. Sonntag nach Ostern – 22. 4. 1956 – in allen Kirchen und Gottesdiensten im Demokratischen Sektor Groß-Berlins und in der Deutschen Demokratischen Republik zu verlesen. gez. Puchowski, Generalvikar".)

1. September 1956

33. „WIR HALTEN DIE FUNDAMENTE FÜR FALSCH"

Predigt von Bischof Otto Spülbeck, Apostolischer Administrator des Bistums Meißen, während des 77. Deutschen Katholikentages in Köln

„Die Kirche, das Zeichen Gottes unter den Völkern" ist die große Parole des diesjährigen Katholikentages. Dieses Wort vom Zeichen Gottes unter den Völkern findet sich beim Propheten Isaias 11,12. Er hat damals aus der großen Not des auserwählten Volkes heraus gesprochen. Das Volk war getrennt. Samaria mit dem Nordreich war das Opfer der Assyrer geworden, die Bewohner waren verschleppt und in Gefangenschaft gebracht. Judäa und Jerusalem paktierten mit der anderen Großmacht, mit Ägypten. So war das Volk des Herrn gespalten. Assyrer und Babylonier im Osten, Ägypter und Äthiopier im Westen als beherrschende Kraftgruppen. In dieser Not sprach der Prophet das Wort von der Einheit des Volkes, das von allen Enden der Welt zusammengeführt werden müsse. Diese Zusammenführung sei für alle Heidenvölker das große Zeichen des lebendigen Gottes.

Wenn wir heute diesen Bericht lesen und die Worte des Propheten hören, merken wir, wie sehr der Prophet zu uns spricht. Sind wir nicht das gespaltene Volk? Gehört nicht ein Teil des Volkes der Kräftegruppe des Ostens und ein Teil der Kräftegruppe des Westens an? Was Samaria mit dem Nordreich und Jerusalem mit dem Südreich damals geschah, ist auch unser Schicksal geworden. Wir finden den Weg zur Einheit nicht zurück, und doch sind wir Brüder und Schwestern eines Glaubens, einer Taufe, eines Herrn Jesus Christus und Söhne und Töchter des einen lebendigen Gottes. Was für ein Zeichen Gottes wäre es, wenn es uns als Kirche gelingen würde, außerhalb der politischen Gewalten die Einheit des Volkes wieder herzustellen. Das wäre die überzeugendste Tat der Kirche, es wäre das Zeichen Gottes unter den Menschen aller Zonen, und wir könnten dankbar das Wort des Herrn sich erfüllen sehen: Sie werden eure guten Werke sehen und den Vater preisen, der im Himmel ist (Mt 5,16).

Merken wir, meine lieben Brüder und Schwestern, wie sehr der Katholikentag für uns Aufgabe und Auftrag ist. Wir dürfen an diesem Werk nicht vorübergehen. Es ist das Heilswerk, an dem wir mitwirken müssen. Damals beim Volke Israel ist die Spaltung nicht überwunden worden. Das auserwählte Volk blieb getrennt, und am Ende dieses unheilvollen Weges steht dann der Abfall von Gott und die Kreuzigung des Herrn. Sehen wir, wie ernst diese Botschaft: „Die Kirche, das Zeichen Gottes unter den Völkern" uns verpflichtet.

Was können wir als Kirche tun? Was kann ein jeder von Euch tun, um das Wort des Propheten Isaias auch für unser Volk wirksam zu machen? Auf diese Fragen gibt es verschiedene Antworten. Wir wollen nicht von den politischen Lösungen und den politischen Machtfaktoren sprechen. Zu dieser Antwort haben wir keine Legitimation. Wir wollen die Antwort geben als Kirche aus dem Raum des Gebetes, aus dem Raum der Liebe.

Die *erste* Antwort aus dem Raum der Kirche lautet: Die Trennung unseres Volkes ist die Sühne für soviel Schuld, die wir auf uns geladen haben. Wir müssen sie als Genugtuung leisten für all das Böse der vergangenen Jahre. Es ist die verdiente Strafe des Herrn, und wenn nur einem Teil des Volkes diese Buße in verstärktem Maße auferlegt ist, so wissen wir doch von der stellvertretenden Kraft der Sühne, daß einer für den andern so eintritt, wie Christus für uns am Kreuz gestorben ist. Diese Antwort ist sicher sehr fromm und kommt aus einer tiefen Gläubigkeit des Herzens. Aber sie genügt uns nicht, so gut und wichtig sie auch sein mag.

Die *zweite* Antwort lautet: Wir geben uns ganz in die Hand Gottes und vertrauen auf seine Vorsehung. Die Spaltung unseres Vaterlandes mag Sühne sein, sie ist auf jeden Fall ein Kreuzweg und wird, solange es Gott will, uns auferlegt bleiben. Wir werden daher geduldig durchhalten und Gott bitten, er möge uns die Kraft geben, das Kreuz zu tragen. Diese Antwort entspricht dem Fühlen weiter christlicher Kreise, aber sie entspricht nicht der ganzen Weite christlicher Botschaft. Es ist der zu konventionelle Trost, mit dem oft christliche Frömmigkeit in unerleuchteter Weise operiert. Sicherlich gibt es das Gebet, das das von Gott einem bestimmte Kreuz hineinnimmt in den eigenen Willen und Gott bittet, er möge uns Kraft geben, das „Unvermeidliche mit Würde zu tragen". Aber diese Antwort ist verkürzt. Das Bittgebet hat im christlichen Raum einen echten Sinn, nicht nur, um aus der Gnade heraus die Gegenwart ertragen zu können, sondern es hat den Sinn, die Gegenwart mit zu *gestalten*. Wir sind keine Fatalisten. Wir glauben, daß die Vorsehung Gottes unser Bittgebet mit einschließt. Für uns ist die Vorsehung so weitmaschig, daß Gott auf vielen Wegen seine Pläne durchsetzt. Betet doch die Kirche am 7. Sonntag nach Pfingsten: „O Gott, dessen Vorsehung sich in ihren Dispositionen nicht täuscht." Gottes Anweisungen werden entscheidend modifiziert von der Kraft unserer Bittgebete. Darum ist das Gebet des Herrn am Ölberge ein echtes Bittgebet: „Vater, wenn es dein Wille ist, laß den Kelch an mir vorübergehen." Gott hätte also damals schon seine Pläne mit dem Tode Christi ändern können, und darum hat ja Christus gebeten. Das Alte Testament bezeugt es uns, daß auch auf das Gebet der Menschen hin Gott seine Pläne geändert hat. Wir lesen etwa: „Auf das Flehen des Volkes hin ließ Gott ab von seinem Zorn."

„Bittet, und ihr werdet empfangen, klopfet an, und es wird euch aufgetan." Hier geht es um ein echtes Bittgebet, das die Gestaltung auch unserer Verhältnisse in die Hand nimmt und sie nicht als unveränderbar gelten läßt.

Die *dritte* Antwort, die aus dem Kirchenraum kommt, bejaht all das, was die anderen schon gesagt haben. Die Spaltung des Volkes ist Sühne und Genugtuung. Sie ist ein Kreuzweg, den wir gehen müssen, solange es Gott will. Aber diese dritte Antwort sagt: Die Spaltung ist ein *Unrecht vor Gott*, sie ist eine Sünde. Und eine Sünde kann man nicht einfach hinnehmen, sondern man muß mit aller Kraft des Herzens und des Willens gegen sie angehen. Die Trennung ist eine Sünde gegen die Gerechtigkeit, und in diesem Auseinanderreißen unseres Vaterlandes toben sich die bösen Gewalten aus, an deren Spitze der Diabolus, der „alles auf den Kopf stellende", der Satan steht. Daher erfüllt uns diese Trennung mit so tiefem Schmerz. Nicht nur ist uns diese Trennung ein Erschwernis: wir können nicht so gut hinüber und herüber fahren. Die Welt, in der wir drüben leben, ist vielen von uns völlig fremd, manche wollen die Einheit, damit die guten alten Zeiten zurückkehren. Für uns ist die Spaltung aber ein quälender Schmerz über eine Sünde gegen die Gerechtigkeit. Es ist ein Frevel an den Gesetzen Gottes, der die Völker als Einheiten geschaffen hat und erhalten will. Müssen wir uns nicht mit viel tieferem Ernst fragen: Leiden wir eigentlich aus dieser Sicht heraus an der Trennung unseres Volkes? Müßte nicht das Wort des frommen Beters aus dem 118. Psalm Geltung haben: „Wasserbäche entströmten meinen Augen, da sie sehen mußten, wie sie dein Gesetz nicht beachten." Die Trennung ist eine Beleidigung Gottes, ein Angriff gegen die heilige Ordnung der Völker. Müssen wir nicht das Gefühl für dieses Unrecht, das nicht nur auf der politischen Ebene liegt, viel vernehmlicher und deutlicher den Staatsmännern hüben wie drüben zum Bewußtsein bringen? Ja, muß es nicht bei uns und allen im Westen wie im Osten zu einer ständigen Unruhe des Herzens führen, daß Gott so offensichtlich beleidigt wird?

Hören wir die Antwort aus der Apostelgeschichte nach der Pfingstpredigt des heiligen Petrus: „Als sie das hörten, durchschnitt es ihr Herz, und sie fragten Petrus und die anderen Apostel: Brüder, was sollen wir tun? Sie antworteten: *Denket um*" (Apg 2,37). Befreit euch von der allzu billigen Sorge, daß die Trennung nur eine Unannehmlichkeit im Volksleben ist. Laßt es euch innerlich ins Herz brennen. Laßt euer Herz zerschnitten werden, wie der Apostel sagt, von dem Wissen um die Sünde, die diese Trennung bedeutet. Werdet über dieser Sünde nicht mehr ruhig, weder bei Tag noch bei Nacht. Die Sünde der Trennung hat in Israel zur Auslöschung des erwählten Volkes geführt, hat hingeführt bis zur Kreuzigung des Herrn.

Zweitens: Wir müssen beten und opfern für die Einheit unseres Volkes, hüben wie drüben. Wir glauben ja an die Kraft des Bittgebetes. Wir wissen, daß Gottes Macht seine Güte ist. Wo sind die Gebetsgemeinschaften, wo ist der lebendige Rosenkranz, wo ist das Gebetsapostolat, das diese sündige Wunde an unserem Leibe nicht wieder vergißt? Wo ist das Gebet im Familienkreis, das täglich um dieses Anliegen ringt? Wie habt ihr, meine lieben Mütter, mit Gott gerungen um die Heimkehr eurer Männer und eurer Söhne. Wie schließt sich eine Familie zusammen, wenn etwa ein Sohn oder eine Tochter in die Irre geht. Müßten wir nicht mit gleicher Kraft, ein jeder von uns, den Himmel bestürmen, daß Gott uns die Einheit wiederschenken möge? Müßten wir nicht freiwillige Opfer bringen, um die Kraft unseres Gebetes zu stärken? Müßten wir nicht in dieser Stunde auch das Wort aus der Zeit der ärgsten Verwirrung unseres Volkes uns sagen lassen: „Nur dem Beter kann es noch gelingen, das Unheil von uns abzuwenden."

Was wir tun müssen, ist sodann das, was der Katholikentag uns als Tag der Begegnung auferlegt. Sprecht miteinander, meine lieben Brüder und Schwestern. Rettet den eindeutigen Sinn unserer deutschen Sprache, der durch die Not der Trennung uns allmählich verlorengeht. Ihr, meine lieben Brüder und Schwestern aus der DDR, macht nicht den Katholikentag zur Klagemauer eurer Unzufriedenheit. Es ist so manches bei uns schwer. Es gibt Engpässe, es gibt Mangelware. Diese Dinge aber sind nicht entscheidend. Entscheidend ist, daß wir gespalten sind und zerrieben werden können zwischen den Großmächten, wie einst Israel zerrieben wurde zwischen Babylon und Ägypten. Und ihr, meine lieben Freunde aus dem Westen, betrachtet uns nicht als die armen Verwandten, die zu Besuch kommen. Mitleidiges Bedauern ist ein schlechter Trost. Nehmt uns herzlich auf als Brüder und Schwestern, und ihr habt es ja so oft schon gezeigt. Und diese Einheit in dem einen Glauben ist es, die uns Zuversicht und Mut gibt, damit so viel Verschiedenheit überbrückt werde.

Und euch aus der DDR sage ich: Seid nicht zu stolz auf das lebendige Glaubensleben, das wir, Gott sei Dank, bei uns erfahren dürfen. Vergeßt nicht, daß, so schön und lobenswert die Begeisterung und die Aktivität unserer Diaspora ist, wir nur demütig Gott danken dürfen, wenn aus dieser Not für uns so manche Gnade kommt. Aber macht diese Not nicht zur Tugend. Da die öffentlichen Gewalten bei uns in ihren entscheidenden Kräften vom Marxismus bestimmt sind, begibt sich der gläubige Katholik in den Raum der Kirche. So kennt er vor allem das „Ora". Unsere Mitchristen hier haben schon neben dem Ora das Labora, Beten und Arbeiten. Diese Diasporasituation bei uns kann zur Gefahr werden. Helfen wir gegenseitig, diese Gefahr zu überwinden. Ihr habt uns immer geholfen, hier helft uns weiter.

Eine Frage an unser Gewissen. Aus der Begegnung habt ihr gehört, welche seelischen Nöte unsere Brüder aus der DDR mitbringen, Nöte, die schlimmer sind als Hunger und Kälte. Könnt ihr, wenn ihr dies gehört habt, weiterhin so unbesorgt leben? Euer Lebensstandard mag uns mit Neid erfüllen, aber wieviel Not gibt es auch bei euch, wieviel Not in der ganzen Welt? In einer Versammlung ist vorgestern das Wort gefallen, daß 60 Prozent aller Menschen in der Welt hungern müssen. Solltet ihr euch da nicht einmal freiwillig einschränken, einmal auf dies oder jenes Vergnügen verzichten und das, was ihr dann spart, euren Brüdern, die hier unter euch Not leiden und in der ganzen Welt, zur Verfügung stellen? Dies Opfer und dies echte Mitleiden hat ja seinen ganz besonderen Segen.

Aber die Frage bleibt jetzt bestehen: Wie werden wir drüben mit den Problemen fertig? Denn die Einheit verwirklicht sich ja nicht so schnell, und Gott verlangt von uns ein inständiges Gebet, ein „Betet ohne Unterlaß". Wir müssen also zunächst weiter getrennt leben.

Laßt mich einige grundsätzliche Fragen in der Einstellung zum Staate drüben hier beantworten. Ich beantworte sie als einer, der ja drüben wohnt, und ich beantworte sie so, wie ich es bei Predigten und Ansprachen drüben regelmäßig tue. Das Entscheidende, das wir als Christen immer wieder betonen müssen, ist, daß wir in aller Deutlichkeit erklären, daß wir anders sind. Wir erlauben uns als katholische Christen in fast allen Fragen der Öffentlichkeit eine andere, und zwar eine eigene Meinung zu haben, die wir aus Presse und Rundfunk niemals hören. Wir sind eben anders. Das ist keine Neuigkeit, sondern muß immer wieder den verantwortlichen Stellen gegenüber erklärt werden.

Lassen Sie mich als Beispiel ein Gespräch erzählen, wie ich es oftmals auf höchster Ebene oder in den Bezirken des Landes führe. Dies Gespräch beginnt geradezu stereotyp: Herr Minister, Sie sind Marxist. Ich bin katholischer Christ. Wir haben daher in den weltanschaulichen Beziehungen nichts miteinander gemein. Es gibt keine Brücke von Ihnen zu uns. Wir sind völlig getrennte Leute. Aber wir leben in einem Haus, dessen Grundfesten wir nicht gebaut haben, dessen tragende Fundamente wir sogar für falsch halten. Und wenn wir jetzt in diesem Haus miteinander leben, so kann unser Gespräch nur bedeuten – verzeihen Sie mir die Banalität, aber ich habe es so gesagt – wer macht in diesem Hause die Treppe sauber? Damit soll keine Abwertung der ernsten Gespräche zwischen Staat und Kirche gemeint sein, sondern es soll nur handgreiflich ausgedrückt werden, daß grundsätzliche Gespräche zwischen den beiden Partnern nicht möglich sind. Wir tragen gerne dazu bei, daß wir selbst in diesem Hause noch menschenwürdig und als Christen leben können, aber wir können kein neues Stockwerk draufsetzen, da wir das Fundament für fehlerhaft halten. Das Menschenbild des Marxismus und seine Gesellschafts- und Wirtschaftsauffassung stimmt mit dem Bild, das wir haben, nicht überein. Dieses Haus bleibt uns ein fremdes Haus. Wir leben also nicht nur kirchlich in der Diaspora, sondern auch staatlich.

Nachdem solche Klärungen gegeben waren, gab es dann immer ein gutes Gespräch. Der Kontakt von Mensch zu Mensch war gefunden, und da die Menschen fast immer besser sind als ihre Grundsätze, die sie vertreten, konnten wir in vielen praktischen Fragen einig werden.

Wie oft habe ich betont, wir sind keine Untergrundbewegung. Wir sind keine Staatsfeinde. Wir achten den Staat als Ordnungsmacht in der Öffentlichkeit, und soweit er dieses Amt ausübt, wissen wir uns auch im Gewissen gebunden. Aber an maßgebenden obersten Stellen können wir an diesem Staat nicht bauen. Es wird uns ja oft genug gesagt, daß dieser Bau nur möglich ist von der Voraussetzung des marxistischen Leninismus, von der Voraussetzung des atheistischen Materialismus aus. Mit dieser Darlegung möchte ich unter keinen Umständen erklären, daß mit dem hiesigen Haus alles in Ordnung sei. Ich bin Bewohner der DDR und spreche über das, was ich kenne. Die hiesigen Verhältnisse kann ich nicht beurteilen.

Auf diese Weise aber, meine lieben Christen, ist ein Miteinanderleben möglich. Es ist schwer, weil wir uns in der Fremde fühlen. Aber es ist auch in anderer Weise von Gott reich gesegnet. Es geht eine Bewährung wie immer in der Diaspora vor sich, und diese Bewährung ist ein großer Segen Gottes trotz aller Verluste.

Das alles schließt nicht aus, daß wir in den großen Anliegen der Völker unseren Beitrag leisten. Der Friede, die Wohlfahrt aller Glieder des Staates und die Einheit, um die wir so ringen. Aber alle diese Anliegen nehmen wir nicht mit politischen Mitteln auf, sondern mit den Mitteln, die uns gemäß sind, mit den Mitteln der Kirche: Gewissenserforschung, Gebet, Opfer und Bruderliebe.

Laßt mich ein letztes Wort an unsere Jugend richten. Ihr müßt so oft hören, daß ihr rückschrittlich seid, unmodern, unwissenschaftlich. Die anderen aber, die seien die Fortschrittlichen, die die Wissenschaft gepachtet haben. Laßt euch durch diese Worte nicht verwirren. Dieser Begriff des Fortschrittes und der Wissenschaft, wie wir ihn bei uns bis zum Überdruß hören müssen, gehört dem vergangenen Jahrhundert an. Mit Schrecken und Bedauern und ernster Sorge müssen wir feststellen, daß die öffentliche Meinung und ebenso die Staatsdoktrin in bezug auf die Kirche noch nicht über das 19. Jahrhundert hinausgekommen ist. Sie hat vom 20. Jahrhundert in unseren Bereichen noch nicht Kenntnis genommen. Im einzelnen läßt sich das sehr deutlich nachweisen, aber nehmt ein Wort mit nach Hause. Die Chance des Christentums, wenn wir dieses verweltlichte Wort gebrauchen dürfen, ist Christus selbst. Ihm gehört die Zukunft, ihm gehören die Völker, ihm gehört unser armes, gespaltenes deutsches Volk. Wenn schon im Bereich der Gesellschaftswissenschaften, im Bereich der Philosophie wir feststellen müssen, daß der Fortschritt der anderen 19. Jahrhundert ist, daß die Kirche aber schon längst im 20. Jahrhundert lebt, und zwar in reicher geistiger Fülle, dann seid ihr mit dieser Kirche die Avantgarde der Jugend der Welt. Das soll euch mit Trost und Zuversicht erfüllen.

Wir aber wollen wissen, daß es eine zutiefst der Kirche zugehörige Aufgabe ist, die sündige Wunde der Trennung zu heilen. Diese Aufgabe kann uns niemand abnehmen, und wir wollen auch von niemand uns darin übertreffen lassen. Machen wir die Aufgabe des Katholikentages wahr, daß die Kirche werde das Zeichen Gottes, das aufgerichtet ist über der Einheit unseres Volkes unter allen Menschen. Amen.

(Die Kirche – das Zeichen Gottes unter den Völkern. Der 77. Deutsche Katholikentag vom 29. August bis 2. September 1956 in Köln, hrsg. vom Zentralkomitee der deutschen Katholiken, Verlag Bonifacius-Druckerei Paderborn 1957, 203-209)

11. September 1956

34. „ES WÄRE UNDEMOKRATISCH, DAS CHRISTENTUM AUSZUSCHALTEN"

Predigt von Weihbischof Joseph Freusberg, Erfurt, bei einem Gottesdienst in der Pfarrkirche zu Weimar am Vorabend des 8. Parteitages der (Ost-)CDU

Andächtige Christen,
katholische Mitglieder der Christlich-Demokratischen Union!

Wenn ich als katholischer Bischof es übernommen habe, vor Beginn Eures Parteitages eine Heilige Messe zur Erflehung des Beistandes des Heiligen Geistes für Eure Verhandlungen zu feiern und einige Worte an Euch zu richten, so tue ich das im Bewußtsein meiner Verantwortung und gedrängt von dem Wunsche, der guten Sache einen Dienst zu erweisen. Ich muß ernst zu Euch reden. Die Lage, in der wir leben, ist ernst und ruft uns gewaltig auf. Im ganzen deutschen Raum ist in keinem Bereiche die Auseinandersetzung zwischen den beiden Weltanschauungen: der atheistisch-materialistischen und der christlichen, so scharf wie bei uns. Das wirkt sich im politischen, im wirtschaftlichen und im kulturellen Leben aus. Ihr, die Ihr im öffentlichen Leben Euch auf christlicher Grundlage zusammengeschlossen habt, steht in erster Kampflinie. Auf Euch schaut der christliche Volksteil. Von Euch erwartet der christliche Volksteil klaren und entschlossenen Einsatz und entsprechende Haltung. Ich sehe meine Aufgabe heute abend darin, mit aller Offenheit und Klarheit auf einiges hinzuweisen, was vom Standpunkt des katholischen Christentums brennend ist und gesagt werden muß.

Wir stehen noch alle unter dem Eindruck der beiden großen Kundgebungen, die kürzlich von den christlichen Konfessionen stattgefunden haben: dem Evangelischen Kirchentag in Frankfurt und dem Katholikentag in Köln. An beiden haben tausende Christen aus Ost und West teilgenommen. Von beiden sind für die Christen im deutschen Raum starke Impulse ausgegangen. Ein deutliches Zeichen, daß das Christentum im deutschen Raum etwas zu bedeuten hat. Es wäre ein undemokratisches Unterfangen, das Christentum im deutschen Raum übergehen oder gar ausschalten zu wollen.

Der 8. Parteitag der Christlich-Demokratischen Union hat auf sein Programm Verhandlungsgegenstände von grundsätzlicher Bedeutung und weitreichender Tragweite gesetzt. Da ist es wohl am Platze, Gottes Beistand und Segen für die Verhandlungen zu erflehen. Sie als katholische Christen haben die heilige Gewissenspflicht, sich in Ihren Entscheidungen von den Grundsätzen leiten zu lassen, die von der Kirche ausgesprochen worden sind. Unser Heiliger Vater, Papst Pius XII., hat in seinen Ansprachen in den letzten Jahren zu den meisten der Fragen, die auch auf Ihrem Parteitag zur Sprache kommen sollen, bereits grundsätzliche Ausführungen gemacht. Grundlegend für Eure Haltung laßt Euch gesagt sein ein Wort aus der Ansprache, die der Heilige Vater am 1. Mai 1955 an die Mitglieder der christlichen Arbeiterverbände Italiens gehalten hat:

„Um dem einfachen Bürger Einfluß zu gewähren, genügt es nicht, ihm den Stimmzettel oder ähnliche Mittel in die Hand zu geben. Wenn er sich den führenden Schichten beigesellen will, wenn er zum allgemeinen Besten unter Umständen dem Mangel fruchtbarer Gedanken abhelfen und den eindringenden Egoismus überwinden will, muß er selbst die nötigen inneren Kräfte und den brennenden Willen besitzen, dazu beizutragen, daß in das gesamte öffentliche Wesen eine gesunde Moral einströme."

Ein Punkt Eures Tagungsprogrammes sind die Beziehungen zwischen Staat und Kirche. Es ist unser aller Wunsch, daß sie gut sein mögen und manche bestehende Differenzen ausgeglichen werden. Doch muß ich hierzu eine grundsätzliche Feststellung machen. Zwischen der katholischen Kirche und der evangelischen Kirche muß ein Unterschied gemacht werden, was die Verhandlungsbasis angeht. Die katholische Kirche ist eine Weltkirche mit dem von Christus eingesetzten Oberhaupt, dem Papst in Rom. Die evangelische Kirche setzt sich zusammen aus vielen Gliedkirchen ohne einheitliches Oberhaupt. Die Gliedkirchen sind in ihren Entscheidungen selbständig. Abmachungen und Verträge mit der katholischen Kirche kann nur das Oberhaupt der Kirche treffen. Deshalb kann der einzelne Katholik zu den Problemen wohl seine persönliche Ansicht aussprechen. Im Namen der katholischen Kirche zu sprechen ist jedoch nur befugt der Apostolische Stuhl. Für uns Katholiken ist das eine Selbstverständlichkeit.

11. September 1956

Eine in unser aller Herzen brennende Frage ist die Frage des Friedens und der Wiedervereinigung. Der Heilige Vater hat in Hinsicht auf den Frieden das Äußerste geleistet, was in seinen Kräften steht. Ich brauche nur auf seine Ansprachen hinzuweisen. In diesen hat er aber immer wieder eindringlichst zum Ausdruck gebracht, daß die Sache des Friedens nicht nur eine Sache von Staatsverträgen und Abmachungen über Verhütung von Kriegen, sondern daß es im tiefsten eine Sache des Geistes und der Sitte ist. „Die augenblickliche Lage wird keine Wendung zum Besseren nehmen, wenn nicht alle Völker die gemeinsamen geistigen und sittlichen Ziele der Menschheit anerkennen, wenn sie nicht helfen, sie zu verwirklichen." (Weihnachtsbotschaft 1954) Offensichtlich fällt in dieser Hinsicht dem Christentum und dem einzelnen Christen eine große Aufgabe zu, um an der Verwirklichung dieses Zieles mitzuhelfen. Es war deshalb auch eine erfreuliche Willensäußerung zum echten Frieden, daß an jedem Tag des Kölner Katholikentages eine Betstunde besonderer Art für den Frieden stattfand. An dieser Stelle darf ich bemerken, daß der Benno-Verlag beabsichtigt, demnächst eine Zusammenstellung herauszugeben über die Verlautbarungen zum Frieden, die der Heilige Vater, Papst Pius XII., getan hat.

Mit sorgenvollem Herzen muß ich vor Euch, meine andächtigen Zuhörer, von einer Sache sprechen, die mich nicht zur Ruhe kommen läßt: Das ist die in den Lehrplänen unserer Schulen eingebaute zwangsweise Einführung aller Kinder in den atheistischen Materialismus. In dem Lehrplan für die Grundschule „Biologie" 5.-8. Schuljahr steht auf Seite 16: „Kenntnisse – Fähigkeiten und Fertigkeiten. Am Ende des 8. Schuljahres sollen die Schüler erkannt haben ..." Es folgt eine Aufzählung. Unter Nr. 13 dieser Aufzählung steht wörtlich: „Die Entwicklung des Menschen aus seinen tierischen Vorfahren muß ihnen an Hand der prähistorischen Funde zu so festem Besitz geworden sein, daß sie weltanschaulich gefestigt die Grundschule verlassen." (Verlag Volk und Wissen, Berlin/Leipzig) Dieser Satz kann doch nicht anders verstanden werden als: die Kinder müssen am Ende des 8. Schuljahres in der atheistisch-materialistischen Weltanschauung gefestigt die Grundschule verlassen. – Zunächst ist der Satz: „Die Entwicklung des Menschen aus seinen tierischen Vorfahren muß ihnen an Hand der prähistorischen Funde ..." zu beanstanden. Dieser Satz enthält eine unbewiesene Behauptung. Die exakte Wissenschaft ist absolut nicht der Überzeugung, daß die prähistorischen Funde den Nachweis erbracht haben, daß die Entwicklung vom Tier zum Menschen bewiesen ist. Namentlich gähnt zwischen dem höchstentwickelten, aber immer unvernünftigen Tier und dem mit Verstand und freiem Willen begabten Menschen eine unüberbrückbare Kluft. Der atheistische Materialismus hält an seiner *Behauptung* als erwiesener *Tatsache* fest. Wir Christen wissen aber aus der Offenbarung Gottes: „Im Anbeginn hat Gott geschaffen den Himmel und die Erde", und weiter: „Gott hauchte dem Menschen den Lebensodem ein." So entsteht also zwischen der Lehre der Schule und dem Geist des christlichen Elternhauses ein unüberwindlicher Gegensatz. Ich muß auf meinen bischöflichen Visitationsreisen immer wieder diesen herzzerreißenden Gegensatz feststellen. Die christlichen Eltern sind in ihrem Gewissen verpflichtet, ihren Kindern die christliche Wahrheit ins Herz zu pflanzen. Es ist also unausbleiblich, daß entweder die Autorität der Schule oder diejenige des Elternhauses zerbricht. Ein solcher Zwiespalt ist unerträglich. Hier muß Wandel geschaffen werden. Manche von den hier Anwesenden, die Kinder in der Schule haben, leiden selbst unter diesem Zwiespalt. Hier ist wohl die entscheidendste Aufgabe zu lösen, die den Mitgliedern der Christlich-Demokratischen Union zufällt.

Es wird in letzter Zeit soviel von Koexistenz gesprochen. Auch der Heilige Vater, Papst Pius XII., hat zu diesem Problem Stellung genommen, und zwar in einer Ansprache an den 5. Nationalkongreß des Verbandes katholischer Juristen Italiens am 6. Dezember 1954 und ganz bedeutungsvoll kürzlich wieder am Sonntag, dem 2. September, in seiner Ansprache an den 77. Deutschen Katholikentag in Köln. In den beiden Ansprachen betont der Papst bei aller weitherzigen Abwägung der Möglichkeiten, daß die Wahrheit eine Grenze darstelle, die nicht überschritten werden kann. In dem eben angeführten Fall des Lehrplanes der Schule handelt es sich um grundlegendste christliche Wahrheit. Wenn in dieser Frage für Koexistenz oder Toleranz Platz da sein soll, muß ein tragbarer, dem Christentum gerecht werdender Ausweg gefunden werden.

Zum Schluß möchte ich auf noch etwas hinweisen, was uns Christen bewegt. Es wird heutzutage vielfach und mit einem berechtigten Stolz auf die ungeahnten Fortschritte auf den Gebieten der Technik und der Naturwissenschaften hingewiesen. Unstreitig haben die letzten Jahrzehnte hierin eine Entwicklung und einen Fortschritt aufzuweisen, den niemand vorausgesehen hat. Erfindungen von unerhörter Tragweite sind gemacht worden. Die wissenschaftliche Forschung ist zu ganz außerordentlichen Erkenntnissen gekommen. Namentlich sind die Naturwissenschaften zu Ergebnissen gekommen, die sich direkt umwälzend auswirken. Diese Ergebnisse bringen uns Christen nicht zu einer Abwendung von Gott dem Herrn und zu einer Überschätzung der Natur und ihrer Kräfte, sondern sie sind uns ein beglückender Erweis der Auswirkung des göttlichen Auftrages, der im Anfang der Zeiten von Gott dem Herrn gegeben wurde: „Beherrscht die Welt und macht sie euch untertan." Wir bekommen durch die Ergebnisse der Forschung auch immer mehr eine Ahnung von der Unermeßlichkeit Gottes, seiner Allmacht, seiner Größe, seiner Weisheit. Er hat alles das vom Uranfang an durch sein Allmachtswort: „Es werde" ins Dasein gerufen. Er hat die der Natur innewohnenden Gesetze ersonnen und gewollt und ihre Wirkkraft bis zum Ende der Zeiten der Natur verliehen. Staunend stehen wir vor den Ergebnissen der Wissenschaft, die uns immer tiefer in das Verstehen des göttlichen Wesens führen. Ist die Forschung etwa schon am Ende ihrer Ergebnisse? Hat sie die ganze Natur und ihre Kräfte schon durchforscht? In letzter Zeit ist die Kenntnis von der Kernenergie erfolgt, deren Ausnutzung sich ja erst im Anfangsstadium befindet. Ist es nicht denkbar, daß noch ganz andere Kräfte in der Natur schlummern, deren Erforschung einmal erfolgen kann und dann vielleicht noch größere Umwälzungen auslöst? Nicht von sich aus hat die Natur ihre Kräfte und ihre Entwicklungsmöglichkeiten, sondern durch den unendlichen Schöpfer, den Herrn Himmels und der Erde.

Wir freuen uns unserer christlichen Weltanschauung und fühlen, daß wir auf festem Boden stehen. Wir vertrauen auf den allmächtigen Gott, daß er in seiner

Weisheit und Macht auch heute alles lenken möge und daß es zum Wohle der Menschheit diene. Wir haben allen Grund, Gott den Herrn um seinen Beistand und seinen Segen für die beginnenden Verhandlungen zu bitten. Mögen sie nach seinen Plänen verlaufen und zum Besten unseres Volkes und der ganzen Menschheit werden. Amen.

1. Februar 1957

35. ZUR RELIGIÖSEN UNTERWEISUNG DER NOCH NICHT SCHULPFLICHTIGEN KINDER

Anweisung des Erzbischöflichen Kommissariats Magdeburg an den Klerus

Religiöse Unterweisung der noch nicht schulpflichtigen Kinder

Es ist heute die Überzeugung aller Pädagogen, daß die Jahre der frühen Kindheit weithin entscheidend seien für die Haltung eines Menschen in seinem ganzen Leben. Darum kommt der religiösen Erziehung des Kleinkindes eine kaum zu überschätzende Bedeutung zu. Leider lassen viele Eltern ihren kleinen Kindern kaum eine religiöse Erziehung angedeihen, sei es, daß sie selbst keine tiefere religiöse Haltung haben, sei es, daß sowohl Vater wie Mutter im Erwerbsleben stehen und sich um die Kindererziehung kaum kümmern können.

Um nun doch in der religiösen Erziehung der Kleinkinder etwas zu erreichen, sind verschiedene Vorschläge gemacht, die ich gern dem Klerus als Anregungen weitergebe.

1. Die religiöse Unterweisung der vorschulpflichtigen Kinder kann in der Familie durchgeführt werden derart, daß eine Mutter aus der Gemeinde die religiöse Unterweisung einer Anzahl vorschulpflichtiger Kinder ihres Straßenbezirks oder ihrer Umgebung einmal in der Woche in ihrer Familie und Wohnung zusammenholt.
   Dafür ist erforderlich, daß die Mütter, die diese Unterweisung durchführen, regelmäßig und systematisch in Inhalt und Form der Kleinkindunterweisung eingeführt werden.
2. In verschiedenen Gemeinden in der DDR wird die religiöse Kleinkinderstunde von Seelsorgshelferinnen oder auch eigens damit beauftragten Kindergärtnerinnen gehalten werden können. Die Kinder könnten in den einzelnen Gemeinden durchschnittlich einmal in der Woche zusammengeholt werden, nachdem die Eltern von den Seelsorgern auf die Notwendigkeit dieser kindgemäßen religiösen Unterweisung hingewiesen worden sind.

3. Mancherorts sind die Kleinkinder auch einen ganzen Tag hindurch zu einem religiösen Kleinkindertag beisammen. Es hat sich dort gezeigt, daß die Mütter ihre Kinder lieber bringen bzw. schicken, wenn sie den ganzen Tag über in der kirchlichen Betreuung bleiben.
4. Diese verstärkte religiöse Unterweisung kommt auch für Gemeinden in Betracht, in denen sich bereits kirchliche Kindergärten befinden.
5. Es ist in Aussicht genommen, einen Plan von etwa 24-26 religiösen Kleinkinderstunden zusammenzustellen. Hingewiesen sei hier auch auf das Buch von der Seelsorgshelferin Ursula Greulich „Frohe Herrgottsstunden" im St. Benno-Verlag.
6. Zur Durchführung dieser verstärkten religiösen Unterweisung würden außer den geeigneten Seelsorgshelferinnen auch Kindergärtnerinnen und Heimerzieherinnen sicher bereit sein, sofern sich diese Arbeit auf ein oder zwei Tage im Monat beschränkt.

(Anweisung des Erzbischöflichen Kommissariats Magdeburg vom 1. 2. 1957)

23. Oktober 1957

36. ZU SCHULE UND ERZIEHUNG IN UNSEREN TAGEN

Hirtenwort der Bischöfe und Bischöflichen Kommissare der Berliner Ordinarienkonferenz

Geliebte im Herrn!

Ernste Sorge um unsere Kinder und unsere Jugend zwingt uns, die Bischöfe und Bischöflichen Kommissare in der Deutschen Demokratischen Republik, vor der Öffentlichkeit zu sprechen und an Euch ein Mahnwort zu richten. Dazu treibt uns der Auftrag, „die Kirche des Herrn zu weiden" (Apg. 20,28); dazu berechtigt uns die Verfassung, wo in Artikel 41 der Kirche das Recht verbürgt ist, „zu Lebensfragen des Volkes von ihrem Standpunkt aus Stellung zu nehmen".

Ein erstes Wort sei zur *Schule* gesagt. Schon im gemeinsamen Hirtenbrief vom 11. Januar 1953 mußten wir feststellen: „Unsere Schule ist religionslos, hat in ihrem Lehrplan keinen Raum für Religion. Wir haben *nur* religionslose Schulen: nicht einmal die Möglichkeit, eigene christliche Schulen zu errichten, hat man uns gelassen." In der Zwischenzeit hat sich die Lage nicht gebessert, sondern verschärft. Die von staatlicher Seite eingeleitete Entwicklung einer „demokratischen Schule" zur „sozialistischen Schule" zielt auf ein eindeutiges Bekenntnis zum Materialismus. Die gesamten Unterrichtspläne und Schulbücher sind geprägt von der Lehre des Materialismus. Der Materialismus aber zielt dahin, die Religion als überholten, schädlichen Aberglauben zu überwinden. Wie damals erheben wir auch heute im Angesichte Gottes um unseres Volkes willen Einspruch gegen den Gewissenszwang, der durch die öffentliche Schule auf gläubige Lehrer und Kinder ausgeübt wird.

Bei solchen Schulverhältnissen wächst Eure Verantwortung, liebe christliche Eltern. Ihr müßt durch eine wahrhaft katholische Erziehung dem Einfluß einer glaubenslosen Schule entgegenwirken. Nehmt Einblick in die Schulbücher Eurer Kinder und sprecht mit ihnen über das, was sie im Unterricht hören. Stellt alle falschen und verworrenen Auffassungen richtig, die sich in den Herzen der Kinder einnisten wollen. Helft Euren Kindern, ihre katholische Glaubensüberzeugung zu behaupten, auch wenn sie andere Auffassungen mitunter still anhören müssen. Vermeidet jedoch alle Angriffe auf Personen und unterstützt die Schule, wo dies vor Eurem Gewissen möglich ist.

Hier ist ein Wort über den *Religionsunterricht* am Platz. Ihr wißt, wie sehr Eure Seelsorger bemüht sind, Euren Kindern die notwendige Glaubensunterweisung zu geben. Da der Religionsunterricht nicht zum planmäßigen Schulunterricht gehört, liegt die Verantwortung für den Besuch ganz auf Euch und Euren Kindern. Ihr habt die strenge Gewissenspflicht, Eure Kinder im Glauben selbst zu unterweisen und den Unterricht der Kirche nach bester Kraft zu fördern. Sorgt dafür, daß die Kinder den Religionsunterricht und die Seelsorgsstunden regelmäßig und pünktlich besuchen. Haltet sie zur gewissenhaften Vorbereitung auf jede Religionsstunde an und besprecht mit ihnen, was im Unterricht behandelt wurde. Müht Euch vor allem darum, daß die Kinder in der Familie das erleben, was sie im Unterricht lernen. Die Ausgestaltung der Wohnung, wo das Kreuz des Herrn, ein Bild Mariens und der Weihbrunnen nicht fehlen, der ganze Tageslauf, die Gespräche in der Familie: alles soll geprägt sein von lebendiger Glaubenshaltung.

Besondere Sorge bereitet uns der Religionsunterricht für die *Mittel-* und *Oberschüler*. Ihnen wird der Besuch des Religionsunterrichtes nicht selten erschwert und doch ist er für sie besonders wichtig. Unsere Jugend braucht gerade in den entscheidenden Reifejahren und bei einer höheren Bildung eine gute Glaubensunterweisung. Durch die Begegnung mit katholischen Mitschülern findet sie zudem jene Gemeinschaft, die den jungen Christen in seiner Auseinandersetzung mit dem Unglauben stützen kann. So achtet darauf, Ihr Eltern, daß Eure Mittel- und Oberschüler keine Religionsstunde versäumen.

Nun müssen wir Eure Aufmerksamkeit auf andere Erziehungseinrichtungen lenken: An vielen Orten bestehen *Internate* für Jugendliche, etwa für Lehrlinge, Schüler oder Studenten. In vielen Heimen dieser Art wird ein starker Druck auf die Jugend ausgeübt, dem Religionsunterricht und dem Gottesdienst fernzubleiben. Ebenso zeigt es sich bei der Durchführung von *Ferienlagern*, daß mit unsachlichen Gründen den Kindern die Möglichkeit verwehrt wird, den Gottesdienst zu besuchen. Wir stellen ausdrücklich fest, daß ein solches Vorgehen gegen den Artikel 41 der Verfassung verstößt, nach dem „jeder Bürger volle Glaubens- und Gewissensfreiheit genießt" und „die ungestörte Religionsausübung unter dem Schutz der Republik steht".

Hier müßt Ihr, christliche Eltern, wachsam sein und in jedem einzelnen Fall prüfen, ob Ihr Eure Kinder von Einrichtungen fernhalten könnt, in denen ihr Glaube gefährdet ist. Falls aber ein solcher Aufenthalt für die Berufsausbildung Eurer Kinder unvermeidbar ist, so besteht nachdrücklich auf dem durch die Verfassung garantierten Recht der ungestörten Religionsausübung!

Unser letztes Wort an Euch, liebe Eltern, gilt der *Jugendweihe.* Auch in diesem Jahr wird wieder auf vielfältige Weise bei Euch und unter den Schulabgängern dafür geworben. In den letzten Jahren ist Euch bereits eindringlich gezeigt worden, warum ein katholischer Junge und ein katholisches Mädchen an der Jugendweihe nicht teilnehmen kann, ohne den Glauben an Gott und die Zugehörigkeit zur Kirche zu verleugnen. Maßgebende Äußerungen der jüngsten Zeit bestärken uns in der Gewißheit, daß Jugendweihe und christliches Bekenntnis nach wie vor unvereinbar sind. Einspruch müssen wir erheben gegen die Auffassung, daß die Förderung der Jugendweihe auch Sache staatlicher Stellen, etwa der Volksbildungsabteilungen bei den Räten, sei. Damit wäre die mehrfach amtlich ausgesprochene Freiwilligkeit der Jugendweihe aufgehoben und somit die volle Glaubens- und Gewissensfreiheit angetastet. Wir wiederholen in dieser Stunde unsere Erklärung vom 12. Oktober 1955: „Wer freiwillig an der Jugendweihe und ihrer Vorbereitung teilnimmt oder seine Kinder dazu schickt, sündigt gegen den Glauben, bringt seinen Glauben in ernste Gefahr und gibt der Gemeinde schwerstes Ärgernis durch schlechtes Beispiel."

Nachdem wir all diese Sorgen mit den Eltern besprochen haben, müssen wir Euch, liebe *Kinder* und *Jugendliche,* ein besonders herzliches Wort sagen. Ihr wißt, daß Schule und Unterricht für Euch notwendig sind, damit Ihr in Leben und Beruf Tüchtiges leisten könnt. Darum erfüllt gewissenhaft Eure Pflicht in den einzelnen Fächern! Ihr erlebt aber auch, daß man in Schule und Öffentlichkeit immer wieder versucht, Euch die Freude an einem treu katholischen Leben zu rauben. Dagegen wehrt Euch und besteht auf dem Recht der Gewissensfreiheit. In der fast zweitausendjährigen Geschichte der Kirche gab es immer wieder Zeiten, in denen auch junge Christen wegen ihrer Treue zu Christus leiden mußten. Gewiß wurden manche schwach und treulos. Viele aber nahmen Schwerstes auf sich und gingen lieber in den Tod, als sich von Christus und Seiner Kirche zu trennen. Haltet auch Ihr in unserer Zeit dem Herrn die Treue. Das werdet Ihr nur dann fertigbringen, wenn Ihr Euren Glauben kennt und liebt. Den aber lernt Ihr nicht kennen durch glaubensfeindliche Bücher und Reden, sondern von Euren katholischen Eltern und durch die Unterweisung der Kirche. Darum besucht regelmäßig den für Euch angesetzten Religionsunterricht und bereitet Euch gut auf diese Stunden vor! Mit besonderem Ernst sagen wir das denen von Euch, welche die letzten Klassen der Grundschule besuchen oder an Mittel- und Oberschulen sind. Habt Vertrauen und zeigt frohen Opfergeist, dann werdet Ihr den Reichtum und die Schönheit unseres Glaubens erfahren, der allen materialistischen Weltanschauungen weit überlegen ist.

Ein eigenes Wort verdienen in diesem Hirtenschreiben unsere gläubigen *Lehrer* in allen Schularten. Habt unser aller Dank für Eure tapfere Treue! Seid aus der Verantwortung vor Gott und aus Liebe zur Jugend vorbildliche Erzieher, aber widersteht im Bewußtsein Eures guten Rechtes allem Gewissenszwang!

Euch allen aber im *ganzen Gottesvolk* rufen wir zu: Helft mit durch Euer Opfer und Gebet, daß Eltern und Kindern zu Christus stehen, daß das Wort des Herrn auch weiterhin die Herzen der Jugend erreiche und in unseren Familien Wurzel fasse. An Eurer Glaubenskraft sollen alle Versuche scheitern, unser Land von Christus und Seiner Kirche loszureißen. Gebt unseren Kindern und Jugendlichen das Beispiel eines opferfreudigen Christenlebens und stützt die Schwankenden, auf daß sich an uns allen die Verheissung des Herrn erfülle: „Wer Mich vor den Menschen bekennt, den werde auch Ich bekennen vor Meinem Vater, der im Himmel ist" (Matth. 10,32). Zu solch gutem Bekenntnis segne Euch Gott + der Vater und + der Sohn und + der Heilige Geist. Amen.

Berlin, am 23. Oktober 1957

Die auf der Berliner Ordinarienkonferenz versammelten Bischöfe und Bischöflichen Kommissare

+ Julius Döpfner
Bischof von Berlin

+ Otto Spülbeck
Apostolischer Administrator von Meissen

Ferdinand Piontek
Kapitelsvikar in Görlitz

+ Friedrich Rintelen
Weihbischof in Magdeburg

+ Joseph Freusberg
Weihbischof in Erfurt

Bernhard Schräder
Bischöflicher Kommissar in Schwerin

Joseph Schönauer
Bischöflicher Kommissar in Meiningen

(Rundschreiben des Bischöflichen Ordinariats Berlin mit folgender Anweisung: „Vorstehendes Hirtenwort ist am Christ-Königs-Fest – 27. Oktober 1957 – in allen Gottesdiensten zu verlesen. Prange, Generalvikar".)

6. November 1957

37. AUSKÜNFTE ÜBER INNERKIRCHLICHE ANGELEGENHEITEN UND KIRCHLICHE PERSONEN

Anweisung des Ordinariats des Bistums Meißen an den Klerus

Auskünfte über innerkirchliche Angelegenheiten und kirchliche Personen:

Seitens nichtkirchlicher Stellen werden gelegentlich Geistliche oder kirchliche Angestellte zu Auskünften über innerkirchliche Angelegenheiten und über kirchliche Personen aufgefordert.

Es wird darauf hingewiesen, daß für derartige Auskünfte allein die kirchlichen Amtsstellen zuständig sind und zwar nur im Rahmen ihrer Verhandlungszuständigkeit (Rderl. 117/1957). Auskünfte nicht-amtlicher Art sind unter allen Umständen abzulehnen. Das früher vom Hochwürdigsten Herrn Erzbischof Heinrich Wienken mehrfach ausgesprochene Verbot zu solchen Auskünften wird hiermit erneuert und es werden, wie bisher, die Geistlichen und kirchlichen Angestellten verpflichtet, sofort dem Bischof von einer solchen Aufforderung, ob ihr entsprochen worden ist oder nicht, Mitteilung zu machen und dabei über die Person des Fragenden und über den ganzen Inhalt des Gespräches dem Bischof umgehend gewissenhaft zu berichten.

(Runderlaß des Bistums Meißen Nr. 84/1957, Bautzen, 6. 11. 1957)

26. November 1957

38. EINHEITLICHES HANDELN GEGENÜBER STAAT UND PARTEI

Anweisung des Bischofs von Berlin

DER BISCHOF VON BERLIN

Bischöfliche Anweisung

Die gegenwärtige Stunde verlangt von den Seelsorgern einheitliches Handeln, damit nicht Verwirrung unter den Gläubigen entsteht und die Einheit des Bistums immer stärker spürbar wird.

Der Bischof trägt die letzte Verantwortung für die Einheitlichkeit des pastoralen Wirkens im Bistum. Die Seelsorger aber mögen in priesterlichem Gehorsam die Entscheidungen und Äußerungen des Oberhirten beachten und verantwortungsvoll durchführen.

Aus dieser unserer gemeinsamen Verantwortung weise ich auf folgendes hin:

1. Betr. Äußerungen zu Zeitfragen gilt die Anordnung Nr. 80 im Amtsblatt Stück 5 vom 1. Mai 1957. *(Im Originaldokument folgt der Wortlaut, vgl. Nr. 6.)*

2. Jede Mitarbeit an weltlichen Zeitungen und Zeitschriften bedarf, auch wenn sie nur gelegentlich geschieht, nach can. 1386 SJC. der Genehmigung des Bischofs.

3. Seitens des Klerus sind Verhandlungen mit staatlichen Stellen nur insoweit zu führen, als es sich um ein unmittelbares Anliegen für die Gemeinde handelt, die seiner Sorge anvertraut ist.

Für Verhandlungen mit den Räten der Bezirke ist das Bischöfliche Ordinariat zuständig, welchem die für die Verhandlung notwendigen Unterlagen zuzuleiten sind.

Bei allen Verhandlungen möge man Sorge tragen, daß auch kirchlicherseits stets eine zweite Person anwesend ist.

4. Verhandlungsgegenstände, die über den Bereich einer Seelsorgestelle hinausgehen bzw. grundsätzlichen Charakter haben, gehören in die Zuständigkeit des Bischöflichen Ordinariats und sind demselben zur Aufnahme der Besprechung zu melden.

5. Verhandlungen sind von kirchlicher Seite stets nur mit Regierungsstellen, in keinem Falle unter Einschaltung von Parteien oder Massenorganisationen zu führen.

6. Über alle Verhandlungen mit staatlichen Stellen ist dem Bischöflichen Ordinariat sofort ein Bericht in zweifacher Ausfertigung zuzustellen.

7. Einladungen zu Konferenzen oder Einzelbesprechungen, bei denen kein Verhandlungsgegenstand angegeben wird oder nur allgemein das Verhältnis von Staat und Kirche bzw. rein politische Fragen genannt werden, ist nicht Folge zu leisten. Die Beantwortung solcher Einladungen erfolgt kurz und knapp, etwa in der Form: „Ich bin nicht in der Lage, Ihrer Einladung Folge zu leisten."

8. Auskünfte, die von staatlichen oder sonstigen nichtkirchlichen Stellen über das Bischöfliche Ordinariat, über seelsorgliche Veranstaltungen, über Mitbrüder und kirchliche Angestellte sowie Gläubige eingefordert werden, sind strikte zu verweigern.

Alle Geistlichen und kirchlichen Angestellten sind strikte verpflichtet, in jedem Fall sofort dem Bischöflichen Ordinariat von einer solchen Aufforderung zur Berichterstattung Mitteilung zu machen und dabei über die Person des Fragenden und über den ganzen Inhalt des Gespräches dem Bischöflichen Ordinariat umgehend gewissenhaft zu berichten.

Auch diese Berichte sind in jedem Fall in zweifacher Ausfertigung einzureichen.

Wird es erforderlich, das Kommissariat der Fuldaer Bischofskonferenz im Rahmen seines Verhandlungsauftrages mit den Regierungsstellen der Deutschen Demokratischen Republik in Anspruch zu nehmen, so ist vorher dem Bischöflichen Ordinariat Kenntnis zu geben und dessen Zustimmung einzuholen.

Berlin, den 26. Nov. 1957

gez. + Julius
Bischof von Berlin

4. Dezember 1957

39. ZUR SITUATION DES RELIGIÖS-KIRCHLICHEN LEBENS IN DER DDR

Memorandum der katholischen Bischöfe und Bischöflichen Kommissare

Der Bischof von Berlin

Berlin W 8, den 9. Dezember 1957
Hinter der Katholischen Kirche 3

An den
Ministerpräsidenten
der Deutschen Demokratischen Republik
Herrn Otto Grotewohl
Berlin C 2
Klosterstr. 47

Sehr geehrter Herr Ministerpräsident!

Ernste Hirtensorge veranlaßt uns Bischöfe und Bischöflichen Kommissare, uns an Sie und die von Ihnen geführte Regierung der Deutschen Demokratischen Republik mit der Bitte um Kenntnisnahme und Abhilfe zu wenden.

In vielfältigen Begegnungen mit den Gliedern unserer Kirche, die gleichzeitig Bürger des Staates sind, ist uns schmerzlich deutlich geworden, daß diese durch die gesteigerte Einflußnahme weltanschaulicher Tendenzen auf das Staatswesen in einen Zwiespalt gebracht werden, der sich nicht nur im religiösen Leben jedes Einzelnen hemmend und lähmend auswirkt.

Wir haben daher in dem beigefügten Memorandum dargetan, welchen beengenden Auswirkungen die katholischen Bürger der Deutschen Demokratischen Republik ausgesetzt sind und welche Forderungen wir an die Staatsregierung stellen müssen, damit diese seelische Belastung behoben wird.

Wir haben nicht die Absicht, auf unseren Brief vom 8. Mai 1957 zurückzukommen, wenn wir auch die dort dargelegten Anliegen in der Antwort des Herrn Staatssekretärs Eggerath vom 4. Juni 1957 nicht in genügender Weise verstanden sehen.

Unser Schreiben ist erwachsen aus ernstem Bemühen um die Befriedung unseres Volkes. Ist doch für den Aufbau eines geordneten Staatslebens jeder einzelne Bürger mit allen seinen Kräften notwendig, wie Sie, sehr geehrter Herr Ministerpräsident, es selbst einmal zum Ausdruck gebracht haben.

Wir bitten Sie, den in unserem Memorandum dargelegten Besorgnissen Ihre besondere Beachtung zu schenken und zu helfen, daß die hiernach erforderlichen

Änderungen von den zuständigen Regierungsstellen aufgegriffen und durchgeführt werden.

In ausgezeichneter Hochachtung

gez. + Dr. Julius Döpfner
Bischof von Berlin

MEMORANDUM

der Katholischen Bischöfe und Bischöflichen Kommissare der Deutschen Demokratischen Republik zur Situation des religiös-kirchlichen Lebens

Die Bischöfe und Bischöflichen Kommissare der Deutschen Demokratischen Republik erheben aus Besorgnis darüber, daß der atheistische Einfluß sich im Staats- und Kulturleben wesentlich verstärkt, nachstehende ernste Vorstellungen:

Wir Oberhirten müssen feststellen, daß die Glaubens- und Gewissensfreiheit in der Deutschen Demokratischen Republik eine fortschreitende Einschränkung dadurch erfährt, daß der Atheismus zum beherrschenden Faktor gemacht wird. Deshalb ist das religiöse Leben des einzelnen Katholiken, insbesondere der katholischen Eltern, wie auch der Kirchengemeinden eingeengt und bedrückt. Selbst die Grundrechte der Verfassung, auf die sich die Katholiken bei der Verwirklichung ihrer Glaubens- und Gewissensentscheidung stützen, vermögen sich wegen der abweichenden zweckbestimmten Auslegung nicht durchzusetzen.

I

Die Ausbreitung des Atheismus ist das Ergebnis einer planmäßigen ideologischen Beeinflussung, Propaganda und Erziehung. Dabei wird der entscheidende Einfluß der Ideologie der Sozialistischen Einheitspartei auf das Staatsleben immer stärker sichtbar. Unverkennbar werden insbesondere die staatliche Kulturpolitik und die staatliche Volksbildung von Grundsätzen und Direktiven der atheistischen Parteiphilosophie gelenkt.

Aufschlußreichen Einblick in die beherrschende Stellung, die der Atheismus in der Deutschen Demokratischen Republik einnehmen soll, gewährt der Artikel des Sekretärs des Zentralkomitees, Prof. Kurt Hager, „Über den wissenschaftlich-atheistischen Charakter unserer Weltanschauung" in „Einheit", Heft 4, April 1955 (S. 333-343). Dort heißt es: „Daher war und ist die Religion stets eine ideologische Waffe in den Händen der Ausbeuter zur Festigung ihrer Macht und zur Unterdrückung der Werktätigen" (S. 336).

„Die Begründer des Marxismus-Leninismus führten stets einen unversöhnlichen Kampf gegen die idealistische und religiöse Weltanschauung“ (S. 339).

„Der philosophische Materialismus entlarvte stets den reaktionären Charakter von Idealismus und Religion. Er ist Atheismus, d. h. er geht von der Materialität, der materiellen Einheit und zugleich Mannigfaltigkeit der Welt aus und lehnt jeden Wunderglauben, jeden Glauben an ein Leben im Jenseits ab“ (S. 339-340).

Als besonders vordringliche Aufgabe bezeichnet Hager:

„Gegenwärtig ist es vor allem notwendig, unter Anleitung und Kontrolle der Partei die populärwissenschaftliche Propaganda zu verstärken.“

Die von Kurt Hager über die Propaganda der atheistischen Weltanschauung niedergelegten theoretischen Grundsätze und praktischen Forderungen finden ihren Widerhall in einer Fülle ideologischer Darlegungen. Wir beschränken uns auf einige Beispiele aus jüngster Vergangenheit, die eindrucksvoll belegen, wie Partei- und Staatsstellen sich dafür einsetzen, dem Atheismus zur beherrschenden Macht im Staatsleben zu verhelfen:

a) Auf der Konferenz des Lehrstuhles der Philosophie des Instituts für Gesellschaftswissenschaften beim Zentralkomitee der SED über theoretische und praktische Probleme der sozialistischen Moral am 26. und 27. April 1957 wurde die enge ideologische Verbundenheit der Partei- und Staatsfunktionäre offenbar.

b) Die „Anweisung zur Durchführung des Schuljahres 1957/58“, die vom Herrn Minister für Volksbildung herausgegeben worden ist, macht die innere Ausrichtung der gesamten schulischen Erziehung im Bereich der Deutschen Demokratischen Republik auf eine Erziehung zum Atheismus für Lehrende und Lernende, für Erzieher und die Zu-Erziehenden erneut und verstärkt deutlich.

c) Die Rede des Ersten Sekretärs des Zentralkomitees „Lernen für das Leben – Lernen für den Sozialismus“ zur Eröffnung des Jugendweihejahres in Sonneberg betont ganz unverhüllt den atheistischen Charakter der Jugendweihe. Wir führen aus der Rede an:

   „Bei uns wird die Wahrheit gelehrt, und sie ist einfacher als gewisse Hirngespinste. Ihr sollt wissen, auf welche natürliche Weise zum Beispiel das Planetensystem, die Erde, der Mensch und andere Lebewesen entstanden sind. Nicht überirdische Kräfte wirkten da, sondern alles im Weltall hat seine natürlichen Ursachen. Bemüht euch, dieses Wissen zu erwerben.“

   „Wer sich heute daran hindern läßt, die Gesetzmäßigkeiten in Natur und Gesellschaft zu erkennen, überlebte, alte Glaubenssätze über Bord zu werfen, der schadet sich selbst. Wer das Licht des Wissens nicht liebt, hat selbst den Nachteil.“

II

Der Atheismus als geistige Atmosphäre und der Atheismus als verpflichtende Richtlinie, insbesondere für das gesamte Gebiet der Erziehung und Wissenschaft, muß sich für das religiöse Leben der kirchlichen Gemeinden, der christlichen

Familien und des einzelnen Christen bedrückend auswirken. Denn bei der vom Staat proklamierten Abwertung des Religiösen muß der gläubige Christ den bedrückenden Eindruck gewinnen, er gelte als rückschrittlich, werde als Anhänger einer schädlichen Weltanschauung und als Bürger minderer Klasse angesehen. Der Christ, der der Kirche die Treue hält, lebt zudem in einer Atmosphäre der Verdächtigung, die ihre Ursache in der Diskriminierung des Religiösen hat.

Man begründet diese Diskriminierung damit, daß der Christ ein Feind der modernen Wissenschaft sei. Dies ist aber ein grundlegender Irrtum. Abgesehen von der übernatürlichen Offenbarung durch Gott selbst, schöpft der Christ seine Glaubensüberzeugung aus der natürlichen Offenbarung, nämlich aus der Erkenntnis der Natur, wie sie sich ihm durch die Geistes- und Naturwissenschaften erschließt. Glaube und Wissenschaft führen ihn zu der einen Wahrheit, die zu erkennen das Streben aller Menschen ist. *Nicht die Wissenschaft ist es, die den Christen vom Nicht-Christen* trennt, sondern die Weltanschauung, für die einzutreten auch wir Christen gemäß der Verfassung berechtigt sind.

Die atheistische Ausrichtung wirkt sich insbesondere in folgendem aus:

1. Die katholischen Kinder erfahren in der Schulerziehung eine weltanschauliche Beeinflussung, die sie in unüberbrückbaren Gegensatz zu ihrer religiösen Überzeugung bringt. Der Unterricht in den naturwissenschaftlichen Fächern z. B. leugnet eindeutig die Existenz des Schöpfers, und im Geschichtsunterricht wird ein Bild über die Geschichte der Kirche bis in unsere Tage hinein vermittelt, dessen verzerrende Tendenz nicht übertroffen werden kann.
2. In der Gemeinschaftserziehung in den staatlichen Internaten werden junge Menschen, die im Glauben an Gott und in der Treue zur Kirche verwurzelt sind, Belastungsproben für ihre Gewissensentscheidungen unterworfen, die für dieses Lebensalter untragbar sind.
3. Die gesamte Freizeitgestaltung für Kinder und Jugendliche wird atheistisch beeinflußt. In sehr vielen Fällen haben in diesem Sommer die an den „Frohen Ferientagen für alle Kinder in der Deutschen Demokratischen Republik“ beteiligten katholischen Jungen und Mädchen darum gebeten, am sonntäglichen Gottesdienst teilnehmen zu dürfen. Fast ausnahmslos wurde es ihnen unmöglich gemacht mit der Begründung, daß der Weg zum Gottesdienst nur unter Aufsicht zurückgelegt werden dürfe, eine ausreichende Zahl von Aufsichtspersonal aber nicht zur Verfügung stünde. Für die Teilnahme an anderen Veranstaltungen wurde immer eine Lösung gefunden.
4. Die Werbung für die atheistische Jugendweihe „findet die Unterstützung aller staatlichen Organe und Einrichtungen, insbesondere bei der Volksbildung“. In nicht seltenen Fällen soll der junge Mensch dadurch geworben werden, daß ihm bei Teilnahme an der Jugendweihe Sicherheit für die von ihm gewünschte Berufsausbildung in Aussicht gestellt wird.
5. Die Lehrerausbildung wird immer mehr auf die Grundsätze und praktischen Lehren des weltanschaulich-atheistischen Materialismus abgestimmt.
6. Für gewisse Berufszweige (höhere Funktionäre in der Volksbildung und Kultur, in der Verwaltung, den Sicherheitsorganisationen und in der Volksarmee) wird

als Bestätigung der politischen Zuverlässigkeit der Austritt aus der Kirche, zum mindesten aber der Verzicht auf praktische Betätigung im kirchlichen Leben gefordert.

7. In einer Fülle von Broschüren und Büchern wird die Kirche in jeder Weise verunglimpft. Diese Fülle erklärt sich nicht als Zufall verlegerischer Initiative, sie verrät vielmehr die steuernde Hand, zumal diese antireligiösen und antikirchlichen Schriften teilweise von staatlichen Stellen herausgegeben werden.

III

Damit die Glaubens- und Gewissensfreiheit sich unbeengt entfalten kann, halten wir Bischöfe und Bischöflichen Kommissare angesichts der beherrschenden Stellung der atheistischen Ideologie in der Deutschen Demokratischen Republik folgende Änderungen für unabdingbare Forderungen, die sich auf die durch die Grundordnung der Verfassung der Deutschen Demokratischen Republik gegebenen Möglichkeiten stützen und beschränken:

1. Die vom Staat nicht behinderte, sondern z. T. sogar propagierte Diskriminierung der Religion und der Kirche muß aufgegeben werden.
2. An die Stelle des atheistischen Grundcharakters der schulischen Erziehung muß positive Toleranz treten. Die schulische Erziehung muß in positiver Hinsicht die religiösen Belange der katholischen Schüler berücksichtigen.
3. Die Lehrerausbildung darf nicht von der atheistischen Philosophie beherrscht sein; sie muß vielmehr positiv berücksichtigen, daß die Lehrer in ihrem Wirkungskreis auch katholische Schüler unterrichten und erziehen werden.
4. Der freiwillige Charakter der Jugendweihe muß sichergestellt sein. Die Mitwirkung staatlicher Stellen ist zu unterlassen, ebenso jede Benachteiligung bei der Berufsausbildung derer, die aus Gewissensgründen die Jugendweihe ablehnen.
5. Kirchliche Autoren müssen die Freiheit erhalten, bei wissenschaftlichen Auseinandersetzungen mit Vertretern des dialektischen und historischen Materialismus die gleichen publizistischen Möglichkeiten zu benutzen wie diese.
6. Die Kirche muß die Freiheit gegeben werden, Angriffe, gleich welcher Art, mit den Mitteln moderner Publizistik abzuwehren.
7. Jede berufliche Benachteiligung, die ihre Ursache in der aktiven Zugehörigkeit zur Kirche hat, muß aufhören.

IV

Abschließend dürfen wir zur rechten Beurteilung dieses unseres Schrittes noch auf folgendes hinweisen:

Die Aufzählung der bedrückenden Folgen aus der beherrschenden Position der atheistischen Weltanschauung ist keineswegs vollständig. Doch dürften die angeführten Auswirkungen hinreichend unsere Besorgnis über die Lage der Katholischen Kirche in der Deutschen Demokratischen Republik begründen.

Die den Katholiken belassene Freiheit religiöser Kulthandlungen genügt nicht, um die Behauptung zu beweisen, daß in der Deutschen Demokratischen Republik die Glaubens- und Gewissensfreiheit gewahrt und gewährleistet sei.

Wir wissen, daß die von uns dargelegten Bedrückungen als eine unvermeidbare Konsequenz einer fortschrittlichen Wissenschaft, wie sie offiziell genannt wird, hingestellt werden. Doch ist uns bisher nicht die Freiheit gegeben, die Berechtigung des Anspruches dieser Wissenschaftlichkeit kritisch zu beleuchten. Es besteht keine Aussicht, daß z. B. ein philosophisches Handbuch erscheinen darf, das sich ausdrücklich und direkt vom katholischen Standpunkt aus mit dem dialektischen Materialismus auseinandersetzen will. Auch Abhandlungen, die die Geschichtsfälschungen, soweit sie die Geschichte der Katholischen Kirche betreffen, richtigstellen möchten, haben keine Aussicht auf Drucklizenz. Das bedeutet, daß die Kirche Angriffe, Mißdeutungen und Beschimpfungen schweigend hinnehmen muß. Dadurch wird das Ausmaß der Bedrückung noch vergrößert. Die Katholische Kirche nimmt aber das Recht für sich in Anspruch, Gegnern, die ihr mit wissenschaftlichen Argumenten entgegentreten, ebenso mit wissenschaftlichen Argumenten antworten zu können. Dieses Recht wird ihr aber in der Deutschen Demokratischen Republik vorenthalten.

Nicht selten wird, gerade in jüngster Zeit, unseren ernsten Vorstellungen über die religiöse Bedrückung und Unfreiheit entgegengehalten, sie seien der Ausdruck einer politischen Abhängigkeit und aus politischen Motiven geboren.

Demgegenüber erklären wir Bischöfe und Bischöflichen Kommissare der Deutschen Demokratischen Republik mit Nachdruck: Unsere Stellungnahme in diesem Memorandum ist einzig und allein aus unserer Gewissensverantwortung vor Gott und seiner Ordnung erfolgt, sie ist getragen von dem Bemühen, das Leben unserer Kirche zu sichern und unserem Volke zu dienen.

Berlin, den 4. Dezember 1957

gez. + *Julius Döpfner*
Bischof von Berlin
gez. + *Otto Spülbeck*
Apostolischer Administrator von Meißen
gez. *Ferdinand Piontek*
Kapitelsvikar in Görlitz
gez. + *Friedrich Rintelen*
Weihbischof in Magdeburg
gez. + *Joseph Freusberg*
Weihbischof in Erfurt
gez. *Bernhard Schräder*
Bischöfl. Kommissar in Schwerin
gez. *Joseph Schönauer*
Bischöfl. Kommissar in Meiningen

15. April 1958

40. ANWALT IN DER GEWISSENSNOT

Hirtenwort der Bischöfe und Bischöflichen Kommissare in der DDR

Geliebte im Herrn!

Jesus Christus, unser Herr, sagt von sich: „Ich bin der gute Hirt und kenne die Meinen" (Joh. 10,14). Diesem Vorbild Christi eifert jeder gute Seelsorger nach. Durch die tägliche Begegnung mit Kindern und Jugendlichen, mit Erwachsenen und Alten in seiner Gemeinde ist er mit dem Volk herzlich verbunden. Er erfährt dabei Freuden und Nöte, die kein Bericht und keine Statistik erfassen können. Wenn wir, Eure Bischöfe und Priester, in das Volk hineinlauschen, so ist vieles, was uns beglückt, und manches, was uns bedrückt. Es beglückt uns Euer Glaubenseifer und Eure Treue zur Kirche. Dafür danken wir Gott und sind stolz auf Euer tapferes Christuszeugnis. Es bedrückt uns – von Tag zu Tag mehr – die seelische Not unserer Gläubigen.

Seitdem wir am 23. Oktober 1957 unser Hirtenwort über Schule und Erziehung an Euch richteten, hat sich die Lage erheblich verschärft. Der Druck auf die Freiheit des Gewissens und des Glaubens ist härter geworden. Die Philosophie der Gottlosigkeit als verpflichtende Richtlinie im gesamten öffentlichen Leben wurde rücksichtsloser durchgesetzt. Über die Kirche, ihre Lehre und ihre führenden Männer ergoß sich eine Flut von Verleumdungen und Verzerrungen. Man verdächtigte uns, Eure Oberhirten, wir hätten uns in unserem Bemühen um die Freiheit der Kirche und der Christen von „westlichen Direktiven" bestimmen lassen. Niemals hat man uns solche Direktiven gegeben; niemals haben wir solche Direktiven entgegengenommen. Wenn wir unsere Stimme erheben, dann tun wir es nur, weil unser Hirtenamt es fordert und unser Gewissen es gebietet.

So schreiben wir auch dieses Hirtenwort nur, um für Euch einzutreten und um Euch aus der Frohbotschaft des Glaubens ein tröstendes, stärkendes Wort zu sagen.

I. WIR MACHEN UNS ZUM ANWALT EURER GEWISSENSNOT.

Wir sprechen im Namen der christlichen Schulkinder.

Unseren christlichen Kindern soll in der Schule mit allen Mitteln der Glaube an Gott, an Christus und an die Kirche geraubt werden. Vor allem der Unterricht in den naturwissenschaftlichen Fächern und in der Geschichte soll dazu dienen. Man sage uns nicht, solcher Unterricht sei durch wissenschaftliche Wahrheit gefordert. Dagegen erklären wir: Katholischer Glaube und echte Wissenschaft widersprechen sich nicht. Jederzeit könnte öffentlich nachgewiesen werden – falls dies nur gestattet würde –, daß vielfach im Schulunterricht und in den Schulbüchern die christliche Lehre und die Geschichte der Kirche entstellt und falsch dargestellt werden.

Wir sprechen im Namen der heranwachsenden christlichen Jugend.

Über die Maßen wird die heranwachsende christliche Jugend, zumal bei ihrer Schulentlassung, durch die Propaganda für die *Jugendweihe* bedrängt. Trotz wiederholter Zusicherungen, selbst von höchsten Regierungsstellen, daß die Jugendweihe freiwillig sei, wird von Amtspersonen des Staates ein starker Druck auf die Jugendlichen ausgeübt. Nachweisbar erleiden jene, die sich nicht an der Jugendweihe beteiligen, deswegen schwere berufliche Nachteile. Auch sonst werden junge Christen, die treu zur Kirche stehen, hart bedrängt und in vielfacher Weise benachteiligt.

Wir sprechen im Namen der christlichen Eltern.

Die Not der Kinder und der Jugendlichen ist die Not christlicher Eltern. Sie tragen die Verantwortung für die christliche Erziehung ihrer Kinder und müssen so oft erleben, wie man in Schule und Öffentlichkeit ihr Bemühen planmäßig untergräbt. Sie sorgen sich darum, daß ihre Kinder einen Beruf ergreifen, für den sie Lust und Begabung haben, und müssen zusehen, daß ihnen nur um des Glaubens willen der Weg zum erstrebten Beruf versperrt wird.

Wir sprechen im Namen vieler christlicher berufstätiger Männer und Frauen.

Schwer leiden gläubige Christen darunter, daß allerwärts, in Organisationen und auf dem Arbeitsplatz, in Schrifttum und Kundgebungen, die Propaganda gegen Kirche und Religion immer stärker wird. Völlig aber wird das Menschenrecht mißachtet und auch die Verfassung übertreten, wenn ehrenhafte und gewissenhafte Staatsbürger ihre Stellung verlieren oder einen Beruf nicht ausüben können, nur, weil sie nicht aus der Kirche austreten oder auf die aktive Betätigung ihres Glaubens nicht verzichten wollen.

Angesichts dieser Eurer Not sollt Ihr die Gewißheit haben, daß wir, Eure Bischöfe, fest zu Euch stehen. Wir haben uns wiederholt in eingehenden schriftlichen und mündlichen Darlegungen bei der Regierung um die Behebung der oben geschilderten Gewissensbedrückung bemüht und auch auf andere Fälle hingewiesen, in denen das Wirken der Kirche eingeengt wird. Wir können Euch aber auch nicht verschweigen, daß diesen Schritten ein befriedigender Erfolg versagt blieb. Trotz alledem werden wir auch weiterhin für Eure Rechte und die Freiheit der Kirche eintreten.

II. WIR KÜNDEN EUCH DIE FROHE BOTSCHAFT VON DER FREIHEIT DER KINDER GOTTES.

Wir wollen nun einen Augenblick das, was Euch und uns täglich bedrückt, zurückstellen und auf das Evangelium Christi hören. Das Evangelium ist die Frohbotschaft von der Freiheit der Kinder Gottes. Denn so spricht der Herr: „Wenn der Sohn euch frei erklärt, so werdet ihr wirklich frei sein" (Joh. 8,36). Ganz ähnlich sagt der Apostel Christi, der hl. Paulus: „Damit wir frei seien, hat Christus uns frei gemacht" (Gal. 5,1). Christi Freiheit aber ist kostbarer als jede Freiheit der Welt; sie schenkt uns Größeres.

Der Herr befreit uns von der Blindheit des Irrtums und der Lüge. „Wenn ihr in meinem Worte bleibt," – so sagt Christus – „seid ihr in Wahrheit meine Jünger und werdet die Wahrheit erkennen, und die Wahrheit wird euch frei machen" (Joh. 8,32). Prüft nüchtern die verschiedenen Formen des Atheismus, und Ihr werdet erkennen, wie reich Ihr seid, und freut Euch der befreienden Wahrheit unseres Glaubens.

Christus befreit uns aus der Knechtschaft des Teufels, und um den hohen Preis Seines Blutes nimmt Er das Joch der Sünde von uns. Von der Sünde befreit, erfüllen wir in freudiger Einsicht Gottes Gebote und „dienen einander in Liebe" (Gal. 5,13).

So können wir die schwere Last nicht von Euren Herzen nehmen. Doch wir künden Euch die frohe Botschaft des Auferstandenen: Da wir mit Christus leiden, gehen wir auch ein in Seine Herrlichkeit. Darum verstehen wir das zuversichtliche Wort des Völkerapostels: „Seid fröhlich in der Hoffnung!" (Röm. 12,12); denn „all das überstehen wir siegreich durch den, der uns geliebt hat" (Röm 8,37).

III. WIR ZEIGEN EUCH DEN WEG DER FREIHEIT.

Nun kehren wir wieder zurück in Euren schweren Alltag. Dort soll die Frohbotschaft der Freiheit Euch zu einem guten Weg helfen.

1. Müht Euch redlich um das Gute! (1. Petr. 3,13)

Gerade weil Ihr als Christen so argwöhnisch beobachtet werdet, sollt Ihr Euer Bestes geben. Um des Herrn willen erfüllt in treuer Verantwortung den Dienst, der Euch obliegt; in der Schule, auf dem Arbeitsplatz, in der Nachbarschaft, kurzum überall, wo Ihr wirken könnt. Um der Brüder willen, die Eures Zeugnisses und Eures Dienstes bedürfen, haltet aus in der Kraft des Herrn!

Laßt nicht Haß und Bitterkeit in Euch aufkommen, sondern „überwindet das Böse durch das Gute" (Röm. 12,21), durch Liebe und Gerechtigkeit! In der Lauterkeit Eures guten Gewissens, so sagt der hl. Petrus, „fürchtet euch nicht vor ihrem Drohen und lasset euch nicht verwirren!" (1. Petr. 3,14).

15. April 1958

2. Tut nie etwas gegen Euer Gewissen!

Euer Weg als Christen ist deshalb so schwer, weil in Eurer Umwelt Religion und Leben nicht nur getrennt sind, sondern weil darüber hinaus das ganze Leben nach den Grundsätzen des Atheismus gelenkt wird. Hier das Rechte zu finden, ist oft nicht leicht. Ihr müßt vieles geschehen lassen und zu vielem schweigen. Beachtet aber sorgfältig die Grenzen Eures Gewissens!

Wenn man Euch auffordert, Eure Kinder zur Jugendweihe zu schicken, sprecht ein klares Nein! Wenn man gar von Dir verlangt, aus der Kirche auszutreten, dann sprich ein klares Nein und denke an das Wort des Herrn: „Wer mich vor den Menschen bekennt, den will auch ich bekennen vor meinem Vater im Himmel; wer mich aber vor den Menschen verleugnet, den werde auch ich vor meinem Vater im Himmel verleugnen" (Mt. 10,32-33).

Vielleicht müßt Ihr bei solcher Haltung schwere Opfer auf Euch nehmen, aber über allen irdischen Vorteilen und Nachteilen stehe Euch und Euren Familien das Wort des Apostels: „Man muß Gott mehr gehorchen als den Menschen" (Apg. 5,39). Da Ihr diese Last nicht allein tragen könnt, betet oft zum Heiligen Geist, daß Er Euch erleuchte und Euch die Kraft verleihe, stets den rechten Weg zu gehen!

3. Schauet auf den Gekreuzigten!

Christus hat an keiner Stelle versprochen, daß es Seinen Jüngern hier im Erdenleben gut gehen solle. Wohl aber gilt uns Sein Wort: „Der Knecht ist nicht größer als sein Herr. Haben sie mich verfolgt, so werden sie auch euch verfolgen" (Joh. 16,20). Gerade heute erleben wir eine Zeit, in der die Kirche unter besonders dunklen Schatten Seines Kreuzes steht. Schaut darum oft auf das Kreuzesbild in Euren Wohnungen und holt Euch Kraft aus der Betrachtung des bitteren Leidens Christi; überdenkt die Stationen Seines Kreuzweges und betet gern den schmerzhaften Rosenkranz!

4. Traget einer des anderen Last! (Gal. 6,2)

Die Zeit schwerer Gewissensnot muß uns zur großen Stunde helfender Bruderliebe werden. Da Ihr oft einsam und fremd in der Welt steht, gewinnt Eure *Familie* neue Bedeutung. Dort sollt Ihr Euch gegenseitig in verstehender Liebe Aufmunterung und Halt geben. Ihr Eltern, stützt Eure Kinder und laßt sie in ihrem schweren Ringen nicht allein! Stellt Euch schützend vor sie in ihrer oft so ergreifenden Glaubenstreue!

Schließt Euch fest zusammen in Euren *Seelsorgsgemeinden!* Bleibet auch dann einander nah, wenn Ihr die Gemeinschaft um den Altar des Herrn verlaßt und auf die Straßen Eures Lebens geht!

Habt ein Auge für die in ihrem Gewissen bedrängten Brüder! Steht ihnen bei durch ein gutes Wort und durch jede Hilfe, die Euch möglich ist! Vor allem aber schenkt ihnen Eure Fürbitte! Bei jedem Gottesdienst der Gemeinde und in Eurem täglichen persönlichen Gebet soll diese Sorge mit Euch gehen. Wir aber, Eure Bischöfe und Priester, wollen Euch in der gegenwärtigen schweren Prüfung als gute Hirten beistehen, so gut wir können.

Die Freiheit stirbt nur dort völlig aus, wo der Geist der Freiheit stirbt. Der Geist der Freiheit aber lebt bei aller Drangsal dort unzerstörbar fort, wo lebendiger Glaube darum weiß, daß Christus der Sieger und der Herr ist. Er, unser gekreuzigter und auferstandener Erlöser, schenke Euch Geduld, Friede und Freude aus der Gnadenfülle des himmlischen Vaters durch die Liebe des Heiligen Geistes. Amen.

Berlin, am 15. April 1958

Die auf der Berliner Ordinarienkonferenz versammelten Bischöfe und Bischöflichen Kommissare

+ Julius Döpfner
Bischof von Berlin

+ Otto Spülbeck
Apostolischer Administrator von Meissen

Ferdinand Piontek
Kapitelsvikar in Görlitz

+ Friedrich Rintelen
Weihbischof in Magdeburg

+ Joseph Freusberg
Weihbischof in Erfurt

Bernhard Schräder
Bischöflicher Kommissar in Schwerin

Joseph Schönauer
Bischöflicher Kommissar in Meiningen

(Rundschreiben des Bischöflichen Ordinariats Berlin mit der Weisung: „Vorstehendes Hirtenwort ist am 4. Sonntag nach Ostern – 4. Mai 1958 – in allen Gottesdiensten zu verlesen. gez. Prange, Generalvikar“)

15. April 1958

41. GRUNDSÄTZE FÜR DIE PASTORAL „IN DER GEGENWÄRTIGEN STUNDE WACHSENDER GEWISSENSBEDRÜCKUNG"

Pastoralanweisung an die Priester der Diözesen und Jurisdiktionsbezirke in der DDR

In der gegenwärtigen Stunde wachsender Gewissensbedrückung und erschwerter Seelsorgsarbeit liegt eine besondere Verantwortung auf uns, den Dienern der Kirche. Darum müssen wir im Tiefsten unserer Sendung miteinander verbunden sein und in allem geschlossen handeln. Deshalb schreiben wir Euch gemeinsam – die Bischöfe und Bischöflichen Kommissare der DDR – diese Pastoralanweisung. Einige österliche Gedanken und einige schlichte Merksätze für Euer tägliches Wirken sollen es sein.

I.

Aus der Osterbotschaft fällt Licht auf den Weg der Kirche und unser priesterliches Wirken.

1.) *Kirche des Gekreuzigten*

Auf dem Weg nach Emmaus sagt der Herr zu den Jüngern: „Mußte nicht der Messias dies leiden, um so in seine Herrlichkeit einzugehen?" (Lk. 24,26). – Das ist auch das Lebensgesetz seiner Kirche. Der Sieg Christi ist ihr gewiß, doch der Weg dorthin führt über das Leiden des gekreuzigten Herrn. Schläge, welche die Kirche treffen, dürfen uns nicht entmutigen; sie bestätigen, daß die Kirche in Christi Nachfolge steht. Das ist auch unser Weg, da wir als Priester der Kirche Boten Christi sind. Sagen wir in nüchterner Glaubensschau und in Liebe zu Christus unser Ja zum Leid: „Um seinetwillen muß ich jetzt dies leiden; ich schäme mich nicht, denn ich weiß, auf wen ich meinen Glauben gesetzt habe" (2. Tim. 1,12). Vergessen wir dabei nicht, daß zu unserer Seelsorgsaufgabe auch die stellvertretende Passio gehört. Der Erfolg bleibt uns zwar verborgen, ist uns aber verbürgt durch die Vereinigung mit Christi Leiden und Sterben. „Deshalb erdulde ich alles um der Auserwählten willen, damit auch sie durch Christus das Heil und ewige Herrlichkeit erlangen" (2. Tim. 2,10). Stellen wir uns also in österlicher Zuversicht auf das Kreuz ein. Das ist zur Stunde unser wichtigster Dienst.

2.) *Kirche des Auferstandenen*

Viele Stützen sind der Kirche heute genommen und unsere Seelsorgsarbeit ist sehr erschwert. Das aber ist genau die Stunde jenes Glaubens, den Paulus kündet, jenes Glaubens, der „gegen alle Hoffnung auf Hoffnung setzt" (Röm. 5,18) und vorbehaltlos dem Gott vertraut, „der die Toten lebendig macht und das, was noch nicht ist, ins Dasein ruft" (Röm. 5,17). Christus, der Auferstandene, ist Herr und

Bräutigam der Kirche; er hat ihr verheißen: „Ich bin bei euch alle Tage bis zur Vollendung der Weltzeit" (Mt. 28,20). Halten wir in einem Glauben, der sich aus Gebet und Betrachtung nährt, an dieser Verheißung fest und lassen uns die Mahnworte sagen, mit denen der hl. Paulus seine große Auferstehungsbelehrung abschließt: „Darum, meine lieben Brüder, erzeiget euch fest und unerschütterlich, und schreitet allezeit fort im Werke des Herrn in der Gewißheit, daß euere Mühe im Herrn nicht vergebens ist!" (1. Kor. 15,58).

3.) *Kirche in der Welt*

Die Kirche wirkt in einer Welt, von der der Apostel sagt: „Die Sehnsucht der Schöpfung wartet ja auf das Offenbarwerden der Kinder Gottes" (Röm. 8,19). Auch hier gilt das Gesetz der Auferstehung: „Die Gestalt dieser Welt vergeht" (1. Kor. 7,31), aber „wir erwarten nach seiner Verheißung einen neuen Himmel und eine neue Erde, darin Gerechtigkeit wohnt" (2. Petr. 3,13). In diese seine Welt hat uns ihr Erlöser gesandt. Darum dürfen wir nicht aus ihr fliehen, sondern müssen sie in Christus heiligen und – wenn auch unter Wehen – ihrer Vollendung entgegenführen. Wenn manche uns als „Auswurf der Welt" (1. Kor. 4,13) betrachten, wissen wir im Glauben an die Ostergeheimnisse, daß wir sie im Innersten zusammenhalten und daß wir einst „die Welt richten werden" (1. Kor. 6,2).

II.

Aus dieser österlichen Schau gewinnen wir einige Grundsätze für unser tägliches Verhalten. Wir können sie zusammenfassen unter das Pauluswort: „Achte auf dich und auf die Lehre und halte daran fest"! (1. Tim. 4,16). Wir stellen unsere Lage und unsere Aufgabe, unsere Schwachheit und unsere Kraft unter das Wort Gottes, daraus leben wir und das lehren wir, daran halten wir unverbrüchlich fest.

1.) *Habt Vertrauen und werdet nicht mutlos!*

Christi Sieg ist uns verheißen, selbst noch in Unterdrückung und Untergang. Zudem stehen wir in dem Bewußtsein, das gute Recht auf unserer Seite zu haben, wenn auch die Macht oft in den Händen anderer liegt. Wir sind in die Verteidigung gedrängt, darum muß unsere Tugend eine zähe Ausdauer sein, die sich nicht entmutigen läßt. Geht nicht den Weg des Nachgebens – er ist bequem, aber abschüssig. Schauen wir auf den hl. Paulus. Er hatte viele Gegner, die die Grundsätze seines Apostolates bekämpften, Gegner, wo er sie nicht vermutete. Manchmal war der Kampf mit ihnen so schlimm, daß er „sogar des Lebens überdrüssig wurde" (2. Kor. 1,8). Doch er hat seine Grundsätze nie preisgegeben, hat sich in Wort und Schrift unerschrocken zu ihnen bekannt, ist mutig geblieben.

2.) *Laßt Euch nicht fangen durch irdische Vorteile!*

Vorteile sind angeboten, Geschenke gemacht worden; das wird auch in Zukunft geschehen. Keiner ist davor sicher. Hier fragt es sich, ob uns die „Schmach Christi" mehr gilt als die „Schätze Ägyptens“ (Hebr. 11,26). So seid auf der Hut, lehnt Gespräche über solche Angebote von vornherein ab und bedenkt, daß es Geschenke gibt, deren Annahme verpflichtet. Ob es uns persönlich wirtschaftlich besser geht oder weniger gut, ob unser kirchlicher Aufbau schneller oder langsamer voranschreitet, ist letztlich nicht entscheidend! Alles kommt darauf an, daß wir bei jeder Unternehmung und bei jeder Verhandlung unserem heiligen Auftrag treu bleiben.

3.) *Wahret die Einheit!*

Es ist uns Trost und Freude, daß Ihr so treu zu Euren Bischöfen steht und auch untereinander brüderlich zusammenhaltet. Das soll auch in Zukunft so bleiben. Laßt durch keinerlei Versprechungen und Drohungen dieses Band der Einheit und des Vertrauens lockern! Macht dem Bischof oder seinem Stellvertreter offenherzig genau Mitteilung über alle Besprechungen und Annäherungsversuche, die Ihr erlebt. Eure Vorsteher werden Euch gerade jetzt in der Liebe des Guten Hirten begegnen, selbst wenn ein Fehler gemacht wurde.

4.) *Laßt Euch nicht ausfragen!*

Ihr wißt, daß Ihr keine grundsätzlichen Erklärungen im Namen der Kirche abzugeben habt – das ist Sache der Bischöfe. Verweist die Fragesteller an uns; wir werden entscheiden, ob und wie geantwortet werden soll. Seid auch sonst behutsam in Euren Aussagen! Aus guten Gründen dürft Ihr auch ein Gespräch ablehnen – höflich, aber bestimmt. Droht ein Gespräch auf glatten Boden zu geraten, dann sagt: „Ich bitte um Bleistift und ein Blatt Papier, damit ich mir Notizen machen kann; denn ich muß über das Gespräch an meine vorgesetzte Behörde berichten.“ Das wird eine heilsame Bremse für den Fragesteller sein und für Euch selbst eine Sicherung bedeuten. Stets aber betet in solchen Stunden, daß sich an Euch die Verheißung des Herrn erfülle und „der Geist eures Vaters in euch rede“ (Mt. 10,20).

5.) *Seid fest und klar in der Unterweisung!*

Wir hören so oft in der Messfeier für Kirchenlehrer: „Praedica verbum, insta opportune, importune“ (2. Tim. 4,2). Durch nichts, nicht durch Zeitgeist oder äußere Drohungen, laßt Euch dazu bringen, vom Gesetz Christi auch nur ein Jota zu unterschlagen. Selbst wenn die Schar der Getreuen kleiner werden sollte, dürfen wir Gottes Gebot nicht verkürzen. Die Nachfolge Christi besagt stets glückselige Berufung und zugleich Entsagung, manchmal aber sehr harte Opfer. Gerade jetzt muß die Berufung zum Opfer von uns froh vorgelebt und kraftvoll verkündet werden. In den Fragen der Gegenwart aber wertet eifrig die Ansprachen und Enzykliken des Heiligen Vaters aus und greift immer wieder zurück auf unsere Hirtenbriefe. Wir danken Gott für die Geschlossenheit unseres Klerus und bitten Euch, auch weiterhin in frohem Gehorsam zu den Anweisungen und Richtlinien zu stehen, die wir nach gemeinsamer Überlegung zu Fragen der Zeit (z. B. Jugendweihe) geben.

Wenn Ihr eine grundsätzliche Frage auf die Kanzel bringt, und sei es auch nur mit einem kurzen Hinweis, dann formt Eure Worte sorgfältig. Schreibt die Sätze nieder, die Ihr auf die Kanzel bringen wollt. Wenn Ihr Eurem Gedächtnis nicht ganz trauen könnt, dann nehmt das Blatt ruhig mit auf die Kanzel. Die Gläubigen werden in solchen Fällen besonders aufmerksam auf Euch hören. Was man mit erhobener, aber beherrschter Stimme vorträgt, wirkt mehr als das, was in augenblicklicher Erregung gesagt wird.

6.) *Erzieht die Gläubigen zur christlichen Weltverantwortung!*

Der gläubige Christ wird heute vielfach von maßgebenden Stellen auf die Seite geschoben und sogar bedrückt. Wer will es ihm da verdenken, wenn er in der Gesellschaft und auf dem Arbeitsplatz keine Aufgabe mehr sieht. Und doch entspricht solch Abstinenz nicht dem Willen Gottes. Laßt das christliche Volk in diesem schweren Ringen nicht allein! Lehrt die Euch anvertrauten Gläubigen zu unterscheiden zwischen vorbehaltlosem Gewissensgehorsam gegen Gott und der verantwortungsbewußten Mitarbeit in ihrer Umwelt. Zeigt ihnen, wie sie in Gesellschaft und Beruf aus christlicher Verantwortung und in der Liebe Christi ihren Dienst leisten können. Denn das ist Gottes Wille, daß wir „durch unser gutes Verhalten die Unwissenheit törichter Menschen zum Schweigen bringen“ (1. Petr. 2,15).

7.) *Steht den Gläubigen in ihrer Bedrängnis bei!*

Wenn wir die Gläubigen kraft unseres Auftrages zum Opfer aufrufen, dann haben sie in ihrer Bedrängnis Anrecht auf den Rat und die Hilfe ihrer Priester. Katholische Eltern und Lehrer, treue Jugendliche und Kinder sollen in ihrer Gewissensnot und Existenzsorge auf ihre Priester rechnen können. Wir sollen uns gewiß nicht stärker machen, als wir in Wirklichkeit sind. Aber was in Euren Kräften steht, das tut, und laßt nichts unversucht, Euren Gläubigen zu helfen! Betet oft um den Geist unerschöpflicher, helfender Liebe und um die Gabe des Rates und des tröstenden Wortes!

8.) *Seid gütig gegen jene, die gefehlt haben!*

Sicherlich dürft Ihr vor einer Entscheidung den Gläubigen niemals eine Antwort geben, die den Grundsätzen des Glaubens widerspricht. Doch nach der Tat seid gütig gegen die Fehlenden! Die Wenigsten handeln aus Bosheit, die Meisten aus Schwäche und übertriebener Angst. Berücksichtigt alle Umstände; sie entschuldigen nicht, erklären aber manches. Seid gütig nach dem Beispiel Jesu! Seid gütig besonders gegen Jugendliche! Manche Jugendliche werden vor Entscheidungen gestellt, denen sie nicht gewachsen sind. Vor der Tat seid ernste Künder des göttlichen Gesetzes, nach der Tat Boten des Guten Hirten! Freilich gibt es auch da unverbrüchliche Grundsätze wahrer Umkehr. Reue ist nicht Menschengesetz, sondern Gottes Forderung, und die Zulassung zur heiligen Kommunion bleibt an bestimmte Bedingungen geknüpft. Aber auch wo Ihr etwas versagen müßt, seid gütig! Es gibt ein hartes und ein schroffes „Nein“, aber auch ein herzlich-bedauerndes „Nein", in dem die Hoffnung auf Rückkehr des verlorenen Sohnes aufklingt. Handelt nach dem Gottesspruch beim Propheten: „Ich suche das Verirrte auf, und das Verlorene führe ich zurück, und das Verwundete verbinde ich, das Kranke stärke ich" (Ez. 34,16).

Orate, fratres! Wir wissen nicht, wie unsere Aussaat zur Blüte und Reife kommt. Das müssen wir ganz Gott überlassen. Nicht der sichtbare Erfolg ist die Hauptsache. Daß wir den Glauben bewahren, stets auf Gott vertrauen und alles zur Ehre Gottes tun – nur zu Seiner Ehre, nicht zu unserem Ruhm, das ist die Hauptsache. Das ist es, worum Ihr beten sollt, liebe Mitbrüder, beten für Euch selbst – beten für die Euch anvertrauten Gläubigen – beten auch für uns, deren Namen unter diesem Schreiben stehen.

Voll Dank für Euren unverdrossenen Dienst und Eure treue Mitarbeit wünschen wir Euch reichen Anteil an der Osterfreude und am Ostertrost: „Der Herr lenke eure Herzen zur Liebe Gottes und zu geduldiger Erwartung Christi" (2. Thess. 3,5). Dazu segne Euch der allmächtige Gott, der + Vater und der + Sohn und der + Heilige Geist.

Berlin, am 15. April 1958

Die auf der Berliner Ordinarienkonferenz versammelten Bischöfe und Bischöflichen Kommissare

+ Julius Döpfner
Bischof von Berlin

+ Otto Spülbeck
Apostolischer Administrator von Meissen

Ferdinand Piontek
Kapitelsvikar in Görlitz

+ Friedrich Rintelen
Weihbischof in Magdeburg

+ Joseph Freusberg
Weihbischof in Erfurt

Bernhard Schräder
Bischöflicher Kommissar in Schwerin

Joseph Schönauer
Bischöflicher Kommissar in Meiningen

20. August 1958

42. „WIR BLEIBEN ZUSAMMEN IN DEN SORGEN UNSERES GETEILTEN VOLKES"

Hirtenwort der deutschen Bischöfe

Liebe Diözesanen!

Das tiefste Erlebnis auf dem 78. Deutschen Katholikentag in Berlin war wohl für alle Teilnehmer die unzerstörbare Einheit der Katholiken im gespaltenen Deutschland. Geschart um den Altar, geeint im Gebet und in der Betrachtung der Heilsbotschaft Gottes waren alle eine Gemeinschaft, gleichviel, ob sie aus dem Osten oder aus dem Westen kamen. Wer mit dem Herzen dabei war, sagte sich unwillkürlich: So müßten wir zusammenbleiben, in dieser Brudergemeinschaft und solcher Glaubensfreudigkeit. Die Deutschen Bischöfe, die zum großen Teil in Berlin sein konnten und die danach alle in Fulda ihre gewohnte Jahreskonferenz hielten, wollen in diesem gemeinsamen Hirtenbrief das Erlebnis von Berlin wachhalten und vertiefen: *Vor Christus, unserem Herrn, bleiben wir zusammen in den Sorgen unseres geteilten Volkes und im Gebet zu unserem gemeinsamen Vater.*

I.

Welches sind die *Sorgen,* die uns besonders bedrücken?

Seit Jahren schon durchzieht eine schmerzliche Grenze unser deutsches Vaterland. Alle, die redlich denken, leiden an dieser Spaltung und eine starke Sehnsucht nach einer *Wiedervereinigung* in gerechter und freier Ordnung lebt in unserem Volke. Viele Versuche wurden in den vergangenen Jahren unternommen, diesen Notstand zu beheben, doch die Schwierigkeiten sind bis zur Stunde eher gewachsen als kleiner geworden. Wir wissen wohl, daß diese Sorge unseres eigenen Volkes nicht für sich besteht, sondern untrennbar mit den Spannungen verbunden ist, die heute alle Völker beunruhigen. Es herrscht *kein echter Friede* unter den Völkern. Immer wieder werden die Menschen aufgeschreckt durch die Angst vor dem Grauen eines neuen Krieges. Wie oft hat unser Heiliger Vater in den vergangenen Jahren in Enzykliken, Ansprachen und Botschaften die Grundsätze der Kirche über die Sicherung eines wahren Friedens ausgesprochen und Vorschläge zur Verhütung des Krieges gemacht. Er hat darin immer wieder darauf hingewiesen, daß jedem Volke freie Selbstbestimmung zusteht, daß unter den Völkern aller Haß und jedes ungerechte Machtstreben abgebaut werden müssen, daß ferner die allgemeine, kontrollierte Abrüstung aller Waffen und damit auch der furchtbaren Waffen unseres Atomzeitalters unerläßlich ist. Darum wird die Kirche nicht erlahmen, das Gewissen der Völker und ihrer verantwortlichen Staatsmänner zu schärfen, daß sie alle Kraft einsetzen zur Schaffung einer dauerhaften internationalen Friedensordnung. Darum erneuern wird, die deutschen Bischöfe, den eindringlichen Appell an die Staatsmänner, in deren Hand das Schicksal der deutschen Einheit gelegt ist. Mögen sie alles nur Erdenkliche und Mögliche unternehmen, für den Frieden der Welt einen wesentlichen Beitrag zu leisten durch die Schließung dieser noch offenen Wunde des Krieges.

Eine andere große Sorge dürfen wir Euch nicht verschweigen: In der Fastenzeit des Jahres 1956 schrieben wir einen gemeinsamen Hirtenbrief über die Gefahr des *dialektischen Materialismus* als einer grundsätzlichen Gottesleugnung und des *praktischen Materialismus* als einer gelebten Abkehr von Gott. Auch diese doppelte Gefahr ist inzwischen gewachsen. In weiten Teilen unseres Vaterlandes wird der dialektische Materialismus und der daraus wachsende Atheismus als die beherrschende Lebensform des staatlichen und gesellschaftlichen Lebens zielbewußt durchgesetzt. Die gläubigen Christen stehen in schwerer Gewissensnot und müssen um ihres Glaubens willen oft harte Bedrängnis auf sich nehmen. Doch auch der praktische Materialismus vieler Gläubigen – ein Leben gegen Gottes Ordnung – in solch ernster Zeit bereitet uns schwere Sorge. Besitz und Genießen sowie engherzige Sorge um das eigene Wohlergehen bestimmen nur allzu oft das Leben solcher, die sich Christen nennen. Es muß uns beunruhigen, wie leicht die Glaubensgefährdung der Brüder, die Bedrängnis der Kirche und die Sorge um den Frieden der Welt von kleinlicher Selbstsucht verdrängt werden. Denkt daran, wie wir Euch damals mahnten, mit der Nachfolge Christi Ernst zu machen und in wacher Verantwortung zu handeln, wo Ihr dazu berufen seid. Wir müssen in dieser Stunde mit noch stärkerer Eindringlichkeit unsere Mahnung wiederholen.

II.

All die Sorgen sind so groß und die daraus wachsenden Aufgaben so schwer, daß sie menschliche Kraft übersteigen. Darum bedarf unser Mühen der Hilfe Gottes und unsere schaffenden Hände müssen sich im Gebet falten. So werde diese Stunde tätiger Verantwortung zur Stunde erneuerten *Gebetes*. – Drei Fragen wollen wir uns stellen!

1. Lohnt es sich, zu beten?

Hat es einen Sinn, das Schicksal eines Volkes zum Gegenstand des Gebetes zu machen? Wird nicht seine Geschichte durch die freie Entscheidungsmacht des Menschen gestaltet? Wird sie nicht durch seine Lage und viele wirtschaftliche Faktoren bestimmt? Das alles ist richtig, und dennoch weiß der Christ: Der Herr der Geschichte ist und bleibt Gott! Alles Handeln des Menschen und die Kräfte der Natur sind in Seine Vorsehung einbezogen. Von dem Schöpfergott, der dem Menschen den freien Willen verlieh, gilt das Wort der Schrift: „Gleich Wasserbächen ist das Herz des Königs in der Hand des Herrn; Er leitet es, wohin Er will" (Spr. 21,1). Selbst die Menschen, die unheilvoll unter den Völkern wirken, müssen im Letzten Gottes Plänen dienen.

Da dies wahr ist, lohnt es sich, in den Sorgen der Gegenwart zu beten. Im Gebet betätigen wir unseren Glauben an den Herrn der Geschichte und unser Vertrauen zum Lenker der Völker. Gott selbst will, daß wir nicht nur durch unser Handeln, sondern auch durch unser Gebet am Lauf der Welt mitwirken. Die großen Gestalten des Alten Bundes trugen in ergreifenden Gebeten die Anliegen ihres Volkes vor Gott und der heilige Paulus gibt uns, vom Geiste Christi erfüllt, die Mahnung: „Es sollen Gebete, Fürbitten und Danksagungen für alle Menschen verrichtet werden, für Könige und alle, die in verantwortlichen Stellungen sind, damit wir ein stilles, ruhiges Leben führen mögen, in frommem Geist und edler Zucht" (1. Tim. 2,1-2).

Damit ergeht an uns die Frage, ob wir diese Schau unseres Glaubens auch verwirklichen. Wer von uns betet täglich, daß die Kirche in allen Ländern der Erde ihre gottgegebene Sendung frei erfüllen kann? Wer von uns betet inständig, daß die Gegensätze unter den Völkern sich mildern und daß Gott uns vor einem dritten Weltkrieg bewahrt? Wer von uns betet beharrlich, daß Gottes Güte unserem gespaltenen Volke helfe?

2. In welchem Geiste beten wir?

Entscheidend ist, daß wir richtig beten. Gutes Gebet ist Gebet *im Geiste Christi,* nach der Lehre und dem Vorbild unseres Meisters.

Rechtes Gebet wächst aus starkem Glauben. Machen wir Ernst mit dem Wort Christi: „Wenn ihr etwas vom Vater erbittet, so wird er es euch in meinem Namen geben" (Joh. 16,12). Kein vertrauensvolles Gebet bleibt ohne Erhörung. Doch werden wir oft nicht sofort erhört. Jeremias betete über den Trümmern Jerusalems für sein Volk, ohne die Wiederherstellung selbst zu erleben. Auch erhört Gott in seinem geheimnisvollen Ratschluß unsere Gebete manchmal anders als wir erwarten. So schrie unser Herr am Ölberg zum Vater um Abwendung des Leidenskelches. Der Leidenskelch ging nicht an ihm vorüber, doch ein Engel Gottes stärkte ihn und durch sein Leiden wurden wir erlöst. Gebet im Geiste Christi wird durch äußere Schwierigkeiten und irdische Ausweglosigkeit nicht gelähmt, sondern wächst darin empor zu rückhaltlosem Vertrauen auf den Herrn, dessen Verheißungen nicht trügen. Solch vertrauensvolles Gebet wird zum beharrlichen Gebet. Christus selbst hat uns zum zudringlichen Klopfen und hartnäckigen Betteln ermutigt (Lk. 11,5-13; Mt. 7,7-11). So wollen wir in unserem Gebet nicht erlahmen, wenn die Wiedervereinigung unseres Volkes noch immer nicht erreicht ist, sondern darauf vertrauen, daß der Herr für unser Volk alles zum Besten wende.

Rechtes Gebet ist weit wie die Liebe Christi. Unser Herr opfert sich und betet für das Heil der ganzen Welt. In Seiner Kirche hat Er uns alle als Glieder miteinander verbunden, in Volk und Menschheit sind wir auf einander bezogen. Gebet im Namen Jesu sprengt alle Enge. Es weitet sich von der Pfarrei zur Diözese, von der Diözese zur Weltkirche. Der betende Christ wächst aus der persönlichen Sorge zur Sorge um sein Volk, zur Sorge um die ganze Menschheit. So laßt uns als Jünger des Welterlösers und als Glieder der weltweiten Kirche alle Kargheit des Herzens und alle selbstsüchtige Sorge ablegen! Tragen wir unser eigenes Leid als Opfergabe zum Altar des Gekreuzigten, damit es in Christus fruchtbar werde für das Heil der Welt.

Rechtes Gebet drängt zur christlichen Tat. Das betende Vertrauen auf Gottes Vorsehung ist kein Schlummerkissen für unsere Trägheit, sondern ein Anruf, wach zu werden und nach dem Willen Gottes zu handeln. Jedes Gebet in den Anliegen der Zeit wird zur Frage an uns: Was kannst du tun, und was mußt du darum tun, um die Not der Zeit mit deinen Möglichkeiten zu beheben? Wer um die Wunden weiß, welche die Spaltung unseres Vaterlandes schlägt, wird jede wahrhaft verbindende Brücke gehen und Wege suchen, um zu helfen. Wer redlich um den Frieden unter den Völkern betet, wird in seinem Denken und Tun darauf zielen, in seiner eigenen Umgebung Frieden zu wahren. Beten wir eifrig, aber denken wir dabei an das Wort des Herrn: „Nicht jeder, der zu mir sagt: ‚Herr, Herr', wird in das Himmelreich eingehen, sondern, wer den Willen meines Vaters im Himmel tut" (Mt. 7,21).

3. In welchen Formen beten wir?

Laßt Euch nun einige Hinweise geben, wie Ihr in den Anliegen Deutschlands und der ganzen Welt beten könnt.

Nehmt all diese Sorgen in Euer ganz *persönliches Gebet*. Sprecht darüber in Euren eigenen Worten mit Gott! Tut das oft und gewöhnt Euch daran, jede ernste Nachricht aus beiden Teilen Deutschlands oder aus der Welt ins Gebet zu übersetzen! Eigens möchten wir jene ansprechen, die von Gott eine besondere Berufung zum Apostolat des Opfers und des Gebetes erhalten haben. Wir denken an unsere Kranken und Alten, an Priester und Ordensleute. Möge Gott viele unter uns erwecken, die beten und opfern für die Anliegen der Zeit, die sühnen für die Sünden der Menschen.

Wertvoller noch als das Gebet des einzelnen ist das *Gebet der Gemeinschaft*. In der eucharistischen Opferfeier der Pfarreien und in Betstunden, in Exerzitien und Wallfahrten, bei Zusammenkünften von Gruppen und Verbänden: überall soll Raum werden für das himmelstürmende Gebet in den Sorgen unseres Volkes und unserer Zeit. Auch das Gebet für das Vaterland, das nach den Hauptgottesdiensten an Sonn- und Feiertagen überall gesprochen wird, wollen wir im Sinne unseres Anliegens vertiefen und verlebendigen.

In den letzten Jahren wurde öfter auf den *„Engel des Herrn"* hingewiesen als ein Sturmgebet in der Not der bedrängten Kirche und in allen Sorgen der Gegenwart. Unser Heiliger Vater hat dies wiederholt getan und auch auf den beiden letzten Katholikentagen zu Köln und Berlin ist dies ausgesprochen worden. Dies sei auch in diesem Hirtenbrief eigens aufgegriffen. Wir wollen Kirche und Welt jeden Tag bewußt in das Geheimnis der Menschwerdung stellen und durch Mariens Fürbitte das Heil des gekreuzigten und auferstandenen Herrn auf uns herabflehen. Laßt die Angelusglocke nicht umsonst läuten und überlegt Euch, wie Ihr dem „Engel des Herrn" in Eurem täglichen Gebet wieder einen festen Platz geben könnt! Bei gutem Willen ist dies auch im Ablauf des modernen Arbeitstages möglich.

Für die Wiedervereinigung unseres Vaterlandes und alle Anliegen Deutschlands ist *in beiden Teilen Deutschlands eine eifrige Gebetsgemeinschaft* herangewachsen. Viele beten Tag für Tag ein „Vater unser" und „Gegrüßet seist Du, Maria" in diesem Anliegen. Manche fügen es an den „Engel des Herrn" mit der Einleitung: „Laßt uns beten für Volk und Vaterland". Den Abschluß könnte die umfassende Fürbitte bilden: „Daß Du der Kirche Freiheit, unserem Volke Einheit und der Welt den Frieden verleihen wollest, wir bitten Dich, erhöre uns!" In dankbarer Freude begrüßen wir diesen Gebetseifer und hoffen, daß er unter Euch weiterwächst.

Liebe Diözesanen!
In den Jahren 1933 bis 1945 haben viele ihr Leben für die Freiheit des Glaubens und des Gewissens hingegeben. Auf dem Katholikentag in Berlin wurde dieser Blutzeugen gedacht. In der Nähe der Strafanstalt Plötzensee wird durch die Mithilfe aller deutschen Katholiken eine Kirche „Regina Martyrum" zu ihrem Gedächtnis errichtet. Voll Ergriffenheit lesen wir in Briefen und Aufzeichnungen, wie sie sich im Gebet Kraft holten zu ihrem Ganzopfer. Sie seien uns Vorbild! Wir beten wie sie: inständig, voll Vertrauen und Ergebenheit. Wie sie laßt auch uns treue Zeugen Christi sein, an dem Platz und in der Weise, wie Gott es von uns erwartet.

Dazu segne Euch Gott + der Vater und + der Sohn und + der Heilige Geist. Amen.

Gegeben zu Fulda, am 20. August 1958

Die am Grabe des hl. Bonifatius versammelten Bischöfe Deutschlands:

Für die Diözese Berlin
+ Julius, Bischof von Berlin.

(Rundschreiben des Bischöflichen Ordinariats Berlin, mit folgender Anweisung: „Vorstehendes Hirtenwort ist am Sonntag, dem 31. August 1958, in allen Hl. Messen zu verlesen. Berlin, den 25. August 1958. gez. Prange, Generalvikar.")

8. Oktober 1958

43. FÜR DIE RESPEKTIERUNG DER GEWISSENSFREIHEIT

Die Bischöfe und Bischöflichen Kommissare der Berliner Ordinarienkonferenz an den Vorsitzenden des Ministerrates der DDR, Otto Grotewohl

Der Bischof von Berlin | Berlin W 8, den 8. Oktober 1958

An den
Vorsitzenden des Ministerrates
der Deutschen Demokratischen Republik
Herrn Otto Grotewohl
Berlin C 2
Klosterstr. 47

Sehr geehrter Herr Ministerpräsident!

Aus Hirtensorge um die wachsende Not der gläubigen Christen in der Deutschen Demokratischen Republik wenden wir uns an Sie mit der nachdrücklichen Bitte, sobald als möglich Abhilfe zu schaffen. Diese Gewissensnot ist hervorgerufen durch die Bedrückung des religiösen Lebens und durch Druck und Zwang im gesellschaftlichen und geistigen Leben. Die Bedrängnis der Christen hat einen solch unerträglichen Grad erreicht, daß wir nicht länger schweigen können, wenn wir nicht vor Gott, den Gläubigen und dem Volk schuldig werden sollen.

In unserem Memorandum zur Situation des religiös-kirchlichen Lebens vom 4. Dezember 1957 hatten wir uns bereits mit dem gleichen Ersuchen an Sie gewandt, jedoch ohne Erfolg, wie uns Ihr ablehnendes Schreiben vom 14. Januar 1958 erweist. Wir halten es für notwendig, mindestens auf zwei Behauptungen dieses Bescheides kurz einzugehen. Einerseits hatten Sie uns mitgeteilt, daß unsere Beschwerden einer sorgfältigen Überprüfung nicht standhalten, und andererseits hatten Sie festgestellt: „Das Prinzip der Gewissensfreiheit ist gesetzlich anerkannt und wird entsprechend durchgesetzt."

Sie berufen sich in Ihrer Antwort auf die Auskünfte der Volksvertretungen auf Kreis- und Gemeindeebene, daß ihnen die in unserem Memorandum dargelegten religiösen Bedrückungen unbekannt seien. Ohne aus wohlerwogenen Gründen auf diese Feststellung näher einzugehen, betonen wir erneut, daß wir Bischöfe und unsere priesterlichen Mitarbeiter in der täglichen Begegnung mit den Gläubigen diese ihre Nöte und Sorgen immer wieder erfahren. Zu dem vorliegenden Schreiben gaben uns gerade ungezählte Vorstellungen und Bitten von Mitgliedern unserer Kirchengemeinden einen entscheidenden Anstoß.

Aus dem engen Kontakt mit dem Leben der Kirchengemeinden bietet sich uns für den ganzen Bereich der Deutschen Demokratischen Republik das einheitliche Bild:

Wer die von der Verfassung feierlich verbürgte Glaubens- und Gewissensfreiheit für sich in Anspruch nimmt und die gemäß der Verfassung unter dem Schutz der Republik stehende ungestörte Religionsausübung praktiziert, schließt sich damit in der gesellschaftlichen Entwicklung, wie sie vom allumfassenden sozialistischen Staatswesen der Deutschen Demokratischen Republik erstrebt wird, zwangsläufig von vielen Berufs- und Lebensmöglichkeiten aus. Damit aber ist der genannte Satz des Antwortschreibens nicht vereinbar: „Das Prinzip der Gewissensfreiheit ist gesetzlich anerkannt und wird entsprechend durchgesetzt."

Obwohl uns also nach dem erwähnten Antwortschreiben nur geringe Hoffnung bleiben konnte, daß die Regierung der Deutschen Demokratischen Republik bereit sei, die durch Naturrecht und Verfassung garantierten unaufhebbaren Rechte der christlichen Menschen auf Glaubens- und Gewissensfreiheit wirksam zur Geltung zu bringen, wenden wir uns an Sie mit diesem neuen Schritt aus der Sorge um Kirche und Volk. Wir erfüllen damit jene Pflicht, zu der wir uns im Hirtenbrief vom 4. Mai 1958 vor unseren Gläubigen bekannt haben: „Trotz alledem werden wir auch weiterhin für eure Rechte und die Freiheit der Kirche eintreten."

Wir halten die im Memorandum vom 4. Dezember 1957 dargelegten Beschwerden über die Unterdrückung der Glaubens- und Gewissensfreiheit voll aufrecht und ebenso die Forderungen, „die sich auf die durch die Grundordnung der Verfassung der Deutschen Demokratischen Republik gegebenen Möglichkeiten stützen und beschränken". Darüber hinaus müssen wir beklagen, daß der militante Atheismus, getragen von der Sozialistischen Einheitspartei und unterstützt von der Regierung, im laufenden Jahr noch rücksichtsloser und konsequenter durchgesetzt wird:

Regierungs- und Parteistellen haben, besonders über die Schule, den Druck zur Teilnahme an der Jugendweihe verstärkt.

Die Lehrpläne aller Schulgattungen werden noch intensiver mit dem Atheismus durchdrungen.

Die von Regierungs- und Parteistellen abhängige Presse führt ihre massive Diffamierungspropaganda gegen Gott, Religion, Christentum und Kirche verstärkt weiter.

Der staatliche Rundfunk bringt zahlreiche Sendungen antireligiösen Charakters. Die Buch- und die Broschürenproduktion wird in großem Umfang der antichristlichen Propaganda dienstbar gemacht.

Die Glaubensbedrückung der Christen in der Deutschen Demokratischen Republik, hervorgerufen durch diese antireligiösen Tendenzen in der Staats- und Parteiführung, wächst noch durch das allgemeine Bestreben des Staates und der Partei, als Zeichen staatsbürgerlicher Treue das Bekenntnis zum dialektischen Materialismus zu fordern. Wenn auch in letzter Zeit von maßgeblichen Instanzen wiederholt betont worden ist, daß das Bekenntnis zum dialektischen Materialismus nur durch geduldige Überzeugung herbeigeführt werden soll, so kann es keinem Zweifel unterliegen, daß ein Zwangsbekenntnis der Bevölkerung der Deutschen Demokratischen Republik zum dialektischen Materialismus angestrebt wird. Der weltanschauliche Druck, der von Staats- und Parteistellen auf die gesamte Bevölkerung einschließlich des christlichen Teiles ausgeübt wird, muß zu einer zwiespältigen Haltung der Menschen führen. So werden viele zu einem Bekenntnis verpflichtet, dem sie ihre innere Zustimmung versagen müssen, zu dem sie aber allein wegen ihrer wirtschaftlichen Existenz in nicht wenigen Fällen gedrängt werden.

In diesem ideologischen Zwang hat die auch von der Kirche bedauerte, nicht nachlassende Republikflucht eine ihrer entscheidenden Ursachen. Selbst die Presse in der Deutschen Demokratischen Republik konnte z. B. bei der Diskussion über die Motive, warum so viele Ärzte die Deutsche Demokratische Republik verlassen, nicht übersehen, daß das Ausweichen vor der religiösen Bedrückung mit zu den ausschlaggebenden Gründen der Abwanderung zählt. Wir führen dieses Einzelbeispiel der Ärzte nur an, um unbestreitbar zu belegen, wie sehr die Religionsbedrückung in der Deutschen Demokratischen Republik angewachsen ist. Wir sind überzeugt, daß eine spürbare Erleichterung des weltanschaulichen Druckes dazu führen würde, daß viele Bürger der Deutschen Demokratischen Republik nicht Besitz und Heimat aufgäben.

Wir werden angesichts der seelischen und geistigen Not unseres Volkes in der Deutschen Demokratischen Republik nicht aufhören, an Sie und die von Ihnen geführte Regierung immer wieder die Forderung zu richten, dieser Not zu steuern. Wir werden uns in diesen unseren Bemühungen auch nicht durch die schon mehrmals gegen uns vorgebrachten politischen Verdächtigungen beirren lassen.

Gewiß geht es uns in erster Linie um das religiöse Heil der unserer Hirtensorge anvertrauten Gläubigen. Darüber hinaus aber sind wir überzeugt, daß es auch dem Wohl der gesamten Bevölkerung und der oft betonten Humanitas dienen würde, wenn die Regierung sich entschlösse, die in der Verfassung der Deutschen Demokratischen Republik garantierten Grundrechte und religiösen Artikel wieder in ihrem ursprünglichen Sinn zur Geltung zu bringen.

In Ihren Händen liegt die Staatsgewalt, wir aber sind überzeugt, daß wir eintreten für das moralische, ewige Recht des Menschen. Diesem Rechte verpflichtet, stellen wir uns schützend vor die unserer Hirtensorge anvertrauten Gläubigen. Diese baten uns, ihnen zu helfen. So werden wir sie zu ihrer Stärkung auch wissen lassen, daß wir alles getan haben, was in unserer Macht steht, um ihnen das hohe Gut der Glaubens- und Gewissensfreiheit zu sichern.

In ausgezeichneter Hochachtung

gez. + *Julius Döpfner*
Bischof von Berlin

gez. + *Otto Spülbeck*
Bischof von Meißen

gez. *Ferdinand Piontek*
Kapitelsvikar in Görlitz

gez. + *Friedrich Rintelen*
Weihbischof in Magdeburg

gez. + *Joseph Freusberg*
Weihbischof in Erfurt

gez. *Bernhard Schräder*
Bischöflicher Kommissar in Schwerin

gez. *Joseph Schönauer*
Bischöflicher Kommissar in Meiningen

19. Oktober 1958

44. DIE RECHTE DER CHRISTEN UND DIE FREIHEIT DER KIRCHE

Hirtenwort der Bischöfe und Bischöflichen Kommissare in der DDR

Liebe Diözesanen!

Eure lebendige Teilnahme beim Tode unseres Heiligen Vaters, Papst Pius XII., war uns ein großer Trost. Ihr habt dadurch Eure Liebe zu diesem großen Papst gezeigt und vor aller Welt bekundet, daß wir Katholiken mit dem obersten Hirten der Kirche untrennbar verbunden sind.

Ebenso unzerreißbar ist das Band, das Euch mit uns, Euren Bischöfen und Oberhirten, verbindet. Gott der Herr selbst hat dieses Band geknüpft, da Er uns zu Gliedern am geheimnisvollen Leibe Christi berufen hat. Darum stehen wir miteinander im Austausch brüderlicher Gemeinschaft: Unsere Sorge ist Eure Sorge; Eure Not ist unsere Not.

Aus dieser Verbundenheit teilen wir Euch mit, daß wir die Euch und uns gemeinsam belastende Bedrängnis der Glaubens- und Gewissensnot erneut in einem Schreiben an den Herrn Ministerpräsidenten mit aller Eindringlichkeit vorgetragen haben. Wir wollten damit die uns von Gott übertragene Hirtenpflicht erfüllen, von der wir in unserem gemeinsamen Hirtenbrief vom 4. Mai 1958 zu Euch sprachen. Damals mußten wir Euch schreiben, daß alle unsere Vorstellungen bisher ohne Erfolg geblieben waren, aber wir versicherten Euch: „Trotz alledem werden wir auch weiterhin für Eure Rechte und die Freiheit der Kirche eintreten."

Nun bitten wir Euch: Betet inständig und beharrlich, daß unsere Bemühungen, die Gewissensfreiheit der Christen in der DDR wiederherzustellen und zu sichern, bald Früchte tragen. Uns allen aber gebe Gott der Herr die Gnade, treu zu Christus dem Gekreuzigten zu stehen, unsere Bedrängnisse als Opfer der Sühne für unser deutsches Volk anzunehmen und uns Seinem heiligen Willen in unerschütterlicher Zuversicht anzuvertrauen.

Der Segen des allmächtigen Gottes + des Vaters und + des Sohnes und + des Heiligen Geistes komme auf Euch herab und bleibe mit Euch allezeit!

Die Bischöfe und Bischöflichen Kommissare in der Deutschen Demokratischen Republik.

Für das Bistum Berlin:

+ *Julius*
Bischof von Berlin

Berlin, im Oktober 1958

(Rundschreiben des Bischöflichen Ordinariats Berlin, mit der Anweisung: „Vorstehendes Hirtenwort ist am Sonntag, dem 19. Oktober 1958, in allen Gottesdiensten zu verlesen. Berlin, im Oktober 1958, Weber, Generalvikar i. V.")

24. November 1958

45. ZU FRAGEN DES KIRCHENAUSTRITTS UND SOZIALISTISCHER ERSATZRITEN

Pastoralanweisung des Bischöflichen Ordinariats Berlin

Gemäß der klaren Voraussage der Heiligen Schrift haben Christi Botschaft und das Wirken Seiner Kirche zu allen Zeiten Widerspruch erfahren. In der Gegenwart jedoch begnügt man sich nicht mit der Bekämpfung der Glaubenslehre, sondern man versucht, die Christen aus der Kirche völlig herauszureißen, den jugendlichen Menschen aber gar nicht erst in diesem Boden Wurzel fassen zu lassen. Dieses Ziel kann in einem Volk, das noch zu einem guten Teil christlich ist, nicht mit einem Mal erreicht werden. Schritt für Schritt werden darum jene Lebensäußerungen, in denen der christliche Glaube am kraftvollsten als Bekenntnis und Gemeinschaftstat zum Ausdruck kommt, angegriffen, darüber hinaus wird der Versuch unternommen, diese durch Brauchtum neuer Prägung zu ersetzen. Hiermit folgt man jenem religionssoziologischen Gesetz, das bereits vom hl. Augustinus ausgesprochen wurde: „Nie können Menschen auf den Namen einer Religion, sei er wahr oder falsch, vereinigt werden, ohne durch gemeinsame Teilnahme an sichtbaren Kennzeichen oder Sakramenten gesammelt zu werden" (Augustinus contra Faustum XIX,2).

An die Stelle der Taufe tritt die *sozialistische Namensgebung*, bei der an die Eltern eine Frage mit etwa folgender Formulierung gerichtet wird: „Sind Sie bereit, Ihr Kind im sozialistischen Sinne zu erziehen?"

Im Raum der sozialistischen Schule stellt der dialektische Materialismus oberstes Bildungs- und Erziehungsprinzip dar. Die sozialistischen Jugendorganisationen, eng mit der Schule verbunden, setzen die Erziehung der Schüler in deren Freizeit fort. Als Abschluß dieser Erziehung steht die *Jugendweihe* mit ihrem Gelöbnis: „Seid Ihr bereit, mit uns gemeinsam Eure ganze Kraft für die große und edle Sache des Sozialismus einzusetzen, so antwortet mir: Ja, das geloben wir."

Die kirchlich-sakramentale Trauung wird ersetzt durch die *sozialistische Eheschließung*, die (neben Hervorhebung echter menschlicher Werte) das Gelöbnis enthält, mit gemeinsam tätiger Kraft die sozialistischen Errungenschaften mehren zu wollen.

Entsprechend versucht man, das gesamte *Familienleben* sozialistisch zu gestalten, d. h., der sozialistischen Gesellschaftsordnung unterzuordnen.

Anstelle der kirchlichen Beerdigung wird die *sozialistische Bestattung* propagiert.

Diese Formen des Sozialismus sind von einer Ideologie geprägt, die im dialektischen Materialismus ihre atheistische Wurzel besitzt. Die wirtschaftliche oder politische Seite des Sozialismus von der ideologischen trennen zu wollen, ist auf Grund aller Äußerungen der offiziellen Vertreter des Sozialismus nicht möglich.

Im Hinblick auf die Bestrebungen, den Menschen total zu erfassen, fordert man deren direkten *Austritt aus der Kirche*, die äußere, offizielle Absage an jede kirchliche Bindung. Mögen auch alle diese Bestrebungen noch nicht überall mit der gleichen Intensität sichtbar werden, so steht eindeutig fest, daß es sich um Stufen eines folgerichtigen Weges handelt, der auf die völlige Loslösung des gläubigen Menschen von Religion und Kirche zielt.

Bei dieser Lage ist es von größter Bedeutung, daß die Seelsorger eine völlig einheitliche Haltung bewahren, die von den Grundsätzen der katholischen Moral und des Kirchenrechtes bestimmt ist. Deshalb ergehen folgende Pastoralanweisungen, die wir allen Seelsorgern und Beichtvätern zur gewissenhaften Beachtung übergeben.

I. Kirchenaustritt

Da die Konstituierung der christlichen Persönlichkeit auf dem sakramentalen Wege, nämlich durch die in der Taufe gewirkte Neugeburt, also durch einen Akt von Gott her erfolgt, kann sie auf keine Weise von Menschen rückgängig gemacht werden. Einen kirchlich rechtswirksamen Kirchenaustritt gibt es nicht. Bei dem sog. Kirchenaustritt handelt es sich nur um die Trennung von einer öffentlich-rechtlich anerkannten Religionsgesellschaft, um von damit verbundenen Verpflichtungen befreit zu werden.

Die seelsorgliche Behandlung des Kirchenaustrittes wird je nach Motiv bzw. Anlaß verschieden sein.

1) Der Kirchenaustritt der bereits *völlig abständigen* und vielleicht schon seit langem nicht mehr praktizierenden Katholiken ist nur Schlußstein und Dokumentierung eines längst bestehenden Tatbestandes. Seelsorgliche Besuche mit dem Ziel einer Umstimmung sind selten erfolgreich. Aus psychologischen Gründen dürfte es aber ratsam sein, daß der Seelsorger wenigstens in einem eigens verfaßten (nicht gedruckten oder vervielfältigen) Schreiben ohne jeden polemischen Charakter versichert, daß er die Hoffnung auf eine spätere Rückkehr nicht aufgebe und jederzeit zur Verfügung stehe, wenn die durch die Taufe gegebene Gliedschaft in der Kirche wieder lebendig werden soll. Die Sorge um noch treu gebliebene Familienangehörige könnte jedoch einen pastoralen Besuch notwendig machen.

2) Andere erklären ihren Austritt aus *Ärger oder Zorn* oder irgendwelchem Ressentiment. Diese in sich widerspruchsvollen Austritte sind nicht hoffnungslos, bedürfen zur Heilung aber meist einer gewissen Zeit. Sie muß der Seelsorger besonders im Auge behalten und sorgsam erwägen, wann der psychologisch günstigste Zeitpunkt da ist, um wieder Fühlung aufzunehmen. Selten wird sich der sofortige Versuch empfehlen, abgesehen von einem Schreiben im obigen Sinne. Beharrliches Gebet, Geduld, evtl. Vorarbeit durch geschickte Laienhelfer sind in solchen Fällen angebracht.

3) Am schmerzlichsten ist der *Kirchenaustritt jener, die sich zu solchem Schritt entschließen, obwohl sie lieber in der Kirche blieben.* Sie tun es, weil sie den Verlust der Stellung, einer erwünschten Ausbildung oder sonstige schwere Nachteile fürchten. In ihrer Not verfallen sie auf den Ausweg, vor dem Seelsorger zu erklären, daß sie nur äußerlich austreten, innerlich aber der Kirche treu bleiben und womöglich außerhalb der Pfarrgemeinde ihre religiösen Pflichten erfüllen wollen. Es handelt sich hier nicht um das vollendete Delikt der Apostasie oder des Schismas, das die Strafe der Exkommunikation nach sich zieht, wohl aber um ein materielles Schisma, das für den Betroffenen eine Beschneidung der Gliedschaftsrechte, vor allem hinsichtlich des Sakramentenempfanges, zur Folge hat.
Selbstverständlich ist dieser Weg unter keinen Umständen gangbar. Jeder Kirchenaustritt ist ein öffentlicher Akt, wird von Gläubigen und Andersgläubigen als ein Bruch mit der Kirche gewertet und erregt bei den Gläubigen schwerstes Ärgernis. Kein innerer Vorbehalt kann daran etwas ändern. Niemals darf der Seelsorger einem solchen Verhalten zustimmen, es auch nicht mit Stillschweigen übergehen. Es gibt letzte Opfer, von denen wir nicht dispensieren können, zu denen wir vielmehr auffordern und ermutigen müssen.

4) *Die Rekonziliation*
Wer den Kirchenaustritt erklärt hat, kann erst nach vorausgehender Rekonziliation zum Empfang der Sakramente zugelassen werden. Die Rekonziliation umfaßt Abschwörung, Lossprechung, Erteilung der Buße und Versprechen der Wiedergutmachung des entstandenen Ärgernisses.
Die kirchliche Beerdigung ist denen zu versagen, die ohne Zeichen von Reue gestorben sind (c. 1240 § 1, n.6).

a) *Rekonziliation im äußeren Rechtsbereich*
Jeder Austritt aus der Kirche trägt öffentlichen Charakter und muß daher grundsätzlich vor den äußeren Rechtsbereich der Kirche (forum externum) gebracht werden. Daher wird die Rekonziliation im äußeren Rechtsbereich durch einen vom Oberhirten bevollmächtigten Priester die Regel sein. Dem Erweis echten Willens zu Bekehrung und Wiedergutmachung des entstandenen Ärgernisses soll in der Regel eine Bewährungszeit dienen; diese darf die Dauer eines halben Jahres nicht überschreiten. Über Verhängung und Dauer entscheidet unter Abwägung aller Umstände der zuständige Seelsorger. Bei Vorliegen wichtiger Gründe kann von der Verhängung der Bewährungszeit Abstand genommen werden. Da die erfolgte Wiederaufnahme in die Kirche staatlicherseits nicht entgegengenommen wird, hat der Bittsteller bei der nächsten Personenstandsaufnahme seine Zugehörigkeit zur katholischen Kirche zu bekunden.

b) *Rekonziliation im inneren Rechtsbereich mit Wirkung für den äußeren Rechtsbereich*
Gemäß Reskript der Hl. Poenitentiarie vom 13.6.1956 (vgl. Amtsblatt 1956, Nr. 145, S. 45 und Amtsblatt 1956, Nr. 119, S. 50 (!)) wurde für die Dauer von drei Jahren allen in der Diözese approbierten Beichtvätern die Vollmacht erteilt, ihre Beichtkinder auch mit Wirkung für den äußeren Rechtsbereich loszusprechen.

Bei Vorliegen triftiger Gründe kann von dieser Vollmacht Gebrauch gemacht werden. Ärgernis in der Gemeinde darf daraus nicht entstehen.
Der Poenitent hat seine Reue zu bekunden und den wahren Glauben kurz zu bekennen. Der Beichtvater muß eine entsprechende Buße auferlegen und die Pflicht der Wiedergutmachung des Ärgernisses einschärfen. Darüber hinaus ist dem Poenitenten die Verpflichtung aufzuerlegen, innerhalb eines Monats persönlich seinem zuständigen Pfarrer die erfolgte Rekonziliation mitzuteilen. Der Pfarrer hat darüber ein Protokoll aufzunehmen. Das Protokoll ist im Pfarrarchiv aufzubewahren.

II. Sozialistische Eheschließung

Da bei der sozialistischen Trauung eine Festlegung auf den Sozialismus hinsichtlich der Lebensführung der Ehegatten und der Erziehung der Kinder erfolgt, wird hiermit ein Gegensatz zu der Auffassung der christlichen Ehe und Familie dokumentiert. Daraus ergibt sich, daß die katholische und sozialistische Trauung miteinander unvereinbar sind, daß der Katholik sich weder vor noch nach der kirchlichen Trauung sozialistisch trauen lassen darf.

Bei Anmeldung einer Eheschließung bzw. im Brautunterricht muß diese Frage gründlich besprochen und geklärt werden, vor allem auch bei Mischehen. Die Brautleute müssen zu einer klaren Entscheidung veranlaßt werden. Sollte auch nur ein Partner von der sozialistischen Trauung nicht abgehen, kann keine katholische Trauung stattfinden.

III. Sozialistische Jugendweihe

Diese bereits seit mehreren Jahren bestehende Form einer sozialistischen Aufnahmefeier des Jugendlichen in die Reihen der Erwachsenen hat auf Grund jahrelanger Propaganda stärkste Verbreitung gefunden. Wiederholt ist in Hirtenworten und pastoralen Anweisungen von der Kirche erklärt worden, daß die Jugendweihe im Widerspruch zum Taufgelübde stehe. Auf Grund des neuen Jugendstundenplanes ist das in der Jugendweihe enthaltene Bekenntnis zum Sozialismus eindeutiger denn je als Bekenntnis zum Atheismus aufgezeigt. Ein solches feierliches Gelöbnis kann niemals als nichtssagende Erklärung gewertet werden, sondern stellt eine zumindest indirekte oder mittelbare Glaubensverleugnung dar. Der fraglos häufig ausgeübte moralische Druck zur Teilnahme an der Jugendweihe kann die objektive Sündhaftigkeit eines solchen Gelöbnisses für den katholischen Christen nicht aufheben. Darum empfehlen sich außer einer regelmäßigen jährlichen Verlesung der oberhirtlichen Anweisungen immer wieder nachdrückliche Hinweise im Unterricht und in der Verkündigung darauf sowie eine ausführliche öftere Behandlung und Begründung der entsprechenden Fragen in den Standeskreisen und Jugendgruppen.

Für die in ihrem Gewissen bedrängten und um ihres Glaubens willen bedrückten Christen werden die Seelsorger öfter zum Gebete anregen und besonders die

Alten und Kranken auf ihr Gebets- und Opferapostolat in diesem wichtigen Anliegen hinweisen.

Es ist Pflicht des Seelsorgers als eines guten Hirten, selbst zu untersuchen, wer von seinen Kindern sich zur Jugendweihe angemeldet oder schon daran teilgenommen hat. Gelegentliche Nachrichten aus seiner Gemeinde genügen nicht.

1) *Anmeldung zur Jugendweihe*

a) Kinder des 1. und 2. Schuljahres, die von ihren Eltern zur Jugendweihe angemeldet wurden, sind weder vom Religionsunterricht noch vom Sakramentenempfang auszuschließen.
Zur Stärkung des Glaubens werden die feierliche Erstkommunion für Kinder des 2. Schuljahres sowie die besondere Förderung der Frühkommunion den Seelsorgern dringend empfohlen.

b) Kinder des 3. bis 8. Schuljahres, die gegen ihren Willen zu Jugendweihe angemeldet wurden, haben weiterhin am Religionsunterricht teilzunehmen. Sie sollen auch nach dem klugen Ermessen der Seelsorger zum Empfang der heiligen Kommunion zugelassen werden. Gleichzeitig dürfen die Seelsorger und Religionslehrer nichts unversucht lassen, die Eltern zum Widerruf der Anmeldung zu bewegen.

c) Eltern, die ihre Kinder zur Jugendweihe angemeldet haben, schließen sich in Anbetracht der Mithilfe zu der mit der Jugendweihe verbundenen Glaubensverleugnung vom Empfang der Sakramente aus, solange sie nicht willens sind, die Anmeldung zurückzuziehen.

2) *Teilnahme an den Vorbereitungsstunden*

a) Kinder, die freiwillig an den Vorbereitungsstunden zur Jugendweihe teilnehmen, sind nach wie vor zur Teilnahme am Religionsunterricht verpflichtet. Sie können zum Empfang der Sakramente nur zugelassen werden, wenn sie von der Teilnahme an den Vorbereitungsstunden zurücktreten.

b) Kinder, die unter elterlichem Zwang die Vorbereitungsstunden zur Jugendweihe besuchen, sollen zur Stärkung des Glaubens eifrig am Religionsunterricht teilnehmen. Sie dürfen die Sakramente empfangen, wenn sie den ernsten Willen haben, der Jugendweihe fernzubleiben.

c) Zur Erprobung des Glaubens und Wiedergutmachung des entstandenen Ärgernisses empfiehlt es sich, die durch das Kind getroffene neue Entscheidung vor der Religionsklasse bekanntzugeben.

3) *Teilnahme an der Jugendweihe*

a) Wer an der Jugendweihe teilgenommen hat, darf erst nach einer Bewährungszeit von 1/2 Jahr zum Empfang der heiligen Kommunion und Firmung zugelassen werden.

b) Wer sich in der heiligen Beichte der Teilnahme an der Jugendweihe anklagt, darf die Lossprechung nur dann erhalten, wenn er bereit ist, die im Folgenden genannte Erprobung für die Dauer der zu verhängenden Bewährungszeit auf sich zu nehmen. Der Erprobung dienen: regelmäßige Teilnahme am Gottesdienst, Erfüllung der religiösen Pflichten, Teilnahme am Religionsunterricht oder an den Glaubensstunden.

c) Die Zulassung zur heiligen Kommunion und zur heiligen Firmung darf erst nach Ablegen des Treu-Versprechens statthaben.
Dafür wird folgender Wortlaut empfohlen:
„Ich, N. N. habe am ... an der Jugendweihe teilgenommen. Ich bin mir bewußt, daß ich damit gegen Gott gefehlt und meinen katholischen Glauben verleugnet habe. Ich verspreche feierlich vor zwei Zeugen durch Ablegung des Glaubensbekenntnisses, in Zukunft Gott die Treue zu halten."
Glaubensbekenntnis und Treu-Versprechen sind vor dem Seelsorger und zwei Zeugen abzulegen. Darüber ist ein Protokoll aufzunehmen, das die Beteiligten unterzeichnen.

d) Durch Abgabe des Treu-Versprechens werden auch die verlorenen kirchlichen Ehrenrechte wiedergegeben: z. B. Patenschaft, Ministranten- und Helferdienst.

e) Ist die Teilnahme an der Jugendweihe tatsächlich und sicher geheim geblieben, daher kein Ärgernis zu befürchten, kann der Beichtvater die Zulassung zur heiligen Kommunion gewähren.
Der Poenitent hat seine Reue zu bekunden und ein kurzes Treu-Versprechen abzulegen. Darüber hinaus besteht die Verpflichtung, seinem zuständigen Pfarrer innerhalb eines Monats die gewährte Zulassung zu den heiligen Sakramenten mitzuteilen.

f) Eltern und Erzieher, die ihre Kinder an der Jugendweihe haben teilnehmen lassen, werden unter sinngemäßer Anwendung der oben aufgestellten Regeln zum Empfang der heiligen Kommunion zugelassen.
Für das Treu-Versprechen wird folgender Wortlaut empfohlen:
„Mein Sohn (meine Tochter) N. N. hat am ... mit meiner Einwilligung (auf mein Drängen) an der Jugendweihe teilgenommen. Ich bin mir bewußt, daß ich damit zu der mit der Jugendweihe verbundenen Glaubensverleugnung mitgewirkt habe. Ich verspreche, in Zukunft dem katholischen Glauben treu zu bleiben und mein Kind (meine Kinder) darin zu bestärken."

4) *Werbung und Mitwirkung*
Wenn Lehrer oder andere Personen auf Grund ihrer Stellung verpflichtet werden, an der Werbung für die Jugendweihe mitzuwirken, obwohl sie die Jugendweihe innerlich ablehnen, sind bloße Mitteilungen oder Hausbesuche als cooperatio materialis mediata zu werten, wenn die christliche Haltung der Betreffenden bekannt ist und keine positive Stellungnahme erfolgt.

IV. Sozialistische Namensgebung

Da bei der sozialistischen Namensgebung, die anstelle der heiligen Taufe treten soll, das Gelöbnis abgelegt wird, das Kind im Geiste des Sozialismus zu erziehen, ist es katholischen Eltern nicht erlaubt, eine solche Feier an einem Kind vollziehen zu lassen. Darum sind die Eltern rechtzeitig zu belehren und zu einer klaren Entscheidung zu veranlassen.

Sollten Eltern auf der sozialistischen Namensgebung bestehen, muß die Spendung der heiligen Taufe verweigert werden. Die Eltern selbst können zum Sakramentenempfang nicht zugelassen werden.

Haben die Eltern in Unkenntnis der kirchlichen Bestimmungen der sozialistischen Namensgebung ihres Kindes zugestimmt, ist vor Gewährung der heiligen Taufe eine ausdrückliche schriftliche Verpflichtung zur christlichen Erziehung zu fordern.

Erfolgt nach der Spendung der heiligen Taufe eine sozialistische Namensgebung, so können die Eltern erst nach einer schriftlichen Verpflichtung zur christlichen Erziehung ihres Kindes wieder zum Sakramentenempfang zugelassen werden.

V. Sozialistische Beerdigung

Das Verhalten des Seelsorgers im Fall einer sozialistischen Beerdigung richtet sich nach den bekannten Bestimmungen für die Feuerbestattung. Hat ein Katholik für den Fall seines Todes die sozialistische Beerdigung angeordnet, kann er die Sterbesakramente nur empfangen, wenn er diesen Entschluß rückgängig macht.

Ist gegen den Willen eines Sterbenden eine sozialistische Beerdigung von anderer Seite vorgesehen, ist der Sakramentenempfang möglich; eine Mitwirkung des Priesters an solcher Beisetzung ist selbstverständlich ausgeschlossen.

gez. *Prange*
Generalvikar

8. Februar 1959

46. KIRCHE UNTER DEM KREUZ

Fastenhirtenbrief der Bischöfe und Bischöflichen Kommissare in der DDR

Geliebte im Herrn!

In den vergangenen Jahren sprachen wir mehrmals in gemeinsamen Hirtenbriefen über die Bedrängnis der gläubigen Christen zu Euch und haben Euch auf die wachsende atheistische Propaganda in Wort und Schrift hingewiesen und Euch unsere Sorge um die Erziehung der Kinder und der Jugend und um die Wahrung Eurer Gewissensfreiheit dargelegt. Wir machten uns dabei zum Anwalt Eurer Not. Deshalb wart Ihr von Herzen dankbar für das Wort Eurer Oberhirten. Ihr habt neuen Mut geschöpft, weil das Wort der Bischöfe Euch bezeugt, dass Ihr nicht allein steht. Zudem wusstet Ihr, daß wir bei den verantwortlichen staatlichen Stellen wiederholt für Eure Rechte als Glieder der Kirche eintraten.

Eure Bedrängnis ist seitdem nicht geringer geworden, sondern noch gewachsen. So sehen wir uns veranlasst, zu Beginn der hl. Fastenzeit wieder gemeinsam zu Euch zu sprechen. Dieses Mal wollen wir die Not des einzelnen Christen von der Kirche her sehen. Die Kirche ist ja nicht eine Einrichtung, die Euch fremd gegenübersteht und nur von den Bischöfen und Priestern vertreten wird. Diese Kirche seid Ihr, sind wir alle. Der für uns unvergessliche Papst Pius XII. sagte einmal: „Wir gehören nicht nur zur Kirche, wir sind die Kirche" (Allocutio an die Kardinäle vom 20.2.1946). So ist der Triumph der Kirche unser Triumph, die Not der Kirche ist unsere Not. Wenn wir aber heute die Kirche in Not sehen, dann erkennen wir sie aus der Schau des Glaubens als Kirche unter dem Kreuz Jesu Christi. *Kirche in Not – Kirche unter dem Kreuz des Herrn:* Darüber wollen wir heute zu Euch sprechen.

I. Wir leiden an der Not der Kirche.

Vielfältig ist heute die Not der Kirche. Drei Tatsachen wollen wir herausgreifen:

Die Kirche soll entwürdigt werden.

Wir finden als gläubige Christen in unserer heiligen Kirche eine hohe Würde. Diese Würde soll verdunkelt werden. Uns ist die Kirche die von Gott bestellte Künderin der Wahrheit und die Vermittlerin der Erlösungsgnade. Diese Sendung wird ihr durch eine Ideologie streitig gemacht, die Sünde und Erlösung leugnet. Die Gottesleugner bezeichnen unsere Kirche als Hort des Betruges und Aberglaubens, als Feindin der fortschrittlichen Wissenschaft. Wir lieben die Kirche als Mutter jenes Lebens, das aus Gott ist. Doch wie oft müsst Ihr hören, ihre Sakramente seien Magie und ihre Ewigkeitshoffnung hemme die menschliche Entwicklung. Voll

Dank erlebt gerade Ihr die Kirche als die Schützerin Eurer Persönlichkeitsrechte und Eurer Gewissensfreiheit. Von anderen aber wird sie als Bundesgenossin des Kriegslagers und der Ausbeuter geschmäht.

Damit ein solch entwürdigendes Zerrbild der Kirche entsteht, werden Vorgänge der Kirchengeschichte und Ereignisse der Gegenwart einseitig oder falsch dargestellt, verleumdet man Päpste und Bischöfe. So könnt Ihr es in den Zeitungen und Zeitschriften lesen, so hört Ihr es im Funk und auf der Bühne, so wird es Euren Kindern in der Schule gelehrt. Das Ziel ist klar. Ihr sollt durch solche Hetze die Freude an der Kirche, das Vertrauen zur Kirche verlieren und so in Eurem Herzen der Kirche entfremdet werden.

Die Kirche soll entvölkert werden.

Das ist der nächste Schritt. Einer solchen Kirche – so lautet die Folgerung der Kirchenfeinde – muss man den Rücken kehren. Gerade im vergangenen Jahr ist der Kirchenaustritt in ungewöhnlicher Schärfe propagiert worden. Mit Drohungen und Versprechungen sucht man zum Ziel zu kommen. Mit Methoden, die menschenunwürdig sind und zudem dem verfassungsmässigen Recht auf Glaubens- und Gewissensfreiheit eindeutig widersprechen, soll vielfach der Kirchenaustritt erzwungen werden. Es gibt bei uns Berufe, die nur der ergreifen oder behalten kann, der sich von der Kirche getrennt hat und aus der Kirche ausgeschieden ist.

Die Kirche soll ersetzt werden.

Man weiss, was die Kirche und ihr Gottesdienst, ihre Sakramente und ihr Brauchtum den christlichen Menschen bedeuten. Deshalb setzt man irdische Ersatzformen an ihre Stelle. Die Menschen sollen durch Weihehandlungen und Gelöbnisse dazu gebracht werden, dass sie Gott und die Kirche vergessen und sich einzig dieser Erde, der Arbeit und der Gesellschaft verschreiben. All das geschieht, um die Irrlehre der Selbsterlösung eindrucksvoll in das Leben der Menschen zu stellen. Zu solchen atheistischen Riten, die in jüngster Zeit von Stellen des Staates und der Partei immer stärker gefördert werden, gehören die sozialistische Namensgebung, die sozialistische Jugendweihe, die sozialistische Trauung und die sozialistische Beerdigung. Besonders der Druck zur Teilnahme an der Jugendweihe ist in unerträglicher Weise gewachsen. In den letzten Jahren wollte man manchmal den christlichen Eltern glaubhaft machen, dass die Jugendweihe mit religiöser Überzeugung vereinbar sei. Doch die Äusserungen maßgeblicher Persönlichkeiten, der Lehrplan der Vorbereitungsstunden und gerade auch die Einordnung der Jugendweihe in die anderen, vorhin genannten sozialistischen Feiern erweisen unwiderleglich, dass die Jugendweihe ein Bekenntnis und Gelöbnis zum atheistischen Materialismus sein will.

Ein ernstes Bild von der Not der Kirche und ihrer Kinder mussten wir Euch entwerfen. Kein Wunder, dass manche unsicher werden, sich von der Kirche lösen oder doch einer klaren Entscheidung ausweichen. Umso mehr danken wir in ehrfürchtiger Bewunderung Euch, den Kindern und Jugendlichen, den Männern und Frauen, dass Ihr so tapfer feststeht und Euch durch nichts von Eurer Kirche trennen lasst.

II. Wir schauen die Kirche unter dem Kreuz Christi.

Nun wollen wir die Not der Kirche, die wir eben sahen, von Christus her verstehen. Die Kirche ist der in der Zeit fortlebende und fortwirkende Christus. Christi Sendung aber verstehen wir am tiefsten vom Kreuz her. Darum schreibt der hl. Paulus an die Gemeinde von Korinth und wir, Eure Oberhirten, sagen Euch ebenso: „Ich hatte mir vorgenommen, bei euch von nichts zu wissen als von Jesus Christus, und zwar dem Gekreuzigten“ (1. Kor. 2,2). Wie aber damals auf Golgotha Maria unter dem Kreuz ihres Sohnes stand, so steht die Kirche auf ihrem Weg durch diese Erdenzeit immerdar unter dem Kreuz ihres Herrn und Erlösers. Merkt Euch drei Sätze:

1. Die Kirche leidet mit dem Gekreuzigten.

Ihr wisst aus dem Evangelium, wie es unserem Herrn erging. Er wurde zu Unrecht als Aufwiegler, Gesetzesübertreter, Gotteslästerer hingestellt und wie ein Verbrecher starb Er am Kreuz. All das hat Er um unseres Heiles willen im Auftrag Seines Vaters auf Sich genommen. Auf diesen Weg des Kreuzes führt Christus auch Seine Kirche und alle Seine Jünger. Denkt nur an Sein Wort: „Der Knecht ist nicht grösser als sein Herr“ (Joh. 13,16); „wenn die Welt euch hasst, so wisset, dass sie mich vor euch gehasst hat“ (Joh. 15,18).

In der Kirchengeschichte gibt es freilich Zeitabschnitte und Länder, wo die Kirche ob ihrer göttlichen Sendung geachtet und geliebt unter den Menschen steht. Doch selbst in solcher Lage muss sie stets bereit sein zur „Schmach des Gesalbten“ (Hebr. 11,26) und verkündet ihren Kindern das Wort des Meisters: „Wer mir nachfolgen will, muss sich selbst aufgeben und täglich sein Kreuz nehmen, um mir zu folgen“ (Luk. 9,23).

Immer aber finden wir von Anfang an bis heute Zeiten und Umstände, in denen das Leiden Christi in Seiner Kirche besonders sichtbar wurde. Wegen der besonderen Nähe zum Gekreuzigten galten solche Zeiten der Bedrängnis stets als Zeiten der Gnade. Die Kirche hat dabei nur die eine grosse Sorge, dass ihre Kinder wirklich um Christi willen leiden. Der hl. Petrus spricht davon in seinem ersten Brief: „Was für ein Ruhm wäre es, wenn ihr euch vergangen hättet und würdet dafür Züchtigung ertragen? Handelt ihr hingegen recht und müsst dafür leiden und traget es, so ist es Gnade vor Gott. Dazu wurdet ihr ja berufen“ (1. Petr. 2,20-21). Die gegenwärtige Bedrängnis unserer hl. Kirche ist trotz unserer menschlichen Schwachheit Leiden um Christi willen; dessen sind wir gewiss.

2. Die Kirche spendet die Gnaden des Gekreuzigten.

Das Kreuz Christi ist der Kirche heilige Last, doch von dort erhält sie auch ihre herrliche Sendung. Sie teilt in den 7 Sakramenten die Gnade, die Christus am Kreuz erwarb, an uns aus. Dieser Mittlerdienst gehört wesentlich zum Bild der Kirche unter dem Kreuz.

In der *Taufe* erhalten wir aus Christi Sterben neues, göttliches Leben und durch die *Firmung* werden wir im Zeichen des Kreuzes gesalbt zur Zeugenschaft in der Welt. Bei der Feier der *Eucharistie* verkünden wir das Gedächtnis des Leidens Christi und beim Empfang des *Bußsakramentes* werden wir jeweils neu geläutert im Blut Christi. In der *Krankenölung* aber schenkt uns der Gekreuzigte die Gnade, die Krankheit in Geduld zu tragen und, so es Gottes Wille ist, vereint mit ihm zum Vater heimzugehen. Im *Weihesakrament* erhält der Priester Anteil am Mittlerdienst des Gekreuzigten und im *Sakrament der Ehe* stellen die Eheleute ihren eigenen Lebensbund hinein in die Hingabe des Gekreuzigten an Seine Kirche. All diese Gnadenfülle der Sakramente spendet uns die Mutter Kirche, die bräutliche Gehilfin unseres gekreuzigten Herrn.

3. Die Kirche verkündet die Herrlichkeit des Gekreuzigten.

Wir spürten bisher schon, wie das Kreuz auf Leben und Herrlichkeit hinüberweist. Christus sagt von Sich am Ostertag: „Musste nicht Christus dies leiden, um so in Seine Herrlichkeit einzugehen?" (Luk. 24,26). Das gilt auch für die Kirche und ihre Kinder. Wie sie am Leiden Christi teilnehmen, so vereinigen sie sich auch mit dem auferstandenen Herrn. Nicht darf die Kirche das ernste Wort von der Nachfolge des Gekreuzigten in ihrer Verkündigung verkürzen, doch stets wird sie hinzufügen, dass Christus unser Leid in Seine Herrlichkeit und unsere Trauer in Seine Freude verwandelt. So ist die Kirche eine Pilgerin, die auf ihrem Kreuzweg voll glückseliger Hoffnung dem verherrlichten Herrn entgegengeht. Gewiss verzagen und erkalten manche auf diesem Weg, doch das ist für die getreuen Kinder der Kirche ein Ansporn, noch stärker zu hoffen und noch inniger zu lieben. Aus solcher Hoffnung erwächst uns schon hier auf Erden Friede und Freude; denn in unseren Herzen klingt die Seligpreisung des Herrn: „Selig seid ihr, wenn man euch schmäht und verfolgt und euch fälschlich alles Böse nachsagt um meinetwillen: Freuet euch und frohlocket, denn euer Lohn ist gross im Himmel!" (Mt. 5,11-12).

III. Wir erneuern unser Ja zur Kirche.

Das soll die Frucht dieses Hirtenbriefes sein, dass Ihr Euch wieder enger mit der Kirche des Gekreuzigten verbindet und Euch wappnet gegen alle Einflüsse von aussen. Wir singen so oft in dem bekannten Taufbund-Lied: „Dank sei dem Herrn, der mich aus Gnad' in Seine Kirch' berufen hat. Nie will ich von ihr weichen." Lasst uns auch das in einigen Anrufen entfalten!

Prüfet die Geister und höret auf die Stimme der Kirche!

Wir hörten von den Schmähungen gegen die Kirche und ihre Getreuen; wir sprachen von der Frohbotschaft des Gekreuzigten, die die Kirche uns kündet. So seid Ihr zur Entscheidung aufgerufen! Ihr könnt nicht immer auf alle Anwürfe eine Antwort geben, aber das Kennzeichen der Lüge könnt Ihr oft entdecken. Darum lasst Euch nicht irreführen und nehmt mit desto grösserem Eifer das Wort der Kirche in Euch auf! Sie kündet die Wahrheit Gottes!

Habt keine Angst und haltet der Kirche die Treue!

Wie wir hörten, ist unser Weg und unser Ziel – Erdenzeit und Ewigkeit – in den durchbohrten Händen unseres Herrn geborgen. Darum fürchtet Euch nicht und steht zur Kirche! Es gibt keine gültige Begründung, die den sogenannten Austritt aus der Kirche rechtfertigen könnte. Ihr dürft auch nicht zum Schein und nach aussen hin eine Kirchenaustrittserklärung abgeben. Verwahrt Euch von vornherein gegen eine solche Zumutung und besteht nachdrücklich auf Eurem in der Verfassung garantierten Recht der Gewissensfreiheit. Wenn Ihr aber wegen Eurer Festigkeit Bedrängnis und wirtschaftliche Nachteile auf Euch nehmen müsst, dann umklammert liebend das Kreuz des Herrn, dass Er Euch Kraft und inneren Frieden schenke!

Holt nicht Wasser aus den Zisternen, sondern schöpfet aus den Quellen des Heiles!

Wir sprachen von den atheistischen Ersatzriten; sie sind für den Christen wie brüchige Zisternen, aus denen kein Heil zu gewinnen ist. Wir hörten von den Sakramenten der Kirche; sie fliessen gleich lauterem Quell aus den Wunden unseres Heilandes. Auch hier seid Ihr zur klaren Entscheidung aufgerufen. In der Kraft des apostolischen Amtes, das uns verliehen ist, erklären wir Euch nach reiflicher Prüfung: Kein katholischer Christ kann die sozialistische Namensgebung, die sozialistische Jugendweihe, die sozialistische Trauung, die sozialistische Beerdigung oder ähnliche antikirchliche Feiern vollziehen, ohne seinen heiligen Glauben zu verleugnen. Zwischen dem Glauben an Gott und dem Bekenntnis zur Gottlosigkeit gibt es keinen Kompromiss. Erwägt gewissenhaft die Anordnungen, die Eure Bischöfe für diese Fälle, ganz besonders aber in der Frage der Jugendweihe, getroffen haben! Das Wohl der Kirche verlangt solch klare Weisungen. Eifert der Glaubenstreue all der Bekenner und Blutzeugen nach, die uns in der Geschichte unserer hl. Kirche vorangegangen sind! Holt Euch dazu die Kraft aus den Quellen des Erlösers, aus Seinen hl. Sakramenten, besonders in der eifrigen Teilnahme am hl. Messopfer und im häufigen Empfang des Leibes Christi!

Haltet zusammen und helft einander!

Manche unserer Glaubensbrüder wanken bei so starkem Druck, alle aber leiden unter der schweren Bedrängnis. Und um uns her erliegen so viele Menschen der Verführung und wollen nichts mehr von Christus wissen. Welch grosse Sorge, welch gewaltige Sendung für unsere Kirche! Sie muss in unserem Land, das der Gnade des Herrn so sehr bedarf, das Heilswerk des Gekreuzigten weiterführen und Ihr seid als lebendige Glieder der Kirche gerufen, mitzusorgen und mitzuhelfen. So stützt Euch gegenseitig in den Seelsorgsgemeinden und in den Familien durch ein gutes Wort, durch tätige Liebe und durch Euer Gebet! Ihr mögt eine kleine Schar sein, aber Ihr habt eine grosse Aufgabe für unser ganzes Volk.

8. Februar 1959

Geliebte im Herrn!
Nun geht an der Hand der Mutter Kirche in die hl. Fastenzeit! Oft wird die Liturgie in ihren Gebeten und Lesungen Euch an das erinnern, was wir in unserem Hirtenbrief bedachten. Öffnet dafür Euer Herz in den Gottesdiensten der Gemeinde und nützt die Reichtümer der Liturgie auch im täglichen Gebet Eurer Familie! Gestaltet diese Wochen in einem frohen Bußgeist; dann bleibt Ihr mit der Kirche unter dem Kreuz des Herrn. Vor allem aber vergesst dies nicht: Nach der Passionszeit kommt Ostern; aus aller Not unserer Prüfung wächst die Freude unserer Erwählung und die siegreiche Hoffnung im auferstandenen Herrn.

Es segne Euch Gott + der Vater und + der Sohn und + der Heilige Geist. Amen.

Die auf der Berliner Ordinarienkonferenz versammelten Bischöfe und Bischöflichen Kommissare

+ Julius Card. Döpfner
Bischof von Berlin

+ Otto Spülbeck
Bischof von Meissen

Dr. Ferdinand Piontek
Kapitelsvikar in Görlitz

+ Friedrich Rintelen
Weihbischof in Magdeburg

+ Joseph Freusberg
Weihbischof in Erfurt

Dr. Bernhard Schräder
Bischöflicher Kommissar in Schwerin

Joseph Schönauer
Bischöflicher Kommissar in Meiningen

(Rundschreiben des Bischöflichen Ordinariats Berlin, mit der Anweisung: „Vorstehendes Hirtenwort ist am Sonntag Quinquagesima – 8. Februar 1959 – in allen Gottesdiensten zu verlesen. Prange, Generalvikar.")

Pfingstsonntag (17. Mai) 1959

47. DIE SENDUNG DER KIRCHE

Predigt der Bischöfe und Bischöflichen Kommissare in der DDR

In der Lesung der heutigen Opferfeier erlebten wir die Herabkunft des Heiligen Geistes auf die Apostel und auf die erste Gemeinde der Christgläubigen. Damals, am ersten Pfingstfest des Neuen Bundes, trat die Kirche in die Welt und begann ihren Weg durch die Geschichte. Aus der kleinen Schar des Obergemaches ist die Weltkirche geworden. An jedem Pfingsttag besinnen wir uns in dankbarer Freude auf den Ursprung unserer hl. Kirche und schauen auf ihren Weg in der Gegenwart.

Die Besinnung auf die Kirche ist heute von einer ernsten Sorge überschattet. Daß Ideologien, politische Gruppen und auch Organe des Staates die Kirche scharf angreifen und Christen unter Druck setzen, ist uns nicht neu. Doch maßgebende Äußerungen von höchster, verantwortlicher Stelle lassen uns befürchten, daß der Staat die atheistische Weltanschauung zur verpflichtenden Grundlage aller seiner Lebensäußerungen machen will und daß er darum keinen Raum mehr läßt für das Wirken der Kirche und für die Gewissensfreiheit des gläubigen Christen.

So will ich heute mit Euch im einzelnen den Bauplan besprechen, den Christus selbst von Seiner Kirche entwarf. Dabei wenden wir jeweils einen kurzen Blick auf den Staat und seine Aufgaben, um unsere Mutter Kirche in ihrer Sendung besser zu verstehen und um klar zu erfassen, worum es heute geht. Alle Bischöfe und Ordinarien in den einzelnen kirchlichen Gebieten der Deutschen Demokratischen Republik verkünden heute in gleicher Weise die Botschaft von der Kirche. Der gemeinsamen Sorge entspreche das gemeinsame Wort und die einmütige Tat.

Wir bedenken Satz für Satz das große Sendungswort, das Christus vor Seiner Himmelfahrt zu den Aposteln sprach: „Mir ist alle Gewalt gegeben im Himmel und auf Erden. Gehet also hin und lehret alle Völker und taufet sie im Namen des Vaters und des Sohnes und des Heiligen Geistes, und lehret sie alles halten, was ich euch geboten habe. Sehet, ich bin bei euch alle Tage bis an das Ende der Welt" (Mt. 28,18-20).

I. „Mir ist alle Gewalt gegeben im Himmel und auf Erden, gehet also hin ..."

Jesus Christus ist der Herr der ganzen Welt. Damit müssen wir beginnen. Er ist gekommen, ein Reich zu gründen, ein Reich freilich, von dem Er sagt: „Mein Reich ist nicht von dieser Welt" (Joh. 18,36). Er bekennt vor Pilatus, daß Er ein König sei, aber Er fügt gleich erklären hinzu: „Ich bin dazu geboren und dazu in die Welt gekommen, daß ich der Wahrheit Zeugnis gebe" (Joh. 18,37). Nun übertrug Christus den Aposteln Seine Sendung und machte sie zu Boten Seines Reiches. Die Kirche Christi, die Sein Reich auf Erden darstellt, erhält also von ihrem Stifter den Auftrag, die Menschen zu ihrem ewigen Ziel, dem Leben im dreifaltigen Gott, zu führen und ihnen den Weg in ihrem Erdenleben zu zeigen. Uns aber ist es köstliches Geschenk Gottes, in der Kirche Christi das Heil zu finden für Zeit und Ewigkeit.

Wenden wir uns dem Staat zu. Schon als Christus Seine Kirche gründete, bestanden politische Staatsgebilde verschiedener Art und die Glieder der Kirche waren zugleich Bürger eines Staates. Von Anfang an sah man in solch doppelter Bürgerschaft keinen Widerspruch. Auch die Staaten haben ja nach Gottes Willen eine grosse, wichtige Aufgabe. Sie sollen für das irdische Wohl der Bürger in all seinen vielfältigen Formen sorgen. Die Aufgaben von Kirche und Staat widerstreiten sich nicht, sondern ergänzen sich; denn der Mensch soll auf Erden menschenwürdig leben und zugleich das hohe Ziel seiner ewigen Berufung erreichen. Wenn freilich ein Staat den Gottesglauben ausdrücklich bekämpft und ihn als Feind seiner Aufgabe ansieht, ist kein Platz für die Kirche. Dann ist aber auch ein segensvolles Wirken des Staates unmöglich, wie die Geschichte lehrt: dann untergräbt der Staat sein eigenes Fundament und gefährdet die Freiheit des Menschen.

II. „Lehret die Völker"

Das ist grundlegend im Auftrag Christi an Seine Apostel. Die Kirche kündet Christi Botschaft von Gott dem Schöpfer, von Christus dem Erlöser, von Seinem Reich und der Berufung des Menschen zum ewigen Leben. Die Kirche will die Menschen zu einem Glauben führen, zu dem sie sich frei entscheiden und den sie als untrügliche Überzeugung nach aussen bekennen. So bilden die Glieder der Kirche eine Gemeinschaft des gleichen Bekenntnisses. Wir aber danken dem Herrn, dass wir zu dieser Kirche des lebendigen Gottes gehören, „welche die Säule und feste Stütze der Wahrheit ist" (1. Tim. 3,15).

Untergräbt nun die Kirche durch ihre Lehre das Fundament des staatlichen Lebens? Diese Frage können wir getrost mit „nein" beantworten. Die Kirche hütet sorgsam bis zur Stunde die Lehre Christi (vgl. Mk. 12,7; Joh. 19,11) und der Apostel (vgl. Röm. 13,1-4; Petr. 2,13-17), nach der dem Staat von Gott eine wichtige, wenngleich auf diese Erdenzeit beschränkte Aufgabe gegeben ist. Wer die Lehräußerungen der Päpste in den letzten 100 Jahren redlich würdigt, wird dies anerkennen müssen.

Kann nun der Staat, ähnlich wie die Kirche, eine Weltanschauungs- und Bekenntnisgemeinschaft bilden? Um der menschlichen Ordnung willen muß diese Frage eindeutig verneint werden. Zur Kirche zählen jene, die in freier Entscheidung die Glaubensbotschaft der Kirche annehmen. Staaten aber müssen für das Wohl aller sorgen, die in ihrem Gebiete leben, auch wenn sie weltanschaulich verschiedener Meinung sind. Wenn nun der Staat seinen Bürgern einen verpflichtende Weltanschauung auferlegt, werden die Grundrechte des Menschen angetastet und das friedliche Zusammenleben in der Staatsgemeinschaft wird zerstört.

III. „Taufet sie im Namen des Vaters und des Sohnes und des Heiligen Geistes".

Auf dem Glauben baut sich die sakramentale Ordnung der Kirche auf. Wer das Wort Gottes annimmt, das die Kirche kündet, kann die Gnaden Christi empfangen, die uns in den heiligen Zeichen der Sakramente vermittelt werden. Im Messopfer, in den Sakramenten und den verschiedenen Formen der Liturgie begegnet der Einzelne Christus, seinem Erlöser, und wird mit den übrigen Gliedern am Leibe Christi innig verbunden. Voll Freude erlebt Ihr selbst an den Sonntagen und den Festen des Kirchenjahres den Überfluß des Hauses Gottes und die Gnadenfülle Seines heiligen Altares.

Gerade im Blick auf die Liturgie wird besonders deutlich, daß die Kirche nicht von dieser Welt ist und jene naturgegebene Ordnung bejaht, die den Christen zu ihrem Leben notwendig ist. Wenn aber der Staat seine Bürger zu einem Bekenntnis oder gar zu Bekenntnisfeiern nötigt, die der christlichen Glaubensüberzeugung widersprechen, überschreitet er seine Grenzen. Denn die Glaubens- und Gewissensfreiheit besteht darin, daß jeder nach der Überzeugung seines religiösen Bekenntnisses sein Leben gestalten darf. Jede andere Auslegung der Glaubensfreiheit steht in unversöhnlichem Gegensatz zur christlichen Anschauung und bedroht die friedvolle Ordnung der Volksgemeinschaft.

Aus der Treue zu ihrer Sendung muß deshalb die Kirche die Teilnahme an der Jugendweihe und ähnlichen sozialistischen Feiern für ihre Gläubigen ablehnen, da ein innerer Widerspruch besteht zwischen dem Bekenntnis zum atheistischen Materialismus und dem Bekenntnis zum lebendigen Gott.

IV. „Lehret sie alles halten, was ich euch geboten habe".

Gründend auf der Lehre Christi und auf der von Ihm gewollten heiligen Gemeinschaft, hat die Kirche den Auftrag, das Gesetz Gottes zu verkünden und für die verschiedenen Aufgaben des Lebens auszulegen. In diese Gottesordnung ist das ganze Menschenleben, das Verhalten des Christen in Familie und Beruf, in Staat und Gesellschaft einbezogen; denn Glaube und Leben, christliche Überzeugung und christliche Tat gehören unlösbar zusammen. Da die Kirche nach dem Willen Christi eine feste Verfassung und hierarchische Ordnung besitzt, kann sie feste Rechtsnormen aufstellen, an die alle Glieder der Kirche gebunden sind. Sie kann z. B. festlegen, daß jene, die die Jugendweihe mitmachten oder sie bei ihren Kindern zuließen, erst nach einer entsprechenden Wiedergutmachung die hl. Kommunion empfangen können. Ich bin gewiß, gerade in unserer Zeit wißt Ihr, das Gottesvolk der Kirche, den Segen einer klaren, sicheren Lebensordnung zu schätzen und seid dankbar für das Hirtenamt der Kirche.

Die Kirche bleibt auch in diesem ihrem Hirtenamt, gemäß dem Auftrag ihres Stifters, innerhalb der Grenzen ihrer Sendung. Die echten Aufgaben des staatlichen Bereiches werden also durch die Kirche nicht behindert. Im Gegenteil, das gesunde staatliche Leben wird durch die Kirche gefördert, da sie die Grundlagen der sozialen Ordnung schützt. Gerade in schwierigen Umständen und in einer spannungsreichen Umwelt wird die Kirche darauf besonders achten. Wer das Verhalten der Kirche hierzulande genau beobachtet und sachlich prüft, wird zugeben müssen, daß die Kirche wahrhaftig keine „künstlichen Spannungen" hervorruft, sondern in einem behutsamen Abwägen alles tut, um die Lage der Gläubigen nicht zu erschweren und die Spannungen zwischen Kirche und Staat nicht zu vermehren. Doch dagegen muß sich die Kirche verwahren, daß ein Staat ihr Recht antastet, die Gläubigen im Gewissen zu binden und eine kirchliche Rechtsordnung zu schaffen. Hier überschreitet der Staat seine Grenze, verstößt gegen die Grundsätze eines Rechtsstaates, zumal wenn Sinn und Wortlaut der Verfassung ein solches Recht der Kirche eindeutig verbürgen. Nicht nur der einzelne Christ, auch die Kirche als Rechtsgemeinschaft müssen im Staat Raum haben.

V. „Denn sehet, ich bin bei euch alle Tage bis an das Ende der Welt".

Mit diesem tröstlichen Wort des Herrn wollen wir unsere ernste Überlegung abschließen. Es ist, als wolle der Herr die Vorsteher und das heilige Volk Seiner Kirche auf kommende Heimsuchungen vorbereiten mit Seinem Versprechen: „Seht, ich bin bei euch alle Tage bis an das Ende der Welt."

Halten wir uns in lebendigem Glauben an diese Verheißung Christi. Die Kirche ist unüberwindlich; sie wird alle Angriffe und Bedrängnisse in der Kraft des Heiligen Geistes bestehen. Schauen wir voll Vertrauen auf den Herrn, der in der Geheimen Offenbarung zu uns spricht: „Ich komme bald, und mit mir kommt mein Lohn, einem jeden zu vergelten nach seinen Werken" (Offbg. 22,12). Das Trostbuch der Kirche fährt dann fort: „Der Geist und die Braut, sie sprechen: ‚Komm'!" (Offbg. 22,17). Die bräutliche Kirche und in ihr wir alle schauen in der Erleuchtung und Liebe des Heiligen Geistes sehnsüchtig aus nach unserem Herrn.

Doch die Erwartung Christi bedeutet für uns nicht Flucht aus der gegenwärtigen Welt, sondern sie stärkt unsere Treue für die Tage, in denen wir leben. Wir stehen unverbrüchlich zu Gott und Seiner Kirche, doch wir tun unser Werk inmitten unserer Brüder. Wir verraten um keinen Preis der Welt unseren Glauben und unser Gewissen, aber wir erfüllen treu unsere Pflicht hier auf Erden und leisten so einen guten Beitrag zu jenem wahren Frieden der Welt, der in Gottes Ordnung gründet.

Man mag die Kirche und ihre Glieder bedrängen und unterdrücken, unsere Antwort wird liebendes Gebet sein gemäß der Mahnung des Apostels: „Es sollen Gebete, Fürbitten und Danksagungen für alle Menschen verrichtet werden, für Könige und alle, die in verantwortlichen Stellungen sind, damit wir ein stilles, ruhiges Leben führen mögen in frommem Geist und edler Zucht, wie es gut und wohlgefällig ist vor Gott, unserem Retter" (1. Tim 2,1-2).

9. Januar 1960

48. ZUM GESETZ ÜBER DIE SOZIALISTISCHE ENTWICKLUNG DES SCHULWESENS IN DER DDR

Die Bischöfe und Bischöflichen Kommissare der Berliner Ordinarienkonferenz an Ministerpräsident Grotewohl

Der Bischof von Berlin

Berlin W 8, 9. 1. 1960
Hinter der Katholischen Kirche 3

An die
Regierung der Deutschen Demokratischen Republik
Vorsitzenden des Ministerrates
Herrn Ministerpräsidenten Otto Grotewohl
Berlin C2
Klosterstr. 47

Sehr geehrter Herr Ministerpräsident!

Die Bischöfe der Katholischen Kirche in der Deutschen Demokratischen Republik sahen sich bereits mehrmals aus der tiefen inneren Verpflichtung ihres Amtes heraus veranlaßt, die Regierung der Deutschen Demokratischen Republik im Interesse der katholischen Bürger auf die Gefährdung der in der Verfassung garantierten vollen Glaubens- und Gewissensfreiheit und des unzulänglichen Schutzes der ungestörten Religionsausübung in der Deutschen Demokratischen Republik hinzuweisen.

Wir Bischöfe können auch zu dem *Gesetz über die sozialistische Entwicklung des Schulwesens in der Deutschen Demokratischen Republik* nicht schweigen, das von der Volkskammer am 2. Dezember 1959 verabschiedet und mit dessen Durchführungsmaßnahmen der Ministerrat beauftragt wurde. Denn durch die atheistische Grundtendenz dieses Gesetzes, das die Schule in der Deutschen Demokratischen Republik vollständig der marxistisch-leninistischen Erziehungswissenschaft unterwirft, wird die volle Glaubens- und Gewissensfreiheit der christlichen Kinder, Eltern und Lehrer gefährdet.

Wir erheben Einspruch im Namen der christlichen Kinder, die durch den weltanschaulichen Gehalt der sozialistischen Staatsschule in Gegensatz zur Erziehung im elterlichen Hause gebracht werden. Wir erheben Einspruch im Namen der christlichen Eltern, deren naturgegebenes Erziehungsrecht, das auch im Art. 31 der Verfassung der Deutschen Demokratischen Republik seinen Niederschlag gefunden hat, durch das in § 2 des neuen Schulgesetzes statuierte staatliche Erziehungs- und Bildungsmonopol aufgehoben werden soll.

I.

Ehe wir unseren Einspruch gegen den weltanschaulichen Gehalt des Schulgesetzes im einzelnen begründen, halten wir drei Feststellungen für notwendig:

1. Unser Protest richtet sich nicht gegen die Zuständigkeit des Staates in der Schulerziehung der Kinder, soweit es sich um rein schulische Fragen handelt. Die staatlichen schulischen Maßnahmen wie die allgemeine 10jährige Schulpflicht und der polytechnische Unterricht und die Forderung gleicher Bildungsmöglichkeiten für alle könnten an und für sich zur Verbesserung der Schulerziehung beitragen.
2. In der Rede vor der Volkskammer haben Sie, Herr Ministerpräsident, um die Mitwirkung des ganzen Volkes am Schulgesetz herauszustellen, folgendes erklärt: „Man kann mit Fug und Recht sagen, daß unser neues Schulgesetz als Ergebnis einer großen Volksdiskussion und Volksbewegung zu Nutzen der sozialistischen Schule entstanden ist." Nach der für das Gesetz gemachten Propaganda soll in der Öffentlichkeit der Eindruck erweckt werden, daß auch die christliche Bevölkerung im Laufe der Diskussion über den Gesetzentwurf ihre Zustimmung zu diesem Gesetz gegeben hat.
   Demgegenüber stellen wir folgendes klar:
   Die Volksdiskussionen haben sich ausschließlich auf Fragen wie
   10jährige oder 8jährige Schulpflicht,
   polytechnischer Unterricht oder nur theoretische Ausbildung,
   Oberschule für alle oder nur für eine Begabtenauslese
   erstreckt. Nie aber hat die Diskussion die grundsätzliche weltanschauliche Frage, so wie sie der V. Parteitag der Sozialistischen Einheitspartei Deutschlands für die Schule festgelegt hat, berührt. Die Grenzen der Diskussion dürften sich aus dem Schlußwort des Stellvertreters des Ministerpräsidenten und 1. Sekretärs des ZK, Walter Ulbricht, auf dem V. Parteitag klar ergeben: „Über Fachfragen kann man diskutieren, kann man streiten, kann man viele verschiedene Meinungen haben. Das ist ganz normal. Aber über die Perspektive kann man nur eine Meinung haben." Nach unseren Erfahrungen kann es heute der einzelne Christ in der Deutschen Demokratischen Republik nicht wagen, klar seinen Einspruch und Protest gegen eine solche Direktive zu erheben, ohne daß ihm dieser Einspruch erhebliche Nachteile brächte.
3. Wir Bischöfe können auch nicht das Argument anerkennen, daß durch die Zustimmung von Mitgliedern der Christlich-Demokratischen Union zugleich die Zustimmung der gesamten christlichen Bevölkerung der Deutschen Demokratischen Republik zu diesem Gesetz gegeben worden sei. Soweit die Katholische Kirche in Betracht kommt, ist festzustellen: Zu Fragen, die für den Glauben und das Leben aus dem Glauben von entscheidender Bedeutung sind, wird sich ein Katholik, der seiner Glaubensüberzeugung treu ist, nur in Übereinstimmung mit der Lehre der Kirche und dem Wort seiner Bischöfe äußern. Kraft unseres Lehramtes erklären wir, daß kein katholischer Christ bevollmächtigt und berechtigt

ist, einem Schulgesetz zuzustimmen, das weltanschaulich vom dialektischen Materialismus getragen ist.

II.

Unser aus der Verantwortung unseres kirchlichen Hirtenamtes erhobener Einspruch gegen den atheistisch-weltanschaulichen Gehalt im Erziehungs- und Bildungsziel der sozialistischen Schule nach dem neuen Schulgesetz wird wie folgt begründet:

1. Bei der Beratung des Schulgesetzes in der Volkskammer haben Sie, Herr Ministerpräsident, darauf hingewiesen, daß die Regierung in dem Schulgesetz, die „Hinweise und Aufgaben, die der V. Parteitag der Sozialistischen Einheitspartei Deutschlands für die Weiterentwicklung unserer Schule formulierte", verwirklicht habe. Soweit in den Hauptreferaten und Diskussionsbeiträgen des V. Parteitages der SED die Frage der sozialistischen Erziehung und der sozialistischen Schule behandelt wurde, ist – wie wir dem im Dietz-Verlag erschienenen Berichtsband „Für den Sieg der sozialistischen Revolution auf dem Gebiet der Ideologie und Kultur" entnehmen – der Plan und Wille unbestreitbar zu erkennen, den religiösen Glauben durch die sozialistische Schule zu überwinden und auszulöschen. Dieses Vorhaben ist so eng mit der ideologischen Entwicklung verbunden, daß es überflüssig ist, einzelne Zitate als Beleg anzuführen. Schlagworte wie „Verbreitung von Aberglauben und Mystik" belegen die antireligiöse Tendenz hinreichend.
   Gleichzeitig hat der V. Parteitag der Sozialistischen Einheitspartei Deutschlands in ungezählten Formulierungen die Notwendigkeit herausgestellt, dem dialektischen Materialismus zur alleinherrschenden Macht in der Schulerziehung zu verhelfen. Dies sei notwendig, so führte der 1. Sekretär des ZK der SED, Walter Ulbricht, wörtlich aus:
   > „weil der dialektische Materialismus die einzig wissenschaftliche Weltanschauung vermittelt und damit das Rüstzeug gibt, den Sozialismus praktisch aufzubauen", und
   > „weil er die theoretische Grundlage der sozialistischen Ethik und Moral darstellt".

   Der Beschluß des V. Parteitages sagt: „Unter den gegenwärtigen Bedingungen des Kampfes gegen die bürgerliche Ideologie und für den Sieg der sozialistischen Idee hat die Verbreitung des dialektischen Materialismus, der Weltanschauung des Marxismus-Leninismus, erstrangige Bedeutung." Damit ist der Wille der Sozialistischen Einheitspartei dokumentiert, neben dem dialektischen Materialismus auch in der Schule keiner anderen Weltanschauung einen Lebensraum zu lassen.
2. In der Präambel zum Schulgesetz wird ausgesprochen, daß die sozialistische Schule nur mit Erfolg gestaltet werden kann, „wenn ihr Aufbau zur Sache des ganzen Volkes wird".
   Die zeitweise sehr lebhafte Kirchenaustrittspropaganda dürfte auch der Regierung der Deutschen Demokratischen Republik gezeigt haben, wie fest die große

Mehrheit der Bevölkerung zum christlichen Bekenntnis steht. Es ist darum unrealistisch, zu erwarten, daß diese Christen eine atheistische Schule zu ihrer Sache machen werden.
Das neue Schulgesetz wird als das Ergebnis von Erfahrungen und Entwicklungen in der Deutschen Demokratischen Republik angesehen. Wir haben mehrfach darauf hingewiesen, daß nach unserer Erfahrung die gewissensmäßige Bedrängung christlicher Kinder, Eltern und Lehrer in den letzten Jahren immer stärker geworden ist. Das Gesetz will ein „zutiefst humanistisches Bildungs- und Erziehungswesen". Zu den edelsten Traditionen des deutschen Humanismus gehörte aber stets die Toleranz vor der Gesinnung und den Gefühlen anderer. In einer solchen Toleranz wird im Schulgesetz das Eigenrecht der völkischen Minderheit der Sorben in vollem Umfang garantiert. Umso weniger erscheint es verständlich, daß Millionen von Christen diese Toleranz versagt wird, die man berechtigterweise den eine sehr geringe Minderheit bildenden Sorben gewährt.

3. In § 9 des Schulgesetzes wird dem Lehrer in der Deutschen Demokratischen Republik die Aufgabe zugewiesen, „in enger Verbindung mit der Arbeiterklasse die Jugend im Geist des Sozialismus zu erziehen ... und sich ständig um seine politische und fachliche Weiterbildung zu bemühen." Wir gehen sicher nicht fehl in der Annahme, daß diese Ausführungen des Gesetzes im Sinne der Thesen des ZK der SED über die sozialistische Entwicklung des Schulwesens in der Deutschen Demokratischen Republik vom 25. Januar 1959 verstanden werden müssen, die der Volksdiskussion zugrunde gelegen haben. Dort heißt es über den Lehrer: „Grundvoraussetzung für eine auf wissenschaftlich hohem Niveau stehende Ausbildung sozialistischer Lehrer ist, daß die Ideen des wissenschaftlichen Sozialismus die gesamte Ausbildung inhaltlich und methodisch durchdringen." Vom Lehrer der sozialistischen Schule wird also nicht nur die *Kenntnis*, sondern auch die *Anwendung* des dialektischen Materialismus im Unterricht gefordert. Ein solches Bekenntnis zum dialektischen Materialismus ist aber für einen Christen unmöglich. Die strikte Anwendung des Gesetzes würde in Zukunft jedem Christen den Weg zum Lehrerberuf versperren.
4. Wir Bischöfe in der Deutschen Demokratischen Republik haben bei unserem Eintreten für die Glaubens- und Gewissensfreiheit wiederholt den Vorwurf hinnehmen müssen, daß unser Handeln von unberechtigten, ja verwerflichen Motiven bestimmt worden sei, ein Vorwurf, der völlig unbegründet ist und das Hirtenamt der Bischöfe verkennt. Eine Maßnahme wie das sozialistische, von einer eindeutig weltanschaulich atheistischen Tendenz getragene Schulgesetz ist ein neuer Beweis, daß unser Einspruch gegen die Verletzung der Glaubens- und Gewissensfreiheit begründet ist. Von seinen Urhebern wird das Gesetz als Beitrag zur Erziehung zum Frieden und zur Völkerversöhnung und zugleich als Fortschritt zur Lebensertüchtigung der Jugend gepriesen. Wir Bischöfe und Bischöflichen Kommissare müssen dazu feststellen, daß die für das Gesetz Verantwortlichen die unabdingbaren Werte des religiösen Lebens und der religiösen Erziehung offensichtlich nicht gesehen und ihnen deshalb nicht Rechnung getragen haben.

Deshalb dürfen wir uns auch bei unserem Einspruch auf die Verfassung der Deutschen Demokratischen Republik berufen, und zwar nicht nur auf die Artikel der Verfassung, die die volle Glaubens- und Gewissensfreiheit und den Schutz der ungestörten Religionsausübung garantieren, sondern auch auf jene, die die menschlichen Grundrechte eines jeden Bürgers festlegen, Grundrechte, die auch durch eine Entwicklung zum Sozialismus nicht aus der Welt geschaffen werden können.

III.

Der Ministerrat ist beauftragt, alle erforderlichen Maßnahmen zur Durchführung des neuen Schulgesetzes zu treffen. Wir appellieren daher an den Ministerrat, der die Sorge für das Wohl des ganzen Volkes zu tragen hat, unter allen Umständen durch die von ihm zu treffenden Maßnahmen eine weitere ernsthaft zu befürchtende Benachteiligung der christlichen Bevölkerung zu verhindern.

Dazu halten wir die Berücksichtigung folgender Anliegen in den Durchführungsmaßnahmen und in den Durchführungsbestimmungen für unbedingt notwendig:

1. In einer am 23. 12. 1959 veröffentlichten Stellungnahme hat der Minister für Volksbildung, Herr Prof. Dr. Lemmnitz, gegenüber vielfältigen Bedenken folgendes erklärt: „Weder die im Schulgesetz noch die in der Schulordnung enthaltenen Bestimmungen über die Arbeit des Schulhortes verhindern die bisherige Regelung über die Durchführung des Religionsunterrichtes. Ein Kind, das nach Schulschluß den Schulhort besuche, könne selbstverständlich am Religionsunterricht teilnehmen."
   Daher erwarten wird, daß das Recht auf Teilnahme am Religionsunterricht auch während der Schulhortzeit in den Durchführungsbestimmungen ausdrücklich anerkannt wird.
2. In der durch die neue Schulordnung vom 12. 11. 1959 aufgehobenen Schulordnung vom 24. 5. 1951 war im § 24 Abs. (5) eine Bestimmung enthalten:
   „Bei der Überlassung von Schulräumen an Religionsgemeinschaften zur Durchführung des Religionsunterrichtes gelten die verfassungsrechtlichen Bestimmungen."
   Es mehren sich die Klagen, daß trotz der verfassungsrechtlichen Bestimmungen und entgegen diesen Bestimmungen Schulleiter die Benutzung von Schulräumen zum Zwecke des Religionsunterrichtes oder Geistlichen oder Katecheten das Betreten der Schulräume zur Erteilung des Religionsunterrichtes untersagen.
   Wir halten es daher für notwendig, daß in den Durchführungsbestimmungen zur Schulordnung das Recht der Kirche auf Erteilung des Religionsunterrichtes in Schulräumen wie in der bisherigen Schulordnung sichergestellt wird.
3. Desgleichen müssen wir darum ersuchen, daß zur Sicherung der Durchführung des Religionsunterrichtes in die Durchführungsbestimmungen ein Hinweis aufgenommen wird, wonach § 6 Abs. 2 der neuen Schulordnung auf den Religionsunterricht nicht anzuwenden ist.

4. Nach § 25 der neuen Schulordnung wird das Stufenprogramm der Pionierorganisation „Ernst Thälmann" als Grundlage der Horterziehung betrachtet. Dieses Programm enthält die Verpflichtung zur Teilnahme an der Jugendweihe. Wir müssen daher verlangen, daß in den Durchführungsbestimmungen die Freiwilligkeit der Teilnahme an der Jugendweihe erneut zum Ausdruck gebracht wird.
5. In die neue Schulordnung ist der § 8 der bisherigen Schulordnung, der die Schulfreiheit an Sonn- und Feiertagen behandelte, nicht mehr aufgenommen worden. Es ist daher dringend erforderlich, daß die bisherige Rechtslage bezüglich der katholischen Feiertage im Schulwesen in den Durchführungsbestimmungen in vollem Umfang ihre ausdrückliche Sicherung findet.
   Hierzu gehört auch grundsätzlich, daß die Sonntage vom Unterricht und anderen verbindlichen Schulveranstaltungen frei sind.
   Die ausnahmsweise Verbindlicherklärung solcher Veranstaltungen am Sonntag nach § 8 Abs. 3 des neuen Schulgesetzes darf nur dem Ministerium für Volksbildung allein zustehen und keinesfalls auf die einzelnen Schulleitungen oder die Abteilungen Volksbildung bei den Räten der Bezirke oder Kreise übertragen werden. Eine solche Verbindlicherklärung muß außerdem den Schülern bzw. den Eltern so rechtzeitig bekanntgegeben werden, daß für den Besuch des sonntäglichen Gottesdienstes durch die Schüler Sorge getragen werden kann.

Da die Herausgabe von Durchführungsbestimmungen zum neuen Schulgesetz und zur neuen Schulordnung in Kürze zu erwarten ist, sprechen wir die dringende Bitte aus, der Ministerrat möge dafür Sorge tragen, daß die vorstehend vorgetragenen Anliegen in diesen Durchführungsbestimmungen volle Berücksichtigung finden.

Mit vorzüglicher Hochachtung

gez. + Julius Card. Döpfner
Bischof von Berlin

gez. + Otto Spülbeck
Bischof von Meißen

gez. + Ferdinand Piontek
Bischof und Kapitelsvikar in Görlitz

gez. + Friedrich Rintelen
Weihbischof in Magdeburg

gez. + Joseph Freusberg
Weihbischof in Erfurt

gez. + Bernhard Schräder
Weihbischof in Schwerin

gez. Joseph Schönauer
Generalvikar in Meiningen

20. Januar 1960

49. DER CHRIST IN ATHEISTISCHER UMWELT

Fastenhirtenbrief 1960 der Bischöfe und Bischöflichen Kommissare in der DDR

In unserem gemeinsamen Fastenhirtenbrief des Jahres 1959 mußten wir Bischöfe von der wachsenden Not der Kirche sprechen. „Kirche unter dem Kreuz“ – das stand in der Mitte unserer Erwägung. Diese Mal wenden wir uns Eurem Alltag zu, der schweren Gewissensnot, in die Ihr gestellt seid. *„Der Christ in atheistischer Umwelt“* – soll das Thema des diesjährigen Hirtenwortes sein.

I. Quälende Fragen

Sehen wir zuerst, welche Fragen Euch Tag für Tag bedrängen, damit die Antwort der Kirche Eure Sorgen triff.

Ihr lebt in einer sozialistischen Umwelt. Wir wollen in diesem Hirtenbrief nicht von der Gesellschaftslehre des Sozialismus sprechen, sondern uns gleich seiner weltanschaulichen Seite zuwenden. Die schwerste Belastung des gläubigen Christen besteht darin, daß der Sozialismus eine weltanschauliche Grundlage hat, die mit dem christlichen Glauben nicht vereinbar ist, nämlich den dialektischen Materialismus. Der dialektische Materialismus lehnt grundsätzlich jegliche Religion ab, da sie „wahrer Wissenschaftlichkeit“ angeblich widerspreche und den gesellschaftlichen Fortschritt hemme. Nun wird aber, gerade in letzter Zeit, mit wachsendem Druck darauf hingearbeitet, daß der dialektische Materialismus das gesamte Leben der Gesellschaft und auch des einzelnen durchdringen müsse. Alle Menschen sollen, wie man sagt, „sozialistisch leben“.

Aus dieser Forderung eines sozialistischen Lebens erwachsen Euch täglich schwere Gewissensnöte und Gewissensentscheidungen. Wir nennen einige solcher qualvoller Fragen:

Dürft Ihr schweigen, wenn die Kirche, der christliche Glaube in Schule, Betrieb und Versammlungen verleumdet wird?

Dürfen Eltern zusehen, wenn ihre Kinder um des Glaubens willen in der Schule zurückgesetzt und verspottet werden?

Könnt Ihr die sozialistischen Riten, z. B. Jugendweihe, sozialistische Namensgebung, sozialistische Trauung, mitmachen, um schwere Nachteile von Euch abzuwenden?

Dürft Ihr Resolutionen und Verpflichtungen unterschreiben, die gegen Euer christliches Gewissen sind?

Dürft Ihr die Propaganda des Atheismus unterstützen?

Könnt Ihr einen Beruf wählen, in dem Ihr nach den vorliegenden Erfahrungen nicht als Christen leben könnt?

Dürft Ihr Euch dazu hergeben, gegen andere Spitzeldienste zu leisten?

Dürft Ihr Euch von politischen Gruppen, die sich „christlich" nennen, gegen die Hirten der Kirche beeinflussen lassen?

Die Beantwortung dieser und ähnlicher Fragen ist dadurch belastet, daß mit ihr oft schwere und schwerste Nachteile für den einzelnen und seine Familie verbunden sind.

So steht Ihr letztlich vor der entscheidungsvollen Frage:

Hat der Christ überhaupt noch eine Möglichkeit, in dieser Umwelt als Christ zu wirken? Findet er eine Aufgabe, die sein Leben innerlich erfüllt?

Wir wissen mit tiefem Dank gegen Gott, daß viele von Euch in einer Klarheit, die aus dem Geiste Gottes kommt, auf solche Fragen Antwort geben und in einer begnadeten Tapferkeit alle schweren Folgen auf sich nehmen. Wir wissen aber auch, wie Euch diese Fragen quälen, wie Ihr um Antwort ringt. Darum halten wir es für unsere Pflicht, Euch ein klärendes und zugleich stärkendes Wort zu sagen, ein Wort über Eure *Bewährung* inmitten aller Schwierigkeiten und über Eure *Sendung* in dieser Umwelt.

II. Bewährung des Christen

Wir können Euch nicht auf jede Frage eine Antwort geben; dazu ist das Leben zu vielgestaltig. Aber einige Grundsätze wollen wir Euch nennen, die Euch helfen, den rechten Weg zu finden.

1. *Seht Euer Christenleben in der Nachfolge des Gekreuzigten!*
Alle folgenden Ratschläge haben nur dann Sinn, wenn Ihr fest entschlossen seid, Jünger des Gekreuzigten zu sein. Es gibt kein Christenleben ohne Opfer und Verzicht, schon gar nicht in der Welt, die Euch umgibt. Die Kirche kann Euch nicht sagen, wie Ihr ohne Schwierigkeiten und Nachteile durchkommt; sie zeigt Euch aber, wie Ihr mit „gutem Gewissen und ungeheucheltem Glauben" (1 Tim. 1,6) Euren Weg zur ewigen Herrlichkeit gehen könnt. Es gibt Worte der Hl. Schrift, die ständig in Euren Herzen widerklingen sollen, um Euer Leben zu prägen. Denkt etwa an das ernste Wort des Herrn: „Was nützt es dem Menschen, wenn er die ganze Welt gewinnt, aber an seiner Seele Schaden leidet?" (Mt. 16,26). Oder laßt Euch erinnern an den kühnen Satz des Römerbriefes: „Wer wird uns trennen können von der Liebe Christi? Not oder Drangsal, Verfolgung, Hunger, Blöße, Gefahr oder Henkersschwert? ... Nichts in der Welt wird uns zu trennen vermögen von der Liebe Gottes, die ist in Jesus Christus unserem Herren!" (Röm. 8,34/39).
2. *Bekennt Euch klar zu Christus und zu Seiner Kirche!*
Manchmal suchen gläubige Christen Ausflüchte, um so der Entscheidung zu entgehen. Die anderen nehmen dann eine solche Ausflucht als Zeichen der Schwäche oder eines beginnenden Nachgebens und lassen Euch erst recht nicht in Ruhe. Ihr kommt nur in eine noch schwierigere Lage und werdet der Entscheidung doch nicht entrinnen. Oft ist es das Beste, gleich eindeutig zu sagen: „Ich bin katholisch, ich kann das nicht tun."
3. *Verweigert jedes Bekenntnis zur atheistischen Weltanschauung des Sozialismus!*
Dem klaren Ja zu Christus entspreche ein klares Nein zum Materialismus! Laßt

Euch nicht durch beruhigende Reden beirren! In der Frage der sozialistischen Riten haben wir wiederholt zu Euch gesprochen. So bekräftigen wir auch diesmal den Satz unseres letztjährigen Fastenhirtenbriefes: „Kein katholischer Christ kann die sozialistische Namensgebung, die sozialistische Jugendweihe, die sozialistische Trauung, die sozialistische Beerdigung oder ähnliche antikirchliche Feiern vollziehen, ohne seinen heiligen Glauben zu verleugnen. Zwischen dem Glauben zu Gott und dem Bekenntnis zur Gottlosigkeit gibt es keinen Kompromiß." Verweigert auch alle Versprechungen dieser Art, wenn Ihr etwa beim Schulantritt Eurer Kinder oder auch im Betrieb Euch verpflichten sollt, die atheistischen Ersatzriten in Eurer Familie durchzuführen!

4. *Tretet stets ein für Glaube und Recht, wo Ihr könnt, und schweigt niemals aus Menschenfurcht!*
   Gewiß könnt Ihr nicht jedesmal Eure Stimme erheben, wenn Unrecht geschieht oder Kirche und Glaube geschmäht werden. Ihr müßt sorgsam überlegen, ob Ihr das rechte Wort sagen könnt und ob ein offenes Wort sinnvoll ist. Leider aber wird oft auch dann geschwiegen, wo man reden könnte und reden müßte. Gerade zum Schutz der Kinder, die in der Schule um ihres Glaubens willen benachteiligt werden, sollten sich unsere Eltern mutig und klug einsetzen.
5. *Wirkt nicht unmittelbar und ausdrücklich bei Handlungen mit, die gegen das christliche Gewissen sind!*
   Vieles könnt ihr nicht verhindern, was andere gegen Gottes Gebot tun, und oft wird das, was Ihr selbst in rechter Absicht tut, zu unerlaubten Zwecken mißbraucht. Bewahrt Euch in allem den klaren Blick für Recht und Unrecht! Prüft im einzelnen, wie weit Ihr gehen dürft! Wenn z. B. die Ausübung des Berufes ohne Abkehr von der Kirche oder ohne eine unchristliche Lebenshaltung nicht möglich ist, dann müssen wir Euch schweren Herzens raten, lieber auf einen solchen Beruf zu verzichten. Wenn Ihr in solchen Gewissensfragen unsicher seid, holt Euch den Rat eines erfahrenen Seelsorgers oder auch eines gewissenhaften und frommen Glaubensbruders! Täglich solltet Ihr beten um Erleuchtung, das Rechte zu sehen, und um die Kraft, das Rechte zu tun.
6. *Seid vorsichtig gegen allen Mißbrauch des Christentums!*
   Ihr erlebt immer wieder, daß Gruppen, die sich „christlich" nennen, durch Versammlungen oder Aktionen Euch in Eurer klaren Haltung unsicher machen und Euch von den Hirten der Kirche lösen wollen. Haltet Euch von diesen Versuchen ganz zurück! Ihr leistet durch solche Mitarbeit weder der Kirche noch dem einzelnen Christen einen guten Dienst, sondern verwirrt dadurch Euch selbst und andere. Gottlob blieb – auf's Ganze gesehen – derartigen Bemühungen der Erfolg versagt. Wir wollen auch weiterhin fest zusammenstehen.

III. Sendung des Christen

Den Belehrungen und Warnungen wollen wir nun ein Wort über Eure große Berufung hinzufügen. Aus der Not, in die Ihr gestellt seid, wird Euch – so hoffen wir zu Gott – eine beglückende Aufgabe erwachsen.

20. Januar 1960

1. *Stellt Eure Sache auf den Herrn!*
Die gegenwärtige Stunde will Euch fester in Eurem Gott verankern. In allen Ländern der öffentlich geförderten Gottlosigkeit machen wir die tröstliche Erfahrung: Der Gottesglaube läßt sich nicht ausrotten. Wenn auch viele unsicher werden, so wird bei anderen – auch in der Jugend – die Sehnsucht nach der Antwort und dem Halt der Religion umso stärker. In allen Sorgen sprechen wir mit dem Psalmisten: „Meines Herzens Gut ist es, in Gottes Nähe zu weilen, in Gott dem Herrn meine Zuflucht zu haben" (Ps. 72,28). Da in dieser Zeit der Bewährung manche von uns den drei Jünglingen im Feuerofen gleichen, so laßt uns auch, ihnen gleich, unseren Herrn umso lauter preisen.
Man sagt, die Religion sei überholt und schade den Menschen. Des Christen Sendung ist es, zu zeigen, was der Mensch mit Gott vermag. Ohne Gott verkümmert der Mensch im Tiefsten. Diese Welt braucht Euch; denn für sie steht Ihr vor Gott in stellvertretender Liebe betend und opfernd. So hat Euer Leben einen großen und starken Sinn. Mag vieles auch mühselig und beschwerlich sein, der Herr hat zu Euch gesprochen: „Kommt alle zu mir, die Ihr voll Mühsal und beladen seid, ich will euch erquicken" (Mt. 11,28). Ihr besitzt eine Freude, die Euch nicht genommen wird und die hinüberreicht in das ewige Leben.

2. *Stärkt die Kraft der Familie!*
Heute ist die große Stunde der Familie. Je mehr die Vermassung und die Gottlosigkeit Euch bedrohen, umso mehr muß die Familie ein Hort der Menschlichkeit und des Glaubens werden. Auch hier wird die Not Kräfte wecken, die sonst schlummern und ungenützt bleiben.
Durch das Schulgesetz vom 2. 12. 1959 kann der Zugriff einer gottlosen Schule auf Eure Kinder noch schärfer werden, und für die Glaubensunterweisung droht neue Gefahr. Zudem liegt in der Linie des Gesetzes das Bestreben, das Recht der Eltern einzuengen. Wir Bischöfe hielten es deshalb für unsere Pflicht, im Namen der Familien, der Eltern und Schulkinder gegen dieses Gesetz Einspruch zu erheben.
Doch in diesem Wort zu Euch wollen wir Vertrauen und Verantwortung wecken. Vertraut auf die tragende, formende Kraft der Familie! „Wären's der Wasser noch so viel, die Liebe zu löschen vermögen sie nicht", heißt es in der Hl. Schrift (Hhl. 8,7).
Laßt Euch in Euren Familien durch die vielfältige Beanspruchung der Erwachsenen und auch der Kinder nicht auseinanderreißen und nützt jene Zeit umso besser, und der Ihr zusammen sein könnt! Die Familie ist heute die wichtigste Glaubens- und Lebensschule für die Kinder, und Ihr Eltern seid ihnen die erstverantwortlichen, unersetzlichen Seelsorger und Religionslehrer. Wenn aber jemand aus Eurer Familie von Ungeist und Gottlosigkeit angesteckt wird, dann umfangt ihn mit geduldiger, helfender Liebe! Wir hegen wahrhaftig keine Illusionen über die Gefährdung und den vielfachen Verfall der Familie, aber noch größer ist unser Vertrauen, daß die Familie an der gegenwärtigen Not erstarkt. Aus dieser Schau der Familie und bei dem harten Zugriff der Umwelt sollen

unsere *Seelsorgsgemeinden* ein warmes, familienhaftes Gepräge erhalten, um allen, den Familien, der ringenden Jugend, besonders auch den Alleinstehenden, Halt und Geborgenheit zu geben!

3. *Tuet Gutes allen!*
In der heutigen industrialisierten Gesellschaft sind überall die Beziehungen von Mensch zu Mensch gefährdet, besonders aber dort, wo noch dazu weltanschaulicher Druck auf den Menschen liegt. Die Menschen gehen nur allzu oft kalt und mißtrauisch aneinander vorüber. Doch sehnt sich der Mensch gerade in solch frostiger Umwelt nach einem verständnisvollen, stärkenden Wort und sucht die gütige Hand des Bruders. In diese Welt sind wir gesandt, „die Güte und Menschenfreundlichkeit Gottes unseres Erlösers" (Tit. 3,4) darzustellen und unseren Mitmenschen zu schenken. Glückselig, wer das begriffen hat; er findet im härtesten Alltag eine erfüllende Aufgabe.
Zeigt diese Liebe gerade jenen, die irren und Gott ablehnen! Ihr Herz ist leer und gespalten, es hungert nach Glück und Liebe, auch wenn sie vielleicht selbstsichere und harte Reden gegen Euch führen. Gerade sie brauchen Eure Liebe. Wenn Ihr als Jünger Christi mit den Augen des Guten Hirten durch Eure Umwelt geht, so könnt Ihr viele Wunden heilen, dürft Mutlose stärken und manchen Verirrten den Weg weisen. Freilich, solche Aufgabe wird nicht aus Menschenkraft gemeistert, sondern durch die Liebe Gottes, die durch den Heiligen Geist in unsere Herzen ausgegossen ist (vgl. Röm. 5,5)!

4. *Heiligt Eure Berufsarbeit!*
Unsere Zeit ist ein Zeitalter hochwertiger, rastloser Arbeit. Dabei erlebt gerade Ihr, wie die Arbeit vergötzt und zum letzten Ziel des Menschen gemacht wird, dabei aber den Menschen als schweres, drückendes Joch im Nacken liegt. In diese heutige Welt der Arbeit seid Ihr als Christen gesandt.
Ihr arbeitet als *Söhne und Töchter Gottes*. Euch ist die Arbeit etwas Großes, nämlich Auftrag des Schöpfers, Seine Welt zu gestalten und ihre Kräfte zu entfalten. Aber über der Arbeit steht Euch die Rast bei Gott als Erfüllung Eurer tiefsten Sehnsucht. Darum sind Eure Arbeitstage geprägt vom Tag des Herrn und Eure Arbeitsstunden leben aus der Kraft eines betenden, gottliebenden Herzens.
Ihr arbeitet *für Eure Brüder*. Alle Arbeit ist dem Christen irgendwie Dienst am Mitmenschen, am Einzelnen oder an der Gemeinschaft. Ihr arbeitet für Eure Familie, für Eure Kinder. Wenn man heute so viel von „sozialistisch arbeiten" spricht, so weiß der Christ aus der Schau seines Glaubens um die soziale Verantwortung der Arbeit; darum arbeitet er gewissenhaft und setzt seine beste Kraft ein.
Ihr arbeitet als *Jünger des kreuztragenden Herrn*. Die Fron der Arbeit, die manchmal so drückend sein kann, wird dem Christen tragbar durch die Verbindung mit dem gekreuzigten Herrn, durch seinen regelmäßigen Gang zum Opferaltar. Darum steht der Christ innerlich froh auf seinem Arbeitsplatz und macht alle Arbeit, auch jene, die ihn unbefriedigt läßt, zu einem heiligen Opferdienst für seine Arbeitskameraden.

Wir fassen unser Hirtenschreiben zusammen in dem einen Satz des hl. Paulus: „Wandelt würdig der Berufung, die euch zuteil geworden ist!" (Eph. 4,1). Das Leben in unserer Umwelt ist für uns nicht blindes Schicksal, mag es oft auch bitter sein, sondern liebender Ruf des Herrn an uns alle.

Liebe Brüder und Schwestern! Das Wort, das wir zu Euch gesprochen haben, kam aus einem Herzen, das um die Last Eures Lebens weiß und mit Euch leidet. Doch die Verantwortung unseres Hirtenamtes und väterliche Liebe ließen uns so sprechen. Das aber sollt Ihr wissen: In der kommenden hl. Fastenzeit werden wir Tag für Tag am Opferaltar Eurer Not gedenken und mit unserem Beten mitten unter Euch sein.

Auch Ihr mögt in diesen Gnadenwochen unserem Gott begegnen in Besinnung und Gebet, um Seinen Ruf zu erfassen und Seine Gnade in Euer Leben hineinzuflehen. Wenn Euch aber die Kirche zu Entsagung und Opfer mahnt, dann will sie Euch näher zum Gekreuzigten führen und Euch zugleich für den täglichen Kampf einüben. Inmitten aller Drangsal beten wir mit dem Völkerapostel voll gläubiger Zuversicht:

„Ihm aber, der durch seine wirksame Kraft in uns weit mehr zu tun vermag als alles, was wir erbitten und denken können: ihm sei Ehre in der Kirche und in Christus Jesus durch alle Geschlechter von Ewigkeit zu Ewigkeit! Amen" (Eph. 3,20-21).

Es segne Euch Gott + der Vater und + der Sohn und + der Heilige Geist. Amen

Berlin, 20. Januar 1960

Die auf der Berliner Ordinarienkonferenz versammelten Bischöfe und Bischöflichen Kommissare

+ Julius Card. Döpfner
Bischof von Berlin

+ Otto Spülbeck
Bischof von Meißen

+ Ferdinand Piontek
Bischof und Kapitelsvikar in Görlitz

+ Friedrich Rintelen
Weihbischof in Magdeburg

+ Joseph Freusberg
Weihbischof in Erfurt

+ Bernhard Schräder
Weihbischof in Schwerin

Joseph Schönauer
Generalvikar in Meiningen

(Rundschreiben des Bischöflichen Ordinariats Berlin, mit der Anweisung: „Vorstehendes Hirtenwort ist am Sonntag Sexagesima – 21. Februar 1960 – in allen Gottesdiensten zu verlesen. Berlin, 25. Januar 1960, Prange, Generalvikar".)

50. DIE SEELSORGLICHE BETREUUNG DES CHRISTEN IN DER ATHEISTISCHEN UMWELT

Pastoralanweisung an die Priester der Diözesen und Jurisdiktionsbezirke in der DDR

Liebe Mitbrüder!

In unserem diesjährigen Fastenhirtenbrief mußten wir zu der wichtigen und schweren Frage des christlichen Lebens in der atheistischen Umwelt Stellung nehmen. Viele von Euch und von den Gläubigen haben sicher ein solches Wort der Klärung und Ermutigung erwartet. Ihr erfahrt ja selbst täglich das, was uns Sorge macht und unser Hirtenwort veranlaßte: die wachsende atheistische Propaganda, die immer stärkere Gewissensbedrückung, die Erschwerung der Seelsorgsarbeit. Außerdem hat sich in letzter Zeit eindeutig erwiesen, daß der dialektische Materialismus zur alleinherrschenden Weltanschauung erhoben werden soll. Gleichzeitig mit unserem Hirtenbrief an die Gläubigen glauben wir auch Euch, unseren priesterlichen Mitarbeitern, ein Wort der pastoralen Weisung schuldig zu sein. Es soll Euch helfen, unsere Hirtensorge mitzutragen und unsere Weisungen im Alltag der Seelsorge durchzuführen. Doch vor jedem anderen Wort stehe unser Dank für alles, was Ihr bereits – und dies oft unter großen Schwierigkeiten – geleistet habt, um Euren heiligen Dienst zu erfüllen und der Forderung der Stunde gerecht zu werden. In fester Einheit wollen wir weiterhin unsere Aufgabe gemeinsam erfüllen.

I. Der Christ in der atheistischen Umwelt

Jeder unserer Gläubigen lehnt aus tiefster Überzeugung die atheistische Weltanschauung ab. Aber das religiöse Leben des Einzelnen und der Gemeinde vollzieht sich nicht auf einer unberührten Insel. Die Atmosphäre der atheistischen Umwelt umgibt den Christen und wirkt auf ihn, sei es als Verlockung, sei es als Bedrohung. Daher müssen wir als Seelsorger uns immer wieder fragen: Was wirkt auf unsere Gläubigen ein, was belastet sie, was erwarten sie von der Kirche? Zur Beantwortung dieser wichtigen Fragen mögen Euch folgende Überlegungen zu einem sachlichen Urteil verhelfen:

1. *Behaltet das Ganze im Blick!*
   Seien wir nüchtern genug und sehen nicht alle auftretenden Schwierigkeiten als ganz besonderes, nur über uns verhängtes Schicksal. Nach dem eindeutigen Zeugnis des *Neuen Testaments* besteht bis zur Wiederkunft Christi immer und überall *die Spannung zwischen der Welt und den Christen*, sofern und soweit sich die Welt gegen Gott und Christus verschließt. Werden doch bereits im Neuen Testament, freilich in den Farben der Antike und der Apokalyptik, fast alle

Möglichkeiten genannt, wie die Welt die Kirche und den Christen bedrängen kann.
Wir dürfen ferner nicht vergessen, daß eine ganze Reihe pastoraler Schwierigkeiten, unabhängig von Landes- und selbst Kontinentsgrenzen, der *modernen Welt* gemeinsam sind. Überall findet sich heute der Mensch in einer Umwelt der Technisierung, in der Arbeitshetze, in der Gefahr zur Vermassung und Bürokratisierung, überall vollziehen sich wirtschaftliche, wissenschaftliche und soziale Umwälzungen, damit aber ergeben sich neue Fragen und Aufgaben sowie neue Gefahren. Vor allem ist heute der Mensch selbst in Gefahr; denn gerade die eigentlich menschlichen, personalen Akte und Haltungen sind bedroht oder erschwert. Ehrfurcht, Sammlung, Werterfassung, Verantwortung, Selbstlosigkeit können heute überall in der Welt gefährdet sein. Dieser Grundhaltungen aber bedarf der religiöse Akt und das religiöse Leben.
Außerdem gehört es überall und zu allen Zeiten zum Erscheinungsbild der Kirche, daß sie *neben den wirklich lebendigen Christen* auch die sogenannten praktizierenden und *die lauen und abständigen* umfaßt, selbst wenn günstige äußere Umstände dies nicht schroff hervortreten lassen.

2. *Beachtet sorgfältig die besondere Gefährdung unserer Umwelt!*
Die genannten pastoralen Schwierigkeiten verschärfen sich, wenn die ganze Umwelt durch die *atheistische Weltanschauung* gefärbt oder bestimmt ist. Der dialektische Materialismus tritt ja mit dem Anspruch auf, die alleingültige Weltanschauung zu sein, und leugnet alle christlichen Grunddogmen: Gott und die Schöpfung, die Erlösung und jede allgemein gültige Moral. Er betrachtet jede Religion als Überbleibsel primitiver Epochen.
Daher müssen wir von einer *verschärften Diasporasituation* sprechen. Der Christ steht nicht nur allein in einer glaubensfremden Welt, sondern er wird auch immer stärker als Fremdling hingestellt und abgelehnt.

In dieser Lage droht die Gefahr, daß der Christ sich abschließt und *isoliert*, mißtrauisch und unzugänglich wird. Oder es kommt die Versuchung, dem Druck *auszuweichen* und sich anzupassen, mehr als das Gewissen erlaubt. Schließlich können *bestimmte Hemmungen* auftreten, die jedes religiöse Leben erschweren. Der Christ erleidet eine Einbuße an Sammlungsvermögen, an Urteilsklarheit, an Willensfestigkeit. Das Gefühl der Einsamkeit kann sich bis zum Gefühl der Verlorenheit steigern. Damit verbindet sich manchmal eine allgemeine Interesselosigkeit, eine Abstumpfung des Wertempfindens oder sogar völlige Trostlosigkeit. Gelegentlich tritt als fehlgeleitetes Suchen nach Trost eine Verstärkung der Begierlichkeit und Genußsucht ein.
Diese Hemmungen sind aber möglich, ohne daß der Christ selbst in jedem Fall schuldig wird. Sie werden oft schuldlos erlitten, und so erfordert das Festhalten am Glauben manchmal heroische Kraft.

3. *Vergeßt das Positive nicht!*
Eine solche Betrachtung der Lage zeigt deutlich, daß es oft nicht aus bösem

Willen kommt, wenn uns Müdigkeit oder Interesselosigkeit, Schwierigkeiten von Jugendlichen und selbst zahlenmäßige Rückgänge begegnen. Darüber hinaus dürfen wir sagen: Der Christ bleibt auch in der geschilderten Situation *ansprechbar*, wenn sich ihm die entscheidenden Fragen stellen, die Fragen nach dem Sinn des Lebens, der Liebe, der Schuld, der Krankheit, des Todes. Bei so viel hohlen Reden wird die *Sehnsucht nach Wahrheit* erst recht lebendig.

Auch dies ist eine kostbare Hilfe für uns, daß wir nur zu solchen reden, die *freiwillig kommen*. Sie bringen viel guten Willen mit und verlangen nach Anleitung zu einfachen und vollziehbaren religiösen Akten.

Schließlich gibt es auch in unserer Zeit durch Gottes Gnade eine *Kernschar* von hohem Rang. Wir alle kennen Christen, die wegen ihres Glaubens schwere Nachteile auf sich genommen haben und sich ernstlich mühen, ein geistliches Leben zu führen. Mag auch ihre Zahl nicht sehr groß sein, so sollten wir diese wenigen, die für Kirche und Volk Großes wirken, dankbaren Herzens fördern.

II. Konsequenzen für den Seelsorger

Ihr wißt, liebe Mitbrüder, daß auch in der geschilderten Umwelt die Erfüllung des unwandelbaren priesterlichen Dienstes entscheidend bleibt: Verkündigung des Wortes Gottes, Spendung der Sakramente, Hirtensorge um die Gemeinde und den Einzelnen. All dies wird letztlich nicht von der Situation diktiert, sondern vom priesterlichen Amt her gefordert. Und mit aufrichtiger Dankbarkeit sei es gesagt, daß Ihr diese zentralen priesterlichen Aufgaben in den vergangenen Jahren nach besten Kräften erfüllt habt. Dennoch muß in jeder Situation neu bedacht werden, wie wir diesen unseren Dienst an dem heutigen Menschen mit seinen Belastungen und Fragen recht erfüllen. Wir werden noch manches Mal darauf zurückkommen müssen. Hier jedoch geht es uns darum, im Zusammenhang mit unserem Hirtenbrief auf die Grundhaltungen hinzuweisen, mit denen wir und unsere Gläubigen in der gegenwärtigen Situation bestehen können.

1. *Bemüht Euch immer wieder um ein klares Bild der Lage.*
   Es ist unzweifelbar eine unserer ersten Pflichten, uns immer wieder zu fragen, *in welcher Verfassung der Christ* sich befindet, der unserer Sorge anvertraut ist. Wir können Gottes Wahrheit nicht glaubwürdig verkündigen, wenn wir nicht wissen, welche Ideen unaufhörlich auf unsere Gläubigen eindringen. Wir werden das Herz des Zuhörers nicht erreichen, wenn wir die Bedrängnis seines Herzens nicht mitfühlen.
   Dabei ist es wichtig, daß wir *vom dialektischen Materialismus ein klares Gesamtbild haben*. Es genügt nicht, festzustellen, welche christlichen Wahrheiten er leugnet, sondern wir müssen wissen, was er will und welches die Triebkraft dieser atheistischen Philosophie ist. Dabei geht es uns um eine Beurteilung aus der Sicht des Glaubens, nicht um eine Beurteilung einzelner politischer oder wirtschaftlicher Daten oder taktischer Manöver. Die Verkündigung ist allerdings nicht zuerst Abwehr der atheistischen Weltanschauung, sondern Verkündigung

der Offenbarung. Aber die Wahrheit des Gotteswortes muß so gesagt werden, daß die Falschheit der materialistischen Weltanschauung für den Gläubigen einleuchtend wird.
Damit haben wir freilich noch nicht die konkrete Situation des Einzelnen und der Gemeinde erfaßt. Hier müssen wir immer wieder prüfen, in welcher Stärke und auf welche – auch indirekte – Weise unsere Gläubigen von der Umwelt beeinflußt werden. Eine solche Kenntnis der Lage bewahrt uns vor kurzatmiger, falsch angesetzter Polemik und vor falschen pastoralen Akzentsetzungen.

2. *Verwirklicht in Eurem eigenen Leben, was die Situation erfordert!*
Wir wissen, daß zu allen Zeiten die Hauptfrage der Seelsorge der Seelsorger selbst ist. Er muß *Ja sagen zu der Zeit* und dem Ort, wo er nach Gottes Willen wirken soll. Wir sollen uns nicht Träumen von besseren Wirkmöglichkeiten überlassen. Oft müssen wir auch *liebgewordene Vorstellungen* und Arbeitsweisen aufgeben und uns umstellen. Andererseits sollte es uns nicht zu sehr bedrücken, wenn unsere Arbeit nicht immer den äußerlich sichtbaren Erfolg bringt, den wir gern sähen. Auch die *kleinste Treue* birgt eine große Kraft. Das Durchhalten in den alltäglichen und scheinbar fruchtlosen Bemühungen zieht Gottes Segen auf uns herab.
Wir sahen, daß in der heutigen Welt überall das Menschsein des Christen bedroht ist. Daher stellt unser Priesterdienst hohe Anforderungen an unsere *menschliche Haltung.* Durch Ehrfurcht, Takt und Vertrauenswürdigkeit ermöglichen wir erst die seelsorgliche Arbeit. Darum ist auch die *Atmosphäre unseres Hauses* so entscheidend. Wir dürfen unter keinen Umständen der Versuchung zum *Bürokratischen* erliegen und den Christen wie an einem Schalter abfertigen. Vor allem sollten wir Zeit und Geduld zum wirklichen Zuhören haben. Unsere priesterliche Wirksamkeit wird entscheidend mitbestimmt durch unsere Einstellung zum Besitz. Die Situation drängt den Priester zur inneren Freiheit von den Dingen im Geist des hl. Franziskus. Dadurch sind wir im Herzen bereitet, daß wir bei Widrigkeiten gelassen bleiben und in zuversichtlichem, frohem Vertrauen auf Gottes Vorsehung unsere Seelsorgsarbeit durchführen.

3. *Seid für alle da!*
Bei der Erschwerung der Seelsorgsarbeit ist die Versuchung verständlich, daß wir uns nur an den kleinen Kreis der ganz Getreuen wenden. Dies wäre der Weg des geringsten Widerstandes und des angenehmsten Echos. Nun gibt es zweifellos lebendige Christen, zu gutem Teil unsere Helfer, die eine sorgfältige Betreuung erwarten. Aber sie besteht nur dann zu Recht, wenn dieser *Kern der Gemeinde* zugleich apostolisch denkt und arbeitet und so dem Priester hilft, auch die Lauen wieder zu erreichen. Dann ist freilich die geistliche Führung dieses inneren Kreises erstrangige Pflicht. Dabei kommt es nicht auf die quantitative Häufung religiöser Veranstaltungen an, sondern auf echte geistliche Führung, das heißt auf eine verständliche, praktische Anleitung zum rechten Gebet, zur geistlichen Lesung und zum selbständigen Handeln. Doch sollte niemand überfordert werden. Der Seelsorger darf darüber freilich nicht vergessen, daß er *für alle da* ist.

Die Aufgabe des Guten Hirten umfaßt nach dem Prophetenwort: das Gesunde hüten, aber auch das Verirrte aufsuchen, das Verlorene zurückführen, das Verwundete verbinden und das Kranke stärken (vgl. Ez. 34,16).

4. Behaltet Mut und Zuversicht!

Wir wissen, liebe Mitbrüder, daß uns alle gelegentlich die *Versuchung zur Resignation* überkommen kann. Wir erleben den zahlenmäßigen Rückgang der Gemeinde, den Wegzug tragender Kräfte, Beschränkungen und Widerstände von außen. Mancher leidet an Schwächung seiner Gesundheit und an Arbeitsüberlastung oder er ist unzufrieden mit seiner Stelle. Dennoch haben wir allen Grund, in freudigem Vertrauen durchzuhalten. Wir wissen, daß der Sieg Christi uns geschenkt ist. Wir erfahren täglich, wieviel Kostbares uns Gott in jeder Situation läßt, den Reichtum Seines Wortes und Seiner Sakramente. Wir dürfen sicher sein, daß auch die nicht gesehene und nicht anerkannte Mühe ihren Sinn behält. Wir stehen in der Gemeinschaft der Brüder, die das Gleiche tragen und durchhalten. So haben wir echte Gründe genug, uns selber Trost und Mut zuzusprechen. Dann können wir auch glaubwürdig inmitten der Gemeinde die Forderung des Propheten Isaias erfüllen: „Tröstet, *tröstet mein Volk!*" (Is. 40,1). Ehe wir nämlich eine Forderung stellen, wie es unser Amt so oft verlangt, sollten wir unseren Gläubigen Mut und Trost zusprechen. Es bleibt heute wie seit je das Apostelwort wahr: „Gott hat uns getröstet in all unserer Trübsal, so daß wir imstande sind, die zu trösten, die in jeder Art Trübsal sind, durch den Trost, mit dem wir selbst von Gott getröstet werden" (2. Kor. 1,4).

III. Pastorale Führung zu den notwendigen Grundhaltungen

Wir wissen, daß die Entscheidungen des Menschen in einer konkreten Situation immer aus Haltungen kommen, positiven oder negativen, die seit langem in ihm gewachsen sind. Wir können nicht in allem voraussehen, in welche Situationen und Entscheidungen der Christ in einer atheistischen Umwelt gestellt wird; wohl aber steht fest, aus welchen Grundhaltungen heraus er sich richtig entscheiden kann.

Daher werden wir in unserer gesamten seelsorglichen Tätigkeit die *Hinführung zu solchen Grundhaltungen* anstreben. Zuletzt geht es für den Christen um die Bewahrung und Bewährung des Glaubens und der Liebe, denn dies ist das Entscheidende für sein ewiges Heil. Aber so gewiß Glaube und Liebe Gnadengeschenke Gottes sind, so fordern sie die Weckung jener Haltungen, ohne die ein religiöser Akt überhaupt nicht im vollen Sinne zustande kommt und religiöses Leben nicht gedeihen kann.

1. Führt zur Ehrfurcht!

Die Ehrfurcht ist eine menschliche und religiöse Grundhaltung dieser Art. Wir wissen, wie sehr die Verkümmerung der Ehrfurcht alle Beziehungen zwischen den Menschen belastet und eine lebendige Beziehung zu Gott erschwert. Wird

aber der Glaube durch Bedrohung oder Verlockung geprüft, so entscheidet zuletzt, ob der Mensch Gott mehr fürchtet als alles andere.
Die Hinführung zur Ehrfurcht verlangt, daß in all unseren Reden *das Heilige heilig gehalten* wird. Wir müssen *Achtung für unsere religiöse Überzeugung* verlangen, aber auch umgekehrt dem anderen und seiner Überzeugung Achtung entgegenbringen. Im Vollzug der *Liturgie* soll glaubwürdig die Ehrfurcht vor den heiligen Geheimnissen sichtbar werden. Darüber hinaus dürfen wir nicht vergessen, daß nur jener Mensch Ehrfurcht lernt, dem Ehrfurcht entgegengebracht wird. Insofern ist jede *Begegnung des Priesters* mit dem Menschen Hinführung oder Zerstörung. Gerade der Priester muß den anderen ernst nehmen, seine Mitarbeiter achten, eine andere Meinung gelten lassen.

2. *Erzieht zur Opferbereitschaft!*
In der gegenwärtigen Situation kann nur der Christ treu bleiben, der zum Opfer, zum Verzicht auf Vorteile und zur Hinnahme von Nachteilen bereit ist. Bei der Erziehung zur Opferbereitschaft müssen wir anschaulich zeigen, wie das brutale Haben-Wollen und *Genießen-Wollen* den Charakter und die Gemeinschaft zerstört. Vor allem aber muß dem Christen deutlich werden, daß seine Gemeinschaft mit dem gütigen Gott, seine Gliedschaft in der Kirche, sein Taufadel, seine Hoffnung auf das ewige Leben jedes Opfer wert sind. *Die Freude an diesen Gnadengeschenken Gottes gibt ihm Mut zum Opfer.*
Die Bewährung in einer schwierigen Situation wird nur gelingen, wenn zuvor die *Einübung* versucht wurde. Hier müßte die Führung im *Bußsakrament* Anregungen und Motive geben, die der konkreten Situation des Einzelnen angepaßt sind. Auch müssen wir den Christen öfters die *Mitfeier der heiligen Messe* als mitopfernde Teilnahme am Kreuzesopfer Christi erläutern.
Bei den konkreten Anregungen ist zu beachten, daß dem Jugendlichen im allgemeinen nicht die Dauerleistung zugemutet werden kann, sondern der gelegentliche, gut motivierte Einsatz.

3. *Ermutigt die Gläubigen immer wieder!*
Angst macht schwach und unsicher gegenüber einer glaubensfeindlichen Umwelt. Immun und sicher wird der Christ durch einen Mut, der aus gläubigem Vertrauen auf Gott wächst. Es gibt Situationen, in denen natürlicher Mut nicht ausreicht, aber es gibt auch grundlose Ängstlichkeit und *übertriebene Sorge* um die Zukunft. Viele fürchten nicht erst die Drohung, sondern bereits das Auffallen und jede geringfügige Unbequemlichkeit. Der Seelsorger wird die ernste Bedrückung eines Christen nicht bagatellisieren, aber er wird mit allem Takt dem Christen helfen, ein sachliches Urteil zu gewinnen, wenn übertriebene Ängstlichkeit ihm den Blick trübt. Das mutige *Eintreten für den Glauben* kann freilich nicht von allen in gleicher Weise verlangt werden; so bedarf jugendliche Unbekümmertheit der Zügel, oder ein Familienvater wird Rücksicht nehmen auf seine Familie. Viele aber könnten auf Grund ihrer Stellung und ihrer Kenntnis der Sachlage durch mutiges Verhalten für sich und andere Nachteile abwehren.

Es geht aber nicht nur um das mutige Glaubensbekenntnis, sondern überhaupt um den *Mut, anders zu sein als die anderen* und aus Gewissenstreue gegen den Strom zu schwimmen. Es geht um den Mut zum wortlosen, unbeirrbaren Festhalten an der richtigen Sache, um die Kraft, nicht dem Sog der Masse nachzugeben. Der Seelsorger muß deshalb den Gläubigen die rechte *Ordnung der Werte* anschaulich zeigen und sie zur konkreten Verwirklichung anregen. Dies geht Hand in Hand mit einer rechten *Gewissensbildung*; denn nur der Christ mit einem recht geformten, selbständigen Gewissensurteil ist für die verschärfte Diasporasituation gerüstet. Schließlich müssen wir unsere Gläubigen dazu führen, über die gegenwärtige Bedrängnis *hinauszusehen* und an den endgültigen Sieg Christi und die *Vollendung der Welt* zu denken. Alle Schwierigkeiten sind für den Christen Schwierigkeiten auf einem Wege, der mit Gottes Hilfe sicher zur Vollendung führt.

4. *Pflegt die brüderliche Gemeinschaft!*
Der Christ in der atheistischen Umwelt kommt zu uns mit dem Verlangen nach brüderlicher Gemeinschaft, nach Geborgenheit und einer Atmosphäre des Vertrauens. Die *Gemeinde soll für ihn heilige Heimat* werden. Oft sind freilich unsere Gemeinden zu groß, um solche brüderliche Nähe zu verwirklichen. Außerdem herrscht im religiösen Bereich noch weithin ein einseitiger Individualismus, der leicht den Mitmenschen übersieht. Die Führung zur brüderlichen Gemeinschaft gründet auf dem entscheidenden *Motiv:* Wir sind Brüder durch das Blut Christi und Tischgenossen des Herrn. In der praktischen Arbeit müßte der Takt des Seelsorgers erreichen, daß jeder Einzelne sich als dazugehörig empfindet, ohne sich überfordert zu fühlen. Alle Helfer und Gruppen sollten dazu erzogen werden, daß sie selbstlos auch für jene arbeiten und gestalten, die nicht von heute auf morgen schon zur Mitarbeit bereit sind. Erst wenn man jemanden neidlos teilnehmen läßt, wird er später gern und von sich aus seinen Beitrag für die Gemeinschaft leisten. Echte Brüderlichkeit kann nicht allein im Raum der offiziellen Veranstaltungen gedeihen, sie wächst im *Dienst am Bruder*, im Werk der Liebe. Möglichst viele aus der Gemeinde sollten mit solch kleinen Hilfsdiensten betraut werden.

5. *Zeigt die Aufgaben des Christen in der atheistischen Umwelt!*
Die verschärfte Diasporasituation und der Druck der atheistischen Umwelt führen zu der *Gefahr eines Insel-Daseins.* Der Christ wagt nicht mehr, sich ernsthaft zu fragen, welche Aufgaben er außerhalb des kirchlichen Raumes in seiner Umwelt und für seine Umwelt hat. Dann wird sein Leben leicht *zweigleisig.* Er bleibt im Gottesdienst und Privatgebet für kurze Augenblicke auf der Insel des Religiösen, um danach umzuschalten und im alltäglichen Betrieb unterzutauchen. Dabei aber wird sein Christenleben ungesund, manchmal sektenhaft und unfruchtbar. Der Seelsorger muß sich in dauerndem Kontakt mit seinen Gläubigen klar werden, inwieweit ein Wirken in die Umgebung hinein noch möglich ist. Er kann nichts Unmögliches verlangen, sollte aber auch nicht immer wieder davon reden, was unter anderen Bedingungen geschehen könnte, und dadurch

Mutlosigkeit fördern. In unserer Lage besteht nur sehr beschränkt die Möglichkeit, christliche Umgebung zu schaffen. Das Ziel ist also, den *Christen zu befähigen, in einer unchristlichen Umgebung* als Christ durchzuhalten. Hier ist er durch sein Christ-Sein das Salz der Erde, und dies umso mehr, je weniger wir uns auf kirchliche Institutionen stützen können. Das *Leben und Arbeiten* des Christen ist auch in einer ungläubigen Umwelt nicht religiös indifferent, ist also nicht den dort geltenden Tendenzen vorbehaltlos unterworfen. Jede Arbeit hat als Schöpfungsauftrag in sich (finis operis) einen Wert, der von einer unchristlichen Ideologie her nicht genommen werden kann. Ferner hat jede Arbeit des Christen ihren Wert vor Gott, weil und insofern sie als Dienst Gottes getan wird (finis operantis). Die berufliche Leistung ist also auch dann religiös nicht gleichgültig, wenn der Christ das Gefühl hat, daß sie in immer weiterem Umfang in den Dienst des Atheismus genommen wird.

Der Christ ist verantwortlich für die menschliche Atmosphäre *in Betrieb und Nachbarschaft.* Das Eintreten für Sauberkeit und Redlichkeit, die kameradschaftliche Hilfe, das gute Gespräch, der Kontakt mit den Glaubensbrüdern auf der Arbeitsstätte und darüber hinaus mit allen Gutwilligen, all das sind echte Formen des christlichen Weltauftrags. Sehr wichtig ist dabei die klare und *saubere Haltung zum Geschlechtlichen,* weil sie oft über die Glaubwürdigkeit des christlichen Zeugnisses entscheidet.

Der Christ muß dazu reifen, daß er auf Ablehnung nicht mit Haß antwortet; auch in glaubensfeindlicher Umgebung ist seine Aufgabe *die Liebe.* Dann gestaltet er wahrhaft seine Umgebung, auch wenn kein äußerer Einfluß sichtbar wird. So wird er *Priester seiner Umwelt,* er tritt mit seinem Gebet für die Anderen vor Gott und nimmt sie mit zu seiner Mitfeier des Opfers Christi.

IV. Die notwendigen Grenzziehungen

Der Christ lebt in einer atheistischen Umwelt, doch kann er nie den Atheismus bekennen und ihm innerlich zustimmen. Diese Situation bedingt eine Fülle von Schwierigkeiten. Es gibt sicher Grenzen, an denen der Christ um seines Gewissens willen „nein“ sagen muß. Andererseits kann er sich vielen Dingen einfach nicht entziehen, und die Beurteilung des Einzelfalles ist oft schwer, weil der ganze Umfang der Verflechtung und alle Möglichkeiten der Belastung nicht immer von vornherein abzusehen sind.

1. *Besinnt Euch auf die Grundsätze der katholischen Sittenlehre!*
Es ist sicher für uns und unsere Gläubigen eine Hilfe, wenn wir uns auf die Grundsätze der katholischen Moraltheologie besinnen. Es handelt sich hier um die Frage der *cooperatio.* Die Moraltheologie unterscheidet zwischen einer cooperatio formalis und cooperatio materialis. Auf unsere Situation angewendet bedeutet das: Es gibt eine direkte Mitarbeit an der Verbreitung des Materialismus, welche die innere Bejahung einschließt. Es gibt aber auch eine indirekte Mitarbeit, bei der die betreffende Handlung und auch die Absicht des Han-

delnden gut sind, aber diese Handlung dann doch in den Dienst des Atheismus gestellt wird.

Nun ist eine *cooperatio formalis*, bei welcher ein Christ dem Atheismus zustimmt und ihn unterstützen will, zweifellos unerlaubt, aber wir dürfen hinzufügen, daß wir diese cooperatio bei unseren Gläubigen durchweg nicht finden. Größer kann die Versuchung sein, bei einer Sache mitzumachen, die vom Wesen her dem Atheismus dient, etwa beim Vollzug eines sozialistischen Ersatzritus. Hierbei braucht zwar nicht die Absicht vorzuliegen, den Atheismus zu bekennen, aber eine solche Tat ist in sich ein Bekenntnis zu ihm.

Die *cooperatio materialis* ist oft unvermeidbar. Wenn die Umwelt und die Öffentlichkeit fast ganz vom Atheismus beherrscht sind, kann auch beinahe alles, was ein Mensch tut, irgendwie in den Dienst dieser Weltanschauung gezogen werden, selbst sein Schweigen oder die Äußerung einer gegenteiligen Meinung. Man kann sich nicht, wie das außerhalb dieser Umwelt denkbar wäre, aller jener Handlungen enthalten, die voraussichtlich mißdeutet oder mißbraucht werden. Man muß vielmehr damit rechnen, daß fast alles mißbraucht werden kann. Dennoch bleibt die Lehre vom finis operis gültig. Eine Handlung kann auch dann in sich gut oder wenigstens indifferent sein, wenn die besonderen Umstände den Mißbrauch fast unvermeidlich machen. So bleiben die gute Arbeit, das gute Lernen, der vernünftige Sport vom finis operis her gut, auch wenn die ideologische Belastung mit Sicherheit gegeben ist. Ebenso bleibt der finis operantis, die Gesinnung des Christen, auch dann wirksam, wenn sie sich nach außen hin gar nicht oder nur selten kundtun kann.

2. *Zeigt die unverrückbaren Grenzen!*

Trotzdem bleibt es oft schwer, die Grenzen zu ziehen. Denn auch da, wo es sich zunächst um eine cooperatio materialis handelt, kann sich die Situation so zuspitzen, daß der Christ ein „Nein" sagen muß. So wenig dies alles in vollem Umfang zu übersehen ist, wird man doch folgende Grenzziehung festhalten müssen:

a) Die direkte Verleugnung des Glaubens ist immer und überall kraft göttlichen Rechtes unerlaubt.
b) Der Christ kann keine Partei unterstützen, die das Bekenntnis zum dialektischen Materialismus fordert.
c) Der Christ darf sich persönlich keinen sozialistischen Ersatzriten unterziehen und sie auch nicht an ihm Anvertrauten vollziehen lassen.
d) Der Christ kann nichts unterschreiben, was ein Bekenntnis zum Atheismus enthält.
e) Der Christ kann wohl den Materialismus kennenlernen, darf ihn aber nie bekennen.
f) Der Christ darf keinen Beruf wählen, in dem der Abfall von der Kirche sicher gefordert wird oder der direkt der Verbreitung des Atheismus dient.
g) Der Christ kann niemals mitwirken, daß Unschuldige Schaden leiden.

In diesen Fällen müssen wir unseren Gläubigen raten, sich nicht auf Diskussionen einzulassen. Wo eine solche Forderung an sie herantritt, geht es nicht um den Streit von Meinungen, sondern letztlich um das Bekenntnis des Glaubens.

3. *Helft den Schwachen und Bedrängten!*
Bei dem verschärften Druck kann es in vielen Fällen zutreffen, daß zumal Kinder und Jugendliche aus Ängstlichkeit oder mangelnder Übersicht nachgeben. Die Schwere der Schuld ist dabei durch mangelnde Einsicht oder durch Zwang gemindert. Wir dürfen hier wie in allen Fragen der Moral zwischen der objektiven Schuld und der subjektiven Verschuldung unterscheiden. Diese Menschen brauchen unsere ganz besondere Hirtensorge. Sie sind grundsätzlich, selbst wenn sie unter kirchliche Sanktionsbestimmungen fallen, nicht als Bosheitssünder anzusehen, sondern als Schwachheitssünder. Bei aller Klarheit in der Sache ist ihnen doch jede mögliche Hilfe zu gewähren.
Den Christen aber, die um des Glaubens willen Nachteile ertragen, sind wir ein echtes Wort der Ermunterung schuldig. Wir sollten sie an die Wahrheit erinnern, daß denen, die Gott lieben, alles zum Besten gereicht. Die aus Liebe zu Gott getragene Not ist letzten Endes zum Segen. Wir müssen ihnen den Blick dafür öffnen, daß Gottes Güte uns auch in der Not noch viel gewährt. Immer noch läßt uns Gott Sein heiliges Wort, die Sakramente und die Hoffnung auf die ewige Vollendung. Vor allem sollten wir den Bedrängten helfen, daß sie auf Gehässigkeit nicht mit Haß antworten, sondern zuletzt mit christlicher Liebe. Das Bewußtsein der richtigen Gewissensentscheidung wird ihnen zu froher Gelassenheit verhelfen; der Blick auf den endgültigen Sieg Christi wird sie vor Verirrung bewahren und der Blick auf die Märtyrer und Heiligen ihnen Mut geben.

Liebe Mitbrüder!

Wir erfahren bei unserer seelsorglichen Arbeit oft recht schmerzlich, daß die Kirche unter dem Kreuz des Herrn steht, aber wir sind auch gewiß, daß sie darin zugleich die Kirche des Auferstandenen ist und Seine unverbrüchlichen Verheißungen besitzt. Statt der triumphierenden oder wenigstens äußerlich anerkannten und gesicherten Kirche erleben wir vielfach eine Kirche, die mühsam durchhält und aus vielen Wunden blutet. Gerade diese Kirche wollen wir lieben und ihr dienen, denn nur in ihr ist Heil.

Die kommende Fastenzeit ist nach der Tradition der Kirche die Zeit des Gebetes, des Opfers und der tätigen Liebe. Bemühen wir uns in diesem Jahr angesichts der geschilderten Aufgaben besonders um das unbeirrbare Gebet des Vertrauens, durch das wir uns selbst und unsere Gläubigen zuversichtlich in Gottes Hand empfehlen. Nehmen wir freudig und geduldig die Opfer auf uns, die Gott in dieser Stunde von uns fordert. Und bleiben wir niemandem das Almosen brüderlicher Teilnahme und des priesterlichen Trostes schuldig.

Zu einem treuen Priesterweg und zu gnadenvollem Priesterdienst segne Euch der allmächtige Gott, der + Vater und der + Sohn und der + Heilige Geist.

Berlin, am 20. Januar 1960

Die auf der Berliner Ordinarienkonferenz versammelten Bischöfe und Bischöflichen Kommissare

+ Julius Card. Döpfner
Bischof von Berlin

+ Otto Spülbeck
Bischof von Meißen

+ Ferdinand Piontek
Bischof und Kapitelsvikar in Görlitz

+ Friedrich Rintelen
Weihbischof in Magdeburg

+ Joseph Freusberg
Weihbischof in Erfurt

+ Bernhard Schräder
Weihbischof in Schwerin

Joseph Schönauer
Generalvikar in Meiningen

6. April 1960

51. GEGEN VERLETZUNG VON MENSCHENRECHTEN BEI DER WERBUNG ZUM EINTRITT IN DIE LPG

Die Bischöfe und Bischöflichen Kommissare der Berliner Ordinarienkonferenz an Ministerpräsident Otto Grotewohl

Der Bischof von Berlin

Berlin, 6. April 1960
Hinter der Kath. Kirche 3

An die
Regierung der Deutschen Demokratischen Republik
Vorsitzenden des Ministerrates
Herrn Ministerpräsident Otto Grotewohl
Berlin C 2
Klosterstr. 47

Sehr geehrter Herr Ministerpräsident!

In den letzten Wochen ist in allen Bezirken der Deutschen Demokratischen Republik gemeinsam von Staat und Partei die restlose Überführung aller Einzelbauern in landwirtschaftliche Produktionsgenossenschaften in Angriff genommen worden. Bei der Frühjahreskonferenz der katholischen Bischöfe und Bischöflichen Kommissare mußten wir feststellen, daß sich in allen unseren Jurisdiktionsbezirken dabei Vorgänge vollzogen haben, zu denen wir katholischen Bischöfe nicht schweigen können. Wir fühlen uns im Gewissen verpflichtet, die Regierung der Deutschen Demokratischen Republik darauf hinzuweisen, daß bei und infolge der Schaffung vollgenossenschaftlicher Dörfer schwere Verletzungen der Menschenwürde und Menschenrechte verursacht wurden.

Im Jahre 1952 hatte der Ministerrat der Deutschen Demokratischen Republik Musterstatuten für landwirtschaftliche Produktionsgenossenschaften bestätigt und damit den Grund zur Entwicklung des genossenschaftlichen Zusammenschlusses von Einzelbauern gelegt. Damals wurde für den Eintritt in solche Genossenschaften der Grundsatz der Freiwilligkeit ausdrücklich betont, die durch das tatsächliche Nebeneinander-Bestehen beider Wirtschaftsformen auch gesichert erschien.

Auch in den durch Beschluß des Ministerrates der DDR vom 9.4.1959 bestätigten Musterstatuten für landwirtschaftliche Produktionsgenossenschaften wurde derselbe Grundsatz der Freiwilligkeit ausdrücklich herausgestellt.

Nunmehr aber sind von dem V. Parteitag der SED Impuls und Direktive ausgegangen, Wirtschaft und Leben auf dem Lande grundlegend in dem Sinne zu verändern, daß nur noch die sozialistische Wirtschaftsform bestehen bleiben, die bäuerliche Einzelwirtschaft dagegen gänzlich beseitigt werden soll.

Diese Direktive der Sozialistischen Einheitspartei wird nun von der Staatsgewalt mit allen ihr zur Verfügung stehenden Mitteln einseitig und rücksichtslos durchgesetzt. Durch ein systematisches Zusammenwirken von Partei und Staat wird der bäuerlichen Bevölkerung eine Lebensform aufgezwungen, die sie weithin zutiefst ablehnt. Eine Unterschrift, die nach stunden- und tagelangen, oft pausenlosen „Überzeugungsgesprächen", die Verhören gleichkommen, erzwungen wird, kann nicht als freiwillig bezeichnet werden.

Die Freiheit aber ist – unabhängig von jeder Staatsgewalt und Gesellschaftsform – den einzelnen Menschen als unabdingbares Recht vorgegeben. Diese Freiheit ist bei den jüngsten Ereignissen auf dem Lande weitgehend mißachtet worden.

Außerdem wird durch die angestrebte sozialistische Wirtschaftsform jene Verfügungsgewalt, die mit dem Begriff des Eigentums naturgemäß verbunden ist, zwangsweise eingeschränkt, wenn nicht sogar von ihrem gesamten Inhalt entleert. Damit wird ein entscheidendes Grundrecht des Menschen aufgehoben.

Wir sind der Überzeugung, daß es für den einzelnen Menschen, für die Familien, für die Gesellschaft und für den Staat zu schweren Schäden führen muß, wenn derart unaufhebbare Freiheiten und Verfügungsrechte des Menschen mißachtet werden.

Mit Bedauern müssen wir feststellen, daß bei der sozialistischen Umgestaltung des Dorfes die Organe der Staatsgewalt zur Durchsetzung von Parteibeschlüssen eingesetzt wurden. Dadurch gerät die Staatsgewalt in Konflikt mit ihrer ureigensten Aufgabe, Hüter der Anliegen aller und jedes einzelnen Bürgers zu sein.

Ebenso bedauern wir die Art und Weise, in der Organe der Justiz gegenwärtig auf den Dörfern eingesetzt werden. Das Eingreifen von Polizei und Staatsanwaltschaft mit dem Ziel, einen Parteibeschluß durchzuführen, führt eine tiefgreifende Rechtsunsicherheit herbei, ja erzeugt das Gefühl völliger Rechtlosigkeit. Denn die Organe der Rechtssicherung und Rechtspflege werden in einem Auftrag tätig, der die Sicherheit von Gütern aufhebt, die nach den Menschenrechten unantastbar sind.

Wir Bischöfe und Bischöflichen Kommissare der katholischen Kirche halten uns daher für verpflichtet, gegen die uns bekannt gewordenen Methoden der Werbung zum Eintritt in die LPG Einspruch zu erheben, da sie die Menschenwürde verletzen. Wir legen aber auch gegen die gewaltsame Einschränkung der Verfügungsgewalt über das Eigentum Protest ein. Unser Einspruch ist um so dringender, da weite Kreise die Befürchtung hegen, daß nach dem Abschluß der Entwicklung unter den Einzelbauern auch den Handwerkern und anderen bisher selbständigen Gruppen das gleiche Schicksal bevorsteht.

Als Bischöfe der katholischen Kirche müssen wir schließlich ernste Bedenken aussprechen, daß durch die Sozialisierung der Bauern und der anderen Gruppen die sozialistisch-atheistische Umformung und Beherrschung des Menschen immer stärker vorangetrieben werden soll. Denn wir können uns der schweren Sorge nicht verschließen, daß hinter den jetzigen Maßnahmen als Fernziel die Absicht steht, durch die Umgestaltung der Produktionsverhältnisse dem religiösen Leben mehr und mehr die Grundlage zu entziehen.

Mit besonderer Hochachtung

+ *Julius Card. Döpfner*
Bischof von Berlin

gez. + Otto Spülbeck
Bischof von Meißen

gez. + Ferdinand Piontek
Bischof und Kapitelsvikar in Görlitz

gez. + Friedrich Rintelen
Weihbischof in Magdeburg

gez. + Joseph Freusberg
Weihbischof in Erfurt

gez. + Bernhard Schräder
Weihbischof in Schwerin

gez. Joseph Schönauer
Generalvikar in Meiningen

30. April 1960

52. ZUR DURCHFÜHRUNG DER RELIGIÖSEN UNTERWEISUNG DER KATHOLISCHEN KINDER IN DEN SCHULFERIEN

Anweisung des Bischöflichen Ordinariats Berlin

Für die Durchführung der religiösen Unterweisung der katholischen Kinder in den Schulferien 1960 wird folgende Unterrichtung und Anweisung bekanntgegeben:

1. Zu den religiösen Unterweisungen in den Sommerferien, deren Notwendigkeit sich im besonderen Maße aus der Diasporasituation der Katholischen Kirche in unseren Gebieten ergibt, werden die kath. Kinder mit Einwilligung der Erziehungsberechtigten im Pfarrort oder sonstigen zentral gelegenen Orten am Vor- und Nachmittag zusammengefaßt.
   Dabei kommt der Unterweisung von Kindern, die sich auf den Empfang der hl. Kommunion oder des Sakramentes der Firmung vorbereiten besondere Bedeutung zu.

2. Diese religiösen Unterweisungen werden in der Form religiöser Kinderwochen oder mehrerer zusammenhängender Einkehrtage durchgeführt, wobei besonders an eine Reihe von Einkehrtagen zu denken ist, in deren Mittelpunkt die gemeinsame Feier des Sonntags steht. Allgemein wird diese Art der religiösen Unterweisung täglich mit einem Gottesdienst eingeleitet. Die einzelnen Tage stehen unter einer christlichen Tages- und Lebensordnung, in der das gemeinsame Gebet, das religiöse Lied, die Katechese, religiöse Feierstunden und Andachten einen festen Platz haben müssen.

3. Diese Tage gemeinsamer religiöser Unterweisung liegen sowohl nach ihrer Zweckbestimmung wie auch in der Art ihrer Durchführung völlig im Rahmen der der Kirche übertragenen Verpflichtung, ihre Glieder in die Geheimnisse des Glaubens einzuführen.
   Sie gehören zur ungestörten Religionsausübung, wie sie der Kirche durch die Verfassung der Deutschen Demokratischen Republik garantiert ist.

4. Diese Zusammenkünfte der Kinder zur Glaubensunterweisung sind eine ausschließlich religiöse Angelegenheit, die sich in Anlage und Ziel eindeutig von den durch das sozialistische Erziehungsziel bestimmten Ferienlagern der staatlichen Organe und auch von der sonstigen staatlichen Feriengestaltung unterscheiden. Dieser religiöse Charakter wird auch dadurch nicht aufgehoben, daß sich die Kinder die Zwischenzeit zwischen Vormittags- und Nachmittagsunterweisungen mit Gesang und Spiel oder anderer kindgemäßer Beschäftigung vertreiben und in manchen Fällen auch am Ort der Unterweisung übernachten.

5. Abschließend wird festgestellt, daß diese religiöse Unterweisung von der Anordnung des Ministers für Volksbildung vom 18.2.1960 nicht betroffen wird.

Wir weisen daher die Pfarrämter und Seelsorgestellen an, die notwendigen Vorbereitungen bald in die Wege zu leiten.

gez. *Prange*
Generalvikar

(Rundschreiben des Bischöflichen Ordinariats Berlin W 8 – J.-Nr. 10-9/60 – vom 30. April 1960 „an die H. H. Erzpriester mit der Bitte um Weitergabe an die H. H. Konzirkularen".)

30. April 1960

53. GEGEN DIE EINSCHRÄNKUNG DES ERZIEHUNGSRECHTES DER ELTERN

Anweisung des Bischöflichen Ordinariats Berlin

Anweisung an die H. H. Seelsorger des Bistums Berlin im Bereich der DDR und im Demokratischen Sektor von Groß-Berlin

1) Nach dem Schulgesetz vom 2. 12. 1959 und der Schulordnung vom 12. 11. 1959 werden Erziehungsrecht und Erziehungspflicht der Eltern weitgehend eingeengt. Im § 2,1 des Schulgesetzes heißt es: „Die schulische Erziehung und Bildung der Jugend ist ausschließlich Angelegenheit des Staates." Mittel hierfür ist die Einrichtung von Schulhorten, die zum Bestandteil der Schule erklärt werden und dem Zweck dienen, die Kinder den ganzen Tag über dem Elternhaus fernzuhalten. (Schulgesetz § 3,4: „Der Schulhort und das Internat haben, als ein fester Bestandteil der Schule, den Schülern beim Lernen zu helfen und für eine erzieherisch wertvolle Freizeitgestaltung und gute Betreuung der Schüler während des ganzen Tages zu sorgen. Dafür sind Lehrer und Erzieher einzusetzen.") Nach § 25 der Schulordnung soll die Erziehungsarbeit im Schulhort orientiert sein an dem „Programm der Jungen Generation für den Sieg des Sozialismus" und dem Jugendprogramm der Pionierorganisation „Ernst Thälmann". Nach letzterem gehört die Jugendweihe mit zum Programm dieser Erziehung. Damit ist die ideologische Ausrichtung dieser Erziehung klar gekennzeichnet. Die Teilnahme am Schulhort wird nach § 5 der Schulordnung als Möglichkeit betrachtet und ist daher freiwillig.

2) Nach der Sitzung des Zentralkomitees der SED vom 23. 3. 1960 wird neuerdings die Einrichtung von Tagesschulen zur vordringlichen Aufgabe erklärt. Hier wird der Versuch unternommen, die Kinder vollzählig den ganzen Tag über bis 17 Uhr im Raum der Schule zu behalten. Es wird jedoch ausdrücklich erwähnt, daß die Teilnahme der Kinder an der ganztägigen Erziehung in der Tagesschule auf Grund der freiwilligen Entscheidung der Eltern erfolgt.

3) Neben der Einschränkung des Erziehungsrechtes der Eltern ist hinzuweisen auf die Gefahr, die der kirchlichen Unterweisung der Kinder droht. Wenn der Religionsunterricht erst nach 17 Uhr durchgeführt werden kann, wird eine Teilnahme – insbesondere jüngerer Kinder – unmöglich sein.

4) Verantwortungsbewußte christliche Eltern können die Beschneidung ihres Erziehungsrechtes und ihrer Erziehungspflicht in den dargestellten Formen nicht unwidersprochen hinnehmen. Wo immer sich Gelegenheit bietet, sind darum in

Verbindung mit guten protestantischen Eltern – im Rahmen der gesetzlichen Möglichkeiten – derartige Versuche klar und eindeutig abzulehnen.

5) Die Seelsorger werden in allen Kreisen ihrer Gemeinde die Elternschaft diesbezüglich immer wieder aufklären und ermutigen.

gez. *Prange*
Generalvikar

(Rundschreiben des Bischöflichen Ordinariats Berlin W 8 – J.-Nr. 10-7/60 – vom 30. 4. 1960).

17. Juli 1960

54. ÜBER DIE (NICHT-)TEILNAHME VON GEMEINDEVERTRETERN AUS DER DDR AM EUCHARISTISCHEN WELTKONGRESS

Mitteilung des Bischofs von Berlin an die Geistlichen in der DDR

Liebe, hochwürdige Mitbrüder!

Den Bischöfen und Bischöflichen Kommissaren war es ein Anliegen ihrer Hirtensorge, die Teilnahme von Gemeindevertretern aus der DDR am Eucharistischen Weltkongress zu erreichen. Wir hätten es dankbar empfunden, wenn in unserer von schmerzlichen Grenzen durchzogenen Welt wenigstens ein Teil unserer Diasporakatholiken die weltumspannende Einheit der Kirche hätte erleben können.

Zu unserem Bedauern müssen wir jetzt mitteilen, daß eine Besprechung beim Staatssekretariat für Kirchenfragen, die unserem Anliegen dienen sollte, erfolglos verlaufen ist. Es fand sich keine gemeinsame Grundlage, auf der über die Teilnahme von einer Vertretergruppe der Katholiken der DDR hätte verhandelt werden können. Dem einzelnen Gläubigen bleibt es unbenommen, bei den zuständigen Dienststellen einen Interzonenpaß zur Teilnahme am Eucharistischen Weltkongress zu beantragen. Gegen eine Beauftragung durch das Pfarramt bestehen im Einzelfall keine Bedenken.

So sehr die menschliche Begegnung der Katholiken aus aller Welt im Sinne des Sakramentes der Einheit liegt, so ist doch die äußere Kundgebung nicht das Wesentliche. Wir müssen uns selbst darüber klar sein und es unseren Gläubigen klar machen: Es gibt eine echte Teilnahme an dieser Statio Orbis, weil wir im Sakrament des Altares real mit unseren Brüdern aus der ganzen Welt communio haben. Gerade in den Tagen des Eucharistischen Weltkongresses soll es Ihre Sorge sein, daß beim sakramentalen Empfang des Herrenleibes die Herzen bereitet werden, sich bewußt in die große Gemeinschaft des Leibes Christi einzufügen. Diese Teilnahme ist eine Sache des Glaubens, und sie ist gerade für die Katholiken der Diaspora wesentlich. Helfen wir unseren Gläubigen zu dieser gläubigen Teilnahme an der Statio Orbis und bitten wir sie, den Verzicht auf die äußere Teilnahme mit den vielen anderen Verzichten, die ihnen bereits auferlegt sind, als Opfer zum Altar zu bringen.

So bereiten Sie Ihren Gläubigen in den einzelnen Gemeinden eine lebendige Mitfeier des Eucharistischen Weltkongresses! Jetzt schon darf ich Sie bitten, tun Sie alles, daß gerade in diesem Jahr möglichst viele zum Bistumstag (18. September) kommen, der unsere Bistumsfamilie im Zeichen der Eucharistie zusammenführen soll.

In unserem Herrn, der uns zu Kündern Seines Heiles und zu Ausspendern Seiner Geheimnisse machte, grüßt und segnet Sie

+ Julius Card. Döpfner
Bischof von Berlin

Berlin, 17. Juli 1960

11. Juni 1961

55. DIE DEUTSCHEN BISCHÖFE ZUM EICHMANN-PROZESS

Gemeinsames Hirtenwort

Die deutschen Bischöfe haben in ihren Beratungen auch die durch den Eichmann-Prozeß aufgeworfenen Fragen besprochen. Sie stellten fest, daß die deutschen Katholiken den Prozeß mit großem Ernst verfolgen, tief betroffen darüber, daß so furchtbares Unrecht durch Menschen aus unserem Volk geschehen konnte.

Die erschütternden Aussagen des Prozesses werfen erneut die Frage auf, wie es zu dieser entsetzlichen Schändung der Menschenwürde und zur Vernichtung ungezählter Menschenleben kommen konnte. Solches ist geschehen, weil die politische Führung unseres Volkes sich angemaßt hat, ewige Gesetze Gottes außer Kraft zu setzen.

Unser Volk muß das Menschenmögliche tun, das am jüdischen Volk und an anderen Völkern verübte Unrecht wiedergutzumachen. Materielle Wiedergutmachung ist notwendig, aber sie allein genügt nicht. Deshalb rufen die Bischöfe die deutschen Katholiken auf, im Geiste der Sühne Gott um Verzeihung anzuflehen für die Sünden, die durch Angehörige unseres Volkes geschehen sind, und um die

Gesinnung des Friedens und der Versöhnung zu bitten. Gleichzeitig appellieren sie an die Initiative der Priester und der Laien, entsprechend den gegebenen Möglichkeiten mit dem Gebete sichtbare Zeichen tätiger Sühne zu verbinden.

Den Männern und Frauen aber, die heute in unserem Volk Verantwortung tragen, rufen die Bischöfe eindringlich ins Gewissen, jedem Versuch zu wehren, erneut Gottes Gebote außer Kraft zu setzen und dadurch wiederum Menschenwürde und Menschenrecht in Gefahr zu bringen.

Jene aber, die die öffentliche Meinung mitgestalten, mögen im Bewußtsein unseres Volkes und besonders unserer Jugend auch die Erinnerung an jene selbstlosen Frauen und Männer lebendig erhalten, die in diesen dunklen Stunden unserer Geschichte den Verfolgten unter Einsatz ihres Lebens geholfen und oft bis in den Tod mit ihnen gelitten haben.

(Rundschreiben des Bischöflichen Ordinariats Berlin vom 2. Juni 1961, J.-Nr. 7031/61, an alle Pfarreien und Seelsorgestellen im Bistum Berlin, mit folgender Weisung:
„Das beigefügte Hirtenwort der deutschen Bischöfe ist am 11. Juni 1961, dem Sonntag nach dem Herz-Jesu-Fest, in allen Gottesdiensten bekanntzugeben. Am gleichen Sonntag ist auch das beigefügte Gebet mit der Gemeinde zu beten ... gez. Prange, Generalvikar“.)

Gebet für die ermordeten Juden und ihre Verfolger

Herr, Du Gott unserer Väter! Du Gott Abrahams, Isaaks und Jakobs, Du Vater der Erbarmung und Gott alles Trostes.

Du hast Dich Deines Knechtes Israel angenommen und ihm und allen Menschen Jesu Christus, Deinen Sohn, als Erlöser gesandt. Ihn, der schuldlos war, hast Du für uns dahingegeben, damit durch Ihn alle gerettet werden.

Wir bekennen vor Dir: Mitten unter uns sind unzählige Menschen gemordet worden, weil sie dem Volke angehörten, aus dem der Messias dem Fleische nach stammt.

Wir bitten Dich: Führe alle zur Einsicht und Umkehr, die auch unter uns mit schuldig geworden sind durch Tun, Unterlassen und Schweigen. Führe sie zur Einsicht und Umkehr, damit sie sühnen, was immer sie gefehlt. Vergib um Deines Sohnes willen in Deinem grenzenlosen Erbarmen die unermeßliche Schuld, die menschliche Sühne nicht tilgen kann.

Laß unter uns das Vorbild der Menschen wirksam werden, die sich bemühten, den Verfolgten zu helfen und den Verfolgern zu widerstehen.

Tröste die Trauernden, sänftige Du die Verbitterten, Einsamen und Kranken. Heile Du die Wunden, die den Seelen geschlagen wurden. Laß uns und alle Menschen immer mehr begreifen, daß wir einander lieben müssen, wie Dein Sohn uns geliebt hat.

Gib den Ermordeten Deinen Frieden im Lande der Lebendigen. Ihren ungerecht erlittenen Tod aber laß heilsam werden durch das Blut Deines Sohnes Jesus Christus, der mit Dir lebt und herrscht in der Einheit des Heiligen Geistes, Gott von Ewigkeit zu Ewigkeit. Amen.

11. Oktober 1961

56. NACH DEM MAUERBAU

Gemeinsames Hirtenschreiben der auf der Berliner Ordinarienkonferenz versammelten Bischöfe und Bischöflichen Kommissare

Liebe Brüder und Schwestern in Christus Jesus, unserem Herrn!

Dringender als je zuvor empfinden wir Bischöfe in der gegenwärtigen Stunde die Mahnung Gottes: „Tröstet, tröstet mein Volk" (Os. 40,1).

Und inständig haben wir zu Gott gebetet, er möge uns instand setzen, euch in jeder Trübsal zu trösten mit dem Trost, den wir selbst von Gott empfangen (2. Kor. 1,4).

1. *So spricht Christus, der Herr: „Ich kenne deine Bedrängnis." (Apk. 2,9).*

Laßt euch versichern, daß alles, was euch bedrückt, von uns miterlitten wird. Wir brauchen daher hier nicht zu wiederholen, was wir in den letzten beiden Jahren öfter gesagt haben. Wir brauchen nicht zu schildern, was ihr erlebt und was wir unmittelbar miterleben. Unser Trost kann nicht darin bestehen, daß wir diese schweren Belastungen verharmlosen. Die Gewissensnot, in der sich viele von euch befinden, verbietet jeden billigen Beschwichtigungsversuch. Die Befürchtungen, die eure Seele quälen, sind nicht mit einigen optimistischen Worten abgetan. Und die Mutlosigkeit, die über viele gekommen ist, ist zu tief, als daß ein Wort *nur* menschlicher Ermunterung am Platze wäre.

Wir wissen, daß auch unser Bemühen, das Leiden des Gottesvolkes allzeit vor Augen zu haben, unser Mittragen und Mitsorgen noch keine wirkliche Hilfe ist. Aber wir dürfen ja sicher sein, daß zuerst Der den Notruf eurer Herzen vernimmt, in Dessen Gnade die gegenwärtige Stunde und alles Kommende zu tragen ist. Wir alle, liebe Brüder und Schwestern, wollen uns daher immer wieder der Worte Jesu erinnern, die er an die geprüften Gemeinden der Kirche in der Geheimen Offenbarung richtet: „Ich kenne deine Mühsal und deine Geduld. Ich weiß, wo du wohnst. Ich kenne deine Bedrängnis und deine Armut" (Apk. 2,2.9.13).

Auch der Einsamste ist nicht vergessen, auch der Wehrlose ist nicht allein, der Schwache nicht aufgegeben, der Heimatlose nicht ungeborgen, der Zurückgesetzte nicht würdelos, und nahe ist der Herr allen, die gebrochenen Herzens sind (Ps. 34,19).

2. *„Wenn die Leiden Christi reichlich über uns kommen, werden wir auch reichlich in Christus getröstet" (2. Kor. 1,5).*

Der Trost Gottes, liebe Brüder und Schwestern, den wir euch aus ganzem Herzen wünschen, liegt nicht darin, daß wir euch ein leidloses Leben und eine leichtere Zukunft prophezeien. Wir sind die Kirche des gekreuzigten Herrn, und wir müssen als seine Jünger bereit sein, das Kreuz mit ihm zu tragen, damit wir einst in Herrlichkeit mit ihm herrschen dürfen. Darum gibt es keinen wirklichen Trost in der

Flucht vor dem Kreuz. Wir brauchen Unrecht wahrlich nicht Recht zu nennen, und wir können auch nicht leugnen, daß unser natürliches Empfinden sich immer unwillkürlich gegen das Kreuz wehrt. Aber wer aus Furcht vor Nachteilen, wer um des ungestörten Fortkommens willen gegen sein Gewissen vor dem Kreuz flieht, der bezahlt es mit der Trostlosigkeit und der Friedlosigkeit seiner Seele, mit einer auf die Dauer untragbaren Last.

Die ganze jahrhundertelange Erfahrung der Kirche aber bezeugt es, daß die Worte des Heilandes wahr sind: „Mein Joch ist süß und meine Bürde leicht" (Mt. 11,29). Wo das Schwere auf uns zukommt, dem wir um des Gewissens und des Glaubens willen nicht ausweichen können, da müssen wir unser Ja zu dem Willen des Vaters sagen. Dann gilt sofort das kühne Wort des hl. Paulus, daß nach dem Maße der Leiden auch der Trost Gottes uns gewährt wird: die hl. Gelassenheit, die keine irdische Macht fürchtet, der über Menschendenken kostbare Friede Gottes, den die Welt nicht rauben kann, die Freude des Heiligen Geistes mitten in der Mühsal, das Licht des Herzens mitten im Dunkel, die selige Nähe Gottes auch unter Tränen.

Der Christ darf in seinem Leiden den Anteil am Leiden Christi sehen und es so tragen. Dazu gehört aber auch, daß er nicht durch Unrecht oder durch Leichtsinn sich selber Leiden zuzieht. Gewiß kann seine christliche Glaubenshaltung und auch seine Gewissensentscheidung von außen her fälschlich als Unrecht oder Widerstand ausgelegt werden, wie ja auch unser Herr nach außen hin als Aufrührer verurteilt wurde, aber dann gelten die ewigen Maßstäbe des Gebotes Gottes und des recht gebildeten christlichen Gewissens.

3. *„Wir sollten unser Vertrauen nicht auf uns selbst setzen, sondern auf Gott, der die Toten auferweckt" (2. Kor. 1,9).*

Wir wissen, liebe Brüder und Schwestern, daß die Prüfung für manche bis an die Grenze der Kraft geht. Mancher hat sich mit Bangen gefragt, warum der gütige Gott und Vater dies über jene kommen läßt, die ihn doch trotz aller Schwierigkeiten bekennen und lieben. Die Heilige Schrift gibt uns eine Antwort, die wir mit bereitem Herzen überdenken sollten.

Auch der Apostel Paulus bekennt von sich, daß ihn einmal eine Bedrängnis überaus schwer betroffen hat, so daß er sein Leben verloren gab. Und er bekennt dann mit großer Demut: „Wir sollten eben unser Vertrauen nicht auf uns setzen, sondern auf Gott, der die Toten erweckt."

Wir bitten euch daher herzlich im Namen Christi: Prüfen wir uns in dieser Stunde, ob wir nicht immer noch zu viel auf uns selbst vertraut haben, auf unsere Klugheit, auf menschliche Sicherungen, oder auf natürliche Berechnungen. Wir wissen, daß diese Versuchung uns allzeit gegenwärtig ist. Und doch empfängt Gottes Trost nur der, der sein Vertrauen auf ihn setzt, auf sein Wort, seine Verheißungen und seine Macht.

Haben wir nicht alle, liebe Brüder und Schwestern, oft zurückgeblickt auf eine Vergangenheit, in der es leichter war, Christ zu sein? Haben wir nicht ebensooft mutlos in die Zukunft geblickt und unser Herz lähmen lassen von den dunklen

Möglichkeiten, die sie enthält? Haben wir nicht zuerst darauf geblickt, wie wir unser Fortkommen und andere irdische Ziele erreichen? Haben wir nicht manchmal aus voreiliger Angst und Besorgnis gehandelt, ohne mit der Vorsehung Gottes und der gnädigen Führung des himmlischen Vaters zu rechnen? Haben wir nicht oft gemeint, Gottes Vorsehung müßte zuerst unsere irdischen Wünsche erfüllen? Der einzige gültige Grundsatz der göttlichen Vorsehung aber lautet: „Suchet zuerst das Reich Gottes und seine Gerechtigkeit, und alles andere wird euch hinzugegeben werden" (Mt. 6,33).

Wir sind überzeugt, daß Gott uns in der gegenwärtigen Stunde zu solchem Glauben ruft, der sich mit fraglosem Vertrauen in die Hände des Vaters gibt. Und wir wollen uns nicht schämen, vor dem Angesicht Gottes zuzugeben, daß wir wieder von neuem dazu umkehren müssen, auf diesen einzigen festen Grund zu bauen. Denn die Kirche und der Christ bestehen nicht kraft der Klugheit und Weitsicht menschlicher Art, sondern aus dem Glauben. Er ist der Sieg, der die Welt überwindet (1. Joh. 5,4).

Wir sagen dies nicht, liebe Brüder und Schwestern, um irgendeinen Vorwurf zu machen. Wir sagen es uns selbst und euch um der Liebe Christi und um unseres Heiles willen: Beten wir um diesen Glauben, der zuversichtlich weiß, daß die Welt und ihre Pracht vergeht, Gott aber ewig bleibt und wir in ihm (vgl. 1. Joh. 2,17).

Mit freudigem Dank gegen Gott sind wir uns bewußt, wie viele in ungebrochener Treue zu ihrem Glauben gestanden haben, Männer und Frauen, aber auch Jugendliche und Kinder. Und mit inniger Liebe denken wir an jene, die nach der Stunde der Schwäche und des Versagens wieder zurückgefunden haben. Mit herzlicher Fürbitte aber gedenken wir auch aller, die auf falschem Wege sind und doch im Grunde ihres Herzens heimverlangen in den Frieden Gottes.

4. *„Saget den Kleinmütigen: Seid getrost und fürchtet euch nicht" (Is. 35,4).*

Es ist gut, in der gegenwärtigen Stunde zu wissen, daß nicht Befremdliches uns trifft, sondern was in der Offenbarung Gottes vielfältig vorausgesagt wird. Jesus sagt: „Wenn die Welt euch haßt, so wisset, daß sie mich vor euch gehaßt hat. Ich sage euch dies, damit ihr, wenn jene Stunde kommt, daran denket, daß ich es euch vorhergesagt habe" (Joh. 15,18; 16,4).

Daher gilt auch in dieser Stunde, was immer in der katholischen Kirche galt, nur noch dringender.

Laßt uns die Einheit der Kirche wahren! Wir anerkennen mit Dank gegen Gott, daß ihr im Glauben einmütig und aus Überzeugung zur Kirche steht. Laßt euch darin nicht beirren und bedenket, daß die Einheit mit den Bischöfen und dem Papst als dem Vikar Christi zum Wesen der Kirche gehört. Im Bischofsamt wird die Einheit der Kirche sichtbar, und es gibt nichts, keine Versammlung, keine Verlautbarung, keinen Gottesdienst und kein Amt, was sich als katholisch bezeichnen kann, wenn es ohne oder gar gegen den Bischof geschieht. So wenig ein katholischer Bischof eine irdische Machtposition hat und so sehr er selber angesichts der Heiligkeit seines Amtes um die eigene Schwäche und Unzulänglichkeit weiß, so sicher ist ihm das unaufgebbare und unverzichtbare Hirtenamt übertragen, in welchem die Einheit der Kirche dargestellt wird. Was gegen sein Amt geschieht, geschieht gegen die Einheit der Kirche und damit gegen Christus. – Wahret aber auch, dies ist der dringende Ruf der Stunde, *die Einheit der brüderlichen Liebe* in den Gemeinden. sie ist mehr als eine Nachbarschaft der Gesinnung oder des Lebensstils. Sie ist die Kraft, in der auch ihr selber wie der Apostel sagen dürft: andere trösten mit dem Trost, den ihr selbst von Gott empfanget. Und es ist nicht abzumessen, wieviel Licht auch zur Stunde in Menschenherzen kommen könnte, wenn wir zu dem bedingungslosen Glauben auch die unermüdliche und großherzige Liebe der Jünger hätten. Ihr, das auserwählte und geliebte Volk Gottes, ihr seid die Boten seiner Barmherzigkeit in dieser Welt und dieser Stunde. Seid die Schutzengel eurer Brüder und Schwestern! Erbarmt euch aller Verwirrten und Mutlosen! Kommt freundlich den Fragenden entgegen, mit großer Geduld den Irrenden, mit Eifer den Unwissenden, mit Takt den Leidenden. Gewährt den Einsamen Heimatrecht in euren Familien, seid gütig gegen die Alten und Kranken und sorgt euch um die Kinder. Jeder, der seinen Aufenthalts- oder Arbeitsort wechseln muß, soll wissen, daß er überall Brüder findet.

So soll er in dem Bewußtsein gestärkt werden, daß es keinen Ort der Erde gibt, an dem der Glaube, das heiligste Erbgut, das er besitzt, nicht lebendig bleiben kann. So wie es auch keinen Ort der Erde gibt, von dem aus nicht euer Gebet, weil ihr die geliebten Kinder des himmlischen Vaters seid, vor seinen Thron dringen kann. Bedenket schließlich, daß eure Liebe ein Auftrag an die Welt, auch an eure Umgebung ist.

Wir wollen uns um keinen Preis der Gesinnung des Hasses ergeben, gegen wen auch immer es sei; und selbstverständlich können wir nicht mittun, wenn jemand Unrecht geschieht. Aber darüber hinaus wollen wir den Menschen mit Liebe begegnen, vor allem denen, die mutlos oder verzweifelt sind und den Trost des Gottesglaubens nicht haben. Es gibt wenige Seelen, heute weniger denn je, die nicht ansprechbar sind für ein Wort der Güte.

In solchem Liebeswerk werden wir selber Trost erfahren. Denn wer auf die Not des Bruders sieht, der sieht weniger die eigene Not. Und wer sein Leben für die Brüder einsetzt, der gewinnt eine letzte Unverwundbarkeit.

Liebe Brüder und Schwestern!
Wir schreiben euch in einer schweren Zeit. Dennoch ist es eine große Zeit, weil euer Glaube und eure Liebe, euer Leid und eure Geduld gerade jetzt ein herrliches Zeugnis und ein heiliges Schauspiel vor Gott, den Engeln und Menschen sein können und weil die Frucht eurer Mühsal als ewig kostbare Ernte in Gottes Scheuer eingebracht wird. Es ist, trotz allem und was immer auch kommen mag, nur eine kleine Weile, bis der geliebte Meister und König des Weltalls, Christus, euch vor dem Vater und seinen heiligen Engeln bekennen wird, weil ihr ihn vor den Menschen bekannt habt. Zu diesem Ziel laßt uns unverwirrt aufschauen und so die Freiheit der Kinder Gottes gewinnen, die der Apostel mit den Worten aussagt:

11. Oktober 1961

„Dem Tode nahe – und leben doch ...
betrübt und doch immer fröhlich,
arm und doch viele bereichernd,
besitzlos und doch im Besitze von allem" (2. Kor. 6,9f).

Dazu segne euch der allmächtige Gott, + der Vater und + der Sohn und + der Heilige Geist. Amen

Berlin, am Feste der Mutterschaft Mariens, 11. Oktober 1961

+ Alfred *Bengsch*, Bischof von Berlin

+ Otto *Spülbeck*, Bischof von Meißen

+ Bischof Ferdinand Piontek
Kapitelsvikar in Görlitz

+ Friedrich Rintelen
Weihbischof in Magdeburg

+ Joseph Freusberg
Weihbischof in Erfurt

+ Bernhard Schräder
Weihbischof in Schwerin

Joseph Schönauer
Generalvikar in Meiningen

(Rundschreiben des Bischöflichen Ordinariats Berlin, mit der Anweisung: „Vorstehendes Hirtenwort ist am Sonntag, dem 29. Oktober 1961, in allen Gottesdiensten zu verlesen, 24. 10. 61, gez. Drews, Prälat."
Kursiv gedruckte Familiennamen von Bischöfen durch die Herausgeber hinzugefügt.)

57. ZUM WEHRPFLICHTGESETZ DER DDR VOM 24. JANUAR 1962

Stellungnahme der Bischöfe und Bischöflichen Kommissare der Berliner Ordinarienkonferenz

1. Für die Dauer des Wehrdienstes sind die für die Bürger der DDR geltenden Grundrechte nur im Rahmen des Wehrpflichtgesetzes eingeschränkt (vgl. Wehrpflichtgesetz § 7, Abs. 2). Daher bleibt das Recht auf freie Religionsausübung, das unter dem Schutz der Republik steht, auch während der Wehrdienstzeit in Kraft (Artikel 41 der Verfassung der DDR).
2. Die im Wehrpflichtgesetz vorgeschriebene Eidesleistung (Fahneneid) ist ein vom Bürger geforderter feierlicher Akt mit Rechtsfolgen im staatlichen Bereich.
   Da in der im Gesetz vorgeschriebenen Eidesformel der Bezug auf Gott fehlt, handelt es sich nicht um einen religiösen Akt, auch wenn die Formulierung „ich schwöre" gebraucht wird.
   Der zu leistende Fahneneid ist also kein Akt der Gottesverehrung, und ein Christ, der zu dieser (nicht religiösen) Eidesleistung verpflichtet wird, geht keine besondere religiöse Bindung ein, die über die gesetzliche Bindung hinausgeht.
3. Aus der Wehrpflichtgesetzgebung ist ersichtlich, daß die Gehorsamsbindung durch die anerkannten Normen des Völkerrechts und des Strafrechts begrenzt wird (siehe Militärstrafgesetz der DDR vom 24. 1. 61. § 9, Abs. 4, und § 10, Abs. 3). Selbstverständlich kann eine Gehorsamsbindung nichts enthalten, was dem natürlichen Sittengesetz und den Geboten Gottes widerspricht, die nicht zuletzt in den anerkannten Normen des Völkerrechts ihren Niederschlag gefunden haben.
4. Die in der Verfassung der DDR ausdrücklich garantierte weltanschauliche religiöse Bekenntnisfreiheit wird durch den Fahneneid nicht eingeschränkt; die Eidesleistung fordert demzufolge vom Christen keine weltanschauliche Konzession. Das bedeutet für den Inhalt des Fahneneides, daß die mit ihm einzugehende Verpflichtung sich auf die Wahrung des Gemeinwohles erstreckt, nicht jedoch zugleich ein weltanschauliches Bekenntnis beinhalten kann.

Berlin, den 6. Februar 1962

Die in der Berliner Ordinarienkonferenz
vereinigten Bischöfe und Bischöflichen
Kommissare

Für das Bistum Berlin:

\+ *Alfred*
Erzbischof

Septuagesima (10. Februar) 1963

58. ERNEUERUNG AUS DEM GEIST DES II. VATIKANUMS

Fastenhirtenbrief 1963 der auf der Berliner Ordinarienkonferenz versammelten Bischöfe und Bischöflichen Kommissare

Liebe Brüder und Schwestern in Christus Jesus, unserm Herrn!

In diesem Jahr, während des II. Vatikanischen Konzils, richten sich die Bemühungen und Beratungen der Bischöfe aus der ganzen Welt auf die *Erneuerung der Kirche.* Die Konzilsväter haben in ihrer Botschaft an alle Menschen versichert, sie wollten „sich selbst und alle ihnen anvertrauten Gläubigen erneuern, damit allen Völkern sichtbar werde das liebenswürdige Antlitz Jesu Christi, der in unseren Herzen aufleuchtet als Widerschein der Herrlichkeit Gottes." Bei diesem gemeinsamen Bemühen aller Bischöfe und der ganzen Kirche erscheint es angemessen, daß wir Bischöfe, die wir in der Berliner Ordinarienkonferenz vereint sind, in diesem Fastenhirtenbrief gemeinsam zu Euch sprechen. –

Die Liturgie der Kirche weist uns auf den Kern solcher Erneuerung hin. Denn in der Osternacht erwartet sie von uns die *Erneuerung* des Taufgelübdes, in dem wir dem Satan und allen seinen Werken und all seiner Pracht erneut widersagen und unseren Glauben an Jesus Christus von neuem bekennen.

Der Christ bemüht sich darum in den Wochen der Fastenzeit, dem bösen Geist zu widerstehen und dem Heiligen Geiste in seinem Herzen Raum zu geben. Es ist eine Zeit der Buße und der Umkehr, das heißt der Abkehr vom Bösen und von der Welt, soweit sie unter dem Einfluß des Bösen steht, und der Hinkehr zu Gott und zu Jesus Christus. So muß also der Christ *unterscheiden,* um sich richtig zu *entscheiden.* –

Wir glauben, daß für den Christen heute die Klarheit der Unterscheidung und Entscheidung besonders wichtig ist. Denn er lebt heute fast überall in einer Umwelt, die seinem Glauben fremd, gleichgültig oder feindlich gegenübersteht. Das kann Unklarheit und Unsicherheit für die Glaubensentscheidung mit sich bringen.

Darum wollen wir Bischöfe durch dieses Hirtenwort Euch helfen zur Klarheit und Festigkeit im Glauben. Wir sprechen gemäß der unaufgebbaren Pflicht unseres Amtes, die uns in der Präfation der Bischofsweihe mit den Worten eingeschärft wurde: „Der Bischof darf nicht das Licht als Dunkel hinstellen, noch das Dunkel als Licht. Er darf das Böse nicht gut nennen und das Gute nicht böse."

I

Die erste und wichtigste Unterscheidung und Entscheidung nennt uns der Apostel Johannes: „Glaubet nicht jedem Geiste, Geliebte, sondern prüfet die Geister, ob sie aus Gott sind. Jeder Geist, der bekennt, daß Jesus Christus im Fleische gekommen ist, ist aus Gott" (1 Joh. 4,1 ff). *Es gibt kein Christentum ohne das Bekenntnis zu Jesus Christus, dem Gottmenschen, dem einzigen Erlöser der Welt.* Denn Christentum ist nicht irgendeine Weltanschauung, ein System von Morallehren, eine Philosophie oder Ideologie, sondern Leben aus dem Glauben an Jesus Christus. Wir wissen freilich, daß viele Menschen heute diesen Glauben an Jesus Christus nicht mit uns bekennen, sei es aus Unkenntnis oder aus Irrtum oder auch aus eigener Schuld. Wer aber im Namen katholischer Christen sprechen will, wer über den katholischen Glauben sachlich richtig urteilen will, muß diese Glaubensentscheidung als Fundament anerkennen.

1) *Wer diese Mitte verfälscht* und Christus zu einem Menschheitslehrer macht oder zu einem Mythos, zu einem Sozialreformer oder einem Apostel der Humanität, der redet nicht mehr vom wirklichen Christentum.

Irreführend sind daher Stimmen, die behaupten: was das Christentum eigentlich gewollt habe, das könne erst erreicht werden, wenn man die Dogmen aufgebe und sich löse von der „überholten Metaphysik" der christlichen Lehre. Aber was so entsteht, hat nichts mehr mit Christentum zu tun.

Irreführend sind daher die Versuche, *einen Satz der christlichen Lehre aus dem Sinnzusammenhang herauszunehmen* und ihr für andere Ziele zu verwenden, ohne Rücksicht darauf, was er im Ganzen der christlichen Lehre bedeutet. Wer sich auf die Botschaft der Engel in Bethlehem beruft „Friede den Menschen auf Erden", der muß wissen, daß dieser Friede zur Grundlage hat „Ehre sei Gott in der Höhe". Er muß wissen, daß in dem gleichen Neuen Testament steht: „Christus ist unser Friede", das heißt die Versöhnung mit Gott allein. Weil *dieser* Friede uns geschenkt wurde, bekamen wir auch die Kraft zur christlichen Bruderliebe, die zugleich Gabe und Aufgabe ist.

Wo man aber *umgekehrt eine Sache als annehmbar für uns Christen* hinstellt, da müssen wir genau hinsehen, welche Weltanschauung dahintersteht. Wenn also jemand die Menschlichkeit empfiehlt, dann scheint das zunächst dem schönen Wort der Heiligen Schrift verwandt, daß in Christus die Güte und Menschenfreundlichkeit Gottes erschienen ist. Dennoch müssen wir fragen, welches Menschenbild dem zugrunde liegt. Und wenn man uns dann die „wissenschaftliche" Erkenntnis anbietet, daß der Mensch ein Triebwesen ist oder die Erkenntnis, daß der Mensch überhaupt erst Mensch wird, nachdem er jeden Gedanken an Gott ausgelöscht hat, dann müssen wir die christliche Menschlichkeit scharf davon unterscheiden. –

Solche Stimmen hören wir in der ganzen modernen Welt. Sie können die notwendige Klarheit verwischen und den Eindruck erwecken, als ob es auf „sogenannte Lehrunterschiede" nicht ankäme oder jede Meinung etwas für sich habe und die verschiedensten Entwicklungen möglich wären.

2) Wir aber wollen uns wieder mit aller Klarheit sagen: Es gibt kein Christentum ohne Christus. *Unaufgebbar ist das Bekenntnis des Glaubens an Christus*, den Sohn Gottes, der Mensch wurde und als *geschichtlicher Mensch*, geboren von Maria der Jungfrau, gekreuzigt unter Pontius Pilatus, am dritten Tage auferstanden ist von den Toten.

Wir glauben an *Christus, den Lebendigen*, der in der Herrlichkeit des Vaters thront und doch bei Seiner Kirche bleibt bis ans Ende der Welt, uns nahe in Seinem heiligen Wort und dem heiligen Brot des Sakramentes.

Wir haben uns für Den entschieden, Der anders ist als alle anderen. Alle anderen können sich täuschen und andere enttäuschen, Er irrt nie und enttäuscht niemanden. Daher ist *unser Glaube auch nicht bloß eine Meinung, sondern eine feste Überzeugung und Zustimmung* und ein Gelöbnis zu Jesus Christus, in dem sich Gott uns endgültig geoffenbart hat. Daher können wir keines Menschen Wort dem göttlichen Worte Jesu Christi vorziehen und keinem Menschen, weder dem liebsten Freund noch dem wortreichsten Propagandisten, mehr trauen als Ihm. Es ist *ein heiliges Bündnis*, das wir mit Christus eingegangen sind, wie unser Lied sagt: „Fest soll mein Taufbund immer stehen". Ein Bündnis, das weder für ein lockendes Angebot noch aus Furcht gebrochen werden darf. Daher können wir nicht dieses Ja der vollen Hingabe und Anerkennung zu Jesus Christus sprechen und zugleich zu einer nichtchristlichen Weltanschauung, welche immer es sein mag. Wir können im Glauben nicht zwei Herren dienen. Solche Entscheidung für Christus kann manchmal schwer durchzuhalten sein, und bei so vielfachen Möglichkeiten der Irreführung ist die Unterscheidung nicht immer leicht. Wir werden dennoch den richtigen Weg gehen, wenn wir niemals ein Bekenntnis zu einer unchristlichen Weltanschauung ablegen und unser Bekenntnis zu Christus nicht verleugnen.

Besonders wollen wir festhalten: Wer im Namen der Wissenschaft, des Fortschritts oder eines Humanismus das christliche Dogma ablehnt oder verächtlich macht, spricht nicht im Namen Christi. Und wer im Namen katholischer Laien gegen das Amt der Bischöfe und Priester – nicht gegen ihre durchaus kritisierbare Person – unter dem Schlagwort des Klerikalismus zu Felde zieht, steht gegen die Kirche Jesu Christi, der zu Seinen Aposteln gesagt hat: „Wer euch hört, hört Mich".

II

Die zweite Unterscheidung und Entscheidung wird in dem Wort des Apostels Paulus ausgesprochen: „Ihr habt den alten Menschen mit seinen Taten ausgezogen und den neuen Menschen angezogen, der erneuert wird nach dem Bilde seines Schöpfers" (Kol. 3,9-10). *Christsein ist wahres Menschsein, urbildhaft sichtbar in dem wahren Menschen Jesus Christus, dessen Bild wir durch die Sakramente gleichgestaltet werden.*

1) Weit verbreitet ist in der heutigen Welt jene *Karikatur des Christen*, die ihn als einen *verkümmerten Menschen* darstellt. Eine umfangreiche religionsfeindliche Literatur zeichnet das Christentum als eine einseitige, verzerrte, komische Form des menschlichen Daseins, und zwar das Christentum selbst, nicht den einzelnen versagenden Christen, den es heute wie seit je auch gibt. Wegen seines Glaubens sei der Christ verkümmert, unfähig die schönen Dinge und Errungenschaften der Welt richtig zu sehen. Er sei geistig rückständig, ohne Zugang zur Wissenschaft, eine lebensfremde Gestalt, die ihre Hände faul in den Schoß lege und alles vom lieben Gott erwarte. Man meint, je religiöser ein Mensch sei, desto weniger sei er Mensch. Und umgekehrt: erst wenn das Hindernis des Gottesglaubens weggeschafft sei, könne der Mensch zu wahrem Fortschritt und zu wahrem Humanismus kommen,

könne er selber wirklich seines Glückes Schmied werden und Gestalter einer neuen Welt. –

Auch solche Stimmen, die wiederum in der ganzen modernen Welt zu hören sind, fordern unsere Unterscheidung und Entscheidung.

2) Wir sind im Glauben fest überzeugt, daß *in Jesus Christus die ganze Fülle des Menschseins* urbildhaft und unüberholbar dargestellt ist. Nur im Blick auf dieses Bild kann man von christlichem Humanismus reden. Jesus Christus ist Gottes Sohn und unser Bruder. Er ist der Herr und doch um unseres Heiles willen unter uns als einer, der dient. Unsagbar innig ist Sein Gebet zum Vater, aber liebreich geht Er auch zu den Menschen, in ihre Häuser, zu ihren Festen und vor allem zu ihrem Leid. Er arbeitet jahrelang in der Stille, aber Er lehrt auch wie einer, der Macht hat. Er gibt Sein Leben für uns dahin. So ist der Sohn Gottes vollkommener Mensch, so gütig, mächtig, rein, demütig, großmütig wie niemand vor und nach Ihm.

In Seiner Gnade sind auch wir *Christen Kinder Gottes und Brüder aller Menschen*. Wir wissen uns geborgen im Willen des himmlischen Vaters und in der Gemeinschaft mit vielen Brüdern. Wir haben den Geist Christi empfangen, der in uns Frucht bringen will: „Liebe, Freude, Friede, Langmut, Milde, Güte, Treue, Sanftmut, Enthaltsamkeit.“ Wir kennen kein würdigeres Bild des Menschen und keine bessere Sicherung der Menschenwürde als dieses Bild des erlösten Menschen in der Hl. Schrift.

Nach dem Vorbild Christi gehen wir unseren Lebensweg als Arbeitende, aber auch als Betende und Feiernde, als Dienende und Schenkende. Und wir sind überzeugt, daß der Mensch verkümmert, wenn er *nur* Arbeitender sein will, wenn er nicht mehr betet, nicht mehr zu Stille und Muße, zu sich selber findet.

3) Wir müssen freilich zugeben, *daß wir oft noch zu wenig als in Christus erneuerte Menschen leben*. Wir fallen noch oft genug zurück in die Praktiken des alten unerlösten Menschen, des Adamssohnes mit seiner Lüge, seinem Egoismus, seiner Genußsucht. Daher erfährt jeder von uns, daß Christi Kreuz, Sein neues Gebot der Liebe und das Leben im Heiligen Geiste uns zeitweise zu schwer erscheinen, aber der „irgendwie anständige“ Mensch als durchaus genügendes Ideal. Darum brauchen wir immer wieder die Umkehr und das Sakrament der Buße. Aber wir brauchen auf keinen Fall das Leitbild des Menschen ohne Religion. Es wird oft als das eigentlich neue Ideal hingestellt. Aber wir sind überzeugt, daß diese Neuerung kein Gewinn ist. So Großes auch auf manchem Gebiet geschaffen wird, der Mensch selbst und seine Würde kann nicht gewinnen, wenn er sich von Gott löst.

III

Die dritte Unterscheidung und Entscheidung liegt in dem Auftrag Christi: „Gehet hin in alle Welt“ (Mark. 16,15). *Christentum ist nicht private Herzenssache, sondern Sendung in die Welt, weil Jesus Christus der Herr der Welt ist.*

10. Februar 1963

1) Von den zahlreichen *Mißdeutungen* des Christentums ist diese heute wohl die beliebteste: Christentum sei eine Sache für das „stille Kämmerlein", jedenfalls aber auf den Kultraum beschränkt. Mit allen anderen Bereichen des Lebens wie Kultur, Bildung, Wirtschaft, Wissenschaft, Politik habe die Kirche nichts zu tun. Es sei ein unberechtigter Herrschaftsanspruch, wenn die Kirche die Wahrheit verkünde, daß Jesus Christus der Herr der Welt sei. –

Durch diese Reden kann mancher das Gefühl bekommen, es sei besser und bequemer und vielleicht auch richtiger, nur ganz privat und unauffällig Christ zu sein, sich um die Rettung der eigenen Seele zu kümmern und alles andere Gott – und leider auch dem nichtchristlichen Einfluß zu überlassen.

2) Solches Denken ist aber von Grund auf unchristlich. Es widerspricht dem Glauben an *Jesus Christus, den Herrn und König des Weltalls, dem alle Gewalt gegeben ist im Himmel und auf Erden*. Er ist der Erlöser der ganzen Welt. Durch Ihn allein ist das All mit Gott versöhnt, und Er allein stiftet durch Sein Blut den Frieden, den die Welt nicht geben kann. Wer an Ihn glaubt, ist auch in die Welt gesandt, so wie der Herr selbst der Gesandte des Vaters in dieser Welt ist. Das ist nicht eine Sendung, wie es immer wieder mißverstanden wird, um irdische Weltherrschaft zu erringen und in allen Bereichen Machtpositionen zu erobern. Es ist *eine Sendung zur Rettung und Heimführung dieser Welt mit allen ihren Lebensräumen für Gott*. Wir können nicht darauf verzichten, in unserer Umwelt als Christen zu leben und so die Wahrheit, aber auch die Liebe Christi dort gegenwärtig zu machen, jedem Unrecht zu widerstehen und alles wirklich Gute zu unterstützen. Auch wenn wir manche Verhältnisse nicht ändern können, bleibt dieser Weltauftrag des Christen bestehen. Christus selbst hat bestehende Verhältnisse in Seinem Lande nicht geändert. Er hat vor Pilatus bekannt, daß Sein Reich nicht von dieser Welt ist, also nicht nach der Art irdischer Reiche. Aber Er hat auch gesagt: „Gehet hin in alle Welt" und „Ihr werdet meine Zeugen sein bis an die Grenzen der Erde".

Unser Glaube gibt uns das Maß für unser letztes Urteil in allen Bereichen des Lebens. Es gibt nur *einen* Maßstab für Gut und Böse und nicht einen eigenen für den Kirchenraum, einen anderen für das Wirtschaftsleben und einen dritten für den Bereich des Kulturellen. Es gibt keine doppelte Wahrheit.

Wenn unser Glaube nicht so zur Welt entschlossen ist, dann wird er ohnmächtig und blutleer. Ein Weg der „Zweigleisigkeit" mag zwar zunächst bequem erscheinen, aber er wird bezahlt mit Unfrieden. Auch der nichtchristliche Mitmensch gewinnt nichts an einem solchen halben Christen, der die jeweils opportune Meinung mitplappert. Wohl ist der Christ für alle guten menschlichen Ziele ein wertvoller Helfer, *aber nur als Christ*.

Die Kirche kann jedoch ihren Weltauftrag nicht nur in offiziellen Stellungnahmen erfüllen. Wer lebendiges Glied der Kirche ist und in Treue zur kirchlichen Autorität steht, wer im Sakrament der Firmung die Gabe des Rates und der Stärke empfangen hat, der kann und soll auch von sich aus Zeugnis geben, sei es im Schweigen und Widerstehen, sei es im Reden, sei es, und dies vor allem, im Zeugnis der Liebe. –

Wir wissen, daß man diese unsere Worte wieder mißverstehen kann als Intoleranz, als dogmatische Enge, als Mangel an Bereitschaft zur Zusammenarbeit oder gar als konfessionelle Machtpolitik. Ihr wißt, daß diese Vorwürfe ungerecht sind. Wir verlangen nicht nach irdischer Macht und Triumph, sondern nach dem Lebensraum für den unverfälschten christlichen Glauben. Nur so können wir auch anderen wirklich nützen.

Wo man aber die Religion überhaupt als unnütz bezeichnet, wollen wir auch bedenken, daß dieser Vorwurf alles andere ist als der Ausdruck eines modernen Denkens gegenüber dem angeblich veralteten Christentum. Denn der christliche Schriftsteller Tertullian hat bereits im Jahre 198 n. Chr. gegen diesen Vorwurf seiner heidnischen Zeitgenossen geschrieben: „Man sagt, wir seien unnütz für das Geschäftsleben. Wir sind doch keine Waldmenschen und aus dem Leben ausgeschieden! ... Da wir mit euch und von euch leben, begreifen wir nicht, wie wir als unnütz erscheinen können. Wenn ich auch deinen (heidnischen) Zeremonien nicht beiwohne, so bin ich doch auch an jenem Tage noch ein Mensch." (Apol. 42).

Wir wollen bei solchen und anderen Vorwürfen klar unterscheiden, was berechtigte Kritik an unseren menschlichen Unzulänglichkeiten ist und was Feindschaft gegen die Kirche und die Religion, oder auch Fremdheit und Unverständnis. Dann aber wissen wir auch, warum wir uns für Den entscheiden, Dem wir uns im Taufgelöbnis anvertraut haben und Dem wir die Treue halten wollen für immer.

Zu solcher Klarheit in der Entscheidung des Glaubens verhelfe uns der Allmächtige Gott, der Vater + der Sohn + und der Heilige Geist + Amen.

Berlin, am Sonntag Septuagesima 1963

\+ Alfred *Bengsch,* Erzbischof
Bischof von Berlin

\+ Otto *Spülbeck,* Bischof von Meißen

\+ Bischof Ferdinand Piontek
Kapitelsvikar in Görlitz

\+ Friedrich Rintelen
Weihbischof in Magdeburg

\+ Joseph Freusberg
Weihbischof in Erfurt

\+ Bernhard Schräder
Weihbischof in Schwerin

Joseph Schönauer
Generalvikar in Meiningen

(Rundschreiben des Bischöflichen Ordinariats Berlin, mit der Anweisung: „Vorstehendes Hirtenwort ist am Sonntag Sexagesima, dem 17. Februar 1963, in allen Heiligen Messen den Gläubigen zur Kenntnis zu geben. gez. Drews, Generalvikar i. V."
Kursiv gedruckte Familiennamen von Bischöfen durch die Herausgeber hinzugefügt.)

59. ZUR ENZYKLIKA „PACEM IN TERRIS“

Hirtenwort der Berliner Ordinarienkonferenz zur Friedens-Enzyklika des Heiligen Vaters (Bistum Berlin)

Liebe Diözesanen!

Zum hochheiligen Pfingstfest wünsche ich Euch allen die Gnadenfülle des Heiligen Geistes der Wahrheit und der Liebe, in dem wir zur Freiheit der Kinder Gottes berufen sind.

An diesem Tage möchte ich Euch hinweisen auf die Enzyklika unseres Heiligen Vaters „über den Frieden unter allen Völkern in Wahrheit, Gerechtigkeit, Liebe und Freiheit“.(1) Sie enthält die Lehre der katholischen Kirche zu einer der wichtigsten und brennenden Fragen unserer Zeit, mit der so viel Angst und Sehnsucht der Menschen aller Völker verbunden ist.

1. Mit Freude und Dankbarkeit begrüßen wir dieses Hirtenschreiben, denn es ist eine Zusammenfassung der vielen Mahnungen zum Frieden, welche die Päpste unermüdlich und eindringlich in den letzten Jahrzehnten verkündigt haben, angefangen von Papst Benedikt XV. über Pius XI. und Pius XII. bis zu unserem jetzigen Heiligen Vater Johannes XXIII.(2) Besonders die zahlreichen Friedensappelle Pius XII. sind in der Enzyklika verwendet, denn auf fast jeder Seite beruft sie sich auf seine Worte.(3) Viele von Euch können deshalb die Bausteine der Friedensenzyklika in dem Bildband des Bennoverlages finden, der 1958 unter dem Titel „Worte zum Frieden“ veröffentlicht wurde. Er enthält einen Teil der Friedensansprachen Pius XII., dem unser deutsches Volk zu besonderem Dank verpflichtet ist.

2. Wertvoll ist für uns die Friedensenzyklika des Heiligen Vaters, weil sie in knapper Weise die Ordnung der menschlichen Gemeinschaft darstellt, die in der großen Sozialenzyklika „Mater et Magistra“(4) ausführlich entfaltet ist. Die Lehre über den Frieden ist ja nicht eine isolierbare Sonderlehre der Kirche, sondern die Anwendung der katholischen Glaubenslehre über die gottgegebene Ordnung auf die Frage des Völkerfriedens. „Der Friede auf Erden“, so lautet der erste und fundamentale Satz der Enzyklika, „kann nur dann begründet und gesichert werden, wenn die von Gott festgesetzte Ordnung gewissenhaft beobachtet wird“.(5)

3. Wir begrüßen mit Dankbarkeit, daß sich der Heilige Vater in diesem Lehrschreiben nicht nur an die Katholiken, sondern auch an alle Menschen guten Willens richtet, mit jener großen Zuversicht und Aufgeschlossenheit, die alle Reden und Taten seines Pontifikates kennzeichnet. So hat er ein weltweites Echo gefunden, und der Text der Enzyklika ist inzwischen überall auf der ganzen Welt verbreitet. Dieses weltweite Echo gibt uns Hoffnung, daß recht viele Menschen, auch außerhalb der

katholischen Kirche, die klaren Grundsätze der katholischen Lehre kennen und schätzen lernen, deren Anerkennung nach unserer festen Überzeugung wirklich zu einem Frieden in Wahrheit, Gerechtigkeit, Liebe und Freiheit führt.

4. Denn niemand wird, so glauben wir, im Ernste bezweifeln, daß die Sicherung und Erhaltung der Grundrechte der menschlichen Person die vornehmste Aufgabe aller Regierungen sein muß und die sicherste Grundlage der staatlichen und zwischenstaatlichen Ordnung ist. Auch wer die Lehre der katholischen Kirche nicht annehmen kann, wird dem Papst zustimmen, wenn er in seinem Rundschreiben mit aller Klarheit die Rechte nennt, die dem Menschen von Natur aus zukommen und daher allgemein gültig, unverletzlich und unveräußerlich sind[(6)]: das Recht auf Leben und angemessene Lebensführung,[(7)] auf die Wahrung des guten Rufes,[(8)] auf Bildung,[(9)] auf private und öffentliche Religionsausübung,[(10)] auf Erziehung der Kinder,[(11)] auf Privateigentum,[(12)] auf freie Wahl des Wohnsitzes,[(13)] auf gesetzlichen, unparteiischen und wirksamen Schutz.[(14)]

5. Ebenso wird man weder aus theoretischen Erwägungen noch aus der Erfahrung ein gültiges Argument beibringen können gegen die Grundsätze für das Gemeinschaftsleben, die der Papst anschließend aufzählt: Gemeinschaft muß auf Freiheit aufgebaut sein,[(15)] nicht allein auf Gewalt,[(16)] sie muß gründen in der Wahrheit,[(17)] beseelt sein von gegenseitiger Achtung[(18)] und Liebe[(19)]; die Autorität soll mit der Autorität Gottes und seines Sittengesetzes im Einklang stehen[(20)], sie darf nicht nur das formell Ordnungsgemäße anordnen, sondern das sittlich Gute[(21)]; die Richter sollen frei von aller Parteilichkeit jedem zu seinem Recht verhelfen.[(22)]

Wir glauben, daß alle Menschen guten Willens, die dieses Lehrschreiben lesen, in allen genannten Punkten mit dem Heiligen Vater übereinstimmen werden. Sie werden auch zugeben, daß ohne Beachtung dieser Grundsätze die von allen Menschen erhoffte Abrüstung nicht erreicht, die Gefahr eines atomaren Krieges nicht gebannt werden kann, weil das unbedingt notwendige gegenseitige Vertrauen nicht möglich ist.[(23)]

6. Wenn so viele Menschen die Stimme unseres Heiligen Vaters hören dann ist es um so mehr unsere Pflicht, daß wir uns den Inhalt seiner Enzyklika aneignen. Unser Bistumsblatt brachte den vollen Text.

Daher bitte ich alle Priester, die Grundsätze der Enzyklika in der Glaubensverkündigung und im Unterricht gründlich zu besprechen und zu erklären.

Ich bitte alle Gläubigen, das päpstliche Rundschreiben in unserem Bistumsblatt sorgfältig nachzulesen, damit so das Bild der gottgesetzten Ordnung in der menschlichen Gemeinschaft unseren Herzen eingeprägt wird.

So gewinnen wir einen festen Maßstab für die richtige Haltung, auch in den Einzelfragen, die in einem Weltrundschreiben nicht behandelt werden können. Und wir hoffen, daß alle Menschen guten Willens, die aus der Enzyklika die Grundsätze der katholischen Lehre kennenlernen, diese unsere Haltung verstehen und achten.

Ich schließe mit dem Gebetswunsch unseres Heiligen Vaters aus seiner Friedensenzyklika: „Christus möge von den menschlichen Herzen entfernen, was immer den Frieden gefährdet; er möge alle zu Zeugen der Wahrheit, der Gerechtigkeit und der brüderlichen Liebe machen. Er möge auch den Sinn der Regierenden erleuchten, daß sie mit gedeihlichem Wohlstand ihren Bürgern auch das schöne Geschenk des Friedens sichern."(24)

Gegeben zu Berlin
am Feste der Himmelfahrt Christi 1963

+ Alfred
Erzbischof
Bischof von Berlin

Anmerkungen

1. Titel der Enzyklika, zitiert nach der deutschen Ausgabe in „Vatikanische Polyglott Druckerei 1963". Alle folgenden Zitate beziehen sich auf diese Ausgabe.
2. vgl. die in den „Notae" S. 46-48 gegebenen Hinweise
3. S. 9 oben genannte deutsche Ausgabe der Enzyklika
4. S. 9
5. S. 5
6. S. 7
7. S. 7
8. S. 7
9. S. 7/8
10. S. 8
11. S. 8
12. S. 9
13. S. 10
14. S. 10
15. S. 12
16. S. 12
17. S. 12
18. S. 12
19. S. 13
20. S. 15
21. S. 17
22. S. 21
23. S. 30
24. S. 44

(Rundschreiben des Bischöflichen Ordinariats Berlin, mit folgender Anweisung: „Vorstehendes Hirtenwort ist am Pfingstmontag in allen Kirchen und öffentlichen Kapellen bei allen Gottesdiensten den Gläubigen zur Kenntnis zu geben. Berlin, den 22. Mai 1963, gez. Drews, Prälat".)

1. Dezember 1963

60. ZUM ENTWURF EINES NEUEN JUGENDGESETZES

Die katholischen Bischöfe in der DDR an Ministerpräsident Grotewohl

DIE KATHOLISCHEN BISCHÖFE IN DER DEUTSCHEN DEMOKRATISCHEN REPUBLIK — ROM, den 1. Dezember 1963

An den Vorsitzenden des Ministerrates
der Deutschen Demokratischen Republik
Herrn Ministerpräsidenten Otto Grotewohl
Berlin C2
Klosterstraße 47

Sehr geehrter Herr Ministerpräsident!

Der Ministerrat der Deutschen Demokratischen Republik hat am 28. September 1963 den Entwurf eines neuen Jugendgesetzes zur Diskussion gestellt. Die darin enthaltenen grundsätzlichen Formulierungen über die Erziehung und Ausbildung der jungen Menschen zeigen, daß es sich hier ohne Zweifel um eine Lebensfrage des Volkes handelt, zu welcher die Kirche gemäß der Verfassung das Recht hat, Stellung zu nehmen.

Wir katholischen Bischöfe in der Deutschen Demokratischen Republik sehen uns leider gezwungen, zu diesem Gesetzesentwurf unsere ernsten Bedenken und unseren Einspruch anzumelden. Das gebietet uns nicht allein unsere Amtspflicht. Wir müssen auch im Namen unserer katholischen Eltern und Jugendlichen sprechen, die erfahrungsgemäß in öffentlichen Versammlungen für ihre aus dem Glauben kommenden Schwierigkeiten nicht das rechte Verständnis finden.

Wir möchten hier nicht den ganzen Inhalt des Gesetzes besprechen, das gewiß positive und notwendige Regelungen enthält, sondern wir beschränken uns darauf, jene Grundtendenzen zu nennen, die im Text mit aller Deutlichkeit ausgesprochen sind und denen wir nicht zustimmen können.

1. In diesem Gesetz identifiziert sich der Staat eindeutig mit der marxistisch-leninistischen Ideologie. Eine solche Identifizierung läßt aber nach unserer Auffassung eine wirkliche Religionsfreiheit oder auch nur Freiheit der weltanschaulichen Überzeugung und folglich eine wirkliche Gleichheit der Bürger, unbeschadet ihrer religiösen oder weltanschaulichen Überzeugung nicht zu, wie sie in der Verfassung der Deutschen Demokratischen Republik zum Ausdruck kommt. Eine Ablehnung der Ideologie, wie sie notwendig aus dem christlichen Glauben folgt, kann daher jederzeit als staatsfeindlich angesehen werden. Der Staat andererseits, der sich mit der Ideologie identifiziert, kann auf

die Dauer keine echte Toleranz üben. Nach der Enzyklika „Pacem in terris" des verstorbenen Papstes Johannes XXIII. gehört aber „auch das Recht, Gott der rechten Norm des Gewissens entsprechend zu verehren und seine Religion privat und öffentlich zu bekennen, zu den Menschenrechten" (siehe Nr. 14).

2. Dieses Gesetz stellt einen weiteren Schritt zur vollständigen Beschlagnahme des gesamten Bildungs- und Erziehungswesens zu Gunsten der staatlich gestützten Ideologie dar. Damit wird faktisch der Raum für die Ausübung der kirchlichen Unterrichts- und Erziehungsarbeit, die eine wesentliche Aufgabe der Kirche ist, weiter eingeschränkt.
3. Das Gesetz schmälert die Rechte und Möglichkeiten der Eltern. „Pflege und Erziehung der Kinder aber sind an erster Stelle Recht der Eltern" (Pacem in terris Nr. 17). Die christlichen Eltern, die ohnehin schwer genug daran zu tragen haben, daß das gesamte Schulwesen unter dem atheistischen Materialismus steht, sehen sich selbst und ihre Kinder in der Zukunft weiteren schweren Gewissensbelastungen ausgesetzt. Besonders deutlich wird dies daran, daß in diesem Gesetz erstmalig die Jugendweihe, deren Freiwilligkeit bis zur Stunde immer wieder betont wurde, als ein unerläßlicher und gesetzlich zu fördernder Teil der „sozialistischen", d. h. aber atheistischen Gesamterziehung erscheint.

Wegen dieser drei Grundtendenzen müssen wir gegen diesen Gesetzentwurf Einspruch erheben, und zwar auch im Namen unserer Gläubigen. Darüber hinaus sind wir aber auch der Auffassung, daß die genannten Tendenzen nicht dem Gemeinwohl aller Bürger dienen.

Was zunächst die Christen betrifft – katholische und evangelische Christen zusammen bilden die Mehrheit der Bevölkerung der Deutschen Demokratischen Republik – so wollen sie aus ihrem Gewissen heraus gute Arbeit leisten und so ihre Aufgabe im Staat erfüllen.

Sie können aber ihren Glauben nicht aufgeben und folglich einer faktischen Unterbindung der Glaubensäußerungen und der Glaubensunterweisung nicht zustimmen. Religionsfreiheit ist nicht nur die Freiheit zur Teilnahme an Kulthandlungen, sie muß sachlich notwendig auch die Freiheit zu christlicher Unterweisung und zur Führung eines christlichen Familienlebens sein.

Mit außerordentlichem Bedauern stellen wir fest, daß wir dieselben Bedenken seit Bestehen der Deutschen Demokratischen Republik immer wieder geltend machen mußten. Aber entweder wurde uns keine Antwort zuteil, oder man verdächtigte uns, im Namen irgendeiner politischen Richtung zu sprechen. Darin zeigt sich das grundsätzliche Mißverständnis der Religion, als sei diese eine Ideologie unter anderen, die auf Grund einer politischen Propaganda oder im Interesse einer Klasse vertreten wird. Bis zur Stunde ist es infolgedessen so geblieben, daß sich der christliche Bürger als Bürger zweiter Klasse vorkommen muß.

Wir sind weiterhin der Überzeugung, daß die alleinige Vorherrschaft der marxistisch-leninistischen Ideologie auch dem Gemeinwohl widerspricht. Denn auch der nicht kirchlich gebundene Bürger wird dadurch keineswegs überzeugt, er wird sich innerlich instinktiv dem umfassenden Anspruch einer mit administrativen

Mitteln verbreiteten Ideologie entziehen. Es ist auch menschlich eine Überforderung des Jugendlichen, wenn ohne Rücksicht auf seine persönlichen Entscheidungen neben der atheistisch gelenkten Schule nun auch seine Freizeit und Ferienzeit atheistisch ausgerichtet werden sollen. Die Gefahr besteht, daß auf diese Weise statt überzeugter Charaktere Nihilisten und Opportunisten heranwachsen, die in vielen Lebensgebieten eine große Sorge für den Staat und jeden Erzieher werden können.

Echte Toleranz, d. h. nicht bloße Duldung des Kultes, sondern Achtung der Glaubensüberzeugung selbst und der ihr wesentlichen Äußerungen und Betätigungen, ist sicher auf die Dauer gesehen, auch für den Staat die Haltung, die sich am meisten bezahlt macht, – selbst unter rein ökonomischen Gesichtspunkten.

Da der Entwurf des Gesetzes presseöffentlich ist, hat auch der Vatikan mit tiefer Besorgnis von ihm Kenntnis genommen. Papst Paul VI. hat in der Audienz, die er am 20. November dem Bischof von Berlin gewährte, seine ernste Befürchtung ausgedrückt, daß die seit der Enzyklika „Pacem in terris" viel zitierte Entspannung von Seiten der staatlichen Stellen als eine Phase verstanden wird, in welcher man den Lebensraum für die Kirche und die Gläubigen faktisch immer weiter einschränkt, während nach außen die These von der Entspannung vertreten wird.

Daraus müssen wir entnehmen, wie sehr das zur Diskussion gestellte Gesetz mit seinen Tendenzen auch in der Weltöffentlichkeit dem Ansehen der Deutschen Demokratischen Republik Schaden bringen kann.

In der gegebenen Situation wird es bereits eine wesentliche Besserung bedeuten, wenn im Text des Gesetzes die Rechte der Eltern sowie die Sicherung der freien religiösen Lebensgestaltung für die jungen Menschen wirksam zum Ausdruck kommen, und ferner die Freiwilligkeit der Jugendweihe deutlich bestätigt wird. Wir sind überzeugt, daß eine solche Ergänzung des Textes möglich ist.

In der Hoffnung, daß die maßgebenden Organe diesem Einspruch Rechnung tragen

verbleiben mit vorzüglicher Hochachtung

gez. Dr. Alfred Bengsch, Erzbischof
Bischof von Berlin

gez. Dr. Otto Spülbeck
Bischof von Meißen

gez. Gerhard Schaffran
Bischof und Kapitelsvikar in Görlitz

gez. + F. Rintelen
Weihbischof in Magdeburg

gez. Dr. Bernhard Schräder
Weihbischof in Schwerin

(Rundschreiben des Bischöflichen Ordinariats Berlin – J.-Nr. 10-7022/64 – mit folgendem Hinweis: „Vorstehendes zur vertraulichen Kenntnisnahme zur Besprechung mit dem Klerus des Dekanates. Berlin W 8, den 27. Mai 1964, gez. Drews, Generalvikar i. V.")

12. Juli 1965

61. ZUM ENTWURF DES FAMILIENGESETZES

Erzbischof Bengsch im Namen der katholischen Bischöfe und Bischöflichen Kommissare in der DDR an Ministerpräsident Stoph

An den
Vorsitzenden des Ministerrates der
Deutschen Demokratischen Republik
Herrn Ministerpräsident *W. Stoph*
102 Berlin
Klosterstr. 47

Sehr geehrter Herr Ministerpräsident!

Am 15. 4. 1965 ist der Entwurf des Familiengesetzes zur Meinungsäußerung und Diskussion der gesamten Bevölkerung der Deutschen Demokratischen Republik vorgelegt worden. Seitdem kommen an uns Bischöfe sowie an unsere Pfarrer immer wieder besorgte Fragen katholischer Eltern, die über einige Punkte dieses Gesetzentwurfes sehr beunruhigt sind und offenbar ihre christliche Auffassung bei der Diskussion nicht genügend berücksichtigt finden. Die katholischen Bischöfe sehen sich daher veranlaßt, die wesentlichen Punkte zu nennen, die bei der christlichen Bevölkerung Beunruhigung hervorrufen.

Die Gesamttendenz dieses Entwurfes, die bereits in der Präambel deutlich ausgesprochen wird, läßt eine weltanschauliche Einengung im Sinne der Vorrangstellung des Marxismus-Leninismus erkennen, die in einem für alle Bürger bindenden Gesetz unzulässig ist.

1. Daher kann nicht durch Gesetz die Feststellung getroffen werden, daß die Familienbeziehungen in der Deutschen Demokratischen Republik von der sozialistischen Moral geprägt sind. Es ist christlichen Eltern nicht zumutbar, ihre Kinder zu Erbauern des Sozialismus zu erziehen, sofern dieser Begriff – wie das bis zur Stunde durch alle Verlautbarungen feststeht – die marxistisch-leninistische Weltanschauung mit ihrem atheistischen Charakter untrennbar einschließt (§ 3, § 42).

2. Die Familie ist nach christlicher Lehre nicht nur Zelle der Gemeinschaft; sie hat nicht nur den Sinn in der Gesellschaft und die Aufgabe, für die Gesellschaft zu

erziehen, sondern sie hat ihren Sinn auch in sich selbst. Es bedeutet daher eine unrechtmäßige Beschlagnahme des Menschen und des intimen Raumes der Familie durch den Staat, wenn fast nur von den Pflichten der Familie gegenüber der Gesellschaft gesprochen wird, wenn Eltern verpflichtet werden, mit den gesellschaftlichen Organisationen bei der Erziehung zusammen zu arbeiten, und wenn umgekehrt diesen Organisationen ein zu weitgehender Einfluß auf die Familien zugesprochen wird. Die Erziehung der Kinder ist nicht nur staatsbürgerliche Aufgabe, sondern, wie die Verfassung betont, natürliches Recht der Eltern.

3. Die Bestimmungen über die Erziehung der Kinder haben christliche Eltern – und nicht nur diese – schwer beunruhigt. Das Familiengesetz nennt ein wesentliches Recht der Erziehung nicht mehr, nämlich das Recht der Eltern zur Bestimmung des Aufenthaltes ihrer Kinder. Es besteht kein Zweifel darüber, daß dieses Recht für eine kontinuierliche Erziehung nach dem Willen der Eltern unaufgebbar ist, sofern nicht die Unfähigkeit der Eltern durch ein Urteil des Gerichtes festgestellt wird. Wenn dieses Recht nicht mehr erwähnt wird, bedeutet der § 50, daß die staatlichen Organe der Jugendhilfe durch eine Bestimmung des Aufenthaltes jederzeit jedes Kind dem elterlichen Einfluß entziehen können, sofern die Erziehung nicht gesichert erscheint. Da aber die im Gesetz genannten Erziehungsziele: sozialistische Einstellung zum Lernen und zur Arbeit, Einhaltung der Regeln des sozialistischen Zusammenlebens von christlichen Eltern nicht ohne Vorbehalt anerkannt werden können, müssen sie die Sorge haben, daß ihre Kinder grundsätzlich als in der Erziehung gefährdet betrachtet werden können mit allen Konsequenzen, zu denen der § 50 die gesetzlichen Möglichkeiten eröffnet.
   Ebenso ist die religiöse Erziehungsaufgabe der Kirche, entgegen der Verfassung, nicht mehr erwähnt. –

Die genannten Punkte sind nicht nur von der christlichen Sicht der Familie her unannehmbar, sie widersprechen vielfach auch dem natürlichen Empfinden des Menschen. Da zudem der christliche Bevölkerungsteil in der Deutschen Demokratischen Republik die Mehrheit ist, kann der Gesetzentwurf nicht als den Wünschen der ganzen Bevölkerung entsprechend und insofern auch nicht als realistisch bezeichnet werden. Von atheistisch orientierten Staatsstellen können christliche Eltern zwar kein Gesetz aus christlicher Weltanschauung erwarten, wohl aber bei einem für alle bindenden Gesetz jene Sicherung der Erziehungsrechte und Gewissensfreiheit, die Ausdruck der Toleranz und der Bereitschaft zum Zusammenleben und Zusammenarbeiten mit Menschen anderer Weltanschauung sind.

Die entscheidenden Mängel im vorliegenden Gesetzentwurf sind umso bedauerlicher, als eine Reihe von Bestimmungen gegenüber dem früheren Entwurf des Familiengesetzes als Verbesserungen anzuerkennen sind.

Wir bitten Sie daher, sehr geehrter Herr Ministerpräsident, die genannten Punkte zum Ziele einer gedeihlichen Zusammenarbeit aller Bürger, auch verschiedener Weltanschauung, ernstlich überprüfen zu lassen.

Mit vorzüglicher Hochachtung

gez. + Alfred
Erzbischof
Bischof von Berlin

Im Namen der katholischen Bischöfe
und Bischöflichen Kommissare
in der Deutschen Demokratischen Republik

(Anweisung des Erzbischöflichen Kommissariates Magdeburg vom 9. 8. 1965 an den Klerus zur Verwendung des Schreibens an Ministerpräsident Stoph vom 12. 7. 65:
„Im Namen der Mitglieder der Berliner Ordinarienkonferenz hat Erzbischof Dr. Bengsch an den Herrn Ministerpräsidenten ein Schreiben gerichtet betr. den Entwurf zum neuen Familiengesetz. Abschrift dieses Schreibens geht Ihnen in der Anlage zur Kenntnisnahme zu. Es sei ausdrücklich bemerkt, daß das Schreiben nicht in den Kirchen verlesen werden soll. Es mögen aber die Gläubigen, die wegen des Entwurfes zum neuen Familengesetzbuch ihre Sorgen und Bedenken vorgetragen haben, bei passender Gelegenheit, etwa am Gruppenabend oder Männerkreis, über den Einspruch der Bischöfe unterrichtet werden."
Ähnliche Verlautbarungen ergingen von allen Ordinarien in der DDR.)

62. ZU NEUEN WEISUNGEN ÜBER DIE UNTERBRECHUNG DER SCHWANGERSCHAFT IN DEN EINRICHTUNGEN DES GESUNDHEITSWESENS IN DER DDR

Erklärung der katholischen Bischöfe und Bischöflichen Kommissare in der DDR

Seit einigen Monaten wird auf Grund neuer Weisungen bei den Einrichtungen des Gesundheitswesens die Unterbrechung der Schwangerschaft in vielen Fällen genehmigt und durchgeführt. Es besteht die dringende Sorge, daß damit eine unheilvolle Entwicklung für das ganze Volk beginnt: Die Ehrfurcht vor dem werdenden Leben geht verloren; die illegalen Abtreibungen werden nach allen bisherigen Erfahrungen trotzdem nicht aufhören; Ärzte, Hebammen und Krankenschwestern, die aus christlichem Gewissen und Berufsethos dabei nicht mitwirken können, werden mit beruflichen und persönlichen Nachteilen rechnen müssen.

Die Kirche darf dazu nicht schweigen.

Sie kennt und würdigt die Schwierigkeiten der Eheleute und der Gesundheitsbehörden. Sie ist bereit, zu Lösungen, die der Würde der Ehe und des menschlichen Lebens entsprechen, beizutragen.

Sie kann aber niemals der Tötung unschuldigen Menschenlebens zustimmen, weil dies niemals eine Lösung ist, weder für einen Christen noch überhaupt für die menschliche Gesellschaft. Sie muß fordern, daß Ärzte, Hebammen und Krankenschwestern nach ihrem Gewissen handeln können.

Wir katholischen Bischöfe und Bischöflichen Kommissare in der Deutschen Demokratischen Republik sind verpflichtet, die unveränderte kirchliche Lehre von der Unantastbarkeit des werdenden Menschenlebens zu verkünden, die gerade jetzt auf dem Konzil von allen katholischen Bischöfen der ganzen Welt neu bestätigt wurde. Der in der Diskussion angenommene Text lautet:

„Die Heilige Synode weiß um die oft zahlreichen und ernsten ... Schwierigkeiten der Eheleute ...

Manche scheuen sich nicht, für diese Schwierigkeiten allzu billige Lösungen anzubieten, ja sie schrecken selbst vor Tötung nicht zurück.

Gott aber, der Herr des Lebens, hat den Menschen Pflicht und Auftrag gegeben, das Leben zu erhalten sowie den erhabenen Dienst, beizutragen zu seinem Wachstum und zur Entfaltung seines Reichtums. Das Leben also, das empfangen im Mutterschoß lebt, ist mit großer Sorge zu schützen, die Abtreibung aber, die wider alles Recht unschuldiges Leben vernichtet, und die Kindestötung sind abscheuliche Verbrechen.

Als Diener am Leben und Mitarbeiter Gottes sollen die Gatten ... ohne Scheu vor Opfern in der Erfüllung ihres Berufes die Gesetze des ehelichen Lebens heilighalten." (Schema 13, Nr. 64).

Mit diesen Worten des Konzils ermahnen wir alle Gläubigen, besonders die Eheleute und die Eltern der heranwachsenden Jugend, der katholischen Lehre von der Unantastbarkeit des menschlichen Lebens im Mutterschoß treu zu bleiben und niemals das fünfte Gebot Gottes zu verletzen: Du sollst nicht töten!

Berlin, am Feste Allerheiligen 1965

+ Alfred *Bengsch*
Erzbischof, Bischof von Berlin
+ Otto *Spülbeck*
Bischof von Meißen
+ Gerhard Schaffran
Bischof und Kapitelsvikar in Görlitz
+ Friedrich Maria Rintelen
Weihbischof und Generalvikar in Magdeburg
+ Bernhard Schräder
Weihbischof und Generalvikar in Schwerin
+ Hugo Aufderbeck
Weihbischof und Generalvikar in Erfurt
Josef Schönauer
Generalvikar in Meiningen

(Mit Schreiben des Bischöflichen Ordinariates 108 Berlin vom 2. 11. 1965, J.-Nr. 10-7023/65, „an alle katholischen Seelsorgestellen im Bistum Berlin" mit der Weisung:
„Anliegende Erklärung der katholischen Bischöfe und Bischöflichen Kommissare in der Deutschen Demokratischen Republik, die in Rom besprochen und beschlossen worden ist, ist am Sonntag, dem 7. November 1965, bei allen Gottesdiensten zu verlesen. gez. Drews, Generalvikar i. V."
Kursiv gedruckte Familiennamen von Bischöfen durch die Herausgeber hinzugefügt.)

63. BRIEFWECHSEL ZWISCHEN DEN POLNISCHEN UND DEN DEUTSCHEN BISCHÖFEN WÄHREND DES KONZILS: GRUSS UND ANTWORT DER DEUTSCHEN BISCHÖFE

Rom, den 5. Dezember 1965

Hochwürdigste Mitbrüder im bischöflichen Amt!

Mit Bewegung und Freude haben wir Ihre Botschaft vom 18. November dieses Jahres und Ihre freundliche Einladung zur Tausendjahrfeier der Christianisierung des polnischen Volkes empfangen. Wir betrachten es als eine kostbare Frucht unserer gemeinsamen Konzilsarbeit, daß Sie dieses Wort an uns richten konnten. Dankbar greifen wir es auf und hoffen, den begonnenen Dialog in Polen und in Deutschland miteinander fortsetzen zu können. Mit Gottes Hilfe wird dieses Gespräch die Brüderlichkeit zwischen dem polnischen und dem deutschen Volk fördern und festigen.

Wir sind uns bewußt, wie schwer es für viele Christen in Europa war und noch ist, nach den Schrecken des zweiten Weltkrieges die fundamentale Wahrheit unseres Glaubens mit ganzem Herzen festzuhalten, daß wir Kinder des himmlischen Vaters und Brüder in Christus sind. Diese christliche Brüderlichkeit fand im Jahre 1948 beim Kölner Domjubiläum durch den Besuch französischer und englischer Kardinäle und Bischöfe ihren ersehnten Ausdruck. So möge auch im kommenden Jahr das Millennium der Taufe Polens ein solches Zeichen werden.

Sie haben uns in Ihrem Schreiben, Ehrwürdige Brüder, in Erinnerung gerufen, mit wie vielen Banden das polnische Volk seit Jahrhunderten an das christliche Europa gebunden ist und welche Rolle es in der Geschichte dieses christlichen Europas gespielt hat – und, hoffen wir, auch weiterhin spielen wird. Sie hatten dabei die Großherzigkeit, aus all diesen Jahrhunderten zunächst und vor allem Beispiele zu erwähnen, die sowohl Ihrem wie auch unserem Volke zur Ehre gereichen, Beispiele gemeinsamer Arbeit, aufrichtiger Achtung, fruchtbaren Austausches und gegenseitiger Förderung, obwohl dies alles hätte zurücktreten können angesichts des Unrechts und des Leides, das das polnische Volk im Laufe der Geschichte zu tragen hatte. Es ist ein tröstlicher Hinweis auf die von uns erhoffte und mit allen Mitteln zu erstrebende Zukunft, wenn Sie uns daran erinnern, wie die polnische Kirche im Mittelalter über alle Grenzen hinweg mit deutschen Städten, Gemeinden und Orden in vielfältigem Austausch gestanden hat. Es berührt uns tief, daß wir in der Verehrung der heiligen Hedwig vereint sind, die deutschen Geblütes, und doch – wie Sie schreiben – die größte Wohltäterin des polnischen Volkes im 13. Jahrhundert war. Diese hellen Seiten des polnisch-deutschen Verhältnisses in der Geschichte verdanken wir ohne Zweifel unserem gemeinsamen christlichen Glauben. Wir sind daher überzeugt und mit Ihnen, Ehrwürdige Brüder, darin einig: Wenn wir über alle Unterschiede hinweg Brüder Christi sein wollen, wenn wir Bischöfe, wie es bei diesem Konzil deutlich wurde, zuerst und vor allem das Kollegium der Hirten sein wollen, die dem *einen* Volke Gottes dienen, und wenn wir so auch unsere Teilkirchen führen, dann müssen die Schatten weichen, die leider noch immer über unseren beiden Völkern liegen.

Furchtbares ist von Deutschen und im Namen des deutschen Volkes dem polnischen Volke angetan worden. Wir wissen, daß wir Folgen des Krieges tragen müssen, die auch für unser Land schwer sind. Wir verstehen, daß die Zeit der deutschen Besatzung eine brennende Wunde hinterlassen hat, die auch bei gutem Willen nur schwer heilt. Um so mehr sind wir dankbar, daß Sie angesichts dieser Tatsache mit wahrhaft christlicher Großmut anerkennen, wie in der Zeit des Nationalsozialismus auch ein großer Teil der deutschen Bevölkerung unter schwerem Gewissensdruck gestanden hat. Wir sind dankar, daß Sie auch angesichts der Millionen polnischer Opfer jener Zeit sich an die Deutschen erinnern, die dem Ungeist widerstanden und zum Teil ihr Leben dafür hingegeben haben. Es ist uns ein Trost, daß viele unserer Priester und Gläubigen in jener Nacht des Hasses betend und opfernd für das entrechtete polnische Volk eingetreten sind und für diese christliche Liebe Gefängnis und Tod auf sich genommen haben. Wir sind dankbar, daß Sie neben dem unermeßlichen Leid des polnischen Volkes auch des harten Loses der Millionen vertriebener Deutscher und Flüchtlinge gedenken.

Eine Aufrechnung von Schuld und Unrecht – darin sind wir einer Meinung – kann uns freilich nicht weiterhelfen. Wir sind Kinder des gemeinsamen himmlischen Vaters. Alles menschliche Unrecht ist zunächst eine Schuld vor Gott, und Verzeihung muß zunächst von Ihm erbeten werden. An Ihn richtet sich zuerst die Vaterunserbitte: Vergib uns unsere Schuld. Dann dürfen wir auch ehrlichen Herzens um Verzeihung bei unseren Nachbarn bitten. So bitten auch wir, zu vergessen, ja, wir bitten zu verzeihen. Vergessen ist eine menschliche Sache. Die Bitte um Verzeihung ist ein Anruf an jeden, dem Unrecht geschah, dieses Unrecht mit den barmherzigen Augen Gottes zu sehen und einen neuen Anfang zuzulassen.

Dieser Anfang ist besonders belastet durch die bitteren Folgen des von Deutschland begonnenen und verlorenen Krieges. Millionen von Polen mußten aus dem Osten in die ihnen zugewiesenen Gebiete übersiedeln. Wir wissen wohl, was darum für das heutige Polen diese Gebiete bedeuten. Aber auch Millionen Deutsche mußten ihre Heimat verlassen, in der ihre Väter und Vorfahren lebten. Diese waren nicht als Eroberer in das Land gezogen, sondern im Laufe der Jahrhunderte durch die einheimischen Fürsten gerufen worden. Deshalb müssen wir Ihnen in Liebe und Wahrhaftigkeit sagen: Wenn diese Deutschen von „Recht auf Heimat" sprechen, so liegt darin – von einigen Ausnahmen abgesehen – keine aggressive Absicht. Unsere Schlesier, Pommern und Ostpreußen wollen damit sagen, daß sie rechtens in ihrer alten Heimat gewohnt haben und daß sie dieser Heimat verbunden bleiben. Dabei ist ihnen bewußt, daß dort jetzt eine junge Generation heranwächst, die das Land, das ihren Vätern zugewiesen wurde, ebenfalls als ihre Heimat betrachtet. Christliche Liebe versucht, sich jeweils in die Sorgen und Nöte des anderen hineinzuversetzen und so Spannungen und Grenzen zu überwinden. Sie will den Ungeist des Hasses, der Feindschaft und des Revanchismus ausmerzen. So wird sie dazu beitragen, daß alle unseligen Folgen des Krieges in einer nach allen Seiten befriedigenden und gerechten Lösung überwunden werden. Sie dürfen überzeugt sein, daß kein deutscher Bischof etwas anderes will und jemals etwas anderes fördern wird, als das brüderliche Verhältnis beider Völker in voller Aufrichtigkeit und ehrlichem Dialog.

Zu solcher Brüderschaft des guten Willens kann uns die Erfahrung des Konzils Mut machen. Auch beim Konzil waren die Wege nicht immer überschaubar. Nicht immer leuchtete das Ziel klar und deutlich, und oft standen die Väter zögernd an Wegkreuzungen, aber dann wurde uns durch Gottes Gnade ein Weg gezeigt und manchmal eine überraschende Lösung geschenkt. So hoffen wir mit Ihnen, daß Gott auch unseren beiden Völkern in Zukunft Lösungen zeigen wird, wenn wir Ihm Beweise unseres guten Willens geben. Als Zeichen unseres guten Willens, Ehrwürdige Brüder, wollen wir, in aufrichtiger Dankbarkeit für Ihre Einladung, als Pilger zu Ihrem Marienheiligtum nach Tschenstochau kommen und Anteil nehmen an Ihrer und Ihres ganzen Volkes Freude. Wir wollen mit Ihnen an den Heiligtümern beten, wo das polnische Volk sich oft, und besonders in der heutigen Zeit, Kraft und Segen von Gott erbittet. Wir versprechen, unsere Gläubigen aufzufordern, sich im kommenden Marienmonat mit unserem und Ihrem Gebet zu vereinen.

Wir wollen alles tun, daß diese Verbindung nicht mehr abreißt. Im Jahre 1968 wird der Deutsche Katholikentag in Essen stattfinden. Im gleichen Jahre begeht das Bistum Meißen die Tausendjahrfeier seiner Gründung. Es wäre für uns und unsere Gläubigen eine große Freude, bei diesen Gelegenheiten polnische Bischöfe begrüßen zu dürfen. Bei unseren Einladungen haben wir mit Ihnen den Wunsch, daß die Begegnung der Bischöfe und der begonnene Dialog sich fortsetzen möge in allen Lebensbereichen unserer beiden Völker. Alle Schritte, die diesem Ziel dienen können, werden wir von Herzen begrüßen. Darum erfüllen wir auch mit Freude Ihre Bitte, Ihren besonderen Gruß unseren evangelischen Brüdern in Deutschland zu übermitteln. Darüber hinaus dürfen wir uns in unseren Bemühungen um gegenseitiges Verständnis einig wissen mit allen Menschen guten Willens.

Hochwürdigste Brüder! Das Konzil hat uns zusammengeführt an heiliger Stätte zu gemeinsamer Arbeit und gemeinsamem Gebet. Die Grotten von St. Peter bergen die kleine Kapelle der Tschenstochauer Madonna. Dort fanden wir auch das Bild der hl. Hedwig, die Ihr Volk besonders verehrt und die Sie „als den besten Ausdruck eines christlichen Brückenbaues zwischen Polen und Deutschland" ansehen. Von dieser großen Heiligen wollen wir lernen, uns in Ehrfurcht und Liebe zu begegnen. Am Schluß Ihres Schreibens stehen die kostbaren Worte, die für unsere beiden Völker eine neue Zukunft eröffnen können: „Wir strecken unsere Hände zu Ihnen hin in den Bänken des zu Ende gehenden Konzils, gewähren Vergebung und bitten um Vergebung." Mit brüderlicher Ehrfurcht ergreifen wir die dargebotenen Hände. Der Gott des Friedens gewähre uns auf die Fürbitte der „Regina Pacis", daß niemals wieder der Ungeist des Hasses unsere Hände trenne!

+ Jos. Card. Frings, Erzbischof von Köln,
+ Julius Card. Döpfner, Erzbischof von München und Freising,
+ Lorenz Card. Jaeger, Erzbischof von Paderborn,

5. Dezember 1965

+ Josef Schneider, Erzbischof von Bamberg,
+ Hermann Schäufele, Erzbischof von Freiburg,
+ Alfred Bengsch, Erzbischof, Bischof von Berlin,
+ Joseph Schröffer, Bischof von Eichstätt,
+ Franz Hengsbach, Bischof von Essen,
+ Adolf Bolte, Bischof von Fulda,
+ Hermann Volk, Bischof von Mainz,
+ Rudolf Graber, Bischof von Regensburg,
+ Isidor Marcus Emanuel, Bischof von Speyer,
+ Carl Jos. Leiprecht, Bischof von Rottenburg,
+ Josef Stangl, Bischof von Würzburg,
+ Wilhelm Kempf, Bischof von Limburg,
+ Matthias Wehr, Bischof von Trier,
+ Josef Stimpfle, Bischof von Augsburg
+ Heinrich Maria Janssen, Bischof von Hildesheim,
+ Helmut Hermann Wittler, Bischof von Osnabrück,
+ Johannes Pohlschneider, Bischof von Aachen,
+ Otto Spülbeck, Bischof von Meißen,
+ Joseph Höffner, Bischof von Münster,
+ Gerhard Schaffran, Bischof und Kapitelsvikar in Görlitz,
+ Heinrich Pachowiak, Weihbischof in Hildesheim,
+ Walter Kampe, Weihbischof in Limburg,
+ Johannes v. Rudloff, Weihbischof in Hamburg,
+ Augustinus Frotz, Weihbischof in Köln,
+ Eduard Schick, Weihbischof in Fulda,
+ Hugo Aufderbeck, Weihbischof in Erfurt,
+ Joseph Buchkremer, Weihbischof in Aachen,
+ Heinrich Tenhumberg, Weihbischof in Münster i. W.,
+ Alfons Kempf, Weihbischof in Würzburg,
+ Julius Angerhausen, Weihbischof in Essen,
+ Karl Gnädinger, Weihbischof in Freiburg,
+ Joseph Zimmermann, Weihbischof in Augsburg,
+ Carl Schmidt, Weihbischof in Trier,
+ Friedrich Rintelen, Weihbischof in Magdeburg,
+ Josephus Hiltl, Weihbischof in Regensburg,
+ Wilhelm Cleven, Weihbischof in Köln,
+ Bernardus Stein, Weihbischof in Trier,
+ Bernhard Schräder, Weihbischof in Schwerin,
+ Josef Maria Reuss, Weihbischof in Mainz.

(KNA-Dokumentation vom 7. 12. 1965)

1. September 1967

64. ZUM GLAUBENSJAHR 1967

Hirtenbrief der Bischöfe und Bischöflichen Kommissare in der DDR

Liebe Brüder und Schwestern!

Unser Heiliger Vater, Papst Paul VI., hat die katholischen Bischöfe der ganzen Welt aufgefordert, die 1900-Jahrfeier des Martyriums der Apostel Petrus und Paulus als ein Jahr des Glaubens in ihren Bistümern zu begehen. Am 29. Juni d. J. hat er selbst mit einem feierlichen Gottesdienst auf dem Petersplatz das Glaubensjahr eröffnet.

Wir Bischöfe und Bischöflichen Kommissare in der DDR möchten euch mit diesem gemeinsamen Hirtenbrief bitten: Bemüht euch in diesem Glaubensjahr um einen lebendigen und persönlichen Glauben und betet um die freudige Zuversicht zum klaren Bekenntnis des Glaubens!

1. *Stehet fest im Glauben*

„Ich glaube an Gott, den allmächtigen Vater ...", so wollen wir in diesem Jahr oft und bewußt beten, nicht nur im Gottesdienst der Gemeinde, sondern auch in der Familie und privat. Wir wollen uns dabei immer wieder daran erinnern, was glauben im vollen Sinne heißt. Im Glauben, so lehrt das Konzil, überantwortet sich der Mensch als ganzer Gott in Freiheit, indem er sich dem offenbarenden Gott mit Verstand und Willen unterwirft und seiner Offenbarung willig zustimmt.

Glauben heißt deshalb, sich dem persönlichen Gott, der sich in Jesus Christus geoffenbart hat, anvertrauen und ihm die Treue halten. Glauben heißt, Gottes Wort hören, ihm gehorchen und darauf bauen. Dadurch bekommt unser Leben eine weite Sicht und einen festen Stand. Wir werden nicht von jeder windigen Lehre hin- und hergeworfen. Wir tauschen Gott nicht ein gegen vergängliche Menschen, ihre Ideen und Systeme.

So stehen wir in der Gemeinschaft der Kirche, die auferbaut ist auf dem Glauben, den die Apostel bekannt und gepredigt und mit ihrem Blute bezeugt haben.

Kirche ist nur dort, wo der apostolische Glaube unverfälscht bewahrt wird, durch den Christus in unseren Herzen wohnt.

Als Boten dieses Glaubens mahnen wir Bischöfe euch: Steht fest im Glauben (1 Kor 16,13) und laßt euer ganzes Leben von ihm prägen. Unser christliches Leben besteht freilich nicht nur aus festlichen und großartigen Stunden, sondern zumeist aus dem ganz und gar unfeierlichen, glanzlosen und nüchternen Alltag. Und doch! Sich niemals des Kreuzes Christi schämen, sich jederzeit, auch in kleinen Dingen, nach dem Willen Christi richten, in einer oft unchristlichen Welt als treuer Christ leben – das ist ein unüberhörbares und großes Glaubensbekenntnis und ein klares Zeugnis für die Mitmenschen.

Wir Bischöfe sprechen es mit großer Dankbarkeit aus, daß viele von euch *so* leben, zur Ehre Gottes, zum Aufbau der Kirche, zur Freude des Volkes Gottes und seiner Hirten, zum Zeugnis vor der Welt.

2. *Stärket einander im Glauben*

Laßt uns in diesem Glaubensjahr daran denken, daß wir das klare Bekenntnis des Glaubens zuerst *in* der Kirche einander schuldig sind. Wir beten in der Eucharistiefeier das Credo nicht nur gemeinsam, sondern füreinander, einer zur Stärkung des anderen und so zum Aufbau und zur Festigung der Glaubensgemeinschaft. Es tut sicher heute not, daran zu denken. Denn es gibt in der Kirche neue Fragen und Aufgaben, es gibt Änderungen und Meinungsverschiedenheiten. Deshalb bleibt fast keinem die Frage erspart, was unaufgebbarer Grundbestand unseres Glaubens ist und was zeitgebunden und daher auch der Änderung unterworfen, was echter Fortschritt und was Irrweg ist, was notwendiges Festhalten an der apostolischen Überlieferung und was falsches Beharren. Persönliche Entscheidung ist unersetzbar und wertvoll, aber es gibt auch vielfach maßlose Überschätzung der eigenen Meinung. Aufgeschlossenheit ist notwendig, aber es gibt auch oberflächliche Neuerungssucht und pauschale Verwerfung der Tradition.

Diese Schwierigkeiten können dem Glaubensleben schaden, sie können aber auch zu einem genaueren und tieferen Glaubensverständnis anregen, und wir wollen uns mit ganzem Ernst darum bemühen. Deshalb empfehlen wir besonders den Besuch der Glaubensstunden oder der Glaubensseminare, die in den Gemeinden oder Dekanaten gehalten werden. Jeder kann und soll dem anderen helfen, den Glauben zu bewahren und zu vertiefen.

Das ist die strenge Pflicht der Bischöfe und Priester bei der Verkündigung des Glaubens. Sie dürfen um keinen Preis die gesunde Lehre verlassen oder durch eigenwillige Interpretationen verwässern, sie dürfen nicht Lehrer werden, die den Ohren schmeicheln (vgl. 2 Tim 4,3).

Jeder Christ aber, ob er nun lehrt oder Rat gibt, ob er Trost zuspricht oder tadelt, ob er ins Gespräch kommt über Gut und Böse oder über den Weltauftrag des Christen – er tut es entweder aus dem Glauben und dient so den Brüdern und der Kirche Gottes, oder er schadet und bringt Verwirrung.

Auch die Kritik, sofern sie aus Verantwortung und Liebe kommt, ist eine berechtigte Aufgabe in der Kirche. Der aber, dem sie aufgegeben ist, sollte besonders klar aussprechen, daß er aus dem Glauben der Kirche lebt und urteilt.

Wir alle aber sollten in diesem Jahr des Glaubens öfter bedenken, daß unsere Mitfeier der heiligen Messe, unsere Haltung beim Gebet, unser ehrfürchtiges Hinzutreten zu den heiligen Sakramenten, unser Reden über die Kirche eine Stärkung für die Brüder und Schwestern sein soll.

3. *Bekennt euren Glauben*

Wir schulden das klare Bekenntnis des Glaubens allen Menschen, mit denen wir zusammen leben, nach dem Wort Christi: Ihr sollt mir Zeugen sein bis an die

Grenzen der Erde (Apg 1,8). Der heutige Mensch besitzt ein verständliches Selbstbewußtsein wegen des vielfältigen Fortschritts und seiner wissenschaftlichen und technischen Leistungen. Daraus aber kann leicht ein Stolz werden, der Gott nicht mehr anerkennt. Und wo der Sinn für Gott fehlt, da fehlt auch allen Dingen der letzte Sinn.

Die Frohbotschaft Gottes ist aber an alle Menschen gerichtet; sein Heilswille umfaßt die ganze Welt, und jedes Menschenherz gehört dem Schöpfer. Durch die Kirche soll Gottes Gnadenangebot in der Welt wirksam bleiben, in allen Völkern und Kulturen, in allen wirtschaftlichen und gesellschaftlichen Systemen.

Jeder Christ nimmt teil an diesem Auftrag der Kirche; er trägt durch seinen klar bekannten und gelebten Glauben bei zur Erfüllung des Heilsplanes Gottes.

Dabei müssen wir daran denken, daß der heutige Mensch ein besonders feines Empfinden für Echtheit hat. Er weiß, daß große Worte und Programme, selbst Überzeugungen und begeisterte Bekenntnisse leicht zu produzieren sind. Deshalb kann er nur den Menschen achten und ernstnehmen, der seine Überzeugung lebt. Der Christ darf also auf keinen Fall „zweigleisig" leben. Nichts zerstört ihn innerlich mehr und macht ihn zugleich unglaubwürdiger. Nur in der schlichten Klarheit und Unzweideutigkeit des Glaubensbekenntnisses können wir, mit der Gnade des Herrn, Licht der Welt und Salz der Erde sein.

4. *„Euer Herz bange nicht"*

Unser Bekenntnis zum Glauben wird immer wieder Ablehnung finden. Das hat uns unser Herr Jesus Christus deutlich vorausgesagt. Das Martyrium der Apostel erinnert uns daran, daß seine Kirche den Weg ihres Meisters gehen muß, den Weg des Kreuzes, der aber zugleich zur Herrlichkeit führt.

Aber wozu Gott uns gerufen hat, dazu gibt er auch die Kraft. Wir sind es unserem Herrn, aber auch unserem Mitmenschen schuldig, daß wir uns durch Ablehnung nicht entmutigen lassen. Der Christ ist ganz gewiß kein Nein-Sager von Beruf. Er muß aber Nein sagen, wenn die Treue zu Christus es fordert. Denn nirgendwo auf der Welt kann jemand einen hohen Wert wirklich von ganzem Herzen bejahen und annehmen, wenn er nicht zugleich ablehnt, was diesem Wert widerspricht oder ihn gefährdet.

Weil also der Christ die Welt als Schöpfung Gottes bejaht, lehnt er den Geist der reinen Diesseitigkeit ab.

Weil er in der Kirche und ihren Sakramenten Christi Heil und Gnade findet, weist er alles zurück, was ihn von dieser Kirche trennt. Weil die Ehe für ihn Sakrament ist, Abbild der Vereinigung Christi mit seiner Kirche, kann er keiner Eheauffassung zustimmen, die diesem Maß widerspricht. Weil ihm das werdende Leben heilig ist, Eigentum Gottes, lehnt er jeden Angriff darauf ab. Weil nicht nur das Leben, sondern auch das Heil der Kinder der Sorge christlicher Eltern anvertraut ist, deshalb ist die christliche Erziehung unaufgebbares Recht und heilige Pflicht. Weil der Christ in Taufe und Firmung dazu geweiht wurde, Gott die wahre Anbetung, den wahren Kult darzubringen, lehnt er die Teilnahme an Riten und Bräuchen ab, die ihrem

Ursprung und ihrer Tendenz nach Kultersatz atheistischer Prägung sind, d. h. die sozialistische Namensgebung als Ersatz für die Taufe, die Jugendweihe für die Firmung, die sozialistische Eheschließung für die kirchliche Trauung, die sozialistische Beerdigung für das christliche Begräbnis.

Nicht immer und überall wird diese Tendenz deutlich ausgesprochen. Sie ist aber offiziell nirgends widerrufen und wird immer wieder auch so klar formuliert, daß kein Verwischen und Vertuschen den Sachverhalt ändern kann. In einer hiesigen Zeitschrift heißt es etwa: „Eines der wichtigsten Mittel der atheistischen Erziehung der Werktätigen in den sozialistischen Ländern besteht darin, den religiösen Bräuchen und Feiertagen inhaltlich neue Feiertage und ‚Bräuche' entgegenzustellen." Angesichts dieser hier deutlich ausgesprochenen und objektiv gegebenen Tendenz kann man von einem Christen die Teilnahme daran nicht verlangen, ohne ihm Unrecht zu tun.

Leider wissen wir aus vielfacher Erfahrung, daß gerade bei der Jugendweihe durch Druck und Angst vor Nachteilen viel Gewissensnot für Eltern und Kinder entstanden ist. Mit dem Konzil betonen wir: „Es darf keiner genötigt werden, gegen sein Gewissen zu handeln." (Erklärung über die rel. Freiheit, Nr. 3).

Wir hoffen, es wird sich auch bei uns die Erkenntnis immer mehr durchsetzen, daß der Christ zum Nutzen der Gesellschaft ein guter Mitmensch und Mitarbeiter sein will, wenn man seine Glaubensüberzeugung achtet. Wir vertrauen aber in dieser Sache nicht auf Menschen, auch nicht auf unsere Klugheit, sondern auf Gott, und wir wollen in diesem Glaubensjahr noch mehr um die Gnade des unbedingten Gottvertrauens beten. Stärken wir uns gegenseitig in der Zuversicht auf unseren Gott und Vater, der nicht täuschen und enttäuschen kann! Helfen wir einander, damit die ganze Kirche das Zeugnis des Glaubens ablegt, das der Herr in dieser Zeit von ihr erwartet.

Dazu segne uns alle der allmächtige Gott, der Vater, der Sohn und der Heilige Geist.

Berlin, den 1. September 1967

+ Alfred Kard. Bengsch
Erzbischof, Bischof von Berlin

+ Otto *Spülbeck*
Bischof von Meißen

+ Gerhard Schaffran
Bischof und Kapitelsvikar in Görlitz

+ Friedrich Maria Rintelen
Weihbischof in Magdeburg

+ Bernhard Schräder
Weihbischof in Schwerin

+ Hugo Aufderbeck
Weihbischof in Erfurt

Joseph Schönauer
Bischöflicher Kommissar in Meiningen

(Rundschreiben des Bischöflichen Ordinariats Berlin mit folgender Anweisung: „Vorstehender Hirtenbrief ist am Sonntag, dem 10. September 1967, in allen Gottesdiensten zu verlesen. Anschließend an den Hirtenbrief möge mit der Gemeinde das Credo der Messe gemeinsam *gebetet* werden. Berlin, den 4. September 1967, gez. Schmitz".)

4. September 1967

65. WAS ZUR FESTIGUNG DES GLAUBENS NOTWENDIG IST

Pastoralbrief der Bischöfe an ihre Mitbrüder im Presbyterium

Liebe Mitbrüder im priesterlichen Dienst!

Uns allen gemeinsam ist der Dienst am Heil der Menschen aufgetragen. Christus hat für alle das Heil erwirkt, – aber es muß im *Glauben* bejaht und angenommen werden. Dieser Glaube fällt den Menschen heute schwer. Sie erleben die Selbstverständlichkeit einer von Menschen geplanten und fortschrittlich gestalteten Welt, die ein Leben mit Gott scheinbar überflüssig macht. Dazu liefert der dialektische Materialismus den ideologischen Überbau. Mehr und mehr werden auch Christen durch diese vereinfachende „Anschauung der Welt" infiziert. Es ergeht ihnen, wie Darwin einmal von sich gesagt hat, „der Unglaube kroch in einem langsamen Tempo über mich, war schließlich perfekt, die Umwandlung geschah so allmählich, daß ich dabei keine Qual empfand" (Darwin, Selbstbiographie, hsg. 1958).

In dieser gefahrvollen Situation trifft uns das Wort des Herrn: „Du aber stärke Deine Brüder" (Luk. 22,32). Dieser Auftrag wurde einst dem Petrus und wird heute uns vom Herrn gegeben, obwohl er unser menschliches Versagen und die Schwäche unseres Glaubens kennt, die wir mit den anderen Gläubigen teilen. Durch dieses Mitleiden und Mittragen der Glaubensnot „ergänzen wir an unserem Fleisch, was an den Leiden Christi noch aussteht, zugunsten seines Leibes, der Kirche" (Kol. 1,24). In der ehrlichen Annahme dieses Auftrags, der an *Petrus* erging, die Brüder zu stärken, und in der Bereitschaft zum Mitleiden mit den Gemeinden, die bei *Paulus* so ausgeprägt ist, erkennen wir als Priester der Kirche unseren Beitrag zum „Jahr des *Glaubens*", das Papst Paul VI. zum Gedenken an das Martyrium der beiden Apostel der ganzen Kirche in drängender Sorge um die Erneuerung des Glaubens aufgegeben hat.

Darum wollen wir miteinander bedenken, was zur Stärkung und Festigung unseres Glaubens für uns und die Gemeinden heute notwendig ist.

I. Die Grundregel des christlichen Glaubens

1. Personaler Glaube

Der Glaube des Jüngers Christi ist nicht zuerst eine Annahme von Offenbarungswahrheiten, sondern ein personale Bindung an Jesus Christus, in dem Gott uns Menschen nahe gekommen ist. „Ich glaube, das heißt, die völlige Zustimmung des

Verstandes und des Willens zu Seinem Wort, zu Seiner Person und zu Seiner Heilssendung" (Paul VI. Adhortatio apost. 22. 2. 1967). In dem auferstandenen und erhöhten Jesus von Nazareth wird zum ersten Mal erfahrbar, daß menschliches Leben sich sinnvoll entfalten und „glücken" kann. So reift christlicher Glaube zu dem Entschluß und dem ehrlichen Versuch, dieses Leben Jesu in der Hingabe an den Vater und die Mitmenschen nachzuvollziehen. „Wer Christus, dem vollkommenen Menschen („hominem perfectum") folgt, wird auch selbst mehr Mensch" (Past. Konst. Nr. 41). Christliches Leben ist ohne diesen personalen Glauben nicht möglich.

2. *Kirchlicher Glaube*

Die personale Begegnung mit Christus wird uns geschenkt in seiner Kirche. Diese ist der „Vortrupp" der neuen Menschheit (Karl Rahner), in der er in vielfacher Weise gegenwärtig ist und lebt (s. Liturgiekonst. Nr. 7). Darum ist der Glaube des Christen nicht nur an die Kirche gebunden, sondern von ihrer Gemeinschaft und Lebenskraft getragen. Nur in ihr ist Christus im Glauben voll erfahrbar. Im Hl. Geist ist es ihr gegeben, seine Lebenswirklichkeit denen zugänglich zu machen, die sich ihm öffnen. Deshalb hat sie die Verantwortung für die unverfälschte „Tradition" seiner Heilsbotschaft und seines Heilsweges. Dieser Auftrag, der zuerst den Hirten gilt, kann aber nur realisiert werden in lebendiger Glaubenseinheit mit dem Presbyterium und allen Gemeinden.

Darum ist christlicher Glaube nicht möglich ohne die Kirche, denn durch sie wird der Glaube des einzelnen vor Irrungen bewahrt und zugleich macht der personale Glaube des einzelnen den Glauben der Kirche lebendiger und fruchtbarer.

3. *Lebendiger Glaube*

Der Glaube ist immer in der Gefahr der Erstarrung. Er ist lebensmächtig nur dann, wenn wir die konkreten Situationen unseres Lebens innerlich erfassen und mit Jesus Christus, der die Wahrheit ist, konfrontieren.

Leben aus dem Glauben heißt: Bewußt, in freier Entscheidung und selbständig den Weg Christi wählen. „Jeder aber muß nach seinen eigenen Gaben und Gnaden auf dem Weg eines lebendigen Glaubens, der die Hoffnung weckt und durch Liebe wirksam ist, ohne Zögern vorangehen" (Ki. Konst. Nr. 41).

Solche Glaubensverwirklichung, zu der wir in der Kraft des Hl. Geistes befähigt sind, wird auch den Ungläubigen ein Zeugnis sein, das ihnen Hoffnung gibt auf eine Veränderung und Vollendung der Welt, die nur in der Liebe geschehen kann.

Den Glauben der Brüder stärken, das bedeutet: sie zu solchem personalen, kirchlichen, lebendigen Glauben führen.

II. Wege zur Glaubensverwirklichung in unserer Zeit

1. Das Evangelium akzeptieren

„Die Schrift nicht kennen, heißt Christus nicht kennen" (Hieronymus). Die beständige Konfrontierung mit der Heiligen Schrift kann zu einer immer neuen Umkehr und Änderung unseres Lebens führen. Der tägliche Umgang mit der Hl. Schrift ist deshalb für jeden Priester eine Lebensnotwendigkeit. „Als Diener des Wortes Gottes lest und hört täglich das Wort Gottes, das ihr andere lehren sollt. Wenn ihr das bei euch ernstlich aufzunehmen trachtet, werdet ihr von Tag zu Tag vollkommenere Jünger des Herrn nach den Worten des Apostels: ‚Darauf richte deinen Sinn, darin lebe: daß dein Fortschritt allen offenbar werde. Hab acht auf dich selbst und auf die Lehre. Verharre darin. Denn wenn du das tust, wirst du dich retten und die, welche dich hören' (1 Tim. 4,15f.)" (Priesterdekr. 13).

Wir bitten Euch herzlich: Haltet täglich die *Schriftlesung*, gebt der Meditation Raum in Eurem Alltagsleben! Mancher wird beides vereinen bei der Vorbereitung der Homilie zu den Lesungen der Eucharistiefeier an den Werktagen. Die Unterlassung der Schriftlesung kann herrühren aus der Angst, sich dem Anspruch Christi zu stellen. Wer das erkennt, muß sich ihr umso dringender zuwenden. – Sie kann auch herrühren aus der Unsicherheit, die durch die Lektüre neuer exegetischer Arbeiten sowie durch neue Auslegungsprinzipien entsteht. Wir sollten die Exegese schätzen als eine Hilfe für die tiefere Erfassung der einen Wahrheit: Gott ist im Menschen erschienen, hat in Jesus von Nazareth „Fleisch angenommen" und wird als der Gekreuzigte und Auferstandene unter uns sein, bis er die Welt vollendet hat. Jesus Christus ist darum die Mitte unseres Glaubens und unserer Verkündigung. Wer diese unverrückbare Mitte hat, wird durch die Vielfalt der wechselnden Einzelfragen und Erklärungsversuche nicht verwirrt, – der Grund, worauf der Glaube steht, schwankt nicht und wechselt nicht. Die Verkündigung von Christus ist nicht allein Bericht über das Vergangene, sondern Heilsangebot für die Gegenwart und Ankündigung des kommenden Herrn; denn gerade als der Gekommene ist und bleibt er der Kommende, die wahre Zukunft der Welt. Jesus Christus ist für uns auch der bleibende Maßstab der Humanität. Die wahre Menschlichkeit liegt in der Einheit des Menschen mit Gott. Diesen Raum des Glaubens freizuhalten ist die Aufgabe des kirchlichen Lehramtes, sowohl wenn es mit Unfehlbarkeit als auch wenn es ohne Charisma der Unfehlbarkeit spricht. Im zweiten Fall sind Fehlentscheidungen möglich und deshalb erscheint es manchem kompromittiert durch einzelne Grenzüberschreitungen. Dies wird zur Folge haben, daß unser Gehorsam kritischer, nüchterner, mündiger sein wird. Der mündige Christ aber ist nicht der, „der von jeder windigen Theorie hin und her geworfen wird, sondern der die Wahrheit vertritt in Liebe" (Eph. 4,14). Letztlich kann nur die kirchliche Bindung die Freiheit des Glaubens sichern, indem sie den einzelnen Glaubenden vor unmaßgeblichen Spekulationen des Verkünders oder vor der Vergewaltigung durch Privatideen und akademischen Theorien schützt und ihm so den weiten Raum des gemeinsamen Bekenntnisses der Kirche offen hält.

Die geeignete Hilfe, um diesen Raum offen zu halten, ist das *Gespräch der Brüder* miteinander. Hier soll jeder zuerst selbst lernen, „die Wahrheit in Liebe zu vertreten". Er soll sich nicht zum Maßstab des Evangeliums machen, um nicht in die Gefahr zu kommen, statt des gekreuzigten und auferstandenen Herrn sich selbst und seine Argumente zu verkündigen. Er soll mehr und mehr lernen, daß der Dialog die Weise der Verkündigung ist, die heute das Herz der Menschen erreicht. Der Herr selbst hat seine lebendige Gegenwart denen verheißen, die in seinem Namen zusammenkommen. Diese Glaubenserfahrung der Gegenwart Christi werden wir brauchen, um sie denen glaubhaft verkünden zu können, die in einer Umwelt, wo kein Wort mehr von Gott gesagt wird, diese Gegenwart Christi erfahren müssen. Wir begrüßen deshalb alle Formen priesterlicher Zusammenkünfte (Werkwochen, Seminare, Konvente). Die dafür aufgebrachte Zeit ist keine verlorene Zeit. „Kein Priester kann abgesondert und als einzelner seine Sendung hinreichend erfüllen, sondern nur in Zusammenarbeit mit anderen Priestern, unter der Führung derer, ‚die die Kirche leiten'" (Pr. dekr. 7). Besonders mögen die Älteren die Jüngeren wahrhaft als Brüder aufnehmen ... und die Jungen mögen das Alter und die Erfahrung der Älteren achten" (Pr. dekr. 8).

2. Die Einheit leben

Die Begegnung mit dem lebendigen, gegenwärtigen Herrn wird eingeübt in der Gemeinschaft der Glaubenden, in der Gemeinde. Hier muß sie auch verkündet werden. Eine neue Liebe zur Homilie und zur Predigt, die ja ein entscheidender Schwerpunkt der sonntäglichen Versammlung des Gottesvolkes ist, müssen wir in uns erwecken. Die ernsthafte Vorbereitung auf die sonntägliche Verkündigung durch Exegese und Meditation hat den Vorrang vor allen anderen Seelsorgeaufgaben. Wenn wir uns der Last der Verkündigung ganz stellen, wird es uns im Hl. Geist gelingen, die Brüder im Glauben zu stärken und zur Einheit in Christus zu führen.

Auch für die Feier der Liturgie genügt der äußerlich korrekte nach den Rubriken gültige Vollzug den seelsorglichen Forderungen nicht. Wir wissen, daß Ihr Euch um den persönlichen, würdigen und gläubigen Vollzug bemüht, aber wie bei der Eucharistiefeier muß auch bei der Liturgie der anderen Sakramente durch die Verkündigung der Glaube geweckt und so die Grundlage einer sinnvollen und fruchtbaren Annahme der lebensspendenden Heilskraft Gottes geschaffen werden. Eine kurze Ansprache kann die „signa" zu Signalen machen, die aufleuchten lassen, was in dieser Stunde wirklich geschieht.

Dazu wird auch notwendig sein, die ekklesiologische Bedeutung der Sakramente stärker hervorzuheben, indem man die Sakramente oft im Angesicht der Gemeinde spendet (Taufe, Trauung in Verbindung mit dem Sonntagsgottesdienst – Bußgottesdienste im Advent und in der Fastenzeit als Beichtvorbereitung der Gemeinde).

Es muß auch unsere ständige Sorge sein, daß der Ungeist der Lieblosigkeit sich nicht in unsere Gemeinden einschleicht. Eine Schwächung des Glaubens an Gott, der die Liebe ist und alle Liebe hervorruft, bringt notwendig auch einen Mangel an Aufmerksamkeit und damit Gleichgültigkeit und wachsende Fremdheit untereinander mit sich – und umgekehrt. Bemüht Euch deshalb, *Brüder* zu sein, besser: Brüder zu werden. Nicht das Alter des Pfarrers, nicht die Agilität des Kaplans, nicht der theologische Bildungsgrad, nicht Form und Lebensstil sind entscheidend, sondern die Liebe zueinander, die den anderen gelten läßt und anerkennt, die bereit ist, „einander zu dienen, mit den Gaben, die jeder empfangen hat" (1 Petr. 4,10). Solche Einheit der Priester untereinander wird auch die Gemeinde zu wirklicher Einheit in Christus führen. Nicht dasselbe Gesangbuch, nicht der vom Pfarrer verordnete Frömmigkeitsstil kann eine Gemeinde zusammenhalten – das ist zu äußerlich –, sondern nur die Art zu lieben wie der Herr uns geliebt hat und immerzu liebt.

Unsere Liebe muß insbesondere denen gehören, denen Christus selbst mit besonderer Liebe begegnet ist: Allen, die an menschlichem Leid zu tragen haben, den Kranken, Verängstigten, Verachteten, Einsamen, Witwen, Geschiedenen, in Schuld Geratenen, allen – denen sonst niemand hilft. Wir dürfen die Brüder und Schwestern in den Gemeinden nicht werten nach den Maßstäben unserer Leistungsgesellschaft. „Das Niedrige ... das, was nicht gilt ..., hat Gott erwählt ..." (1 Kor. 1,28). Ihnen dürfen wir unseren Dienst nicht versagen, denn der Herr will durch uns allen dienen. Darum ist die Verweigerung des Dienstes die eigentlich schlimmste Sünde des Priesters. „Im Bewußtsein der eigenen Schwächen arbeitet der wahre Diener Christi, in Demut und in allem vom Willen dessen geführt, der alle Menschen heilen will. Diesen Willen kann er in seinem alltäglichen Tun entwickeln und ausführen, indem er allen Menschen demütig dient, die ihm in seinem Dienst und in den vielfältigen Begegnungen seines Lebens von Gott anvertraut sind" (Pr. dekr. 15).

3. In die Zukunft führen

Die Kirche ist – wie der Herr – für die anderen da. „Die Kirche ist kein Ofen, der sich selber wärmt" (Karl Rahner). Ein „Glaube, der die Hoffnung weckt" (Ki. Konst. 41), will allen Menschen die Möglichkeit ewigen Lebens und Zusammenlebens erschließen. Damit aber z. B. die christliche Familie „die Hoffnung auf das selige Leben" (Ki. Konst. 35) verkünden kann, ist eine Einübung in diese Aufgabe an der Umwelt notwendig. Hierzu ist die religiöse Weiterbildung der Erwachsenen als erste Aufgabe jeder Gruppenseelsorge erfordert. Der Kreis Junger Familie und die Elternabende sind in jeder Gemeinde möglich – sowohl in der Diaspora wie auch im katholischen Land. Wir bitten Euch: fangt damit an, denn die Zeit drängt! Darüber hinaus bitten wir Euch, in echter Zusammenarbeit in den großen Gemeinden bzw. Städten und in den Dekanaten das Brautleuteseminar und Erwachsenenseminare mit einem klaren Programm der Glaubensbildung durchzuführen. Nehmt Euch die Zeit dafür! Und tut Euch zusammen! Es geht nicht ohne verbindliche Pläne und nicht ohne brüderliche überpfarrliche Zusammenarbeit. Die Erwachsenenbildung ist ebenso wichtig wie der kirchliche Religionsunterricht für Kinder oder die Jugendseelsorge, wobei wir uns über die Bedeutung dieser beiden Pastoralaufgaben klar und einig sind. Denn die *Erwachsenen* sind das Schicksal der Jugend! Nicht das angelernte Wissen, sondern die Einübung in ein Leben aus dem Glauben bietet auch den Kindern die einzige Möglichkeit, ihren Glauben zu entwickeln und in allen Krisen zu bewähren. Ziel dieser ganzen Erwachsenenbildung ist es, die Gläubigen zum „Werk ihres Dienstes auszubilden" (vgl. Eph. 4,11). „Sie zeigen sich als Söhne der Verheißung, wenn sie stark in Glaube und Hoffnung den gegenwärtigen Augenblick auskaufen und die künftige Herrlichkeit in Geduld abwarten. Diese Hoffnung sollen sie aber nicht im Innern der Seele verbergen, sondern in ständiger Bekehrung und im Kampf gegen die Weltherrscher dieser Finsternis, gegen die Geister des Bösen, auch durch die Strukturen des Weltlebens ausdrücken" (Ki. Konst. 35). Wir sind ja die Hirten des pilgernden Gottesvolkes, das, gestärkt durch die Hoffnung, der großen Zukunft der kommenden Welt in der Einheit der Liebe entgegengeht. Manchmal werden wir uns in diesem Hirtendienst – nach einem Vergleich des hl. Augustinus – wie Lasttiere Gottes vorkommen, aber manchmal werden wir doch auch „die Herrlichkeit dieses Dienstes" (2 Kor. 3,8) erfahren.

III. Bekenntnis des Glaubens

Zum Bekenntnis solchen Glaubens sind die Hirten und das Volk Gottes vom Hl. Vater in diesem Glaubensjahr erneut aufgerufen worden. In diesem Aufruf „wollen wir ein gnadenvolles Angebot der göttlichen Vorsehung erkennen, auf daß sich das Gottesvolk seines Glaubens erneut voll bewußt werde, ihn zu neuem Leben erwecke, auf daß es ihn läutere, stärke und so auch bekenne" (Adhortatio apost. 22. 2. 1967). Dieses Bekenntnis des Glaubens ist nicht ein Affront gegen die Welt, vielmehr braucht unsere Zeit gerade dieses Zeugnis, da sie trotz all ihrer Erfolge und Leistungen „im geistigen, moralischen und sozialen Bereich erschüttert wird und aus dem Gleichgewicht gerät; ja, sie scheint sich schon damit abzufinden, den Menschen von dunklen Leidenschaften und unauslöschlicher Angst verwirrt zu sehen" (Adhortatio apost. 22. 2. 1967). Darum müssen sich die Glieder des Gottesvolkes als die *Anbeter Gottes* im Geist und in der Wahrheit erweisen, „indem sie allenthalben den Dienst der Anbetung heilig vollziehen, und so die Welt für Gott heiligen" (Ki. Konst. 34). Dieser Dienst der Anbetung verlangt aber auch ein entschiedenes Neinsagen zu allem, wozu Christus Nein gesagt hat und wozu wir jährlich in der Erneuerung unseres Taufversprechens in der Osternacht Nein sagen: zur Macht des Bösen und seinen Angeboten. Wie der Herr die Versuchung des Satans zurückwies, wie er Sicherheit, Sattheit und Reichtum von sich wies, wie er Menschenfurcht und faule Kompromisse ablehnte und statt dessen klare Entscheidung verlangte („Keiner kann zwei Herren dienen" Matth. 6,24), so verlangt er es auch von denen, die ihm folgen: von seinen Hirten und dem gläubigen Volk.

Hier ist es auch notwendig ein Wort zu den sozialistischen Ersatzriten, insbesondere zur Jugendweihe zu sagen. Wir müssen feststellen, daß ihr ideologischer Charakter und damit ihre atheistische Tendenz bisher von keiner offiziellen Stelle widerrufen worden ist. Wenn es auch nicht überall klar ausgesprochen wird, finden wir es doch eindeutig in manchen Äußerungen. In der Zeitschrift „Moderne Naturwissenschaften und Atheismus" (VEB Deutscher Verlag der Wissenschaften, Berlin 1964, S. 310) ist darüber z. B. folgendes zu lesen:

„Eines der wichtigsten Mittel der atheistischen Erziehung der Werktätigen in den sozialistischen Ländern besteht darin, den religiösen Bräuchen und Feiertagen inhaltlich neue Feiertage und ‚Bräuche' entgegenzustellen. Bekanntlich hat sich die Kirche das Recht angeeignet, alle wichtigen Ereignisse im Leben des Menschen zu feiern. Geburt, Eheschließung und Tod – das alles wurde von ihr zum Anlaß religiöser ‚Sakramente' und Bräuche gemacht, wobei weitgehend Mittel der ästhetischen Wirkung eingesetzt werden. Allein mit einer theoretischen Kritik der religiösen Bräuche ist dabei nicht viel auszurichten. Von außerordentlicher Wichtigkeit ist es, inhaltlich neue Feiertage, neue Traditionen, und neue Bräuche zu schaffen. Hierbei kann man einiges aus alten Volkstraditionen, die ihre religiöse Bindung verloren haben, ausnutzen, und vieles bildet sich in den Jahren der Errichtung der Macht der Werktätigen allmählich heraus." Soweit das Zitat. Die Worte weisen eindeutig auf den atheistischen und antichristlichen Charakter der sozialistischen Ersatzriten hin. Daher kann auch in Zukunft ein Katholik nicht an der Jugendweihe teilnehmen. Es ist Aufgabe der Hirten, das Gewissen der ihnen Anvertrauten zu bilden. Es muß der Grundsatz gelten: Ein Christ nimmt an der Jugendweihe nicht teil, weil sie ihrem Ursprung und ihrer Tendenz nach Kultersatz unchristlicher und atheistischer Prägung ist und sein will, weil sie den Atheismus mit einschließt und weil sie von denen empfangen wird, die nicht an Gott glauben und keiner Kirche angehören.

Wer als katholischer Christ in diesem Sinne die sozialistischen Ersatzriten versteht und dennoch freiwillig daran teilnimmt, sündigt gegen den Glauben. Er kann solange nicht zu den Sakramenten gehen, bis er sich zu Gott bekehrt hat. Für ihn gelten nach wie vor die bekannten Sanktionen. Da aber gerade mit der Jugendweihe öfter Druck, Angst vor Nachteilen und zugleich mangelnde Einsicht in ihren atheistischen Grundcharakter verbunden sind, haben die Bischöfe sich entschlossen, unter voller Beibehaltung der grundsätzlichen Ablehnung der Jugendweihe in der pastoralen Behandlung statt der bisherigen Sanktionen für *solche* Jugendlichen und Eltern eine geeignete Bewährung im Glaubensleben zu fordern. Darunter verstehen wir besondere vom Seelsorger festzulegende Zeichen, Dienste und Werke, in denen die ungebrochene Treue und Liebe zur Kirche bezeugt wird. Diese neue pastorale Praxis muß aber verbunden sein mit intensiver Belehrung der Eltern über den atheistischen Grundcharakter der Jugendweihe, damit sie befähigt werden, in eigener Entscheidung für ihre Kinder die Jugendweihe abzulehnen. Solche Entscheidungen werden auch in Zukunft Zeichen der Kraft Gottes sein, die in den Schwachen mächtig wird (vgl. 2 Kor. 12,9).

Das Bekenntnis unseres Glaubens schließt selbstverständlich auch das Nein zu den anderen sozialistischen Ersatzriten, wie sozialistische Namensgebung, Trauung und Bestattung ein. In diesen Fragen wollen wir alle „eines Sinnes und einer Meinung“ (Röm. 15) sein und „die gleiche Richtung einhalten“ (Phil. 2,17).

Unser priesterlicher Dienst ist es, die Brüder zu stärken, damit sie „feststehen im Glauben“ (1 Petr. 5,9) und „das tätige Zeugnis jenes heiligen Glaubens geben, ohne den es unmöglich ist, Gott zu gefallen, und durch den wir das verheißene Ziel zu erlangen hoffen“ (Adhortatio apost. 22. 2. 1967).

Laßt uns diesen Dienst gemeinsam und in Treue tun!

Für das Bistum Berlin
gez. + Alfred Kard. Bengsch

(Rundschreiben des Bischöflichen Ordinariats 108 Berlin – J.-Nr. 10-7021/67 vom 4. 9. 1967)

5. Februar 1968

66. ZUM ENTWURF EINER NEUEN VERFASSUNG DER DDR

Der Vorsitzende der Berliner Ordinarienkonferenz, Kardinal Bengsch, im Namen der Bischöfe und Bischöflichen Kommissare in der DDR an den Vorsitzenden des Staatsrates, Ulbricht (1. Eingabe)

DER BISCHOF VON BERLIN — Berlin, den 5. Februar 1968
10-7001/68

An den
Vorsitzenden des Staatsrates der
Deutschen Demokratischen Republik,
Herrn Walter *Ulbricht*,
Vorsitzenden der Kommission zur Ausarbeitung
der neuen Verfassung in der
Deutschen Demokratischen Republik,
Berlin

Sehr geehrter Herr Vorsitzender des Staatsrates!

Als Vorsitzendem der Kommission zur Ausarbeitung der neuen Verfassung der Deutschen Demokratischen Republik erlauben wir uns, Ihnen folgende ernste Anliegen zu unterbreiten:

Die Volkskammer der Deutschen Demokratischen Republik hat am 1. Dezember 1967 die Ausarbeitung einer neuen Verfassung beschlossen. In ihrer Sitzung vom 31. Januar 1968 hat sie den Verfassungsentwurf zur Kenntnis genommen und ihn allen Bürgern der Deutschen Demokratischen Republik zur umfassenden Aussprache und Diskussion unterbreitet.

Deshalb ist es für die in der Berliner Ordinarienkonferenz vereinigten Bischöfe und Bischöflichen Kommissare der Kath. Kirche in der Deutschen Demokratischen Republik eine ernste Gewissensverpflichtung, zum Entwurf der neuen Verfassung folgende erste Stellungnahme vorzulegen:

1. In der Neujahrsbotschaft des Vorsitzenden des Staatsrates wird darauf hingewiesen, daß die Vereinten Nationen das Jahr 1968 zum „Internationalen Jahr der Menschenrechte" erklärt haben und daß die neue Verfassung, die auf der Achtung der Menschenrechte beruhe, zugleich ein guter Beitrag zum Anliegen dieses Internationalen Jahres sei.
   In der Präambel des Entwurfs der neuen Verfassung wird ferner erklärt, daß diese den Geist der Verfassung vom 7. Oktober 1949 weiterführe.

Es kann kein Zweifel darüber bestehen, daß die Artikel 40 bis 49 der Verfassung von 1949 den Grundprinzipien des Artikels 18 der Allgemeinen Erklärung der Menschenrechte von 1948 entsprechen und auch im Abschnitt III A 10 des Potsdamer Abkommens vom 2. August 1945 eine Grundlage besitzen.

2. Es erfüllt uns Bischöfe daher mit großer Sorge, daß die genannten Artikel der geltenden Verfassung im neuen Entwurf nicht enthalten sind. Dabei erfüllt uns ebenso mit Sorge die Tatsache, daß diese für Leben und Arbeit der Kirche so schwerwiegende Veränderung zur Diskussion vorgelegt wird, ohne daß vorher irgendeine Fühlungnahme mit der Kirchenleitung stattgefunden hat.
Durch die Streichung der genannten Artikel würde in Zukunft der verfassungsmäßige Schutz der Rechte der Kirche weithin entfallen; und zwar würden in Fortfall kommen:

A. in Bezug auf die religiöse Freiheit des Bürgers:

1. Die Garantie der vollen Glaubens- und Gewissensfreiheit (Artikel 41),
2. der verfassungsrechtliche Schutz des Staates für die ungestörte Religionsausübung (Artikel 41),
3. das verfassungsmäßige garantierte Recht der Erziehungsberechtigten, über die Zugehörigkeit der Kinder zu einer Religions- bzw. Weltanschauungsgemeinschaft bis zu deren vollendeten 14. Lebensjahr zu entscheiden (Artikel 48),
4. die Garantie der Freiheit der Vereinigung zu Religionsgemeinschaften (Artikel 43),

B. in Bezug auf den Status der Kirchen:

1. die Garantie der Selbständigkeit der Religionsgemeinschaften in der Ordnung und Verwaltung ihrer Angelegenheiten (Artikel 43),
2. die Anerkennung der Kirchen und Religionsgemeinschaften als Körperschaften des öffentlichen Rechts bzw. überhaupt der Rechtsfähigkeit der Religionsgemeinschaften (Artikel 43),
3. das Recht der Religionsgemeinschaften, von ihren Mitgliedern Beträge zu erheben (Artikel 43),
4. die Anerkennung des Eigentumsrechtes sowie anderer Rechte der Religionsgemeinschaften an ihren für Kultus-, Unterrichts- und Wohltätigkeitszwecke bestimmten Anstalten, Stiftungen und Vermögen (Artikel 45),

C. in Bezug auf die Tätigkeit der Kirchen:

1. die Gewährleistung des Rechtes auf Religionsunterricht (Artikel 40),
2. das Recht zur Erteilung des Religionsunterrichts in der Schule (Artikel 44),
3. das Recht der Religionsgemeinschaften, zu den Lebensfragen des Volkes Stellung zu nehmen (Artikel 41),
4. der Schutz vor Mißbrauch von Religionsgemeinschaften für parteipolitische Zwecke (Artikel 41),

5. das Recht der Ausübung der Seelsorge in Krankenhäusern, Strafanstalten oder anderen öffentlichen Anstalten (Artikel 46).

Die Grundanliegen aller dieser in der noch geltenden Verfassung garantierten Rechte sind weder durch Artikel 38 noch an anderer Stelle des Entwurfs der neuen Verfassung gewährleistet.

3. Die Kirche kann auf die Wahrung der in den genannten Artikeln geschützten Grundanliegen nicht verzichten, weil diese sinngemäß zur Freiheit der Religionsausübung und zum Wesen der Kirche gehören. Diese Freiheit der Religionsausübung umfaßt nicht nur das Bekenntnis des Glaubens und den Vollzug religiöser Handlungen, sondern auch ihre diakonische sowie caritative soziale Tätigkeit.

   Es handelt sich dabei nicht um veraltete Privilegien und noch weniger um die angebliche Steuerung durch andere politische Interessen. Es geht vielmehr um ein wahrhaft humanistisches Anliegen. Dabei vertritt die Kirche auch Interessen der Bürger ohne religiöse Bindung, soweit sie diesen in den kirchlichen Einrichtungen des Gesundheits- und Sozialwesens ohne jede Rücksicht auf deren weltanschauliche Bindung dient. Die Neugestaltung der Verfassung kann daher weder im Sinne der allgemeinen Menschenrechte noch in Fortführung der Verfassung von 1949 liegen, wenn sie mit einer schwerwiegenden Verkürzung der Grundvoraussetzungen kirchlicher Betätigung verbunden ist.

4. Dem heute erreichten Entwicklungsstand der menschlichen Gesellschaft widerspricht es, wenn im Bildungs- und Erziehungssystem auf die verschiedenen Weltanschauungen innerhalb der fortgeschrittenen Gesellschaft nicht Rücksicht genommen, sondern *einer* Weltanschauung eine verfassungsmäßig garantierte Monopolstellung eingeräumt wird. Dadurch wird die Rechtsgleichheit aller Bürger in Frage gestellt. Denn diese Rechtsgleichheit ist nur dann wirklich gegeben, wenn für alle Bürger, unabhängig von der Nationalität, der Rasse, der Weltanschauung, dem religiösen Bekenntnis, der sozialen Herkunft und Stellung die gleichen Rechte auch in Bezug auf die Bildung und die Bildungsmöglichkeiten gewährleistet sind.

5. Wir halten daher für unbedingt erforderlich:
   a) daß die Gewissensfreiheit verfassungsrechtlich garantiert wird entsprechend Artikel 18 der Allgemeinen Erklärung der Menschenrechte vom 10. Dezember 1948, den auch die Verfassungen vieler sozialistischer Staaten für ihre Religionsartikel zur Grundlage genommen haben,
   b) daß dem Recht auf Eigenständigkeit der Kirche in dem Maß Rechnung getragen wird, wie es dem Prinzip der Trennung von Staat und Kirche entspricht,
   c) daß die Gleichheit aller Bürger vor dem Gesetz auf allen Gebieten ohne Rücksicht auf Weltanschauung und Religion verfassungsrechtlich garantiert wird, wie sie für das Gebiet der Rechtspflege im Artikel 5 des Strafgesetzbuches der Deutschen Demokratischen Republik zum Ausdruck kommt.

5. Februar 1968

Die Rechte der Bürger ohne religiöse Bindung werden dadurch in keiner Weise geschmälert, ebensowenig die berechtigten Interessen des Staates. Nur unter dieser Voraussetzung kann die Kirche ihre Tätigkeit in wahrer Freiheit ausüben und auch dem Gemeinwohl dienen. Und nur unter dieser Voraussetzung scheinen die im Artikel 18 der Allgemeinen Erklärung der Menschenrechte der Vereinten Nationen zum Ausdruck gebrachten Grundrechte in der neuen Verfassung garantiert.

Es ist unsere feste Überzeugung, daß die Berücksichtigung der vorgetragenen Erfordernisse nicht nur der Kirche, sondern dem Ganzen des Volkes zugute kommen wird.

Mit vorzüglicher Hochachtung

gez. Alfred Card. Bengsch
Erzbischof
Bischof von Berlin
Vorsitzender der
Berliner Ordinarienkonferenz

(Mit Anschreiben des Bischofs von Berlin – J.-Nr. 10-7001/69 – vom 5. Februar 1968 an alle Geistlichen des Bistums Berlin:

„Hochwürdige Mitbrüder!
Anliegend übersende ich Ihnen den Inhalt der Eingabe der Berliner Ordinarienkonferenz an die Verfassungskommission zu Ihrer Information sowie zur Information der Gläubigen, insbesondere der Laienräte. Letzteres sollte jedoch nicht im Gottesdienst geschehen.
Angesichts der schwerwiegenden Änderung für die Kirche möge nachdrücklich darauf hingewiesen werden, daß bei den zur Zeit stattfindenden Diskussionen jeder Katholik zu der legitimen Forderung auf Glaubens- und Gewissensfreiheit sowie auf freie Religionsausübung des einzelnen und der Kirche seinen Beitrag leisten kann und soll.

Mit Segensgruß
gez. + Alfred Card. Bengsch
Erzbischof
Bischof von Berlin")

26. Februar 1968

67. ZUM ENTWURF DER NEUEN VERFASSUNG

Der Vorsitzende der Berliner Ordinarienkonferenz, Kardinal Bengsch, im Namen der Bischöfe und Bischöflichen Kommissare in der DDR an den Vorsitzenden des Staatsrates, Ulbricht (2. Eingabe)

ALFRED CARDINAL BENGSCH
Bischof von Berlin

26. Februar 1968

An den
Vorsitzenden des Staatsrates der
Deutschen Demokratischen Republik
Herrn Walter *Ulbricht*,
Vorsitzender der Kommission zur Ausarbeitung
der neuen Verfassung in der
Deutschen Demokratischen Republik
Berlin

Sehr geehrter Herr Vorsitzender des Staatsrates!

In der Eingabe vom 5. Februar 1968 haben wir Bischöfe und Bischöflichen Kommissare der Katholischen Kirche in der Deutschen Demokratischen Republik unsere ernste Besorgnis über die Behandlung der Gewissens- und Glaubensfreiheit, sowie der Stellung der Kirche im Entwurf der neuen Verfassung zum Ausdruck gebracht.

Die zu diesen Fragen im Verlauf der seither geführten öffentlichen Diskussion vorgelegten Beiträge und Erklärungen haben unsere Besorgnis nicht verringern können, da sie zum großen Teil keine Grundlage im Text des Verfassungsentwurfes selbst haben.

Angesichts der eminenten Wichtigkeit der Sache und veranlaßt durch die vielen Fragen und Sorgen unserer Gemeinden und Gläubigen halten wir es daher für unsere Pflicht, noch einmal die dringende Bitte vorzutragen, daß der Entwurf der Verfassung im Hinblick auf die Anliegen der Kirche überprüft und ergänzt wird. Wir tragen diese Bitte vor im Namen der katholischen Gemeinden in der Deutschen Demokratischen Republik und im Hinblick darauf, daß die Mehrzahl der Bürger der Deutschen Demokratischen Republik sich zum christlichen Glauben bekennt.

1. In der Diskussion um den Entwurf der neuen Verfassung wurde öfter darauf hingewiesen, daß die Kirche keine verfassungsmäßige Garantie alter Privilegien mehr erwarten könne. Aber in den Artikeln 40-49 der Verfassung von 1949 sind

die Grundanliegen des Artikels 18 der „Allgemeinen Erklärung der Menschenrechte" der Vereinten Nationen verwirklicht, und ihre durch die historischen Gegebenheiten bedingte Ausprägung ist gemäß Abschnitt III A 10 des Potsdamer Abkommens zu respektieren. Eine Anpassung an sich vollziehende Entwicklungen darf die Geltung der Grundrechte als solcher nicht in Frage stellen. Die Streichung der genannten Artikel im Verfassungsentwurf hat daher eine weitgehende Beunruhigung ausgelöst, zumal Artikel 38 des Verfassungsentwurfes eine völlige Wandlung in der Rechtsbewertung der Kirchen und Religionsgemeinschaften voraussetzt. Gewiß gab es in der Diskussion wichtige Erklärungen und Beiträge, die gegen eine solche Auffassung Stellung nahmen. Sie können aber nicht als Ersatz für verfassungsmäßige Garantien angesehen werden.

2. Im Verlauf der öffentlichen Diskussion scheint uns eine grundsätzliche Frage zu wenig beachtet: Für die internationale Bewertung einer Verfassung, die auf die Zukunft ausgerichtet ist und dem Wohl des deutschen Volkes dienen soll, ist von entscheidender Bedeutung, daß in ihr die Grundrechte des Menschen so verstanden werden, wie es der Wortlaut aller in Frage kommenden Artikel der „Allgemeinen Erklärung der Menschenrechte", einschließlich der abschließenden Interpretationsnorm, fordert. Eine andere Umgrenzung bzw. Interpretation müßte sich – abgesehen von grundsätzlichen Erwägungen – als ein Hindernis bei Gesprächen auf internationaler Ebene auswirken.

3. Es ist daher auch eine Frage von weittragender und allgemeiner Bedeutung, daß die verfassungsmäßige Garantie der Gewissensfreiheit, wie sie die Verfassung von 1949 enthält, im Entwurf der neuen Verfassung nicht enthalten ist. Man wird nicht die bisweilen geäußerte Ansicht vertreten können, daß ein solches Grundrecht selbstverständlich sei und daher in der Verfassung nicht erwähnt werden müsse. Denn viele selbstverständliche Grundrechte werden im Verfassungsentwurf ausdrücklich und wiederholt herausgestellt. Für die katholischen Bürger in der Deutschen Demokratischen Republik ist die Gewissensfreiheit im Verständnis der „Allgemeinen Deklaration der Menschenrechte" der Vereinten Nationen von besonderer Bedeutung, da ohne Gewissensfreiheit eine Glaubensfreiheit nicht gedacht werden kann.
Darüber hinaus aber müssen wir auf die weltweite Bedeutung der Gewissensfreiheit im Leben der Menschen aller Völker hinweisen, die Papst Johannes XXIII. in seiner Enzyklika PACEM IN TERRIS dargestellt hat. Wir glauben daher, daß es für alle Bürger der Deutschen Demokratischen Republik einen Gewinn darstellt, wenn die Gewissensfreiheit im Sinne der „Allgemeinen Erklärung der Menschenrechte" der Vereinten Nationen in der neuen Verfassung verankert würde.

4. Das gleiche ist zu bedenken bezüglich der verfassungsmäßigen Garantie der vollen Glaubensfreiheit, die weder im Artikel 38 noch an anderer Stelle des Verfassungsentwurfes aufgenommen ist.

Das Leben des Christen nach seinem Glauben kann sich nicht nur auf seine religiöse Überzeugung und den Vollzug von Kulthandlungen beschränken. Darum heißt es in Artikel 18 der „Allgemeinen Erklärung der Menschenrechte": „Dieses Recht umfaßt die Freiheit ... seine Religion oder seine Überzeugung allein oder in Gemeinschaft mit anderen, in der Öffentlichkeit oder privat, durch Lehre, Ausübung, Gottesdienst und Vollziehung von Riten zu bekunden.

5. In besonderer Weise erscheint die volle Glaubensfreiheit dadurch wesentlich eingeschränkt, daß der Verfassungsentwurf die sozialistische Moral als Grundlage der Beziehungen zwischen den Bürgern bezeichnet. Die Beziehungen der Bürger sollen durch die Grundsätze der sozialistischen Moral geprägt werden. Diese beruht aber auf der atheistischen Weltanschauung des Marxismus-Leninismus. Die Grundsätze der christlichen Moral können mit dieser Weltanschauung in vielen Punkten nicht in Einklang gebracht werden. Deshalb besteht die Gefahr, daß der Bürger, der sein Leben nach der christlichen Moral gestaltet, nicht in allen Bereichen des gesellschaftlichen Lebens, insbesondere denen der Erziehung und Bildung, Gleichberechtigung erfährt. Wir haben daher den Wunsch und die dringende Bitte, im Verfassungsentwurf eine entsprechende Ergänzung der Artikel 18 und 19 vorzunehmen.

6. Was die verfassungsmäßigen Garantien für den Status und die Tätigkeit der Religionsgemeinschaften angeht, so erscheinen uns die betreffenden Artikel der Verfassung von 1949 in Verbindung mit dem Potsdamer Abkommen ebenfalls als entsprechende Anwendung des Artikels 18 der „Allgemeinen Erklärung der Menschenrechte" auf die Tätigkeit religiöser Gemeinschaften.
   Die Tatsache, daß weder das neue Strafrecht noch der Entwurf der Verfassung noch bisher der Entwurf des Zivilgesetzbuches das kirchliche Eigentum und die Rechtsfähigkeit der Kirche und ihre Einrichtungen berücksichtigt, beweist, daß es sich hier um Grundsatzfragen, nicht um Fragen von Kirchenordnungen handelt. Wir dürfen daher im Namen unserer Gemeinden der Erwartung Ausdruck geben, daß Artikel 38 entsprechend ergänzt wird.

7. Im Rahmen der öffentlichen Diskussion wurde erklärt, daß die Bestimmung des Artikels 38 Abs. 2 „nicht im Sinne einer Reglementierung zu verstehen sei", obgleich der Wortlaut die Reglementierung der Kirchen und Religionsgemeinschaften durch den Staat ausdrücklich als möglich erscheinen läßt. Damit ist die Notwendigkeit einer Änderung des Textes aufgezeigt. In einer Neufassung ist die Eigenständigkeit der Kirche in der Regelung ihrer Angelegenheiten zu berücksichtigen.

Nachdem in der öffentlichen Diskussion abschließend festgestellt wurde, daß die Religionsfreiheit, „so, wie sie gegenwärtig existiert, weiter besteht und keine Absicht vorhanden ist, irgendetwas daran zu ändern", erlauben wir uns, um die nachfolgende Formulierung der Artikel 18, 19 und 38 dringend zu bitten:

26. Februar 1968

Artikel 18 Absatz 3 Satz 3:

Die Beziehungen der Bürger werden durch gegenseitige Achtung und Hilfe, durch die Grundsätze sozialistischer Moral geprägt, *die die Eigenständigkeit einer anderen weltanschaulich oder religiös begründeten Ethik nicht berühren.*

Artikel 19 Absatz 1:

Jeder Bürger der Deutschen Demokratischen Republik hat unabhängig von seiner Nationalität, seiner Rasse, seinem weltanschaulichen *und religiösen* Bekenntnis, seiner sozialen Herkunft und Stellung die gleichen Rechte und Pflichten. Alle Bürger sind vor dem Gesetz gleich.

Artikel 38:

(1) *Jeder Bürger der Deutschen Demokratischen Republik hat das Recht auf Gewissens-, Glaubens- und Religionsfreiheit.*

(2) *Die Kirchen und die anderen Religionsgemeinschaften ordnen und verwalten ihre Angelegenheiten eigenständig nach Maßgabe der für alle geltenden Gesetze. Die Seelsorge, die Unterweisung und die gemeinnützige Tätigkeit werden gewährleistet. Die Rechtsfähigkeit und das Eigentum der Kirchen und Religionsgemeinschaften und ihrer Einrichtungen sowie das Recht, ihre Mitglieder zu Beiträgen heranzuziehen, bleiben unangetastet.*

(3) *Das Recht der Religionsgemeinschaften, zu den Lebensfragen des Volkes von ihrem Standpunkt aus Stellung zu nehmen, bleibt unbestritten.*

Wir sind, sehr geehrter Herr Vorsitzender des Staatsrates, der Überzeugung, daß die Gewährleistung der Religionsfreiheit, die Respektierung der religiösen Einrichtungen entsprechend dem Potsdamer Abkommen und die uneingeschränkte Verwirklichung von Artikel 18 der „Allgemeinen Erklärung der Menschenrechte" der Vereinten Nationen in der neuen Verfassung der Deutschen Demokratischen Republik sowohl dem inneren Frieden als auch dem Ansehen nach außen dienen.

Als Christen geht es uns um das Leben nach der Glaubensüberzeugung, nicht um Privilegien. In dem Maße, wie wir unser gesamtes Leben nach dem christlichen Glauben gestalten können, dienen wir auch am besten dem gemeinsamen Aufbau der Zukunft. Wir sind der festen Überzeugung, daß es auf dieser Grundlage kein unüberwindliches Hindernis gibt für die Zusammenarbeit aller Menschen, die guten Willens sind.

Mit vorzüglicher Hochachtung
gez. + Alfred Card. Bengsch
Erzbischof
Bischof von Berlin
Vorsitzender der Berliner Ordinarienkonferenz

(Rundschreiben an die Geistlichen des Bistums Berlin mit folgender Ergänzung: „Vorstehende Eingabe der Berliner Ordinarienkonferenz wird den Herren Geistlichen zur Information zugestellt. Berlin, den 28. Februar 1968, gez. + Theissing, Generalvikar".)

68. UNTERRICHTUNG DER GLÄUBIGEN ÜBER VORSCHLÄGE UND FORDERUNGEN AN DIE VERFASSUNGSKOMMISSION

Erklärung der Bischöfe und Bischöflichen Kommissare der Berliner Ordinarienkonferenz

Anläßlich der Veröffentlichung des Entwurfs der neuen sozialistischen Verfassung der Deutschen Demokratischen Republik gab es viele, zum Teil sehr besorgte Diskussionen in unseren katholischen Gemeinden, und viele Gläubige haben Eingaben an die Kommission zur Ausarbeitung der neuen Verfassung gemacht. Auf Grund zahlreicher Anfragen, die daraufhin an uns gekommen sind, fühlen wir uns verpflichtet, unsere Gläubigen darüber zu unterrichten, welche Vorschläge wir Bischöfe der Kommission für die Ausarbeitung der neuen Verfassung unterbreitet haben. Wir stützen uns dabei auf den Artikel 41 der geltenden Verfassung, nach dem die Kirchen das Recht haben, zu Lebensfragen des Volkes Stellung zu nehmen, und möchten mit dieser Erklärung auch zur Beruhigung unserer Gemeinden beitragen.

Wir haben der zuständigen Kommission folgende Anliegen vorgetragen:

1. Nach der Erklärung des Herrn Vorsitzenden des Staatsrates soll die neue Verfassung, die auf der Achtung der Menschenrechte beruhe, zugleich ein guter Beitrag zum Anliegen des „Internationalen Jahres der Menschenrechte" sein, zu dem die Vereinten Nationen das Jahr 1968 erklärt haben.
   Wir Bischöfe sind der Auffassung, daß die Artikel 40 bis 49 der Verfassung der DDR von 1949 den Grundanliegen von Artikel 18 der „Allgemeinen Erklärung der Menschenrechte" entsprechen und ihre Grundlage im Abschnitt III A 10 des Potsdamer Abkommens vom 2. August 1945 haben.
2. Im Entwurf der neuen Verfassung sind jedoch nahezu alle diese bisher verfassungsmäßig garantierten Rechte der Kirche nicht mehr erwähnt. Dazu gehören besonders die Garantie der vollen Gewissens- und Glaubensfreiheit und der ungestörten Religionsausübung, die Anerkennung des Rechtsstatus der Kirche, ihre Selbständigkeit in der Ordnung und Verwaltung ihrer Angelegenheiten sowie die Anerkennung ihrer Eigentumsrechte.
   Wir haben daher vorgeschlagen, den Artikel 38 des neuen Verfassungsentwurfes durch die Einfügung dieser Rechte zu ergänzen.
3. Besonders wichtig für jeden Menschen, gleich welcher Weltanschauung, ist die verfassungsmäßige Garantie der Gewissensfreiheit, da es sich hierbei um ein fundamentales menschliches Grundrecht handelt. Die Freiheit der Glaubensausübung kann nur dann als gesichert erscheinen, wenn die Gewissensfreiheit in der Verfassung so verankert ist, wie die „Allgemeine Erklärung der Menschenrechte der Vereinten Nationen" sie verstanden wissen will.
4. Die Beziehungen der Bürger sollen nach dem Entwurf der neuen Verfassung durch die Grundsätze der sozialistischen Moral geprägt werden. Diese beruht

aber auf der atheistischen Weltanschauung des Marxismus-Leninismus. Die Grundsätze der christlichen Moral können mit dieser Weltanschauung in vielen Punkten nicht in Einklang gebracht werden. Deshalb besteht die Gefahr, daß der Bürger, der sein Leben nach der christlichen Moral gestaltet, nicht in allen Bereichen des gesellschaftlichen Lebens Gleichberechtigung erfährt. Wir haben daher den Wunsch vorgetragen, entsprechende Ergänzungen im Artikel 18 und 19 des Entwurfs vorzunehmen.

5. Die Trennung von Staat und Kirche sowie die Eigenständigkeit der Kirche in der Regelung ihrer Angelegenheiten, wie sie in der Verfassung von 1949 garantiert sind, ermöglichen eine Tätigkeit der Kirche, die ihrem Wesen entspricht und auch dem ganzen Volke zugute kommt. In Artikel 38 Ziffer 2 sind diese Grundlagen nicht mehr erwähnt. Der Text läßt vielmehr die Möglichkeit offen, daß auch das innerkirchliche Leben durch staatliche Gesetze bestimmt wird. Im Verlauf der öffentlichen Diskussion ist wiederholt erklärt worden, daß dazu keinerlei Absicht bestünde. Wir haben aber unsere Auffassung dargelegt, daß dies auch im Text der Verfassung selbst zum Ausdruck kommen müßte.
6. Mit diesen Vorschlägen glauben wir, einen Beitrag durchaus im Sinne der „Allgemeinen Erklärung der Menschenrechte" zu leisten. Wir betonen deshalb ausdrücklich, daß es uns hier nicht um eine Frage kirchlicher Privilegien geht, sondern um menschliche Grundrechte, deren Schutz und Verwirklichung dem Wohl des ganzen Volkes dient und die zu vertreten uns auch die „Deklaration über die religiöse Freiheit" verpflichtet, die das Zweite Vatikanische Konzil erlassen hat.

Wir sind der Überzeugung, daß dem gemeinsamen Aufbau der Zukunft in der Deutschen Demokratischen Republik am besten gedient ist, wenn der Christ sein Leben nach dem christlichen Glauben gestalten kann und die Kirche ihren Gläubigen auf der Basis verfassungsmäßig garantierter Rechte zu dienen vermag. Diese Grundlage, welche die Gleichberechtigung aller Bürger der Deutschen Demokratischen Republik garantiert, schafft kein Hindernis, sondern ist vielmehr eine gute Voraussetzung für eine Zusammenarbeit aller Menschen, die guten Willens sind.

Die Frage der Verfassung ist nicht nur für die Kirche, sondern für alle Bürger des Staates von grundlegender Bedeutung. Deshalb bitten wir alle Priester und Gläubigen, in diesen Tagen für eine gute und gerechte Lösung dieser entscheidenden Frage eifrig zu beten und in den Fürbitten der Anliegen der Kirche und unseres Volkes zu gedenken.

Berlin, den 26. Februar 1968

Die Berliner Ordinarienkonferenz

Für das Bistum Berlin
+ Alfred Cardinal Bengsch

(Rundschreiben des Bischöflichen Ordinariats Berlin mit folgender Anweisung: „Vorstehende Erklärung der Bischöfe und Bischöflichen Kommissare der Berliner Ordinarienkonferenz ist am Sonntag, dem 3. März 1968, in allen Gottesdiensten zu verlesen. Diese Anordnung gilt auch für die Pfarreien der Dekanate Berlin-Mitte und Prenzlauer Berg, in denen am Sonntag, dem 3. März 1968, die Glaubenswoche beginnt. Berlin, den 26. Februar 1968. + Theissing, Generalvikar".)

25. Februar 1969

69. ZUR FRAGE DER JUGENDWEIHE

Stellungnahme der Berliner Ordinarienkonferenz

Die neue Fassung der Gelöbnisformel der Jugendweihe veranlaßte die Berliner Ordinarienkonferenz in ihrer Sitzung vom 24./25. Februar 1969 erneut die Frage der Jugendweihe zu beraten. Mehrere Gutachten aus verschiedenen Kreisen lagen vor, auch waren zahlreiche Gespräche der Bischöfe mit Priestern und Laien vorangegangen.

Die Konferenz kam zu folgendem Ergebnis:

I. Die Gespräche und die Gutachten, die Analyse der Gelöbnisformel und die Durchsicht der Begründungen von amtlicher Seite bestätigen, daß die Jugendweihe ihre besondere Aufgabe innerhalb der umfassenden Bemühungen hat, die marxistisch-leninistische Ideologie auf alle Lebensbereiche auszudehnen. Auch der Hinweis der neuen Gelöbnisformel auf die Verfassung und auf das Gesetz über das einheitliche sozialistische Bildungssystem hebt unsere Bedenken nicht auf, daß der marxistisch-leninistische Sozialismus den Atheismus einschließt und auf allen Ebenen wirksam zu machen sucht. Deshalb können die sozialistischen Ersatzriten nicht als indifferent oder als nur staatsbürgerliche Handlungen angesehen werden. Nach wie vor ist die Jugendweihe, ebenso wie die sozialistische Namensgebung und Eheschließung, Ersatz für eine religiöse Handlung. Nach wie vor ist sie ein feierliches Gelöbnis für eine sozialistische Lebensform, die sich auf der Grundlage des Marxismus-Leninismus dem Atheismus verpflichtet weiß. Daher ergeben sich keine neuen Gesichtspunkte in der christlichen Beurteilung der Jugendweihe.

II. Dieser objektive Sachverhalt wird aber infolge der Zwielichtigkeit der Gelöbnisformel und der Propaganda immer schwerer erkennbar. Daher wird die Teilnahme an der Jugendweihe von den Eltern und Jugendlichen öfter nicht als direkte und bewußte Verfehlung gegen den Glauben gewertet. Zu der meist vorhandenen Minderung der Freiheit kommt immer häufiger die subjektive Unmöglichkeit klarer Einsicht hinzu; es muß mit irrigem Gewissen und mit Zweifel an der Berechtigung kirchlicher Weisungen überhaupt gerechnet werden.

In dieser Lage können die bisherigen Sanktionen nicht mehr allgemein als geeignetes Mittel angesehen werden, zur Klarheit der Glaubensentscheidung zu verhelfen.

Daher wurde bereits im September 1967 gestattet, daß diese Sanktionen bei Jugendlichen durch andere geeignete Bewährung im Glauben ersetzt werden können.

Das gleiche darf nun auch bei den Eltern geschehen. Dabei ist die Möglichkeit schwerer persönlicher Schuld und des Ärgernisses in der Gemeinde weder generell vorauszusetzen noch generell auszuschließen. Diese Frage nach einer persönlichen Schuld gehört in den Bereich des forum internum.

III. In unserer gesamten pastoralen Unterweisung kommt es immer mehr darauf an, die Gewissen der Gläubigen wachzuhalten, damit sie fähig werden, die Geister zu unterscheiden, mehrdeutige Formeln zu durchschauen, sich für das Wahre zu entscheiden und die überall vorhandene Gefahr der Zweigleisigkeit zu überwinden. Denn das gesamte sozialistische Erziehungs- und Bildungswesen ist vom Geiste des Marxismus-Leninismus durchdrungen, dessen atheistischer Grundcharakter an verschiedenen Stellen wirksam werden und auch das klare Bekenntnis des christlichen Glaubens fordern kann.

Das Zeugnis des Glaubens, das in der Vergangenheit von vielen unter großen Opfern gebracht wurde, wird auch in Zukunft unvermeidlich sein. Es ist eine Quelle des Segens und ein Zeichen der Kraft Gottes, die in den Schwachen mächtig wird.

++ Alfred Cardinal Bengsch,	Erzbischof, Bischof von Berlin
+ Dr. Otto Spülbeck	Bischof von Meissen
+ Gerhard Schaffran	Bischof u. Kapitelsvikar in Görlitz
+ Dr. Friedrich Rintelen	Weihbischof in Magdeburg
+ Dr. Bernhard Schräder	Weihbischof in Schwerin
+ Hugo Aufderbeck	Weihbischof in Erfurt
+ Heinrich Theissing	Weihbischof in Berlin
Prälat Josef Schönauer	Bischöfl. Kommissar in Meiningen

(Anlage zu den Amtlichen Mitteilungen des Bischöflichen Ordinariats 108 Berlin, 7. Jg., Nr. 7 vom 1. 7. 1969)

14. September 1969

70. „NICHT JA ZU ALLEM, SONDERN JA ZUM GUTEN"

Predigt von Kardinal Bengsch, Bischof von Berlin und Vorsitzender der Berliner Ordinarienkonferenz, beim 100. Jahrestag der Wallfahrt nach Bernau

Seit im Jahre 1869 zum ersten Male 40 junge Männer hierher gekommen sind haben sich die Ziele und die Gedanken der Wallfahrt des öfteren geändert. Aber eins ist geblieben: Immer haben die Christen gewußt, wenn sie diesen Weg machten und hier beteten, daß sie als Kirche in dieser Welt unterwegs sind. Als Kirche, die nicht von dieser Welt ist, denn Christus, der Sohn Gottes, hat sie gestiftet. Als Kirche, deren Ziel nicht diese Welt ist, denn sie ist unterwegs zu dem vollendeten Reich Gottes. Als Kirche, die sich bewähren muß in dieser Welt, die hier das Zeugnis ablegen muß, die manchmal sich vorkommt als der kleine, verlassene Haufe, und die dennoch Gottes Herde ist und weiß, in ihrer Mitte ist Christus, der Herr, im heiligsten Sakrament des Altares, auch in Seinem Wort, auch dort, wo zwei oder drei glaubend und liebend wahrhaft in Seinem Namen zusammenkommen.

So sind wir auch heute versammelt als die Kirche, die heute und in der Welt von heute unterwegs sein muß. Darum wollen wir in dieser Stunde über diesen unseren Weg, den Weg der Kirche und des Christen in der Welt, ein paar Augenblicke nachdenken.

Wie ist das mit der Kirche in unserer Welt heute? Das Konzil gibt eine Antwort, die, wie mir scheint, grundlegend ist. Es sagt: Die Kirche ist für die Welt da, für die Menschen, *aber zu ihrem Heil.*

Ihr alle habt schon gehört, wie oft heute gesagt wird, die Kirche ist das Volk Gottes. Aber leider wird nicht hinzugefügt, daß dieses Volk Gottes ein priesterliches Volk ist, nämlich das Volk, dessen Haupt der Hohepriester Jesus Christus ist; das Volk, das zum Ziel das Reich Gottes hat; das Volk, das die Kräfte des Heiles, die es von seinem Herrn empfängt, in die Welt tragen soll. Wenn dies nicht hinzugefügt wird, daß die Kirche ein von Gott geheiligtes, ein priesterliches Volk ist, wird es verkehrt, denn dann wird das Eigentliche nicht gesehen.

Wir wissen, wie wichtig heute die Frage des Friedens, der Entwicklung, der sozialen Gerechtigkeit sind. Jeder Mensch, der Verantwortung tragen will, muß daran denken. Aber dies ist noch nicht Heil.

Es ist wahr, wenn gesagt wird, die Menschheit muß sich darum kümmern, daß Hunger, Elend, Ungerechtigkeit und Krieg verschwinden. Es ist wahr, und dies ist auch das Betätigungsfeld der Liebe des Christen. Und es ist wahr, daß wir uns überlegen müssen, welche Strukturen wir finden, damit Gerechtigkeit auf Erden wird. Aber wir müssen hinzufügen: Wenn der Hunger besiegt ist, ist das noch nicht das Heil.

Das Heil ist die Gemeinschaft mit Gott; das Heil ist – wenn wir dies nicht mehr zu sagen wagten, hätten wir unser Recht verloren, uns Kirche Christi zu nennen – das Heil ist das ewige Leben.

Darum gestehe ich, daß ich mit Sorge sehe, wenn die Wertung des Priestertums in der Kirche nachläßt. Es geht nicht um die persönliche Ehre des Priesters, nicht um unsere Würde, das spielt keine Rolle. Aber wenn dieses Amt entwertet wird, wenn man nicht mehr sehen will, daß es Heiligungsdienst ist, nicht nur Vereinsleitung, dann geht auch die Würde des Volkes Gottes verloren. Denn das Volk Gottes ist nicht irgendeine soziale Gruppe, die hinterherhinkt hinter anderen Gruppen der Weltverbesserung, sondern es ist entweder das Volk, das priesterlich ist, also geweiht, also befähigt, mit Christus, seinem Haupt, sich Gott, dem Vater, zu schenken, oder aber es ist nicht mehr Kirche, sondern bestenfalls ein Verein vom Humanisten. Den braucht die Welt nicht, dazu braucht sie keine Kirche.

Ihr seid das priesterliche Volk Gottes, das heißt, ihr seid befähigt, in Taufe und Firmung geweiht, vor euer ganzes Leben das entscheidende Vorzeichen zu setzen: für Gott. Ihr seid geweiht und befähigt, das Opfer Christi, unseres Herrn, mitzuvollziehen. Er hat sich am Kreuz dem Vater geschenkt, und in dieser Hingabe wurde Er zum Heil für die Brüder. Ihr habt es heute gehört, wie es in der Lesung hieß: „Er ward gehorsam bis zum Tode am Kreuze". Restlos hat Er sich dem Vater ausgeliefert. Und dann im Evangelium: „Wenn Ich erhöht sein werde, werde Ich alle an Mich ziehen". Er hat am Kreuze die Arme ausgebreitet, wie der Mensch damals betete, mit ausgebreiteten Armen, offen für Gott. Diese Ausbreitung der Arme ist zugleich die Geste der brüderlichen Umarmung. Wenn wir priesterliches Volk sind, Gott, dem Vater, hingeschenkt, dann sind wir auch offen für die Brüder. Dann sind wir befähigt, in die Welt das Heil zu bringen, das sie von sich aus nicht hat: die Liebe Christi. –

Das ist der zweite Gedanke, den das Konzil unterstreicht, aus den Heiligen Schriften: Die Kirche und der Christ in der Kirche liebt die Welt und die Menschen, aber wie *Gott* sie liebt. Denn die Sendung der Kirche, so sagt wiederum das Konzil, ist es, die Liebe Gottes zur Welt im täglichen Dienst sichtbar zu machen, Liebe Gottes, die nicht beschränkt ist auf die Kirche. Denn so steht geschrieben: „So sehr hat Gott die Welt geliebt – die ganze Welt –, daß Er Seinen Sohn dahingab". Aber es ist die Liebe Gottes, die das Heil will.

Vielleicht hat die Kirche diesen hohen Auftrag nie ganz erfüllen können, denn sie ist auch die Kirche der Sünder. Wenn wir uns fragen, ob in unserem Leben und Tun, in unseren Gemeinden und Familien die Liebe Gottes, die Liebe Christi, jene, die sich niederkniete und den Jüngern die Füße wusch, ob diese Liebe sichtbar wird, dann werden wir beschämt sagen müssen: viel zuwenig.

Wir wissen auch, daß es Spannungen gegeben hat zwischen der Welt und der Kirche in allen Epochen der Geschichte, Spannungen, Emotionen, Ungerechtigkeit und Schuld, auch in der Kirche. Aber die Kirche muß trotzdem sagen und bekennen: sie hat den Auftrag, alle Menschen zu lieben ohne Unterschied der Rasse, des Volkes, der gesellschaftlichen Strukturen, mit der Liebe, die Christus gebracht hat, mit der Liebe Gottes.

Es ist verkehrt, wenn wir sagen, wir vermeiden die Spannungen, wenn wir nicht mehr soviel von Gott reden. Es gibt ja auch heute Theologen, die in den Gesang einstimmen: Gott ist tot, man müßte das Thema zurückstellen, denn wir hätten ja andere Aufgaben genug. Dann sind wir nicht Kirche. Man kann Spannungen nicht lösen durch Verleugnung Gottes; man kann Spannungen nicht dadurch lösen, daß man seinem Gewissen und seinem Glauben untreu wird. Das wäre falsche Liebe, denn die Liebe zu einem anderen heißt ja doch nicht, ich nehme alles unbesehen an, was er tut. Welcher Mann, der seine Frau lieb hat, kann im Ernst sagen: „Es ist mir gleichgültig, ob du im Irrtum bist oder in der Lüge, Hauptsache, es geht dir gut"? Wer kann das sagen: „Es ist mir gleich, ob mein Sohn oder meine Tochter sich herumtreiben, welchen Ideen sie sich verpflichten, welche Ziele sie sich setzen, wie sie ihr Leben bauen, Hauptsache, sie lassen mich in Frieden und wir haben es gemütlich"? Was wäre das für eine Affenliebe!

Die Liebe Gottes zur Welt heißt: Er will sie zum Heil führen. Darum heißt die Liebe des Christen und der Kirche zur Welt nicht einfach ja zu allem, sondern ja zum Guten. Sie kann auch Distanz heißen, sie kann manchmal auch Schweigen heißen, aber es ist immer Liebe. Zu diesem Auftrag müssen wir uns bekennen: die Menschen zu lieben; die, mit denen wir zusammen sind, die Menschen hier bei uns in der DDR. Und wenn staatlicherseits in wenigen Tagen der 20. Geburtstag gefeiert wird: Wir sind schon bereit, alles anzuerkennen, was zum wirklichen Wohl der Menschen getan wird, auch aus dem Grunde, weil ja da überall Christen mitgearbeitet haben. Und wenn wir zurückdenken an die 20 Jahre kirchlichen Lebens hier, werden wir nicht wegwischen können die Spannungen und die manchmal schweren Belastungen, aber wir werden auch mit Dank gegen Gott sagen können: Die Kirche konnte seelsorglich arbeiten; und wenn wir ganz ehrlich sind, sie hatte noch mehr Chancen, als sie oft ausgenutzt hat.

Es ist nicht mangelnde Liebe, es ist nicht Interesselosigkeit und schon gar nicht Haß, wenn die Kirche nicht überall einstimmen kann, wenn sie Vorbehalte hat, sondern es ist die Treue zu ihrer Sendung der Liebe, aber zum Heil der Menschen. Darum werden wir auch für unsere Menschen hier, für alle, die Gläubigen und die Ungläubigen, beten, damit der Weg in die Zukunft ein Weg zum wahren Frieden, zu wahrer Gerechtigkeit und Freiheit, zur Achtung der Menschenwürde werde. Und auch da, wo eine volle Übereinstimmung nicht zu erreichen ist, werden wir uns bemühen um ein tragbares Miteinander in Redlichkeit und Freiheit.

Denn unsere Sendung ist die Sendung der Liebe, aber jener Liebe, die am Kreuz sichtbar geworden ist. Und das, meine lieben Brüder und Schwestern, wollen wir uns bei dieser Wallfahrt am Feste der Kreuzerhöhung sagen: Wir sind die Kirche des Kreuzes. Dieses Zeichen tragen wir, das Zeichen des Heiles und der Liebe Gottes, und nur die Gemeinschaft, die dieses Zeichen trägt, ist Kirche. Sie trägt keine Krone, kein Schwert, kein anderes Zeichen, auch kein Handbuch für Wirtschaft oder Soziologie, sondern das Kreuz des Herrn. Sie trägt es manchmal in der seligen Freude, daß die Liebe Christi, fernab aller irdischen Machtentfaltung, die Herzen der Menschen erreicht. Die Treue zu diesem Kreuz des Herrn ist das Zeichen der Kirche.

Denn das brauchen die Menschen, die Staaten und Völker: Sie brauchen Menschen und Gruppen, die unbeirrbar treu zu ihrer Sendung stehen. Jeder Staat und jede Gemeinschaft braucht Väter und Mütter, die unbedingt treu sind in ihrer Ehe und zu ihren Kindern. Die menschliche Gemeinschaft braucht Forscher, die die

Wahrheit suchen; sie braucht Ärzte, die unbedingt dem Leben dienen und nicht bereit sind, das irgendeinem anderen Interesse unterzuordnen; sie braucht Richter, die niemals bereit sind, das Recht zu beugen. Und sie braucht eine Kirche, die Kirche ist und nicht ihre Sendung verrät, und Kirche ist sie als Kirche des Gekreuzigten, wenn sie das Zeichen des Heiles und der Liebe trägt und mit allen Kräften versucht, zum Heil der Menschen in Liebe zu dienen.

Aber darf ich am Schluß sagen: Ist das denn bei uns in der Kirche noch so, daß einer dem anderen zum Heil sein will und in Liebe dienen? Oder breitet sich nicht aus der Geist des Unfriedens, des Unbehagens, des Negativen, der Parteiung, der Zwietracht, der Verachtung? Hier wäre die erste Aufgabe. Die Welt muß sonst über uns lachen, wenn wir kommen und sagen, wir verkünden Einheit und Brüderlichkeit und Frieden; sie muß sagen: schaut doch in euer eigenes Haus!

Für alle Gruppen hier ist der erste Schritt zum Dienst an der Welt, daß wir brüderliche Gemeinschaft werden, die Einheit lieben und wahren, und daß wir in unseren Familien, Gruppen und Gemeinden Menschen werden, die einander in Liebe dienen nach dem Bilde Christi, der sich am Kreuz hingab. Und bei unserer Fürbitte für die Welt und für die Menschen in unserem Land wollen wir nicht vergessen, für uns zu beten, daß wir so Menschen werden in der Sendung der Liebe Gottes.

(St. Hedwigsblatt, Katholisches Kirchenblatt im Bistum Berlin, Nr. 38 vom 21. September 1969)

28. Februar 1971

71. ZUR VORBEREITUNG EINER PASTORALSYNODE FÜR DIE JURISDIKTIONSBEZIRKE IN DER DDR

Hirtenbrief der Bischöfe und Bischöflichen Kommissare der Berliner Ordinarienkonferenz zum 1. Fastensonntag 1971

Liebe Brüder und Schwestern!

Gemeinsam entbieten wir Bischöfe und Bischöflichen Kommissare der Berliner Ordinarienkonferenz euch heute den Segensgruß und wünschen euch Gottes Gnade für die Fastenzeit, die Zeit der Erneuerung im Glauben.

Unser Bemühen um diese Erneuerung soll aber in diesem Jahr in besonderer Weise gemeinsam sein. Denn wir Bischöfe haben nach sorgfältiger Überlegung und auf Grund vielfacher Wünsche eine Pastoralsynode für die Jurisdiktionsbezirke in der DDR beschlossen und dazu die Erlaubnis des Heiligen Vaters erhalten. Diese Pastoralsynode soll für alle eine Hilfe zum christlichen Leben in der heutigen Welt werden. Aber sie kann nur gelingen mit der Hilfe aller, die sich um das Leben aus dem Glauben bemühen. Sie soll unseren gemeinsamen Weg zeigen, aber sie kann das nur, wenn wir im gemeinsamen Werk zusammenfinden. So ist unser Bemühen um die Erneuerung des Lebens aus dem Glauben zugleich Mitarbeit an der kommenden Pastoralsynode.

Denn es geht

1. um *eine entscheidende Grundfrage*, die jeden einzelnen und zugleich uns alle angeht,
2. um *die Besinnung auf die Grundlage des Glaubens*, die für jeden Christen und für jede Gemeinschaft notwendig ist,
3. um *die Aufgaben*, die jedem von uns und zugleich allen gemeinsam gestellt sind.

1. Die Grundfrage:

Die entscheidende Grundfrage für uns alle lautet: *Wie lebt der Christ und wie lebt die Kirche in der Welt von heute aus dem Glauben?*

a) Diese Frage führte zur *Besinnung der Kirche im II. Vatikanischen Konzil*. Und wir alle haben dankbar erfahren, wie vieles dadurch für unser christliches Leben fruchtbar geworden ist: ein erneuertes Verständnis für die Kirche als Volk Gottes, für die Feier des Gottesdienstes, für die Mitverantwortung aller Gläubigen, für das Verhältnis zu den getrennten Brüdern, für den priesterlichen Dienst, für das Ordensleben, vor allem aber für die Sendung der Kirche in der Welt von heute. Vieles freilich ist noch nicht verwirklicht, und nach dem Konzil ergeben sich auch neue Aufgaben.

b) Die Grundfrage des christlichen Lebens heute wird uns aber auch gestellt durch die *Veränderung in der heutigen Welt*, durch ihre Entwicklungen und geistigen Strömungen. Sie bleiben nicht ohne Einfluß auf den Christen und seinen Glauben und können auch zu Unsicherheit und Verlust an Glaubenssubstanz führen.

c) *Im Leben der Kirche* erfahren wir die Freude über die Erneuerung auf vielen Gebieten, aber auch die Sorge um den Rückgang im Sakramentenempfang und im Gebetsgeist. Wir erleben dankbar neues Interesse, Mitverantwortung und eifrige Mitarbeit, aber wir sehen auch mit Schmerz den Verlust an Priester- und Ordensberufen. Viele erfahren härter als früher die Gottesferne der heutigen Welt, nicht nur in unserer Umgebung, sondern auch im eigenen Herzen.

Für die einen wird unsere Grundfrage vor allem zur kritischen Frage nach der Struktur und dem Bild der heutigen Kirche und der Berechtigung ihrer Tradition. Für andere wird sie zu der besorgten Frage, ob die Änderungen und Neuerungen nicht mit den gewohnten Formen kirchlichen Lebens auch den Glauben selbst zerstören.

So ist für alle, wenn auch auf verschiedene Weise, bei Gewinn oder Verlust, im Beharren oder im Ändern-Wollen, die gleiche Frage gestellt: Wie leben wir aus dem Glauben in der Welt von heute?

Und deshalb können und müssen wir uns dieser Frage auch gemeinsam stellen. Sicher wird das immer wieder in jeder Gruppe und jeder Gemeinde geschehen. Es ist aber zugleich auch der erste Schritt für die Mitarbeit an der kommenden Pastoralsynode.

2. Die Grundlage:

a) Angesichts der Frage nach dem Leben aus dem Glauben müssen wir uns *auf das Fundament unseres Glaubens besinnen:* „Ich lebe aus dem Glauben an den Sohn Gottes, der mich geliebt und sich für mich dahingegeben hat" (Gal 2,20). Die Gnade des Glaubens haben wir alle empfangen, deshalb können wir einander ermutigen und helfen und in dieser Mitte zusammenfinden. Denn nur die klare Hinwendung zu dem lebendigen Grundstein Jesus Christus ermöglicht den Aufbau. Sonst führen alle Vorschläge, Pläne und Bemühungen nicht zur wirklichen Erneuerung. Gewiß sind unsere Erfahrungen, unsere Fragen und Wünsche verschieden. Aber es gibt nur einen Geist, der uns bekennen läßt: „Jesus Christus ist der Herr", und dieser Geist ist zugleich das Band der Einheit und der Liebe in der Kirche (vgl. 1 Kor 12,3; Eph 4,3).

b) Das Leben aus dem Glauben fordert das *Gebet*. Niemals ist die Mahnung der Heiligen Schrift überholt: „Betet ohne Unterlaß" (1 Thess 5,17). Für das Gebet gibt es keinen Ersatz; keine Aktion kann allein an die Stelle des Gebetes treten. Auch wenn uns das Beten manchmal schwer fällt und manche Lieder und Texte uns fremd geworden sind, können wir immer noch sagen: „Herr, erbarme Dich! Ich glaube, hilf meinem Unglauben". Und wir sollten uns nicht schämen, das zu tun.

Manches ungute Wort würde heute in der Kirche nicht gesagt, und viele Gespräche wären brüderlicher, wenn wir zuvor gemeinsam den Vater unseres Herrn anrufen würden.

c) Wirkliche Hinwendung zu Christus dem Herrn führt immer zu *Umkehr und Buße*. Denn das Böse in uns, Hochmut, Ichsucht und Genußsucht, hindert das Wirken der Liebe Christi, die allein wahrhaft helfen kann. Jede Sünde stört auch die brüderliche Gemeinschaft. Deshalb sollten wir gern das Sakrament der Buße und Vergebung empfangen. –

Glaubensvertiefung, Gebet und Buße sind die Grundlagen für alles christliche Leben und Tun. Das gilt für jede Tätigkeit in der Gemeinde und ebenso für die Mitarbeit an der Pastoralsynode.

3. Die Aufgaben:

a) Aus der ehrlichen Besinnung auf das Fundament des Glaubens wächst von selbst die *Frage nach unseren Aufgaben*. Denn wer dem Herrn im Gebet, im Hören des Wortes und im Sakrament wirklich begegnet, der beginnt auch zu fragen: Was willst Du, das ich tun soll? Wie erfülle ich Deinen Willen in meinem Beruf, in meiner Situation, in meiner Familie, in meiner Gemeinde, für die anderen und für die Welt?

Solche Fragen kommen aus unserer Situation, aber sie kommen zugleich aus dem wachsenden Glauben und der Bereitschaft zur Liebe, die den Ruf Gottes in der Situation erkennen. Freilich gibt es ein krampfhaftes Infragestellen, das die Nachfolge Christi hindert. Aber es gibt auch ein krampfhaftes Beharren im Gewohnten, das die Frage nicht zulassen will, ob Gott zu neuen Aufgaben ruft.

b) Bei der Lösung dieser Fragen sind wir aufeinander angewiesen. *Wir müssen einander helfen*, auf den anderen hören, Erfahrungen austauschen. Wir brauchen das Gespräch in der Familie, im Freundeskreis, in den Gruppen, in den Pfarrgemeinderäten. Wir müssen überlegen, was zu tun und was besser zu machen ist. Dabei sehen wir auch, daß viele Aufgaben über den Rahmen der Gemeinde hinausgehen. Sie fordern zugleich das Gespräch im kleinen Kreis und die gemeinsame Bemühung in der ganzen Kirche. Gerade deshalb aber ist der Austausch von Erfahrungen und Vorschlägen in den Gruppen der Gemeinde ein unerläßlicher Beitrag für die Beratungen und Entwürfe der Pastoralsynode, damit ihre Arbeit, ihre Beschlüsse und Anregungen wiederum dem Leben in der Gemeinde dienen können.

c) In den nächsten Wochen werden euch über euren Pfarrer und die Pfarrgemeinderäte die notwendigen Informationen über den geplanten Ablauf der Pastoralsynode zugehen und über die Möglichkeiten, *eure Wünsche und Vorschläge* beizutragen. Wir bitten euch herzlich um eure Mitarbeit. Jeder kann mitwirken, auch wenn wir verschiedene Gaben und Dienste haben. Denn das Leben der Kirche ist angewiesen auf die Bereitschaft und Mitverantwortung aller, auf das brüderliche Zusammenkommen der Verschiedenen. Auch wer bei manchen Aufgaben nicht direkt mitarbeiten kann, trägt sie durch sein Gebet, und sicher empfängt jedes gemeinsame Tun in der Kirche auch Segen durch das geduldig ertragene Leid unserer Kranken.

d) Wir kennen auch die *ernsten Bedenken*, die einer Pastoralsynode entgegenstehen. Sie ergeben sich aus unserer Lage und den Grenzen unserer Kräfte und Möglichkeiten. Manche befürchten, daß eine solche Versammlung von Gruppeninteressen beherrscht werden kann. Andere sind im voraus mißtrauisch, ob ihre Meinung überhaupt gehört wird. Und viele, die sich redlich im Dienst der Kirche mühen, sagen sich: Wir haben genug andere Sorgen und Aufgaben.

Wir glauben aber, daß gerade solche Bedenken das Zusammenkommen und die ehrliche Suche nach dem gemeinsamen Weg fordern. Denn dabei wird jedes Gruppeninteresse sich am geistlichen Nutzen aller prüfen können, jede Meinung am gemeinsamen Fundament des Glaubens. Das Bewußtsein unserer begrenzten Kräfte sollte uns zur Zusammenarbeit führen, und wer aus Verantwortung sich sorgt, kann auch die Sorgen der anderen ernstnehmen und mittragen. –

Die Gnade des Gelingens liegt in der Hand des Herrn, der uns getragen hat und weiter führen wird. Wir aber wollen zuversichtlich das gemeinsame Bemühen um das Leben aus dem Glauben und zugleich um die Vorbereitung der Pastoralsynode beginnen. So bleiben wir als Volk Gottes unterwegs in der Welt von heute, mit unseren verschiedenen Gaben und Meinungen, Brüder und Schwestern im Dienst der gemeinsamen Sendung in die Welt.

Für das nächste Stück Weges, das wir so gemeinsam gehen, erbitten wir den Segen des Dreifaltigen Gottes, des Vaters und des Sohnes und des Heiligen Geistes.

Am 1. Fastensonntag, 28. Februar 1971

Die Berliner Ordinarienkonferenz
Für das Bistum Berlin

gez. + Alfred Cardinal Bengsch
Erzbischof
Bischof von Berlin

(Rundschreiben des Bischöflichen Ordinariats Berlin mit folgender Anweisung: „Vorstehender Hirtenbrief ist am Sonntag, dem 28. Februar 1971, in allen Gottesdiensten zu verlesen. Berlin, 17. Februar 1971, gez. Schmitz, Generalvikar". Gedruckt in: St. Hedwigsblatt. Katholisches Kirchenblatt im Bistum Berlin, Nr. 10 vom 7. 3. 1971, S. 1.)

3. Januar 1972

72. ZUR NEUEN GESETZLICHEN REGELUNG ZUM SCHWANGERSCHAFTSABBRUCH (FRISTENREGELUNG)

Erklärung der katholischen Bischöfe und Bischöflichen Kommissare in der DDR

Mit Bedauern und großer Sorge haben wir am 23. Dezember 1971 durch die Presse den Beschluß des Ministerrates der DDR zur Kenntnis nehmen müssen, daß in einer künftigen gesetzlichen Regelung jede Frau selbst entscheiden kann, ob sie bis zum Ablauf von drei Monaten ihre Schwangerschaft unterbrechen möchte.

Als vor über sechs Jahren die Unterbrechung der Schwangerschaft auf Antrag bei der zuständigen Kommission des Gesundheitswesens gesetzlich erlaubt wurde, haben wir in unserer Erklärung vom 1. November 1965 darauf hingewiesen, daß damit eine unheilvolle Entwicklung für das ganze Volk beginnen würde.

Dies wird durch die geplante neue Regelung bestätigt, die nach diesen sechs Jahren wiederum der illegalen Abtreibung steuern soll. Sie wird aber selbst wiederum Anfang eines größeren Schadens sein.

Wir müssen heute wie damals an die unaufgebbare christliche Überzeugung erinnern, daß jegliches menschliche Leben seine eigene Würde hat und daher dem Schutz des einzelnen und der Gesellschaft anvertraut ist.

Das II. Vatikanische Konzil sagt dazu: „Gott der Herr des Lebens hat den Menschen die hohe Aufgabe der Erhaltung des Lebens übertragen, die auf eine menschenwürdige Weise erfüllt werden muß. Das Leben ist daher *von der Empfängnis an* mit höchster Sorgfalt zu schützen." (Pastoralkonstitution über die Kirche in der Welt von heute, Nr. 51)

Die Kirche sieht durchaus die möglichen Schwierigkeiten und weiß um persönliche Notlagen, die entstehen können. Dennoch muß sie unsittliche Lösungen ablehnen. Ebenso wie die katholischen Bischöfe der Länder, in denen Schwangerschaftsunterbrechungen bereits gesetzlich erlaubt wurden, erklären wir in Übereinstimmung mit dem Konzil: „Abtreibung und Tötung des Kindes sind verabscheuungswürdige Verbrechen". (ebd.)

Für den Christen ist das werdende Leben nicht der Verfügung und den Interessen des einzelnen oder der Gesellschaft ausgeliefert. Wir bitten und ermahnen daher alle Gläubigen, ihr Gewissen am Gebot Gottes auszurichten, auch wenn in der Öffentlichkeit mit scheinbar guten Gründen andere Meinungen vertreten werden. Jedes menschliche Leben steht unter dem Schutz des Gebotes Gottes: Du sollst nicht töten.

Es ist die Aufgabe eines jeden Staates, das menschliche Leben zu schützen, zumal das wehrlose Leben, das des besonderen Schutzes bedarf.

Für die werdende Mutter und für das Kind ist in der sonstigen Gesetzgebung der DDR in besonderer Weise gesorgt, in medizinischer, sozialer, arbeitsrechtlicher und finanzieller Hinsicht. Gerade deshalb ist eine Notlage, die eine Abtreibung rechtfertigen könnte, schwerlich gegeben.

Wenn eine Gesellschaft auf den gesetzlichen Schutz des werdenden Lebens verzichtet, wird sie mit ihrem Bemühen um wahren Humanismus unglaubwürdig.

Eine Praxis der Abtreibung werdenden Lebens bis zum dritten Monat, die allein in die freie Entscheidung der einzelnen Frau gestellt wäre, müßte das Empfinden für den Wert des Menschenlebens überhaupt schwer schädigen.

Für das Lebensrecht des Menschen kann es keine zeitlichen Schranken geben. Ebensowenig wie der Greis darf das Kind im Mutterleib seines Lebens beraubt werden.

Der so zu befürchtende Schaden wäre verhängnisvoller als das ebenfalls zu erwartende Sinken der Geburtenziffer.

Wir Bischöfe treten mit dieser Erklärung auch für die Ärzte und Schwestern ein, die nach ihrem christlichem Gewissen und nach ihrem ärztlichen Ethos bei einer Abtreibung nicht mitwirken können.

Wir erwarten, daß ihnen kein persönlicher und beruflicher Nachteil erwächst, wenn sie entsprechend der durch die Verfassung der DDR garantierten Gewissensfreiheit handeln.

Wir Christen sind der Überzeugung, daß unser Festhalten an der Unantastbarkeit und unser Eintreten für den Schutz menschlichen Lebens dem Wohle des einzelnen und der ganzen Gesellschaft dient.

Für uns gilt das Gebot Gottes des Schöpfers: „Du sollst nicht töten."

Berlin, den 3. Januar 1972

+ Alfred Cardinal Bengsch
Erzbischof, Bischof von Berlin

+ Gerhard Schaffran
Bischof von Meißen

+ Hugo Aufderbeck
Bischof und Commissarius in Erfurt

+ Heinrich Theissing
Bischof und Commissarius in Schwerin

+ Johannes Braun
Bischof und Commissarius in Magdeburg

+ Bernhard Huhn
Weihbischof und Generalvikar in Görlitz

Prälat Karl Ebert
Bischöflicher Commissarius in Meiningen

+ Johannes Kleineidam
Weihbischof in Berlin

(Rundschreiben des Bischöflichen Ordinariats Berlin mit der Anweisung: „Vorstehende Erklärung der Bischöfe ist am Sonntag, dem 9. Januar 1972, in allen Gottesdiensten zu verlesen. Berlin, 4. 1. 1972, gez. Schmitz, Generalvikar".)

3. März 1972

73. ZUR FRAGE DER JUGENDWEIHE

Pastoralbrief an die Priester

Liebe Mitbrüder im priesterlichen Amt!

Immer wieder werden wir Bischöfe um eine erneute Stellungnahme zur Jugendweihe gebeten, weil sich seit der letzten offiziellen Verlautbarung der Berliner Ordinarienkonferenz zur Frage der Jugendweihe vom 25. 2. 1969 der Druck zur Teilnahme an der Jugendweihe allgemein verschärft hat und darüber hinaus die ideologische Ausrichtung deutlicher geworden ist. Da sich aber an der Grundfrage nichts geändert hat, müssen wir nochmals an die letzten Verlautbarungen vom September 1967 und Februar 1969 erinnern und wollen Ihnen, liebe Mitbrüder, dazu noch einige Grundsätze der pastoralen Beurteilung und Behandlung darlegen.

I. Einheitliche Beurteilung der Jugendweihe

a) Die Tatsache, daß in den letzten Jahren mancherlei kirchliche Vorschriften geändert oder erleichtert wurden (Fastengebot, Freitagsgebot, kirchliche Feiertage u. a.) führt bei einem Teil der Gläubigen zu der Erwartung, daß ebenso auch die kirchliche Beurteilung und damit die bischöflichen Bestimmungen über die Teilnahme bei der Jugendweihe geändert oder erleichtert werden können. Gegenüber einer solchen Meinung muß klar herausgestellt werden: „Der ideologische Charakter und die atheistische Tendenz der Jugendweihe ist bisher von keiner offiziellen Stelle widerrufen worden." (Pastoralbrief der Bischöfe vom 4. 9. 1967) Es wird vielmehr gerade in neuester Zeit der atheistische Bekenntnis- und Gelöbnischarakter der Jugendweihe betont. Im Neuen Deutschland vom 26. 2. 1972 wird in dem Artikel „Der XXIV. Parteitag der KPdSU und einige Fragen der atheistischen Erziehung" von I. R. Rachimowa, Duschanbe, Tadshikische SSR, ausgeführt: „Die Überreste und Vorurteile der Vergangenheit legen der Aktivität der Werktätigen Fesseln an. Deshalb ist die Durchsetzung eines wissenschaftlich begründeten Systems von Maßnahmen so wichtig, denn sie ist organischer Bestandteil der allgemeineren Aufgabe – der Herausbildung des kommunistischen, gesellschaftlichen Bewußtseins ... Eine große Arbeit leisten die Komsomolorganisationen zur Propagierung und Einführung neuer sozialistischer Traditionen und Bräuche ..., die immer weniger Raum lassen für religiöse Feste, Bräuche und Rituale."

In einer Antwort des Staatsrates der DDR Abt. Volksbildung vom Februar 1972 auf eine Eingabe heißt es bezüglich der Bedingungen zur Aufnahme von Schülern in die EOS: „Bei der Auswahl der Besten, die aus einer größeren Anzahl von Bewerbern mit meist guten und sehr guten schulischen und gesellschaftlichen Leistungen ausgewählt werden müssen, spielen deshalb weitergehende zusätzliche Bekenntnisse der Schüler zu unserem sozialistischen Staat und besonders hervorragende Aktivitäten der Schüler eine Rolle. Dazu zählt auch die Jugendweihe, durch die sich die Schüler umfassend auf das Leben als sozialistische Staatsbürger in Jugendstunden vorbereiten und ein Gelöbnis ablegen, mit dem sie sich zum Sozialismus bekennen ..."

Darum muß der Grundsatz auch weiterhin gelten:

„Ein Christ nimmt an der Jugendweihe nicht teil, weil sie ihrem Ursprung und ihrer Tendenz nach Kultersatz unchristlicher und atheistischer Prägung ist und sein will, – weil sie den Atheismus mit einschließt. Wer als katholischer Christ in diesem Sinn die Jugendweihe versteht und dennoch freiwillig daran teilnimmt, sündigt gegen den Glauben." (Pastoralbrief der Bischöfe vom 4. 9. 1967).

Den ideologischen Charakter und die atheistische Tendenz der Jugendweihe zu ändern, liegt nicht in der Hand der Bischöfe. In der Beurteilung der Jugendweihe ist die Kirche gebunden an die Absicht derer, welche die Jugendweihe veranlassen und die jungen Menschen dazu drängen. Solange die atheistische Tendenz der Jugendweihe und ihr Charakter als Kultersatz aber nicht geändert werden, können die Bischöfe – ebensowenig wie bei den anderen atheistischen Ersatzriten (Namensgebung, Trauung, Beerdigung) – ihre Ablehnung der Jugendweihe nicht aufgeben, auch wenn bei der Werbung zur Jugendweihe diese Tendenz verschleiert wird. Bei der Jugendweihe handelt es sich nicht um eine veränderbare kirchliche Vorschrift, sondern um eine Forderung des 1. Gebotes Gottes. Die Sanktionen bezüglich der Teilnahme an der Jugendweihe dagegen waren kirchliche Vorschriften. Diese haben die Bischöfe auch mit Rücksicht auf die schwierige Situation der Gläubigen aufgehoben; 1967 für die Jugendlichen, die an der Jugendweihe teilgenommen haben, 1969 für die Eltern, welche ihre Kinder an der Jugendweihe teilnehmen ließen.

> „Daher wurde bereits im September 1967 gestattet, daß diese Sanktionen bei Jugendlichen durch andere geeignete Bewährung im Glauben ersetzt werden können. Das Gleiche darf nun auch bei den Eltern geschehen." (Stellungnahme der Berliner Ordinarienkonferenz vom 25. 2. 1969)

b) Angesichts der Not, der Verschleierungstaktik und anderer Belastungen können Gläubige, auch Priester, versucht sein, sich eine private Meinung in der Beurteilung der Jugendweihe zu bilden. Jedoch kann eine solche persönliche Meinung nicht Grundlage unserer Pastoral sein. Denn jeder Seelsorger steht in der Sendung der Kirche und ist Verkündiger der Kirche und *damit auch* der von den Bischöfen gegebenen Richtlinien zur Jugendweihe. Der Gemeinde ist nicht mit einer Privatmeinung gedient, sie hat ein Recht, die kirchliche Entscheidung zu hören, die den einzelnen Gläubigen Richtschnur für die eigene Gewissensentscheidung ist und ihnen Halt und Schutz für ihre Auseinandersetzungen bietet.

Wir sollten uns auch darüber im klaren sein, daß ein Nachgeben in Fragen der Jugendweihe nur ein Aufschub der Glaubensentscheidung wäre. Es geht längst nicht mehr um die Frage der Jugendweihe allein, sondern um die kirchliche Bindung überhaupt.

Die von so vielen Priestern berechtigterweise geforderte einheitliche Beurteilung der Jugendweihe wird nicht durch ein erneutes Hirtenwort der Bischöfe erreicht, sondern nur durch die Treue aller Priester zu ihrem kirchlichen Hirtenauftrag. Da wir wissen, daß vielfach gutgemeinte pastorale Motive einzelne Priester zu einer Sonderhaltung der Jugendweihe gegenüber bewegen, sagen wir das ohne Vorwurf. Wir müssen aber um unserer Gläubigen und unserer Gemeinden willen auf einer eindeutigen, gemeinsamen Haltung bestehen, wenn Eltern oder Jugendliche uns um Rat und Stellungnahme angehen.

II. Erziehung zur „Unterscheidung der Geister" und zur christlichen Gewissensentscheidung

„In unserer gesamten pastoralen Unterweisung kommt es immer mehr darauf an, die Gewissen der Gläubigen wachzuhalten, damit sie fähig werden, die Geister zu unterscheiden, mehrdeutige Formeln zu durchschauen, sich für das Wahre zu entscheiden und die überall vorhandene Gefahr der Zweigleisigkeit zu überwinden. Denn das gesamte sozialistische Erziehungs- und Bildungswesen ist vom Geiste des Marxismus-Leninismus durchdrungen, dessen atheistischer Grundcharakter an verschiedenen Stellen wirksam werden und auch das klare Bekenntnis des christlichen Glaubens fordern kann." (Stellungnahme der Berliner Ordinarienkonferenz vom 25. 2. 1969)

a) Keinen allein lassen!

Zur Unterscheidung der Geister und zur Wachheit des Gewissens anzuleiten, ist eine ständige Aufgabe unseres Verkündigungs- und Hirtendienstes. Mit Nachdruck betonen die Dekrete des II. Vatikanischen Konzils immer wieder die Bedeutung der Gewissensentscheidung. Wir alle haben dies gerade in den letzten Jahren mit Eindringlichkeit verkündigt, aber vielleicht den Gläubigen zu wenig Hilfe zur eigenen Gewissensentscheidung gegeben. So kann man heute öfter den Vorwurf hören: „Bisher wurden uns Gebote und Vorschriften gegeben und Gehorsam gepredigt, nun auf einmal sollen wir alles selbst entscheiden."

Die eigene Gewissensentscheidung können wir keinem abnehmen, aber wir dürfen ihn nicht allein lassen. Wir müssen die Grundsätze und Grundhaltungen christlichen Lebens so klar aufzeigen, daß sich das Gewissen daran orientieren kann.

Wie oft wird die eigene Meinung schon als „Gewissensentscheidung" angesehen. Wer weiß nicht, wie erfinderisch wir Menschen sind, um uns zu rechtfertigen oder uns zu entschuldigen! Christliche Gewissensentscheidung ist nicht die eigene Produktion einer Norm und nicht der Extrakt aus der Verhaltensweise vieler, sondern die Entscheidung eines Gewissens, das sich nach Christus und der gemeinsamen Christusnachfolge des Gottesvolkes der Kirche ausrichtet. Wir müssen unseren Gläubigen die Hilfe geben, daß sie die Gebote Gottes, die Forderungen der Christusnachfolge und die Weisungen des kirchlichen Lehramtes für ein Leben in der Gemeinschaft, mit Christus in ihrer konkreten Situation so realisieren, wie es ihr christliches Gewissen von ihnen verlangt.

Gewissensentscheidung im Geiste der Nachfolge des gekreuzigten und auferstandenen Herrn gibt es nicht ohne Opfer, denn dem Knecht wird es nicht anders als dem Meister ergehen. Die Bereitschaft, um des Lebens mit Christus willen auch Nachteile in Kauf zu nehmen, gehört zur wirklich freien Gewissensentscheidung.

Unser Verkündigungsdienst in der Gemeinde hat letztlich kein anderes Ziel als eine solche Nachfolge Christi.

b) Das Recht auf Gewissens- und Glaubensfreiheit.
Das Recht der freien Gewissensentscheidung ist auch in der Verfassung der DDR anerkannt. Wir werden darum den Gläubigen, vor allem den Eltern, nahelegen, sich auf die in der Verfassung garantierte Gewissens- und Glaubensfreiheit zu berufen.

Art. 20 (1): „Jeder Bürger der DDR hat unabhängig von seiner Nationalität, seiner Rasse, seinem weltanschaulichen und religiösen Bekenntnis, seiner sozialen Herkunft und Stellung die gleichen Rechte und Pflichten. Gewissens- und Glaubensfreiheit sind gewährleistet. Alle Bürger sind vor dem Gesetz gleich."

Art. 4: „Alle Macht dient dem Wohl des Volkes. Sie ... garantiert die in dieser Verfassung verbürgten Rechte."

Entsprechend diesen Verfassungsnormen dürfte ein Bürger, der aus Gewissensgründen die Teilnahme an der Jugendweihe ablehnt, keine Nachteile erfahren. Wir wollen nur hoffen, daß die Praxis immer dieser Verfassungsnorm entspricht.

III. Differenzierte pastorale Behandlung

a) Der persönlichen christlichen Gewissensentscheidung, die wir von unseren Gläubigen erwarten, entspricht die Forderung an uns selbst zur pastoralen Wertung und Behandlung jedes „Falles" *nach* der Teilnahme an der Jugendweihe. Auch wir müssen uns umstellen auf die schwierige *differenzierte Behandlung*. Dabei spielt nicht nur die Frage der persönlichen Schuld eine Rolle, sondern ebenso die Einsicht der Beteiligten, der äußere und innere Druck, dem sie ausgesetzt sind, die Auswirkung auf die Gemeinschaft der Gläubigen und die geeignete Bewährung im Glauben. Auch kann der in der pastoralen Literatur und Praxis heute so herausgestellte soziale Bezug bei der Frage des Ärgernisses der Jugendweihe nicht ausgeschaltet werden.

b) Unserer Gemeinde werden wir ein klares Wort zum „Ärgernisnehmen" sagen müssen. Wenn auch in einzelnen Fällen eine gerechte Empörung oder Enttäuschung verständlich ist, so gilt doch immer die eindringliche Mahnung des Herrn: „Richtet nicht, damit ihr nicht gerichtet werdet." Ein Kind z. B., das, von seinen Eltern gedrängt, gegen seinen Willen zur Jugendweihe gegangen ist, muß von seinen Mitschülern und der Gemeinde bewußt angenommen werden. Aber die meisten „Fälle" liegen ja viel schwieriger und der Seelsorger kann die eigentlichen Gründe für seine Entscheidung nicht öffentlich darlegen. Entsprechend der heutigen Mentalität aber will man alles wissen, um sich selbst sein Urteil zu bilden. Wer nicht alle Karten aufdeckt, ist verdächtig. So kann uns manche Entscheidung das Mißtrauen einzelner einbringen. Dadurch sollten wir uns nicht unter Druck setzen lassen. Vielmehr muß es unser Ziel sein, daß alle in der Gemeinde als Brüder und Schwestern bereit werden, „einer des anderen Last zu tragen" – gerade auch die Last des Versagens.

c) Die geforderte „Bewährung im Glauben" hat keinerlei Strafcharakter. Sie tritt nicht einfach an die Stelle der früheren Sanktionen. Das müssen die Betroffenen und die Gemeinde wissen. Sie ist vielmehr eine Hilfe für die eigene Glaubenserneuerung und ein Zeichen des festen Willens, zusammen mit der Gemeinde den Weg der Christusnachfolge wieder mitzugehen. Die seelsorgliche Erfahrung bestätigt es immer wieder, daß gerade die guten katholischen Kinder, die doch aus irgendwelchen Motiven zur Jugendweihe gegangen sind, dadurch in ihrem religiösen Leben eine Erschütterung erlitten haben. Gerade für sie kann die Forderung der „Bewährung im Glauben" eine ganz persönlich notwendige Chance sein.

IV. In der Ausdauer liegt unsere Kraft.

a) In unserer Zeit wird alles nach dem Erfolg gemessen. Auch wir Priester sind ebenso wie unsere Gläubigen in der Versuchung, die kirchliche Praxis in der Frage der Jugendweihe nach dem zahlenmäßigen Erfolg zu werten. So kann man folgende Befürchtungen hören: Immer mehr Kinder werden doch zur Jugendweihe gehen! – Immer weniger katholische Jugendliche werden zur Oberschule und zum Studium kommen! – Immer mehr Kinder und Eltern werden wegen der Jugendweihe der Kirche verlorengehen. – Ein Wirtschaftler kann sagen: Wir müssen den Betrieb aufgeben – er ist unrentabel – wir arbeiten ständig mit Verlust. Eine Gemeinschaft der Glaubenden, eine Gemeinde aber ist kein Wirtschaftsbetrieb. Der Wert der Glaubenstreue mindert sich nicht dadurch, daß die Schar der Getreuen kleiner wird.

Es kann sein, daß wir durch die Jugendweihe auch weiterhin zahlenmäßige Verluste tragen müssen. Eine solche Kalkulation aber ist für die Kirche nicht entscheidend. Gott sieht den Erfolg anders. Redlichkeit und Treue in unseren Entscheidungen sind vor Gott nie „erfolglos".

Das gilt für alle Lebensentscheidungen, die heute von uns Christen gefordert werden.

b) Oft leiden wir Priester unter der weitverbreiteten Ängstlichkeit vieler Gläubiger, die sich – nicht nur in der Frage der Jugendweihe – manchmal zu einer „Angst vor der Angst" steigert.

Haben deshalb nicht auch wir manchmal Angst, das leidige Thema Jugendweihe anzuschneiden? Würden wir uns nicht mit unseren Gläubigen solidarisch machen, wenn wir unsere eigene – meist uneingestandene – Angst aus der Kraft unseres Glaubens und unserer Hoffnung durchstehen? Dies ist wohl das Kreuz unserer Situation, zu dem wir Ja sagen müssen. Wenn wir dazu den Mut aufbringen, werden wir auch Mut wecken! Und wieviele Entmutigte erwarten heute solche Haltung des Glaubens und der Hoffnung von uns Priestern!

So möchten wir Bischöfe allen Mitbrüdern, Eltern und Jugendlichen aufrichtig danken für alles, was sie zur gegenseitigen Stärkung im Glauben getan haben.

In der Gemeinschaft mit allen Bischöfen und Ordinarien übersendet Ihnen diesen Brief mit herzlichem Segensgruß

Ihr Bischof
\+ Alfred Card. Bengsch

Berlin, 3. März 1972

18. Oktober 1973

74. ZUM ENTWURF DES JUGENDGESETZES

Stellungnahme der Berliner Ordinarienkonferenz

Seit einigen Wochen ist der Entwurf des Jugendgesetzes veröffentlicht und in allen Gruppen der Bevölkerung zur Diskussion gestellt. Wir, die katholischen Bischöfe in der Deutschen Demokratischen Republik, sehen uns veranlaßt, zu diesem Gesetz Stellung zu nehmen, wie wir es bereits zu dem Jugendgesetz von 1964, zum Familiengesetz 1965 getan haben, die den Bereich der Familie und Erziehung betreffen.

Grundsätzlich wird es jeder Bürger als positiv bewerten, daß Ausbildung, Förderung und Erziehung der Jugend ein Hauptanliegen des Staates ist. Jeder wird auch die positiven Elemente anerkennen, wie zum Beispiel die geforderte Hinführung zu Verantwortungsgefühl, Hilfsbereitschaft, Ehrlichkeit, Bescheidenheit, Standhaftigkeit. Trotzdem müssen wir einen wesentlichen Einwand erheben.

Das neue Jugendgesetz erklärt eindeutig, das Ziel der Jugendbildung und Jugendpolitik und folglich die Aufgabe aller staatlichen Organe ist die Heranbildung der *sozialistischen Persönlichkeit*. Es unterliegt keinem Zweifel, daß dieser Begriff der sozialistischen Persönlichkeit, wie er auch in den offiziellen Dokumenten und den Lehrbüchern verstanden wird, von der Sicht des christlichen Glaubens her nicht annehmbar ist, weil er von der Ideologie des Marxismus-Leninismus geprägt ist. Recht und Würde des Menschen als Person kommen nach christlicher Auffassung weder aus dem Arbeitsprozeß noch aus seiner ideologischen Einstellung, noch aus den sozialen und ökonomischen Verhältnissen, sondern sind allen diesen Bedingungen, und zwar bei allen Menschen, vorgegeben. Wenn dieses Grunddatum der menschlichen Personenwürde nicht akzeptiert wird, dann ist zwar auch ein intensives Bemühen für junge Menschen möglich, aber sie werden als Schöpfung der Gesellschaft betrachtet, als wäre es die Gesellschaft, die ihnen Personenwürde verleiht.

Die Feststellung in der Präambel des Gesetzes, daß die Interessen der Gesellschaft – wobei unter Gesellschaft die sozialistische mit der eindeutigen Vorherrschaft oder Alleinherrschaft des Marxismus-Leninismus verstanden wird – mit den Interessen der Jugendlichen übereinstimmen, ist keine sachliche Feststellung, sondern eine Zielangabe: Der junge Mensch muß seine Interessen in Übereinstimmung mit denen der Gesellschaft bringen, wenn er als Persönlichkeit anerkannt werden soll. Sofern die gesellschaftlichen Interessen aber auch eine weltanschauliche Prägung verlangen, muß es zu Konflikten und Unrecht kommen. Das in der Verfassung der Deutschen Demokratischen Republik garantierte Recht auf Glaubens- und Gewissensfreiheit wird dadurch verletzt. Allen Eltern, die aus christlicher Überzeugung eine Erziehung zur sozialistischen Persönlichkeit in diesem Sinne nicht akzeptieren können, wird damit faktisch jedes Erziehungsrecht bestritten. Ein Christ kann wohl zum Leben und Arbeiten in einem sozialistischen Staat erzogen werden. Aber der

Anspruch des Staates, die Persönlichkeitsbildung vom Politischen, vom Klassenkämpferischen, vom Weltanschaulichen her festzulegen, ist unberechtigt, ist Machtausübung in einem Bereich des menschlichen Lebens, die staatlicher Gewalt nicht zusteht.

In der Diskussion wird dieser Standpunkt gewöhnlich als bürgerliches Relikt bezeichnet, und zwar als konservativster und daher reaktionärster Teil des bürgerlichen Denkens, wozu man das Religiöse rechnet. Diese Sicht ist indessen vereinfachende Propagandapolemik. In Wirklichkeit werden die jungen Menschen – auch nicht religiös erzogene – immer wieder, und jede Generation von neuem, die Frage nach dem Bild ihrer Persönlichkeit stellen. Wenn sie aber durch eine solche Frage bereits in folgenreiche Konflikte mit der Gesellschaft kommen, wenn die Eltern das bereits für ihre Kinder befürchten müssen und sich in ihrem Elternrecht und dadurch in ihren menschlichen Grundrechten betroffen fühlen, wenn die Familie unter solchen Umständen gegenüber dem gesellschaftlichen Anspruch fast keine Eigenbedeutung mehr hat, dann sollte man bedenken, in welche Not man Menschen bringt, und ob nicht auch deshalb immer wieder Gedanken an Flucht wach werden.

Im Gesetzestext manifestiert sich eine Entwicklung gegenüber dem bisherigen Jugendgesetz, welche die immer weitergehende Vorherrschaft der gesellschaftlichen Interessen über das Leben des einzelnen bezielt.

Während es im Jugendgesetz vom 4. Mai 1964 § 18 hieß, daß jeder junge Bürger der Deutschen Demokratischen Republik sich zum Studium an einer Universität bewerben kann, heißt es in dem neuen Entwurf, daß das Studium an einer Universität eine hohe gesellschaftliche Anerkennung und eine persönliche Verpflichtung gegenüber der Arbeiterklasse und dem sozialistischen Staat ist. Von einem Recht auf Bewerbung zum Studium ist daher nicht mehr die Rede, wohl aber davon, daß die Rektoren verpflichtet sind, die Studenten zur Aneignung, Anwendung und Propagierung des Marxismus-Leninismus zu erziehen.

Die förmliche Beauftragung aller staatlichen Organe, die der sozialistischen Persönlichkeitsbildung feindlichen Einflüsse abzuwehren, und die von allen Lehrbüchern her legitimierte These, daß Religion unter solche feindlichen Einflüsse gerechnet werden kann, bedeuten in letzter Konsequenz, daß christliches Leben und christliche Familie keinen Raum mehr haben.

Unsere öfteren Beschwerden über die Zurücksetzung junger Christen im Bildungswesen – zuletzt haben wir im Januar 1972 eine solche Beschwerde bei der Regierung der Deutschen Demokratischen Republik abgegeben – wurden zu unserem Bedauern meistens nicht beantwortet. Wir müssen leider feststellen, daß nach der Absicht des Gesetzes für einen jungen Christen das Studium in Zukunft kaum mehr möglich sein wird.

Wir sind durchaus bereit, die positiven Fortschritte in dem neuen Gesetz anzuerkennen; so die Erziehung zu gesunder Lebensweise, die medizinische Betreuung der Jugend, die medizinische und soziale Betreuung gesundheitlich geschädigter Jugendlicher und die Hilfe verschiedener Art für junge Eheleute. Aber diese Positiva wiegen nach unserer Auffassung die unabsehbaren Konsequenzen der grundsätzlichen politisch-weltanschaulichen Entscheidung nicht auf. Zusätzlich müssen wir darauf aufmerksam machen, daß die Zuteilung von Vollmachten an die FDJ-Leitungen in allen Bereichen leider keineswegs in der Praxis eine höhere Mitverantwortung der Jugend bedeuten wird, sondern eine noch stärkere Verfügung über Jugendliche nach dem Maßstab ihrer politisch-gesellschaftlichen und weltanschaulichen Einstellung.

Im Zusammenhang mit dem Jugendgesetz ist der Beschluß des Politbüros des Zentralkomitees der SED bedeutsam, in dem bereits für die Kinder die Erziehungsziele – getreu dieser Grundkonzeption – festgelegt werden. Daß die Jungen Pioniere unmittelbar in den Kampf der Arbeiterklasse einbezogen werden sollen, daß ihre Treue zur Sache der Arbeiterklasse gefördert und ihr Haß gegen den Imperialismus geweckt werden sollen, sind Zielvorstellungen, die sowohl vom Christlichen wie vom Menschlichen her nicht akzeptiert werden können.

Abschließend möchten wir noch einmal darauf hinweisen, daß wir uns bewußt sind, unseren Einspruch dem üblichen Vorwurf auszusetzen, daß wir aus bürgerlicher Tradition reden, die durch die Entwicklung im Sozialismus überholt sei. Als Bürger der Deutschen Demokratischen Republik, die jahrzehntelang in der hiesigen Bevölkerung leben und unzählige persönliche und vertrauensvolle Kontakte mit Kindern, Jugendlichen und Eltern haben, müssen wir diesen Vorwurf zurückweisen. Wir sind überzeugt, im Interesse nicht nur der jungen Christen, sondern der jungen Menschen und zuletzt der Gesellschaft zu reden.

Wir müssen mit allem Ernst darauf hinweisen, daß die ideologische Totalherrschaft im Staat und allen seinen Organen und besonders im ganzen Erziehungswesen nach unserer Auffassung nicht einen Fortschritt, sondern einen Rückschritt darstellt, da sie den Menschen einen Zwang auferlegt, der auf lange Sicht dem einzelnen und der Gesellschaft schwersten Schaden bringt.

(An alle Geistlichen im Ostteil des Bistums Berlin mit folgendem Begleittext: „Vorstehende Stellungnahme der Berliner Ordinarienkonferenz wird hiermit den Geistlichen zur Information übermittelt. Berlin, 18. Oktober 1973, gez. Schmitz, Generalvikar")

17. November 1974

75. ZUR CHRISTLICHEN ERZIEHUNG

Hirtenwort der in der Berliner Ordinarienkonferenz versammelten Bischöfe

Die in der Berliner Ordinarienkonferenz versammelten Bischöfe fühlen sich verpflichtet, ein Wort über die christliche Erziehung an die Gemeinden zu richten.

Die gegenwärtige Situation drängt uns dazu. Wir müssen sprechen, um die heranwachsende Generation vor Schaden zu bewahren. Wir müssen für ihre Glaubens- und Gewissensfreiheit eintreten und für ihr Recht auf Bildung.

Wir wenden uns mit diesem Wort an alle, denen junge Menschen anvertraut sind: an die Eltern und an die Erzieher. In besonderer Weise richtet sich unser Wort an die jungen Christen unserer Gemeinden.

Wir möchten Eltern, Erzieher und Jugendliche auf ihrem oft schweren Weg bestärken und ermutigen und ihnen danken für ihre Treue zu Christus und der Kirche.

1. *Die Stimme der Kirche im Konzil*

1.1. Die Kirche hat im Konzil mit Nachdruck die entscheidende Bedeutung der Erziehung dargestellt, und zwar einer *ganzheitlichen Erziehung,* die der Entfaltung des einzelnen und dem gesellschaftlichen Fortschritt dient. Das Ziel einer solchen Erziehung ist die harmonische Entfaltung aller körperlichen, sittlichen und geistigen Anlagen. Sie erstrebt ein Wachsen in wahrer Freiheit und ein tiefes Verantwortungsbewußtsein. Nur so kann sie wirksam werden zum Aufbau einer Welt, die menschlicher gestaltet werden muß.
Jede einseitige Erziehung, sei es die Beschränkung auf ein rein materialistisches Menschenverständnis oder auf einen sogenannten rein religiösen Bereich, wird dem ganzen Menschen nicht gerecht.

1.2. *Die Eltern haben das erste Recht* und deshalb – wie das Konzil sagt – die überaus schwere Verpflichtung zur Erziehung der Kinder. Ihr Erziehungswirken ist so entscheidend, daß es dort, wo es fehlt, kaum zu ersetzen ist. Die Eltern dürfen deshalb die Erziehung nicht aus der Hand geben, und kein anderer darf sie ihnen aus der Hand nehmen. Auch der Staat darf kein Erziehungsmonopol beanspruchen. Er muß seine Erziehungsaufgaben unter Beachtung des elterlichen Willens erfüllen.

1.3. Die Kirche hat ein besonderes Erziehungsrecht. Sie hat die Aufgabe, allen Menschen den Heilsweg zu verkünden und den Gläubigen das Leben Christi mitzuteilen. Darum haben alle Christen das *Recht auf eine christliche Erziehung.* Ihr Ziel ist die Bildung der christlichen Persönlichkeit, die Formung des Menschen nach dem Bilde Christi, die Prägung des ganzen irdischen Lebens nach dem Evangelium. Christliche Erziehung bedeutet nicht Einengung und Einseitigkeit, sondern die Ausrichtung aller Bildungs- und Entfaltungsmöglichkeiten auf die Fülle des Lebens, die uns allein in Christus geschenkt ist.

2. *Die Entwicklung in der Menschheitsfamilie*

Christliche Eltern sollen wissen, daß diese Lehre der Kirche weithin übereinstimmt mit den Grundsätzen, wie sie heute von der Mehrheit aller Staaten der Erde anerkannt werden, wenn auch leider in vielen Staaten die Praxis diesen Grundsätzen nicht entspricht.
Die Grundrechte des Menschen im Bereich der Erziehung finden sich in der Allgemeinen Erklärung der Menschenrechte, zu denen die DDR sich bekennt.
In der Charta der Vereinten Nationen heißt es in Art. 26:
„Jeder Mensch hat das Recht auf Bildung ...
Die Ausbildung soll die *volle Entfaltung der menschlichen Persönlichkeit* und die Stärkung und Achtung der Menschenrechte und Grundfreiheiten zum Ziel haben. Sie soll Verständnis, Duldsamkeit und Freundschaft zwischen allen Nationen und allen rassischen oder religiösen Gruppen fördern ...
In erster Linie haben die *Eltern das Recht*, die Art der ihren Kindern zuteil werdenden Bildung zu bestimmen."
In Art. 18 heißt es:
„Jeder Mensch hat Anspruch auf Gedanken-, *Gewissens- und Religionsfreiheit*. Dieses Recht umfaßt die Freiheit, seine Religion oder seine Überzeugung allein oder in Gesellschaft mit anderen, in der Öffentlichkeit oder privat, durch Lehre, Ausübung, Gottesdienst und Vollziehung der Riten zu bekunden."
In der Verfassung der DDR sind diese Grundsätze ebenfalls enthalten. So heißt es in Art. 20,1:
„Jeder Bürger der Deutschen Demokratischen Republik hat *unabhängig von* seiner Nationalität, seiner Rasse, seinem weltanschaulichen oder *religiösen Bekenntnis*, seiner sozialen Herkunft und Stellung die gleichen Rechte und Pflichten." In Art. 25 heißt es: „Jeder Bürger der Deutschen Demokratischen Republik hat das *gleiche Recht auf Bildung*. Die Bildungsstätten stehen jedermann offen."
Diese feierlichen Erklärungen bestätigen das weltweite Streben nach Chancengleichheit in Erziehung und Bildung und nach Toleranz gegenüber Andersdenkenden.
Wir möchten wünschen, daß die staatlichen Stellen die Worte der Verfassung und die Erklärung der Menschenrechte ernst nehmen und auch Praxis werden lassen. Denn die gegenwärtige Situation gibt Anlaß zu ernster Sorge.

3. *Zur Situation in der DDR*

Es ist anzuerkennen, daß in der DDR viel Geld und viel Kraft vom Staat für Bildung und Erziehung eingesetzt wird. Alle Bemühungen, die einer wahren Bildung dienen, sind zu begrüßen. Aber sie müssen zuletzt an den Erziehungs-

zielen gemessen werden, ob sie den Anforderungen einer ganzheitlichen Erziehung, der Wahrung des Elternrechtes und des Rechtes auf christliche Erziehung entsprechen.
Eine *ganzheitliche Erziehung ist aber wesentlich gefährdet, wenn der Staat das Erziehungsmonopol beansprucht.* Dadurch wird für *Eltern* und Kinder nicht nur die Wahl der Schulform, des Bildungsweges und des Berufes eingeschränkt, sondern ein *einseitiges Menschenbild* zugrunde gelegt.
Denn in den Erziehungs- und Lehrplänen – vom Kindergarten bis zur Universität – ist ausschließlich die Weltanschauung des dialektischen Materialismus die Grundlage. Das gesamte Leben soll von dieser Ideologie her geprägt werden. Weltanschauliche Neutralität wird abgelehnt. Entsprechend wird einzig die sozialistische Moral als richtig hingestellt, zu der die Erziehung zum Haß gehört.
Von dieser Einseitigkeit her werden Religion und *Christentum oft entstellt und verzerrt* dargestellt. Der christliche Glaube wird als Aberglaube oder als bürgerliche Ideologie verunglimpft als eine verderbliche Lebensform, die mit Opiumsucht und Alkoholmißbrauch in einem Atem genannt wird. Auch scheut man nicht davor zurück, in der Lehre wie in der Literatur mit längst widerlegten Argumenten die Geschichte des Christentums und kirchengeschichtliche Ereignisse zu verfälschen oder einseitig darzustellen.
Da dialektischer Materialismus und Gottesglaube unvereinbar sind, soll auf diese Weise die Religion als überlebte Haltung erscheinen, die gesetzmäßig verschwinden muß. Wenn sie nicht von selbst abstirbt, soll mit den Mitteln der Propaganda und auch des Gewissensdruckes nachgeholfen werden, damit der Prozeß beschleunigt wird. Für diese Entwicklung, die sich in letzter Zeit verschärft hat, gibt es deutliche Anzeichen. Das Jugendgesetz spricht ausschließlich von sozialistischer Jugend und sozialistischer Persönlichkeit; die Werbung für die Jugendweihe wird verstärkt, so daß praktisch für eine freie Entscheidung oftmals kein Raum mehr bleibt; öfter erfahren christliche Bürger im Bildungswesen und im Beruf Benachteiligung und Zurücksetzung.
Viele Christen geraten durch diese und viele andere Bedrängnisse dauernd in schwere Gewissenskonflikte. Sie fühlen sich als Bürger zweiter Klasse behandelt. Wir Bischöfe und Priester kennen diese belastende Situation aus vielen Gesprächen mit Eltern und Jugendlichen.

4. *Schwerpunkte christlicher Erziehung*

In dieser Situation haben christliche Eltern und Erzieher, Priester, Katecheten und Helfer die schwere und doch schöne Aufgabe, unsere Kinder zu christlichen Persönlichkeiten zu bilden, ihnen gegenüber der Einseitigkeit der materialistischen Ideologie zur vollen menschlichen Entfaltung zu helfen.
Der Umfang dieser Aufgabe kann hier nicht dargestellt werden; es seien nur einige wichtige Schwerpunkte genannt.

17. November 1974

4.1. *Glauben und Wissen sind keine Gegensätze*

In der Führung zum christlichen Glauben ist es von Anfang an wichtig zu zeigen, daß der Glaube nicht Ersatz oder Gegensatz des exakten Wissens ist, sondern eine eigene Art, die volle Wirklichkeit zu erfassen.

Der erste Grundsatz der materialistischen Weltanschauung lautet: Die Materie ist die einzige objektive Wirklichkeit. Dieser Grundsatz ist eine Behauptung, die weder heute noch morgen bewiesen werden kann. Das Bekenntnis zu dieser Weltanschauung ist eine Art Glaube. Dieser Glaube – und nicht das wissenschaftliche Denken – ist der eigentliche Gegensatz zu dem Glauben an Gott, den Schöpfer aller Dinge. Kritisches Denken bereitet dem materialistischen Glauben unüberwindbare Schwierigkeiten, besonders in den letzten Fragen nach dem Urgrund des Seins und nach dem Sinn des Lebens.

Dagegen bestätigen Wissenschaftler, gerade auch Naturwissenschaftler aus aller Welt, daß sie zwischen ihren Forschungsergebnissen und dem christlichen Glauben keinen Gegensatz sehen.

4.2. *Der Mensch ist mehr als das Ergebnis seiner Arbeit*

Ein weiterer Grundsatz der materialistischen Weltanschauung lautet: Der Mensch ist das Produkt der Evolution und seiner Arbeit. Sicher gehört die Arbeit zum Menschen. Aber sie macht ihn nicht erst zum Menschen. Auch die Leistung allein bestimmt nicht seinen Wert. Und die reichen Möglichkeiten der Freizeit bringen ebenfalls noch nicht die volle menschliche Entfaltung. Die Heilige Schrift sagt, daß der Mensch von der Erde genommen und zur Arbeit bestellt ist. Aber als Bild Gottes, als Kind Gottes ist er in besonderer Weise zur Gemeinschaft mit Gott, seinem Vater, seinem Schöpfer und Erlöser, berufen. Er blickt zu Gott auf im Gebet; er geht in sein Haus; er sitzt am Tisch des Herrn; er feiert das Gedächtnis des Herrn. Er erfährt die Freude in Gott in der Gemeinschaft der Erlösten und erhält die Kraft der Liebe zu allen Menschen.

4.3. *Gewissensbildung ist Kernstück der Erziehung*

Die sozialistische Moral wird einseitig aus dem marxistischen Verständnis der gesellschaftlichen Entwicklung abgeleitet. Was der Gesellschaft, was dem Aufbau des Sozialismus dient, ist gut. Bleibende Werte und Normen gibt es nicht. Dadurch sind Ethik und Moral in die Verfügung der Partei und des Staates gestellt. Was gesetzlich geboten oder erlaubt ist, hat als sittlich gut zu gelten.

Das Gewissen des Einzelnen hat in diesem Denken keine andere Aufgabe als die volle Einfügung in die Entwicklung. Wir fragen: Kann eine Gesellschaft wirklich das Maß aller Dinge sein? Dürfen Staat oder Partei über Ethik und Moral verfügen? Ist schon deshalb etwas gut, weil es gesetzlich geboten oder erlaubt ist?

Das Gewissen ist, nach Lehre der Kirche, die verborgenste Mitte und das Heiligtum im Menschen.

Das christliche Gewissen richtet sich nach der Führung des Heiligen Geistes, der

uns durch Christus geschenkt wurde. Es richtet sich aus an den Geboten Gottes, insbesondere am Liebesgebot Christi, das niemand von der Liebe ausschließt und jeden Haß gegen Menschen verbietet. Es formt sich an den Normen, die uns aus der Offenbarung durch die Kirche vermittelt werden.
Eltern und Erzieher müssen der heranwachsenden Generation zu einer echten Gewissensbildung verhelfen, die zu einem kritischen Urteil über Programme und Leitsätze, aber auch gegenüber subjektiver Willkür befähigt.

4.4. *Verantwortungsbewußte und kritische Mitarbeit zum Aufbau einer besseren Welt ist Auftrag Gottes*
Die christliche Botschaft lenkt die Menschen nicht vom Aufbau der Welt ab, sondern verpflichtet sie strenger zur Bewältigung dieser Aufgabe.
Deshalb gehört zur christlichen Erziehung die Hinführung zu verantwortungsbewußter Mitarbeit in der Gesellschaft. Der junge Christ muß aber kritisch beurteilen lernen, wo die Chancen und die Grenzen seiner Mitarbeit liegen. Er kann nicht mitarbeiten:

- in Stellungen und Tätigkeiten, in denen er zum Kirchenaustritt genötigt wird,
- wo Konsequenzen entstehen, die ihn vom Leben der Kirche und der Gemeinde trennen,
- wo er Auffassungen vertreten muß, die gegen den Glauben und gegen sein Gewissen sind,
- wo eine Tätigkeit verlangt wird, die gegen die Nächstenliebe verstößt und zum Haß gegen andere Menschen führt.

Die Beachtung dieser Grenzen ist nicht leicht. Sie kann mit Nachteilen und Wagnis verbunden sein. Deshalb braucht der junge Christ die Hilfe und das Vorbild gläubiger Christen, vor allem der Eltern, der Priester und der Erwachsenen der Gemeinde. Aber er darf überzeugt sein, daß seine Treue zu Glauben und Gewissen, auch bei scheinbarer Erfolglosigkeit, ein Dienst am Menschen und an der Gesellschaft ist.

4.5. *Zum Christsein gehören Liebe und Treue zur Kirche*
Christliche Erziehung hilft dem jungen Menschen, seine Kirche kennen- und lieben zu lernen. Sie zeigt der heranwachsenden Jugend ein unverzerrtes Bild von der Geschichte der Kirche und von ihrer Aufgabe in und für die Welt. Die Kirche ist, trotz der dunklen Epochen ihrer Geschichte und trotz beklagenswerten Versagens, nicht die Magd der herrschenden Klassen. Zu allen Zeiten gab es in ihr heilige Männer und Frauen, auch Kinder und Jugendliche, die für die Würde des Menschen, gegen Unfreiheit, Not, Unterdrückung, Unwissenheit, Krankheit, Krieg und Terror ihr Leben eingesetzt haben, getragen vom Glauben an Jesus Christus, den Sohn Gottes und aller Menschen Bruder. In unserem Jahrhundert gab es die vielen Zeugen christlichen Glaubens, die während des Naziregimes in den Konzentrationslagern umkamen. Wir brauchen nur zu erinnern an Bernhard Lichtenberg, Alfons Maria Wachsmann, Alfred Delp,

Edith Stein und Maximilian Kolbe. Wir können sie nicht als Anhänger des Aberglaubens oder des Imperialismus beschimpfen lassen. Der junge Christ heute kann in demselben Glauben und in derselben Kirche sein Zeugnis ablegen, um die ganze Welt mit der Botschaft des Evangeliums zu erhellen und alle Menschen aller Nationen, Rassen und Kulturen in einem Geist zu vereinigen, zum Zeichen der Brüderlichkeit.

4.6. *Das Ziel aller christlicher Erziehung ist die Nachfolge Christi*
Alle christliche Erziehung will das Eine ermöglichen, worauf es zuletzt ankommt: Daß der junge Mensch Christus nachfolgt. Christliches Leben unterscheidet sich heute nicht von der Berufung der ersten Jünger: Es ist Antwort auf den Ruf des Herrn: Folge mir nach. Der Christ tritt in die Fußstapfen seines Meisters, er läßt sich von seinem Geist führen zur Ähnlichkeit mit dem Bild des Sohnes Gottes. Er geht den Weg des Kreuzes mit, der in die Herrlichkeit des Vaters führt. Es gibt kein Vorbild auf der Welt, keine Leitidee und keinen Weg, die Ersatz sein könnten für die Nachfolge Christi. Er allein kann das Wort sagen: Ich bin der Weg, die Wahrheit und das Leben.

Im Vertrauen auf die reiche und mächtige Gnade unseres Herrn und Meisters können und sollen wir uns mühen, seine Jünger zu werden und die uns anvertrauten jungen Menschen zu ihm zu führen. – Seinem Erbarmen und seiner Gnade empfehlen wir alle Kinder und jungen Christen, ihre Eltern, ihre Paten und alle Mitarbeiter in der Seelsorge. Er behüte sie in unserer Zeit, daß sie im Licht des Glaubens den Weg zum Vaterhaus Gottes finden und wir mit ihnen.

Es segne Euch der allmächtige Gott, der Vater und der Sohn und der Heilige Geist.

Die in der Berliner Ordinarienkonferenz versammelten Bischöfe

Für das Bistum Berlin
+ Alfred Kardinal Bengsch
Erzbischof
Bischof von Berlin

(Rundschreiben des Bischöflichen Ordinariats Berlin mit der Anweisung: „Vorstehendes Hirtenwort ist am Sonntag, dem 17. November 1974, in allen Gottesdiensten zu verlesen. Berlin, 11. November 1974, gez. Schmitz, Generalvikar".)

76. GLAUBE HEUTE

Aus dem Beschluß der Pastoralsynode der Jurisdiktionsbezirke in der DDR

(1, Vorwort) Die Pastoralsynode der Jurisdiktionsbezirke in der DDR will zur Erneuerung der Kirche im Geist des II. Vatikanischen Konzils beitragen, um dem Heil der Menschen in der Welt von heute zu dienen. Diese Erneuerung kann nur aus dem Glauben kommen; deshalb sieht es die Synode als vordringliche Aufgabe an, darzulegen, wie der Christ in der DDR seinen Glauben leben kann.

(10) Wir leben in einer sozialistischen Gesellschaftsordnung, die atheistisch geprägt ist. Der weltanschauliche Materialismus bestimmt das öffentliche gesellschaftliche Leben. Das Wesen des Christentums, Formen christlichen Lebens und kirchengengeschichtliche Ereignisse werden nicht richtig oder einseitig dargestellt. Viele Glieder unserer Gemeinden, besonders junge Menschen, stehen oft in Entscheidungssituationen, die sie bedrängen und belasten. Die einen wachsen daran im Glauben, andere jedoch fügen sich dem Mehrheitsdruck und geben die Bindung an die Kirche auf. Viele aber fragen sich in ihrem Gewissen, wie sie als Christen in bestimmten Berufen und Bereichen leben und wirken können.

(16) Die erhellende und befreiende Antwort des Glaubens wird uns geschenkt, wenn wir die frohe Botschaft Jesu Christi hören und uns für Gott entscheiden. Diese Grundentscheidung kann nur vom einzelnen als freie Tat gewagt werden. Sie setzt Bereitschaft zur Umkehr voraus. Glaubensentscheidung ist Übereignung an Gott und Annahme seiner Offenbarung, die uns Antwort auf unsere Fragen gibt. Auf ihn, der uns sein Wort – seinen Sohn Jesus Christus – gegeben hat, setzen wir unser Vertrauen und unsere Hoffnung. Er hilft uns, das eigene Leben zu bejahen und zu bestehen und die Mitmenschen in aktiver Geduld anzunehmen. Der Glaube befreit zur Liebe und läßt uns neue Wege und Formen des Zusammenlebens suchen. Er gibt unüberbietbare Zuversicht für die Zukunft des einzelnen und der gesamten Menschheit.

(17) Die Glaubensentscheidung verbindet den einzelnen mit der Kirche, die ihn im Glauben bestärkt, korrigiert und weiterführt. In ungläubiger Umwelt verleiht diese Gemeinschaft Kraft zum Durchhalten auf dem Weg des Glaubens. Ihr hat der Herr seine Gegenwart zugesagt. Wenn wir seine Liebe im brüderlichen Miteinander und in der Einheit seiner Kirche erfahren, hilft uns das, alle Bereiche unseres Lebens mit dem Licht des Glaubens zu durchdringen.

(18) Vor die Notwendigkeit zur Entscheidung ist jeder gestellt, der sein Leben in die Hand zu nehmen sucht. Es gibt keine wissenschaftliche Erkenntnis und keine Beweiskette, die ihm die Entscheidung abnehmen kann. Aller Gewinn an Wissen erspart uns nicht die Deutung der Fakten, die Stellungnahme zu den Ereignissen.

(19) Persönliche Erfahrung und geistiges Bemühen führen immer zu einem Punkt, an dem man sich zu einer Grundannahme entschließen müßte. Diese Entscheidung muß vom Bemühen um Wahrheit getragen sein und ihre Gültigkeit im Leben erweisen. Auch nichtchristliche und atheistische Weltanschauungen ergeben sich keineswegs notwendig aus den Ergebnissen der Wissenschaft, sondern beruhen auf Entscheidungen, die wissenschaftliche Erkenntnisse deuten oder diesen vorausgehen. Wissenschaft weiß um das Unvollkommene auch richtiger Erkenntnis. Sie bewahrt uns davor, die innere gedankliche Geschlossenheit von Systemen als zwingenden Beweisgrund für ihre Richtigkeit gelten zu lassen, und verweist uns immer wieder auf unsere Erfahrungen in und mit der Welt als Prüffeld aller Lehren und Meinungen. Die empirischen Wissenschaften (Anm. 1), die die Welt immer nur unter bestimmten Aspekten untersuchen, können nichts darüber aussagen, ob das Ganze von Welt und Mensch, Gesellschaft und Geschichte von einer größeren Wirklichkeit umgriffen ist oder nicht. So ist die Entscheidung des Glaubens für Gott und für Christus mit der Wirklichkeitserkenntnis der Wissenschaft durchaus vereinbar. Letztlich ist bei jeder Entscheidung für Gott alle Wahrheit, auch die der heutigen Wissenschaft, mitbejaht.

(27) Der Mensch wächst in seinem Glauben
- durch Suchen nach Wahrheit und Verlangen nach Gott;
- durch Gebet und ein Leben nach Gottes Willen;
- durch die Annahme und Bewältigung der verschiedenen Lebenssituationen nach dem Vorbild Jesu;
- durch Bereitschaft zur Umkehr und durch die Erfahrung der Vergebung der Schuld;
- durch redliche Auseinandersetzung mit den Ideen und Anschauungen unserer Zeit;
- im Durchstehen von Glaubenskrisen;
- durch die Verkündigung der Kirche und das Zeugnis gläubiger Menschen;
- durch ein Leben im Raum der Gemeinde, die sich immer wieder „in der Lehre der Apostel und in der brüderlichen Gemeinschaft, im Brotbrechen und in den Gebeten" versammelt.

(28) Der Mensch leidet Schaden an seinem Glauben
- wenn er nicht mehr betet;
- wenn er im Kinderglauben steckenbleibt und sich, insbesondere bei dauernder atheistischer Beeinflussung, im Glauben nicht weiterbildet;
- wenn er sich vom sonntäglichen Gottesdienst und vom Gemeindeleben zurückzieht;
- wenn er sich unkritisch dem Zeitgeist oder der Tagesmeinung anpaßt, so daß der Glaube sein Leben nicht mehr prägt;
- wenn er sich kaum noch um Religion kümmert oder sein Leben mit Geringfügigkeiten ausfüllt;
- wenn er sich den Anforderungen und Belastungen unserer Zeit durch einen Rückzug in die rein private Spähre zu entziehen sucht;

- wenn er der Jagd nach dem Wohlstand verfällt oder sich der Macht der Sünde überläßt;
- wenn er „auf zwei Schultern" trägt und sich mit der Lüge abfindet;
- wenn der Glaube als ein kompliziertes und lebensfremdes Gebilde dargestellt wird;
- wenn die Verkündigung naiv, intellektualistisch unterkühlt, emotional überdosiert, unklar oder lieblos ist oder die Anliegen und Verstehensmöglichkeiten der Glaubenden übersieht;
- wenn die Gemeinde nicht als Raum geistlicher Erneuerung und brüderlicher Begegnung erfahren wird.

(29) Die Pfarrgemeinden und vor allem jene, die dem Glauben anderer dienen, sollen heute mehr denn je beachten, daß jeder auf seinem Weg im Glauben nur die ihm möglichen Schritte zu tun vermag. Die Erfahrungen, Belastungen und Lebenssituationen des einzelnen wollen heute stärker berücksichtigt werden. Andererseits soll auch jeder einzelne seine Verantwortung für den Glauben der Gemeinde erkennen und bejahen und sich um ein Leben bemühen, das immer mehr vom Evangelium geprägt ist und den Glauben der anderen stärkt.

(32) Die katholische Kirche in der DDR ist eine Diasporakirche (Anm. 2). Wir sind eine kleine Herde, deren Reichtum es ist, trotz ihrer Unvollkommenheit und Sündhaftigkeit Keimzelle der Einheit, der Hoffnung und des Heiles zu sein. Auf die Last und die Chance des Christseins in der Diaspora sind unsere Gemeinden nicht genügend vorbereitet.

(33) Schon im Anfang lebte die Kirche in der Diaspora. Diaspora war damals und bleibt immer eine Möglichkeit, den Glauben an allen Orten bekanntzumachen. Hoffnungsvoll ist es, daß heute die zerstreute Christenheit unter allen Völkern, Kulturen und Gesellschaftsordnungen anwesend ist und die christlichen Konfessionen die Einheit suchen.

(34) Durch gläubige Christen in der Diaspora wird der Geist des Evangeliums in einer nichtchristlichen Umwelt gegenwärtig und wirksam.

(35) Darüber hinaus läßt ein Leben unter Nichtchristen erkennen, daß der Geist Gottes auch außerhalb der christlichen Gemeinden wirkt. Die Vielfalt des Wirkens Gottes zu sehen, anzuerkennen und sich daran zu freuen kann eine Stärkung des Glaubens an den Gott sein, der für alle Menschen da ist.

(36) Wenn wir uns als kleine Gemeinde erleben, hilft uns der Glaube an die Bedeutung des EINEN für alle, einzelner für viele, kleiner Gemeinschaften für größere Gebiete; die Handvoll Sauerteig durchsäuert eine große Menge Mehl; das Licht leuchtet allen im Haus; das Salz würzt die Speise.

(37) Die Diasporasituation fördert Einheit und Zusammenhalt der Christen; doch werden die Gemeinden ihrer Situation erst dann gerecht, wenn sie sich nicht

abschließen, sondern im Austausch mit den anderen stehen, mit ihnen Mensch und für sie Christ sind.

(38) Für unser Selbstverständnis in der Diaspora ist der Begriff der Stellvertretung von großer Bedeutung. Wir sind dazu berufen, stellvertretend für die Welt Lob und Dank, Sühne und Fürbitte vor Gott zu bringen sowie Gottes Güte und Menschenfreundlichkeit in der Welt zu bezeugen.

(39) Das Leben in der Diaspora verlangt, daß wir unser Christsein nicht nur für uns leben oder es vordergründig nach dem Gewinn oder Schaden messen, der uns daraus erwächst. Unverstandensein und Zurücksetzung lassen uns an der Erniedrigung des Herrn teilnehmen.

(57) Der Einsatz Gottes, der in Christus sichtbar und greifbar wird, führt uns zur Freiheit der Kinder Gottes: zur inneren Freiheit von Angst und Zwang, von den Mächten der Welt und der Sünde. Wir sind aufgerufen, im Geiste Christi zu leben. Durch eine Kirche, die wie der Herr dient, und durch jeden Christen, der im Einsatz Gottes lebt, wird Gottes Dasein und Wirken auch heute erfahrbar. Darin kann in unserer Zeit ein Weg zur Erkenntnis Gottes liegen.

(60) Die *Mitarbeiter im pastoralen Dienst* sollen die Gläubigen dazu führen, im Einsatz Gottes zu leben und sich dabei von Menschenfurcht nicht beirren zu lassen. Dieser Einsatz kann sehr verschieden sein, z. B.:
- die Berufsarbeit als Dienst am anderen zu verstehen;
- in seiner Umgebung Raum der Freiheit zu schaffen;
- sich in den Dienst der Verkündigung, der Seelsorge oder der Diakonie zu stellen;
- sich um Alte, Kranke, Kinder und Hilfsbedürftige zu kümmern und ihr Leid mitzutragen;
- sich für Versöhnung, Wiedervereinigung im Glauben, Gerechtigkeit und Freiheit einzusetzen;
- Geduld mit Verbitterten und Unleidlichen aufzubringen;
- die eigene Last für andere zu tragen.

Die Pastoral muß den einzelnen helfen, die jeweiligen Möglichkeiten zu entdecken und zu verwirklichen.

(67) Die *Gemeinde* selbst möge der Ort sein, wo alle ihre Glieder einander in brüderlicher Liebe zugetan sind. Dort müssen wir lernen,
- einander anzunehmen, freimütig zu reden und aufeinander zu hören;
- einander wirklich zu verzeihen und Geduld mit den Schwachen zu üben;
- Zeit füreinander zu haben und verborgene geistige und materielle Not aufzuspüren;
- Frieden zu stiften und Verständnis für andere zu wecken;
- einzelne in ihrem „törichten" Einsatz für ihre Mitmenschen zu bestärken;
- andere nicht nur nach ihren Leistungen zu messen.

(68) Wir Christen nehmen teil an den Erfolgen und Niederlagen, Hoffnungen und Enttäuschungen der Menschheit. Die wohl wichtigste Frage unserer Zeit an den

Glauben entspringt der allgemeinen Erwartung, durch kollektive, machbare und innerweltliche Veränderungen eine neue Welt errichten zu können. So will die Menschheit vollenden, was der einzelne Mensch nie voll erreicht.

(69) Der Christ weiß die Entwicklung der Welt durch Gottes Auftrag den Menschen aufgegeben. Dieser Auftrag nimmt uns in den Dienst für die Zukunft und läßt uns mit allen Menschen guten Willens zusammenarbeiten, um die Welt menschlicher zu machen und das Leben der Menschen in Gerechtigkeit, Frieden und Freiheit (Anm. 3) zu gestalten.

(70) Bei aller Zustimmung zur Welt können wir uns der schmerzlichen und enttäuschenden Erfahrung der Geschichte nicht verschließen, daß der Weg nach vorn oft nur durch Irrtum und Leid hindurch gefunden wurde. Wissenschaftliche Erkenntnis und gesellschaftliche Veränderung vermögen Freiheitsraum und Wirkungsmöglichkeit zu mehren und verlangen daher unseren Einsatz; aber nicht selten erwachsen aus ihnen neue Gefahren und Ängste, werden sie durch menschliche Selbstsucht und Schwäche mißbraucht. „Mächte und Gewalten" bedrücken den Menschen immer wieder und entmündigen ihn. Selbst im persönlichen Leben erfüllt sich nicht immer die Sehnsucht nach Liebe und Geborgenheit in der Familie oder in anderen Gemeinschaften.

(72) Die Hoffnung, die Gott uns in Jesus Christus schenkt, ermöglicht eine nüchterne Beurteilung allen menschlichen Tuns und befreit von dem Zwang, die Erfahrung unserer Unzulänglichkeit zu verdrängen. Sie schützt uns vor einer Verzweiflung, die aus Enttäuschung und Versagen folgt, und läßt uns beharrlich an der Gestaltung einer Welt arbeiten, die dem Willen unseres Herrn entspricht. Sie bewahrt uns davor, abrechenbare Erfolge zum Maßstab unseres Handelns zu machen und die Welt nur nach unseren Vorstellungen und Interessen zu beurteilen. Diese Hoffnung ruft dazu auf, die Welt nach Kräften zu verbessern, befreit uns aber von der Last, die neue Welt aus eigener Kraft schaffen zu müssen.

(76) Die *Mitarbeiter im pastoralen Dienst* werden aufgefordert, christliche Hoffnung so zu verkündigen, daß sie Wagemut und zugleich Gelassenheit in weltlicher und kirchlicher Arbeit schenkt und zu Freimut in Kirche und Welt führt.

(80) Die *Christen* werden ermutigt, ihre Aufgaben und Dienste in der Hoffnung auf das Heil zu erfüllen. Sie sollen nach dem Maßstab des Evangeliums ihre Mitverantwortung für die Welt wahrnehmen und sich für Frieden und Gerechtigkeit, Freiheit und Liebe einsetzen.

Die *Eheleute* werden ermutigt, auch heute Kindern das Leben zu schenken und sie in der Kirche zu Christus zu führen.

Alle *Priester* und *Mitarbeiter im kirchlichen Dienst* werden aufgefordert, ihre Verkündigungsaufgaben sowie ihre priesterlichen und diakonischen Dienste zuversichtlich zu erfüllen und junge Menschen zu diesen Diensten zu ermutigen.

Alle Kranken und *Zurückgesetzten* werden ermutigt, in der Hoffnung auf die ewige Herrlichkeit Leid und Anfechtung zu bewältigen und für andere aufzuopfern.

(81 Schlußwort) In unserer Situation erscheint der Glaube manchem Christen als Last. In der Tat legt der Herr uns das Kreuz auf. Wenn aber der Last nicht ein größeres Gut entspricht, um dessentwillen es sich lohnt, Verluste und Verzicht auf sich zu nehmen, fällt es dem Menschen schwer, die Glaubensentscheidung durchzuhalten. Deshalb muß das Frohmachende des christlichen Glaubens im Leben immer wieder gesehen werden:

– dem Glaubenden erscheinen auch die alltäglichen Dinge in einem neuen Licht.
– Der Glaube läßt uns die menschliche Würde erkennen, und er ermutigt uns, Initiative zu ergreifen und Verantwortung zu übernehmen.
– Der Glaube verleiht uns Hoffnung, Zuversicht, Gelassenheit und Heiterkeit, weil Gott auch dort zu raten und zu helfen vermag, wo der Mensch am Ende seiner Weisheit und Kraft ist.
– Der Glaube schenkt uns Standfestigkeit und Freiheit, so daß wir nicht – aus Angst oder Furcht – vom Wind jeder beliebigen Meinung hin- und hergerissen werden.
– Der Glaube weitet unseren Blick über alle Grenzen hinweg:
  Gott ist unser Vater.
  Alle Menschen sind unsere Brüder.
  Wir werden Gott erfahren in seiner Herrlichkeit, und unsere Freude wird vollkommen sein.

Anm. 1: Damit sind jene wissenschaftlichen Disziplinen gemeint, die über exakte Untersuchungsverfahren verfügen und ihr Ziel in der formalisierten Beschreibung nachweisbarer Fakten und Prozesse sehen. Der Zusatz „empirisch" dient der Abgrenzung von der philosophischen Interpretation dieser Tatbestände.
Anm. 2: Mit Diaspora meint der Text nicht das Leben von Katholiken unter Christen anderer Konfessionen – wie im Sprachgebrauch vergangener Jahrzehnte üblich –, sondern die Existenz der Christen in einer nichtchristlichen Umwelt (vgl. 1 Petr 1,1; Jak 1,1; Apg 8,1.4).
Anm. 3: Die Begriffe werden gebraucht im Sinne der Enzyklika „Pacem in terris".

Der Beschluß „Glaube heute" wurde am 4. Dezember 1974 von allen Ordinarien der Jurisdiktionsbezirke in der DDR in Kraft gesetzt.

(Der Beschluß „Glaube heute" wurde als Dokumentation in mehreren Folgen veröffentlicht in: St. Hedwigsblatt. Katholisches Kirchenblatt im Bistum Berlin, ab Nr. 14 vom 6. 4. 1975. Hier gedruckt nach: Konzil und Diaspora. Die Beschlüsse der Pastoralsynode der katholischen Kirche in der DDR, Leipzig [2]1988.)

3. Juni 1975

77. ZUR REISE DES SEKRETÄRS DES RATES FÜR DIE ÖFFENTLICHEN ANGELEGENHEITEN DER KIRCHE IN DIE DDR

Information für die Priester und Gemeinden

Liebe Mitbrüder!

Zu der bevorstehenden Reise des Sekretärs des Rates für die Öffentlichen Angelegenheiten der Kirche, Erzbischof Casaroli, in die DDR möchten wir Bischöfe Ihnen und den Gemeinden folgende Information geben.

Erzbischof Casaroli will sich vom 9. bis 14. Juni 1975 in Berlin und in der DDR aufhalten. Er wird Gespräche im Außenministerium der DDR führen. Er folgt damit einer Einladung des Außenministers der DDR, die bereits vor längerer Zeit ausgesprochen wurde. Zugleich wird er mit den Bischöfen zusammenkommen und auch Gast bei den Bischöfen in Berlin, Dresden und Erfurt sein. Er wird wichtige kirchliche Institutionen besichtigen und sich über die Lage der Kirche in der DDR sorgfältig informieren.

Erzbischof Casaroli handelt im Auftrag des Heiligen Vaters, dessen Hirtensorge in besonderer Weise der Kirche in den sozialistischen Staaten gilt. In dem pastoral motivierten Bemühen um den Lebensraum und die Wirkmöglichkeiten der Kirche setzt er auch das Mittel der Kontakte und Gespräche auf diplomatischer Ebene ein. Er folgt damit der Tradition des Heiligen Stuhles, durch angemessene Beziehungen zu den verschiedenen Staaten die Anliegen der Ortskirche zu vertreten, auch wo die Verschiedenheit der weltanschaulichen Standpunkte bestehen bleibt.

Die international anerkannte Autorität des Heiligen Stuhles im Dienst der Versöhnung und der Verständigung unter den Völkern gibt dem Heiligen Vater die Möglichkeit, auf der Grundlage der Menschenrechte für wahren Frieden und Gerechtigkeit einzutreten.

Wir wünschen von ganzem Herzen, daß seine Hoffnung für das Leben und Wirken der Kirche in unserem Land sich erfüllen möge, und bitten Sie und die Gemeinden um das Gebet für die Bemühungen des Heiligen Vaters.

Mit herzlichen Segensgrüßen
Für das Bistum Berlin
+ Alfred Card. Bengsch
Erzbischof
Bischof von Berlin

Berlin, 3. Juni 1975

(Rundschreiben des Bischofs von Berlin an alle Priester im Ostteil des Bistums Berlin.)

1. Dezember 1975

78. DIENST DER KIRCHE FÜR VERSÖHNUNG UND FRIEDEN[1]

Beschluß der Pastoralsynode der Jurisdiktionsbezirke in der DDR

ERSTES KAPITEL: VERSÖHNUNG DURCH CHRISTUS

Erster Abschnitt: Grundaussagen

(1) In unserer Zeit, in der das Verlangen nach Frieden wächst, weiß sich die Kirche durch den Auftrag Christi berufen zum Dienst der Versöhnung an Menschen und Völkern. Ihr ist die Aufgabe gestellt, in jeder Gesellschaftsordnung „Keimzelle der Einheit, der Hoffnung und des Heiles"[2] zu sein. Der Friede zwischen Menschen und Völkern ist Abbild und Teilhabe[3] an dem Frieden, den Christus gestiftet hat.

(2) Für den Christen[4] ist Unfriede nicht nur Folge geschichtlicher Enwicklungen, sondern immer auch Hinweis auf menschliche Schuld, Zeichen unserer Verschlossenheit gegenüber der Zuwendung und dem Anspruch Gottes. Aus diesem Zustand vermag sich der Mensch nicht allein zu befreien.

(3) Deshalb hat Christus die Menschen mit Gott versöhnt und ist dadurch „Ursprung der Einheit und des Friedens"[5] geworden. Die Versöhnung der Menschen mit Gott ist die freie Tat Christi,[6] der – selbst schuldlos – für seine Brüder[7] das Leben hingegeben und die Menschheit aus der Herrschaft der Sünde und des Todes befreit hat.[8] So ist der Mensch den Mächten und Gewalten des Bösen nicht mehr hoffnungslos ausgeliefert,[9] auch wenn er täglich die Bedrohung des Friedens und der Zukunft durch Haß, Intoleranz, ungerechte Verteilung der Güter, Kriege und vielfältige Verletzung der Menschenwürde erfährt.

1 Für den Christen ist Frieden die Frucht der Versöhnung durch Christus. Die Kirche hat die Aufgabe, dieses christliche Verständnis in die Gesellschaft einzubringen. Dazu ist ein Synodenbeschluß eine Möglichkeit neben anderen Äußerungen der Kirche. Die Auswahl der Themen erfolgte unter dem Gesichtspunkt ihrer Eignung für eine synodale Beratung und Beschlußfassung.

2 Vat. II., Kirche 9.

3 Vgl. Eph 2,14-18.

4 Ein Synodenbeschluß wendet sich naturgemäß an die Christen der eigenen Konfession. Wenn das im Text nicht ständig durch das Attribut „katholisch" betont wird, dann geschieht das in dem Bewußtsein, daß uns viele der Aussagen mit Christen anderer Konfessionen verbinden.

5 Vat. II., Kirche 9.

6 Vgl. Joh 10,17f.

7 Vgl. Mk 10,45.

8 Vgl. Röm 3,24.

9 Vgl. Kol 1,13.

(4) Wie verhalten wir uns in dieser zwiespältigen Situation? Wer an die von Gott gewirkte Erneuerung glaubt, darf nicht mehr unter das Gesetz der Sünde und des Hasses zurückfallen, sondern muß bereit sein, sich und die Welt im Geiste Christi zu verändern. Alle Bemühungen um eine menschlichere Welt sieht der Christ als heute schon mögliche Schritte auf dem Weg zum neuen Himmel und zur neuen Erde.[10] Gottes Verheißung erfüllt ihn mit geduldiger Ungeduld: Deshalb darf er gegen Zwietracht und Feindseligkeit nicht passiv bleiben, denn die Versöhnungstat Christi ist schon vollbracht; er darf aber auch nicht ungeduldig den neuen Himmel und die neue Erde herbeizwingen wollen, denn Gott selbst will sie uns schenken.

Zweiter Abschnitt: Pastorale Folgerungen

1. Vergebung

(5) Wir alle werden schuldig und bedürfen ständig der Vergebung Gottes und der Vergebung untereinander. Nach Jesu Weisung sollen wir immer neu zur Vergebung bereit sein.[11] Wirklich vergeben kann nur, wer die eigene Schuld erkennt und selbst zu Buße und Umkehr bereit ist.[12] Vergebung ist eine Kraft, die die Welt verändert.

Pastorale Appelle

(6) Der *katholische Christ* soll im Bußsakrament seine pesönliche Schuld bekennen, die Vergebung Gottes dankbar empfangen und aus der Kraft der empfangenen Vergebung auch anderen verzeihen.

(7) *Christen* sollen in der Liebe Christi Vergebung gewähren und annehmen.

Einzelne und Gruppen der Gemeinde dürfen nicht nachtragend und unversöhnlich sein. Schuldiggewordenen sollen sie einen neuen Anfang ermöglichen.

Pastorale Empfehlung

(8) Die *Mitarbeiter im Verkündigungsdienst* sollen die Gläubigen darauf hinweisen, daß persönliche Schuld auch das Zusammenleben der Menschen und die Kirche selbst belastet.

Diese soziale Dimension der Schuld soll vor allem im Bußritus der Eucharistiefeier und in Bußgottesdiensten zur Geltung kommen.

2. Toleranz

(9) Das II. Vatikanische Konzil sagt: „Achtung und Liebe sind auch denen zu gewähren, die in gesellschaftlichen, politischen oder auch religiösen Fragen anders denken oder handeln als wir. Je mehr wir in Menschlichkeit und Liebe inneres Verständnis für ihr Denken aufbringen, desto leichter wird es für uns, mit ihnen ins Gespräch zu kommen. Diese Liebe und Güte dürfen uns aber keineswegs gegenüber

10 Vgl. Offb 21,1.
11 Vgl. Mt 18,21f.
12 Vgl. Beschluß der Pastoralsynode, Glaube heute 16.

der Wahrheit und dem Guten gleichgültig machen. Vielmehr drängt die Liebe selbst die Jünger Christi, allen Menschen die Heilswahrheiten zu verkünden. Man muß jedoch unterscheiden zwischen dem Irrtum, der immer zu verwerfen ist, und dem Irrenden, der seine Würde als Person stets behält."[13]

Pastorale Appelle

(10) *Christen* sollen sich um Verständigung mit Menschen anderer Auffassungen bemühen und zugleich ihren Glauben und ihre Hoffnung bezeugen.

(11) *Gruppen* und *Gemeinschaften* in der Kirche sollen offen sein und sich vor Gruppenegoismus hüten. Niemand sollte durch vorgefaßte Meinungen einzelne oder Gruppen vedächtigen, verurteilen oder aus der Gemeinschaft hinausdrängen.

(12) *Alle, die in der Kirche Amt oder Einfluß haben*, werden besonders aufgefordert zur Aufgeschlossenheit für die Situation des anderen, zu Geduld, Verständnis und Vergebungsbereitschaft.

ZWEITES KAPITEL: KIRCHE ALS ZEICHEN UND WERKZEUG DER VERSÖHNUNG

Erster Abschnitt: Grundaussagen

(13) „Die Kirche ist in Christus gleichsam das Sakrament, d. h. Zeichen und Werkzeug für die innigste Vereinigung mit Gott wie für die Einheit der ganzen Menschheit."[14] Die Kraft der Versöhnungstat Christi soll durch sie wirksam werden. In Wort und Sakrament bringt Gott Versöhnung und Frieden und befähigt die Menschen, eine brüderliche Gemeinschaft zu bilden.

(14) Die Verschiedenartigkeit der Menschen und ihre unterschiedliche Stellung, die oft Zwietracht und Feindseligkeit hervorrufen, sollen in der Gemeinschaft der Glaubenden in Liebe und Versöhnungsbereitschaft angenommen werden. „Denn ihr alle, die ihr auf Christus getauft seid, habt Christus angezogen. Da gibt es nicht mehr Juden und Griechen, Sklaven und Freie, Mann und Frau, denn ihr alle seid eins in Christus Jesus."[15]

(15) In der Eucharistie wird die Einheit der Glaubenden in Christus am deutlichsten dargestellt und erneuert. Solche „communio" setzt die Versöhnungsbereitschaft der Gemeinde und des einzelnen voraus. „Wenn du deine Gabe zum Altar bringst und dich dort erinnerst, daß dein Bruder etwas gegen dich hat, dann laß deine Gabe dort vor dem Altar und geh erst hin und versöhne dich mit deinem Bruder! Dann komm und bringe deine Gabe dar."[16]

[13] Vat. II., Kirche und Welt 28.

[14] Vat. II., Kirche 1.

[15] Gal 3,27f.

[16] Mt 5,23f.

(16) Die Kirche verbindet von ihrem Wesen her Völker und Rassen. Ihre Sendung gilt allen Menschen. Sie ist in fast allen Ländern gegenwärtig. Aus ihrer religiösen Sendung erwachsen ihr hohe Verantwortung und echte Möglichkeiten, Impulse für Versöhnung, Toleranz und Konfliktbewältigung zu geben. „Dabei bestimmt die Kirche kein irdischer Machtwille."[17]

Zweiter Abschnitt: Pastorale Folgerungen

1. Gesinnung des Friedens

(17) Jede Bemühung um Frieden im täglichen Leben hat verändernde Kraft. Sie ist in jedem Lebensstadium von Bedeutung und beginnt bei der Erziehung der Kinder.

Pastorale Appelle

(18) *Christen* sind aufgerufen, durch Wort und Beispiel Gesinnung des Friedens zu wecken und zu wahren in Verbindung mit allen Menschen guten Willens, die den Frieden in der Ordnung der Gerechtigkeit und Liebe begründet sehen.[18]

(19) Bei der christlichen Erziehung sollen Tugenden des Friedens besondere Beachtung finden:
- Aufmerksamkeit für fremdes Leid und Ungerechtigkeit,
- Verständnis für die Lebensinteressen der anderen, zum Beispiel im Zusammenleben der Generationen,
- Achtung der Rechte von Minderheiten und Schwachen,[19]
- Abbau von Vorurteilen,
- Weckung von Vergebungsbereitschaft,[20]
- Verzicht auf Gewaltanwendung.

(20) *Christliche Eltern und Erzieher* sollen den Kindern Tapferkeit vor allem durch Beispiele von Gewissenstreue, Zivilcourage und Gewaltlosigkeit nahebringen.

(21) *Christliche Eltern* sollen ihren Kindern die Gefahren und Folgen eines Krieges bewußt machen. Sie sollen darauf achten, daß die Kinder nicht durch Spielzeug, Fernsehen, Film, Literatur und andere Einflüsse für kriegerische Handlungen begeistert werden.

[17] Vat. II., Kirche und Welt 3; vgl. auch 42.

[18] „Der Friede besteht nicht darin, daß kein Krieg ist; er läßt sich auch nicht bloß durch das Gleichgewicht entgegengesetzter Kräfte sichern; er entspringt ferner nicht dem Machtgebot eines Starken; er heißt vielmehr mit Recht und eigentlich ein ‚Werk der Gerechtigkeit' (Jes 32,17). Er ist die Frucht der Ordnung, die ihr göttlicher Stifter in die menschliche Gesellschaft eingestiftet hat und die von den Menschen durch stetes Streben nach immer vollkommenerer Gerechtigkeit verwirklicht werden muß ... Der feste Wille, andere Menschen und Völker und ihre Würde zu achten, gepaart mit einsatzbereiter und tätiger Brüderlichkeit – das sind unerläßliche Voraussetzungen für den Aufbau des Friedens. So ist der Friede auch die Frucht der Liebe, die über das hinausgeht, was die Gerechtigkeit zu leisten vermag" (Vat. II., Kirche und Welt 78; vgl. auch Kirche und Welt 72. 76. 77; vgl. auch Anmerkung 31).

[19] Vgl. Vat. II., Kirche und Welt 59 und 73.

[20] Vgl. Beschluß der Pastoralsynode, Vorbereitung auf die Ehe 9.

2. Bewältigung von Konflikten

(22) Menschliches Leben bedeutet Zusammenleben mit Menschen, die anders sind. In dieser Andersartigkeit liegen Spannungen. Solche Spannungen sind unvermeidbar, weil Menschen
- verschieden veranlagt,
- durch ihre persönliche Entwicklung unterschiedlich geprägt,
- durch ihre jeweiligen Aufgaben und Interessen bestimmt sind.

(23) Bei der Austragung dieser Spannungen kann es zu Konflikten kommen, die unverschuldet sind oder schuldhaft im menschlichen Verhalten gründen. Konflikte entstehen schuldhaft, wenn Menschen
- anmaßend und unduldsam sind,
- nicht mehr aufeinander hören,
- sich von Mißtrauen leiten lassen,
- einander täuschen oder wichtige Informationen vorenthalten,
- nur den eigenen Vorteil suchen.

Wer die Ursachen der Spannungen kennt und sich brüderlich auf den Mitmenschen einstellt, wird viele Konflikte vermeiden können.

(24) Für Christen gibt es im Vertrauen auf den versöhnenden Christus keine „hoffnungslosen Konflikte". Ob die Menschen unserer Zeit glauben können, daß Jesus vom Vater gesandt ist, um alle Menschen in einer neuen Gemeinsamkeit, im Reich Gottes, zu sammeln, hängt weitgehend davon ab, wie wir diese Gemeinsamkeiten darstellen, und das heißt auch, wie wir mit unseren Konflikten fertig werden.[21]

(25) Für die Bewältigung von Konflikten, die aus Schuld entspringen, gilt die Antwort Jesu an Petrus, als er fragte: „Herr, wenn mein Bruder sich gegen mich verfehlt, wie oft soll ich ihm vergeben? Bis zu siebenmal?" Jesus antwortet: „Ich sage dir, nicht bis siebenmal, sondern bis zu siebenundsiebzigmal."[22] Für die Bewältigung unvermeidbarer Konflikte gilt, daß sie brüderlich, in Liebe und Wahrhaftigkeit gelöst oder ausgehalten werden müssen. Der bewußte Verzicht auf die Inanspruchnahme zustehender Rechte kann unter Umständen wertvoller sein als ein Beharren auf Rechtspositionen.

Pastorale Appelle

(26) *Christen* sollen versuchen, Konflikte zu lösen. Dazu sind Verständnis für die Eigenart des anderen und Vergebungsbereitschaft notwendig.

(27) Nicht alle Konflikte sind lösbar. *Christen* sollen lernen, mit solchen Konflikten zu leben, ohne sie aus ihrem Bewußtsein zu verdrängen. Sie sollen zu verantwortbaren Kompromissen bereit sein, dürfen aber nicht „faule Kompromisse" schließen.

(28) *Christen* werden aufgefordert, jungen Menschen zu helfen, wenn diese in

[21] Vgl. Joh 17,21-23.

[22] Mt 18,21f; vgl. auch Beschluß der Pastoralsynode, Akzente christlichen Lebens in Ehe und Familie 78 und 85.

wichtigen Lebensfragen – wie Jugendweihe, Beruf, Wehrdienst, Wahl des Ehepartners – verantwortlich Entscheidungen zu treffen haben.[23] Entspricht deren Entscheidung nicht der eigenen Überzeugung, so ist diese zu ertragen; selbst Entscheidungen gegen kirchliche Ordnungen oder den Glauben sollten menschliche Bindungen nicht zerstören.

DRITTES KAPITEL: CHRISTEN IM DIENST DER VERSÖHNUNG

Erster Abschnitt: Grundaussagen

(29) Die unmittelbaren Dienste für den Frieden sind hauptsächlich Aufgaben des einzelnen Christen.[24] Durch Christus versöhnt, stellt er sein Leben in den Dienst der Versöhnung. Er schließt sich dem an, der gekommen ist, zu dienen, nicht, sich bedienen zu lassen.[25] Einheit, Gerechtigkeit, Frieden unter den Menschen und Befreiung von Schuld sind zuerst Früchte des Versöhnungsdienstes Jesu; sie sind uns zur Weitergabe anvertraut.[26] Die Verwirklichung des Friedens hängt von jedem einzelnen ab. Durch sein Verhalten und Handeln vermehrt er den Frieden oder den Unfrieden.

(30) Wer Frieden stiften will, muß mit Mißverständnis, Benachteiligung und Anfeindung rechnen. Angst darf nicht das Handeln lähmen. Es gelten die Worte der Schrift: „Wer sich also fürchtet, ist in der Liebe nicht vollendet"[27] und: „Der Jünger ist nicht über dem Meister."[28] Daraus folgt, daß der Christ die alltägliche Last seiner

[23] Vgl. Beschluß der Pastoralsynode, Vorbereitung auf die Ehe 36. Beschluß der Pastoralsynode, Der Christ in der Arbeitswelt 39 und 41.

[24] Die von Christus der Kirche übertragene Sendung „bezieht sich zwar nicht auf den politischen, wirtschaftlichen oder sozialen Bereich: das Ziel, das Christus ihr gesetzt hat, gehört ... der religiösen Ordnung an". Aus dieser religiösen Sendung schöpft die Kirche „Auftrag, Licht und Kraft, um der menschlichen Gemeinschaft ... nach göttlichem Gesetz behilflich zu sein" (Vat. II., Kirche und Welt 42). Es ist die besondere Aufgabe der Laien, „die Welt mit christlichem Geist zu durchdringen"; sie sind dazu berufen, „überall, und zwar inmitten der menschlichen Schicksalsgemeinschaft, Christi Zeugen zu sein"; sie sind „eigentlich, wenn auch nicht ausschließlich, zuständig für die weltlichen Aufgaben und Tätigkeiten". Dabei darf kein künstlicher Gegensatz „zwischen beruflicher und gesellschaftlicher Tätigkeit auf der einen Seite und dem religiösen Leben auf der anderen" konstruiert werden. „Ein Christ, der seine irdischen Pflichten vernachlässigt, versäumt damit seine Pflichten gegenüber dem Nächsten, ja gegen Gott selbst, und bringt sein ewiges Heil in Gefahr" (Vat. II., Kirche und Welt 43; vgl. auch 77-90).

[25] Vgl. Mk 10,45.

[26] „Der Christ weiß die Entwicklung der Welt durch Gottes Auftrag den Menschen aufgegeben. Dieser Auftrag nimmt uns in den Dienst für die Zukunft und läßt uns mit allen Menschen guten Willens zusammenarbeiten, um die Welt menschlicher zu machen und das Leben der Menschen in Gerechtigkeit, Frieden und Freiheit zu gestalten" (Beschluß der Pastoralsynode, Glaube heute 69). Die „Allgemeine Erklärung der Menschenrechte" vom 10. 12. 1948 durch die UNO ist ein wichtiger Versuch, eine gemeinsame Basis für die Versöhnung der Menschheit zu schaffen. (Vgl. auch Johannes XXIII., Pacem in terris, Leipzig 1963, S. 30f.)

[27] 1 Joh 4,18.

[28] Mt 10,24.

Bemühungen um Versöhnung und Frieden als Teilnahme an der Passion Jesu verstehen darf. Für ihn gilt aber auch die Verheißung: „Selig, die Friedensstifter, denn sie werden Söhne Gottes heißen.“[29]

(31) Wer Frieden stiften will, darf sich auch gegenüber den Nöten in der Welt nicht verschließen. „Der Christ muß, gerade weil er ein Christ ist, seinen Platz neben den Hilflosen einnehmen. Er muß von dem Seinigen nehmen, um ihnen in ihren unmittelbaren Nöten zu helfen. Er muß sich selbst zur Hilfe anbieten, auf vielfältige Weise, um eine bessere Welt, eine gerechtere Welt aufzubauen.“[30]

Zweiter Abschnitt: Pastorale Folgerungen

1. Wahrhaftigkeit

(32) Eine der Grundlagen des friedlichen Zusammenlebens der Menschen ist die Wahrhaftigkeit.[31] Aus Gottes Gebot schöpft der Christ die Überzeugung, daß nur ehrliche Mitarbeit dem Gemeinwohl wirklich hilft.

Pastorale Appelle

(33) *Christen* werden bei ihrer Mitarbeit im beruflichen und öffentlichen Leben zu Aufrichtigkeit und verantwortbaren Entscheidungen ermutigt. Dabei sollen sie sich gegenseitig helfen
- durch Mitteilung persönlicher Erfahrungen,
- durch gemeinsame Orientierung am Evangelium,
- durch Gebet mit- und füreinander.

(34) *Christen* sollen die Möglichkeiten und Grenzen ihres Weltdienstes ständig neu bedenken.

Sie sollen bereit sein, Verzichte und dauernde Nachteile, die aus ihren Entscheidungen möglicherweise folgen, aus der Kraft des gemeinsamen Glaubens zu tragen.

(35) *Christen*, die wehrpflichtig sind, sollen in Fragen des Wehrdienstes verantwortete Entscheidungen treffen. Vor allem die, welche mit der Aufgabe christlicher Erziehung betraut sind, sollen die Jugendlichen zu solchen Entscheidungen befähigen.[32]

[29] Mt 5,9.

[30] Paul VI., Botschaft für die Fastenzeit 1975.

[31] Das friedliche Zusammenleben der Menschen ist nach dem Verständnis der Christen gewährleistet in einem „Ordnungsgefüge, das in der Wahrheit gründet, nach den Richtlinien der Gerechtigkeit erbaut, von lebendiger Liebe erfüllt ist und sich schließlich in der Freiheit verwirklicht“ (Johannes XXIII., Pacem in terris, Leipzig 1963, S. 36).

[32] Äußerungen des kirchlichen Lehramtes bieten Gesichtspunkte zu einer differenzierten Beurteilung: „Darum ist es in unserem Zeitalter, das sich rühmt, Atomzeitalter zu sein, Wahnsinn (alienum a ratione), den Krieg noch als das geeignete Mittel zur Wiederherstellung verletzter Rechte zu betrachten“ (Johannes XXIII., Pacem in terris, Leipzig 1963, S. XXVII).
„Der Krieg ist nicht aus der Welt geschafft. Solange die Gefahr von Krieg besteht und solange es noch keine zuständige internationale Autorität gibt, die mit entsprechenden Mitteln ausgestattet ist, kann

(36) *Christen*, die Wehrdienst leisten, werden daran erinnert, daß in allen Situationen des Lebens das Wort der Schrift gilt: „Man muß Gott mehr gehorchen als den Menschen."[33]

Pastorale Empfehlung

(37) Die *Mitarbeiter im Verkündigungsdienst* sollen dafür Sorge tragen, daß die Christen für ihre in konkreten Situationen zu treffenden Entscheidungen Hilfen erfahren. Sie sollen bewußt machen, daß die kirchliche Gemeinschaft Verständnis für sie hat und bereit ist, ihnen beizustehen.[34] Die Hilfe soll in angemessener Weise erfolgen durch persönliche Aussprache und andere Formen religiöser Unterweisung und Gewissensbildung, wie Besinnungstage, Predigt und Hirtenwort.

2. Feindesliebe

(38) Jesus Christus hat sich in Liebe allen Menschen, selbst seinen Feinden, zugewandt. Er war bereit, sie anzuhören und mit ihnen zu sprechen. Sogar in seinem Sterben betete er um Vergebung für seine Mörder. Er hat seine Jünger zur Feindesliebe aufgerufen, weil er wußte, daß nicht Haß und Vergeltung zum Frieden führen, sondern Liebe und Vergebung. So sind auch wir zur Feindesliebe verpflichtet.[35]

In der Nachfolge Christi ist jede gewaltfreie Aktion der gewaltsamen Aktion vorzuziehen.

Auf diese Weise kann das Evangelium wirkmächtig werden in der Befreiungsgeschichte der Menschheit.

man, wenn alle Möglichkeiten einer friedlichen Regelung erschöpft sind, einer Regierung das Recht auf sittlich erlaubte Verteidigung nicht absprechen" (Vat. II., Kirche und Welt 79).

„Ferner scheint es angebracht, daß Gesetze für die in humaner Weise Vorsorge treffen, die aus Gewissensgründen den Wehrdienst verweigern, vorausgesetzt, daß sie zu einer anderen Form des Dienstes an der menschlichen Gemeinschaft bereit sind" (Vat. II., Kirche und Welt 79).

Es ist auch wichtig, die einschlägigen gesetzlichen Bestimmungen zu kennen, z. B.: „Wer ... sich weigert, den Wehrdienst zu leisten, wird mit Freiheitsstrafen bis zu 5 Jahren oder mit Verurteilung auf Bewährung oder mit Strafarrest bestraft" (Strafgesetzbuch der DDR, § 256,1).

„Anordnung des Nationalen Verteidigungsrates der DDR über die Aufstellung von Baueinheiten ... vom 7. 9. 1964.

§ 1 (1) Im Bereich des Ministeriums für Nationale Verteidigung sind Baueinheiten aufzustellen.
(2) Der Dienst in den Baueinheiten ist Wehrersatzdienst ... Er wird ohne Waffe durchgeführt.

§ 2 (1) Die Baueinheiten haben die Aufgabe, Arbeitsleistungen im Interesse der DDR zu erfüllen. Dazu gehören insbesondere: a) Mitarbeit bei Straßen- und Verkehrsbauten sowie Ausbau von Verteidigungs- und sonstigen militärischen Anlagen; ...

§ 4 (1) Zum Dienst in den Baueinheiten werden solche Wehrpflichtigen herangezogen, die aus religiösen Anschauungen oder aus ähnlichen Gründen den Wehrdienst mit der Waffe ablehnen ..."
Gesetzblatt der DDR vom 16. 9. 1964, Teil I, Nr. 11, S. 129.

[33] Apg 5,29.

[34] Vgl. Beschluß der Pastoralsynode, Diakonie der Gemeinde 18.

[35] Vgl. Mt 5,43-48.

1. Dezember 1975

Pastoraler Appell

(39) *Christen* müssen ihre mitmenschlichen Beziehungen entsprechend dem Evangelium gestalten. Im privaten wie im öffentlichen Leben sollen sie ihr Verhalten von der Liebe zum Nächsten bestimmen lassen. Sie müssen sich dem Haß gegen Menschen entschieden widersetzen und alles tun, um das durch menschliche Schuld verursachte Unrecht zu überwinden.

3. Versöhnung unter den Völkern

(40) Christus hat die trennenden Schranken zwischen den Menschen abgebaut und will alle Völker zur Einheit zusammenführen. Wichtige Hilfen für den Frieden sind Verständigung und Freundschaft mit Menschen anderer Völker und Rassen.

Pastoraler Appell

(41) *Christen* sollen die Begegnungen mit Menschen anderer Länder dazu nutzen, Verständigung und Versöhnung zu fördern. Sie mögen gastfreundlich sein, Bescheidenheit im Auftreten wahren, fremde Sprachen lernen und sich um das Verständnis der Geschichte und der Eigenart anderer Völker mühen.

(42) Sie mögen sich besonders um freundschaftliche Kontakte mit den Menschen jener Völker mühen, die unter der nationalsozialistischen Gewaltherrschaft und deren Folgen viel zu leiden hatten.

4. Nöte der Welt

(43) Viele Menschen leben in äußerster geistiger und materieller Not, in Unwissenheit, Armut, Krankheit, Hunger und sozialer Ungerechtigkeit. Trotz ernsthafter Bemühungen um menschenwürdige Lebensbedingungen für alle geschieht zuwenig. Ein dauerhafter Friede ist nicht denkbar ohne einen gerechten Ausgleich zwischen den wohlhabenden Industrienationen und den Entwicklungsländern. So ist der Einsatz für die Entwicklungsförderung ein Dienst am Frieden. Die Hilfe für notleidende Völker ist nicht nur eine Aufgabe der Nächstenliebe, sondern vor allem eine fundamentale Pflicht der Gerechtigkeit. Die Bereitschaft zur Hilfe entspricht dem Geist der Armut, den das Evangelium fordert.[36]

Pastoraler Appell

(44) *Christen* sollen erkennen, daß Entwicklungsförderung wichtiger ist als Sicherung und Steigerung des eigenen Wohlstandes. Sie sollen bereit sein, um des gerechten Ausgleichs willen Einschränkungen des eigenen Lebensstandards auf sich zu nehmen. Sie sollen helfen, daß diese Erkenntnis sich bei möglichst vielen Menschen durchsetzt und die Bereitschaft zur Hilfe wächst.[37]

[36] Der Beschluß der Pastoralsynode muß sich auf diese Aussagen beschränken und kann deshalb nicht die eigentliche Missionsaufgabe der Kirche beschreiben.

[37] Vgl. Beschluß der Pastoralsynode, Ökumene im Bereich der Gemeinde 32.

Pastorale Empfehlungen

(45) Die *Mitarbeiter im Verkündigungsdienst* sollen häufiger auf die Nöte der Welt hinweisen. Sie sollen Verständnis für die Probleme der Entwicklungsländer und Verantwortung für die Lebensmöglichkeiten aller Menschen wecken und die uns möglichen Formen konkreter Hilfe aufzeigen.

(46) Das *Bischöfliche Werk „Not in der Welt"* soll Verbindungen zwischen Empfangenden und Gebenden vermitteln und vertiefen, um weitere konkrete Hilfeleistungen zu ermöglichen.

Wunsch

(47) Die *Berliner Ordinarienkonferenz* wird gebeten, auf eine Koordinierung der Arbeit des Bischöflichen Werkes „Not in der Welt" mit den entsprechenden Bemühungen der evangelischen Kirche hinzuwirken.

Pastoraler Appell

(48) Die *Gemeindemitglieder* werden aufgefordert, das Bischöfliche Werk „Not in der Welt" weiterhin zu unterstützen. Diese Unterstützung sollte sich nicht auf eine einmalige Kollekte im Jahr beschränken. Der einzelne soll seinen Möglichkeiten entsprechend auch ohne Aufforderung Hilfe leisten.

5. Gebet für den Frieden

(49) Jeder Auftrag Gottes erfordert das Hinhören auf seinen Anruf. Es ist deshalb notwendig, die Verwirklichung von Frieden und Versöhnung in das Gebet und damit in die Liebe Christi einzubeziehen.

Pastorale Empfehlung

(50) Der *Pfarrer* und die *für die Gottesdienstgestaltung Verantwortlichen* sollen bei der Auswahl und Formulierung der Fürbitten darauf achten, daß aktuelle Anliegen der Verwirklichung des Friedens in der Welt in das Gebet der Gemeinde aufgenommen werden. Insbesondere sollen sie den im Januar gefeierten Weltgebetstag des Friedens zum Anlaß nehmen, die Verantwortung jedes einzelnen für den Frieden bewußt zu machen.

Pastoraler Appell

(51) Die *Christen* werden aufgerufen, das Bemühen um Gerechtigkeit und Frieden ständig mit dem Gebet zu begleiten. Das Gebet stärkt in ihnen die Hoffnung auf den verheißenen Frieden, schärft ihr Gewissen für die Nöte der Welt und ermutigt sie auf dem Weg der Versöhnung.

1. Dezember 1975

Inkraftsetzung des Beschlusses der Pastoralsynode

DIENST DER KIRCHE FÜR VERSÖHNUNG UND FRIEDEN

Den von der Pastoralsynode der Jurisdiktionsbezirke in der DDR verabschiedeten Beschluß „Dienst der Kirche für Versöhnung und Frieden" setze ich hiermit in Kraft.

Die Veröffentlichung in den Amtlichen Mitteilungen ordne ich hiermit an.

Berlin, 1. Dezember 1975	+ Alfred Card. Bengsch Erzbischof Bischof von Berlin
Dresden, 1. Dezember 1975	+ Gerhard Schaffran Bischof von Meißen
Görlitz, 1. Dezember 1975	+ Bernhard Huhn Bischof und Apostolischer Administrator von Görlitz
Erfurt, 1. Dezember 1975	+ Hugo Aufderbeck Bischof und Apostolischer Administrator in Erfurt-Meiningen
Schwerin, 1. Dezember 1975	+ Heinrich Theissing Bischof und Apostolischer Administrator in Schwerin
Magdeburg, 1. Dezember 1975	+ Johannes Braun Bischof und Apostolischer Administrator in Magdeburg

(Der Beschluß „Dienst der Kirche für Versöhnung und Frieden" wurde als Dokumentation veröffentlicht in: St. Hedwigsblatt. Katholisches Kirchenblatt im Bistum Berlin, Nr. 48 und 49 vom 30. 11. und 7. 12. 1975.
Hier gedruckt nach: Konzil und Diaspora. Die Beschlüsse der Pastoralsynode der katholischen Kirche in der DDR, Leipzig [2]1988.)

18./19. Oktober 1976

79. ZUR ERRICHTUNG DER BERLINER BISCHOFSKONFERENZ

Mitteilung über die Sitzung der Vollversammlung der Berliner Ordinarienkonferenz

Die Mitglieder der Berliner Ordinarienkonferenz sind am 18. und 19. Oktober 1976 zu einer ordentlichen Sitzung im Bernhard-Lichtenberg-Haus in Berlin zusammengetreten. Der Vorsitzende der Konferenz, Alfred Cardinal Bengsch, gab dabei folgende Information:

„Durch Entscheidung des Heiligen Vaters ist die bisherige Berliner Ordinarienkonferenz, der Zusammenschluß der Bischöfe und Ordinarien im Gebiet der Deutschen Demokratischen Republik, als selbständige Bischofskonferenz (auctoritas territorialis), gemäß den Bestimmungen des Zweiten Vatikanischen Konzils (Christus Dominus 38,1; vgl. Motu Proprio Ecclesiae Sanctae 41,2) anerkannt.

Nach Approbierung der Statuten durch die Kongregation für die Bischöfe hat die Konferenz nunmehr als ‚Berliner Bischofskonferenz' im Gebiet der DDR alle Rechte und Pflichten, die das genannte Konzilsdekret den Bischofskonferenzen zuerkennt."

(St. Hedwigsblatt. Katholisches Kirchenblatt im Bistum Berlin, Nr. 44 vom 31. Oktober 1976, S. 347)

26. Oktober 1976

80. ZUR ERRICHTUNG DER BERLINER BISCHOFSKONFERENZ

Erklärung des Apostolischen Stuhls vom 26. 10. 1976

1. Durch Dekret vom 25. September 1976, das mit der üblichen Klausel „probeweise und auf fünf Jahre" versehen ist, hat die Bischofskongregation die Statuten der Berliner Bischofskonferenz approbiert.

Die neue Bischofskonferenz tritt an die Stelle der früheren Berliner Ordinarienkonferenz, welche als Regionalkonferenz im Bereich der Deutschen Bischofskonferenz galt, und hat die Funktionen und Befugnisse, welche die geltenden kirchenrechtlichen Bestimmungen den unabhängigen Bischofskonferenzen für ihre betreffenden Territorien zuerkennen.

2. Die Errichtung der Berliner Bischofskonferenz entspricht Bedürfnissen, die kirchlicher Natur sind.

Wie das Motu proprio „Ecclesiae Sanctae" in seinem Art. 41, § 1 festgesetzt hat, „sollen die Bischöfe der Länder oder Territorien, in denen es noch keine Bischofskonferenzen gibt, gemäß dem Konzilsdekret ‚Christus Dominus' Sorge tragen, solche sobald als möglich zu bilden, indem sie Statuten für dieselben ausarbeiten, die dem Apostolischen Stuhl zu unterbreiten sind".

Die Bischofskonferenzen sind nach dem besagten Konzilsdekret Zusammenschlüsse, in denen „die Bischöfe eines bestimmten Landes oder Gebietes ihren Hirtendienst gemeinsam ausüben" (Art. 38 § 1; deutsche Übersetzung besorgt im Auftrag der deutschen Bischöfe in: Lexikon für Theologie und Kirche – Das Zweite Vatikanische Konzil – Teil II, Freiburg 1967, S. 233). Die Bischofskonferenzen werden also seit dem Zweiten Ökumenischen Vatikanischen Konzil als Organe angesehen, die für den geregelten Ablauf des kirchlichen Lebens und der seelsorglichen Arbeit der Kirche notwendig sind. In gewissen Fällen steht ihnen (bisweilen auch auf Grund allgemeiner kirchlicher Bestimmungen) die Vollmacht zu, im festgesetzten Rahmen Entscheidungen zu treffen, die in ihren betreffenden territorialen Bereichen „rechtlich bindend sind".

Die Umschreibung des Territorialbereichs der einzelnen Bischofskonferenzen erfolgt nicht nach absoluten Kriterien. Normalerweise entspricht er dem des entsprechenden Staates. (1)

Besondere Gründe können jedoch auch zu einer anderen territorialen Abgrenzung führen: So bestehen zum Beispiel im Gebiet von Großbritannien zwei unabhängige Bischofskonferenzen (die von England und Wales und die Bischofskonferenz von Schottland). Umgekehrt können, „wo besondere Verhältnisse es erfordern, ... die Bischöfe mehrerer Länder mit Zustimmung des Heiligen Stuhls eine einzige Konferenz bilden" (Konzilsdekret „Christus Dominus" Art. 38, § 5); tatsächlich existieren mehrere solcher Konferenzen.

Allgemein kann man sagen, daß die Kriterien für die Abgrenzung des Territorialbereichs der einzelnen Bischofskonferenzen – ohne Außerachtlassung von anderen Faktoren (geschichtlicher oder politischer Natur) – im wesentlichen und in der Hauptsache solche der pastoralen Notwendigkeit oder Zweckmäßigkeit sind.

3. Die Bischöfe im Bereiche der DDR konnten an den Zusammenkünften und an der Arbeit der Deutschen Bischofskonferenz, zu der sie grundsätzlich als Mitglieder gehörten, nicht teilnehmen.

Entscheidungen der Deutschen Bischofskonferenz mußten daher getroffen werden, ohne daß die Bischöfe aus der DDR ihre Erfahrungen, Meinungen und Vorschläge dazu unmittelbar einbringen konnten. Die Beschlüsse der Deutschen Bischofskonferenz betrafen daher vor allem pastorale Bedingungen, von denen sich die in der DDR erheblich unterscheiden.

(1) Das schon genannte Konzilsdekret „Christus Dominus" und das Motu proprio „Ecclesiae Sanctae" gebrauchen den Terminus „Natio" doch offensichtlich im Sinne von „Land" oder „Staat", was auch der Terminologie des Kirchlichen Gesetzbuches entspricht.

Auf der anderen Seite besaß die Berliner Ordinarienkonferenz – auch wenn sie zur Koordinierung der Seelsorgsarbeit und der Zusammenarbeit unter den Mitgliederbischöfen sehr viel Nützliches leistete – nicht die Autorität und die Vollmachten, die nach geltenden kirchlichen Bestimmungen den unabhängigen Bischofskonferenzen zukommen, weil sie eben als Regionalkonferenz im Bereich der Deutschen Bischofskonferenz galt.

Der Heilige Stuhl hat besonders die vorgenannten Erwägungen vor Augen gehabt, als er zu dem Schluß kam, daß Gründe seelsorglicher Notwendigkeit und Zweckmäßigkeit dazu drängen, die Umwandlung der Berliner Ordinarienkonferenz in eine unabhängige Bischofskonferenz nicht länger aufzuschieben; dies erschien um so notwendiger, als die Probleme der Kirche im Bereich der DDR es verlangen, daß die Bischöfe in den Stand gesetzt werden, sie mit voller Autorität in Angriff nehmen zu können.

Die Entscheidung des Heiligen Stuhls ist den Bischöfen der Berliner Ordinarienkonferenz am 10. April 1976 mitgeteilt worden, zusammen mit der Bitte, zur Abfassung der neuen Statuten zu schreiten und diese gemäß geltendem Recht dem Heiligen Stuhl zur Approbation zu unterbreiten. Dies ist geschehen.

4. Aus dem Vorausgehenden ist ersichtlich, daß die Existenz zweier paralleler Bischofskonferenzen nicht die zwischen den beiden deutschen Staaten ungelösten Fragen – darunter die nationale Frage selbst – berührt, auf welche die Präambel des „Vertrages über die Grundlagen der Beziehungen zwischen der Bundesrepublik Deutschland und der Deutschen Demokratischen Republik" vom 21. Dezember 1972 Bezug nimmt.

Der Heilige Stuhl steht dem deutschen Volk wie stets mit Wohlwollen und Verständnis gegenüber. Er hofft, daß – auch entsprechend Buchstaben und Geist der Schlußakte der Konferenz von Helsinki über Sicherheit und Zusammenarbeit in Europa – eine friedliche und zufriedenstellende Lösung der zwischen beiden deutschen Staaten ungelösten Probleme erreicht werden kann zum Vorteil der Menschen in beiden Teilen, auch auf kirchlicher Ebene.

(KNA Dokumentation Nr. 208 vom 27. Oktober 1976)

81. ZUR ERRICHTUNG DER BERLINER BISCHOFSKONFERENZ

Erklärung des Sekretariats der Deutschen Bischofskonferenz

„Seit Jahren ist den katholischen Bischöfen in der DDR die Teilnahme an der Deutschen Bischofskonferenz nicht möglich. Der Heilige Stuhl hat nunmehr entschieden, die bisherige Berliner Ordinarienkonferenz als Berliner Bischofskonferenz zu errichten. Damit besitzt diese die Auctoritas territorialis, die sog. örtliche Autorität, d. h., sie kann Beschlüsse fassen, die nach dem Dekret „Christus Dominus" des Zweiten Vatikanischen Konzils den Bischöfen eines bestimmten Gebietes zustehen, z. B. in liturgischen Fragen. Das Statut der Berliner Bischofskonferenz ist von der Römischen Bischofskongregation ‚probeweise auf fünf Jahre' anerkannt worden.

Der Bischof von Berlin bleibt wegen seiner Jurisdiktion in West-Berlin weiterhin auch Mitglied der Deutschen Bischofskonferenz. An seiner Stellung ändert sich nichts.

Da die Geltungsdauer des Statuts der Deutschen Bischofskonferenz seit Frühjahr dieses Jahres abgelaufen war, mußte die Deutsche Bischofskonferenz die genannte Entscheidung des Heiligen Stuhles bei der Neufassung des Statuts berücksichtigen.

Die Deutsche Bischofskonferenz versteht diese kirchenrechtliche Verselbständigung der Berliner Ordinarienkonferenz nicht als Trennung, sondern sie weiß sich mit ihren bischöflichen Mitbrüdern in der DDR auch fernerhin eng verbunden.

Diese Verbindung zu pflegen, ist gemäß dem Konzilsdekret „Christus Dominus" und dem Statut der Deutschen Bischofskonferenz eine bleibende Verpflichtung, die sie nach Kräften erfüllen wird, insbesondere in der Zusammenarbeit in pastoralen und liturgischen Fragen.

Die seelsorglichen Erwägungen, die den Heiligen Stuhl veranlaßt haben, die genannte Maßnahme zu treffen, sind in der heute vom Presseamt des Heiligen Stuhls veröffentlichten Erklärung dargelegt. Die Deutsche Bischofskonferenz verweist auf diese Erklärung."

Bonn, den 26. Oktober 1976

(KNA Dokumentation Nr. 208 vom 27. Oktober 1976)

26. Oktober 1976

82. ZUR ERRICHTUNG DER BERLINER BISCHOFSKONFERENZ

Erklärung des Bischöflichen Ordinariats Berlin (West)

„Die Mitglieder der Berliner Ordinarienkonferenz sind am 18. und 19. Oktober 1976 zu einer ordentlichen Sitzung im Bernhard-Lichtenberg-Haus in Berlin zusammengetreten. Der Vorsitzende der Konferenz, Alfred Kardinal Bengsch, gab dabei folgende Information:

‚Durch Entscheidung des Heiligen Stuhls ist die bisherige Berliner Ordinarienkonferenz, der Zusammenschluß der Bischöfe und Ordinarien im Gebiet der Deutschen Demokratischen Republik, als selbständige Bischofskonferenz (Auctoritas territorialis), gemäß den Bestimmungen des Zweiten Vatikanischen Konzils („Christus Dominus 38, 1 vgl. Motu proprio „Ecclesiae Sanctae" 41,2) anerkannt.

Nach Approbierung der Statuten durch die Kongregation für die Bischöfe hat die Konferenz nunmehr als ‚Berliner Bischofskonferenz' im Gebiet der DDR alle Rechte und Pflichten, die das genannte Konzils-Dekret den Bischofskonferenzen zuerkennt.'

Die ‚Berliner Bischofskonferenz' ist – gemäß ihren Statuten – nicht befugt, für den Westteil des Bistums Berlin zu beschließen. Der Bischof von Berlin bleibt, wie die Kongregation für die Bischöfe erklärt hat, wegen der seit der Ernennung zum Bischof von Berlin bestehenden Jurisdiktion in Berlin (West) weiterhin Mitglied der Deutschen Bischofskonferenz, in der er seine Rechte und Pflichten selbst oder durch seinen Bevollmächtigten in Berlin (West) wahrnimmt. Diese bisher geltende Regelung ist auch im Statut der Deutschen Bischofskonferenz festgelegt."

Berlin, am 26. Oktober 1976

(KNA Dokumentation Nr. 208 vom 27. Oktober 1976)

7. Dezember 1976

83. DIE CHRISTLICHE EHE IN UNSERER ZEIT

Hirtenwort der Bischöfe der Berliner Bischofskonferenz

Liebe Brüder und Schwestern!

Mit einem gemeinsamen Hirtenwort zu aktuellen Fragen katholischen Ehelebens wenden wir Bischöfe uns heute an Euch. Wir entsprechen damit auch einer Bitte unserer Pastoralsynode.

Wir wissen, wie viele inmitten aller Verwirrung und Gefährdung unbeirrbar daran festhalten, ihr Ehe- und Familienleben aus dem Geist des Evangeliums und der Kirche zu gestalten. Wir wissen aber auch um die Nöte, Schwierigkeiten und Unsicherheiten nicht weniger christlicher Eheleute und Eltern in unserer Zeit. Allen, den Verunsicherten oder Suchenden wie auch denen, deren Mut zur Treue ungebrochen ist, – allen, ob sie vor der Ehe stehen oder schon viele Jahre verheiratet sind – will unser Hirtenwort eine klare Wegweisung und eine brüderliche Hilfe sein.

I. *Die Ehe ist ein Sakrament*

Wer ein Haus bauen will, muß vor allem für ein tragfähiges Fundament sorgen, sonst ist alle Mühe um den Ausbau und die Einrichtung des Hauses umsonst. Das Fundament ist zwar nicht mehr zu sehen, wenn das Haus fertig ist, aber alles hängt von ihm ab. Das Fundament der christlichen Ehe ist das Ehesakrament. Wie das Fundament eines Hauses später für Außenstehende nicht mehr sichtbar ist und doch dauernd das Haus trägt, so schafft das Sakrament der Ehe die in Gott gegründete Gemeinschaft der Ehegatten und bleibt die tragende Kraft ihrer Ehe und Familie.

Durch das Sakrament der Taufe ist jeder von uns aufgenommen in eine Lebensgemeinschaft mit Christus. Wenn zwei Getaufte nun die Ehe schließen, kann es nicht nur eine Gemeinschaft zu zweit werden. Jeder von ihnen lebt ja schon in der Gemeinschaft mit Christus. Darum kann und darf im Ehebund zweier Getaufter Christus nicht fehlen. Durch das Sakrament der Ehe wird die Gemeinschaft von Mann und Frau verwandelt zu einer neuen Lebenseinheit der Ehegatten mit Christus. So eng wie Christus und seine Kirche in Liebe und Treue untrennbar verbunden sind, so eng werden Mann und Frau durch das Sakrament der Ehe miteinander in Christus verbunden. Weil die Kirche diese in Christus gegründete Lebenseinheit vermitteln darf, muß sie – um der Ehepartner willen – auf der kirchlichen Eheschließung bestehen. Wenn ein katholischer Christ sich darüber hinwegsetzt, so ist seine Verbindung keine kirchlich gültige Ehe und steht nicht auf dem Fundament der Lebensgemeinschaft in Christus. Darum gilt für katholische

Christen, besonders für unsere Jugendlichen und ihre Eltern, ganz klar: Wir halten an der kirchlichen Trauung fest!

Auch die aus wirtschaftlichen Gründen vorgezogene standesamtliche Eheschließung berechtigt katholische Christen nicht zur vollen ehelichen Gemeinschaft. Schon gar nicht gibt die heute weitverbreitete Meinung, es genüge doch überhaupt die amtliche Trauung, einem Katholiken das Recht, seinem Ehepartner und sich selbst das Sakrament der Ehe vorzuenthalten.

II. *Geschlechtliche Gemeinschaft ist der Ehe vorbehalten*

Ein klares Wort erwartet Ihr, liebe katholische Jugendliche und Brautleute, heute auch mit Recht in der Frage vorehelicher geschlechtlicher Beziehungen. Leider ist dies für viele junge Menschen keine Frage mehr. So erfahrt Ihr, daß viele Eurer Altersgenossen den vorehelichen Geschlechtsverkehr selbstverständlich praktizieren. Ja, nicht selten müßt Ihr erleben, daß Ihr wegen Eurer anderen Meinung in dieser Frage als rückständig abgestempelt oder verspottet werdet. Manche von Euch lassen sich dadurch verunsichern.

Was sagen wir als Christen dazu?

Unser ganzes menschliches Leben ist durch unsere Geschlechtlichkeit geprägt. Soll menschliches und christliches Leben gelingen, muß die Geschlechtlichkeit mitreifen. Das fordert eine bewußte Bejahung dieser Lebenskraft. Eine Verachtung der Geschlechtlichkeit entspricht nicht der Aussage der Heiligen Schrift. „Gott schuf den Menschen als sein Abbild. Als Mann und Frau erschuf er ihn" (Gen 1,27). Sowohl die Gottebenbildlichkeit wie die Geschlechtlichkeit sind Gaben des Schöpfergottes.

Wir sind einig, daß jeder Mißbrauch der Geschlechtskraft zur eigenen Lustbefriedigung mit beliebigen Partnern vor oder außerhalb der Ehe sicher ein Unrecht und schwere Schuld ist. Auch wenn zwei junge Menschen zur Ehe entschlossen oder schon verlobt sind, bleibt das leibliche Einswerden der Ehe vorbehalten. In diesem Stadium vor der endgültigen ehelichen Bindung sind aber Zärtlichkeiten und Liebeserweise als Ausdruck der bestehenden persönlichen Verbundenheit gewiß nicht als Unrecht zu werten. Sie können jedoch leicht die notwendige Selbstbeherrschung und Ehrfurcht vor dem Partner gefährden.

Nun wird heute dagegen oft gesagt, die Frage des vorehelichen Geschlechtsverkehrs ist Sache der persönlichen Gewissensentscheidung. Jeder Mensch aber ist in seinem Gewissensentscheid an objektive Normen der Schöpfungsordnung gebunden und der Christ dazu an das Wort und den Geist des Evangeliums. Darum kann ein katholischer Christ sich niemals guten Gewissens gegen die auf der Heiligen Schrift beruhenden Weisungen der Kirche entscheiden.

Darum müssen wir Euch jungen Menschen sagen: Habt Vertrauen und Mut, auch in dieser Frage nach Eurem Glauben zu leben! Es wird mit Sicherheit für Euer ganzes Leben und für Eure künftige Ehe zum Besten sein! Ihr sollt aber auch wissen, daß Ihr von Euren Seelsorgern sowie in der Pfarrgemeinde Verständnis, Rat und Hilfe erwarten könnt und Ihr darauf rechnen dürft, mit Euren Schwierigkeiten und Problemen nicht alleingelassen zu werden.

7. Dezember 1976

III. *Christliche Ehe hat die Glaubensgemeinschaft zum Fundament*

Die katholischen und evangelischen Bischöfe in der DDR haben gemeinsam folgendes erklärt: „Ein besonderes tragfähiges Fundament für eine erfüllte Ehe sehen wir Christen in einer gemeinsamen Glaubensüberzeugung der Eheleute. Die Kirchen dürfen darum nicht müde werden, alle, die sich auf die Ehe vorbereiten, auf dieses Fundament menschlicher Gemeinsamkeit hinzuweisen. Voneinander abweichende Glaubensbekenntnisse erschweren die volle Einheit und Lebensgemeinschaft der Ehegatten, ihre Teilnahme am Gottesdienst und am Leben ihrer Gemeinde sowie die Wahrnehmung ihrer gemeinsamen Verantwortung in der Kindererziehung. *Darum tritt die evangelische wie die katholische Kirche für die bekenntnisgleiche Ehe ein.*" (Erklärung vom 15.11.1971, Kirchliche Dokumente, Heft 15, S. 151).

Aus diesen Gründen müssen wir es unseren jungen Katholiken und ihren Eltern mit allem Nachdruck ans Herz legen, bei der Wahl des Ehepartners auf die Gemeinsamkeit im Glauben zu achten und sich ernstlich zu bemühen, einen katholischen Partner zu finden.

Wir wissen, daß die Zahl der konfessionsverschiedenen Ehen in unserer Diaspora weiterhin zugenommen hat. Dennoch halten wir an unserer Erklärung fest, denn „trotz aller ökumenischen Gemeinschaft tragen die Eheleute in konfessionsverschiedenen Ehen besonders schwer an den Folgen der fortbestehenden Spaltung der Kirche, wenn es zum Konflikt zwischen der Treue zum eigenen Glauben und der Liebe zum Partner des anderen Bekenntnisses kommt. Diese Last zu beseitigen, wird erst möglich sein, wenn die Spaltung der Christenheit überwunden ist" (Erklärung zu Matrimonia mixta vom 1.11.1970).

Das werden viele, die in einer Mischehe leben, bestätigen können. Wir danken allen, die sich dennoch darum bemühen, treu zur eigenen Kirche zu stehen und auf dem gemeinsamen christlichen Fundament ihrem Partner in Liebe verbunden sind.

Unsere Lage als Minderheitskirche in einer sozialistischen Gesellschaft bringt es mit sich, daß wir Bischöfe jetzt auch häufiger Dispens für die Eheschließung mit einem Nichtchristen oder Atheisten geben werden. Wir können eine solche Erlaubnis nur aus sehr schwerwiegenden Gründen und unter bestimmten Bedingungen erteilen, denn bei einer Ehe mit einem Ungetauften wird das Sakrament der Ehe nicht im vollen Sinn wirksam, da der Ungetaufte die Lebensgemeinschaft mit Christus nicht kennt. Auch wenn der gläubige Katholik seinem glaubenslosen Ehepartner zum Vermittler des Heiles werden kann, so ist doch die Verflachung oder der Verlust des Glaubens wesentlich häufiger. Darum sind wir im Gewissen verpflichtet, von einer solchen ehelichen Verbindung auf das eindringlichste abzuraten.

Abzulehnen aber ist die Ehe eines gläubigen Christen mit einem überzeugten *Atheisten*. An den sich widersprechenden – ja einander ausschließenden – Lebensauffassungen wird auch die stärkste menschliche Liebe zerbrechen.

IV. *Christliche Ehe sagt Ja zum Kind*

„Kindern das Leben zu schenken ist die schönste Frucht und Gabe ehelicher Liebe. Eheliche Liebe muß dem Leben dienen." (Beschluß der Pastoralsynode, Akzente christlichen Lebens in Ehe und Familie 51). Durch die Weitergabe des Lebens werden die Eltern Mitarbeiter der Liebe Gottes des Schöpfers. Sie verantworten diese Aufgabe gemeinsam in Ehrfurcht vor dem Leben und in dem Bemühen, seine Unantastbarkeit zu wahren und seiner Entfaltung durch eine liebevolle Erziehung der Kinder zu dienen. Nach den Aussagen des II. Vatikanischen Konzils und der Enzyklika „Humanae vitae" ist verantwortete Elternschaft für christliche Eheleute eine entscheidende Gewissensverpflichtung und erfordert ein Urteil der Ehegatten, das vor Gott bestehen kann. Denn verantwortete Elternschaft ist nicht mit Verminderung der Kinderzahl gleichzusetzen, sondern fordert ein Urteil über die verantwortbare Zahl der Kinder und über zumutbare Zeitabstände in der Geburtenfolge. In hochherziger, menschlicher und christlicher Verantwortung werden christliche Eltern darum entsprechend ihren sozialen Verhältnissen, ihrer physischen und psychischen Möglichkeiten ihr Ja auch zu mehreren Kindern sagen (Vat. II, Gaudium et spes 50). Bei dieser Aufgabe lassen sich christliche Ehegatten in ihrer Einstellung und in ihrem Verhalten nicht von eigener Willkür, sondern von einem nach christlichen Normen geprägten Gewissen leiten.

Ausgerechnet in den europäischen Industriestaaten mit hohem Lebensstandard wächst der Trend zur Ein- oder Zweikind-Familie und wird das Nein zum Kind immer stärker. Laut Statistischem Jahrbuch der DDR wurden in den letzten drei Jahren jeweils rund 50 000 Kinder weniger geboren, als Menschen starben, während es im Jahr 1965 noch einen Geburtenüberschuß von 50 000 Kindern gab (Stat. Jahrbuch der DDR 1976, S. 399). Von den im Jahr 1974 geborenen 179 000 Kindern waren rund 60 % erstgeborene, knapp 30 % zweitgeborene Kinder und nur 11,8 % dritte und weitere Kinder.

Christliche Eltern dürfen sich einem solchen lebensfeindlichen Trend nicht anpassen! Aus der Kraft ihres Glaubens werden sie in gemeinsamer Entscheidung bereit sein, auch mehreren Kindern das Leben zu schenken.

Mit aller Entschiedenheit aber werden sie für ihre Ehe den *Schwangerschaftsabbruch* ablehnen. „Die katholische Kirche hat sich zu allen Zeiten der Praxis des Schwangerschaftsabbruchs widersetzt und das Recht des ungeborenen Kindes auf Leben verteidigt" (Ehe und Familie 61).

Seit der legalen Freigabe der Schwangerschaftsunterbrechung in vielen europäischen Staaten haben bedauerlicherweise auch manche katholischen Frauen und Mädchen diesem Sog nicht widerstanden.

Viel schlimmer aber noch ist es, wenn katholische Eltern ihrer Tochter oder gar der eigene Ehemann seiner Frau zum Schwangerschaftsabbruch rät und dazu drängt. Wer das tut, lädt eine doppelte schwere Schuld auf sich. Er verstößt gegen das 5. Gebot Gottes „Du sollst nicht töten" und vergeht sich in furchtbarer Weise gegen seine elterliche Verantwortung oder seine eheliche Liebe.

Wenn die katholische Kirche sich so bewußt und eindeutig für den Schutz des ungeborenen Lebens einsetzt, dann ist es auch Aufgabe jeder Gemeinde, bei ungewollten oder nicht ehelichen Schwangerschaften nach Kräften zu helfen. Es ist unchristlich, einer unehelichen Mutter das Leben durch ständige Vorwürfe zu verleiden oder sie in die Isolierung zu treiben. Ihr Entschluß, das Kind zur Welt zu bringen und ihm Lebenschancen zu geben, verdient Achtung und Hilfe. Vor allem aber haben Mutter und Kind ein Recht auf Geborgenheit und unvoreingenommene Aufnahme in der Gemeinde.

V. *Christliche Ehe ist ein unauflöslicher Bund*

„Gläubige Katholiken bekennen sich bei der Eheschließung zur Unauflöslichkeit ihrer Ehe. Offenbar sind sich aber nicht alle der Tragweite dieser unwiderruflichen Bindung voll bewußt" (Ehe und Familie 71). Schwierigkeiten, Spannungen, Meinungsverschiedenheiten, unvorhergesehene Entwicklungen wird jede Ehe durchstehen müssen, es sind Bewährungsproben. Belastender sind heute oft die Einflüsse von außen. Der Lebensstil einer hochentwickelten Industriegesellschaft macht es den Menschen nicht leicht, sich den unentbehrlichen eigenen Lebensbereich der Ehe und Familie zu bewahren. So sind heute mehr Ehen in Gefahr zu scheitern als in früheren Zeiten. Die Zahl der Ehescheidungen in der DDR ist von 27 407 im Jahr 1970 auf 41 620 im Jahr 1975 angewachsen. Fast jede 4. Ehe wird wieder geschieden.

Deshalb sind Ehescheidungen heute etwas Alltägliches geworden, aber *wir* dürfen nie vergessen: „Was Gott verbunden hat, darf der Mensch nicht trennen" (Mk 10,9). Für den katholischen Christen ist und bleibt die Ehe unauflöslich! Eine gerichtliche Ehescheidung hat auch für katholische Christen ihre zivilrechtlichen Konsequenzen, aber dennoch bleibt der katholische Christ an die Unauflöslichkeit seiner Ehe gebunden.

Besonders diejenigen Geschiedenen, die ohne ihre eigene Schuld das Scheitern ihrer Ehe und die Ehescheidung erfahren mußten, leiden schwer an ihrer Situation. Viele Geschiedene meinen darum, erst in einer neuen Ehe wieder Sicherheit und Halt finden zu können, oder wollen nach Enttäuschung oder Versagen aufrichtig in einer zweiten Ehe neu beginnen. Von den 138 816 Eheschließungen, die 1974 in der DDR erfolgt sind, waren 23 884 Heiraten mit einem geschiedenen Mann und 21 186 Heiraten mit einer geschiedenen Frau, doch fast ein Drittel aller Eheschließungen waren Wiederverheiratungen!

Ihr wißt, daß die kirchliche Trauung mit einem geschiedenen Partner nicht möglich ist und daß Geschiedene, die standesamtlich wieder verheiratet sind, solange ihr Gatte aus der ersten Ehe noch lebt, normalerweise nicht zum Empfang der hl. Sakramente zugelassen werden können, weil sie gegen das göttliche Gebot der unauflöslichen Einehe verstoßen.

Auch wenn die Kirche treu und unbeirrbar an diesen Vorschriften zum Schutz der Unauflöslichkeit der Ehe festhalten muß, weiß sie sich aus pastoraler Sorge verpflichtet, den Betroffenen jede nur mögliche Hilfe zu schenken. Geschiedene, die wiederverheiratet sind und darum nicht zu den Sakramenten gehen können, sollten

Gott und der Kirche verbunden bleiben durch Gebet, Mitfeier des Gottesdienstes und Werke christlicher Nächstenliebe.

Euch alle bitten wir, diesen Brüdern und Schwestern nach Euren Möglichkeiten zur Seite zu stehen gemäß den Worten der Heiligen Schrift: „Einer trage des anderen Last" (Gal 6,2) und „Richtet nicht, damit ihr nicht gerichtet werdet!" (Mt 7,1).

Liebe Brüder und Schwestern!

Wir haben in diesem Hirtenwort nicht verschwiegen, wie sehr wir uns als katholische Christen in entscheidenden Lebensfragen von heute weit verbreiteten Lebensauffassungen unterscheiden. Wir sind gewiß, daß viele dieser heutigen Meinungen durch die persönlichen oder gesellschaftlichen Lebenserfahrungen wieder korrigiert werden.

Schon deswegen kann sich die Kirche dieser Zeitströmungen nicht anpassen, so verlockend sie auch manchem erscheinen mögen. Der Kirche ist und bleibt es aufgetragen, die Sendung Jesu Christi fortzuführen, der gekommen ist, damit wir Menschen „das Leben haben und es in Fülle haben" (Joh 10,10). Darum steht sie im Auftrag des Herrn für das Leben der Menschen ein. Die Kirche, die Braut Christi ist und unsere Mutter, würde selbst zur Ehebrecherin, würde den Lebens- und Liebesbund mit Christus zerbrechen, wenn sie diesem Auftrag des Herrn nicht mehr entspricht. Weil sie die Güte und Menschenfreundlichkeit unseres Gottes, das neue Leben, das Christus der Welt gebracht hat, bezeugen muß vor den Menschen, darum tritt sie auch im Bereich des Ehe- und Familienlebens für alles ein, was das Leben der Ehegatten und der Kinder schützt und zur Entfaltung bringt.

- So darf sie nicht aufhören, den Brautleuten im Ehesakrament den Zugang zur Fülle des Lebens aufzutun.
- Darum kann sie voreheliche sexuelle Beziehungen nicht gutheißen, weil diese die Reifung und Entfaltung der Liebeskraft junger Menschen gefährden oder gar verhindern.
- Deshalb wird sie immer zur bekenntnisgleichen Ehe mahnen, um die volle Lebenseinheit der Gatten zu sichern.
- So wird die Kirche den Willen der Eltern zum Kind stärken, damit sich eheliches Leben in der Familie erfülle. Und sie wird ihr unwiderrufliches Nein sagen zum Schwangerschaftsabbruch, zur Tötung ungeborenen Lebens.
- Darum kann sie nicht Ja sagen zur Scheidung und Wiederverheiratung Geschiedener, weil der Bruch der ehelichen Gemeinschaft fast immer nicht nur ein furchtbares Unrecht am Leben der Kinder ist, sondern auch die unverzichtbaren Werte des Lebens zerbrechen läßt: das Vertrauen, die Treue, die Liebe, das Füreinander-Dasein, das Ertragen und Verzeihenkönnen.

Mit ihrem Eintreten für das Leben im Auftrag Christi bewahrt die Kirche die Menschen vor einer Fülle von Leid. Wenn auch der Gehorsam gegenüber dem Herrn uns manchmal Opfer zumutet, so dient auch dies der Entfaltung unseres Lebens. Wer das Leben kennt, weiß das aus eigener Erfahrung.

Darum wollen wir mit Zuversicht und ungebrochener Überzeugung den Weg, den Christus Seiner Kirche gewiesen hat, weitergehen. Wir wissen im Glauben, daß Christus in Seiner Kirche bei uns ist und mit uns geht, und daß alles, was wir mit Ihm und in Seinem Geist tun, allen Menschen in unserem Lande dient. Auch wenn wir als Minderheit heute den Mut aufbringen müssen, in wesentlichen Fragen des menschlichen Lebens anders zu sein und anders zu handeln als die Mehrheit. Wir wollen uns dabei gegenseitig stützen und helfen und dürfen uns mit dem Apostel Paulus darauf verlassen: Alles vermögen wir in dem, der uns stärkt (Phil. 4,13).

Dazu gebe Euch und uns der allmächtige Gott Seinen Segen, der Vater, der Sohn und der Heilige Geist. Amen.

Berlin, den 7. Dezember 1976

gez. + Alfred Cardinal Bengsch
Erzbischof
Bischof von Berlin

(Rundschreiben des Bischöflichen Ordinariats Berlin mit der Anweisung: „Vorstehendes Hirtenwort ist am Sonntag, dem 27. Februar 1977, in allen Gottesdiensten zu verlesen. Berlin, 24. 1. 77, gez. Schmitz, Generalvikar".)

1. Juni 1977

84. GESPRÄCHE MIT STAATLICHEN STELLEN

Die Berliner Bischofskonferenz an alle Geistlichen

Gespräche mit staatlichen Stellen

Seit Beginn ihres Zusammenschlusses haben die Mitglieder der jetzigen Berliner Bischofskonferenz wiederholt eindeutige Richtlinien für Verhandlungen und Gespräche mit staatlichen Stellen gegeben. Sie ließen sich dabei von dem Grundsatz leiten, daß die Sendung, die Christus seiner Kirche übertragen hat, der religiösen Ordnung angehört (vgl. Gaudium et spes 42). Politische Aktivitäten (wie die Teilnahme an politischen Veranstaltungen, politische Gespräche, politische Repräsentationsaufgaben in der Öffentlichkeit u. a.) liegen daher außerhalb dieser Zielsetzung und sind nicht Aufgabe derer, die im Dienst der Verkündigung und der Seelsorge stehen. In der Deutschen Demokratischen Republik regeln sich die Beziehungen zwischen der Kirche und der öffentlichen Autorität nach dem Grundsatz der Trennung von Kirche und Staat.

1. Juni 1977

Seitens der CDU (vgl. die Rede des Vorsitzenden vor führenden Mitgliedern der Partei am 10. Februar 1977 in Dresden) wird versucht, politische Gespräche mit Priestern zu intensivieren und auf Laien und Mitglieder kirchlicher Räte auszudehnen. Die Mitglieder der Berliner Bischofskonferenz sehen sich daher veranlaßt, folgende Richtlinien in Erinnerung zu bringen:

1. Eine Zusammenarbeit mit *politischen Parteien* (z. B. CDU) oder *Organisationen* (z. B. Berliner Konferenz, Christliche Friedenskonferenz) ist im Interesse der Kirche, „die in keiner Weise hinsichtlich ihrer Aufgabe und Zuständigkeit mit der politischen Gemeinschaft verwechselt werden darf noch auch an irgendein politisches System gebunden ist" (Gaudium et spes 76), *nicht* möglich. Das kirchliche Amt als gültiges Zeichen der Einheit und die prophetische Freiheit verlangen, kein wie auch immer geartetes politisches Engagement einzugehen.
2. Daher kommen für kirchliche Amtsträger nur Gespräche mit *staatlichen Stellen* in Frage. Dafür gilt folgende Ordnung:
   Auf *Ortsebene* verhandelt etwa anstehende Sachfragen (z. B. in Grundstücks- oder Bauangelegenheiten) der Pfarrer unter Hinzuziehung eines Begleiters,
   auf *Kreisebene* verhandelt etwa anstehende Sachfragen (z. B. in Grundstücks- oder Bauangelegenheiten) der Dekan unter Hinzuziehung eines Begleiters.
   Gespräche auf *Bezirksebene* sind Angelegenheiten des Bischofs oder eines von ihm Beauftragten unter Hinzuziehung eines Begleiters.
   Gespräche auf *Regierungsebene* obliegen allein dem Vorsitzenden der Berliner Bischofskonferenz.
   Über alle Gespräche ist ein Registrat anzufertigen, das bei Gesprächen auf Ortsebene dem Dekan und bei Gesprächen auf Kreisebene dem Bischof umgehend zuzuleiten ist.
   Werden bei Sachgesprächen oder nichtvereinbarten Besuchen durch staatliche Vertreter politische Themen angesprochen, so werden diese ohne Stellungnahme zur Kenntnis genommen.
3. Vertreter von Kirchenvorständen, Pfarrgemeinderäten, Dekanatsräten usw., sowie die Vertreter kirchlicher und caritativer Institutionen (z. B. Priesterseminar, Studium, Krankenhäuser usw.) sind nicht befugt, im Namen der jeweiligen Institution oder im Namen der katholischen Kirche zu sprechen.

Die Berliner Bischofskonferenz
für das Bistum Berlin

gez. + Alfred Card. Bengsch
Erzbischof
Bischof von Berlin

(Rundschreiben des Bischofs von Berlin vom 1. 6. 1977 an alle Geistlichen im Ostteil des Bistums Berlin.)

12. Juni 1978

85. ZUR EINFÜHRUNG DES WEHRUNTERRICHTS IN DEN 9. UND 10. KLASSEN

Die Berliner Bischofskonferenz an die Regierung der DDR

BERLINER BISCHOFSKONFERENZ
DER VORSITZENDE

108 Berlin, den 12. Juni 1978
Hinter der Kath. Kirche 3

An die
Regierung der Deutschen Demokratischen Republik
Staatssekretär für Kirchenfragen
Herrn Hans Seigewasser
104 Berlin
Hermann-Matern-Str. 56

Sehr geehrter Herr Staatssekretär!

Die Berliner Bischofskonferenz mußte sich auf ihrer letzten Sitzung am 5. Juni 1978 mit den vielfachen Anfragen befassen, die von Priestern und katholischen Eltern an sie herangetragen wurden über den ab 1. 9. 1978 geplanten Wehrunterricht in den 9. und 10. Klassen.

Es ist für uns kein Zweifel, daß die Einführung dieses Unterrichtes bei Eltern, Jugendlichen, Studenten schwere Bedenken und teilweise Beunruhigung ausgelöst hat. Wir fühlen uns deshalb verpflichtet, die Regierung der Deutschen Demokratischen Republik um Überprüfung der geplanten Maßnahmen zu bitten.

Für einen katholischen Christen ist es durch die dringende Mahnung des Zweiten Vatikanischen Konzils und die alljährlich zum Weltfriedenstag von Papst Paul VI. erlassenen Rundschreiben ein Gewissensanliegen, zur Erziehung der Jugend im Geiste des Friedens beizutragen: „Wer sich der Aufgabe der Erziehung, vor allem der Jugend, widmet und wer die öffentliche Meinung mitformt, soll es als seine schwere Pflicht ansehen, in allen eine neue Friedensgesinnung zu wecken" (Pastorale Konstitution über die Kirche in der Welt von heute „Gaudium et spes", Nr. 82,3).

Die Katholiken in der Deutschen Demokratischen Republik haben sich zu dieser gesamtkirchlichen Aufgabenstellung in ihrer Pastoralsynode ausdrücklich bekannt, die „Gesinnung des Friedens zu wecken und zu wahren". Die Bemühung um Frieden ist „in jedem Lebensstadium von Bedeutung und beginnt bei der Erziehung der Kinder" (Beschluß der Pastoralsynode „Dienst der Kirche für Versöhnung und Frieden" Nr. 17).

Die militärische Ausbildung von Schülern ist mit einer solchen Erziehung zum

Frieden nicht vereinbar. Eine solche Ausbildung enthält unvermeidlich die Weckung eines Freund-Feind-Denkens und, wie die Erfahrung zeigt, die Weckung des Hasses – gerade bei noch nicht erwachsenen jungen Menschen.

So entsteht zwangsläufig eine neue Belastung junger Menschen, besonders deshalb, weil im Plan der Wehrerziehung für die Jungen militärische Ausbildungslager mit Einübung in den Waffengebrauch vorgesehen sind. Die Teilnahme daran soll zwar freiwillig sein, aber es liegt auf der Hand, daß damit eine neue Quelle der Diffamierung für jene gegeben ist, die sich aus Gewissensgründen nicht imstande sehen, eine solche Ausbildung mitzumachen. Die schmerzlichen Erfahrungen katholischer Eltern und Jugendlicher bei der ebenfalls offiziell freiwilligen Jugendweihe begründen diese Befürchtung hinreichend.

Die Einführung des Wehrunterrichtes und die damit verbundene vormilitärische Ausbildung setzt sich ferner über das Erziehungsrecht der Eltern hinweg, die ja erst jetzt, nachdem alles festgelegt ist, über die Schulen informiert und zur Zustimmung bewegt werden sollen.

Bereits in einer Eingabe an den Vorsitzenden des Ministerrates vom 12. Juli 1965 anläßlich der Einführung des Familiengesetzes haben die Bischöfe zum Erziehungsrecht der Eltern erklärt: „Von einem atheistisch orientierten Staat können christliche Eltern zwar keine Gesetze aus christlicher Weltanschauung erwarten, wohl aber bei einem für alle bindenden Gesetz jene Sicherung der Erziehungsrechte und Gewissensfreiheit, die Ausdruck der Toleranz und der Bereitschaft zum Zusammenleben und Zusammenarbeiten mit Menschen anderer Weltanschauung sind." –

Zu unserem Bedauern und mit tiefer Sorge sehen wir nunmehr von neuem jene Tendenz bestätigt, die im ganzen Bildungs- und Erziehungswesen seit langem und konsequent einen staatlichen Totalanspruch auf den Menschen durchsetzen will. Wir katholischen Bischöfe haben anläßlich des Jugendgesetzes 1973, sowie im Hirtenbrief vom Herbst 1974 darauf hingewiesen, nicht zuletzt aus der Überzeugung, daß sich durch solche Zielsetzung jeder Staat selbst schadet: „... der Anspruch des Staates, die Persönlichkeitsbildung vom Politischen, vom Klassenkämpferischen, vom Weltanschaulichen her festzulegen, ist unberechtigt, ist Machtausübung in einem Bereich des menschlichen Lebens, die staatlicher Gewalt nicht zusteht" (Eingabe zum Jugendgesetzentwurf vom 21. 9. 1973).

Nahezu gleichzeitig mit der geplanten Einführung des Wehrunterrichtes erreicht uns die Meldung über die Einführung einer Arbeiterweihe, durch die junge Facharbeiter mit einem Gelöbnis auf die „Weltanschauung und Ideale der Arbeiterklasse, ... auf die große und edle Sache des Sozialismus/Kommunismus" verpflichtet werden sollen (Berufsbildung, Heft 11/1977).

Das Bestreben zur totalen Vereinnahmung des Menschen, sei es auch aus an sich verständlichen ökonomischen, politischen, militärischen Gründen, wird von den Betroffenen immer wieder mit Unehrlichkeit, mit innerer und äußerer Flucht, bisweilen auch mit Protest beantwortet werden. Aber auch wo dies nicht eintritt, wird durch die genannte Tendenz und die jetzt geplante Maßnahme mit Sicherheit nicht erreicht, was der Herr Vorsitzende des Staatsrates in letzter Zeit mehrfach und ausdrücklich gewünscht hat, daß sich alle Bürger, einschließlich der Christen, im Staate geborgen fühlen sollen.

Deshalb erscheint uns die Überprüfung der Einführung des Wehrunterrichtes notwendig.

Mit vorzüglicher Hochachtung

Die Berliner Bischofskonferenz
gez. Alfred Kardinal Bengsch
Vorsitzender

(Die Eingabe wurde mit folgendem Rundschreiben des Bischöflichen Ordinariats 108 Berlin – J.-Nr. 10/7016/78 – vom 28. 6. 1978 an die Priester im Ostteil des Bistums Berlin gesandt:
„Die Berliner Bischofskonferenz hat am 12. Juni dieses Jahres eine Eingabe an die Regierung der Deutschen Demokratischen Republik gerichtet mit dem Ersuchen, die Einführung des Wehrunterrichts in den 9. und 10. Klassen der Schulen zu überprüfen.
Wir geben Ihnen den Inhalt dieses Schreibens zur Kenntnis. Es ist nicht zur Kanzelvermeldung bestimmt, kann jedoch in geeigneter Weise zur Unterrichtung der Eltern und Schüler verwendet werden.
In der gegenwärtigen Situation ist für alle, die für die christlichen Erziehung der Kinder und Jugendlichen Verantwortung tragen, die ernste Verpflichtung zu einer Erziehung in der Gesinnung des Friedens und der Nächstenliebe gegeben.
Angesichts der zugesagten Freiwilligkeit der Teilnahme an Lagern sollten die Eltern ihre Entscheidung darüber aus christlicher Friedensgesinnung treffen.
gez. Schmitz, Generalvikar")

9. Oktober 1980

86. ZUM BESUCH VON PAPST JOHANNES PAUL II. IN DER BUNDESREPUBLIK DEUTSCHLAND

Hirtenwort der Bischöfe der Berliner Bischofskonferenz

Liebe Brüder und Schwestern!

Die bevorstehende Pilgerfahrt unseres Heiligen Vaters Papst Johannes Paul II. in sechs deutsche Diözesen ist ein Ereignis der Weltkirche und hat darum auch für uns Bedeutung, sind doch die Reisen des Papstes nach Lateinamerika und Polen, in die Türkei und nach Afrika, zur UNO, nach Frankreich und Irland und nunmehr seine jetzige Reise keineswegs touristische Ereignisse. Im Juni dieses Jahres hat der Heilige Vater selbst zu seinen Reisen Stellung genommen. Er sagt: Er reise, unterstützt vom Gebet der gesamten Kirche, wie Petrus, um das Evangelium zu verkündigen, um die Brüder im Glauben zu stärken, um der Kirche Trost zu spenden, um mit den Menschen zusammenzutreffen. In einem Interview mit Radio Vatikan spricht der Papst von einem roten Faden, der sich durch alle seine apostolischen Pilgerreisen ziehe. Diesen roten Faden halte die Vorsehung Gottes in der Hand.

Darüber hinaus hat jede Pilgerfahrt des Papstes auch ganz bestimmte Anliegen. Diesmal sind Köln, Osnabrück und Mainz, Fulda, Altötting und München Ziele seiner Reise. Hinter den nüchternen Ortsnamen verbergen sich für uns die Gestalten von Heiligen und großen Männern der Kirche: Bonifatius, Apostel der Deutschen; Albertus Magnus, dessen 700jährigen Todestages wir in diesem Jahr gedenken; Niels Stensen, der Bischof der nordischen Diaspora, der in Schwerin verstarb; Bischof Emmanuel Ketteler von Mainz, der große Vorkämpfer für soziale Gerechtigkeit im 19. Jahrhundert.

Damit Ihr, liebe Brüder und Schwestern, nicht nur über die verschiedenen Medien mit ihren oft so unterschiedlichen Kommentaren von der Pilgerreise des Papstes informiert werdet, möchten wir Euch über einige Anliegen des Heiligen Vaters unterrichten. Was hat der Papst mit seiner Pilgerfahrt nach Mitteleuropa vor? Welche gesamtkirchlichen Anliegen drängen ihn? Was will er damit *uns* sagen?

1. Ein erstes Anliegen des Papstes ist der Hinweis auf die *Bedeutung der Familie* in heutiger Zeit.

Die Reise des Papstes wird in Köln mit einem großen Familiengottesdienst beginnen und in München mit einer Eucharistiefeier der Jugend schließen. In Rom ist vor kurzem die Synode zu Ende gegangen, bei der Bischöfe aus aller Welt vereint mit dem Papst Fragen der Ehe und Familie berieten.

Es ist nicht von ungefähr, daß die Kirche heute diesen Fragen ihre besondere Aufmerksamkeit widmet. Auch wir Bischöfe haben Euch 1976 dazu ein Hirtenwort gesagt. Ist doch die Familie die Grundlage allen gesunden menschlichen Lebens, der Mutterboden kommender Generationen. Wir schauen mit Sorge auf die große Zahl gefährdeter Ehen, wo Treue nichts mehr gilt, die Ehescheidung als letzter Ausweg herhalten muß, die Liebe zum Kind dem Lebensstandard zum Opfer fällt, ja sogar werdendes menschliches Leben getötet wird.

Der Papst will allen Eltern sagen: Eure Familie ist eine unzerstörbare Einheit, in Christus gegründet; eine Schule des Glaubens, ein Hort der Hoffnung, eine Gemeinschaft der Liebe. Darum betet in Euren Familien und erzieht Eure Kinder im christlichen Glauben. Lebt so, daß Eure Kinder, zu jungen Menschen herangewachsen, sich für Christus entscheiden. Lebt so, daß aus Euren Familien für die Kirche Priester- und Ordensberufe erwachsen können.

Oft werden wir Christen heute aufgefordert, unseren Beitrag in der Gesellschaft zu leisten. Das ist unser Beitrag: Die christliche Familie. Das Zeugnis unserer christlichen Familien ist der Dienst, den wir der säkularisierten Welt und den Menschen, in deren Mitte wir leben, erweisen. Adolf Kolping, dessen Grab der Papst in der Minoritenkirche in Köln besuchen wird, hat gesagt: „Die Rettung des Menschengeschlechtes fängt bei der Familie an."

2. Auf seiner Pilgerfahrt wird der Papst Osnabrück und Fulda besuchen. Dabei wird ein zweites Anliegen deutlich. Als Petrus nach Rom kam, war das eine Missionsreise in größte Diaspora. Wenn der heutige Petrus nach Osnabrück kommt, will er den katholischen Christen der norddeutschen und skandinavischen Diözesen, der größten *Diaspora Europas, begegnen.* Sein Besuch gerade der Diaspora unterstreicht die Bedeutung der kleinen Herde in der Zerstreuung.

Der Papst möchte wohl am liebsten in jede kleine Gemeinde kommen, um ihr zu sagen: Gott braucht Euch! Durch Euer Dasein und Euren Dienst, durch Euer Gebet und Opfer hat Euer Land mehr Chancen zum Heil als ohne Euch. Sein Besuch in der Diaspora macht deutlich, daß wir nicht eine unbedeutende verlorene Gruppe am Rande der Kirche sind, sondern Senfkorn, ausgesät in die Welt. Zum schattenspendenden Baum können wir werden, unter dem die Menschen in der Wüste des Lebens Schutz und Erquickung finden. Wie der Schatten der Apostel den Kranken, die Heilung suchten, Befreiung von Not und Leid brachte, so kann die Kirche der kleinen Herde, wenn sie getreu dem Auftrag ihres Meisters lebt, ihrer Umgebung die Chance zum Heil bringen.

Liebe Brüder und Schwestern! Der Papst wird auch in Fulda weilen und am Grab des heiligen Bonifatius mit Bischöfen, Priestern und Gläubigen beten. Sagt uns nicht der Apostel der Deutschen: Der Glaubensbote muß den Mut haben, in die Zerstreuung der Diaspora zu gehen, die Frohe Botschaft zu verkünden und auszuharren. Kirche wächst nicht durch Werbung oder moderne Propaganda, sondern dort, wo die kleine Herde im Vertrauen auf den allmächtigen Gott Zeugnis gibt und in christlicher Hoffnung unbeirrt durchhält.

3. Schließlich wird noch ein drittes Anliegen der Papstreise deutlich, das uns hinweist auf *die Welt, in der wir leben.* In Köln wird der Heilige Vater des Kirchen-

lehrers Albertus Magnus gedenken. Als Theologe und universeller Gelehrter bezog der heilige Albert die Naturwissenschaften in sein Denken ein. Er gab aus dem christlichen Glauben eine Antwort auf die Probleme seiner damaligen Welt.

In Mainz, wo im vorigen Jahrhundert Bischof Ketteler die sozialen Probleme seiner Zeit anging, feiert der Papst einen Gottesdienst mit den Arbeitern.

Der Heilige Vater will Euch sagen: Ihr lebt Euren Glauben nicht auf einer kirchlichen Insel, sondern mitten in der Welt, in der Welt der Arbeit und der Freizeit, in den Bereichen der Kultur, der Wissenschaft und Technik unserer Tage. Gott und Welt sind keine Gegensätze. Glaube und Wissen widersprechen sich nicht. Gott ist der Herr der Welt. Er hat uns den Verstand gegeben zum Denken und die Hände zum Schaffen. Arbeiten können ist ein Segen. Für das tägliche Brot sind wir dankbar. Die Freuden des Lebens erfrischen das Herz. Wenn aber Arbeit und Besitz, Wissenschaft und Technik zu Goldenen Kälbern werden, die der Mensch als seine Götter anbetet, macht sich der Mensch zum Sklaven. Er bleibt im Überfluß hungrig und ist bei allem Wissen doch ein Tor. Er erkennt nicht mehr den letzten Sinn seines Lebens. Er übersieht die Erlösungsbedürftigkeit dieser Welt und ihr ewiges Ziel.

Der Heilige Vater wird auf seiner Pilgerreise auch einen Gottesdienst zusammen mit Körperbehinderten feiern. Er will uns sagen: Habt offene Augen und Herzen für die Zurückgesetzten und Leistungsschwachen, für alle, die den Normen heutiger Forderungen nicht mehr gewachsen sind. Christliche Diakonie bezeugt, daß Menschenwürde nicht von Leistung abhängt und das Heil der Welt nicht ein Produkt menschlichen Fortschritts ist, sondern ein Geschenk der Liebe unseres Erlösers.

Liebe Brüder und Schwestern!

Diese drei Anliegen des Heiligen Vaters, die seine Pilgerreise bestimmen werden, gehen auch uns an: Die Sorge um die christliche Familie, die Treue der kleinen Herde, unser Zeugnis mitten in der Welt.

Wenn der Papst, aus der Ewigen Stadt Rom kommend, über die Alpen nach Norden fliegt, werden es nicht nur drei Anliegen sein, die ihn bewegen. Wie kein anderer erfährt er die Nöte der Menschen, sieht aber auch ihre Hoffnungen und Erwartungen. Es ist sein Wunsch, die Kirche möge seine Pilgerreise im Gebet unterstützen. Das wollen wir gern tun, ist doch unser fürbittendes Gebet ein Band der Einheit mit der gesamten Kirche und dem Mann, der nach dem Willen Gottes heute das Petrusamt ausübt. Zu ihm stehen wir in Liebe und Treue, ihn wollen wir auf seiner Pilgerfahrt mit dem Gebet unserer Familien und Gemeinden begleiten.

Zum ersten Mal seit 1961 fehlt als Unterschrift unter einem gemeinsamen Hirtenwort der Name von Alfred Kardinal Bengsch, den Gott im Dezember 1979 heimgerufen hat. Wir danken unserem verstorbenen Kardinal für den Dienst, den er der Kirche als Vorsitzender der Berliner Bischofskonferenz fast zwei Jahrzehnte geschenkt hat. Er wird bei Gott unser Fürsprecher sein.

9. Oktober 1980

Wir grüßen Euch mit dem biblischen Pilgergruß, den der Heilige Vater uns allen entbietet: Der Friede des Herrn sei allezeit mit Euch.

Berlin, im Oktober 1980

+ Gerhard Schaffran, Bischof von Dresden-Meißen

+ Joachim Meisner, Bischof von Berlin

+ Bernhard Huhn, Bischof und Apostolischer Administrator von Görlitz

+ Hugo Aufderbeck, Bischof und Apostolischer Administrator in Erfurt-Meiningen

+ Heinrich Theissing, Bischof und Apostolischer Administrator in Schwerin

+ Johannes Braun, Bischof und Apostolischer Administrator in Magdeburg

+ Johannes Kleineindam, Weihbischof in Berlin

+ Georg Weinhold, Weihbischof in Dresden-Meißen

Joachim Wanke, ernannt zum Weihbischof in Erfurt-Meiningen

(Rundschreiben des Bischöflichen Ordinariats Berlin mit der Anweisung: „Vorstehendes Hirtenwort ist am Sonntag, dem 9. November 1980, in allen Gottesdiensten zu verlesen. Berlin, den 29. Oktober 1980, gez. Schmitz, Generalvikar".)

87. HABEN CHRISTEN NOCH EINE CHANCE IN DER DDR?

Gemeinsames Hirtenwort zur österlichen Bußzeit 1981

Liebe Brüder und Schwestern!

Wenn wir Bischöfe uns in einem gemeinsamen Hirtenwort an Euch wenden, möchten wir Euch helfen, richtige Grundentscheidungen für Euer Leben zu finden. Denn für Euch, „für die Menschen", sind wir als Bischöfe „bestellt". Eure Sorgen sind auch unsere Sorgen. Aber in einem Hirtenbrief können wir nicht auf alle Probleme eingehen, die Euch bedrängen. Darum wollen wir uns auf drei brennende Fragen beschränken:

- Haben wir als Christen noch eine Chance in unserem Land?
- Was wird aus dem christlichen Glauben unserer Kinder und Jugendlichen?
- Finden wir in unserer Diasporakirche die Gemeinschaft, die wir brauchen?

I. Zur ersten Frage: *Haben wir als Christen noch eine Chance in unserem Land?*

Immer wieder wird in den Medien und Schulungen gesagt, daß wir auf dem Weg zum Kommunismus sind. Bis dahin wird Religion sich zwangsläufig abgebaut haben. Sie wird keinen Lebensraum mehr haben. Begleitet wird diese atheistische Prognose von einem praktischen Materialismus. Geld, Arbeit, Wohlstand sind zwar schon schwankende Götzen, aber sie beherrschen weiterhin das Leben. Hat christlicher Glaube in diesem geistigen Klima noch eine Chance? Ist der Christ in einem solchen gesellschaftlichen Gefüge nicht an den Rand gedrückt? Wie finden wir heute und hier den Mut, Christ zu sein, und den Mut zur Hoffnung auf Zukunft?

Liebe Brüder und Schwestern, eine Antwort auf diese Frage kann nur aus der Mitte unseres Glaubens kommen, aus der Zusage des Herrn: „Ich bin bei Euch alle Tage bis ans Ende der Welt."[1] *Wir sind eine kleine Herde*, eine Minderheit in der Diaspora, aber ihr Reichtum ist es, daß trotz ihrer Unvollkommenheit Christus in ihrer Mitte lebt. Deshalb ist unsere Diasporakirche eine Keimzelle der Hoffnung und des Heiles. Diaspora kann aber auch eine Gefährdung des Glaubens sein und manchem Christen zum Verhängnis werden. Nach dem Willen Gottes ist Diaspora jedoch eine Chance des Glaubens. Das griechische Wort „Diaspora" enthält als Stamm das Wort „sporá" und heißt ‚Aussaat'. Der Wortsinn von Diaspora ist: über das ganze Ackerland ausgestreute Saat. Gott traut uns Diasporachristen zu, ausgestreute Saat zu sein, die in sich die Kraft birgt, reiche Frucht zu bringen. Er streut uns aus als Samenkörner seiner Menschenfreundlichkeit und Liebe. Durch uns ist Gott da in dieser atheistischen Gesellschaft, die ihn nicht will. Durch uns macht sich Gott zum Nachbar des Atheisten.

1) Mt 28, 20

Freilich, was Gott uns zutraut, erfahren wir auch als Last und Kreuz, als Ausgeliefertsein und Ohnmacht. Doch wie der Herr sich am Kreuz stellvertretend für die Menschen hingab und in seiner Auferstehung Befreiung für alle erwirkte, so haben auch wir Christen in der Nachfolge des Gekreuzigten die *Vollmacht zur Stellvertretung*. Wir sind dazu berufen, stellvertretend für die Menschen in unserem Land, die Nein zu Gott sagen, Sühne, Fürbitte und Dank vor Gott zu bringen. Wir können ihnen Licht auf dem Weg zu Gott sein.

Haben wir Christen noch eine Chance in unserem Land? Als Christen haben wir immer und überall eine Chance, wenn wir uns auf den Weg Christi einlassen. Er ist bei uns, lebt in unserer Mitte und ist durch uns hier gegenwärtig. Darum haben wir nicht nur eine Chance, darum sind *wir Christen eine Chance für unser Land*. Das müssen wir zuerst selbst begreifen! Wir alle, Brüder und Schwestern, sind als Christen für die Menschen bestellt, weil wir die Macht empfangen haben, als Kinder Gottes zu wirken. Mögen andere ihre Chancen berechnen nach der Macht, die ihnen zur Verfügung steht. Unsere Chance ist die Macht der Kinder Gottes. Das hat der Heilige Vater gerade uns Diasporachristen ans Herz gelegt, als er in Osnabrück sagte: „Die Bewährung Eures Glaubens – das ist Eure Chance!“[2]

II. Nun zur zweiten Frage: *Was wird aus dem christlichen Glauben unserer Kinder und Jugendlichen?*

Besorgt fragen uns christliche Eltern: Was nützt es, wenn Glaubens- und Gewissensfreiheit in der Verfassung garantiert und durch Gesetzeskraft rechtlich gesichert sind, unsere Kinder aber trotzdem schutzlos der Zugluft atheistischer Erziehung ausgesetzt bleiben? Ist die Zielsetzung der neuen Schulordnung vom 29. 11. 1979 nicht die kommunistische Erziehung der Jugend?[3] – Bleibt bei dem Erziehungsmonopol des Staates noch Raum für unser Elternrecht?

Liebe Brüder und Schwestern! Die Kirche hat im Konzil den Eltern erneut die Pflicht und das erste Recht zur Erziehung ihrer Kinder vor Augen gestellt.

Eltern dürfen ihr *Erst-Erziehungsrecht* nicht aus der Hand geben und keiner darf es ihnen aus der Hand nehmen. Auch der Staat muß bei seinen Erziehungszielen den Willen der Eltern beachten.[4]

Diese Lehre der Kirche steht im Einklang auch mit der Charta der Vereinten Nationen, der Allgemeinen Erklärung der Menschenrechte und der Schlußakte von Helsinki.[5] Alle diese Erklärungen haben in der DDR Rechtskraft. Entspricht es dem Erziehungsrecht christlicher Eltern und der von diesen Dokumenten geforderten Toleranz gegenüber Andersdenkenden, wenn christliche Kinder in der Schule belehrt werden: Der Glaube an Gott sei überholter, primitiver Aberglaube und

2) Predigten und Ansprachen v. Papst Johannes Paul II. bei seinem Pastoralbesuch in Deutschland, Offizielle Ausgabe der Deutschen Bischofskonferenz S. 48
3) Schulordnung v. 29. 11. 1979, GBl. d. DDR, Teil I, Nr. 44
4) vgl. II. Vatik. Konzil, Über die christliche Erziehung, 3
5) Charta der Vereinten Nationen Art. 26 – Allgemeine Erklärung der Menschenrechte vom 10. 12. 1948 – Schlußakte von Helsinki v. 1. 8. 1975, Teil I Abschn. VII, Staatsverlag der DDR, Berlin 1976

wissenschaftlich widerlegt? Entspricht es dem Elternrecht und der verfassungsmäßig garantierten Freiheit der Religionsausübung, wenn christliche Kinder, deren ethische Lebensnorm die Liebe ist, zum Haß erzogen werden?

Wir können als Christen *niemals Ja sagen zum Haß*. Gott ist keines Menschen Gegner. Er erwartet auch von uns, den Kindern Gottes, daß wir selbst die Menschen lieben, die uns feindlich gesinnt sind. Haß schafft Feindschaft und Erziehung zum Haß zerstört den Friedenswillen und den Frieden selbst.

Noch schwerwiegender greift in das Recht der freien Religionsausübung ein die von tausenden katholischen Eltern und Kindern leidvoll erfahrene Praxis in der *Frage der Jugendweihe*. Immer wieder wird erklärt: Die Teilnahme an der Jugendweihe ist freiwillig.[6] Nehmen aber katholische Eltern und Kinder diese Freiwilligkeit in Anspruch, sind sie meist seitens der Schule, der Betriebe, in denen die Eltern arbeiten, oder seitens anderer gesellschaftlicher Institutionen einem solchen moralischen Druck ausgesetzt, daß von Freiwilligkeit nicht mehr die Rede sein kann. Atheistische Eltern und ihre atheistisch erzogenen Kinder haben ihr selbstverständliches Recht, sich durch das feierliche Gelöbnis der Jugendweihe zu einer atheistischen Lebensführung zu verpflichten. Aber Christen, die mit Gott leben wollen, können nicht gleichzeitig ein feierliches Ja-Wort sagen zu der unbestritten atheistischen Zielsetzung der Jugendweihe. Dies darf man Christen nicht zumuten! Es ist ein Unrecht, sie durch moralischen Druck dazu zwingen zu wollen. Ganz gleich, von wem dieser moralische Druck ausgeht, er verstößt gegen die Glaubens- und Gewissensfreiheit, auf die jeder Bürger der DDR, ob Atheist oder Christ, gemäß der Verfassung ein Recht hat.[7]

Liebe katholische Eltern und Jugendliche! Wir kennen die Gewissensnöte, die vielen von Euch bei der Werbung zur Jugendweihe aufgelastet werden. Wir wollen sie mit Euch tragen und Euch auch durch dieses Hirtenwort helfen. Doch abnehmen können wir Euch die eigene Gewissensentscheidung nicht. Das kann keiner! Allen aber, die sich in der Frage der Jugendweihe entsprechend den Grundsätzen des katholischen Glaubens entscheiden, sagen wir Bischöfe unseren Dank. Wir danken ihnen auch im Namen der Kirche und im Namen der Menschen, denen sie durch ihr Beispiel helfen. Wir wissen auch um die Not derer, die ihre Kinder an der Jugendweihe teilnehmen ließen. Wir bitten sie, durch ein treues Leben im Glauben ihr Nachgeben wiedergutzumachen. Gott will durch uns Christen gegenwärtig sein in diesem Land. Darum wollen und müssen wir uns auch zu Ihm bekennen. Ja, nach einem Wort des Papstes „müssen wir den Mut haben, uns von unserer Umgebung – wenn es nötig ist – zu unterscheiden."[8] Wenn wir uns vor den Menschen zu Christus bekennen, wird auch Christus uns vor dem Vater im Himmel bekennen. Habt den Mut, ganze Christen zu sein! Laßt Euch nicht irremachen! Die Bewährung Eures Glaubens – das ist Eure und Eurer Kinder Chance!

6) Kurt Hager – Aufruf zu den Jugendweihen, Herbst 1974, Wörterbuch zur sozial. Jugendpolitik, Berlin 1975, S. 129 – Stichwort Jugendweihe
7) Verf. d. DDR Art. 20, Abs. 1
8) Predigten und Ansprachen von Papst Johannes Paul II. a. a. O. S. 48

III. Zur dritten und letzten Frage: *Finden wir in unserer Diasporakirche die Gemeinschaft, die wir brauchen?*

Keiner kann Christ sein für sich allein. Nur als Glied der Kirche bin ich Christ. Christ ist, wer mit Christus lebt – mit Christus, der in seiner Kirche gegenwärtig ist. Darum brauchen wir die Gemeinschaft der Kirche. Aber gibt uns die Gemeinschaft der Kirche das, was wir brauchen? Ist unsere Diasporakirche, unsere Pfarrgemeinde, so, daß sie uns Brüderlichkeit und Glaubensstärkung erfahren läßt? Spürt man in ihr das Wirken des Geistes Christi, oder ist sie verkrustete, erstarrte Gemeinschaft? Ist sie klein und eng gewordene Ghetto-Kirche, an der wir leiden, oder ist sie die Kirche, die wir lieben und in der zu leben unsere Freude ist?

Liebe Brüder und Schwestern! Die Kirche ist die Gemeinschaft der Erwählten Gottes und zugleich auch die Kirche der Sünder. Wir alle versagen immer wieder, und so gibt es auch das Allzumenschliche und das Ungenügen in der Kirche. Darum gilt auch das alte Wort: Ecclesia semper reformanda – Die Kirche bedarf ständiger Erneuerung. Das geht uns alle an! *Denn wir, Brüder und Schwestern, – wir sind die Kirche.* Wir sind füreinander und miteinander verantwortlich, daß unsere Kirche hier und heute so lebt, daß in ihrer Gemeinschaft das liebenswerte Antlitz Christi erkennbar wird.

Dafür hat Christus sein Leben hingegeben, – sagt das Johannes-Evangelium – „um die zerstreuten Kinder Gottes zur Einheit zu sammeln."[9] Der Herr streut uns nicht nur aus. Er ist es auch, der uns zusammenführt zu einer neuen Gemeinschaft. Er sammelt uns nicht zu einer Gesellschaft des Wohlstandes, wie die Welt sie sucht, sondern zu einer Gemeinschaft des Lebens, des Friedens, der Gerechtigkeit und brüderlichen Liebe. Nach einer solchen Gesellschaft hungern heute die Menschen.

In der Diaspora dieser Welt versammeln wir Christen uns gemäß dem Auftrag des Herrn immer wieder zu *gemeinsamen Feier der Eucharistie.*

Das Kreuz der Diaspora, das Aushalten als Christ auf einsamem Posten, erfahren wir Tag für Tag. Der christliche Sonntag aber schenkt uns gleichsam die Auferstehung aus dieser Kreuzessituation in der eucharistischen Gemeinschaft mit dem Herrn. Hier hören wir die Worte seiner guten Botschaft; Worte, die wir im Alltag nicht hören; Worte, die von der Würde und dem Recht des Menschen sprechen. Mit Christus treten wir vor den Vater, als stellvertretende Fürbitter. Wir geben uns mit dem gekreuzigten Erlöser hin als Opfergabe für das Leid der Menschen, ihre Not und die Erfüllung ihres Hungers nach Gerechtigkeit und Frieden. Beim Versöhnungs- und Friedensgruß begraben wir den kleinlichen Ärger und engherzigen Streit, der uns trennte, im großherzigen Frieden Christi. Im heiligen Mahl verteilt sich Christus an uns als das Brot des Lebens und eint alle, die davon essen, zur Bruderschaft der Liebe, zu dem „gott-menschlichen Wir" seiner Kirche.

Wenn wir im Leben tun, was wir in der Eucharistie feiern, finden wir mit Sicherheit auch in unserer Diasporakirche die Gemeinschaft, die wir brauchen: Das Zusammenkommen, die brüderliche Verbundenheit, das Füreinander-Einstehen, die Befreiung von Schuld, die Freude am Glauben, die Bereitschaft zum Dienst, das Suchen

9) Jo 11,52

des anderen, den Mut zum Zeugnis und die Kraft zum Opfer, ohne das kein Leben gelingt.

Nutzen wir die Wochen der österlichen Bußzeit, um uns aus dem Geist der Eucharistiefeier zu erneuern! Sie ist und bleibt die Quelle des Lebens der Kirche und der Strom lebendigen Wassers für die Welt.

Liebe Brüder und Schwestern! – Die Zusage des Herrn „Ich bin bei Euch" ist unsere Chance heute nicht weniger als gestern und morgen. – Vertraut Eure Sorgen um den christlichen Glauben unserer Kinder Christus an. Seine Liebe und das Beispiel Eurer Glaubensfreude vermögen mehr, als alle Umerziehungsversuche von Menschen. – Und seid Kirche! Was Ihr in der Eucharistie mit Christus vollzieht, das lebt auch in Eurer Gemeinde!

Den Gläubigen auf dem Domplatz zu Fulda sagte der Heilige Vater: „Viele meinen, die Geschichte des Christentums neige sich ihrem Ende zu. Ich sage Euch, diese Geschichte soll jetzt neu beginnen, und zwar durch Euch!"[10]

In dieser Zuversicht grüßen Euch mit österlichen Segenswünschen die Bischöfe der Berliner Bischofskonferenz.

Berlin, den 25. Januar 1981

+ Gerhard Schaffran, Bischof von Dresden-Meißen
+ Dr. Joachim Meisner, Bischof von Berlin
+ Bernhard Huhn, Bischof und Apostolischer Administrator von Görlitz
+ Heinrich Theissing, Bischof und Apostolischer Administrator in Schwerin
+ Johannes Braun, Bischof und Apostolischer Administrator in Magdeburg
+ Dr. Joachim Wanke, Bischof und Apostolischer Administrator in Erfurt-Meiningen
+ Johannes Kleineidam, Weihbischof in Berlin
+ Georg Weinhold, Weihbischof in Dresden-Meißen
+ Theodor Hubrich, Weihbischof in Magdeburg
Norbert Werbs, ernannter Weihbischof in Schwerin

(Rundschreiben des Bischöflichen Ordinariats Berlin mit der Anweisung: „Vorstehendes Hirtenwort ist am Sonntag, dem 8. März 1981, in allen Gottesdiensten zu verlesen. gez. Schmitz, Generalvikar".)

10) Predigten und Ansprachen von Papst Johannes Paul II. a. a. O. S. 154

88. ZUM WELTFRIEDENSTAG 1983

Gemeinsamer Hirtenbrief der katholischen Bischöfe in der DDR

Liebe Brüder und Schwestern im Herrn!

Der jährlich wiederkehrende Weltgebetstag um den Frieden ist uns Anlaß, in einem gemeinsamen Hirtenwort über bedrängende Fragen der Erhaltung und Sicherung des Friedens in der heutigen Zeit zu Euch zu sprechen. Es bedarf keiner ausführlichen Darlegung, daß die Sorge um das hohe Gut des Friedens heute die Völker wie auch jeden einzelnen Menschen zutiefst bewegt. Mit der zunehmenden Angst vor einem möglichen Krieg, der angesichts der modernen Waffen in seiner Furchtbarkeit nicht schrecklich genug gedacht werden kann, breitet sich nahezu überall in der Welt der Wille zu einem aktiven Friedensdienst aus. Das ist ein Hoffnungszeichen, das nicht übersehen werden kann. Und es ist auch nicht zu übersehen, daß das Friedensengagement gerade durch den christlichen Glauben einen starken Impuls erhält. Das Evangelium Jesu Christi ist seinem tiefsten Wesen nach eine Botschaft des Friedens, wenn auch der Friede, den Christus uns schenken kann, umfassender ist als der politische Friede, um den die Welt heute bangt.

Unser Wort möchte dazu beitragen, Euch in den aktuellen Auseinandersetzungen über den rechten Friedensdienst den Standpunkt der katholischen Kirche zu verdeutlichen. Vor allem aber möchten wir Euch mit unserem Hirtenwort ermutigen, unbeirrt an der Überzeugung festzuhalten, daß Frieden möglich und der Einsatz für ihn sinnvoll ist.

I.

Worin ist diese Zuversicht begründet? Wenn Christen über den Frieden sprechen, dann verweisen sie darauf, daß *der Friede* letztlich *eine Gabe Gottes* in Jesus Christus ist. Dieser Hinweis darf nicht als fromme Floskel abgetan werden. Das Wissen um den umfassenden Frieden als Heilsgabe Gottes bewirkt etwas Zweifaches: Es weist die falsche Hoffnung zurück, daß ein ewiges Friedensreich schon auf Erden zu verwirklichen sei, zugleich aber gibt es unserem Friedensengagement Festigkeit und Durchhaltekraft. Als Christen wissen wir, daß der Friede, von dem in den Friedensdiskussionen unserer Tage die Rede ist, nur ein Ausschnitt dessen ist, was in der Bibel als „Friede" (Schalom) bezeichnet wird. Dieser Friede meint die umfassende Versöhnung und Einheit der Menschen mit Gott, die uns durch Jesu Ostersieg ein für allemal geschenkt wurde und die an uns in der neuen Schöpfung am Ende der Tage sichtbar werden soll. Solange die Welt trotz des österlichen Sieges Jesu sich der Macht der Sünde unterwirft, wird auch das *Reich des ewigen Friedens ein Zukunftsgut* bleiben. Doch dürfen wir hoffen, daß Gott uns trotz unserer Sünde Zeiten des Friedens gewährt. Aus biblischer Sicht besteht der Beitrag des Menschen zu solchem Frieden darin, sich der eigenen Sünde bewußt zu werden und sich durch den Glauben an Jesus Christus Tilgung der Schuld schenken zu lassen; denn der Friede mit Gott ist die Voraussetzung für den Frieden unter den Menschen. Der Friede zwischen den Staaten und Machtblöcken ist also für den Christen nicht das höchste Gut. Noch entscheidender ist für ihn der Friede mit Gott. Wer in der Friedensfrage seine Augen vor der Realität der Sünde verschließt, wird anfällig für utopische Träume. Diese Aussagen werden manche nicht gern hören, aber sie geben unserer Überzeugung nach jedem Bemühen um Frieden erst ein solides Fundament.

Doch ist uns andererseits durch unseren Glauben *jede Form von Resignation oder gar Angst verwehrt*. Jesus Christus gibt uns die Gewißheit, daß das wahre Leben nicht nur ein Wunschtraum, sondern schon Wirklichkeit ist. Darum ist die Verkündigung der Kirche von Zuversicht getragen, auch wenn uns äußere Widerstände und manche Erfahrungen der Hilflosigkeit bedrängen. Gottes Erbarmen ist uns in Christus schon geschenkt. Darum darf und muß die Kirche diesen Frieden Gottes selbst in Zeiten der Bedrohung des Weltfriedens als Frohbotschaft verkünden. Der christliche Einsatz für den Frieden zwischen Menschen, Gruppen und Völkern hat deshalb bei allem Streit um die rechten Methoden der Friedenssicherung ein unzerstörbares Fundament, auf dem wir immer wieder neu, auch nach mißglückten Ansätzen, aufbauen können: „Wir haben Frieden mit Gott durch Jesus Christus unseren Herrn" (Röm 5,1).

II.

Das also ist unsere Grundüberzeugung: Der Friede ist möglich, der Krieg ist kein unausweichliches Geschick. Die Kirche kann freilich kein politisches Konzept der Friedenssicherung vorlegen. Das ist nicht ihre Aufgabe. Aber die Kirche kann dort nicht schweigen, wo sie Fehlentwicklungen sieht, die ins Verderben führen können, und sie weiß sich ferner verpflichtet, mit ihrer ganzen Autorität für jene Grundsätze und Werte einzutreten, auf denen eine gerechte Friedensordnung aufruht. Wir tragen Euch darum die folgenden Aussagen vor, selbst auf die Gefahr hin, manches schon Bekannte zu wiederholen.

1. Wir Bischöfe machen uns die eindringliche Forderung des Heiligen Vaters nach einer fortschreitenden *beiderseitigen und kontrollierbaren Abrüstung* der Machtblöcke zu eigen.[1] Der Rüstungswettlauf zwischen Ost und West ist „ein unerträgliches Ärgernis".[2] Er macht aus dem Gleichgewicht der Kräfte ein Gleichgewicht des Schreckens, er zerstört das Vertrauen zwischen den Völkern und Staaten und steigert das Elend der hungernden Menschen in der dritten Welt. Es muß gelingen, die innere Logik des Wettrüstens, den Drang zur Überlegenheit über den möglichen Gegner, aufzubrechen.

1) Vgl. zuletzt die Botschaft Johannes Paul II. an die 2. außerordentliche Abrüstungskonferenz der Vereinten Nationen vom 14. Juni 1982

2) Papst Paul VI., Enzyklika „Populorum progressio", Nr. 53

In Übereinstimmung mit den Aussagen der Päpste verwerfen wir jede Kriegsplanung, die – mit welchen Waffen auch immer – auf die Vernichtung ganzer Städte oder weiter Gebiete samt ihrer Bevölkerung gerichtet ist.[3)] Ein Krieg mit modernen *Massenvernichtungswaffen* ist in jedem Fall in sich unmoralisch und daher zu verwerfen. In keinem Krieg, aus welchem Grund er auch geführt werden mag, ist der Einsatz von ABC-Waffen zu rechtfertigen. Aber auch die konventionellen Waffen erreichen eine immer größere tödliche Perfektion. Sie bedrohen im Konfliktfall ebenfalls die Zivilbevölkerung eines Kampfgebietes. Daher ist es nach den Worten von Papst Johannes XXIII. in unserem Zeitalter nicht mehr möglich, „den Krieg noch als das geeignete Mittel zur Wiederherstellung verletzter Rechte" zu betrachten.[4)]

2. Es ist offenkundig, daß die moderne Kriegstechnik die überkommene Auffassung von „gerechten Kriegen" in eine Krise führt. An sich vertritt die kirchliche Lehre keinen absoluten Pazifismus, d. h. sie hält u. U. die Anwendung von Gewalt für erlaubt, angebracht oder sogar geboten, etwa dort, wo das Recht des Schwächeren geschützt werden muß. Die Kirche weiß, daß das Böse im Menschen so hinterhältig, hartnäckig und brutal sein kann, daß man seine verheerende Wirkung nur mit Gewalt einschränken kann. Die Lehre vom „gerechten Krieg" meinte ja nicht, daß der Krieg an sich eine gerechte Angelegenheit sei. Sie wollte vielmehr sagen, daß ein Krieg, wenn er schon nicht vermieden werden kann, wenigstens gerecht geführt werden muß, also aus einem gerechten Grund und mit angemessenen Mitteln. Bei begrenzten Konflikten mag dieser Grundsatz durchaus stimmen. Aber kann er auch dort gelten, wo Gewalt unterschiedslos zuschlägt, wie etwa in einem Krieg mit dem Einsatz von Kernwaffen? Gewinnt hier nicht das häufig belächelte *Ideal der Gewaltlosigkeit*, wie es uns Jesus Christus in der Bergpredigt verkündigt, eine bisher ungeahnte rationale Aussagekraft? Wir verstehen die Gewissensnot vieler, besonders junger Menschen, die zwischen dem legitimen Anspruch eines Staates auf Verteidigungsbereitschaft und der Einsicht in die Ausweglosigkeit einer Friedenssicherung, die auf militärische Überlegenheit setzt, hin- und hergerissen sind. Für diese Gewissensnot gibt es keine Patentlösungen. Wenn überhaupt, ist die Androhung von Gewalt nur dort zu rechtfertigen, wo diese überzeugend die Gerechtigkeit, die Freiheit und die Sicherheit eines Volkes gegenüber offensichtlicher Böswilligkeit verteidigt. Aber bekanntlich sind gerade die Begriffe Gerechtigkeit und Freiheit in der Welt recht umstritten. Hier wird das Gewissen des Einzelnen nach der inneren Glaubwürdigkeit und äußeren Wahrhaftigkeit eines Sicherungsanspruchs fragen müssen. Es wird sich ferner von den Aussagen der Heiligen Schrift und dem in der Kirche wirkenden Geist Gottes leiten lassen, um zu einem eigenen Urteil zu kommen. Dazu soll und will die Kirche auch hier bei uns Hilfe und Stützung geben, wobei sie selbst lernt, in dieser Hinsicht den Willen Gottes tiefer zu verstehen.

3) Vgl. 2. Vatikan. Konzil, Konstitution „Gaudium et spes", Nr. 80
4) Enzyklika „Pacem in terris", Kap. 3

3. Wir begrüßen es, daß in der *Frage des Wehrdienstes* das Recht auf freie Gewissensentscheidung auch durch die staatliche Gesetzgebung in der DDR ausdrücklich anerkannt wird. In der „Anordnung des nationalen Verteidigungsrates in der DDR für die Aufstellung von Baueinheiten ... vom 7. 9. 1964" wird gesetzlich geregelt, daß die Wehrpflichtigen, die aus religiösen Anschauungen oder aus ähnlichen Gründen den Dienst mit der Waffe ablehnen, einen Wehrersatzdienst ohne Waffe leisten dürfen. Diese Regelung bleibt auch nach dem neuen Wehrdienstgesetz vom 25. 3. 1982 in Kraft. Wer von dieser gesetzlichen Möglichkeit Gebrauch macht, sollte sicher sein, daß ihm daraus keine Nachteile für den eingeschlagenen oder zukünftigen Berufsweg erwachsen. Es wäre auch zu wünschen, daß Reservisten, die bereits mit der Waffe gedient haben, nachträglich die Möglichkeit des waffenlosen Dienstes eingeräumt wird. Wir möchten denen, die aus religiösen Gründen den Wehrdienst mit der Waffe ablehnen, unsere Achtung zum Ausdruck bringen. Wir respektieren freilich auch die Überzeugung jener, die den Waffendienst in der Hoffnung ableisten, damit der Sache des Friedens in der Welt zu dienen. Darüber hinaus plädieren wir dafür, daß auch über mögliche andere Formen eines Wehrersatzdienstes nachgedacht und gesprochen werden kann. Der Sehnsucht der Jugend auch unseres Landes nach Frieden sollte nicht mit Verdächtigungen, sondern mit Offenheit und Vertrauen begegnet werden.

4. Wenn wir dies alles bedenken, und wenn wir es zudem hochschätzen, daß Menschen sich dem Worte Jesu folgend für den Weg der Gewaltlosigkeit entscheiden, dann können wir nicht zum *Wehrkundeunterricht* schweigen. Das Konzil mahnt: „Wer sich der Aufgabe der Erziehung, vor allem der Jugend, widmet, und wer die öffentliche Meinung mitformt, soll es als schwere Pflicht ansehen, in allen eine neue Friedensgesinnung zu wecken."[5] Mit Sorge beobachten wir, wie das Denken in militärischen Kategorien immer mehr zum Bestandteil der schulischen Erziehung und der Berufsausbildung wird. Es ist zu befürchten, daß eine solche Erziehung die Bereitschaft für gewaltsame Konfliktlösungen weckt und so die Friedensgesinnung in der nachfolgenden Generation schwächt. Zudem sollte auch in den Schulen und Ausbildungsstätten die Freiheit der Gewissensentscheidung im Blick auf die vormilitärische Ausbildung respektiert werden. Die Berliner Bischofskonferenz hatte seinerzeit der Regierung der DDR ihre schweren Bedenken gegen die Einführung des Wehrkundeunterrichts mitgeteilt. Wir hätten gewünscht, mit unserer Besorgnis mehr Beachtung zu finden. Wir sehen uns durch die bisherige Entwicklung in diesen Bedenken bestärkt.

5. In diesem Zusammenhang weisen wir erneut auf das *unaufgebbare Erziehungsrecht* der Eltern hin, für das wir Bischöfe mehrfach öffentlich eingetreten sind.[6] „Eltern dürfen ihr Ersterziehungsrecht nicht aus der Hand geben, und keiner darf es ihnen aus der Hand nehmen. Auch der Staat muß bei seinen Erziehungszielen den Willen der Eltern beachten", so schrieben wir Euch in einem gemeinsamen Hirtenwort

5) Vgl. 2. Vatikan. Konzil, Konstitution „Gaudium et spes", Nr. 82
6) Vgl. die gemeinsamen Hirtenbriefe von 1974 und 1981

im Frühjahr 1981. Wir ermutigen jene Eltern, die sich mit allen Kräften dafür einsetzen, daß ihre Kinder in der Gesinnung und der Bereitschaft zum Frieden, zur Gewaltfreiheit und zur Toleranz erzogen werden. Wo Friedfertigkeit im Kleinen gedeiht, dürfen wir auch Hoffnung für den Frieden in der Welt haben.

Liebe Eltern! Sprecht mit den Kindern über das, was sie hören und was sie bewegt. Habt den Mut, in eindeutiger Weise Euer Urteil abzugeben. Sorgt in Eurer häuslichen Erziehung dafür, daß die Kinder nicht durch das Fernsehen oder durch Spielzeug an die Gewalt gewöhnt werden. Weckt in ihnen die Bereitschaft, vor allem durch Euer eigenes Beispiel, Vorurteile abzubauen und bei Konflikten zuerst den Weg der Verständigung zu gehen. Schafft für die Kinder die Erfahrung, daß echte Verzeihung Gräben zuschüttet und das Herz froh machen kann. Und vor allem: Macht Eure Kinder mit Jesus Christus bekannt, damit sie an seinen Worten und seinem Leben lernen, wahre Jünger des Friedens zu werden.

6. Schließlich erinnern wir Euch in diesem Hirtenbrief, der dem Thema „Frieden" gewidmet ist, an die weltüberwindende *Macht des Gebetes.* Das flehentliche Rufen nach Frieden für die Welt soll Euer privates und gemeinschaftliches Gebet durchdringen. Das Gebet in der Kraft des Glaubens weiß, daß Gott die Macht hat, den Frieden zu schenken. Gott vermag „unendlich mehr zu tun, als wir erbitten oder uns ausdenken können" (Eph 3,20). Das Gebet bewegt das Herz Gottes, damit bewegt es die Welt. Die Gebetsbitte um Frieden ist daher der grundlegende Friedensdienst der Christen. Es ist zu begrüßen, wenn wir uns auch über die Grenzen der eigenen Kirche hinweg zum gemeinsamen Gebet mit allen Christen in diesem Anliegen vereinen.[7] Das gemeinsame Gebet der Christen wird so selbst zu einem Friedenszeichen. Lassen wir uns auch nicht durch den Vorwurf beirren, Beten sei nur das Alibi derer, die sonst nichts für den Frieden tun wollen. Aus dem Gebet für den Frieden erwächst auch die Gesinnung des Friedens, und diese wird nicht ohne Folgen für unser Handeln bleiben.

Liebe Brüder und Schwestern! Papst Paul VI. erklärte 1965 in einer Ansprache vor der UNO: „Der Friede kommt nicht nur mit Hilfe der Politik und des Gleichgewichts der Kräfte und Interessen zustande. Er kommt mit Hilfe des Geistes, der Ideen, der Werke des Friedens zustande".[8] Der Friede zwischen Menschen erwächst wie eine Frucht aus bestimmten geistigen Grundhaltungen. Er stellt sich dort ein, wo Wahrheit, Gerechtigkeit, Liebe und Freiheit herrschen. Die Kirche kann bei der Zurüstung dieser geistigen Grundlagen einer tragfähigen Friedensordnung einen bedeutenden Beitrag leisten, wobei sie dort am überzeugendsten wirkt, wo sie sich selbst ganz dem Wort des Evangeliums Jesu Christi unterwirft. Das wird nicht ohne Bereitschaft zur Kreuzesnachfolge gehen. Aber wo in der Welt könnte ein Christ oder eine Kirche, die sich nach dem Wort Jesu ausrichtet, völlig ohne Widerspruch leben? Nicht der Widerspruch der Welt sollte uns unruhig machen, sondern allein der Mangel an „Werken des Friedens" in unserer Mitte. Es

7) Vgl. die Empfehlung des ökumenischen Direktoriums, 1. Teil, Nr. 33
8) Ansprache Papst Paul VI. vor den Vereinten Nationen am 4. Oktober 1965

sei unsere gemeinsame Sorge, daß Gott unsere Kirche zu überzeugenden Werken des Friedens befähige.

Im Vertrauen auf den Frieden Christi, der in unseren Herzen wohnt, erbitten wir Euch den Segen des allmächtigen Gottes: Des Vaters und des Sohnes und des Heiligen Geistes.

Berlin, am Weltfriedenstag, dem 1. Januar 1983

Dr. Joachim Meisner
Bischof von Berlin

Gerhard Schaffran
Bischof von Dresden-Meißen

Bernhard Huhn
Bischof und Apostolischer Administrator von Görlitz

Heinrich Theissing
Bischof und Apostolischer Administrator in Schwerin

Johannes Braun
Bischof und Apostolischer Administrator in Magdeburg

Dr. Joachim Wanke
Bischof und Apostolischer Administrator in Erfurt-Meiningen

Georg Weinhold
Weihbischof in Dresden-Meißen

Theodor Hubrich
Weihbischof in Magdeburg

Norbert Werbs
Weihbischof in Schwerin

Wolfgang Weider
Weihbischof in Berlin

(Rundschreiben des Bischöflichen Ordinariats Berlin mit der Anweisung: „Vorstehendes Hirtenwort ist am Sonntag, dem 2. Januar 1983, in allen Gottesdiensten einschließlich der Vorabendmessen zu verlesen. gez. Steinke, Generalvikar".)

27. Februar 1983

89. ZUM LUTHERJUBILÄUM 1983

Wort der katholischen Bischöfe in der DDR

Am 10. November dieses Jahres wird es sich zum 500 Male jähren, daß Martin Luther in Eisleben geboren wurde. Aus diesem Anlaß wollen unsere evangelischen Mitchristen in vielfacher Weise des Mannes gedenken, dessen Anliegen es war, die Christenheit zu erneuern. Das ist auch für uns ein Anlaß zur Besinnung.

Im Laufe der geschichtlichen Entwicklung kam es nicht zu der von Luther gewünschten Reform der Gesamtkirche, sondern zur Reformation, das heißt zu einer Spaltung der abendländischen Christenheit. Diese Trennung ist ein Ärgernis und schadet der Glaubwürdigkeit des Evangeliums.

In den letzten Jahrhunderten gab es tatkräftige Bemühungen um die Einheit der Christen. Auf dem Konzil sagte Papst Paul VI.: „Wenn uns Schuld an dieser Trennung zuzuschreiben ist, so bitten wir Gott demütig um Verzeihung und bitten auch die Brüder um Vergebung." Kardinal Willebrands gab 1976 auf der Vollversammlung des Lutherischen Weltbundes zu, daß im Laufe der Jahrhunderte die Person Martin Luthers katholischerseits nicht immer richtig eingeschätzt und seine Theologie nicht immer richtig wiedergegeben wurde. Auch die evangelische Seite bedauerte bei derselben Veranstaltung offiziell, daß das Urteil der Reformatoren über die römisch-katholische Kirche und Theologie ihrer Zeit oft nicht frei von polemischen Verzerrungen gewesen sei. –

Bischöfe und Gläubige stimmen dem Wort unseres jetzigen Papstes Johannes Paul II. zu: „Wir dürfen es nicht bei der Feststellung belassen: Also sind und bleiben wir ewiglich geschieden und wider einander ... Wir müssen tun, was eint. Wir schulden es Gott und der Welt."

Liebe Brüder und Schwestern! Martin Luther stammt aus unserem Volk und hat hier gewirkt, wo wir heute leben. Als Katholiken dieses Landes haben wir deshalb eine besondere Verantwortung, der Reform der Kirche zu dienen und uns um die Einheit zu bemühen. In der Feier des Lutherjubiläums und in den Veranstaltungen, die von der evangelischen Kirche in vielen Städten unseres Landes geplant sind, sehen wir nicht Zeichen der Trennung, sondern eine Möglichkeit, der Einheit zu dienen, besonders dann, wenn wir uns mit unseren evangelischen Mitchristen im Gebet zusammenfinden. Wissen wir doch, daß die ersehnte Einheit im Glauben letztlich nicht Menschenwerk ist, sondern Geschenk Gottes, das erbetet sein will.

Die Mitglieder der Berliner Bischofskonferenz

(Bischöfliches Ordinariat 1086 Berlin, Anlage zu den Amtlichen Mitteilungen, 22. Jahrgang, Nr. 2 vom 4. 2. 1983, mit der Anweisung: „Das vorstehende Wort ist als Kanzelvermeldung am Sonntag, dem 27. Februar 1983, in allen Gottesdiensten, einschließlich der Vorabendmessen, zu verlesen. gez. R. Steinke, Generalvikar".)

90. IN DER GEMEINSCHAFT DER WELTKIRCHE

Kanzelwort der Berliner Bischofskonferenz zum 5. Jahrestag der Wahl von Papst Johannes Paul II. am 16. Oktober 1983

Liebe Brüder und Schwestern!

Am 16. Oktober 1978 wurde unser Heiliger Vater Johannes Paul II. zum Papst gewählt. Seit diesem Tag wird in den eucharistischen Hochgebeten der Kirche vor dem Namen des Ortsbischofs immer auch der Name dieses Papstes genannt. Das tägliche Gedenken des Heiligen Vaters in der Meßfeier unterstreichen wir heute, indem wir das 5jährige Papstjubiläum zum Anlaß nehmen, Euch ein Wort des Glaubens über den Petrusdienst in der Kirche zu sagen.

Im 2. Vatikanischen Konzil findet die ununterbrochene Überzeugung der Kirche ihren Ausdruck, wenn es sagt: „Der römische Bischof ist als Nachfolger Petri das immerwährende, sichtbare Prinzip und Fundament für die Einheit in der Vielfalt von Bischöfen und Gläubigen." (Lumen gentium 23) Uns Bischöfe verbindet mit dem Papst die gemeinsame Berufung ins Bischofskollegium der Kirche. Als Bischof von Rom und damit als Nachfolger des hl. Petrus ist er darüber hinaus mit dem Dienst betraut, die Einheit aller Ortskirchen darzustellen. Deshalb besucht er sie in allen Erdteilen, um sie zu stärken und von ihnen zu lernen, was für die Kirche an der Zeit ist. Die Kirche ist kein zentralistischer Kirchenstaat, sondern eine lebendige Gemeinschaft, in der Bischöfe, Priester, Diakone und Gläubige die ihnen zukommende Verantwortung für das Ganze mittragen.

Der von Christus gestiftete Petrusdienst der Einheit ist bis heute wirksam. Die damalige Sendung des Petrus, im Kreis seiner Mitapostel die Herde Jesu zu weiden (Joh 21, 15-17), bewährt sich in der Gegenwart als tragendes Fundament kirchlicher Einheit. Petrus lebt fort und bleibt im Auftrag, weil Christus fortlebt, der ihn in Dienst genommen hat. Es wird den Petrus darum als Fels der Einheit immer geben, der heute Johannes Paul II. heißt. Fels ist Petrus nicht für sich, aus eigener Kraft, oder zu seiner Ehre. Er ist vielmehr bestellt und gesandt von Christus, der selbst in seiner Kirche bleibt und wirkt und ohne den kein Mensch etwas heilswirksam tun kann. Durch diesen Petrusdienst werden Einheit und Ordnung in der Kirche gestärkt und gestützt.

Unsere Verbundenheit mit dem Papst ist daher keine Forderung menschlicher Solidarität, sondern eine wesentliche Konsequenz unseres Glaubens. Darum werden wir uns von ihm nie trennen lassen. Unser katholischer Glaube an Jesus Christus zeigt sich auch in unserer Einheit mit dem Papst und in der uns gegebenen Teilnahme an der Heilssendung der Kirche. Er bewahrt uns vor der Isolation und schließt uns in die große Gemeinschaft der Weltkirche ein. Über den Papst stehen wir in lebendigem Austausch mit den anderen katholischen Ortskirchen.

4. Dezember 1984

Johannes Paul II. trägt seit 5 Jahren die Verantwortung für die Gesamtkirche. Wie schwer wiegen diese letzten krisenhaften Jahre! Sie sind am Papst nicht spurlos vorüber gegangen, wenn man nur an das Attentat vom 13. Mai 1981 erinnert.

Gleich am Anfang seines Pontifikates sprach der Heilige Vater vom „päpstlichen Gewand, das schwerer wiegt, als man glaubt", und fügte hinzu: „Seid mit mir! Ich hoffe auf euren Beistand, ich rechne mit dem Beistand eurer Gebete und eures guten Willens."

Dieser Bitte sollten wir alle entsprechen!

Die Berliner Bischofskonferenz
Für das Bistum Berlin
Joachim Cardinal Meisner

4. Dezember 1984

91. ZUR VORBEREITUNG AUF DEN KATHOLISCHEN JUGENDKONGRESS 1985

Hirtenwort der Berliner Bischofskonferenz

Liebe junge Christen!

I. Heute wenden wir Bischöfe uns in einem gemeinsamen Hirtenwort an Euch. Es gibt dafür einen besonderen Anlaß. Im Mai soll in Berlin ein katholischer Jugendkongreß stattfinden. Unser Hirtenwort möchte dieses Ereignis vorbereiten.

Über dem Jugendkongreß steht das Wort:

Christus, unsere Zukunft.

Wenn wir heute das Wort Zukunft hören, verbinden wir es meist nicht mit Christus, sondern wir denken mit Sorge: Wie wird es weitergehen mit der Welt? Steht sie vor der Grenze ihrer Möglichkeiten? Können noch alle Menschen satt werden? Kann der Friede erhalten bleiben? Wird der Mensch Mensch bleiben und die Natur wieder gesund werden? Wird es sich auch in 50 Jahren noch lohnen zu leben? In vielfacher Hinsicht scheint unsere Zukunft fragwürdig und ungewiß. Werden wir in den geistigen Auseinandersetzungen der Zeit standhalten? Sind nicht die Zahlen in den Gemeinden kleiner geworden? Erliegen auch wir allmählich dem Lärm der Parolen, den Götzen der Zeit – Geld, Macht und Genuß; den wortreichen Propheten, die uns irdische Paradiese anpreisen? Wird es in Zukunft noch Jugend in der Kirche geben oder werden wir vor überalterten Gemeinden stehen?

Doch wir erleben heute auch vielfache Beweise, daß unsere Kirche jung geblieben ist. Wir freuen uns über das junge Leben in den Gemeinden, über Jugendmessen und Jugendwallfahrten, über Gruppenstunden und Meditationsrunden, über die Bereitschaft zum diakonischen Dienst und zum Zeugnis in der Welt.

Wir sind deshalb zuversichtlich. Wir haben Hoffnung.

II. Um auch Eure Hoffnung zu stärken, haben wir dem katholischen Jugendkongreß das Leitwort gegeben:

Christus, unsere Zukunft!

Das heißt: *Christus ermöglicht neues Leben*

Das Erkennungszeichen der Christen ist das Kreuz. Es erinnert uns an Christi Tod. Aber es ist für uns ein Zeichen der Zuversicht und des Sieges.

Es ist ein Zeichen der Zuversicht, denn „Gott hat die Welt so geliebt, daß er seinen einzigen Sohn dahingab" (Jo 3,16). Unser Leben, die Zukunft der Menschen ist umfangen von Gottes Liebe, nicht von blindem Zufall oder gnadenlosem Schicksal. Sollte uns das nicht Zuversicht geben?

Das Kreuz ist aber auch ein Zeichen des Sieges: Der Gekreuzigte lebt durch Gottes Macht. Er fand den Tod durch die Mächte des Bösen, die den Menschen gefangenhalten und ihm das Leben rauben. Aber er hat sie überwunden durch den Vater, dem er die Treue hielt. Mit ihm werden auch wir leben, wenn wir ihm folgen. Er schenkt uns Zukunft über den Tod hinaus, Freiheit von den Mächten der Finsternis, neues und ewiges Leben.

Einmal fuhren die Jünger im Boot über den See. Da kommt Jesus über das Wasser auf sie zu. Petrus steigt aus dem Boot und geht ihm entgegen. Das Unglaubliche geschieht: Er kann über das Wasser gehen, solange er Jesus vertraut. Er versinkt erst in den Fluten, als er angesichts der Wellen und des Sturmes zu zweifeln beginnt. (Vgl. Mt 14,22ff)

Christus, unsere Zukunft!

Das heißt: *Christus schenkt Versöhnung*

Christus hat den Menschen Gottes Nähe und Liebe gebracht. Er hat davon nicht nur gesprochen, sondern er hat sie bezeugt durch sein Handeln bis zur Hingabe des Lebens. So ist er selbst Gottes Botschaft an uns; und diese Botschaft heißt: „Du bist von Gott geliebt trotz deines Versagens! Du brauchst keine Angst zu haben wegen begangener Schuld, wenn du dich Gott zuwendest. Er nimmt dich an als Sohn, als Tochter."

Diese Botschaft der Versöhnung Gottes mit uns Menschen ist für jeden Menschen bestimmt, so schwer auch seine Schuld sein mag, wenn er nur umkehren will. Aus der Versöhnung Gottes erwächst uns die Kraft zur Versöhnung untereinander. Wer um den lebensvernichtenden Teufelskreis von Unrecht und Vergeltung weiß, ahnt den Segen für die Zukunft der Menschheit, den uns Christus schenkt, wenn wir ihm folgen.

4. Dezember 1984

Einmal trat Petrus an Jesus heran und fragte: „Herr, wie oft muß ich meinem Bruder vergeben, wenn er sich gegen mich versündigt? Siebenmal? Jesus sagte zu ihm: Nicht siebenmal, sondern siebenundsiebzigmal." (Mt 18,21f)

Christus, unsere Zukunft!

Das heißt: *Christus überwindet Schranken*

Christus ermöglicht eine neue Art des Zusammenlebens unter den Menschen. Weil er unser Bruder geworden ist, sind wir Brüder und Schwestern untereinander. Wir alle haben die Würde von Söhnen und Töchtern empfangen, denn Gott ist unser Vater. Damit verlieren alle Grenzen zwischen Menschen ihre letzte Berechtigung. In Christus wird die Sehnsucht nach einer Menschheitsfamilie erfüllt. Nun gibt es nicht mehr Schwarze und Weiße, Herren und Sklaven, Krieg und Ausbeutung. Jetzt gilt das neue Gebot der Liebe. „Einer trage des anderen Last" (Gal 6,2). „Wer bei euch groß sein will, sei euer Diener" (Mt 20,26).

Am Abend vor seinem Leiden ist Jesus mit seinen Jüngern versammelt. Er steht auf, umgürtet sich mit einem Leinentuch und beginnt, den Jüngern die Füße zu waschen. Petrus will es ihm wehren. Jesus erwidert ihm: „Wenn ich dich nicht wasche, hast du keine Gemeinschaft mit mir." Danach sagt er zu den Jüngern: „Ein Beispiel habe ich euch gegeben, damit auch ihr tut, wie ich an euch getan habe." (Vgl. Joh 13,1ff).

Christus, unsere Zukunft – das ist die Frohe Botschaft vom ewigen Leben, von der Versöhnung, von der Bruderschaft aller Menschen.

III. Christus ist aber nur dann unsere Zukunft, wenn wir uns für ihn entscheiden; sonst bleibt der Satz für uns eine theologische Lehre ohne Leben. Diese Entscheidung aber wird in unserem Alltag oft heißen:

Anders sein und anders leben,

als „man" es heute vielfach für richtig und normal hält.

„Man" will heute vor allem etwas erreichen, vorankommen, einen gewünschten Beruf ausüben, eine beachtete Position erreichen. Wie zu allen Zeiten ist es das Ziel junger Menschen, etwas im Leben zu leisten, Verantwortung zu tragen und dadurch glücklich zu sein. Danach zu streben ist gut und ist das Recht eines jeden Menschen. Wer sich für Christus entscheidet, darf aber nicht vorankommen wollen um jeden Preis. Es ist möglich, daß er bestimmte Berufe und Positionen einfach nicht erreichen kann. Wenn Christus unsere Zukunft sein soll, müssen wir in so einem Fall auf ein Stück irdische Zukunft verzichten und den Mut haben,

anders zu sein

als unsere Umgebung. Anders als ihre Zeitgenossen waren der Lordkanzler Thomas Morus, der Dompropst Lichtenberg, der evangelische Theologe Dietrich Bonhoeffer, die Geschwister Scholl.

„Man" will heute vor allen Dingen glücklich sein und seinen Spaß haben. Wie zu allen Zeiten sucht man das Glück in der Begegnung mit dem anderen Geschlecht. Aber man fürchtet sich heute vor einer Dauerbindung in der Ehe, weil sie uns auch etwas abverlangt. Viele Frauen wählen bei eingetretener Schwangerschaft die Abtreibung des Kindes, weil das Kind auch etwas von uns fordert.

Die öffentliche Meinung läßt solche Verhaltensweisen, wie voreheliche sexuelle Erfahrungen, Ehe ohne Trauschein und Schwangerschaftsabbruch, zu. Junge Menschen aber, die sich für Christus entscheiden, handeln anders. Weil sie die Würde des Partners achten, bemühen sie sich um Ehrfurcht und Zucht, bejahen die eheliche Gemeinschaft für ein ganzes Leben, sagen ja zum Kind. Sie stimmen Mutter Teresa zu, die zur „Ehrfurcht vor dem Leben" aufgerufen hat. Dieses

Anders-Sein

ist nicht immer leicht, aber es macht glücklich.

Oft hört man heute die Frage: „Was habe ich davon?" Das Denken vieler Menschen kreist um das eigene Ich. Nur der eigene Vorteil interessiert. Geld und Genuß sind die goldenen Kälber, die man anbetet.

Wer sich aber für Christus entscheidet, muß den Mut haben,

anders zu sein.

Für ihn steht eine andere Frage im Zentrum, die Frage: „Was kann ich für meinen Mitmenschen tun?"

Viele Christen lebten in solcher diakonischen Gesinnung: Elisabeth von Thüringen, die den Notleidenden diente; Pater Maximilian Kolbe, der sein Leben hingab zur Rettung eines jungen Vaters.

Alle Menschen hoffen heute auf Frieden. Aber wie kommt es zu wahrem und dauerhaftem Frieden? Welches sind seine Wurzeln? Was muß man für den Frieden tun? Wer sich für Christus entschieden hat, der weiß, daß wahrer Friede in Ihm begründet ist, in der Botschaft Seiner Liebe. Der Friede Christi beginnt in der Gesinnung des eigenen Herzens, verwirklicht sich in der täglichen Begegnung mit dem Nächsten, im Zusammenleben der Völker. Er verbietet Feindschaft und Haß und schließt Gewalt aus. Wenn wir das bejahen, brauchen wir den Mut

anders zu sein,

als man es oft erwartet.

Anders sein heißt aber nicht: Gegen die anderen zu sein. Christen leben nicht in einer dauernden Opposition.

Christen sind anders, weil sie

- für das wahre Leben sind,
- für die Würde des Menschen eintreten,
- für die anderen da sein wollen,
- für eine menschenwürdige Gesellschaft und einen wahren und dauerhaften Frieden sich einsetzen.

Liebe Brüder und Schwestern! Liebe junge Christen!

Die Entscheidung für Christus wird oft täglich neu von uns gefordert. Nur wenn wir den Mut haben, anders zu sein, wird

Christus unsere Zukunft

sein.

Wir wollen Euch mit diesem Hirtenwort ermutigen. Sprecht miteinander in Euren Gruppen und Kreisen während der nächsten Wochen über dieses Thema des Jugendkongresses. Die Delegierten sollen Eure Meinungen und Vorschläge nach Berlin mitbringen. Wir werden aufmerksam hinhören, was Ihr zu fragen und sagen habt. Mit unserem Hirtenwort möchten wir einen Dialog mit Euch beginnen. Ihr sollt wissen, daß wir Eure Fragen und Probleme kennen und Eure Sorgen ernst nehmen. Vor allem aber möchte dieses Hirtenwort Euren Glauben stärken und Eure Hoffnung festigen, damit Ihr es wagt, Euch immer neu für Christus zu entscheiden, damit er unsere Zukunft ist.

Berlin, den 4. Dezember 1984

Für das Bistum Berlin
gez. + Joachim Card. Meisner
Bischof von Berlin

(Bischöfliches Ordinariat 1086 Berlin, Anlage zu den Amtlichen Mitteilungen, 24. Jahrgang, Nr. 1 vom 2. 1. 1985, mit der Anweisung: „Vorstehendes Hirtenwort ist am Sonntag, dem 27. Januar 1984, in allen Gottesdiensten zu verlesen. Berlin, den 20. 12. 1984, gez. R. Steinke, Generalvikar".)

6. März 1985

92. BEZIEHUNGEN ZU STAATLICHEN ORGANEN SOWIE ZU POLITISCHEN UND GESELLSCHAFTLICHEN ORGANISATIONEN

Verlautbarung der Berliner Bischofskonferenz

In Ausübung ihrer Hirtensorge haben die Mitglieder der Berliner Bischofskonferenz wiederholt – zuletzt im Jahre 1977 – eindeutige Richtlinien erlassen über die Beziehungen zu staatlichen Organen sowie zu politischen und gesellschaftlichen Organisationen. Die Bischöfe ließen sich dabei von dem Grundsatz leiten, daß die Sendung, die Christus seiner Kirche übertragen hat, der religiösen Ordnung angehört (vgl. Pastoralkonstitution Kirche in der Welt von heute 42).

Die Bischöfe bekräftigen erneut den Grundsatz der Trennung von Kirche und Staat, nach dem sich in der Deutschen Demokratischen Republik die Beziehungen zwischen der Kirche und der öffentlichen Autorität regeln.

In Beobachtung der einschlägigen Beschlüsse des Zweiten Vatikanischen Konzils, der Vorschriften des CIC/1983, sowie der Erklärung der Kongregation für den Klerus vom 8. März 1983 legt die Berliner Bischofskonferenz fest:

1. Eine Zusammenarbeit mit politischen Parteien[1] und Organisationen[2] und deren Organen[3] ist im Interesse der Kirche, die in keiner Weise hinsichtlich ihrer Aufgabe und Zuständigkeit mit der politischen Gesellschaft verwechselt werden darf, noch an irgendein politisches System gebunden ist, *nicht* möglich. Politische Aktivitäten, wie die Teilnahme an politischen Veranstaltungen, politische Gespräche und politische Repräsentationsaufgaben in der Öffentlichkeit liegen außerhalb der Sendung der Kirche und sind nicht Aufgabe derer, die im Dienst der Verkündigung und der Seelsorge stehen. (Vgl. Pastoralkonstitution Kirche in der Welt von heute 42).

2. Für die Beziehungen zwischen kirchlichen Amtsträgern und staatlichen Organen gilt folgende Ordnung:

Auf *Ortsebene* können anstehende Sachfragen (z. B. Bauangelegenheiten) vom Pfarrer unter Hinzuziehung eines Begleiters verhandelt werden;

auf *Kreisebene* können überpfarrliche Sachfragen (z. B. Anordnung veterinärhygienischer Maßnahmen mit Auswirkungen auf das kirchliche Leben) vom Dekan/Dechant unter Hinzuziehung eines Begleiters verhandelt werden.

Gespräche und Verhandlungen auf *Bezirksebene* sind Angelegenheiten des Bischofs oder eines von ihm Beauftragten unter Hinzuziehung eines Begleiters.

Gespräche und Verhandlungen auf *Regierungsebene* obliegen allein dem Vorsitzenden der Berliner Bischofskonferenz.

Über alle Gespräche ist ein Registrat anzufertigen, das bei Gesprächen auf Ortsebene dem Dekan/Dechant und bei Gesprächen auf Kreisebene dem Bischof umgehend zuzuleiten ist.

Werden bei Sachgesprächen oder nicht vereinbarten Besuchen durch staatliche Vertreter politische Themen angesprochen, so sind diese ohne Stellungnahme zur Kenntnis zu nehmen.

3. Vertreter von Kirchenvorständen, Pfarrgemeinderäten, Dekanatsräten oder anderen kirchlichen Gremien sowie die Vertreter kirchlicher Institutionen (z. B. Priesterausbildungsstätten) sind nicht befugt, im Namen des jeweiligen Gremiums oder im Namen der katholischen Kirche politische Erklärungen abzugeben. Es wird von ihnen erwartet, daß ein Mißbrauch ihres kirchlichen Amtes oder Ehrenamtes durch ihr Verhalten ausgeschlossen ist.

Für den caritativen Bereich gilt die von der Berliner Bischofskonferenz erlassene Ordnung.

4. Repräsentative Aufgaben bei zentralen offiziellen Veranstaltungen des Staates werden namens der katholischen Kirche allein durch den Vorsitzenden der Berliner Bischofskonferenz wahrgenommen. Diese Repräsentation der katholischen Kirche

[1] z. B. Christlich Demokratische Union Deutschlands

[2] z. B. Arbeitsgruppe „Christliche Kreise" beim Nationalrat der Nationalen Front der DDR, Christliche Friedenskonferenz

[3] z. B. begegnung – Zeitschrift für Katholiken in Kirche und Gesellschaft

auf höchster staatlicher Ebene in der Deutschen Demokratischen Republik schließt die kirchliche Repräsentation auf Bezirks-, Kreis-, Stadt- und Ortsebene mit ein.

5. Die Beteiligung an Stadt- oder Ortsjubiläen ist vom zuständigen Pfarrer mit seinem Ordinarius abzusprechen.

Die vorstehende Verlautbarung wurde von der Berliner Bischofskonferenz auf ihrer Vollversammlung am 6. März 1985 einstimmig gebilligt.

8. September 1986

93. KATHOLISCHE KIRCHE IM SOZIALISTISCHEN STAAT

Pastoralschreiben der katholischen Bischöfe in der DDR an die Priester und Diakone

Liebe Mitbrüder!

Unser seelsorgliches Tun soll darauf ausgerichtet sein, die Gläubigen für ein Leben im Geist der Nachfolge Christi zuzurüsten. Der einzelne Christ wie die Kirche insgesamt sind gerufen, für Christi Wahrheit vor den Menschen und der Welt Zeugnis abzulegen. Noch mehr: Die Kirche will durch das Lebenszeugnis ihrer Glieder die Welt mit dem Geist Christi durchdringen und mehr und mehr dem Willen Gottes gemäß heiligen. Nur dann erfüllt die Kirche ihren Auftrag richtig, wenn sie „Stadt auf dem Berg" und „Salz der Erde" wird (vgl. Mt 5,13f).

Um den Gläubigen zu helfen, ihren Weltauftrag zu erkennen und in rechter Weise zu verwirklichen, bedarf es einer aufmerksamen Beobachtung auch des gesellschaftlichen Umfeldes, in dem wir leben. Gibt es eine Chance, uns als Christen in die Bereiche einzubringen, die durch den Anspruch der sozialistischen Gesellschaft und ihrer prägenden Weltanschauung gekennzeichnet sind? Oder müssen wir uns als Christen nicht redlicherweise aus der „Welt" heraushalten, um unserem Gewissen treu bleiben zu können? Das sind Fragen, die nicht wenige unserer Gemeindemitglieder bewegen und nicht zuletzt auch uns Seelsorger. Wir möchten Euch mit diesem Brief einladen, über die seelsorglichen Probleme nachzudenken, die mit der Existenz unserer Kirche in einem sozialistischen Staat zusammenhängen. Unsere Ausführungen wollen als Orientierungshilfe für das seelsorgliche Handeln verstanden sein. Wir bitten Euch, die hier angesprochenen Fragen auf den Pastoralkonferenzen und Priesterkonventen weiter gemeinsam zu besprechen.

Wir werfen zunächst einen Blick auf einzelne Aspekte des gesellschaftlichen Umfeldes (I) und versuchen dann, Folgerungen für unser pastorales Verhalten zu ziehen (II).

I. Zur gegenwärtigen Situation der katholischen Kirche in der DDR

Die Situation unserer Kirche in der DDR ist kaum in wenigen Sätzen zu umreißen. Wir wollen uns mit einigen „holzschnittartigen" Linien begnügen, die auf seelsorglich bedeutsame Faktoren aufmerksam machen möchten.

1. *Der Anspruch der Ideologie*

Es braucht nicht viele Worte, um darzulegen, daß unsere Seelsorgearbeit in diesem Land vor besonderen Schwierigkeiten steht. Zu den seelsorglichen Problemen, die zu allen Zeiten gegeben sind, kommt eine Herausforderung des Gottesglaubens, die aus der auch in anderen Ländern wirksamen „Säkularismus-Welle" erwächst. Die Welt und das Alltagsleben werden als Bereiche einer radikalen Profanität erfahren. In den Herzen der Menschen breitet sich als Grundmentalität der Lebensführung ein praktischer Materialismus aus, der den Gottesglauben erstickt oder unmöglich macht.

Zum anderen aber gibt es noch jene Herausforderung, die der Kirche aus dem weltanschaulichen Materialismus marxistischer Prägung als der beherrschenden Ideologie in unserer Gesellschaft erwächst. Ohne Zweifel erschwert diese Ideologie die seelsorgliche Arbeit, wenngleich sie für manche aufmerksame und wache Menschen auch Anlaß ist, sich ernsthaft mit dem Gottesglauben auseinanderzusetzen und einen vertieften Zugang zum religiösen Leben zu suchen. Die seelsorglichen Probleme erwachsen aus dem Anspruch dieser Ideologie, die gesamte gesellschaftliche Wirklichkeit zu durchdringen. Denn das gilt es klar zu sehen: Unsere Kirche lebt nicht nur in einer vom Säkularismus geprägten Gesellschaft (wie etwa auch in westlichen Ländern), sondern zudem in einer Gesellschaft, die gemäß den Lehren des Marxismus-Leninismus eine neue Sinnmitte erhalten soll: den Sozialismus bzw. (später) den Kommunismus. Alle Lebensbereiche werden auf diese Sinnmitte hingeordnet und von ihr her überformt. Inwieweit das gelingt, mag dahingestellt bleiben. Doch haben wir festzuhalten, daß prinzipiell der Versuch fortgeführt wird, auf breiter Ebene die säkulare Gesellschaft von einer allumfassenden ideologischen Konzeption her zu strukturieren. Das hat beträchtliche Konsequenzen für alle Lebensbereiche des Menschen: Arbeit und Freizeit, Familie und Schule, Wissenschaft und Kultur, privates und gesellschaftliches Leben werden zu weltanschaulichen „Kampffeldern". In diesem Sinn ist auch der Staat nicht nur ein wertneutraler Ordnungsfaktor, sondern eine weltanschauliche Größe. Der sozialistische Staat verlangt Bürger, die sich zu ihm bekennen und sich bewußt in den Dienst des gesellschaftlichen „Fortschritts" stellen.

2. *Konfliktfeld Gesellschaft*

Wir haben es in unserer Seelsorge weithin mit Menschen zu tun, die keine andere gesellschaftliche Realität als jene des sozialistischen Staates mit seinem Ordnungsgefüge erlebt haben. Das gilt vor allem für unsere Jugend und die mittlere Generation. Unsere Gläubigen leben wie alle übrigen Bürger in diesen Gegebenheiten. Einerseits spüren sie, daß sie den Verhältnissen in Staat und Gesellschaft in bestimmter Hinsicht Rechnung tragen müssen. Manchmal haben sie sich einen durchaus beachtlichen „Freiraum" für ihr Leben in Beruf und Öffentlichkeit erkämpft und versuchen, diesen zu behaupten. Andererseits aber entstehen für gläubige Christen im gesellschaftlichen Bereich gerade wegen ihrer christlichen Überzeugung handfeste Konflikte, die das Leben in Familie und Beruf belasten und zu Verbitterung und Resignation führen können. Manche sehen dann nur noch den Ausweg, für sich und die Familie den Ausreiseantrag zu stellen. Solche konfliktgeladenen Bereiche sind besonders die weiterführende Schul- bzw. Hochschulbildung, die Berufsausbildung, der Zugang zu bzw. die Tätigkeit in höheren Leitungsfunktionen der Wirtschaft und Verwaltung, aber auch der Bereich der Wehrerziehung und des Militärdienstes, sofern Gewissensentscheidungen gefällt werden, die nicht den gesellschaftlichen Erwartungen entsprechen.

Viele Gläubige versuchen tapfer, sich gegen unberechtigte Ansprüche der Gesellschaft, die den Gewissensbereich berühren, zu behaupten. Andere gehen freilich Kompromisse ein, die uns bedenklich erscheinen. Wieder andere sind ratlos oder lassen sich treiben, ohne sich über ihr Verhalten in Staat und Gesellschaft näher Rechenschaft zu geben. Es ist für den Seelsorger oft sehr schwierig, in diesen Konflikten zu raten und konkrete Weisung zu geben. Wir müssen freilich allen Gläubigen einen Weg aufzeigen, wie sie als Christen hier leben können, ohne ihr Gewissen zu verleugnen. Dazu bedarf es wie bisher klarer Stellungnahmen unserer Kirche zu Verhaltensweisen, die sich mit dem christlichen Glauben nicht vereinbaren lassen. Aber es bedarf auch der Ermutigung, die sich ausbreitende Resignation zu überwinden und nach Möglichkeiten Ausschau zu halten, unsere gesellschaftliche Wirklichkeit vom Geist Christi her zu prägen.

3. *Weltanschaulicher Charakter des Bildungswesens*

Ein nicht unerhebliches Konfliktfeld für gläubige Christen und deren Kinder ist der Bereich des sozialistischen Bildungswesens. Der weltanschauliche Charakter der Schule, deren Besuch auch für christliche Schüler verpflichtend ist, wird offen ausgesprochen. Die innere Logik dieses Anspruchs ergibt sich aus dem, was unter I.1. schon dargestellt wurde. Lehre und Lehrinhalte in den Schulen und Bildungseinrichtungen sind vom Marxismus-Leninismus und seinem Wertgefüge bestimmt. Das gilt auch hinsichtlich der Einschätzung von Religion und Christentum. Die SED, die führende Partei in diesem Staat, lehnt klar und eindeutig die Religion als „verkehrtes Denken" ab. Die Religion wird als eine „Form der verkehrten Widerspiegelung der Natur und der Gesellschaft im menschlichen Bewußtsein" betrachtet, die „im schroffen Gegensatz zum wissenschaftlichen Bewußtsein" steht (vgl. Dialektischer und historischer Materialismus. Lehrbuch für das marxistisch-leninistische Grundlagenstudium, Berlin 1984, S. 409; die folgenden Zitate sind diesem Lehrbuch entnommen). In der weltanschaulichen Auseinandersetzung wird die Kontinuität der marxistisch-leninistischen Religionskritik voll gewahrt, wie die Durchsicht der einschlägigen Lehrbücher zeigt. Es ist die Aufgabe aller Bildungseinrichtungen, in den jungen Menschen dieses „wissenschaftliche Bewußtsein" zu wecken. Sie sollen nicht nur die Kenntnisnahme des Marxismus-Leninismus fördern, sondern auch dessen innere Annahme durchsetzen. Das Schulgesetz von 1979 verpflichtet die Pädagogen zur „kommunistischen Erziehung" ihrer Schüler, was theoretisch und praktisch eben auch die Erziehung zum Atheismus intendiert.

Es ist freilich zu beobachten, daß sich bei einigen marxistischen Philosophen zaghafte Versuche bemerkbar machen, zu einer differenzierteren Beurteilung der Religion vorzustoßen. Dazu tragen nicht zuletzt anthropologische Fragestellungen in der Kunst und Literatur unseres Landes bei, aber auch der wachsende Einfluß der Religionen und Kirchen auf das Weltgeschehen. Diese Versuche sollten wir aufmerksam verfolgen, selbst wenn sie sich nicht erfahrbar im konkreten Schul- und Bildungsalltag auswirken.

4. *Versuche einer politischen Integration der Kirchen und Christen*

In einer gewissen Spannung zu den ideologischen Zielsetzungen der Partei steht heute das Bemühen, im gesellschaftlichen Bereich die weltanschauliche Auseinandersetzung zugunsten einer politisch-moralischen Einheit von Marxisten und Christen zurückzustellen. Es wird versucht, die Kirchen und einzelne Christen in „den Aufbau und die Stärkung der sozialistischen Gesellschaft", in den von Partei und Staat geführten „Kampf für den Frieden" und „die Sicherung sozialen Fortschritts" einzubeziehen. Deshalb heißt es: „Die marxistisch-leninistische atheistische Bildung, die Kritik der Religion sind dem praktischen Klassenkampf gegen die Bourgeoisie, für den Aufbau des Sozialismus und Kommunismus untergeordnet. Ohne auf ideologischem Gebiet von den Positionen des wissenschaftlichen Atheismus abzuweichen und dem religiösen Glauben Zugeständnisse zu machen, ist die praktische Politik der kommunistischen Bewegung auf die Herstellung und Festigung des engen Bündnisses der Arbeiterklasse mit allen, auch den religiös gebundenen Werktätigen gerichtet" (a.a.O. S. 37). Die Zusammenarbeit der Kommunisten mit Gläubigen bei der Gestaltung der entwickelten sozialistischen Gesellschaft sei „ein Grundprinzip der Politik der SED von strategischer Bedeutung" (a.a.O. S. 413). Nicht der Kampf gegen die Religion sei das Wichtigste, sondern der Aufbau der klassenlosen Gesellschaft. So lesen wir: „Im Gegensatz zum bürgerlichen Materialismus und Atheismus lehrt der Marxismus-Leninismus nicht, gegen die Religion als die Ursache allen Übels in der Gesellschaft den Kampf zu führen. Er begründet, daß die Überwindung des Kapitalismus und die Errichtung der kommunistischen Gesellschaftsformation der Weg zu einem menschenwürdigen Dasein ohne Ausbeutung und Unterdrückung, in Freiheit und sozialer Gerechtigkeit ist (a.a.O. S. 413f).

Für uns Christen ist es problematisch, daß der Maßstab für die neue Gesellschaft und den neuen Menschen aus dem philosophischen Materialismus marxistischer Prägung genommen wird. Christliche und allgemein menschliche Werte werden von diesem Maßstab her neu definiert bzw. umgeformt. Das belastet die gewünschte Zusammenarbeit zwischen Atheisten und Gläubigen beträchtlich, wie auch die

Praxis erweist. Dort, wo weltanschaulich bedingte Forderungen von den Christen nicht mitgetragen werden können, wie z. B. die Erziehung der Kinder zum Haß gegen den „Klassenfeind", fangen die Schwierigkeiten an. So kommt es, daß Christen immer wieder Zurücksetzungen in der Ausbildung und im Berufsleben und Benachteiligungen verschiedenster Art erfahren und hinnehmen müssen, auch bei Gewissensentscheidungen im Bereich der Wehrerziehung bzw. des Militärdienstes. Diese Feststellung hat leider nach wie vor Gültigkeit; auch dann, wenn es gelang, in Einzelfällen für Abhilfe zu sorgen und die Benachteiligung mit subjektivem Verhalten einzelner Verantwortlicher „erklärt" wurde.

Die gegenwärtige Kirchenpolitik der Partei- und Staatsführung spiegelt die aufgezeigte Spannung zwischen weltanschaulicher Bewertung der Religion und politischer Behandlung der Kirchen wider. Die Kirchen sollen sich – trotz der ihnen zugestandenen Eigenständigkeit und Selbstverwaltung im kirchlichen Bereich – dem gesellschaftlich angestrebten Gesamtziel einordnen und von daher ihre Existenzberechtigung empfangen. Doch ist nicht auszuschließen, daß ihnen das Existenzrecht streitig gemacht würde, wenn sie sich als gesellschaftlich „unnütz" oder gar „schädlich" erweisen sollten. Es kann also von keiner echten Partnerschaft zwischen Staat und Kirche gesprochen werden. Deshalb ist es verständlich, daß im Augenblick die Schlüsselfrage für die gesellschaftliche Stellung von katholischen und evangelischen Christen scheinbar nicht die Frage nach der Weltanschauung ist, sondern die nach der Bereitschaft, den Staat und die sozialistische Gesellschaft unter Führung der SED aufzubauen und zu verteidigen. Das erklärt auch die verstärkten Anstrengungen der CDU, aktive christliche Laien und möglichst auch Priester für die politische Mitarbeit zu gewinnen.

Auch bei der Werbung für die Jugendweihe ist diese Tendenz sichtbar. Im Rahmen der kommunistischen Erziehung stellt die Jugendweihe ein Moment des umfassenden Bemühens dar, in der nachwachsenden Generation eine atheistische Lebenskultur heranzubilden. Darum lehnen wir auch weiterhin die Jugendweihe ab. Im Augenblick erleben wir freilich, daß sie als „bloßes" Gelöbnis zum sozialistischen Staat interpretiert und die weltanschauliche Dimension heruntergespielt wird. Das verstärkt die falsche Meinung, die Jugendweihe sei ein wertfreies staatsbürgerliches Ritual ohne jede Bedeutung für den Glauben. Diese „Vernebelung" schafft zusätzlich Verwirrung unter den Gläubigen, die ja in dieser Frage ohnehin starkem Druck ausgesetzt sind.

Außer dem Versuch, die Kirche und die Christen in den gesellschaftlichen Aufbau zu integrieren und dies durch entsprechend differenzierte Behandlung der Kirchen, ihrer Amtsträger und auch einzelner Christen zu fördern, bleiben auch andere Methoden der staatlichen Kirchenpolitik in Geltung. Die Kirche wird sich darauf einzustellen haben, daß administrative Maßnahmen, die den Wirkungsraum der Kirche einengen und die Kirche vielleicht auch disziplinieren sollen, nie gänzlich auszuschließen sind. Das lehrt uns der aus langer geschichtlicher Erfahrung erwachsene Realismus der Kirche. Die die Kirchen und Religionsgemeinschaften betreffenden Artikel der Verfassung der DDR von 1949 und die einschlägigen Veränderungen von April 1968 vermögen dies auch zu belegen. In jüngster Zeit kommt nun eine wachsende Eigenständigkeit territorialer staatlicher Organe ins Spiel, so daß in den konkreten Erscheinungsformen staatlicher Kirchenpolitik beträchtliche Varianten im Verhalten vor Ort anzutreffen sind.

II. *Folgerungen für das pastorale Wirken der Kirche*

Gemäß ihrem Wesen und Selbstverständnis kann die Kirche auf die so skizzierte Situation nicht genuin politisch reagieren. Sie hat in pastoraler Weise zu antworten, was freilich auch eine politische Dimension mit einschließt. Die Kirche ist im Auftrag ihres Herrn für die Menschen da, wo immer und unter welchen gesellschaftlichen Bedingungen diese auch leben. Unter unseren Gegebenheiten scheint uns der Hinweis auf folgende Punkte besonders wichtig.

1. *Das Selbstverständnis der Kirche*

Die Kirche hat ihr eigenes Selbstverständnis, ihre eigene Identität. Diese leitet sich von Jesus Christus ab, der durch seine Kirche die Welt durchdringen und zur gehorsamen Hingabe an den Willen des Vaters führen will. Bei dieser Heiligung der Welt steht die Kirche allein im Dienst ihres Herrn. Sie kann und darf sich von keiner außergöttlichen Macht ihre Daseinsberechtigung oder ihre Aufgaben zuteilen lassen, auch nicht vom Staat oder einer staatstragenden Partei. Das unbeugsame Festhalten an ihrer Eigenständigkeit darf die Kirche auch unter sozialistischen Verhältnissen nicht zur Disposition stellen. Deshalb hat die Trennung von Staat und Kirche einen kaum zu überschätzenden Wert. Es muß auch jeglicher Eindruck vermieden werden, daß die Kirche im Dienst des Staates oder einer Partei steht. Wir wissen, wie solche „In-Dienst-Nahme" kirchlicher Autorität für fremde Interessen aussehen kann. Die Unabhängigkeit und Glaubwürdigkeit der Kirche könnten dabei schwersten Schaden nehmen.

In diesem Zusammenhang ist auf die besondere Bedeutung der Verklammerung unserer Kirche mit der weltweiten ecclesia catholica, mit dem Papst und dem Bischofskollegium der Weltkirche aufmerksam zu machen. Wir sind nicht eine Landeskirche, sondern katholische Weltkirche in einem Land. In unserer Verkündigung und Selbstdarstellung sollte dieser Gedanke immer wieder anklingen.

Der Bewahrung der Unabhängigkeit und Freiheit der Kirche dient es, wenn sich die kirchlichen Amtsträger jeder politischen Betätigung im engeren Sinn enthalten. Das kirchliche Amt hat seinen Sinn zutiefst im Dienst an der Einheit des Gottesvolkes. Die Seelsorge wird den Priester häufig mit unterschiedlichem politisch-gesellschaftlichem Verhalten von Gläubigen bzw. anderen Menschen konfrontieren. Der Seelsorger muß in der Lage sein, glaubhaft und überzeugend für alle dazusein und ihnen auch für ihr Verhalten in Öffentlichkeit und Beruf Wegweisung vom Evangelium her zu geben. Wir können nur „im Namen des Herrn" in die Arena der gesellschaftlich-politischen Alltagsfragen treten (vgl. das Verhalten Davids 1 Sam 17,45), sonst werden wir darin zum Spielball fremder Interessen. Das heißt konkret:

Der von der CDU und den ihr nahestehenden Gruppen verfolgten Tendenz, Priester, Diakone, Sprecher von kirchlichen Gremien, Leiter caritativer Einrichtungen u. a. in partei- und gesellschaftspolitische Arbeit hineinzuziehen, muß mit aller Entschiedenheit widerstanden werden. Das hindert nicht, daß die Kirche und ihre Vertreter sich um ein korrektes, sachliches Verhältnis zur staatlichen Autorität bemühen. Es muß freilich deutlich bleiben, daß die Kirche sich dabei von ihrem eigenen Auftrag her bestimmen und nicht für fremde Zielsetzungen, z. B. propagandistischer Art, einspannen läßt. Die von der BBK erlassenen Richtlinien über die Beziehungen der Kirche zu staatlichen Organen sowie zu politischen und gesellschaftlichen Organisationen haben hier ihren guten Sinn.

2. *Realistische Wahrnehmung der Gegebenheiten*

Wir müssen uns vor Augen halten, daß unsere Situation nicht so außergewöhnlich ist, wie wir manchmal meinen. Das lehrt uns schon ein kurzer Blick auf die Situation der Kirche in anderen Ländern und Kontinenten. Seit den Tagen der Apostel hat die Kirche in den unterschiedlichsten politischen und kulturellen Verhältnissen existieren müssen. Nicht immer waren diese für die Christusnachfolge besonders förderlich. Weder die Tatsache also, daß unser christlicher Glaube heute hart angefragt ist, noch die Erfahrung, daß wir in diesem Staat aus der Sicht der herrschenden Ideologie nicht zu den Hoffnungsträgern der gesellschaftlichen Entwicklung gerechnet werden, sollen uns sonderlich beunruhigen. Auch uns gilt die Weisung des Apostels Paulus: „Gleicht euch nicht dieser Welt an, sondern wandelt euch und erneuert euer Denken, damit ihr prüfen und erkennen könnt, was der Wille Gottes ist; was ihm gefällt, was gut und vollkommen ist" (Röm 12,2). In diesem Sinn sind Christsein und alternative Existenz wie zu allen Zeiten zwei Seiten der einen Medaille.

Zum anderen dürfen wir uns ins Bewußtsein rufen, daß die „sozialistische" Gesellschaftsordnung ebenso unter Gottes Herrschaft steht wie die „kapitalistische" oder sonst irgendeine andere Ordnung dieser Welt. Wir glauben nicht daran, daß die geschichtliche Entwicklung deterministisch festgelegt ist. Auch die politischen und gesellschaftlichen Realitäten sind Gottes Verfügungsgewalt untergeordnet. Diese Glaubenssicht entkleidet sie ihres quasireligiösen Anspruchs. Insofern hat das erste Gebot „Du sollst keine anderen Götter neben mir haben" von jeher eine politische, nämlich das Politische entmythologisierende Bedeutung. Unser Glaube klammert also die gesellschaftlichen Gegebenheiten nicht aus. Auch diese sind dem Willen Gottes gemäß zu „heiligen" und vom Geist Christi her zu durchdringen. Das gilt auch in einer Gesellschaftsform, in der eine atheistische Weltanschauung zugleich mit ihrem Wahrheitsanspruch auch einen Totalitätsanspruch für alle Lebensbereiche erhebt und diesen politisch durchzusetzen versucht.

Der christliche Glaube befähigt uns also, die Gegebenheiten in Staat und Gesellschaft zur Kenntnis zu nehmen und als Bewährungsfeld der Christusnachfolge anzunehmen. Wir werden unsere Situation weder verteufeln noch glorifizieren. Ein gesunder Realismus wird uns davor bewahren zu meinen, jedes aufgeklebte Etikett verbürge auch den entsprechenden Inhalt. Ist jeder Sieg eines Sportlers bei uns tatsächlich ein Sieg des Sozialismus? Und ist jede gute Ernte tatsächlich allein das Ergebnis sozialistischer Produktionsmethoden? Wir dürfen doch wohl sagen, daß es auch bei uns eine gesunde Freude am Sport gibt und die anständige Einstellung von LPG-Mitgliedern, für die Bevölkerung eine gute Ernte zu garantieren. Es geht in unserer Pastoral um ein unverkrampftes Wahrnehmen der Wirklichkeit – und diese ist durchaus offen für den Einfluß des Geistes Christi. Der Christ und sein ganzheitliches Glaubenszeugnis sind in dieser Gesellschaft durchaus gefragt.

3. *Möglichkeiten und Grenzen gesellschaftlicher Wirksamkeit*

Der geschärfte Blick für die Gegebenheiten wird helfen, im konkreten Fall die Möglichkeiten und Grenzen eines gesellschaftlichen Engagements zu prüfen. Dabei ist zwischen der Kirche als Institution und dem Engagement des einzelnen Christen zu unterscheiden.

Was *die Kirche als Institution* betrifft, so ist an die Aussage des II. Vatikanischen Konzils zu erinnern: „Die Kirche (darf) in keiner Weise hinsichtlich ihrer Aufgabe und Zuständigkeit mit der politischen Gemeinschaft verwechselt werden ..., noch (ist sie) an irgendein politisches System gebunden" (Gaudium et spes, Nr. 76). Das bedeutet für die Kirche und ihre Amtsträger: Die Kirche muß Kirche bleiben und darf nicht zum verlängerten Arm staatlicher oder gesellschaftlicher Interessen werden (vgl. II,1). Doch muß andererseits deutlich werden, daß die Kirche an den Nöten und Sorgen der Menschen mitträgt. Darum hat die Kirche das Recht und die Pflicht, zu wichtigen Lebensfragen der Gegenwart auch öffentlich Stellung zu nehmen. In Wort und Tat wird sie prophetisch von Gottes Wahrheit und Seinem Erbarmen Zeugnis geben. Es ist auch nicht ausgeschlossen, daß es zwischen Staat und katholischer Kirche zu einem Gespräch über Fragen kommen könnte, die gemeinsam interessieren und für die jeder in seiner Weise Verantwortung trägt, beispielsweise die Frage der Stabilisierung der Ehen und Familien, der Solidarität zwischen den Generationen oder der Bewertung des ungeborenen Lebens bis hin zur Frage der Darstellung der Kirche und der christlichen Religion in Schul- und Lehrbüchern.

Für *den einzelnen Christen* ist zu sagen: Er darf sich dort zur Zusammenarbeit mit andersdenkenden Menschen aufgerufen wissen, wo es um das Wohl des einzelnen Menschen, einer Gemeinschaft oder um das allgemeine Wohl der Gesellschaft geht und wo er gleichzeitig (!) ungeschmälert und offen sein Leben und Wirken unter Gottes Anspruch stellen darf. Unser Ja zur Welt und ihren Ansprüchen muß vom Ja zu Gott umfangen bleiben. Eine Mitarbeit in Gremien und Institutionen, deren marxistisch-weltanschaulicher Charakter wiederholt und betont herausgestellt wird, kann es für den Christen nicht geben. Das gilt insbesondere für die Mitgliedschaft in der SED. Es darf auch nicht für den Christen ein gesellschaftliches „Mitmachen" aus dem Bestreben geben, seinen christlichen Glauben zu verbergen oder sich dem klaren Einstehen für eigene Überzeugungen zu entziehen. Im gemeinsamen Hirtenbrief der Bischöfe zum Thema „Christliche Erziehung" (1974) wurden folgende Regeln aufgestellt:

„Der Christ kann nicht mitarbeiten
- in Stellungen und Tätigkeiten, in denen er zum Kirchenaustritt genötigt wird,
- wo Konsequenzen entstehen, die ihn vom Leben der Kirche und der Gemeinde trennen,
- wo er Auffassungen vertreten muß, die gegen den Glauben und gegen sein Gewissen sind,
- wo eine Tätigkeit verlangt wird, die gegen die Nächstenliebe verstößt und zum Haß gegen andere Menschen führt."

Im Einzelfall wäre nun andererseits zu prüfen, ob und wie das Engagement des Christen in verschiedenen gesellschaftlichen Bereichen möglich und notwendig ist.

Wir Seelsorger müssen helfen, daß Christen sich mutig und selbstbewußt dort einbringen, wo ihre menschlichen und christlichen Qualitäten gefragt sind. Das wird nicht immer ohne Spannungen abgehen; aber wir brauchen und sollen uns als Christen nicht verstecken. Nachbarschaftshilfe, Sorge um Kranke und Behinderte, Einsatz für ein gutes Klima im Betrieb oder Kollektiv, Solidarität mit Gestrauchelten und Hilflosen, Mitarbeit von Eltern für die Schulklasse oder Kindergartengruppe, kulturelle oder sportliche Betätigung, die anderen Freude bereitet, Leitungsverantwortung – das alles sind Felder, wo Christen sich bewähren können und wo sie sich auch nicht verdrängen lassen dürfen. Hier müssen wir Seelsorger uns mit den Gläubigen beraten, wie unter den gegebenen Bedingungen der gesellschaftliche Dienst und das Glaubenszeugnis in der Öffentlichkeit aussehen könnten. Bei solchen konkreten Überlegungen im Einzel- und Gruppengespräch werden aber nicht nur religiöse Grundsätze zu bedenken sein, sondern auch das Empfinden z. B. für Geschmack, innere Wahrhaftigkeit und Glaubwürdigkeit nach außen – und nicht zuletzt die Sorge, anderen in der Gemeinde nicht Ärgernis oder Grund zu billiger Entschuldigung für eigenes Fehlverhalten zu geben.

Von größter Bedeutung sind auf diesem Weg frühzeitige klare Entscheidungen. Die Erfahrung lehrt, daß sie den späteren Lebensweg erleichtern. Wer lange zaudert, mit halben Entscheidungen operiert und faule Kompromisse eingeht, läuft Gefahr, über kurz oder lang auch in wesentlichen Punkten nachzugeben. Im übrigen wird eine redliche und offene Entscheidung auch von der nichtgläubigen Umwelt anerkannt und respektiert, vielleicht sogar insgeheim erwartet.

Es ist Aufgabe aller katholischen Christen, die Bedeutung ihres Glaubens und des Evangeliums im Einsatz für eine gerechte, menschenwürdige und friedliche Welt zu erkennen und in die Tat umzusetzen. Dort, wo ein Christ lebt und arbeitet, muß etwas von seinem Glauben in die Umwelt einfließen. Wir denken dabei an so konkrete Felder wie Arbeitsmoral, Freizeitverhalten, Verantwortung gegenüber gesellschaftlichem Eigentum, Schutz des ungeborenen Lebens, Kinderfreundlichkeit, Konfliktbewältigung in der Ehe oder am Arbeitsplatz, Erziehung zur Friedensliebe. Der caritative Einsatz der Kirche wird ja auch in der Öffentlichkeit als gesellschaftlich bedeutsames Engagement gewürdigt. Bei diesem institutionellen Zeugnis allein darf es aber nicht bleiben. Christen, deren Glauben das ganze Leben durchformt, werden wie ein positives Ferment in jeder Gesellschaft wirken, auch in der unsrigen. Das ist unsere feste Überzeugung. Dazu bedarf es nicht der Mitgliedschaft in irgendwelchen Gruppierungen, Parteien oder Organisationen. Aber notwendig ist, daß uns unsere Glaubensüberzeugung nicht am Kirchenportal verläßt. Der christliche Glaube, der über diese irdische Welt hinaus auf das Reich Gottes gerichtet ist, gibt uns Zuversicht und innere Gelassenheit, wir könnten beinahe sagen: Heiterkeit. Denn der christliche Glaube läßt sich nicht so schnell verbittern oder in Resignation treiben. Ein solcher Glaube wird von allein Austrahlungskraft gewinnen, weil dann spürbar wird, daß Christen um sich herum ein Klima der Friedfertigkeit, der Menschlichkeit und der Wahrhaftigkeit verbreiten. Das ist ein christlicher „Weltdienst", der von jedem Christen geleistet werden kann. Vielleicht lebt unsere Gesellschaft mehr von diesem unauffälligen Einsatz der Christen als wir meinen.

4. *Seelsorgliche Hilfen für die Christen in der Welt*

Eine wichtige Aufgabe für uns Seelsorger wird es sein, in der Verkündigung und im Seelsorgsgespräch noch stärker jene Wirklichkeitsbereiche vom Evangelium Christi her zu beleuchten, in denen unsere Gemeindeglieder sich weithin bewegen. Die Gläubigen brauchen konkrete Orientierungshilfen und praktikable Wegweisung, um ihren Weltauftrag auch in diesem Land erfüllen zu können. Dabei geht es nicht allein um die Wahrung eigener Rechte und die Zurückweisung von Rechtsverletzungen durch Vertreter einzelner staatlicher oder gesellschaftlicher Organe. Wichtiger noch ist der Aufweis positiver Möglichkeiten einer Durchdringung der konkreten Lebensräume vom Geist Christi her. Wir müssen den Gläubigen nicht nur die Gefahren, sondern auch die Chancen zeigen, die sich inmitten unseres atheistischen Milieus für die Nachfolge Christi eröffnen. Beispielsweise könnten wir einem Christen, der in einer Leitungstätigkeit steht, zeigen, daß sein Brückenschlag zu Mitarbeitern und Untergebenen, zu Menschen, die ihm im Dienst begegnen, und zwar als „Mühselige und Beladene", etwas mit seinem Glauben zu tun hat. Wir könnten ihm aufdecken, daß seine Bemühungen, Menschlichkeit in seinem Einflußbereich zur Geltung zu bringen, Solidarität zu üben oder menschliche Katastrophen zu verhindern – daß dies alles Diakonie ist, von der die Kirche Christi zu allen Zeiten lebt und leben wird. Oder wir könnten den Gläubigen zeigen, daß ihre gute Arbeit dort, wo Verantwortungsbewußtsein und Ordnung zu wünschen übrig lassen, etwas mit der Heiligung der Welt zu tun haben könnte, also mit christlicher Hoffnung. Unsere Pastoral soll die Menschen nicht aus der konkret erfahrenen Welt herausführen, um sie Gott begegnen zu lassen. Wir müssen lernen, die Gläubigen zu einer „Mystik des Alltags" zu befähigen, die sie inmitten der scheinbar gottverlassenen Welt zu echter Gottesbegegnung und gläubiger Durchdringung der erfahrenen Realitäten befähigt. Das wird nicht ohne Vertiefung des geistlichen Lebens, ohne Gebet, Opfer und Selbstüberwindung gehen, vor allem nicht ohne die Bereitschaft, sich einander in den Familien und Gruppen geistlich zu öffnen und sich so gegenseitig zu stützen. In diesem Zusammenhang ist erneut auf die Konzilsdokumente und die Dokumente der Dresdner Pastoralsynode hinzuweisen, die hierfür Anregungen geben.

5. *Kirchlicher Einsatz für Einzelne*

Wir Bischöfe und Priester haben die Aufgabe, uns auch schützend vor Einzelne zu stellen, die aus Gewissensgründen bzw. ihrer religiösen Überzeugung wegen in Bedrängnis geraten. Leider erfahren wir noch immer, daß die sogenannte christliche oder kirchliche „Bindung" als Hemmschuh für eine weiterführende Bildung oder für eine leitende Position in Beruf und Öffentlichkeit angesehen wird. Es ist vornehmlich die Aufgabe der Bischöfe, die staatlichen Autoritäten immer wieder daran zu erinnern: Die Christen wollen hier leben, arbeiten und wirken. Aber sie wollen sich nicht einem Weltanschauungsdiktat unterwerfen, das sie unter der Flagge des Sozialismus für den Aufbau einer religionsfreien, atheistischen Gesellschaft vereinnahmt. Als Christen erwarten wir nicht, daß die Grundpfeiler des Hauses Staat, in dem wir wohnen, aus christlichem Zement gegossen sind. Aber wir erwarten, daß wir zusammen mit allen anderen Bürgern in diesem Haus gleichberechtigt und geachtet leben können. Es ist die Aufgabe der staatlichen Autorität, diese berechtigte Erwartung zu einer erfahrbaren Realität zu machen, auch im Bereich der Volksbildung und des Berufslebens. Wir Bischöfe meinen, daß ein auf das Wohl aller seiner Bürger bedachtes Staatswesen es auf die Dauer nicht verantworten kann, eine starke Gruppe der Bevölkerung allein wegen ihrer religiösen Grundentscheidung von qualifizierter Verantwortung und eigenständigem Einsatz für das Gemeinwohl abzuhalten. Wir hoffen, daß diese Erkenntnis auf staatlicher Seite in Zukunft stärker Raum gewinnt.

6. *Die Gemeinsamkeit aller Christen*

Schließlich sollten wir uns auch der Bedeutung der Gemeinsamkeit aller Christen bewußt sein. Evangelische und katholische Christen stehen weltanschaulich in der gleichen Bewährungsprobe. Die Unterschiede zwischen der katholischen und evangelischen Kirche in Tradition und theologischem Selbstverständnis sind nicht vollständig überwunden. Sie begegnen uns auch heute noch und werden erneut aktuell, wenn es um die Frage geht, wie die Kirche sich verstehen und welchen Weg im Glauben sie gehen muß. Da uns im Bekenntnis des Glaubens an den einen Herrn aber mehr verbindet als trennt, muß die Ökumene zwischen den Kirchen angesichts einer atheistischen Ideologie und des faktisch gelebten Materialismus gekennzeichnet sein vom Geist der gegenseitigen Liebe und Hinwendung zu diesem Herrn. Dann besitzen wir vor Ort für unsere Pfarrgemeinden und Familien eine wirksame Hilfe, das Evangelium Christi zu verkünden. Daher werden wir Bischöfe uns auch weiterhin um das offene und brüderliche Gespräch zwischen den Kirchen bemühen.

Liebe Mitbrüder!
In mancherlei Hinsicht ist die Situation der Gemeinde, an die der 1. Petrusbrief gerichtet ist, mit unserer heutigen Situation zu vergleichen. Dort spricht der Verfasser zu einer Gemeinde, die offensichtlich als Minderheit in einem ihr mißtrauisch bis feindlich gesonnenen Umfeld lebt. Es herrscht keine direkte Verfolgung, aber es gibt

Schikanen, Mißhelligkeiten und mancherlei Diskriminierung – privat wie öffentlich. Was rät der Autor den Christen?

„Führt unter den Heiden ein rechtschaffenes Leben, damit die, die euch jetzt als Übeltäter verleumden, durch eure guten Taten zur Einsicht kommen und Gott preisen am Tag der Heimsuchung" (1 Petr 2,12). „Wie er, der euch berufen hat, heilig ist, soll auch euer ganzes Leben heilig werden" (1,15). „Handelt als Freie, aber nicht als solche, die die Freiheit als Deckmantel für das Böse nehmen, sondern wie Knechte Gottes" (2,16). „Seid stets bereit, jedem Rede und Antwort zu stehen, der nach der Hoffnung fragt, die euch erfüllt" (3,15). Aber der Verfasser sagt auch: „Laßt euch durch die Feuersglut, die zu eurer Prüfung über euch gekommen ist, nicht verwirren, als ob euch etwas Ungewöhnliches zustoße. Statt dessen freut euch, daß ihr Anteil an den Leiden Christi habt; denn so könnt ihr auch bei der Offenbarung der Herrlichkeit jubeln" (4,12).

Ob wir Bischöfe heute einen solchen Hirtenbrief an unsere Gemeinden schreiben könnten? Es lohnt sich, den 1. Petrusbrief unter diesem Aspekt zu lesen und zu betrachten und für den eigenen seelsorglichen Dienst fruchtbar werden zu lassen.

Für Euren treuen seelsorglichen Dienst sind wir von Herzen dankbar. Wir bitten Gott um Zuversicht und Kraft für die Erfüllung unseres gemeinsamen pastoralen Auftrags und grüßen Euch verbunden in der Liebe Christi.

Die Bischöfe der Berliner Bischofskonferenz

Görlitz, den 8. September 1986

+ *Joachim Card. Meisner*
Bischof von Berlin
Vorsitzender der
Berliner Bischofskonferenz

+ *Gerhard Schaffran*
Bischof von Dresden-Meißen

+ *Bernhard Huhn*
Bischof und Apostolischer
Administrator von Görlitz

+ *Heinrich Theissing*
Bischof und Apostolischer
Administrator in Schwerin

+ *Johannes Braun*
Bischof und Apostolischer
Administrator in Magdeburg

+ *Joachim Wanke*
Bischof und Apostolischer
Administrator in Erfurt-Meiningen

+ *Georg Weinhold*
Weihbischof in Dresden

+ *Theodor Hubrich*
Weihbischof in Magdeburg

+ *Norbert Werbs*
Weihbischof in Schwerin

+ *Wolfgang Weider*
Weihbischof in Berlin

+ *Hans-Reinhard Koch*
Weihbischof in Erfurt

12. Juli 1987

94. GOTTES MACHT – UNSERE HOFFNUNG

Predigt von Kardinal Meisner, Bischof von Berlin und Vorsitzender der Berliner Bischofskonferenz, beim Katholikentreffen in Dresden

Liebe Pilger aus nah und fern!

Auf dieses Land ist Gottes Wort gefallen. „Ein Sämann ging aufs Feld, um zu säen." Gott selbst ist der Sämann. Der Same ist Sein Wort. „Und das Wort ist Fleisch geworden und hat unter uns gewohnt", bezeugt das Johannesevangelium. Das Wort, das Sein eigener Sohn ist, hat Er als Samen auf den Ackerboden dieses Landes gesät. Seit über tausend Jahren steht das Kreuz eingepflanzt in unseren Landschaften. Gott ist wahrhaft kein weltloser Gott, und dieses Stückchen Welt ist wirklich keine gottlose Welt. Daher ist für uns Christen dieses Land ein Zuhause, weil Christus in ihm wohnt. Auf dieses Wort, nicht auf menschliche Heilserwartungen setzen wir unsere ganze Hoffnung, weil in Ihm uns Gottes Macht begegnet.

Äußerlich hat das Wort nur die Form eines Senfkorns. Es ist eines der kleinsten unter den Samenkörnern, aber es trägt die Mächtigkeit in sich, ein großer Baum zu werden. Gottes Macht ist nur ein anderer Name Seiner Liebe. Sie ist eine Macht, die Seiner Liebe zur Verfügung steht, und sie ist eine Liebe, die Seine Macht schöpferisch lenkt. Liebe Brüder und Schwestern, in Betlehem hat Gott, der das kleine vergessene Volk Israel zu Seinem Volk erwählt hatte, endgültig das Zeichen der Kleinheit zum entscheidenden Zeichen Seiner Anwesenheit in dieser Welt gemacht. Unsere kleinen Gemeinden dürfen uns darum Grund zu großer Hoffnung sein. Das Kind von Betlehem zeigt uns die Wehrlosigkeit der Liebe Gottes am deutlichsten. Gott kommt ohne Waffen, Gott kommt ohne Drohung, weil Er nicht äußerlich überwältigen will, sondern von innen her gewinnen, umwandeln und einladen möchte. Und wenn irgend etwas die Selbstherrlichkeit des Menschen, seine Gewalttätigkeit und seine Habgier besiegen kann, dann ist es die Schutzlosigkeit dieses Kindes, das Gottes Wort selbst ist. Meine lieben Brüder und Schwestern, wenn das Wort Gottes in uns unfruchtbar bleibt – machen wir uns darüber nichts vor! –, so liegt das nicht am Samen und es liegt auch nicht am Sämann, sondern es liegt vor allem am Erdreich, auf das der Same fällt, das heißt, an uns, an der Bereitschaft, die wir für die Aufnahme des Wortes zeigen oder nicht.

Das Thema des Katholikentreffens „Gottes Macht – unsere Hoffnung" will uns für die Aufnahme des Wortes Gottes bereiten und gewinnen. Unsere Hoffnung liegt nicht nur in der Kirchenpolitik der Bischöfe, auch nicht in der Organisation unserer kirchlichen Bezirke und auch nicht allein in den Konferenzpapieren pastoraler Veranstaltungen, sondern vielmehr in der Macht Gottes, die nur ein anderer Name Seiner Liebe ist. Da wir Botschafter Christi sind, ist es unsere Berufung, auf Gottes Liebe vorzubereiten. Wir sollen selbst eine tätige Hoffnung für das Heil der anderen sein, ja eine wirkmächtige Hoffnung für das Heil aller in uns tragen. Wieviel Hoffnung auf Gottes Macht bleiben wir den Menschen schuldig! Nicht wahr, liebe Brüder und Schwestern, wir erleben doch auch viel Hoffnungslosigkeit in uns und um uns. Können Hoffnungslose sich von unserer Hoffnung mitgetragen wissen? Hier gilt unsere demütige Bitte an Gott: Herr, ich hoffe, aber hilf meiner Hoffnungslosigkeit! Durch eine solche Hoffnung dürfen wir am Verlangen Gottes nach dem Heil aller Menschen teilnehmen. Wir können hierzulande auf keinen in dieser Weise Hoffenden verzichten! Das Wort darf nicht ins Leere fallen, wir haften dafür!

Liebe Brüder und Schwestern, wir dürfen aus der Kirche keine „Bewahranstalt für fromme Seelen" machen. Wir sind eine Weltkirche, das heißt eine Kirche, die über den ganzen Erdkreis ausgebreitet ist. Weltkirche bedeutet aber auch, Kirche *für* die Welt zu sein. In jedem Weltchristen – gelegentlich auch „Laie" genannt – lebt die Kirche in einem ganz konkreten Bereich unseres Landes: dort, wo ihr arbeitet, wo ihr zur Schule geht, wo ihr die Freizeit verbringt und wohnt. Durch euch ist die Kirche in diesem Sinn vorrangig Weltkirche, nämlich Kirche *in* dieser Welt und *für* diese Welt. Ihr seid aber auch mit uns Bischöfen Teil der die ganze Erde umspannenden Weltkirche. Liebe Brüder und Schwestern, wir sind dankbar, daß in der Vergangenheit kleinere Gruppen von euch aus gegebenem Anlaß ins Zentrum der Weltkirche, nach Rom, pilgern konnten. Wir hoffen und bitten für euch, daß ihr auch in Zukunft – und zwar auf ganz normalem Weg wie so viele katholische Christen anderer Länder – nach Rom pilgern könnt, um dem Heiligen Vater zu begegnen.

Liebe Brüder und Schwestern, auf dieses Land ist Gottes Wort gefallen, es will darin Wurzeln schlagen. Die Weisen aus dem Morgenland folgten damals dem Stern von Betlehem und brachten dem Kind ihre Gaben dar. Die Kirche, die Christen in unserem Land möchten ihre Begabungen und Fähigkeiten in unsere Gesellschaft einbringen, ohne dabei einem anderen Stern folgen zu sollen als dem von Betlehem. Wie viele brachliegende Kräfte und stille Reserven würden dann aktiviert werden, wenn für den beruflichen Einsatz des einzelnen Bürgers vorrangig Sachkompetenz ausschlaggebend wäre! Liebe Freunde, wir Christen wollen keine Privilegien, sondern nur die Möglichkeit für unseren christlichen Weltdienst!

Der Same des Wortes durchdringt erst das eigene Erdreich, um darin Wurzeln zu schlagen. Das eigene Herz muß erst für den Frieden gewonnen werden, um Friedensfähigkeit in die Gemeinschaft der Menschen auszustrahlen. Hier haben wir unsere Gewissenserforschung zu halten. In einem Land muß der innere Friede in Wahrheit und Gerechtigkeit das Anliegen aller sein, damit die Stimme nach Frieden auch außerhalb des Landes vernommen und ernst genommen wird.

Liebe Brüder und Schwestern, wenn Friede nicht nur das Schweigen der Waffen bedeutet, sondern Schutz des menschlichen Lebens, dann müssen sich viele europäische Länder und vorrangig wir Christen uns kritisch fragen lassen: Wie weit sind wir vom Frieden entfernt, wenn ungeborene Kinder in unserer Mitte getötet werden, ohne daß sich dagegen Widerspruch erhebt! Die positiven sozialen Maßnahmen für werdende Mütter hierzulande greifen allein nicht. Laßt uns zusammen mit den Christen aller Konfessionen unsere hohe Verantwortung für das Leben derer wahrnehmen, die noch keine eigene Stimme haben, damit der Friede sicherer wird. Liebe Brüder und Schwestern, täuschen wir uns nicht: Abtreibung und Abrüstung stehen in einem inneren Zusammenhang!

Daß Gottes Macht unsere Hoffnung ist, müßte sich in unseren Ehen und Familien, in unseren Gemeinschaften und Gemeinden zeigen. Wir sollen und wollen nicht Zuschauer in der Geschichte des Wortes Gottes in unserem Land sein, sondern Mitwirkende. Hier haben wir alle unsere Möglichkeiten. Verweigern wir uns auch dort nicht – ich bitte euch darum! –, wo es in Kirche und Gesellschaft einsam, vergeblich, sinnlos zu werden scheint. Urteilen wir dann nicht nach der weltlichen Wertskala, bei der nur das Meßbare und das Sichtbare gilt, und werden wir dann nicht entsprechend hart, verbittert und verzagt! Denn gerade dann öffnet sich die große christliche Chance, daß die eucharistische Lebensform Christi auch von unserem Leben Besitz ergreifen kann, die da heißt: „Umsonst habt ihr empfangen, umsonst sollt ihr geben." Indem wir uns allein von Christi Großzügigkeit leiten lassen – davon bin ich zutiefst überzeugt –, ist diesem Land am besten gedient.

Auf dieses Land ist Gottes Wort gefallen. Sind wir dafür der gute Boden, der vielfache Frucht verspricht? Wir sind es, wenn wir das Wort Gottes wie eine ganz persönliche Aufforderung annehmen, wenn wir uns von ihm treffen, von ihm aus unseren Sicherheiten herausholen lassen. Dann nehmen wir das Wort nicht als Menschenwort, sondern als Gotteswort auf. Es dringt in uns ein. Es wächst, es keimt und treibt. Es trägt vielfache Frucht. Selig, die das Wort Gottes hören und es befolgen. Amen.

(St. Hedwigsblatt. Katholisches Kirchenblatt im Bistum Berlin, Nr. 30 vom 26. Juli 1987)

27. November 1987

95. „DER EUCH UMGEBENDE ATHEISMUS UND MATERIALISMUS HAT VIELE GESICHTER“

Ansprache von Papst Johannes Paul II. beim Ad-limina-Besuch der Ordinarien der Berliner Bischofskonferenz

Liebe Mitbrüder im Bischofsamt!

1. In der Gewißheit unserer tiefen Verbundenheit als Glieder des Bischofskollegiums und unserer inneren Einheit in Christus, der uns auch gegenwärtig auf dem Weg des Gottesvolkes voranschreitet, empfange ich euch heute, am Ende eures Ad-limina-Besuches, gemeinsam hier im Vatikan, dem Ort des bleibenden Glaubenszeugnisses des Apostels Petrus und seiner Nachfolger. Euch allen gilt mein brüderlicher Gruß. Zu Beginn gedenken wir auch jener Mitbrüder, die an unserer Begegnung nicht teilnehmen, und besonders des verdienten Bischofs Schaffran, der aus Altersgründen die Bürde seines Amtes in der Leitung der Diözese Dresden-Meißen nun jüngeren Händen überläßt.

Mit Freude grüße ich in euch ferner die Priester, die Ordensleute und alle katholischen Männer, Frauen und Jugendlichen, die euch, den Oberhirten der Berliner Bischofskonferenz, anvertraut sind. Mit besonderer Anteilnahme habe ich im Juli dieses Jahres euer Katholikentreffen in Dresden verfolgt und mit meinem Gebet begleitet. Ich möchte euch und allen daran Beteiligten einen herzlichen Glückwunsch aussprechen für die umsichtige Vorbereitung dieses Treffens, für die beeindruckende Teilnahme aller Gruppen eurer Ortskirche in gläubigem Selbstbewußtsein und beispielhafter geistlicher Freude, für die festliche und zuversichtliche Darstellung unseres Glaubenslebens, das niemanden bedroht, sondern sich auch dem glaubensfernen Mitmenschen in der Liebe Christi öffnet.

2. Die Situation eurer Ortskirche ist davon geprägt, daß ihr in einer Umwelt lebt, die Gott oft nicht kennt oder wieder vergessen hat. So ist es eine eurer wichtigsten Aufgaben, euch zusammen mit den anderen Christen eures Landes um jene grundlegende Evangelisierung zu bemühen, die „die Bekehrung von den Götzen zu Gott“ bewirkt, damit die Menschen „dem lebendigen und wahren Gott dienen“ können (vgl. 1 Thess 1,9). Es ist ja unsere gemeinsame Überzeugung, daß sich die tiefste und wahre Sehnsucht des Menschen letztlich auf Gott richtet, der allein Wahrheit, Leben und Freiheit in Fülle ist. Der euch umgebende Atheismus und Materialismus hat viele Gesichter. Es bedrängt euch ein alle gesellschaftlichen Bereiche beanspruchender weltanschaulicher Atheismus, der Religion für verkehrtes Denken hält. Es bedrängt euch noch mehr der auch anderswo verbreitete praktische Alltagsmaterialismus, der das Herz stumpf und die Augen blind macht.

Mehr und mehr setzt sich jedoch bei nachdenklichen Menschen die Erkenntnis durch, daß eine Weltanschauung, die die Wirklichkeit Gottes aus dem Leben des

Menschen und der Gesellschaft ausklammert, auch nicht den wahren irdischen Bedürfnissen des Menschen und den großen Problemen von Gegenwart und Zukunft gerecht werden kann. Laßt euch darum als kleine Kirche in eurem Land nicht entmutigen! Ihr habt in eurer Gesellschaft eine wichtige und unersetzliche Aufgabe: *Seid Zeugen des lebendigen Gottes!* Helft durch euer Lebens- und Glaubenszeugnis, daß andere Zugang gewinnen können zu den Quellen des Lebens, die uns das Evangelium Christi so reich erschließt! Ihr dürft gewiß sein, daß andere Ortskirchen in vergleichbarer Situation mit Aufmerksamkeit auf euer missionarisches Zeugnis schauen, um daraus für sich selbst Anregung und Ermutigung zu schöpfen.

3. Wahrhaft Zeugnis ablegen für Gottes heilvolle Gegenwart kann aber nur, wer selbst *bereit ist zu ständiger Umkehr und Heiligung des Lebens.* Die Wirksamkeit eures Glaubenszeugnisses nach außen wird von der Intensität abhängen, mit der sich alle Gläubigen auf den Ruf Jesu Christi einlassen, der gesagt hat: „Ihr sollt vollkommen sein, wie es auch euer himmlischer Vater ist" (Mt 5,48). Und der Apostel Paulus wiederholt diese Aufforderung mit den Worten: „Das ist es, was Gott (von euch) will, eure Heiligung" (1 Thess 4,3). Wir können der Welt nur dann etwas bringen, wenn wir uns zuvor vom Herrn ergreifen und zu neuen Menschen umwandeln lassen. Darum wird ein Schwerpunkt eures pastoralen Wirkens und Lebens in euren Gemeinden und Familien in dem Bemühen bestehen müssen, die lebendige Verbindung mit Jesus Christus, unserem Herrn, zu festigen und zu vertiefen. „Getrennt von mir könnt ihr nichts vollbringen", sagt der Herr (Joh 15,5).

Schon die Beschränkung der äußeren Mittel und Möglichkeiten zwingt dazu, daß ihr euch auf die wesentlichen seelsorglichen Aufgaben konzentriert. Sorgt dafür, daß in allen kirchlichen Lebensäußerungen jene tiefe Christusverbundenheit und Geisterfülltheit die Quelle allen Handelns bleibt. Sie kann der Kirche auch in einer Minderheitensituation überzeugende Strahlkraft und unerschütterliche Hoffnung verleihen. Ich stimme voll jenem Grundsatz zu, den ihr in eurem vielbeachteten Pastoralbrief vom 8. September des vergangenen Jahres an eure Priester und Diakone aufgestellt habt: „Christen, deren Glauben das ganze Leben durchformt, werden wie ein positives Ferment in jeder Gesellschaft wirken, auch in der unsrigen" (Pastoralbrief der Bischöfe in der DDR vom 8. September 1986).

Mit Freude blicke ich auf die auch in eurer Mitte sich bildenden geistlichen Gemeinschaften und Bewegungen, die, vom Heiligen Geist angeregt, der Kirche neue Lebenskräfte schenken. Die letzte Bischofssynode hat sie in einer besonderen Weise gewürdigt und ermutigt. Dankbar sehe ich die verhältnismäßig zahlreichen geistlichen Berufungen bei euch, die der Kirche helfen, Gott „im Geist und in der Wahrheit anzubeten" (vgl. Joh 4,23). Ich habe durch euch erfahren vom kraftvollen Glaubenszeugnis so vieler junger Christen, die in Ausbildung und Beruf treu zu Christus und zur Kirche stehen. Die Erfahrung solcher sichtbaren Früchte des Geistes dürfen euch dankbar und zuversichtlich werden lassen.

4. *Der grundlegende Weg, auf den die Kirche gerufen ist, ist der Mensch,* und zwar der Mensch in all seinen konkreten Lebensbedingungen. Überall dorthin – so dürfen wir

im Glauben wissen – ist euch Christus bereits vorangegangen. Ja, es stimmt, was Sie verehrter Herr Kardinal, in der Predigt beim Hauptgottesdienst in Dresden gesagt haben: „Dieses Stück Welt – eure Heimat – ist wahrhaft keine gottlose Welt. Daher ist für uns Christen dieses Land ein Zuhause, weil Christus in ihm wohnt". In eurem bereits zitierten Pastoralbrief habt ihr in lobenswert klarer und doch auch differenzierender Sprache euren Mitchristen und vor allem den Seelsorgern die geistigen und praktischen Wege in diese „Welt" erschlossen und Kriterien für ein unbefangenes und zugleich selbstbewußtes Vorgehen in den einzelnen Lebensbereichen entwickelt.

Die Kirche muß den Menschen in seinen Sehnsüchten und Hoffnungen, in seinen Ängsten und Nöten, in seiner ganzen Widersprüchlichkeit zu verstehen suchen. Das ist nur möglich, wenn die Hirten und Mitarbeiter der Kirche in brüderlicher Solidarität das Leben der Menschen ihres Landes teilen und sich mit ihnen verbunden wissen. Das umfangreiche caritative Werk eurer Kirche ist ein sprechendes Zeugnis dieser Solidarität mit den Armen und Kranken, den Hilflosen und Leidenden, zu der uns die Liebe Christi drängt. Es wird nicht leicht sein, angesichts des Rückgangs der caritativen Ordensberufe diese Häuser und Werke als Stätten christlicher Diakonie in jedem Fall weiterzuführen. Mit dem Dank an jene, die bisher dieses große Werk getragen haben, verbindet sich die Hoffnung, daß sich viele Laienchristen mögen berufen wissen, hier ihrem Glauben im Dienst der Caritas einen überzeugenden Ausdruck zu geben. Damit ermutige ich euch, auch neue Nöte des heutigen Menschen in den Blick zu nehmen, die sich aus den modernen Lebensbedingungen mit ihrem Trend zur Isolierung und Schwächung des Einzelnen in manchen Bereichen ergeben.

Eure Gemeinden werden so für die Gescheiterten, für die im Leben zu kurz Gekommenen und Benachteiligten, für die in mancherlei Hinsicht „Schwachen" Zufluchtsstätten der Menschlichkeit und praktischer Solidarität. Öffnet die Tore der Kirche weit für alle, die nach der Liebe unseres Erlösers Ausschau halten. Schenkt auch jenen Aufmerksamkeit und Zuwendung, die vielleicht im Vorraum der Kirche stehenbleiben und sich noch nicht zu einem vollen Ja zu Christus entscheiden können. Auch ihnen gilt das Wort des Herrn: „Kommt alle zu mir, die ihr euch plagt und schwere Lasten zu tragen habt. Ich werde euch Ruhe verschaffen" (Mt 11,28).

Schließlich gehört zu dem der Kirche aufgetragenen Dienst auch der Einsatz für die Würde des Menschen. So werden die Hirten der Kirche auch weiterhin dort ihre Stimme mahnend erheben, wo unveräußerliche Rechte des Menschen in Gefahr sind; sie werden auch für den Schutz des vorgeburtlichen Lebens eintreten, für den freien Wirkungsraum der Kirche besonders auch in der Unterweisung und Begleitung der Jugend. In diesem Zusammenhang unterstütze ich ausdrücklich die ebenfalls von euch in Dresden vorgetragene Bitte, daß eure Christen „in Zukunft, und zwar auf ganz normalem Wege wie so viele katholische Christen anderer Länder, nach Rom pilgern können, um dem Heiligen Vater zu begegnen". Ihr werdet aber auch in den Bereichen die Hilfe der Kirche anbieten, in denen sie vom Evangelium Christi her einen Beitrag für das Gemeinwohl der Gesellschaft und der in ihr lebenden Mitbürger leisten kann. Die Christen in eurem Land möchten zu Recht ihre Begabungen und Fähigkeiten in eure Gesellschaft einbringen, ohne dabei jedoch ihre Glaubensüberzeugungen verleugnen zu müssen.

So wird eine Kirche, die in Wort und Tat die Menschenfreundlichkeit Gottes bezeugt und selbst praktiziert, die Herzen der Menschen mehr und mehr für die Annahme des menschgewordenen Gottessohnes Jesus Christus bereiten.

Liebe Mitbrüder! Möge Gott, unser treuer und barmherziger Vater, euch bei eurem nicht leichten Hirtendienst stützen und führen und euer Herz mit der Freude am Herrn reich füllen. Er erhöre unser Gebet, das wir am Ende unserer brüderlichen Begegnung mit den Worten der Liturgie an ihn richten wollen: „Herr, unser Gott, wir haben uns im Namen deines Sohnes versammelt und rufen zu dir: ... mach uns hellhörig für unseren Auftrag in dieser Zeit und gib uns die Kraft, ihn zu erfüllen" (Oration der 1. Wo. im JK). Das erbitte ich euch, euren Mitarbeitern und allen Gläubigen in euren Seelsorgsgebieten mit meinem besonderen Apostolischen Segen.

Aus dem Vatikan, am 27. November 1987

Johannes Paulus PP. II

(Bischöfliches Ordinariat 1086 Berlin, Amtliche Mitteilungen, 26. Jahrgang, Nr. 12 vom 3. 12. 1987:
„Nr. 99 Kanzelverlesung am 27. 12. 1987
Diesen Amtlichen Mitteilungen liegt der Text der Ansprache des Hl. Vaters bei, die er am 27. 11. 1987 aus Anlaß des Ad-Limina-Besuches der Ordinarien aus der Berliner Bischofskonferenz in Rom gehalten hat. Diese Papstansprache ist im vollen Wortlaut am Sonntag, dem 27. 12. 1987, in allen Gottesdiensten zu verlesen.")

1. Dezember 1987

96. GERECHTIGKEIT, FRIEDEN, BEWAHRUNG DER SCHÖPFUNG

Aufruf der Berliner Bischofskonferenz an die katholischen Gemeinden zur Mitwirkung bei der Vorbereitung der Ökumenischen Versammlung der Christen und Kirchen in der DDR für Gerechtigkeit, Frieden und Bewahrung der Schöpfung

Fragen nach Gerechtigkeit, Frieden und Bewahrung der Schöpfung bedrängen heute viele Menschen. Wir sind als Christen herausgefordert, dazu Stellung zu nehmen.

Bereits die Pastoralsynode, die in Dresden tagte, hat 1975 einen Beschluß „Dienst der Kirche zur Versöhnung und Frieden" verabschiedet.

In unserem gemeinsamen Hirtenwort zum Weltfriedenstag 1983 und verschiedenen Pastoralschreiben haben wir unsere Verantwortung für den Frieden zum Ausdruck gebracht.

Beim diesjährigen Katholikentreffen in Dresden haben Priester und Laien über den Mut zum Frieden, den Einsatz für Gerechtigkeit und die Bewahrung der Schöpfung nachgedacht.

Die Berliner Bischofskonferenz hat auf ihrer Sitzung am 1. Dezember 1987 die Einladung der Arbeitsgemeinschaft Christlicher Kirchen in der DDR zu einer Ökumenischen Versammlung für Gerechtigkeit, Frieden und Bewahrung der Schöpfung angenommen.

Die Arbeitsgruppe „Iustitia et Pax" der Berliner Bischofskonferenz wurde beauftragt, für die Vertretung unsere Kirche durch Priester und Laien Sorge zu tragen.

Wir bitten alle Gemeinden, Gruppen und interessierte Gläubige, sich bis zum 15. Januar 1988 zu folgenden zwei Fragen zu äußern:

- Welche Aufgaben der Gerechtigkeit, des Friedens und der Schöpfungsbewahrung soll die Versammlung beraten?
- Was sollen Christen in ihren Kirchen in der DDR in diesen Aufgabenbereichen tun?

Jeder Vorschlag sollte auf eine eigene Karte im Postkartenformat geschrieben und an das:

Sekretariat der Ökumenischen Versammlung

gesandt werden.

Die Anschrift finden Sie im Aushang.

Die erste Zusammenkunft der Ökumenischen Versammlung findet bereits vom 12. bis 15. Februar 1988 in Dresden statt.

Gott möge diese gemeinsamen Bemühungen der christlichen Kirchen in unserem Land segnen. Wir bitten alle um ihr begleitendes Gebet.

Berlin, den 1. Dezember 1987

Die Mitglieder der Berliner Bischofskonferenz

(Bischöfliches Ordinariat 1086 Berlin, Amtliche Mitteilungen, 26. Jahrgang, Nr. 12 vom 3. 12. 1987:
„Nr. 98 Aufruf der Berliner Bischofskonferenz an die katholischen Gemeinden zur Mitwirkung bei der Vorbereitung der Ökumenischen Versammlung für Gerechtigkeit, Frieden und Bewahrung der Schöpfung (Kanzelvermeldung am 13. 12. 1987)
Diesen Amtlichen Mitteilungen liegt als Anlage ein Aufruf der Berliner Bischofskonferenz zur genannten Thematik bei, der am 3. Adventssonntag, dem 13. Dezember 1987, einschließlich der Vorabendmessen in allen Gemeinden zu verlesen ist.")

1. Dezember 1987

97. TEILNAHME DER KATHOLISCHEN KIRCHE AN DER ÖKUMENISCHEN VERSAMMLUNG

Pressemitteilung der Berliner Bischofskonferenz

Betr.: Ökumenische Versammlung für Gerechtigkeit, Frieden und Bewahrung der Schöpfung – Beschluß der Berliner Bischofskonferenz vom 1. Dezember 1987

Die Berliner Bischofskonferenz beschließt die Teilnahme der Römisch-Katholischen Kirche an der „Ökumenischen Versammlung für Gerechtigkeit, Frieden und Bewahrung der Schöpfung" durch ihr offizielles Organ „Justitia et Pax" mit 25 Delegierten unter folgenden Bedingungen:

- Das Mandat der Arbeitsgruppe „Justitia et Pax" erlischt, wenn die Freiheit der Delegierten durch Einflußnahme von Kräften außerhalb der beteiligten Kirchen und kirchlichen Gemeinschaften nicht mehr gesichert erscheint.
- Die Grundregelungen müssen durch eine Aussage über das Präsidium der Ökumenischen Versammlung ergänzt werden, in dem ein Sitz der Römisch-Katholischen Kirche vorbehalten wird.
- Die Grundregelungen müssen sicherstellen, daß bei offiziellen Äußerungen gegenüber Medien der Beauftragte der Römisch-Katholischen Kirche gegebenenfalls eine eigene Stellungnahme darlegen kann.

1. Februar 1988

98. „ES MACHT UNS BESORGT, WENN MENSCHEN IHRE HEIMAT VERLASSEN WOLLEN"

Kardinal Meisner an die Priester und Diakone im Ostteil des Bistums Berlin

Liebe Mitbrüder!

„Freude und Hoffnung, Trauer und Angst der Menschen von heute, besonders der Armen und Bedrängten aller Art, sind auch Freude und Hoffnung, Trauer und Angst der Jünger Christi. Und es gibt nichts wahrhaft Menschliches, das nicht in ihren Herzen seinen Widerhall fände" (Pastoralkonstitution über die Kirche in der Welt von heute Nr. 1). An dieses Wort der Väter des Zweiten Vatikanischen Konzils möchte ich Euch erinnern angesichts der jüngsten Ereignisse in unserer Gesellschaft, an denen vor allem unsere Mitchristen in den Evangelischen Kirchen mittragen. Erinnern möchte ich auch an die Worte des Heiligen Vaters bei unserem jüngsten Ad-limina-Besuch in Rom, die Ihr und Eure Gemeinden ja bereits kennen, als er sagte: „Der grundlegende Weg, auf den die Kirche gerufen ist, ist der Mensch, und zwar der Mensch mit all seinen konkreten Lebensbedingungen." Darum wende ich mich an Euch als Mitglieder unseres Presbyteriums und Diakoniums, damit wir unseren Mitmenschen und unseren Mitchristen den Dienst erweisen, von dem der Apostel im Brief an die Galater spricht: „Einer trage des anderen Last, so werdet ihr das Gesetz Christi erfüllen" (6,2).

1. Es macht uns besorgt, wenn Menschen ihre Heimat verlassen wollen, weil sie meinen, hier nicht mehr leben zu können; es macht uns besorgt, wenn Menschen ihrer Heimat verwiesen werden sollen, weil man sie hier nicht mehr haben möchte. Der Auftrag Gottes, die Erde bewohnbar zu machen, gilt uns heutigen Menschen ebenso wie denen vergangener Epochen. Dabei geht es letztlich nicht so sehr um die Beherrschung der Natur, sondern viel mehr um die Gestaltung einer Zivilisation der Liebe (Johannes Paul II.), die sich nicht allein in den Beziehungen einzelner Menschen untereinander erschöpfen darf, sondern sich auf das gesamte gesellschaftliche Leben erstrecken muß in Wahrheit, Gerechtigkeit und Freiheit.

Darum wiederhole ich hier, was ich bereits in Dresden beim Festgottesdienst des Katholikentreffens am 12. Juli vergangenen Jahres im Großen Garten sagte: „Wir sollen selbst eine tätige Hoffnung für das Heil der anderen sein ... Können Hoffnungslose sich von unserer Hoffnung mitgetragen wissen? Hier gilt unsere demütige Bitte an Gott: Herr, ich hoffe, hilf meiner Hoffnungslosigkeit! .. Wir können hierzulande auf keinen in dieser Weise Hoffenden verzichten." In diesem Sinne bitte ich Euch: laßt niemanden mit seinen Sorgen und Problemen allein. Und wo Ihr Euch mit Euren eigenen Möglichkeiten am Ende seht, da prüft, ob nicht der Bischof selbst um Hilfe angegangen werden kann. Dieser Weg hat in der Vergangenheit manches Gute bewirkt, auch wenn darüber nicht weiter gesprochen wurde.

2. Es macht uns aber auch besorgt, wenn man sich angesichts von ernsten Problemen, die in den Bereich von Recht und Gerechtigkeit gehören oder die politischer Natur sind, in unangemessener Weise kirchlicher Begriffe oder religiöser Ausdrucksformen bedient.

– Wenn zur Beschreibung und Bewertung der Vorgänge anläßlich des Trauermarsches in Erinnerung an Rosa Luxemburg und Karl Liebknecht Begriffe wie „Gotteslästerung" gebraucht werden oder von „Prozessionen zur Erinnerung an einen katholischen Kardinal" gesprochen wird, dann mag das ein Zeichen für die tiefe Betroffenheit des Autors, ja einer ganzen Partei sein – problemlos ist eine solche Ausdrucksweise keineswegs; wird doch hier ein Bezug zum Religiösen hergestellt, der – auf allen Seiten – Mißverständnisse aufkommen lassen und für eine unterscheidende Urteilsbildung sogar schädlich sein kann.

– Wenn Kinder aus der Schule berichten, daß es sich bei den bekannten Vorgängen um eine „geheimdienstlich gelenkte klerikal-faschistische Verschwörung gegen unseren Staat" handele, dann mag es sein, daß diese dem Sprachschatz der Zeit des Kalten Krieges entlehnte Formulierung unüberlegt und mehr emotional gebraucht wurde, doch was dadurch nicht nur im Bereich Volksbildung ausgelöst werden kann, ist mehr als besorgniserregend. Lehrt uns nicht die Erfahrung, wie wenig im Grunde dazu gehört, einen Flächenbrand auszulösen – ein kleines Zündholz – und wie schwer es ist, den entstandenen Schaden wiedergutzumachen?

– Besorgt macht uns aber auch, wenn im Gefolge der Ereignisse und Maßnahmen des 17. Januar Veranstaltungen, die vorrangig Informationszwecken und politischen Zielen dienen, als Gottesdienst bezeichnet werden – aus welchen Gründen auch immer. Wenn ein Gottesdienst nicht mehr zuerst der Gottesverehrung dient, dann ist das nach unserem katholischen Verständnis ein fragwürdiges Unterfangen. Es müßte sich für den Dienst der Kirche letztlich schädlich auswirken.

3. Wir wünschen und hoffen, daß die Bemühungen, den entstandenen Konflikt zu lösen, erfolgreich sein mögen. Wir erwarten, daß die Lösung auf der Grundlage des Rechts erfolgt, eines Rechts, das dem friedlichen Zusammenleben aller Bürger dient, unabhängig von deren politischer, weltanschaulicher oder religiöser Überzeugung. Den mittlerischen Bemühungen, die von den evangelischen Kirchenverantwortlichen ausgehen, wünschen wir den ersehnten Erfolg.

Immer aber wird auch nach Wegen zu suchen sein, wie auch katholische Christen in der gesellschaftlichen Wirklichkeit der DDR nicht nur ungekränkt ihren Glauben leben können, gleichsam privat, sondern wie sie sich auch in die gesellschaftliche Verantwortung einbringen können in voller Übereinstimmung mit ihrem sich am Glauben der Kirche orientierenden Gewissen. Daß es dafür Ausdrucks- und Äußerungsformen geben möge, die selbständig und unabhängig von parteipolitischer Bindung beschritten werden können, ist eine Hoffnung an die gesellschaftliche Entwicklung in der DDR, die gerade im Anschluß an die jüngste Bischofssynode in Rom über die Aufgaben der Laien eine neue Aktualität erlangt hat.

In der Liebe Christi grüßt Euch
Euer
+ *Joachim Card. Meisner*
Bischof von Berlin

Berlin, den 1. Februar 1988

1. Fastensonntag (21. Februar) 1988

99. JA ZUM UNGEBORENEN LEBEN

Hirtenbrief der Berliner Bischofskonferenz über Wert und Würde des ungeborenen Kindes

Liebe Brüder und Schwestern im Herrn!

Wir Christen glauben, daß jeder Mensch von Gott geschaffen und dazu bestimmt ist, ewig bei Ihm zu leben. Darum tritt die Kirche trotz vieler Angriffe unbeirrt auch für den Schutz des ungeborenen Kindes ein. Bevor ein Kind geboren wird, ist es bereits ein menschliches Wesen. Mehr noch: Es ist ein Geschöpf Gottes. Im Mutterleib geborgen ist es menschlicher Liebe und Fürsorge anvertraut.

Die Sensibilität für die Unantastbarkeit des menschlichen Lebens verbindet heute zunehmend Christen und Nichtchristen. Mit tiefer Sorge stellen wir jedoch fest, daß dem ungeborenen Kind nicht die gleiche Achtung entgegengebracht wird wie dem geborenen. Die hohe Zahl der Abtreibungen ist dafür ein beredtes Zeichen. Wir Bischöfe sehen uns deshalb verpflichtet, das Gewissen der Gläubigen zu schärfen und alle an ihre Verantwortung für die ungeborenen Kinder zu erinnern.

I. *Der Wert des menschlichen Lebens*

Menschliches Leben hat seinen Ursprung in der geschlechtlichen Vereinigung von Mann und Frau, die nach christlicher Überzeugung ihren Ort in der Ehe hat. Von der Befruchtung im Mutterleib an ist der Mensch in seinen Wesenszügen und Eigenschaften festgelegt. Wenn auch die volle Selbständigkeit des Menschen einer längeren Entwicklung bedarf, so ist menschliches Leben von Anfang an, also auch vor der Geburt, in seinem Wert und seiner Würde zu achten.

Der Beginn eines neuen Menschenlebens kann freilich für die werdende Mutter mit manchen Nöten verbunden sein, etwa dann, wenn die Zeugung nicht in Liebe geschah, wenn vielleicht Gewalt vorlag oder das neue Leben außerehelich gezeugt wurde. Probleme ergeben sich auch, wenn die Zeugung unüberlegt oder zu einem für die Partner ungünstigen Zeitpunkt geschah. In solchen oder ähnlichen Fällen, in denen der neue Mensch ungelegen oder ungeliebt kommt, steht am Anfang des menschlichen Lebens statt Freude und Hoffnung eine schwere Belastung.

Manche nichtchristlichen Ethiker sagen, menschliches Leben werde erst zum Leben eines Menschen, wenn es sozial angenommen sei. Deshalb lassen sie für die Annahme oder Ablehnung des gezeugten Kindes eine gewisse Zeitspanne zu. So wird in der DDR der Mutter die Entscheidung über einen Schwangerschaftsabbruch bis zur 12. Woche zuerkannt. Bis zu diesem Zeitpunkt kann sie die Gründe für oder gegen die Annahme des Kindes abwägen.

Gegen die Annahme des Kindes werden unterschiedliche Gründe geltend gemacht. Nicht selten geschieht es, daß eine Frau durch eine unerwünschte Schwangerschaft ihre Zukunft bedroht sieht oder sich in ihrer Gesundheit gefährdet glaubt. Vielfach bringt das unerwartet empfangene Kind eine zusätzliche Belastung der Ehegatten oder der Familie mit sich. Oft möchten Ehepaare erst ihre Berufsausbildung abschließen. Andere möchten erst eine gemeinsame Wohnung haben oder bessere Wohnverhältnisse schaffen. Wieder andere wollen ihren Lebensstandard nicht einschränken oder lehnen eine längere Unterbrechung der Berufstätigkeit der Frau ab.

In solchen Fällen ist es für die Eltern nicht leicht, sich innerlich auf die unerwartete Schwangerschaft einzustellen und das empfangene Kind in Liebe anzunehmen. So entschließt sich manche Frau zur Abtreibung ihres Kindes, besonders dann, wenn der Vater des Kindes ihr die alleinige Verantwortung für die Schwangerschaft anlastet, starken Druck auf sie ausübt oder gar droht, sie zu verlassen. Von großem Einfluß kann auch das Zureden und Drängen von Verwandten und Bekannten sowie der Einfluß der öffentlichen Meinung sein. Man sagt der Frau, der Eingriff sei vom Staat erlaubt, er werde von verantwortungsbewußten Ärzten vorgenommen und habe auch für die Frau kaum größere Folgen.

Auch wenn manche Frauen leichtfertig abtreiben lassen, tun viele andere es nur mit schwerem Herzen. Sie sehen darin einen Ausweg aus einer scheinbar unerträglichen Situation, in der sie alleingelassen oder rücksichtslos bedrängt werden. Die Mitschuld anderer an der Tötung so vieler ungeborener Kinder und der damit verbundenen Erniedrigung und psychischen Belastung der Frauen ist groß!

Im Unterschied zu Auffassungen, die dem ungeborenen Kind einen geringeren Wert zuerkennen als dem geborenen, betont die Kirche die gleiche Würde jedes Menschenlebens. Das werdende Leben im Mutterleib *wird* nicht erst zum Menschen, es *ist* Mensch von Anfang an. Diese Haltung findet zunehmend auch außerhalb der Kirche Zustimmung. Angesichts der oftmals bedenkenlosen Abtreibungspraxis werden viele nachdenklich und fragen, ob das die richtige Lösung für die mit einer ungewollten Schwangerschaft verbundenen Probleme ist. Entscheidend für uns Christen ist freilich, daß auch das ungeborene Kind von Anfang an ein von Gott geschaffenes und geliebtes Wesen ist. Darin gründet sein Recht zu leben und sein Anspruch auf Betreuung und Schutz.

II. *Die Verpflichtung zum Schutz des menschlichen Lebens*

Von diesem Recht auf Leben ergibt sich die Verpflichtung zum Schutz des ungeborenen Kindes. Das hat Konsequenzen, die für ein richtiges Gewissensurteil zu beachten sind.

Als erste Konsequenz ergibt sich: Wer ein ungeborenes Kind abtreibt oder abtreiben läßt, tötet menschliches Leben. Er vergreift sich darüber hinaus an völlig Wehrlosen. Konflikte, die durch eine ungewollte Schwangerschaft entstehen, sind nicht dadurch zu lösen, daß man das Kind tötet. Wer mit vollem Wissen und in freier Entscheidung ein ungeborenes Kind tötet, versündigt sich schwer. Alle, die sich an einem vollendeten Schwangerschaftsabbruch beteiligen, ziehen sich die Strafe der Exkommunikation zu, die nur der Beichtvater mit ausdrücklicher Erlaubnis der Kirche lösen kann.

Als weitere Konsequenz ergibt sich: Mittel, welche die Einnistung der befruchteten Eizelle in die Gebärmutter verhindern, vernichten menschliches Leben. Es sind Mittel zur Abtreibung und können deshalb nicht mit empfängnisverhütenden Mitteln auf eine Stufe gestellt werden.

Als dritte Konsequenz schließlich ergibt sich: Eine vorgeburtliche Untersuchung soll das Ziel haben, gegebenenfalls dem Kind und der werdenden Mutter medizinisch zu helfen. Auch kann eine solche Untersuchung dazu beitragen, daß sich die Eltern besser auf ihr Kind einstellen können. Wird sie aber vorgenommen, um das Kind bei Feststellung einer Schädigung abzutreiben, so ist diese Untersuchung sittlich schlecht und darum abzulehnen.

Die heute verbreitete Ansicht, es sei der Mutter nicht zuzumuten, ein geschädigtes Kind auszutragen, und es sei auch für das Kind besser, im Mutterleib getötet zu werden, ist unmenschlich. Was sollen Eltern dazu sagen, die ihr behindertes Kind mit großer Liebe und Opferbereitschaft betreuen? Und sollen die heute lebenden Behinderten denken, sie hätten eigentlich gar nicht geboren werden dürfen? So wie über das Leben der Geborenen nicht mit dem Maßstab „lebenswert" oder „lebensunwert" entschieden werden kann, so auch nicht über das Leben der ungeborenen Menschen. Der Wert eines Menschen gründet nicht in seiner Gesundheit, in seiner Intelligenz, in seiner Nützlichkeit oder in sonst einem Gut. Er gründet vielmehr darin, daß der Mensch von Gott geschaffen, in Liebe angenommen und auf eine ewige Zukunft hin berufen ist. Eltern, die bereit sind, ihr geschädigtes Kind anzunehmen, dürfen damit rechnen, daß die Kirche ihnen zur Seite steht.

III. *Die Kirche als Anwalt der ungeborenen Kinder*

Die Kirche weiß sich von Gott gerufen, menschliches Leben zu schützen und zu verteidigen. Darum tritt sie bei Christen wie Nichtchristen für die Ungeborenen ein, besonders in einer Gesellschaft, in der Schwangerschaftsabbruch als erlaubt gilt und dem ungeborenen Kind zu wenig Schutz gegenüber Willkür gewährt wird.

Wir erinnern alle Verantwortlichen an die Aufgabe, eine Gesellschaft zu schaffen, in der Mutter, Vater und Geschwister, frei von jeglicher Nötigung, ihre Verantwortung für das ungeborene Leben übernehmen können. In der Berufsausbildung und im Berufsleben muß nach Möglichkeiten gesucht werden, die es der werdenden Mutter erlauben, das Leben eines zu erwartenden Kindes über alle sonstigen Pläne zu stellen. Dabei können die sozialen Maßnahmen des Staates zwar eine Hilfe sein; aber sie allein können die Entscheidung zum Kind nicht sichern. Deshalb möchten wir Bischöfe das Gewissen der Einzelnen stärken und zugleich konkrete Orientierung und Hilfen anbieten.

1. Wir rufen *alle* auf, die für den Schutz und die Bewahrung des menschlichen Lebens Verantwortung tragen: Sie mögen sich bewußt sein, daß das Leben des Menschen ein einzigartiges Gut ist, über das niemand verfügen darf. Das Gebot Gottes „Du sollst nicht töten" ist und bleibt Fundament des menschlichen Zusammenlebens. Es gilt für alle Zeiten und für alle Menschen. Der positive Sinn dieses Gebotes ist die Bewahrung des Lebens. Für das Leben der ungeborenen Kinder muß eine ähnliche Sensibilität erwachsen wie für Frieden und Umwelt.

2. Wir rufen *die Jugendlichen* auf, folgendes zu bedenken: Ein Kind will Eltern, die in Treue zueinander und zu ihren Kindern stehen. Wer will schon „auf Probe" geliebt oder „auf Probe" in die Welt gesetzt werden? Das ungeborene Kind braucht zur eigenen Entfaltung den schützenden Raum ehelicher Liebe und Treue. Vollzieht darum die geschlechtliche Vereinigung erst in der Ehe!

3. Wir rufen *die Eheleute* und besonders die Väter auf: Laßt Euch nicht durch lebensfeindliche und sittlich falsche Einstellungen in der Öffentlichkeit beeinflussen! Laßt einander nicht im Stich, wenn ungewollt ein Kind empfangen wird. Schützt und bewahrt das ungeborene Leben, das Frucht Eurer Liebe ist und Eure Liebe braucht. Es ist nicht Euer Auftrag, Leben zu töten, sondern Leben zu schenken.

An die Eltern und Geschwister von Mädchen, die als unverheiratete Jugendliche schwanger geworden sind, appellieren wir: Bestärkt Eure Tochter oder Schwester darin, das empfangene Kind anzunehmen! Der Weg zur Abtreibung ist häufig mit elterlichen Vorwürfen gepflastert.

4. Wir rufen *die Ärzte und alle Verantwortlichen in Staat und Gesellschaft* auf: Dient dem Leben so, wie es Euer ethischer Auftrag ist! Aufgabe des Arztes ist es, Leben zu bewahren. Einen ärztlichen Auftrag, Leben zu töten, gibt es nicht. Keine menschliche Macht kann einen Arzt verpflichten, ein ungeborenes Kind zu töten, und keine Krankenschwester kann beauftragt werden, bei einem Schwangerschaftsabbruch mitzuwirken. Auch wenn die staatliche Gesetzgebung den Schwangerschaftsabbruch im vorgegebenen gesetzlichen Rahmen für straffrei erklärt, so ist er damit keineswegs sittlich erlaubt.

5. Wir rufen schließlich *alle Gläubigen* in unseren Pfarrgemeinden auf: Tragt die Last der anderen mit! Schenkt Frauen und alleinstehenden werden Müttern in Konfliktfällen Eure Hilfe! Entlastet eine erschöpfte Mutter; steht ihr, wenn nötig, mit finanzieller Hilfe bei! Betreut kleine Kinder und schafft in der Gemeinde ein familienfreundliches Klima! Laßt die Familien nicht mit ihren Sorgen allein! Lebt den jungen Menschen ein Beispiel vor, an dem sie sich orientieren können! Überwindet die negativen Haltungen in der Gesellschaft durch positive Hilfe! Seid erfinderisch in der Liebe zu allen Menschen, brecht über niemanden den Stab, seid zur Vergebung bereit und helft einander in der Liebe Christi! So dient Ihr in allem dem Leben, das uns von Gott als kostbares Gut anvertraut ist.

Dazu stärke und segne Euch der allmächtige Gott, der Vater und der Sohn und der Heilige Geist.

Berlin, am 1. Fastensonntag 1988

Die Bischöfe der Berliner Bischofskonferenz

(Bischöfliches Ordinariat 1086 Berlin, Amtliche Mitteilungen, 27. Jahrgang, Nr. 2 vom 4. 2. 1988:
„Nr. 12 Gemeinsamer Fastenhirtenbrief 1988
Diesen Amtlichen Mitteilungen liegt als Anlage der gemeinsame Fastenhirtenbrief 1988 der Berliner Bischofskonferenz über Wert und Würde des ungeborenen Kindes bei. Dieses Hirtenwort ist am Sonntag, dem 21. Februar 1988, in allen Gottesdiensten einschließlich der Vorabendmessen zu verlesen."
Veröffentlicht auch in: St. Hedwigsblatt. Katholisches Kirchenblatt im Bistum Berlin, Nr. 9 vom 28. Februar 1988, S. 68f.)

6. September 1988

100. ZUM GEDENKEN AN DIE JUDENPOGROME 1938

Hirtenwort der Mitglieder der Berliner Bischofskonferenz zur 50. Wiederkehr der Reichspogromnacht

Liebe Brüder und Schwestern!

In diesem Jahr jährt sich zum 50. Mal das grauenhafte Geschehen des Judenpogroms der Nacht vom 9./10. November 1938, das unter dem unrühmlichen Namen „Reichskristallnacht" in die Geschichte eingegangen ist.

Auf Betreiben des Reichspropagandaministers Joseph Goebbels wurden etwa 250 Synagogen angezündet, 20.000 jüdische Mitbürger inhaftiert und 7.500 jüdische Geschäfte zerstört und geplündert. Ein erster Höhepunkt des geplanten nationalsozialistischen Völkermordes war erreicht. Als 1945 die Terrorherrschaft des NS-Regimes endete, wurde die entsetzliche Bilanz dieses in der Geschichte einmaligen Verbrechens offenkundig:

„Zwischen fünf und sechs Millionen tote Juden, ermordet durch Massenerschießungen, umgebracht in den Gaskammern der KZs, die Hälfte allein in Auschwitz – Säuglinge, Kinder, Erwachsene."[1)] Von einer halben Million deutscher Juden waren nach dem Ende des Dritten Reiches weniger als 15.000 in Deutschland übriggeblieben.

Noch heute, 50 Jahre danach, stehen Juden und Christen fassungslos vor den Ereignissen, die damals geschehen sind. Bei den Überlebenden des jüdischen Volkes sitzt der Schmerz noch tief und prägt bis heute ihr Leben.

Viele beschäftigt im Hinblick auf dieses unfaßbare Grauen die Frage, ob inmitten eines christlichen Europas alles getan wurde, die bestialischen Verbrechen zu verhindern. Auch Christen werden in die Verantwortung genommen und gefragt, ob Gleichgültigkeit und Vorurteile sie angesichts dieser Verbrechen schweigen ließen.

Bereits am 23. August 1945 erklärten die deutschen Bischöfe in einem Hirtenwort: „Viele Deutsche, auch aus unseren Reihen, haben sich von den falschen Lehren des Nationalsozialismus betören lassen, sind bei den Verbrechen gegen menschliche Freiheit und menschliche Würde gleichgültig geblieben; viele leisteten durch ihre Haltung den Verbrechen Vorschub, viele sind selber Verbrecher geworden."[2)]

Aber auch Mut und Solidarität von Christen, beispielsweise vom Berliner Dompropst Lichtenberg, sind nicht vergessen. „Als Mitleid in Deutschland ein Verbrechen war – und der Nächstenhaß zum Staatsgesetz erhoben wurde, gab es Tausende von Deutschen, die ihr Leben aufs Spiel setzten, um Juden vor dem sicheren Tod zu erretten."[3)] So anerkennt ein Überlebender auch die Hilfe, die Juden widerfahren ist.

In seiner Enzyklika „Mit brennender Sorge" hatte Papst Pius XI. am 21. März 1937 betont, daß kirchlicher Glaube und nationalsozialistische Rassenlehre unvereinbar seien. Nach jüdischen Schätzungen verdanken ca. 70% der 950.000 überlebenden europäischen Juden ihre Rettung aus der Hölle des Naziterrors der stillen Hilfe katholischer Einrichtungen.[4)]

Heute gibt es hierzulande nur noch wenige jüdische Gemeinden: in Berlin, Dresden, Leipzig, Erfurt, Karl-Marx-Stadt, Magdeburg, Halberstadt und Schwerin. Insgesamt haben sie nur etwa 320 Mitglieder. Der Altersdurchschnitt ist hoch, so daß schon aus diesem Grund die Kontaktmöglichkeiten zusammenschmelzen. Viele Christen in unserem Land sind – nicht zuletzt wegen der Vorgänge zur Zeit des Dritten Reiches – daran interessiert, das Judentum kennenzulernen. Das II. Vatikanische Konzil hat in seiner Erklärung „Nostra Aetate" dazu ermutigt, die „gegenseitige Kenntnis und Achtung" von Christen und Juden zu fördern.[5)]

Weiter heißt es: „Im Bewußtsein des Erbes, das sie mit den Juden gemeinsam hat, beklagt die Kirche, die alle Verfolgungen gegen irgendwelche Menschen verwirft, nicht aus politischen Gründen, sondern auf Antrieb der religiösen Liebe des Evangeliums alle Haßausbrüche, Verfolgungen und Manifestationen des Antisemitismus, die sich zu irgendeiner Zeit und von irgend jemandem gegen die Juden gerichtet haben."[6)]

Vielfältig sind seitdem die kirchlichen Verlautbarungen zum Judentum. Am 13. April 1986 besuchte Johannes Paul II. die Synagoge in Rom und nannte dabei die Juden: „... unsere älteren Brüder."[7)]

Auf vielen Ebenen sind Christen und Juden im Gespräch, um jahrhundertealte Vorurteile abzubauen. Auf der Grundlage kirchlicher Verlautbarungen und als Ergebnis vieler Gespräche lassen sich folgende Grundsätze nennen, die die Haltung der Kirche gegenüber dem jüdischen Volk festlegen:[8)]

- Es besteht ein geistiges Band zwischen der Kirche und dem jüdischen Volk.
- Die Kirche hat das Alte Testament von *dem* Volk erhalten, mit dem Gott den uralten Bund geschlossen hat.
- Das Christentum wurzelt im Judentum, angefangen vom jüdischen Ursprung Jesu selbst, der Jungfrau Maria und aller Apostel.
- Die Juden sind nicht von Gott verstoßen und verflucht.
- Die falsche religiöse Sicht des jüdischen Volkes, welche die Verkennung und Verfolgungen im Laufe der Geschichte zum Teil mitverursachte, ist zu korrigieren.
- In Predigt und Katechese, die Juden und Judentum objektiv und ehrlich darstellen, soll das gemeinsame Erbe deutlich hervorgehoben werden.[9)]

Ein altes jüdisches Sprichwort sagt: „Der Messias kommt nicht, bevor sich nicht alle Gäste an den Tisch gesetzt haben." Die christliche Version dieses Wortes müßte heißen: „Der Messias Jesus ist gekommen, *damit* sich alle Gäste an den Tisch setzen."[10)]

Am Sonntag, dem 13. November 1988, wird in allen katholischen Gemeinden unseres Landes eine Kollekte gehalten, die zum Wiederaufbau der „Neuen Synagoge" in Berlin beitragen soll.

Unsere Gabe möge ein kleines Zeichen sein. Noch mehr aber bitten wir alle Gläubigen, bei den Gottesdiensten in diesen Tagen und Wochen im fürbittenden Gebet unserer jüdischen Brüder und Schwestern zu gedenken.

Die Mitglieder der Berliner Bischofskonferenz

Joachim Card. Meisner
Bischof von Berlin

Joachim Reinelt
Bischof von Dresden-Meißen

Bernhard Huhn
Bischof und Apostolischer
Administrator von Görlitz

Johannes Braun
Bischof und Apostolischer
Administrator in Magdeburg

Dr. Joachim Wanke
Bischof und Apostolischer
Administrator in Erfurt-Meiningen

Theodor Hubrich
Bischof und Apostolischer
Administrator in Schwerin

Georg Weinhold
Weihbischof in Dresden

Norbert Werbs
Weihbischof in Schwerin

Wolfgang Weider
Weihbischof in Berlin

Hans-Reinhard Koch
Weihbischof in Erfurt

Rudolf Müller
Weihbischof in Görlitz

Graal-Müritz, den 6. September 1988

(Der Text ist mit folgenden Hinweisen versehen: „Sperrfrist: 5. 11. 1988, 17.00 Uhr. Termin der Verlesung: Sonntag, 6. November 1988, in allen Sonntagsgottesdiensten einschließlich der Vorabendmessen. Termin der Kollekte: Sonntag, 13. November 1988, in allen Sonntagsgottesdiensten einschließlich der Vorabendmessen.“)

Anmerkungen

1) K. Richter, Die katholische Kirche und die Juden. Zur Entwicklung von 1945–1980: Die katholische Kirche und das Judentum, hrsg. v. K. Richter und G. Särchen (1986).
2) Ebd.
3) P. Lapide, Das Ja und das Nein der Juden, in: P. Lapide/J. Moltmann, Israel und Kirche: ein gemeinsamer Weg, München 1980. S. 71.
4) P. Lapide, Rom und die Juden, Freiburg 1967, S. 188.
5) Vaticanum II., NA n 4.
6) Ebd.
7) Papst Johannes Paul II. in der Synagoge in Rom, Sonntag, 13. April 1986: Freiburger Rundbrief 37/38 (1985/86) S. 3.
8) G. M. Riegner, Nostra Aetate – 20 Jahre danach, a.a.O. S. 19f.
9) Hinweise für eine richtige Darstellung von Juden und Judentum in der Predigt und in der Katechese der katholischen Kirche 1985, in: Auf den Wegen zur Einheit 1965–1985, hrsg. v. M. Ulrich, Leipzig 1987, S. 370.
10) J. Moltmann, Kirche und Israel: ein gemeinsamer Weg?, in P. Lapide/J. Moltmann, Israel und Kirche: ein gemeinsamer Weg, München 1980, S. 41.

14. September 1988

101. KIRCHE – MIT DEN MENSCHEN UND FÜR DIE MENSCHEN

Gemeinsamer Hirtenbrief der Berliner Bischofskonferenz

Liebe Brüder und Schwestern im Herrn!

Vor gut einem Jahr war in Dresden unser Katholikentreffen. Wir erinnern uns in Freude an diese festliche Zusammenkunft, die unter dem Leitwort stand: Gottes Macht – unsere Hoffnung. Wir möchten mit diesem Hirtenschreiben an Dresden anknüpfen und fragen: Was müssen wir tun, damit diese Botschaft der Hoffnung wirklich die Menschen um uns erreicht? Wie kann unsere Kirche noch mehr „Keimzelle der Hoffnung und des Heiles" (LG 9) für dieses Land werden?

I. Der Sendungsauftrag Christi für seine Kirche

Mancher von Euch wird sagen: „Wir Christen, zumal wir Katholiken, sind in diesem Land eine hoffnungslose Minderheit. Was können wir schon ausrichten?" Andere haben die Erfahrung gemacht, daß der Gottesglaube ein Hindernis ist, wenn man im Beruf vorankommen will. Wieder andere, besonders auch Seelsorger sagen enttäuscht: „Die Botschaft der Kirche ist bei den Menschen nicht gefragt."

Solche Erfahrungen gibt es, und sie können ängstlich und mutlos machen. Dennoch darf die Kirche sich nicht vor der Welt verschließen. Wir haben den klaren Auftrag Christi, seine Frohbotschaft zu allen Menschen zu tragen. Das Evangelium hat eine inner Dynamik, die uns nach außen, in die Welt drängt. Christus will *alle* Menschen retten, nicht nur wenige.

Darum sind uns dieses Land und seine Menschen nicht gleichgültig. Der Herr hat uns hierher gestellt, um durch uns in Leipzig und Görlitz, im Eichsfeld und in Mecklenburg und wo immer wir leben, sein Evangelium bekannt zu machen. Uns geht es nicht um ein vordergründiges Agitieren der Mitmenschen. Aber es gibt bei manchen, besonders jungen Menschen ein neu erwachtes Interesse für Jesus Christus und die christliche Botschaft. Wo sollten sie authentisch Auskunft erhalten, wenn nicht bei uns? Der wahre Katechismus unserer ungläubigen Zeitgenossen sind wir Christen selbst.

Ein wirklicher Jünger Jesu Christi kann sich darum nicht in das Schneckenhaus eines privaten Christentums zurückziehen. Wir sind nur richtig Kirche, wenn wir uns von Christus in die Welt, zu den Menschen senden lassen. Die Kirche hat gleichsam einen „Weltauftrag", in den jeder Christ einbezogen ist. Was bedeutet das näherhin?

II. Der Weltauftrag der Kirche

Der Weltauftrag der Kirche verwirklicht sich zu einem wesentlichen Teil im Weltdienst der Christen. Dieser Weltdienst hat zum Ziel, alle Bereiche unseres weltlichen Lebens dem Willen Gottes gemäß zu gestalten und zu heiligen. Der Christ ist in der Welt so etwas wie ein „Platzhalter Gottes", getreu dem Wort des Apostels Paulus: „Alles gehört euch; ihr aber gehört Christus, und Christus gehört Gott" (1 Kor 3,23). Darum sind Beruf und Öffentlichkeit, kulturelles und gesellschaftliches Leben, die Welt der Freizeit und der Familie für den Christen keine „neutralen Felder", auf denen sein Christsein ohne Bedeutung wäre. Selbstverständlich wird der Christ in den Bereichen des weltlichen Lebens – wie jeder verantwortungsbewußte Mensch auch – sich „sachgerecht" verhalten. So wird er, um ein Beispiel zu nennen, sich um gediegenes Können im Beruf bemühen, gute Arbeit leisten und auch sonst sich mit Geschick und Können dafür einsetzen, daß unser aller Leben schöner, menschlicher und friedvoller wird. Allerdings wird er sich in all diesem Bemühen – und das unterscheidet ihn in dieser Hinsicht von anderen Menschen – vom Geist Christi und seinem Evangelium leiten lassen. Geschieht das, dann wird ein Stück konkreter Welt, auf das der Christ Einfluß hat, im Sinn Christi verwandelt. Wer so lebt und handelt, gibt Zeugnis für das Evangelium. Er eröffnet einen Horizont der Hoffnung für seine Mitmenschen.

Für die Verwirklichung unseres christlichen Weltauftrags sind folgende drei Grundsätze wichtig:

1. *Verbundenheit mit Jesus Christus.*

Wir können der Welt und den Menschen nur richtig dienen, wenn wir lebendig mit Jesus Christus verbunden sind. Ein Brunnen muß tief genug sein und bis zu den wasserführenden Schichten reichen, damit man aus ihm schöpfen kann. Wir müssen mit Christus innerlich verbunden sein, wenn wir ihn bezeugen wollen. „Getrennt von mir könnt ihr nichts vollbringen", sagt der Herr (Joh 15,5).

Nochmals: Bei der Arbeit an der Drehbank, an der Schreibmaschine oder an der Kasse in der Kaufhalle werden wir kaum den Rosenkranz beten. Aber wir meinen, daß christusverbundene Menschen ihr Leben umgestalten, daß sie den Mächten des Bösen widerstehen und in allem das Reich Gottes suchen werden. Wir meinen, daß Leute, die Gott loben und auf Christi Wort hören, durch ihre Arbeit und ihr ganzes Verhalten doch wohl nachdrücklicher die Gerechtigkeit suchen, den Frieden fördern und die Schöpfung vor ausbeuterischen Praktiken bewahren werden als solche, die Gott nicht kennen. Wer sich auf Jesus Christus einläßt, wird spüren, daß der Herr sein ganzes Leben ändern will: seine Ehe, seinen Alltag, seine Beziehungen zu den Mitmenschen, seine Einstellung zu Geld und Besitz und zu vielem anderen mehr. Christus will nicht nur die „Sonntagsecke" unseres Lebens, er will uns *ganz*. Das aber bleibt nicht ohne Auswirkungen auf unser eigenes Leben und auf das unserer Umwelt.

Bei der Besinnung auf den christlichen Weltauftrag kommen wir zu einem zweiten Grundsatz:

2. *Bereitschaft zur Verantwortung für die Welt.*

Dem Christen ist für das Wohl und Wehe seiner Mitmenschen und für die menschliche Gemeinschaft Verantwortung übertragen, der er nicht ausweichen darf. Das Konzil sagt: „Ein Christ, der seine irdischen Pflichten vernachlässigt, versäumt damit seine Pflichten gegenüber dem Nächsten, ja gegen Gott selbst und bringt sein ewiges Heil in Gefahr" (GS 43). *Daß* wir irdische Pflichten haben, ist unzweifelhaft. Wo sie beginnen und ihre Grenzen haben, bedarf der gewissenhaften Überlegung und Entscheidung. Ganz allgemein werden wir sagen können: Wo unser sachlicher Einsatz für ein gutes, vernünftiges und gerechtes Anliegen nötig ist, wo Hilflose und Schwache unseren solidarischen Einsatz brauchen, dürfen wir uns nicht verweigern. Ein Christ sollte aber dort klar und entschieden seine Meinung sagen, wo Sinnloses geschieht oder Unrecht regiert. Ihr spürt im Berufsalltag manchmal doch, daß eine entschiedene und feste Haltung respektiert, ja geachtet wird. „Bei dir weiß man wenigstens, woran man ist!" „Auf dich kann man sich verlassen, wenn es ernst wird!" In einem solchen Urteil schwingt Anerkennung mit. Viele von Euch haben die Erfahrung gemacht: Gerade weil ich als Christ bekannt bin, vertraut man mir. Man weiß aber auch: dieses oder jenes ist mit mir nicht zu machen!

Sicher, wir haben als Christen nicht für alle Weltprobleme eine Patentlösung bereit. Aber wir werden mit Sicherheit dort Aufmerksamkeit finden, wo wir als einzelne und als Kirche insgesamt im Geist Jesu alternative Verhaltensweise in das Leben der Gesellschaft und in die Alltagswelt einbringen: z.B. Wahrhaftigkeit statt Heuchelei, Zivilcourage statt Anpassung, Nachdenklichkeit statt Oberflächlichkeit, Verantwortungsbereitschaft statt Delegierungsdenken, Vertrauen statt Mißtrauen, Ehrfurcht vor der Entscheidung des anderen statt Gängelei, letztlich Menschenfreundlichkeit und Alltagssolidarität statt Gleichgültigkeit und Egoismus.

Wir wollen also gemäß unserem christlichen Weltauftrag ein mutiges Ja sagen zu unseren Pflichten in Beruf und Alltag, auch auf die Gefahr hin, daß unser Einsatz mit einem ideologischen oder politischen Vorzeichen versehen wird, das unserer christlichen Grundüberzeugung nicht gemäß ist. Die beste Gewähr gegen ungewollte Vereinnahmung ist das konsequente Leben aus dem Glauben und eine radikale Christusbindung.

Das führt uns zu einem dritten Grundsatz:

3. *Gott soll in allem den Vorrang haben.*

Unser Ja zu Welt und zu ihren Ansprüchen muß von unserem Ja zu Gott umfangen bleiben. Bisweilen werden Stimmen laut, die mit kritischem Unterton fragen: „Warum bringt ihr Katholiken euch nicht stärker ein? Macht doch mit!" Hier sagen wir klar und deutlich: Die materialistische Weltanschauung der in diesem Land regierenden Partei ist für einen katholischen Christen kein Fundament seines Welteinsatzes. Wir respektieren, daß andere von diesem Fundament aus Gutes wirken wollen. Wir erklären auch unsere Bereitschaft, alles, was dem wirklichen Wohl der Menschen und der Welt dient, zu unterstützen. Wir wollen mit allen Menschen guten Willens konstruktiv zusammenarbeiten. Doch sei noch einmal an das Wort von Kardinal Meisner in Dresden erinnert: „Die Christen in unserem Land möchten ihre Begabungen und Fähigkeiten in unsere Gesellschaft einbringen, ohne dabei einem anderen Stern folgen zu sollen als dem von Betlehem." Es sollte für uns der Grundsatz gelten: Alles, was ich in Beruf und Öffentlichkeit sage und tue, muß zutiefst wahrhaftig sein und der Liebe zu Gott und den Menschen entspringen. Es wird für dieses Land wichtig sein, daß es auch in Zukunft aufrechte Christen in allen Bereichen des beruflichen und gesellschaftlichen Lebens gibt, die das menschenfreundliche Evangelium Jesu Christi in all ihrem Tun zur Geltung bringen. Es wird wichtig sein, daß Christen ihre Grundsätze und sittlichen Wertmaßstäbe auch in die Öffentlichkeit hier bei uns einbringen. Wir möchten alle ermutigen, die dies schon auf die ihnen mögliche Weise tun. Hier sehen wir auch ein wichtiges Feld gemeinsamer Anstrengungen der Christen aller Konfessionen in diesem Land. Die derzeitige Ökumenische Versammlung aller Kirchen in der DDR ist ein hoffnungsvolles Beispiel dafür.

Unser dritter Grundsatz bedeutet freilich auch: Eine Mitarbeit in Organisationen, deren marxistisch-weltanschaulicher Charakter wiederholt und betont herausgestellt wird, kann es für den katholischen Christen nicht geben, also z.B. eine Mitgliedschaft in der SED. Ein katholischer Christ kann auch dort nicht mitmachen, wo er Auffassungen vertreten oder Dinge tun muß, die dem Geist Christi widersprechen und mit der eigenen Gewissensüberzeugung nicht vereinbar sind. Er wird sich auch nicht in Berufe und Stellungen begeben, in denen er sich vom Leben der Gemeinde fernhalten oder gar aus der Kirche austreten muß. Wir Bischöfe erwarten aber auch, daß die von Repräsentanten des Staates verkündete Gleichachtung und Gleichberechtigung aller Bürger unabhängig von ihrer Weltanschauung oder ihrem religiösen Bekenntnis in allen Bereichen der Gesellschaft erlebbare Wirklichkeit wird, auch z. B. im Bildungswesen. Wir erwarten ebenso, daß Gewissensentscheidungen von Christen in Fragen der Wehrerziehung und des Militärdienstes voll respektiert werden. Wir sind überzeugt, daß dies alles der Gesellschaft nur nützen kann.

III. Die gemeinsame Sendung aller Glieder der Kirche

Liebe Brüder und Schwestern,
die Sendung der Kirche in die Welt und zu den Menschen ist eine *gemeinsame* Sendung, an der sowohl Ihr als Laienchristen wie auch wir als Bischöfe, Priester und Diakone auf je verschiedene Weise teilhaben. Wir Hirten der Kirche sind ebenso wie Ihr herausgefordert, uns von den Fragen, Sorgen und Ängsten der Menschen ansprechen und beunruhigen zu lassen. Das Kleine Katholikentreffen in Dresden hat viele dieser Fragen, die auch Euch bewegen, zur Sprache gebracht: Was können wir für die Ehen und die Familien tun, was für die Friedfertigkeit der Menschen und Völker? Wie gehen wir mit den Schwachen und Schutzbedürftigen in unseren Gemeinden und in der Gesellschaft um? Wie mit denen, die mit kirchlichen Geboten in Konflikt geraten sind? Können wir nur hilflos der Zerstörung unserer Umwelt zusehen? Wie ist der Resignation so vieler Menschen zu wehren, die sie mutlos macht oder gar zur Ausreise drängt?

Das sind gewichtige Fragen, die nicht einfach zu beantworten sind. Aber wir müssen die Antwort *gemeinsam* suchen, geleitet vom Geist Christi. Eine wichtige Aufgabe für uns Seelsorger wird es sein, in der Verkündigung und im Gespräch noch stärker Euren Alltag vom Evangelium her zu beleuchten. Wir werden uns gemeinsam noch mehr darum sorgen müssen, daß wir zu einer wirklichen Bruderschaft der Glaubenden werden. Dabei können alle ihre Gnadengaben entfalten und sich zum Dienst und Zeugnis in der Welt ermutigt fühlen: Männer und Frauen, Junge und Alte, die Mitarbeiter der Kirche und die geweihten Amtsträger. Wir wissen, daß manches in unserer Kirche noch nicht so ist, wie es sein könnte und nach dem Willen Christi sein sollte. Wir alle bedürfen der Bereitschaft zu Umkehr und Buße. Daraus erwachsen die geistlichen Kräfte, die uns als Kirche auch in Zukunft zu selbstlosem Dienst an den Menschen befähigen werden.

Wir Bischöfe schauen dabei dankbar auf das Zeugnis der Generation vor uns, die nach dem Krieg Großes im Dienst für die Menschen geleistet hat und noch leistet. Aber wir fragen uns, ob sie Nachfolger finden wird, beispielsweise Ärzte, Schwestern und Pflegekräfte, die auch weiterhin unsere caritativen kirchlichen Häuser zu Stätten der barmherzigen Liebe Christi machen. Wir fragen uns, ob sich genügend selbstlose und ideal eingestellte Männer und Frauen finden werden – Priester, Ordensleute, Laien, die uns in der Seelsorge und in der Glaubensverkündigung helfen werden. Wir sehen freilich auch mit Freude, wie viele sich in den Gemeinden und mitten in der Welt gläubig engagieren. Das sind Hoffnungszeichen, die uns zuversichtlich stimmen.

So bitten wir Euch: Stimmt nicht ein in den Chor derer, die sagen: „Es hat doch alles keinen Zweck!"; die sagen: „Hier sehen wir für die Kirche, für uns und unsere Kinder keine Chancen!" Das stimmt einfach nicht! Wir Christen messen doch unser Leben, unseren Alltag und unsere Chancen nicht allein an innerweltlichen Maßstäben! Es gibt sicherlich Situationen, die zunächst wie eine Zumutung aussehen. Gerade diese Situationen könnten uns aber unserem Herrn näherbringen. Gehört nicht die Kirche dorthin, wo ihr Herr ist? Er kam, „um zu dienen und sein Leben hinzugeben als Lösegeld für viele" (Mk 10,45). Wir sind als katholische Kirche in diesem Land auf dem richtigen Weg, wenn wir in der Nachfolge Christi immer mehr Kirche mit den Menschen und für die Menschen werden.

Dazu segne Euch der allmächtige Gott, der Vater und der Sohn und der Heilige Geist.

Die Mitglieder der Berliner Bischofskonferenz

Joachim Card. Meisner
Bischof von Berlin

Joachim Reinelt
Bischof von Dresden-Meißen

Bernhard Huhn
Bischof und Apostolischer
Administrator von Görlitz

Johannes Braun
Bischof und Apostolischer
Administrator in Magdeburg

Dr. Joachim Wanke
Bischof und Apostolischer
Administrator in Erfurt-Meiningen

14. September 1988

Theodor Hubrich
Bischof und Apostolischer
Administrator in Schwerin

Georg Weinhold
Weihbischof in Dresden

Norbert Werbs
Weihbischof in Schwerin

Wolfgang Weider
Weihbischof in Berlin

Hans-Reinhard Koch
Weihbischof in Erfurt

Rudolf Müller
Weihbischof in Görlitz

Berlin, am Fest Kreuzerhöhung, dem 14. September 1988

(Der Hirtenbrief wurde mit folgendem Rundschreiben des Bischöflichen Ordinariats 1086 Berlin – J.-Nr. 10/7016/88 – vom 5. 10. 1988 an die Priester und Diakone im Ostteil des Bistums Berlin gesandt:

Lieber Mitbruder!
In der Anlage übersende ich Ihnen den gemeinsamen Hirtenbrief der Berliner Bischofskonferenz zum Thema: ‚Kirche – mit den Menschen und für die Menschen'.

Dieser Hirtenbrief ist am Sonntag, dem 16. Oktober 1988, in allen Gottesdiensten einschließlich der Sonntagvorabendmessen zu verlesen. Obwohl das Hirtenschreiben der Bischöfe recht umfangreich ist, bleibt es aus grundsätzlichen Erwägungen wie auch in Hinsicht auf die Thematik notwendig, den Text vollständig zur Verlesung zu bringen.

Für Diakonatshelfer, die Stationsgottesdienste halten, bzw. für eine Nacharbeit in den Gruppen liegen diesem Schreiben zwei weitere Exemplare des Hirtenwortes bei. Nach Bedarf können weitere Exemplare darüber hinaus beim Bischöflichen Ordinariat nachbestellt werden, da das Gespräch über den Hirtenbrief in den Konventen und Gemeindekreisen sehr empfohlen wird.

Der gemeinsame Hirtenbrief der Berliner Bischofskonferenz ‚Kirche – mit den Menschen und für die Menschen' ist die thematische Fortsetzung des Pastoralbriefes der Berliner Bischofskonferenz an die Priester und Diakone ‚Katholische Kirche im sozialistischen Staat' vom 8. 9. 1986. Zwischen beiden Dokumenten liegt das Katholikentreffen von Dresden im Juli 1987, das unter dem Leitwort ‚Gottes Macht – unsere Hoffnung' stattfand.

Thematisch stehen alle drei Ereignisse in der gleichen Linie, nämlich in der Kontinuität unserer Kirche hierzulande, die sich den Herausforderungen der Gegenwart immer zu stellen hat.
Mit freundlichen Grüßen Ihr *R. Steinke* Generalvikar)

6. August 1989

102. ZUM BEGINN DES ZWEITEN WELTKRIEGES VOR 50 JAHREN

Gemeinsames Wort der Mitglieder der Berliner Bischofskonferenz

Liebe Schwestern und Brüder!

Der 1. September ist für uns alle ein *Tag des Erinnerns:* vor 50 Jahren, am 1. September 1939, begann der Zweite Weltkrieg mit dem Überfall deutscher Truppen auf unser Nachbarland Polen. Den Befehl zum Angriff hat der Mann gegeben, der sich „Führer" nennen ließ.

Die Erinnerung an den Anfang dieses verbrecherischen Krieges schließt das Gedenken an das entsetzliche Ende ein: an die Millionen Toten und an die an Leib und Seele Verletzten, an den Verlust der Heimat und die Vernichtung von Hab und Gut so vieler Menschen und an die unersetzbaren Verluste an Kulturgütern der Völker.

Erinnerung an den Zweiten Weltkrieg darf nicht bei der Vergegenwärtigung des Vergangenen stehen bleiben. Erinnern heißt auch *Stellung nehmen* zu dem, was damals geschehen ist. Der Einmarsch in Polen war kein schicksalhaftes Verhängnis. Er war geplante und gewollte Tat von Deutschen, von Menschen unseres Volkes. Das Gericht der Geschichte urteilt nicht allein über jenen „Führer", der zum Verführer des Volkes wurde, und über seine Helfershelfer. Er urteilt unerbittlich über das ganze Volk. Die Last der Schuld haben auch die Unschuldigen mitzutragen. Und für die Verbrechen der Väter haben die nachfolgenden Generationen zu sühnen. Dem kann sich keiner entziehen, auch wenn es für den Einzelnen schmerzlich ist.

Über dem Gericht der Geschichte aber steht das Gericht Gottes. Darum haben wir uns am Tag des Erinnerns auch *Ihm* zu stellen. Wir Christen haben keinen Anlaß für Selbstgerechtigkeit. Zwar dürfen wir dankbar auf das mutige Zeugnis derer schauen, die um ihres Glaubens willen dem Ungeist widerstanden, doch waren zu viele Christen unter denen, die mitschuldig geworden sind.

„Die Zeit heilt Wunden", so sagt man und meint, das Vergessen habe auslöschende Kraft. Doch die Zeit heilt nicht die *Schuld.* Schuld kann nicht durch Vergessen ausgelöscht werden, sie bedarf der Vergebung: der Vergebung der Menschen und Völker, an denen Deutsche in den Jahren der Hitler-Diktatur und des Aggressionskrieges schuldig wurden. Die Schuld dieses furchtbaren Zweiten Weltkrieges bedarf der Vergebung durch Gott. Vergessen oder Verdrängen gar, was an Schrecklichem geschah, macht den Menschen unfähig zur Wiedergutmachung.

Wiedergutmachung – das erinnert an die Reparationsleistungen, an die Kriegsentschädigungen für die Sieger, auch an die Zuwendungen für einzelne betroffene Menschen. Doch materielle Leistungen, ob erzwungen oder freiwillig gewährt, können das Eigentliche nicht bewirken. ‚Wieder gut machen' bedeutet letztlich: Wandlung des Herzens.

So wird das Erinnern dieses Tages zum Impuls für Besinnung und Umkehr.

Umkehr bedeutet Abkehr, nicht nur von den Untaten, sondern vor allem von den Gesinnungen und Haltungen, welche die Untaten ermöglichten: von menschenverachtender Ideologie und völkischer Überheblichkeit, nationalem Egoismus und rassistischem Herrenmenschentum, politischem Messianismus und Verherrlichung brutaler Gewalt bis zum „totalen Krieg". Hinzu kommen die vielen Formen menschlicher Erbärmlichkeit, die zu Stützen des nationalsozialistischen Unrechtssystems wurden. Dies alles hat seine Wurzel in der Vergewaltigung der Wahrheit und in der Mißachtung der gottgeschenkten Würde jeder menschlichen Person.

Umkehr bedeutet dann aber auch Hinwendung zu solchen Gesinnungen, die dem Wert und der Würde der Menschen zutiefst Achtung entgegenbringen und so den Weg zum wirklichen Frieden weisen: zu einem Frieden, der nach den Worten des unvergessenen Papstes Johannes XXIII. nur Bestand haben kann, wenn er gegründet ist auf Wahrheit, Gerechtigkeit, Liebe und Freiheit. (Vgl. Enzyklika „Pacem in terris", V.)

Erinnern an das Geschehen vor 50 Jahren bedeutet auch, daß wir uns besinnen auf unsere *Aufgaben* heute: in unserem Vaterland, in Europa, in der Welt.

Wir Christen sind gerufen, vor dem gerechten Gott Sühne zu leisten für eigene und fremde Schuld – mit Jesus Christus. Stellvertretend für alle hat Er sich ein für allemal dem Vater als Sühnopfer hingegeben.

Diese sühnende Hinwendung zu unserem Gott und Herrn erfordert, daß wir uns dann auch im Geist der Umkehr, der Versöhnung und des Friedens den Menschen zuwenden und dies durch unser Tun zeigen: denen, die gelitten haben und die leiden bis auf den heutigen Tag, aber auch jenen, die als jetzige oder kommende Generation die schrecklichen Folgen des Krieges zu tragen haben.

Weltweit erkennt die Christenheit heute, daß sie in hohem Maß Verantwortung mitträgt für die Zukunft. Gerechtigkeit, Frieden, Bewahrung der Schöpfung werden als gemeinsame Aufgaben erkannt, die aus dem christlichen Glauben erwachsen. Wir katholische Christen sagen Ja zu unserem Teil an Mitverantwortung. Auch so kann Wiedergutmachung geschehen, mit dem Blick zugleich auf die Vergangenheit wie auf die Zukunft: hier in unserem Vaterland, das infolge jenes Krieges heute in zwei deutschen Staaten existiert, in ganz Europa und auch überall dort, wo die Kriegsschauplätze von heute sind, wo Unfrieden herrscht zwischen Staaten und Völkern wie auch im Inneren von Staaten.

Liebe Schwestern und Brüder! Vor 50 Jahren verbreiteten vor allem junge Christen den flammenden Appell Reinhold Schneiders: „Allein den Betern kann es noch gelingen, das Schwert ob unsern Häuptern aufzuhalten ..." Dieses Wort unseres großen katholischen Dichters aufnehmend bitten wir Euch heute inständig um Euer Gebet: für die Opfer und die Schuldiggewordenen damals ebenso wir für die Opfer ungerechter Gewalt und die Schuldbeladenen heute, ob sie nah sind oder fern.

6. August 1989

Gebe Gott, daß das Erinnern an den Beginn des Krieges vor 50 Jahren uns und allen Menschen zum Heil wird!

Berlin, am Fest der Verklärung des Herrn
6. August 1989

Die Mitglieder der Berliner Bischofskonferenz

Dr. Joachim Wanke
Bischof und Apostolischer
Administrator in Erfurt-Meiningen,
Stellvertretender Vorsitzender
der Berliner Bischofskonferenz

Joachim Reinelt
Bischof von Dresden-Meißen

Bernhard Huhn
Bischof und Apostolischer
Administrator von Görlitz

Johannes Braun
Bischof und Apostolischer
Administrator in Magdeburg

Theodor Hubrich
Bischof und Apostolischer
Administrator in Schwerin

Wolfgang Weider
Weihbischof und Diözesanadministrator
des Bistums Berlin

Georg Weinhold
Weihbischof in Dresden

Norbert Werbs
Weihbischof in Schwerin

Hans-Reinhard Koch
Weihbischof in Erfurt

Rudolf Müller
Weihbischof in Görlitz

(Der Text ist mit folgenden Hinweisen versehen: „Sperrfrist: Sonnabend, 26. August 1989, 17.00 Uhr. Termin der Verlesung: Sonntag, 27. August 1989, in allen Sonntagsgottesdiensten einschließlich der Vorabendmessen.)

Dem Hirtenbrief vom 6. August sind die folgenden Fürbitten beigefügt:

Fürbitten

Herr Jesus Christus, unser Friede und unsere Versöhnung. Zusammen mit allen Menschen, die heute auf den Beginn des Zweiten Weltkriegs vor 50 Jahren zurückschauen, stehen wir Christen betroffen vor dem, was geschehen ist. Höre auf das Flehen Deines Volkes:

- Laß Deine Kirche auf der ganzen Erde glaubwürdiges Zeichen Deiner Liebe sein, Hoffnung für die Hoffnungslosen, Zuflucht für die Verfolgten, Ort des Erbarmens für die Schuldiggewordenen.
- Bewahre die Regierenden der Völker und Staaten vor der Versuchung ungerechten Machtstrebens, und schenke ihnen den Mut zu Entscheidungen für Frieden und Versöhnung.
- Gebiete Einhalt dem Wettrüsten, und öffne allen, die Verantwortung tragen, die Augen für die wirklichen Bedürfnisse und Nöte der Völker.
- Wecke in uns und den Menschen aller Nationen Verständnis für jene, die als Fremde gelten, und halte fern von uns Überheblichkeit, Haß und Feindschaft.
- Segne das Bemühen der Christen und aller Menschen guten Willens um die Bewahrung Deiner guten Schöpfung für die nachfolgenden Generationen.
- Schenke unseren Kindern und Jugendlichen Erzieher, die sie nicht in die Irre führen, sondern ihnen beistehen in ihrem Suchen nach einem Frieden in Wahrheit, Gerechtigkeit, Liebe und Freiheit.
- Erbarme Dich der vielen in unserem Volk, die Schuld auf sich geladen haben: der Verführten und Mitläufer, der ängstlich Schweigenden und auch jener, die aus Verblendung und Machthunger zu Verbrechern wurden, und sei Du ihnen ein gnädiger Richter.
- Gib uns Mut, allen Versuchen entgegenzutreten, das schreckliche Geschehen in der Geschichte des deutschen Volkes zu verharmlosen.
- Nimm in Deine gütigen Hände die Leiden und Ängste der Millionen unschuldiger Menschen, die auf den Schlachtfeldern, in Konzentrationslagern und Gefängnissen, in Luftschutzkellern und auf Flüchtlingstrecks Unsägliches erduldet haben.

Himmlischer Vater, das Leiden Deines Sohnes hat alle Schuld der Welt gesühnt, alles Leid verwandelt in Segen. Stärke uns, daß wir mit Ihm zusammen das Kreuz tragen können zur Sühne unserer und fremder Schuld und zum Heil der Welt.
So bitten wir Dich durch Christus unsern Herrn.

5. September 1989

103. ÜBER DIE GEGENWÄRTIGE SITUATION

Veröffentlichte Protokollnotiz von der Vollversammlung der Berliner Bischofskonferenz am 4./5. September 1989 in Friedrichroda

Am Beginn ihrer Vollversammlung haben die Mitglieder der Berliner Bischofskonferenz eingehend über die derzeitige gesellschaftliche Situation unseres Landes beraten. Sie müssen feststellen, daß zu viele Menschen die DDR verlassen wollen, andere sich in ihrer Resignation verstärkt in private Bereiche zurückziehen.

Die Bischöfe teilen die Besorgnisse und Belastungen der Gläubigen, die auch im Gemeindeleben und in den kirchlich-caritativen Einrichtungen spürbar werden.

Sie sind dazu entschlossen, diese Probleme und ihre Ursachen in Gesprächen mit staatlichen Stellen zur Sprache zu bringen.

Sie ermutigen die Gläubigen zum gemeinsamen Gespräch über die Ursachen und mögliche Veränderungen. Die Bischöfe bitten sie, ihre Einstellungen, Verhaltensweisen und persönlichen Entscheidungen im Lichte des Glaubens zu überprüfen.

(St. Hedwigsblatt. Katholisches Kirchenblatt im Bistum Berlin, Nr. 38 vom 17. 9. 1989, S. 299)

12. September 1989

104. „WIR SIND BEUNRUHIGT UND BESORGT"

Interview mit dem Stellvertretenden Vorsitzenden der Berliner Bischofskonferenz, Bischof Dr. Joachim Wanke, Erfurt

Frage: Noch stehen die Menschen hierzulande und jenseits der Grenzen unter dem starken Eindruck der Tatsache, daß eine beträchtliche Zahl von Ungarnreisenden, zum Teil ganze Familien, nicht in die DDR zurückgekehrt ist. Bereits vor diesen jüngsten Vorgängen stellte eine nicht abnehmenwollende Zahl – auch von Christen – Anträge auf „Ständige Ausreise aus der DDR". – Ist diese Ausreiseproblematik auch ein Thema für die katholische Kirche und ihre Seelsorge?

Bischof Wanke:
Die Bischöfe der Berliner Bischofskonferenz haben sich auf ihrer jüngsten Sitzung Anfang September mit der von Ihnen angesprochenen Problematik befaßt. Sie übergaben der Öffentlichkeit eine diesbezügliche Protokollnotiz (Anm. d. Red.: vgl.

St. Hedwigsblatt Nr. 38 vom 17. September 1989, S. 299), deren Intention ich hier gern näher erläutern möchte.

Wir sind in der Tat beunruhigt und besorgt über die wachsende Zahl derer, die die DDR verlassen haben oder noch verlassen wollen. Wir müssen über dieses Phänomen und seine Ursachen offen sprechen, sowohl in unseren Gemeinden als auch in der Öffentlichkeit.

Man könnte mit einem gewissen Recht fragen, was es die Kirche angeht, ob und warum Menschen hierzulande einen Ausreiseantrag stellen. Man könnte als Begründung für ein solch kritisches Fragen anführen, daß nach der Allgemeinen Erklärung der Menschenrechte der UNO vom 10. Dezember 1948 die Dinge doch klar sein müßten; heißt es doch in Artikel 13, Absatz 2: „Jeder Mensch hat das Recht, jedes Land, einschließlich seines eigenen, zu verlassen sowie in sein Land zurückzukehren." Dennoch müssen wir sehen, daß unter den gegebenen Bedingungen das Ausreiseproblem auch eine seelsorgliche Herausforderung darstellt: Alte Eltern werden allein zurückgelassen, Ehen werden auseinandergerissen, menschliche Bindungen zerbrechen – um nur einige Probleme zu nennen. Und oft genug sind es die Antragsteller selbst, die mit ihrer Situation nicht mehr zurechtkommen und um seelsorgliche Hilfe bitten. Aber auch Verwandte, Freunde und Bekannte sind betroffen und leiden unter dem Weggang vertrauter Menschen. Sie suchen Rat und brauchen Ermutigung.

Wir haben uns unseren Aufgaben und Pflichten als Seelsorger zu stellen: gegenüber denen, die gehen wollen, aber auch und vielleicht besonders gegenüber denen, die sich entschieden haben, hier zu bleiben.

Frage: In Gesprächen mit Menschen, die sich mit „Ausreisegedanken" tragen, hört man eine ganze Reihe von Gründen für den Wunsch, wegzugehen. – Wie beurteilen Sie diese oft sehr unterschiedlichen Gründe?

Bischof Wanke:
In der Tat sind die Beweggründe für das Ausreiseersuchen oder das Wegbleiben sehr unterschiedlich. Eine generelle Beurteilung fällt schwer.

Da gibt es den Wunsch nach Familienzusammenführung und andere persönliche Gründe, wie sie zum Teil auch in der Reiseverordnung vom November des vergangenen Jahres genannt werden. Dann gibt es Gründe, die mit der gesellschaftlichen Situation hierzulande zusammenhängen: wenn Menschen enttäuscht, verbittert und resigniert sind aufgrund ihrer Erfahrungen im Alltag, also z. B. im Betrieb, im Umgang mit den Behörden, in Handel und Versorgung, im Bemühen um eine Reisegenehmigung. Wenn man den Menschen zuhört, wie sie ihre Sorgen und Nöte schildern, dann fragt man sich doch unwillkürlich: Muß das eigentlich so sein? Muß das so sein, daß einer nach dem Gang zum „Staatsorgan" das Empfinden bürokratischer Gängelei hat? Muß es wirklich so sein, daß die Erfahrung am Arbeitsplatz frustrierend ist und so ganz anders als es die „Aktuelle Kamera" oder die Zeitungen beschreiben? Muß es so sein, daß sich einer in Weltanschauungsfragen zu Äußerungen gedrängt sieht, die nicht mit seiner eigenen inneren Überzeugung übereinstimmen?

Wieder anders steht es um die Gründe, die im materiellen Bereich liegen, etwa, wenn einer weg will wegen der Aussicht auf größere Konsummöglichkeiten, auf ein besseres Auto vielleicht und ohne Wartezeiten von vielen Jahren. Gerade in diesem Bereich wird es darauf ankommen, welchen Maßstab man anlegt. Wird vorrangig der „Leistungsmaßstab" angelegt nach dem Motto: „Leistest du was, dann kannst du dir etwas leisten!", dann wird es schwer sein, einen Menschen zum tieferen Nachdenken über seinen beabsichtigten Schritt zu bewegen; denn warum sollte er unter dieser Rücksicht nicht dahin gehen, wo er sich bei vielleicht gleicher Leistung mehr leisten kann?

Gilt nicht ähnliches auch für manche Ärzte, wenn man hört, sie hätten hier nicht die Voraussetzungen für ihre ärztliche Tätigkeit, die sie vermeintlich im Westen vorfinden? Hier merkt man ganz deutlich, wie entscheidend für die Beurteilung der vorgetragenen Gründe der Maßstab für die jeweilige Entscheidung ist. Ist es das Wohl der Patienten? Dem Wohl der Patienten im Erfurter katholischen Krankenhaus kann man eben nicht in Bayern dienen!

Frage: Sie haben darauf hingewiesen, wie wichtig für die Entscheidung zu gehen oder zu bleiben der Maßstab ist. Das gilt sicher für jeden Menschen. – Welche Gesichtspunkte sind nun aber für einen Christen, genauer: einen katholischen Christen maßgebend?

Bischof Wanke:
Der Maßstab für den Christen kann nur aus dem Gottesglauben erwachsen. Das schließt aber nicht aus, daß auch andere Gesichtspunkte mitbedacht werden müssen, wenn eine verantwortete Entscheidung getroffen werden soll. Dazu zähle ich die Verantwortung gegenüber den verschiedensten Bereichen, in Politik und Gesellschaft, in Wirtschaft und Wissenschaft, aber auch in den ganz persönlichen Beziehungen, die zwischen Menschen bestehen.

Der Christ ist überzeugt, daß sein Platz in der Welt und auch seine geschichtliche Stunde nicht eine Sache des Zufalls ist. Er weiß im Glauben, daß Gott ihn in eine ganz bestimmte Situation gestellt hat. Gott hat Seinen Plan mit jedem von uns. Wir stehen unter Seiner Führung. Ich glaube nicht, daß es Gottes Wille ist, dieses Land nur den Menschen zu überlassen, die Gott nicht kennen. Das bedeutet, daß es auf uns Christen hierzulande unverzichtbar ankommt: daß wir von Gott Zeugnis geben, christliche Hoffnung verbreiten und in Geduld und Zuversicht und großer Treue Gott und den Menschen dienen, und zwar hier, wo wir leben, wohnen, arbeiten. Können wir da einfach von unserem Auftrag, hier und jetzt Kirche des Herrn zu sein, weglaufen, nur weil manches bei uns schwieriger ist als anderswo?

Ich glaube, solche Überlegungen sind wichtig, wenn als Alternative dazu von den Möglichkeiten zu größerer „Selbstverwirklichung" gesprochen wird, ein Begriff, der von Christen ohnehin nur mit größter Vorsicht zu gebrauchen ist. Oder wenn besonders von jungen Menschen gesagt wird: „Ich habe ja nur das *eine* Leben!" Wir leben nicht nur für uns selbst, sondern mit anderen und für andere. Ein wichtiges Kriterium für eine Entscheidung in der Frage einer möglichen Ausreise ist die

Überlegung, ob ich gegenüber anderen Menschen und Aufgaben Verantwortung habe. Es könnte ja sein, daß andere gerade auf Hilfe und Betreuung durch mich und meine Familie angewiesen sind oder ich gebraucht werde für etwas, was andere nicht leisten können.

Ferner ist zu bedenken: Die wirklichen Herausforderungen der Zukunft – unser verantwortlicher Umgang mit der Schöpfung, die Suche nach einem Lebensstil, der das Sein vor das Haben rückt, die Bereitschaft, für den Frieden notfalls auch zu leiden –, diese Herausforderungen stehen im Osten wie im Westen in gleicher Weise an. Die Nachfolge Christi und der Ruf zur Umkehr fordern uns hier wie dort. Es könnte sein, daß wir hier sogar wacher bleiben für Gottes Anruf. Deshalb haben wir den Gläubigen in der eingangs erwähnten Pressenotiz gesagt: „Die Bischöfe bitten sie, ihre Einstellungen, Verhaltensweisen und persönlichen Entscheidungen im Lichte des Glaubens zu überprüfen." Ich meine, wenn auch viele Menschen weggehen, haben wir Christen dennoch aus unserem Glauben heraus gute Gründe, hier zu bleiben.

Frage: Was kann Ihrer Meinung nach in den Gemeinden getan werden, damit die, die ausreisen wollen, zu einer verantworteten Entscheidung kommen, und die, die hier ihren Platz erkennen, nicht mutlos werden?

Bischof Wanke:
Eine Hilfe könnte sein, wenn Menschen, die mit der Frage der Ausreise ringen, verschwiegene Gesprächspartner finden, die ihnen helfen, ihre Motive zu prüfen, die ihnen mögliche Alternativen aufzeigen und die konkrete Alltagssolidarität leisten. Das ist zwar mühsam und oft zeitraubend, aber ein echter „Samariterdienst". Hier möchte ich einmal den Priestern und kirchlichen Mitarbeitern danken, die sich um solche Menschen intensiv kümmern.

Ansonsten hilft natürlich alles, was die Beheimatung der Menschen hier verstärkt. Es hilft, wenn in unseren Gemeinden jene Werte und Haltungen hervorgehoben werden, die man gemeinhin nicht mit Geld kaufen, sondern sich nur schenken lassen kann. Es hilft, wenn wir uns gegenseitig ermuntern, auf Gottes Willen zu achten und noch dankbarer für das zu sein, was wir meist als selbstverständlich ansehen. Es hilft, wenn wir uns in unseren Gemeinden mit den Fragen auseinandersetzen, die wache Menschen in unserem Land beschäftigen. Junge katholische Christen sollten z. B. mehr über die Sozial- und Gesellschaftslehre unserer Kirche wissen.

Doch muß man auch sagen: Wir dürfen die Erwartungen an unsere Gemeinden in dieser Hinsicht nicht überziehen. Die Gemeinde kann nicht die Probleme lösen, die letztlich ihre Ursachen anderswo haben.

Frage: In Anlehnung an die Landvergabe in Kanaan an die Stämme des Volkes Israel hat vor rund 30 Jahren Bischof Aufderbeck das Wort geprägt: „Auf dieses herrliche Land ist unser Los gefallen." Beim Katholikentreffen in Dresden hat Kardinal Meisner das Wort von Bischof Aufderbeck aufgegriffen und gesagt: „Auf dieses Land ist Gottes Wort gefallen, es will darin Wurzeln schlagen. Die

Weisen aus dem Morgenland folgten damals dem Stern von Betlehem und brachten dem Kind ihre Gaben dar. Die Christen in unserem Land möchten ihre Begabungen und Fähigkeiten in unsere Gesellschaft einbringen, ohne dabei einem anderen Stern folgen zu sollen als dem von Betlehem." – Was müßte sich verändern, damit Christen sich besser mit ihren Begabungen und Fähigkeiten in die Gesellschaft einbringen können?

Bischof Wanke:
Ich meine, die allererste Veränderung müßte bei uns selbst beginnen: daß wir nicht in Enttäuschung und Resignation verharren. Sollten wir uns nicht besinnen auf unsere aus dem Glauben und dem Geist Gottes erwachsenden Kräfte und Möglichkeiten? Mancher wird vielleicht sagen: Das klingt doch zu sehr nach religiös verbrämter Ausflucht. Aber sagen wir es ehrlich: Hätten die ersten Christen vor den Verhältnissen in Palästina und im Römischen Reich von vornherein kapituliert, dann hätte das Evangelium seinen Lauf nicht nehmen können – bis an die Enden der Erde.

Als katholische Christen stehen wir grundsätzlich immer positiv für das ein, was dem wirklichen Wohl der Menschen und damit auch der Gesellschaft dient. Wir wollen und können aber auch nicht unsere Erwartungen und Forderungen verschweigen.

Ich nenne hier einige und präzisiere damit das, was Kardinal Meisner beim Katholikentreffen 1987 aussprach: Wir erwarten, daß die Schule das grundlegende Erziehungsrecht der Eltern anerkennt und sich von verpflichtenden ideologischen Vorgaben im Bildungs- und Erziehungsprogramm frei macht. Nach katholischer Auffassung ist nicht der Staat der Ersterzieher unserer Kinder, sondern die Eltern, die ihnen das Leben schenken. Wir erwarten, wenn junge Christen im Wehrbereich Gewissensentscheidungen treffen, die nicht den Erwartungen einer sozialistischen Gesellschaft entsprechen, daß sie dennoch eine echte Chancengleichheit in Bildung und Beruf haben. Wir erwarten, daß berufliches Fortkommen sich weitgehend an Befähigung und Einsatz festmacht und nicht an der Zugehörigkeit zu bestimmten Organisationen. Wir erwarten, daß eigenständige Mitarbeit in Gesellschaft und Staat aus christlicher Verantwortung auch dann willkommen ist, wenn manches in konstruktiver Kritik hinterfragt wird. An dieser Stelle könnte noch manches andere genannt werden, z. B. die Erwartung, einen katholischen Kindergarten auch dort neu eröffnen zu können, wo er nötig ist und von der Gemeinde gefordert wird.

Ich will aber auch nicht versäumen, ausdrücklich darauf hinzuweisen, daß der engagierte Einsatz von Christen in der Gesellschaft, etwa im Gesundheitswesen oder bei der Sorge um unsere Alten und Behinderten, durchaus öffentliche Anerkennung von seiten der Regierung findet. Dies freut uns. Doch es bleiben Fragen, die bald aufgegriffen und gründlich besprochen werden sollten.

Ich möchte freilich das noch zu bedenken geben: Einstellungen und Haltungen bei den Verantwortlichen, die den Menschen sehr zu schaffen machen und für manch einen Anlaß zur „Antragstellung" sind, werden sich nur mit großen Anstrengungen überwinden lassen. Administrative Anordnungen helfen da nur wenig, wenn es um mehr Offenheit und Ehrlichkeit in der Gesellschaft geht und um die Überwindung von Mißtrauen und Gängelei. Wenn deren Überwindung auch immer wieder gefordert werden muß, so werden wir trotzdem mit manchen Schwächen bei Menschen und Strukturen zu leben haben, wie lange, weiß wohl keiner recht zu sagen.

Frage: Gibt es über die angesprochenen und ähnliche Fragen Gespräche mit den staatlichen Stellen?

Bischof Wanke:
Als Bischöfe bringen wir auf Regierungs- und Bezirksebene diese und andere Fragen ein, die die Menschen bedrängen und auch kirchliche Anliegen sind. Doch bin ich mir nicht sicher, ob unsere Anliegen vom Staat als Gesprächspartner auch immer im gemeinten Sinn verstanden werden. Wir begrüßen es, wenn es bei einzelnen Schwierigkeiten und Härtefällen meist zu einer einvernehmlichen und befriedigenden Lösung kommt. Doch dies allein reicht nicht mehr aus, um die jetzt anliegenden Probleme einer guten Lösung zuzuführen. Darin stimmen alle Bischöfe unserer Konferenz überein. Darum hoffen und erwarten wir, daß in naher Zukunft auch Regelungen gefunden werden können für Probleme, die mehr im strukturellen Bereich angesiedelt sind und die in einzelnen Konfliktsituationen als deren Ursache immer wieder auftreten.

Das Interview fand am 12. September 1989 statt; die Fragen stellte Msgr. Dieter Grande, Leiter der Pressestelle beim Sekretariat der Berliner Bischofskonferenz.

(St. Hedwigsblatt. Katholisches Kirchenblatt im Bistum Berlin, Nr. 39 vom 24. 9. 89, Seite 308f. Das Interview wurde von den Kirchenzeitungen „St. Hedwigsblatt" und „Tag des Herrn" gleichzeitig veröffentlicht.)

20. September 1989

105. „TAUSENDE HABEN DIE DDR VERLASSEN"

Hirtenbrief von Bischof Johannes Braun, Apostolischer Administrator in Magdeburg

Liebe Schwestern und Brüder!

In tiefer Sorge und nicht ohne innere Bewegung schreibe ich ihnen diesen Hirtenbrief.

Die Tage seit dem 11. September und schon die vorangegangenen Wochen haben uns alle betroffen gemacht.

Tausende von Mitbürgern, wir wissen bis heute noch nicht, wie viele Tausend Christen unter ihnen sind, haben die DDR verlassen.

Dieser Fortgang so vieler Menschen kann uns nicht gleichgültig lassen. Vor allem deshalb nicht, weil schon viele Monate vor der Flucht über die ungarisch-österreichische Grenze, Tausende von Menschen die DDR über Ausreiseanträge auf legalem Wege verlassen haben.

Nicht nur unsere Krankenhäuser und sozialen Einrichtungen sind durch diese Entwicklung gefährdet, überall sind Lücken gerissen worden, die inzwischen nicht mehr zu füllen sind. Doch neben meiner Sorge für die Kranken, die Pflegebedürftigen, die Behinderten sehe ich zugleich den hohen Verlust, der diese Gesellschaft und uns alle beim Weggehen eines jeden Menschen trifft.

Auf allen Gebieten wird es weniger: Weniger Arbeitskräfte, weniger Wissenschaftler, weniger Ärzte, weniger Künstler, weniger Menschen mit ihren Ideen und mit ihrem guten Willen. Und weniger zu werden heißt hier ganz eindeutig: ärmer werden. Diese Entwicklung veranlaßt mich, als Bischof Stellung zu nehmen.

Die politisch zuständige Behörde habe ich bereits in einem entsprechenden Schreiben um ein Gespräch ersucht. Auch ist mir Bereitschaft zu solch einem Gespräch signalisiert worden.

Liebe Schwestern und Brüder,
aus Ihrer eigenen Erfahrung werden Sie verstehen, daß das Sprechen über diese Problematik nicht ohne gegensätzliche Standpunkte möglich sein wird.

Als Bischof, der Verantwortung trägt für den Bereich des Bischöflichen Amtes Magdeburg, möchte ich mich auf Ihre Erfahrungen, Ihre Erlebnisse, Ihre Gedanken und Gespräche berufen können und möchte diese mit in mein Gespräch einbringen.

Manche westliche Presseberichte im Zusammenhang mit der Flucht über Ungarn machen mich betroffen.

Denn es besteht die Gefahr, daß in Menschen Hoffnungen geweckt werden, die sich *so* nicht erfüllen können.

Sind die Versprechungen, die diese Art von Presse macht, nicht allzu vordergründig, allzu einseitig auf materielle Vorteile ausgerichtet?

Es macht mich noch mehr betroffen, wie schnell man sich in unserer Presse eine

Meinung gebildet hat. Eine Meinung, die man jetzt als einzig gültige Antwort anbietet: Es habe sich um eine „Nacht- und Nebelaktion" gehandelt. Die DDR-Bürger, die die Grenze von Ungarn nach Österreich überschritten haben, seien allesamt „Verführte" und der westlichen Propaganda zum Opfer gefallene Menschen. So bekommen wir es immer wieder in den Meldungen und Nachrichten unserer Medien vermittelt. Dabei ist nicht zu erkennen, daß die politisch Verantwortlichen sich Gedanken darüber machen, daß ein großer Teil dieser Menschen nicht verführt worden ist. Angesichts vieler Fragen, die sich seit Jahren in unserer Gesellschaft stellen und bisher unbeantwortet blieben, angesichts einer grassierenden Resignation haben viele dieser Menschen die bewußte Entscheidung gefällt, dieses Land zu verlassen.

Es macht mich betroffen, daß auf die meisten solcher Fragen staatlicherseits keine Antworten gegeben werden. Solche Fragen lauten:

Warum dürfen wir nicht in das Land reisen, in welches wir reisen möchten? Warum zahlt sich Leistung bei uns so wenig aus? Warum traut man uns keine Privatinitiative zu? Warum gibt es bei uns mehrere Parteien, wenn doch nur die *eine* Recht hat? Warum ist man in Politik und Wirtschaft nicht bereit, Fehler zuzugeben und aus ihnen zu lernen? Warum gibt es so viele Erfolgsmeldungen in Presse und Rundfunk, auf dem Gebiet der Wirtschaft, die kein Fundament in der Sache haben? Der Katalog dieser Fragen ließe sich beliebig fortsetzen. Angesichts so vieler Fragen und so vieler schuldig gebliebener Antworten ist es zu erklären, daß manche positive Anliegen unglaubwürdig werden:

Die Feststellung, daß es hier soziale Sicherheit gibt.

Die Feststellung, daß es bei uns keine Arbeitslosigkeit gibt.

Die Feststellung, daß das Gesundheitswesen allen Menschen eine gute medizinische Betreuung gewährt.

Die Feststellung, daß auf dem Gebiet der Kunst, der Kultur, der Wissenschaft viele gute, nennenswerte und erfreuliche Leistungen vollbracht werden. All das geht unter, weil Bürger in der Realität ganz andere Erfahrungen machen.

Dazu kommen die alltäglichen Probleme:

Die Jagd nach den Dingen des täglichen Bedarfs, vom Obst und Gemüse angefangen, bis hin zu den Autoersatzteilen, hält die Menschen in Atem.

Der Gang zu den Behörden, zum Beispiel in Wohnungsangelegenheiten, zum Beispiel in dem Wunsch, in andere Länder reisen zu dürfen, bereitet Angst. Angst, schon beim ersten Anlauf gesagt zu bekommen, man sei nicht antragsberechtigt. Die Angst, ständig bewertet zu werden, danach, wie man politisch diskutiert, welche Meinung man zu tagespolitischen Ereignissen hat, danach, wie man sich ein- und unterordnet und dabei möglichst wenig auffällt, danach, ob man sich dieser oder jener Masseninitiative anschließt, obwohl es andere gute Alternativen gäbe.

Das alles, scheint mir, macht den DDR-Bürger nicht nur müde, sondern auch gleichgültig. So wird es immer mehr üblich, daß politische Willenskundgebungen über die Lippen vieler Menschen gehen, hinter denen sie nicht stehen, daß sie sich zurückziehen und nicht mehr mitreden, weil sie wissen, die eigene Meinung ist nicht gefragt, sobald sie von der als gültig erklärten Wahrheit abweicht.

Wenn es jedoch stimmt, daß jeder Bürger in unserer Gesellschaft nicht nur mitarbeiten, sondern auch mitplanen und mitregieren soll,

- dann dürfte der nicht ausgezeichnet werden, der bereits vorgedachte Ideen nur perfekt nachspricht. Vielmehr müßte man dem Anerkennung zollen, der eigene Ideen einbringt, auch wenn sie ungewohnt oder gar unbequem sein mögen.
- dann muß Raum für eine Vielfalt von Meinungen vorhanden sein. Denn nur sie bringt Ideen hervor, aus denen dann die besten ausgewählt werden können.
- dann muß es möglich sein, zu bekennen, daß Menschen Fehler machen und daß sie aus Fehlern lernen können. Eine Gruppe oder eine Partei, die von sich behauptet, sie habe immer Recht, ist nicht dialogfähig, nicht fähig, Reformen einzuleiten. Denn wo keine Fehler gemacht werden, dort kann auch keine Korrektur erfolgen.
- dann sollte veröffentlicht werden
  - · wie viele Menschen bisher die DDR auf Grund eines genehmigten Ausreiseantrages verlassen haben
  - · wie viele Bürger der DDR über die ungarisch-österreichische Grenze ausgereist sind
  - · wie viele Bürger sich erst in den letzten Tagen, also nach den spektakulären Ereignissen, in bundesdeutsche Vertretungen des Auslands begeben haben, um so ihrem Antrag auf Ausreise Nachdruck zu verleihen
  - · wie viele Ausreiseanträge zur Zeit bei den staatlichen Behörden vorliegen.

Vor allem sollten die staatlichen Behörden Auskunft darüber geben, welches die Hauptgründe sind, die unsere Mitbürger veranlassen, einen Ausreiseantrag zu stellen und welche Schritte man zu unternehmen gedenkt, um es diesen vielen Menschen zu ermöglichen, in der DDR zu bleiben.

Noch viele Anregungen könnte ich dieser Aufzählung anfügen, doch möchte ich es dabei belassen.

Ich bitte Sie alle, diesen Punkten Ihre Gedanken hinzuzufügen und zu der angesprochenen Problematik Stellung zu nehmen.

Es ist uns allen klar, daß es keine Lösung wäre, wollte man jetzt die Grenzen nach Ungarn, vielleicht sogar die in die Bundesrepublik Deutschland wieder schließen, um den Ausreisestrom versiegen zu lassen.

Ich bitte Sie, sich Gedanken zu machen, sich einzumischen: Teilen Sie mir Ihre Ängste, Ihre Hoffnungen, Ihre Wünsche, Ihre Nöte, Ihre Vorschläge mit!

Ich ermutige Sie, in allen Gruppen Ihrer Pfarrgemeinde über die Dinge, die uns in diesen Tagen so unter die Haut gegangen sind, zu reden, um Ideen zu entwickeln und Vorschläge zu unterbreiten.

Ob unsere Meinung erwünscht ist oder nicht, wir fühlen uns von Gott her verpflichtet, unsere Stimme zu erheben, mit dafür Sorge zu tragen, daß das Ruder noch herumgerissen wird, bevor es zu spät ist.

Ich möchte dabei nicht mißverstanden werden: Wir können nicht die Bundesrepublik Deutschland kopieren. Wir können nicht den Weg gehen, den man in der Sowjetunion, in Ungarn oder in Polen geht. Wir müssen nach einem Weg suchen, der uns angemessen ist und von einer breiten Schicht der Bevölkerung mitgetragen wird. Wir müssen Mißstände beseitigen, um eine demokratische Gesellschaft zu schaffen, in der sich möglichst alle Menschen wohl fühlen können.

Bitte teilen Sie mir recht bald die Ergebnisse Ihrer Überlegungen mit. Lassen Sie sich bitte davon leiten, daß es uns als katholischer Kirche nicht darum gehen kann, Opposition, nur der Opposition wegen zu sein.

Es muß uns aber darum gehen, unsere Stimme zu erheben, wo sich Entwicklungen abzeichnen, die bedrohlich sind, die uns in eine Sackgasse führen.

Daß wir denen, die diese Entwicklung verantworten, Mut machen zu einer ehrlichen Bestandsaufnahme, Mut machen, daß sie die Fehler nicht immer zuerst bei den anderen suchen, sondern sich selbst hinterfragen oder hinterfragen lassen. Mut machen, zu erkennen, daß kein Mensch, keine Gruppierung, keine Partei, den Anspruch erheben kann, im Besitz der absoluten Wahrheit zu sein.

Vielmehr ist es notwendig, sich einem gesunden Wettstreit der Meinungen auszusetzen.

Dabei bitte ich Sie selbst um Ehrlichkeit und Glaubwürdigkeit. Auch wir haben es nötig, uns immer wieder anfragen zu lassen, auch wir haben nur dann ein Recht mitzureden, wenn wir in aller Offenheit, gelegen, oder ungelegen, wie der hl. Paulus es formuliert, unsere Meinung sagen. Auch wir sollten das Gespräch mit den anderen Christen und mit allen Menschen, die guten Willens sind, suchen.

Nur so werden wir für unsere Gesellschaft eine wirkliche Hilfe leisten können.

Die innenpolitische und wirtschaftliche Situation sowie die Ausreiseproblematik fordern uns auf, Stellung zu beziehen.

So hoffe ich auf eine gute Entwicklung.

Bitte übersenden Sie Ihre Meinungen und Gesprächsergebnisse bis zum 10.10.1989 nicht auf postalischem Wege, sondern über Ihr zuständiges Pfarramt.

Mit der Bitte um Ihr Gebet grüßt Sie, verbunden mit Segenswünschen

Ihr Bischof
gez. + Johannes Braun

(Verlesung am 24. 9. 1989)

24. September 1989

106. GEHEN ODER BLEIBEN? ENTSCHEIDUNG IM LICHT DES GLAUBENS

Predigt von Bischof Sterzinsky in der Berliner St. Hedwigskathedrale

Liebe Mitbrüder, meine Schwestern und Brüder im Herrn!

„Schuster, bleib bei deinen Leisten", sagt man und will damit ausdrücken: Kümmere dich, Mitmensch, um deine Angelegenheiten, und misch dich nicht in andere ein! Diese Mahnung hat ihre Berechtigung. Es kommt ja nichts Gutes dabei heraus, wenn du Dinge in Angriff nimmst, von denen du nichts verstehst; du stiftest ja nur Verwirrung, wenn du dich um Angelegenheiten kümmerst, für die du gar nicht zuständig bist. „Schuster, bleib bei deinen Leisten" – heißt das auch: „Bischof, kümmere dich um Kirche und Religion, verkündige den Glauben der Kirche, das Evangelium, aber schweig zu politischen und sozialen Fragen, zu Angelegenheiten des gesellschaftlichen Lebens"?

Den ersten Teil der Frage möchte ich so beantworten: Ja, das ist meine erste, in gewissem Sinn meine einzige Aufgabe: das Evangelium zu verkündigen und dafür zu sorgen, daß es durch die Verkündigung – so weit wie möglich, und überall da, wo möglich – wirksam wird. Das ist meine Aufgabe: den Glauben der Kirche zu verkündigen.

Und den zweiten Teil der Anfrage, ob ich schweigen soll: Ja, sagt denn das Evangelium nichts zu Fragen des gesellschaftlichen Lebens und der sozialen Ordnung? Das Evangelium spricht ganz gewiß nicht in politischer Weise, aber es wirft ein Licht auf alle Lebensbereiche. Es muß deshalb ausgelegt werden auf das gesamte Leben hin und muß Antwort geben auf alle Fragen, die hier und heute, vornehmlich auf jene Fragen, die mit besonderer Dringlichkeit gestellt werden: politische Fragen, soziale Fragen, gesellschaftliche Fragen. Trennung von Kirche und Staat ist gut, und wir werden sie verteidigen. Aber diese Trennung bedeutet ja nicht, daß es keinerlei Beziehungen zwischen ihnen gäbe, zwischen gesellschaftlichen Belangen, die der Staat vertritt, und den Aufgaben und Anliegen der Kirche. Glaube und Religion sind ja nicht weltlos, sind nicht lebensfern, sondern sie sind Gestaltungskräfte unseres Lebens. Der Prophet Amos jedenfalls, aus dessen Reden wir in der ersten Lesung heute hörten (Am 8,4-7), hat nicht gezögert, den Reichen ins Gewissen zu reden und sich damit auch einzumischen in Fragen des Lebens außerhalb des Gottesdienstraumes. Und wenn Jesus sagt: „Ihr könnt nicht Gott dienen und dem Mammon" (Lk 16,13), dann gilt das nicht nur für den Innenraum der gottesdienstlichen Feier, sondern immer und überall. Gott ist also zu dienen auch außerhalb der Kirchenmauern. In unserem Leben, in der Familie, im Beruf – auch da gilt es, Gott zu dienen und nicht dem Mammon.

Schwestern und Brüder, ihr wißt, daß ich im Blick habe, was in den letzten Wochen die Gemüter so vieler erregt und beschäftigt – in unterschiedlicher Weise, sorgenvoll großteils: die Frage nach den vielen, die unser Land verlassen, und die Frage nach den Gründen dafür. Und ihr wartet sicher darauf – nicht, daß ich eine politische Rede halte, sondern daß ich von der Botschaft des Glaubens her zu diesen brennenden Fragen ein helfendes Wort sage. Ich will dies versuchen, umso mehr, als meine kurzen Ausführungen vor zwei Wochen in der Matthiaskirche auf Mißverständnisse gestoßen sind (s. Anm. am Schluß), weil ich zugestandenermaßen, bedingt durch das Thema, nur *eine* Frage in den Blick genommen habe und nicht auch die zweite, die zu diesem Thema dazugehört.

Laßt es mich so sagen: Es gibt Gründe, einen Ausreiseantrag zu stellen. Und es gibt gute Gründe, hier zu bleiben. Ich will das ein wenig ausführen.

Gründe für den Ausreisewillen, muß ich die hier nennen? Die Gründe, die Menschen haben, die die DDR verlassen wollen? Ihr kennt ja diese Gründe genausogut wie ich. Ich kenne sie aus ungezählten Gesprächen. Und ich habe auch früher schon in meinem Amt als Generalvikar in Erfurt jede sich bietende Gelegenheit genutzt, ja sogar Gelegenheiten gesucht, staatlichen Organen gegenüber diese Gründe zur Sprache zu bringen – immer verbunden mit dem Appell, dafür zu sorgen, daß die Gründe behoben, daß sie hinfällig werden. Freilich gibt es in der Praxis nicht nur jeweils einen Grund für den Ausreisewillen, meistens bündeln sich bei dem einzelnen mehrere Gründe: Gründe persönlicher und familiärer Art; Gründe, die in der wirtschaftlichen und gesellschaftlichen Situation liegen; zuweilen werden religiöse Gründe geltend gemacht. Es ist häufig nicht einfach, in Erfahrung zu bringen oder bewußt werden zu lassen, welches das treibende Motiv ist, das wichtigste. Es gibt jedenfalls angesichts von Erfahrungen – in Schule und Betrieb, bei der Versorgung und durch die Behandlung bei den Behörden – Verbitterung, es gibt Resignation, es gibt Hoffnungslosigkeit, die sich ausspricht in dem häufig zu hörenden Satz: „Es wird ja doch nicht besser." Tatsächlich müßte sich viel ändern, wenn alle zufrieden im Land bleiben sollen. Es müßte sich viel ändern, nicht nur im Verhalten einzelner, sondern in grundsätzlicher Weise. Es müssen jedem alle Rechte zuerkannt und die Möglichkeiten eingeräumt werden, die dem Menschen von Natur aus zustehen. Ich nenne – nur beispielhaft, denn es ist nicht meine Aufgabe, Reformvorschläge zu machen für alle Felder unseres Lebens – ich nenne also beispielsweise die Wahrung des Ersterziehungsrechts der Eltern; sie haben es, von Natur aus, auch wenn es ihnen nicht zugestanden wird. Ich nenne die Chancengleichheit für Ausbildungswege und berufliches Fortkommen. Ich nenne die Ermöglichung freier Vereinigungen mit moralisch einwandfreier Zielstellung. Ich denke an bessere und wahrheitsgetreuere Information. Ich denke an die Möglichkeit, aus Gewissensgründen den Wehrdienst zu verweigern.

Ich könnte noch manches anfügen, aber es geht hier, wie gesagt, nicht um eine Aufzählung all der Wünsche, die wir haben. In Gesprächen mit staatlichen Dienststellen wollen wir Bischöfe weiterhin diese und manche anderen Wünsche vortragen. Wir sind überzeugt, daß wir legitimiert sind, im Namen vieler Christen zu sprechen, und wir sind uns dessen bewußt, dabei auch die Anliegen vieler nichtchristlichen Bürger zur Sprache zu bringen.

Meine Schwestern und Brüder, es gibt wirklich Gründe für den Entschluß, den Ausreiseantrag zu stellen. Und es soll keinem das Recht abgesprochen werden, das Land zu verlassen und wieder einzureisen. Aber es gibt doch gute Gründe, hier zu bleiben. Ich nenne einige, und zwar vom Glauben her motivierte Gründe.

Grundsätzlich gilt sicherlich: Flucht ist die billigste Lösung eines Problems oder sogar keine Lösung. Wer Schwierigkeiten ausweicht, hat sie nicht wirklich überwunden.

Ich nenne einen weiteren Grund: Vom Glauben her sind wir überzeugt, daß Gott uns hierher gestellt hat. Als Christen gehen wir davon aus, daß Gott uns diesen Lebensraum anvertraut hat, damit wir ihn in christlichem Geist gestalten und in ihm christlichen Geist wirksam werden lassen. Das gilt so lange, bis wir positiv Gründe dafür haben, daß Gott uns anderswo hinstellen will. Und erst dann, wenn einer zu Handlungen gegen sein Gewissen genötigt ist, ist er gehalten, seinen Lebensraum zu verlassen und einen neuen zu suchen. Innerhalb dieser Regeln bleibt ein Ermessensspielraum. Und innerhalb dieses Ermessensspielraumes handelt der Christ nicht leichtfertig, sondern er fällt eine Gewissensentscheidung. Eine solche Entscheidung aber beruht nicht auf Willkür, sondern sie orientiert sich an Werten, die im Gewissen als richtig und gut erkannt werden.

Gott hat uns hierher gestellt. Und wem es möglich ist, der soll hier bleiben. Denn wir dürfen Verantwortung nicht abwälzen. Wir tragen vor Gott und den Menschen Verantwortung für unsere Mitmenschen, am meisten für unsere Angehörigen und all jene, die auf unsere Sorge und Nähe angewiesen sind. Wir müssen bereit sein, da zu leben, wo die Menschen leben, die unser bedürfen. Und wir sollten auch nicht vergessen, daß uns durch unsere berufliche Tätigkeit Menschen anvertraut sind, die wir nicht alleinlassen dürfen. Die Mängel, die manche beheben möchten durch Verlassen des Landes, werden ja nur größer, wenn immer weniger Menschen für die berufliche und öffentliche Tätigkeit zur Verfügung stehen.

Schließlich nenne ich noch einen wesentlichen Grund, mit der Entscheidung zu bleiben oder zu gehen sehr bedacht umzugehen: Den Grund, daß Nachfolge Christi *überall* möglich ist. – Das sage ich nach reiflicher Überlegung, nachdem ich auch die Schwierigkeiten für eine christliche Lebensgestaltung in unseren Verhältnissen sorgfältig erwogen habe. Die Umstände und Voraussetzungen für die Nachfolge Christi sind hüben und drüben unterschiedlich, sowohl die positiven Möglichkeiten wie die Herausforderungen und Gefahren, aber leicht ist Nachfolge nirgends. Und nach dem Evangelium ist sie immer und überall *Kreuzes*nachfolge.

Schwestern und Brüder, wenn wir in dieser nüchternen Weise vom Glauben her die Frage bedenken: gehen oder bleiben? – sind wir Christen dann womöglich „Staatsfeinde", weil wir auch den Wunsch, zu gehen, für berechtigt halten können und weil wir uns „anmaßen", Maßstäbe zu setzen für die Beurteilung der gesellschaftlichen Verhältnisse? Die Antwort möchte ich geben mit Worten aus dem 1. Timotheusbrief, die wir eben gehört haben: „Ich fordere auf", schreibt der Apostel, „zu Gebeten für die Herrscher und für alle, die Macht ausüben, damit wir in aller Frömmigkeit und Rechtschaffenheit ungestört ruhig leben können" (1 Tim 2,2). Wir beten also auch für die, die Macht haben, und wir tun es hoffentlich bei den Fürbitten in jeder Eucharistiefeier. Und wir beten dabei nicht nur um deren persönliches Wohlergehen, sondern auch darum, daß sie ihr Amt recht ausüben, zum Besten aller, und das schließt ein, „daß wir in aller Frömmigkeit und Rechtschaffenheit ungestört und ruhig leben können". Amen.

(St. Hedwigsblatt. Katholisches Kirchenblatt im Bistum Berlin, Nr. 40 vom 1. Oktober 1989, S. 315)

Anmerkung zu S. 373

Am 10. September 1989, dem Tag nach seiner Bischofsweihe, hatte der neue Bischof von Berlin bei seinem ersten Gottesdienst im Westteil des Bistums in der St. Matthiaskirche in der Predigt u. a. gesagt:

„Nachfolge (Jesu) gibt es bis zum Ende der Zeiten ... Und es gibt viele verschiedene Wege der Nachfolge ... Es ist ein Geschenk und ein Glück, wenn einer sicher erkannt hat, auf welchen Platz er gerufen ist und welchen Weg er gehen soll, und wenn er ihn dann beherzt gehen kann. Mit Sorge haben wir in den letzten Wochen gehört, daß viele Menschen aufgebrochen sind, um ihren angestammten Platz zu verlassen, Grenzen zu überschreiten und unter anderen Bedingungen als bisher ihren Weg zu gehen. Uns steht kein Urteil über den Entschluß der vielen einzelnen zu. Aber ich frage besorgt: Suchen diese Menschen den Weg, den der Herr sie führen will, oder suchen sie nur den bequemeren Weg? Gerade der bequemere kann der gefährlichere sein. Nachfolge Jesu ist überall möglich – leicht ist sie nirgends ..." (zitiert nach: St. Hedwigsblatt Nr. 39 vom 24. September 1989, S. 305).

28. September 1989

107. BISCHOF HUHN ZUR GEGENWÄRTIGEN SITUATION

Brief an die Vorsitzenden der Räte der Bezirke Dresden und Cottbus

Sehr geehrte Herren Vorsitzende!

Erlauben Sie, daß ich mit diesem Schreiben ein Ersuchen an Sie richte, das mir sehr dringlich erscheint.

Uns alle beschäftigt im Augenblick die Tatsache, daß die Zahl derer, die die DDR verlassen haben oder noch verlassen wollen, erschreckend im Wachsen begriffen ist. Der Stellvertretende Vorsitzende der Berliner Bischofskonferenz, Bischof Dr. Joachim Wanke, hat in seinem Interview, das er dem Leiter der Pressestelle der Berliner Bischofskonferenz gab (veröffentlicht in den katholischen Kirchenzeitungen TAG DES HERRN und ST. HEDWIGSBLATT) deutlich die Sorge aller katholischen Bischöfe über diese Entwicklung zum Ausdruck gebracht. Die Ausreiseproblematik ist eine drängende pastorale Herausforderung für Bischof, Priester und kirchliche

Mitarbeiter, da viele Menschen – Ausreisewillige und Hiergebliebene – in ihrer Not Rat und Hilfe bei uns suchen.

Die inzwischen gesammelte Erfahrung zeigt uns, daß viele Bürger – darunter nicht wenige Gläubige – den Weg in die Bundesrepublik Deutschland einschlagen, weil sie mit den zahlreichen Problemen, die in unserem Land unbewältigt anstehen, nicht mehr fertig werden.

In dem oben erwähnten Interview wurden viele konkrete Gründe für die erschrekkende Tatsache der Ausreise so vieler Bürger unseres Landes genannt: Resignation wegen negativer Erfahrungen im Betrieb, im Umgang mit den Behörden, Mängel in Handel und Versorgung, bürokratische Gängelei durch Vertreter staatlicher Organe, Schwierigkeiten bei Erteilung von Reisegenehmigungen, unrealistische Berichterstattung in unseren Medien und vieles mehr. In dem Interview werden auch wichtige Hinweise für eine Beheimatung der Menschen hier bei uns gegeben. Vom christlichen Gewissen gedrängt, bitten wir immer wieder die Gläubigen, „ihre Entscheidungen im Licht des Glaubens zu überprüfen" (vgl. Protokollnotiz der Vollversammlung der Berliner Bischofskonferenz vom 4./5. September 1989, veröffentlicht in den katholischen Kirchenzeitungen) und nicht leichtfertig ihren bisherigen Lebensraum zu verlassen. Aus gleicher Verantwortung heraus erachten wir es aber auch als unsere Pflicht, auf die vielen objektiven Mängel hinzuweisen, unter denen unsere Bürger leiden. Die Summe solcher Mängel ist letztlich der Grund für den Weggang so vieler Menschen. Nur durch Abbau dieser Mängel kann dem Gemeinwohl für die Zukunft gedient werden.

Ein Teilaspekt dieser Gesamtproblematik ist die erhebliche Einschränkung von Reisemöglichkeiten in die Volksrepublik Polen. Als Bischof der Apostolischen Administratur Görlitz, deren Gebiet über mehr als 130 km entlang der Oder-Neiße an die Volksrepublik Polen angrenzt, bekomme ich das Klagen über diese Maßnahme, die offensichtlich in der letzten Zeit wieder besonders eng gehandhabt wird, deutlich genug zu hören.

Ich habe Ihnen oder Ihren Stellvertretern bei den Gesprächen, die wir in den letzten Jahren führten, immer wieder zum Ausdruck gebracht, daß die seit 1981 geltenden Bestimmungen, die eine Reise in die VR Polen genehmigungspflichtig machen, meinen Unwillen und den Unwillen vieler Bürger, vor allem vieler Bürger katholischen Glaubens, finden. Wer soll die seit 1981 eingeführten erschwerenden Maßnahmen verstehen angesichts der Tatsache, daß Versöhnung gerade mit unseren polnischen Nachbarn bis heute für alle ein Gebot der Stunde ist und daß gerade den katholischen Christen auf Grund des gemeinsamen Glaubens hier eine besondere Aufgabe zukommt? Versöhnung setzt immer Begegnung mit Land und Menschen sowie ein gegenseitiges Kennenlernen voraus.

Die Gründe, die mir in den letzten Jahren bei den Gesprächen mit Repräsentanten der Räte der Bezirke bezüglich der Einschränkungen im Reiseverkehr nach der VR Polen gegeben wurden – die ich aber nicht akzeptieren konnte –, dürften bei der jetzigen politischen Lage in der VR Polen kaum noch bestehen. Ich ersuche Sie daher, Ihren Einfluß bei den entsprechenden staatlichen Stellen geltend zu machen, damit endlich spürbare Reiseerleichterungen für unsere Bürger geschaffen werden und bezüglich der VR Polen wieder ein genehmigungsfreier Reiseverkehr wir vor 1981, unabhängig von verwandtschaftlichen Beziehungen oder sonstigen Vorbedingungen, möglich wird.

Als Bischof von Görlitz, einer Stadt, die eine Brücke zum polnischen Nachbarland aufweist, möchte ich den völkerverbindenden und friedensstiftenden Charakter meines Ersuchens unterstreichen. Wie soll ein „Haus Europa" entstehen, für das sich die Europäische Ökumenische Versammlung in Basel, an der ich teilnehmen konnte, und namhafte Politiker in Ost und West einsetzen, wenn wir es nicht einmal fertigbringen, Reisemöglichkeiten zum unmittelbaren Nachbarn im Osten ohne erhebliche Einschränkungen und langwierige Genehmigungsverfahren sowie stundenlange Wartezeiten an der Grenze zu schaffen?

Weil die Priester und viele Gläubige meines Jurisdiktionsgebietes an der Klärung dieser Frage im Zusammenhang mit der Lösung der gesamten Ausreiseproblematik sehr interessiert sind, werde ich sie über diesen meinen Brief sowie über Ihre Antwort informieren.

Hochachtungsvoll

+ *Bernhard Huhn*
Bischof
Apostolischer Administrator

28. September 1989

108. BISCHOF HUHN ZUR GEGENWÄRTIGEN SITUATION

Brief an alle Priester und Diakone in der Apostolischen Administratur Görlitz

Liebe Mitbrüder!

Sie haben gewiß in unseren Kirchenzeitungen die Protokollnotiz unserer letzten Vollversammlung der Berliner Bischofskonferenz zu aktuellen Fragen und auch den Wortlaut des Interviews des Stellvertretenden Vorsitzenden unserer Konferenz gelesen (siehe Kirchenzeitungen).

Die knappe Protokollnotiz bringt in wenigen Sätzen zum Ausdruck, daß die Bischöfe sich mit der derzeitigen Situation, mit den Sorgen und Belastungen der Gläubigen beschäftigt haben. Dies geschah in offenen, längeren und – wie wir hoffen – auch gründlichen Gesprächen. Sie dürfen versichert sein, daß sich wohl jeder Bischof redlich bemüht, die Gefahr des Abstand seines eigenen Lebens von der harten Wirklichkeit des Alltags der Menschen durch Kontakte und Gespräche zu mindern. Ich jedenfalls versuche es so, freilich sicher nicht immer mit hinreichendem Erfolg. Man wird auch allen, die Verantwortung tragen, dem Pfarrer in seiner Gemeinde und erst recht dem Bischof, in der Hitze und Hast der Tage die Tugend der Gelassenheit wünschen. Freilich darf Gelassenheit nicht mit Trägheit oder gar mit Feigheit verwechselt werden.

Daß aber in so bewegter Zeit Notwendiges geschehen muß, können Sie der, auf den ersten Blick so mager wirkenden Protokollnotiz entnehmen: Die Bischöfe „sind entschlossen, diese Probleme und ihre Ursachen im Gespräch mit den staatlichen Stellen zur Sprache zu bringen." In der Anlage überreiche ich Ihnen Abschrift meines Schreibens an die Vorsitzenden der Räte der Bezirke Dresden und Cottbus zur „Reiseproblematik". Vielleicht ist es gerade die Aufgabe des Görlitzer Bischofs, dieses Anliegen den staatlichen Stellen vorzutragen.

Bitte beachten Sie auch den kurzen Vermerk in der Protokollnotiz, der besagt, die Bischöfe „ermutigen die Gläubigen zum gemeinsamen Gespräch über die Ursachen und möglichen Veränderungen" der entstehenden Probleme. Das ist ein Aufruf an Seelsorger und Gläubige. Jedoch bitten die Bischöfe, die Gläubigen sollen ihre Verhaltensweisen und persönlichen Entscheidungen im Lichte des Glaubens überprüfen. Als Seelsorger haben wir keine politische, vielmehr eine pastorale Aufgabe, die Bischof Wanke auch in seinem Interview deutlich zum Ausdruck bringt, nämlich allen Bedrängten und Trostlosen mit Rat und Tat aus der Quelle des Glaubens zur Seite zu stehen. Bitte, nehmen Sie die gegenwärtigen Besorgnisse zum Anlaß, um in Verkündigung und Gespräch alle, die in Not und Resignation sind, aus dem Glauben zu stärken.

28. September 1989

Schließlich möchte ich denen danken, die mir in den letzten Wochen geschrieben oder mit mir gesprochen haben und mir Vorschläge unterbreiteten, was in der gegenwärtigen Situation getan werden sollte. Während der Pastoralkonferenz im Oktober d. J. werden wir den Dialog über diese Fragen fortsetzen.

Vor wenigen Tagen kam in Cottbus unser Pastoralrat, Priester und Laien aus den Dekanaten, zusammen. Lassen Sie mich schließlich mit zwei Gedanken, die mir aus den dort geführten Diskussionen besonders in Erinnerung sind: Zum ersten bedarf es gerade in heutiger Zeit eines Vorschusses an Vertrauen, den wir uns gegenseitig schenken sollten; Vertrauen des Bischofs zu den Priestern und der Priester zum Bischof. In Zeiten sich überstürzender Ereignisse wird es nicht immer sofort dekkungsgleiche Beurteilungen der Situation und des daraus resultierenden Handelns geben, aber es muß einen Vorschuß an Vertrauen geben, der uns heute noch enger zusammenstehen läßt als bisher. Zum Zweiten – so sagte ein Mitbruder im Pastoralrat –: Wir müssen jetzt noch mehr beten als bisher. Gerade wenn wir manchmal die Hilflosigkeit eigenen Bemühens erleben, sollen wir Priester unsere und der Menschen Nöte im Gebet vor Gott tragen. Zur Klugheit und Tapferkeit des eigenen Handelns muß das Gebet kommen, sonst sitzt alles schief.

Diesen Brief und die beigefügte Anlage können Sie, wenn Sie es für nützlich halten, gern auch dem Kirchenvorstand, dem Pfarrgemeinderat sowie der Gemeinde bekanntgeben.

Ich freue mich auf das Wiedersehen mit Ihnen bei der Pastoralkonferenz in Görlitz und grüße Sie

in brüderlicher Verbundenheit

+ Bernhard Huhn
Bischof

109. INFORMATIONEN ZUM INHALT EINES ANGESTREBTEN GESPRÄCHS MIT DER REGIERUNG DER DDR

Der Stellvertretende Vorsitzende der Berliner Bischofskonferenz an die Priester und Diakone

BERLINER BISCHOFSKONFERENZ
Der Vorsitzende

Französische Straße 34
DDR Berlin 1086
den 9. 10. 1989

An
alle Priester und Diakone
im Bereich der Berliner Bischofskonferenz

Liebe Mitbrüder!

Wie Ihnen bekannt ist, haben die Mitglieder der Berliner Bischofskonferenz zu Beginn ihrer letzten Vollversammlung am 4./5. September 1989 in Friedrichroda eingehend über die gesellschaftliche Situation hierzulande beraten und ihre ausdrückliche Absicht erklärt, die bekannten Probleme und ihre Ursachen zum Gegenstand von Gesprächen mit staatlichen Stellen zu machen. Sie ermutigten die Gläubigen zum gemeinsamen Gespräch über die Ursachen und möglichen Veränderungen.

In voller Übereinstimmung mit meinen bischöflichen Mitbrüdern und auf deren ausdrücklichen Wunsch habe ich in meiner Eigenschaft als Stellvertretender Vorsitzender der Berliner Bischofskonferenz in einem in unseren Kirchenzeitungen verbreiteten Interview versucht, den Gläubigen in unseren Gemeinden Orientierung und Ermutigung zu geben. Auf ihre Weise haben sich der Bischof von Berlin in der Predigt, der Apostolische Administrator in Magdeburg durch einen Hirtenbrief, aber auch die anderen Ortsbischöfe in je eigener Weise zu den uns alle bedrängenden Fragen geäußert.

In Vorbereitung eines angestrebten Gesprächs mit Regierungsverantwortlichen hat unsere Bischofskonferenz der Regierung der DDR ihre Auffassung zu den jüngsten innenpolitischen Vorgängen aus der Sicht der katholischen Kirche dargelegt. Die Bischöfe taten dies im Wissen um ihre spezifische Mitverantwortung für die Menschen in Gesellschaft und Staat.

Da wir, Bischöfe und Priester, in je eigener Verantwortung uns den Weltchristen in unseren Gemeinden verpflichtet wissen, möchten wir Sie, liebe Mitbrüder, unterrichten und Sie bitten, auch die Glieder Ihrer Gemeinden zu informieren.

Das Kernstück unserer Darlegung besteht in der Feststellung, daß gewaltsame Auseinandersetzung nicht die geeigneten Mittel und Wege sein können, die entstandene Situation zu klären. Denn es muß darauf ankommen, mit friedlichen politischen Mitteln zu Lösungen zu kommen. Die Einsicht, die sich in den zwischenstaatlichen Beziehungen immer mehr durchsetzt, auf Gewaltanwendung zur Regelung von Problemen zu verzichten, muß auch für den innerstaatlichen Frieden gelten. Und der Auszug wie auch der Ausschluß, daß heißt die Ausreise sowie die Flucht wie auch die Ausweisung, lösen letztlich die Probleme nicht.

Im Interesse einer politischen Problemlösung mit friedlichen Mitteln halten die Mitglieder unserer Bischofskonferenz umfassende Gespräche zwischen den Verantwortlichen des Staates und den sich in der Bevölkerung bildenden Gruppen für unerläßlich. Und sie erklären ihre Bereitschaft, sich unmittelbar oder durch ihre Beauftragten am Gespräch zu beteiligen – im Rahmen ihrer sich aus ihrem kirchlichen Amt ergebenden Zuständigkeit.

Die Bischöfe erinnern auch an gerade in jüngster Zeit aufgetretene Fragen und Probleme; etwa solche der Ausübung des Wahlrechts, der Meinungsfreiheit sowie des Rechts auf friedliche Versammlung und des Rechts auf Vereinigungen. Sie vertreten die Auffassung, daß die konsequente Beachtung der Verfassung der DDR, in der diese Grundrechte ja enthalten sind, dazu beitragen kann, die gesellschaftlichen und politischen Verhältnisse im Interesse der Menschen und des Gemeinwohls weiterzuentwickeln.

So entspricht es auch ihrer Sicht, das Recht auf Freizügigkeit, wie es in der UNO-Menschenrechtsdeklaration enthalten ist, durch weiterführende Regelungen für den grenzüberschreitenden Reiseverkehr umfassender als bisher wirksam werden zu lassen. Die diesbezügliche Verordnung vom 30. November 1988 und die anschließende Durchführungsbestimmung vom 14. März 1989 waren in diesem Sinne ein Schritt in die richtige Richtung.

Liebe Mitbrüder, die gegenwärtigen Sorgen um die Zukunft bedrängen uns alle sehr. Unser Gesprächsersuchen an die Regierungsverantwortlichen will ein Zeichen der Hoffnung sein, dessen Wirksamkeit wir gewiß nicht überschätzen. Andererseits kommt es aber gerade jetzt darauf an, den Mut nicht sinken zu lassen.

Ich bitte Sie alle, auch im Namen Ihres Bischofs: Wecken und unterstützen Sie alle Bemühungen unserer Weltchristen, auf dem tragfähigen Fundament eines gereiften Glaubens ihrer Weltverantwortung zu entsprechen! Nur im Miteinander von Bischöfen sowie Priestern und Diakonen und allen im pastoralen und caritativen Dienst Tätigen werden wir in rechter Weise dazu beitragen, daß die Kirche und der einzelne Christ Zeichen der Zuversicht sind.

+ Joachim Wanke
Bischof und Apostolischer Administrator in Erfurt-Meiningen
Stellvertretender Vorsitzender

(Vom Februar 1989 bis zum 9. November 1989 leitete Bischof Wanke als Stellvertretender Vorsitzender die Berliner Bischofskonferenz.)

Fest der hl. Hedwig (16. Oktober) 1989

110. HOFFNUNG AUF WIRKLICHE VERÄNDERUNGEN

Hirtenbrief des Bischofs von Dresden-Meißen, Joachim Reinelt

Liebe Christen im Bistum Dresden-Meißen!

In den letzten Tagen ist eine Situation entstanden, die mich heute noch einmal zu den bedrängenden Fragen das Wort ergreifen läßt.

Ihr habt mir Eure Sorgen und Nöte in zahlreichen Briefen mitgeteilt. Ihr habt mir Eure Ängste und Fragen in vielen Gesprächen anvertraut. Noch nie habe ich die Mitsorge unserer Priester mit Euren Problemen so greifbar erfahren wie in diesen Tagen.

Ich habe auch noch nie eine solche Solidarität der Menschen über Konfessions- und Weltanschauungsgrenzen hinaus erlebt. Die beeindruckenden öffentlichen Kundgebungen des Willens von mindestens 200 000 Menschen in Dresden, Leipzig, Karl-Marx-Stadt und Plauen haben überzeugend gewirkt. Die Regierenden haben zwar sehr zurückhaltend, aber doch Gesprächsbereitschaft signalisiert.
Das Volk hofft nun auf einen *wahren* Dialog und *wirkliche* Veränderungen.
Aber bis jetzt ist kaum etwas anders geworden.
Das Buch Kohelet sagt: „Es gibt eine Zeit zum Schweigen und es gibt eine Zeit zum Reden" (Koh 3,7).
Jetzt ist die Zeit zum Reden.
Zögern und Zaudern sind jetzt falsch.
Die Wahrheit muß an den Tag.
Die ganze Wahrheit.
Wahrheit zerstört nie.
Wahrheit baut immer auf.
Also sprechen wir sie aus.
Gespräch kann nur bedeuten:
beide Seiten sind gleichberechtigt.
Das Volk kommt nicht als Bittsteller. Es will sein Recht. Mit beachtlicher Disziplin und überzeugender Gemeinsamkeit verlangen die Menschen, was recht ist.

1. *WAS gilt es anzusprechen*

Auch für uns Christen ist jetzt die Zeit zu sagen:
- Wir erwarten eine Öffnung der Grenzen in alle Richtungen. Es ist auf Dauer unerträglich, in einem fast allseits verriegelten Land zu bleiben. Viele wären nicht in Panik weggelaufen, wenn mehr Reisefreiheit bestanden hätte.
- Wir erwarten von den Behörden, daß jede Form von Geringschätzung verschwindet. Die Würde eines Menschen verlangt, daß er geachtet wird, auch wenn er nicht in jeder Hinsicht Konformität signalisiert.

Besucher des Landes sollten bereits an der Grenze erkennen können, daß sie bei uns *herzlich* willkommen sind.

- Wir erwarten einen angemessenen Spielraum für gesellschaftliche Pluralität. Von oben diktierte Denkrichtungen werden immer auf Widerstand stoßen. Jeder soll in diesem Land das Recht haben, für seine Auffassung zu werben, solange sie sich nicht gegen den Menschen wendet.
  Wahlen müssen Wahlen werden.
- Wir erwarten eine ehrliche Korrektur der Fehler von Verantwortlichen. Kein Mensch, kein Staat und keine Partei machen alles richtig. Schuld auf andere abzuschieben, ist keine Lösung.
- Wir erwarten eine wahrheitsgetreue Information in Presse und Funk. Die unerträgliche Schönfärberei untergräbt das Vertrauen. Die Schwarzweißmalerei belügt sich selbst.
- Wir erwarten die umfassendere Anerkennung des Elternrechts. Viele Eltern sind nicht einverstanden mit manchen Erziehungszielen und -inhalten. Es kann nicht hingenommen werden, daß die Schule gegen die Auffassung der Eltern die Kinder erzieht.
  Wir haben das Recht auf kirchliche Kindergärten, wenn die Eltern dies fordern.
- Wir erwarten, daß die FDJ aus ihrem Statut alles streicht, was die Jugend weltanschaulich festlegt. Entweder bietet diese Organisation wirklich Platz für alle oder man braucht alternative Möglichkeiten.
- Wir erwarten absolute Gewaltfreiheit gegenüber friedlichen Demonstranten. Wer gegen dieses Prinzip der Menschlichkeit verstößt, soll zur Verantwortung gezogen werden.
- Wir erwarten effektivere Wirtschaftsstrukturen. Die Bereitschaft zu guter Arbeit darf nicht durch manche unfähige Leiter gebremst werden. Die meisten Christen sind Qualitätsarbeiter, solange das Mühen nicht umsonst ist. Aber viele fragen sich mit Recht: wozu die Kräfte sinnlos verbrauchen?

Schwestern und Brüder. Die eben genannten Erwartungen sind brennende Anliegen. Die Menschen aller Altersstufen drängen hier auf Taten und haben die Vertröstungen satt. Aber gerade deshalb muß immer wieder angemahnt werden. Deshalb ist es Zeit zu sprechen.

Es werden noch weitere wesentliche Fragen auf der Grundlage des Glaubens zu stellen sein. Aber beginnen wir mit Anliegen unseres Alltags.

2. *WER soll sprechen?*

Wer ist kompetent, in diesen Fragen mitzureden?

Zunächst heißt die Antwort ganz einfach: Alle.

Eine besondere Berufung zu diesem Dienst hat nach unserem Kirchenverständnis der Laie in der Kirche. Er hat einen spezifischen Weltauftrag. „Laien können nicht darauf verzichten, sich in die Politik einzuschalten. In vielfältigen Initiativen sollen sie das Gemeinwohl fördern. Im Bereich der Wirtschaft, des Sozialen, der Gesetzgebung, der Verwaltung, der Kultur ist jeder gefordert, nach seinen Fähigkeiten und Gewissenserkenntnissen dem Wohl aller zu dienen" (Christifideles laici Nr. 42).

„Pflicht des Bischofs und der Priester ist es jedoch, die moralischen Grundsätze der Gesellschaftsordnung zu verkünden und die Rechte der Menschen zu verteidigen" (Christifideles laici Nr. 60). So werden wir Bischöfe die entwürdigende Behandlung friedliebender Demonstranten und völlig Unbeteiligter nicht einfach hinnehmen. Wir werden mit den Verantwortlichen sprechen und Klärung der Angelegenheiten fordern. Ich bitte, entsprechende Vergehen bei mir zu melden. Ich werde weiter wie bisher für die Rechte der Menschen eintreten mit allen Mitteln, die mir zur Verfügung stehen.

Es ist für uns jedoch ein unübersehbares Faktum, daß die vielen Verhandlungen der Bischöfe und Priester in den Jahren zuvor und in den letzten Wochen weniger gebracht haben, als die einmütige Willenskundgabe Zehntausender auf der Straße. Daß Christen bei den Demonstrationen besonders für den friedlichen Verlauf eingetreten sind, macht uns alle dankbar. Jeder hat also in je eigener Befähigung seinen Auftrag zu erfüllen.

3. *WO sollen wir sprechen?*

Um zur Meinungsbildung und zum Dialog fähig zu machen, soll in Gemeinden und Gruppen das Gespräch eingeübt werden.

Wir sind alle noch sehr unerfahren. Wir werden die Soziallehre der Kirche gründlich studieren müssen. Wir werden die Texte der Ökumenischen Versammlung erörtern. Aber unser Gewissen und gesunder Menschenverstand befähigen schon jetzt, Stellung zu nehmen.

Die Zeit ist reif. Wo immer wir sind, ist mit Zivilcourage sofort das Wort zu ergreifen. In Schulen, Betrieben, bei Bekannten und in Versammlungen sollten wir unbefangen sagen, was nicht mehr verschwiegen werden kann.

Dieses Land könnte für viele wieder anziehend werden. Wir haben interessante Städte, einladende Landschaften und viele, viele gute Menschen. Wir fragen uns, warum gehen die jungen Menschen weg? Sie gehen weg, weil im 20. Jahrhundert die Entmündigung kein selbstbewußter Mensch mehr hinnehmen kann. Gerade junge Menschen beanspruchen für sich das Recht, sich in die Fragen der Politik ohne Angst einmischen zu können. Sie wollen sich zu allen Fragen des Lebens frei äußern. Das ist ihr gutes Recht. Wo immer wir können, sollen wir für diese offene und freie Meinungsäußerung eintreten. Wir werden dies zusammen mit unseren evangelischen Brüdern und Schwestern tun.

4. *WIE sollen wir sprechen?*

Auf das Wie kommt es beim Gespräch besonders an. Es wird sehr schwer fallen, mit jemandem zu sprechen, der die gewohnten Parolen nur wiederholt. Ich weiß, Ihr erwartet einen neuen Stil und radikale Reformen. Wir werden nicht zimperlich an die Arbeit gehen.

Aber bei allem Eifer und auch in harten Debatten müssen wir Christen doch daran denken, daß es für uns keine Feinde gibt. Wer meint, eine solche Sicht schwäche seine Position, der irrt. Für uns gilt: „Die Schwäche Gottes ist stärker als die Menschen" (1 Kor 1,25). Unsere Argumente entnehmen wir dem Evangelium. Das Evangelium aber ist sehr radikal.

Wir werden darum nicht zufrieden sein mit einem Anstrich der Fassade. Der Dialog muß den Dingen auf den Grund gehen, sonst bringt er nichts. Jetzt genügen uns eben nicht Bananen, sondern die Karten müssen auf den Tisch. Die Menschen wollen Einblick haben, damit sie die Dinge beim Namen nennen können. Das wird auf jeder Seite Geduld und Ausdauer voraussetzen. Schließlich wollen wir nicht nur Reden. Wir wollen Veränderungen. Wir brauchen sie.

Gesucht sind jetzt besonders jene Menschen, die mit großer Sachkenntnis und menschlicher Umgangsweise beharrlich das Gute in Gang bringen, fördern und schließlich zum Ziel führen.

Die menschliche Größe erwarten wir Christen besonders aus einem anderen Dialog, dem Dialog mit Gott.

5. *Mit Gott sprechen*

Trotz aller Hektik der Ereignisse der letzten Tage haben viele von uns in ihrer Not das Gespräch mit Gott gesucht. Häufig wurde sogar aus dem Volk heraus nach Bittgottesdiensten verlangt. Jugend traf sich spontan zum Gebet in Gemeinschaft. Kranke und Einsame griffen nach dem Rosenkranz. Das sind Kennzeichen des Glaubens, die selbst Ungetaufte tief beeindruckt und immer wieder in die Kirchen gezogen haben.

Dieses Zeugnis der Christen erfüllt uns mit Freude. Ein großer Segen wird diesem Land aus unseren Gebeten erwachsen.

Wer von uns dialogfähig sein will, spricht zunächst mit Gott, dann mit den Menschen. Oder noch besser: Man bleibt im Dialog mit Gott, wenn man mit den Menschen spricht. Dann werden die Großtaten Gottes geschehen. So können wir Kirche nach außen sein.

Wir wollen in diesen belastenden Tagen fest in Christus zusammenstehen. Wir werden einander helfen. Wir vertrauen Gott, der unsere Sorgen kennt.

Er segne dieses Land und alle Menschen guten Willens: der Vater und der Sohn und der Heilige Geist. Amen.

Dresden, am Fest der heiligen Hedwig 1989

+ *Joachim Reinelt*
Bischof von Dresden-Meißen

(Verlesen am 22. Oktober 1989)

(St. Hedwigsblatt. Katholisches Kirchenblatt im Bistum Berlin, Nr. 44 vom 29. Oktober 1989, S. 348. Tag des Herrn. Katholisches Wochenblatt, Nr. 44 vom 5. November 1989, S. 3.)

20. Oktober 1989

111. ZUM GESELLSCHAFTLICHEN DIALOG

Hirtenbrief von Bischof Theodor Hubrich, Apostolischer Administrator in Schwerin

Liebe Brüder und Schwestern!

Die Ereignisse der letzten Zeit bewegen uns wohl alle. Sie beherrschen die Gespräche zu Hause, am Arbeitsplatz, in der Kirche. So ist es unter uns Menschen: Wovon das Herz voll ist, davon geht der Mund über.

Zunehmend ist in den vergangenen Wochen ein vielfältiges gesellschaftliches Gespräch in Gang gekommen, das um die Lösung der lange aufgestauten Probleme bemüht ist. Dabei geht es sicher nicht nur darum, die Vergangenheit aufzuarbeiten, es wird vor allem auch darum gehen, zu überlegen, wie die Zukunft aussehen soll, was wir tun müssen und wie wir uns zu verhalten haben, damit es gut wird.

Nicht wenige von Euch fragen sich schon länger, ob sie an diesem Dialog teilnehmen, was sie sagen und wie sie sich engagieren sollen. Deshalb will ich versuchen, diese drei Fragen zu beantworten.

1. Sollen wir uns an diesen Gesprächen beteiligen?

Ich möchte hier an einen Satz aus den Texten II. Vatikanischen Konzils erinnern, der Euch allen bekannt ist, auf den aber wegen seiner Wichtigkeit immer wieder hingewiesen werden muß: „Freude und Hoffnung, Trauer und Angst der Menschen von heute, besonders der Armen und Bedrängten aller Art, sind auch Freude und Hoffnung, Trauer und Angst der Jünger Christi" (Kirche in der Welt von heute 1).

Dieser Satz macht deutlich, daß wir Christen mit allen Menschen verbunden sind und niemand uns gleichgültig sein darf. Daraus folgt, daß wir uns an jedem Gespräch beteiligen sollten, wenn es sinnvoll ist. Unsere Erfahrung lehrt uns, daß dafür jedoch einige Bedingungen erfüllt sein müssen. Sinnvoll ist ein Gespräch, wenn einer dem anderen zuhört, um dessen Überzeugung kennenzulernen. Sinnvoll ist ein Gespräch, wenn bei allen an diesem Gespräch Beteiligten die Bereitschaft zur Wahrhaftigkeit da ist. Sinnvoll ist ein Gespräch, wenn dabei nach dem Guten und nach der ganzen Wahrheit gesucht wird. Sinnlos ist ein Gespräch, wenn eine Atmosphäre der Angst, der Heuchelei oder der Rechthaberei herrscht und wenn Gesprächspartner von vornherein ausgegrenzt werden. Eine wichtige Voraussetzung für das gesellschaftliche Gespräch ist aber auch die Nutzungsmöglichkeit öffentlicher Versammlungsräume für alle, auch für neu entstandene oder entstehende Gruppen.

Wir werden also jeweils prüfen müssen, ob und wie wir uns am Dialog beteiligen. Dabei können wir uns nach dem Beispiel Christi richten, der mit vielen Menschen gesprochen hat, der aber auch, wenn es nötig war, geschwiegen hat. Sein Verhalten ist bestimmt von der Treue zum himmlischen Vater und der Liebe zu den Menschen. Durch Taufe und Firmung sind wir mit ihm verbunden und können so in seiner Kraft handeln und auf den Beistand des Heiligen Geistes vertrauen. Christus mahnt die Seinen ausdrücklich, furchtlos in der Öffentlichkeit aufzutreten, denn „der Heilige Geist wird Euch in der gleichen Stunde eingeben, was Ihr sagen müßt" (Lk 12,12).

2. Was sollen wir sagen?

Wir Christen sind aufgerufen, auch im gesellschaftlichen Dialog den Willen Gottes zu suchen und zur Sprache zu bringen, und zwar in der ganzen Breite des Lebens. Je glaubwürdiger wir das tun, desto besser ist dies für den einzelnen und die ganze Gesellschaft.

Da der Mensch „nach dem Bilde Gottes" geschaffen ist, besitzt er eine unantastbare Würde.

Zur Achtung vor der Würde des Menschen gehört, daß man ihm keine Unwahrheiten zumutet, sondern ihm privat und in der Öffentlichkeit, auch in den Massenmedien, die Wahrheit nicht vorenthält.

Zur Achtung vor der Würde des Menschen gehört, daß man ihm bei aller gesellschaftlichen Einbindung Entscheidungsfreiheit läßt und ihn nicht gängelt oder verplant. Es ist ein erschreckendes Wort, das man hier und dort über unsere Gesellschaft hört, daß nämlich „eine organisierte Verantwortungslosigkeit" vorherrscht. Deshalb wird ernsthaft darüber nachzudenken sein, wie die mündige Verantwortung des einzelnen z. B. bei den Wahlen gewährleistet werden kann und was es für eine Gesellschaft bedeutet, wenn eine Partei das Monopol der Wahrheit und Macht beansprucht. Wir werden aber auch bei allem Einklagen von Rechten die sozialen Pflichten für das Gemeinwohl nicht aus dem Auge verlieren dürfen. Hier muß das rechte Gleichgewicht gewahrt bleiben. Der Ruf nach Engagement allein nützt da wenig.

Zur Achtung vor der Würde des Menschen gehört auch, daß dem einzelnen die Entscheidung darüber überlassen wird, ob für ihn eine Reise wichtig ist und wohin er fahren möchte. Zur Achtung vor der Würde des Menschen gehört aber noch viel mehr die Anerkennung des Ersterziehungsrechtes der Eltern. Die Kinder sind von Gott in erster Linie den Eltern anvertraut. Die Schule und die anderen Bildungseinrichtungen haben die Eltern bei der Erfüllung dieser Aufgabe zu unterstützen und ihnen zu dienen, nicht umgekehrt. Wir werden also fragen müssen, warum christliche Eltern gesetzlich verpflichtet werden, ihre Kinder in Schulen zu schicken, die den Atheismus propagieren, und wir werden fragen müssen, ob es rechtens ist, für Kinder und Jugendliche nur die Jungen Pioniere oder die Freie Deutsche Jugend zuzulassen.

Der wichtige Bereich der Friedenssicherung darf bei unseren Gesprächen nicht vergessen werden. Wir werden alles unterstützen, was einem wahren Frieden in Gerechtigkeit dient. Dabei müssen wir aber auch fragen, ob die Vermittlung von Feindbildern und das Einimpfen von Haß Beiträge zum Frieden sind. Die Gewissensentscheidung von Wehrpflichtigen muß ohne Benachteiligung auch dann respektiert werden, wenn diese ihren Friedensdienst in anderer Weise wahrnehmen wollen, als dies bisher gesetzlich geregelt ist, z. B. durch einen Einsatz in Sozialeinrichtungen.

Ich hoffe, daß durch diese Beispiele klar geworden ist, was mit dem Satz gemeint ist: Die Christen sind aufgerufen, im gesellschaftlichen Dialog den Willen Gottes zu suchen und zur Sprache zu bringen. Die Erarbeitungen des Dresdner Katholikentreffens und die Ergebnistexte der Ökumenischen Versammlung können Euch weitere Anregungen geben.

3. Wie können wir uns engagieren?

Diese Frage muß, auch als Konsequenz aus dem oben Gesagten, jeder selbst verantwortlich und im Gespräch mit Gleichgesinnten beantworten. Generell gilt, daß das Engagement eigenverantwortlich getan werden muß und daß man sich nicht von anderen vereinnahmen läßt. Wir müssen leider sagen, daß die bisherigen Erfahrungen in diesem Bereich, auch mit den verschiedenen Gruppierungen der Nationalen Front, enttäuschend sind. Ob sich das so bessern wird, daß Ihr Euch in ihnen engagieren könnt, werdet Ihr mit wachem Gewissen und gesundem Menschenverstand selbst herausfinden. Wachsamkeit und Nüchternheit empfehle ich Euch auch im Umgang mit neuen Bewegungen.

Prüfen müssen wir alles, behalten aber nur das Gute.

Ganz wichtig aber erscheint mir darauf hinzuweisen, daß wir als Christen in politischen, wirtschaftlichen und anderen Fragen der Welt- und Gesellschaftsgestaltung bei gleicher Gewissenhaftigkeit zu unterschiedlichen Antworten kommen können. Ich muß also Menschen in der Kirche auch dann als Brüder und Schwestern bejahen, wenn sie in den genannten Bereichen evtl. anders denken und handeln als ich. Kirche ist nicht und darf nicht politische, wirtschaftliche oder kulturelle Partei werden. Wir alle sind eins, aber eben in Christus. Daher bitte ich Euch zu verstehen, wenn die Diener der kirchlichen Einheit, die Bischöfe, Priester und Diakone, sich aus dem politischen Disput soweit heraushalten, daß sie den Dienst der Einheit nicht gefährden.

„Mit einer gewissen Erleichterung haben wir gehört, daß in der letzten Zeit eine Eskalation von Gewalt und Gegengewalt mit ihren schlimmen Folgen hat vermieden werden können. Christen wir Nichtchristen haben zur Besonnenheit und Gewaltlosigkeit aufgerufen. Hier und da kommen längst überfällige Gespräche zaghaft in Gang. Nur dies kann der Weg sein: Miteinander sprechen, statt aufeinander einschlagen, beteiligen statt ausgrenzen, ernstnehmen statt abstempeln." So drückte es der Mecklenburgische Landesbischof Stier in seinem Brief vom 11. Oktober d. J. an die Gemeinden und ihre Mitarbeiter aus.

Wir katholischen Bischöfe haben bei den Vertretern des Staates Gespräche angemahnt, in denen es um die Probleme der Bürger und der Gesellschaft gehen soll. Ihr werdet im Rahmen unserer Möglichkeiten über Verlauf und Ergebnis dieser Gespräche unterrichtet.

Liebe Brüder und Schwestern!

Ich habe versucht, auf einige Eurer Fragen zu antworten. Jede Antwort ist verbesserungsbedürftig. Ich hoffe dabei auf Eure Mithilfe.

Beten wir miteinander und füreinander zu unserem Herrn Jesus Christus, daß er uns den Geist der Weisheit schenkt. Er wird uns das rechte Wort zur rechten Zeit schenken und uns in unzertrennlicher Einheit erhalten.

Es segne Euch der allmächtige Gott, + der Vater + und der Sohn + und der Heilige Geist.

+ *Theodor Hubrich*
Bischof

(Rundschreiben des Bischöflichen Amtes Schwerin „an alle Pfarreien, Kirchengemeinden und Seelsorgestellen im Bereich des Bischöflichen Amtes Schwerin" mit der Weisung: „Der nachstehende Hirtenbrief ist am Sonntag, dem 22. 10. 1989, in allen Gottesdiensten, auch auf den Außenstationen, zu verlesen. Es ist nicht erlaubt, den Text zu verändern. Schwerin, den 20. 10. 1989, + Theodor Hubrich, Bischof".)

7. November 1989

112. ZUR GEGENWÄRTIGEN SITUATION IN STAAT UND GESELLSCHAFT

Erklärung der Berliner Bischofskonferenz

Wir katholischen Bischöfe der Berliner Bischofskonferenz begrüßen und unterstützen die Bemühungen all derer, die sich in der DDR um demokratische und rechtsstaatliche Verhältnisse ehrlich bemühen. Wir treten ein für einen offenen und fairen Dialog zwischen allen gesellschaftlichen und politischen Kräften und erblicken darin einen geeigneten Weg, Lösungen für die Vielzahl angestauter Probleme zu finden. So rufen wir alle katholischen Christen auf, sich am gesellschaftlichen Prozeß der Veränderung aus christlicher Verantwortung zu beteiligen.

Wir Bischöfe sehen es als eine aus unserem Dienstamt erwachsende Aufgabe an, zur politischen Wirklichkeit Stellung zu nehmen; nicht nur wenn religiöse und kirchliche Angelegenheiten zur Debatte stehen, sondern wenn es um die Würde und die fundamentalen Rechte des Menschen geht, um das Gemeinwohl und die soziale Gerechtigkeit. Wir tun dies kraft der Sendung der Kirche, die politische Ordnung mit dem Geist des Evangeliums zu durchdringen und sie auf diese Weise zu humanisieren, also menschlich werden zu lassen.

Die Aufgabe der Christen in der Welt – sowohl einzeln als auch gemeinschaftlich – besteht darin, die Pflicht zur politischen Verantwortung wahrzunehmen
– durch Entscheidungen, die zu fällen sind,

– durch Programme, die aufzustellen sind,
– durch Aktionen, die durchzuführen sind,
– durch Mitwirkung in frei gewählten Volksvertretungen,
– durch Ausübung von Macht, die demokratisch zu kontrollieren ist.

Wer angesichts der verfahrenen Situation zu einem ernstgemeinten Umbau der Verhältnisse in Staat und Gesellschaft beitragen will, wird sich und seinen Mitmenschen, der SED und den Blockparteien Fragen stellen müssen:

Läßt sich tatsächlich eine Wende zum Besseren verwirklichen, wenn die SED ihren Führungsanspruch aus ihrer Ideologie und nicht aus dem Willen des Volkes, aus freien und geheimen und nicht manipulierten Wahlen ableitet?

Können die Wirtschaft, die Wissenschaft, das Bildungswesen und auch die Verwaltungen effektiv arbeiten, wenn Parteizugehörigkeit und nicht das Wissen und Können für die Übernahme leitender Verantwortung maßgebend sind?

Können die Kinder und Jugendlichen wirklich zu freien und mündigen Bürgern heranwachsen, wenn die Weltanschauung des Marxismus-Leninismus sich einen absoluten Wahrheitsanspruch anmaßt und diesen in den Lehr- und Ausbildungsplätzen durchzusetzen sucht?

Kann es wirklich einen Frieden im Innern des Landes geben, wenn er sich vor allem auf die Organe der Staatssicherheit und der Kampfgruppen in den Betrieben stützt und nicht auf eine Ordnung, die sich die Bürger in Freiheit selbst gegeben haben?

Wird die Ausreiseflut tatsächlich zu stoppen sein, wenn die neue Reiseregelung den Menschen zum Objekt administrativer Entscheidungen durch die Deutsche Volkspolizei macht?

Diese und viele Fragen lösen sich nicht von selbst. Alle müssen sich um Lösungen bemühen. Die Zukunft allein wird zeigen, wie ernst es den Verantwortlichen in Staat und Parteien mit der Wende wirklich ist und ob der Wille des Volkes stark genug sein wird, seine in aller Öffentlichkeit und auf den Straßen proklamierten Ziele durchzusetzen.

Ein erstes und glaubwürdiges Zeugnis der Verantwortlichen wäre die volle und öffentliche Rehabilitierung aller, die in den vergangenen Wochen Unrecht erfahren haben.

Durch den Weggang vieler Menschen, auch katholischer Christen, ist in vielen Lebensbereichen eine Notlage entstanden, vor allem im Bereich des Gesundheitswesens, nicht zuletzt auch in unseren caritativen Einrichtungen. Unbeschadet des Rechts auf Freizügigkeit bitten wir dennoch jeden einzelnen zu prüfen, welche Pflicht er gegenüber dem Nächsten durch die entstandene Lage hat. Wer sich mit der Absicht trägt, das Land zu verlassen, möge sich vor Gott und seinem Gewissen prüfen, ob sein Schritt gerechtfertigt ist. Und wer das Land verlassen hat, soll sich ernstlich fragen, ob er nicht zurückkehren will angesichts sich verändernder politischer Verhältnisse und ob er nicht seinen Beitrag zu der notwendigen Veränderung leisten will.

Wir Bischöfe würden aber unserer religiösen Sendung, die wir gemeinsam mit allen Christen haben, nicht gerecht, wollten wir verschweigen, daß der Dialog mit

Gott für den Christen die unverzichtbare Voraussetzung ist für einen guten und erfolgversprechenden Dialog mit den Mitmenschen. Beten wir füreinander!

Berlin, 7. November 1989

Sperrfrist: Samstag, 11. 11. 1989, 17.00 Uhr

(Rundschreiben an alle Priester und Diakone im Ostteil des Bistums Berlin mit folgender Anweisung: „Vorstehende Erklärung der Berliner Bischofskonferenz ist gemäß Festlegung unseres Bischofs am Sonntag, dem 12. November 1989, in allen Gottesdiensten, einschließlich der Sonntagvorabendmessen, zu verlesen. Berlin, 8. November 1989, R. Steinke, Generalvikar".

Veröffentlicht in: Tag des Herrn. Katholisches Wochenblatt, Nr. 46 vom 19. November 1989, S. 3, und St. Hedwigsblatt. Katholisches Kirchenblatt im Bistum Berlin, Nr. 47 vom 19. November 1989, S. 371.)

4. Dezember 1989

113. ZU DEN VORGÄNGEN IM STRAFVOLLZUG

Erklärung der Berliner Bischofskonferenz

In mehreren Strafvollzugseinrichtungen in der DDR haben die Inhaftierten durch Nahrungs- und Arbeitsverweigerung auf ihre schwierige Situation aufmerksam gemacht.

Die Mitglieder der Berliner Bischofskonferenz halten es im Interesse menschenwürdiger Verhältnisse im Strafvollzug für zwingend erforderlich, unverzüglich zu einer differenzierten Überprüfung zu kommen. Dabei sind der jeweilige Haftgrund und das zur Verurteilung führende Strafverfahren sowie das Strafmaß und insbesondere die Haftbedingungen zu überprüfen. Maßgebend müssen dabei die Kriterien der Rechtsstaatlichkeit, menschenwürdige Lebens- und Haftbedingungen sowie gerechte Entlohnung sein.

Wir katholischen Bischöfe fordern die sofortige Einsetzung einer unabhängigen Untersuchungskommission. Wir schlagen vor, mit der Untersuchung Vertreter des Kollegiums der Rechtsanwälte der DDR, der Inneren Mission und der Caritas zu betrauen.

Die derzeitige Verweigerung der Arbeit von Inhaftierten darf keinerlei Bestrafung nach sich ziehen. Desgleichen muß jede Form von Einschüchterung und die Einforderung einer schriftlichen Verpflichtung, über die Vorkommnisse in der Untersuchungshaft und im Strafvollzug zu schweigen, untersagt werden.

5. Dezember 1989

Alle wegen „politischer Straftaten" noch Inhaftierten sind unverzüglich aus der Haft zu entlassen.

(Tag des Herrn. Katholisches Wochenblatt, Nr. 51/52 vom 24. Dezember 1989, S. 4).

5. Dezember 1989

114. KONTAKTE ZU PARTEIEN UND GESELLSCHAFTLICH RELEVANTEN GRUPPEN

Veröffentlichung des Bischöflichen Ordinariats Berlin (Ost)

Klärung von Sachfragen infolge der neuen gesellschaftlichen Situation

Von seiten der Berliner Bischofskonferenz wurde am 14. 11. 1989 beschlossen, den bisher auf die staatlichen Organe beschränkten Gesprächskontakt auch auf die unterschiedlichen politischen Parteien sowie gesellschaftlichen Organisationen und verschiedenen Gruppierungen zu erweitern, wobei Priester auf Ortsebene vorrangig die kommunalpolitischen Fragen zum Inhalt ihrer Gespräche machen sollten.

Die Regelung der Berliner Bischofskonferenz vom 6. März 1985 „Beziehungen zu staatlichen Organen sowie politischen und gesellschaftlichen Organisationen" wird suspendiert. Die Laien werden zur Mitarbeit in den Parteien und verschiedenen Gruppierungen ermuntert unter kritischer Prüfung der jeweiligen Programme. Ferner wurde beschlossen, in den einzelnen Jurisdiktionsbezirken sollen Priester und Laien benannt werden mit dem Auftrag, Kontakte zu Parteien und gesellschaftlich relevanten Gruppen wahrzunehmen, um einen beiderseitigen Informationsaustausch zu ermöglichen und die kirchliche Position zu verdeutlichen (...)

Von seiten der Bischofskonferenz wird die Errichtung einer zentralen Laieninitiative „Koordinierungsbüro – Katholische Laien" im Ordinariat des Bistums Dresden-Meißen begrüßt. Dieses soll die Arbeit der verschiedenen kirchlichen Laieninitiativen in den Jurisdiktionsbezirken koordinieren. Die Berliner Bischofskonferenz hatte bereits bei ihrer Zusammenkunft am 7. 11. 1989 empfohlen, Gruppierungen und Initiativen katholischer Laien im öffentlichen Bereich wohlwollend und unterstützend zu begleiten. Dies gilt z. B. auch für die Nutzung kirchlicher Räume und Dienstmittel. Dagegen sollen in der Regel kirchliche Räume und Dienstmittel nicht für politische Veranstaltungen zur Verfügung gestellt werden.

(Amtliche Mitteilungen des Bischöflichen Ordinariats 1086 Berlin, 28. Jahrgang, Nr. 12 vom 5. 12. 1989)

115. DER WANDEL IN STAAT UND GESELLSCHAFT UND UNSER KIRCHLICHER AUFTRAG

Gemeinsamer Hirtenbrief der Berliner Bischofskonferenz

Liebe Schwestern und Brüder!

Dieses zu Ende gehende Jahr des Herrn 1989 wird tief in unserer Erinnerung bleiben. Es brachte für unser Volk und für die östlichen Nachbarvölker Veränderungen von ungeahntem Ausmaß. In die Freude über das Ende der mehr als 40 Jahre dauernden Diktatur mischen sich beim Blick in die Zukunft für manche Menschen aber auch Unsicherheit und Besorgnis.

Wir Bischöfe haben in den vergangenen Monaten immer wieder den Ruf nach Orientierung gehört. Wir haben versucht, die Herausforderungen der Zeit zu deuten – in Hirtenbriefen und Kanzelworten, in Predigten und Interviews. Von besonderem Wert aber war und ist das gemeinsame Nachdenken in unseren Gemeinden und Dekanaten, in den Gruppen und Kreisen, wo man sich um Orientierung bemühte.

Die bis an die Wurzeln reichenden Veränderungen in Gesellschaft und Staat haben auch Auswirkungen für unsere Kirche. Mancher fragt schon: Hat sich auch die katholische Kirche dem Trend der Zeit angeschlossen? Gerät auch die katholische Kirche in den Sog der Veränderungen? Doch wer genau hinschaut, wird erkennen: Es sind die gleichen Grundsätze, die unser bisheriges und unser jetziges Verhalten bestimmen. *Seinerzeit* ließen sie uns gegenüber dem Machtanspruch des sozialistischen Staates unter Führung der SED eine klare Haltung der Verweigerung einnehmen und die Beziehungen auf unbedingt notwendige Sachgespräche beschränken. *Heute* ist angesichts einer Entwicklung, die auf ein sich demokratisch öffnendes Gemeinwesen hingeht, eine engagierte Mitwirkung von uns allen gefordert.

Bisher war es vor allem an uns Bischöfen, uns zu den Lebensfragen des Volkes – zumeist in Hirtenbriefen – zu äußern: zu Fragen des Bildungswesens, des Friedens und der Abrüstung, des Schutzes des ungeborenen menschlichen Lebens und zu anderen Problemen. Nun aber sind wir alle gefordert, im Rahmen der neu gewonnenen Möglichkeiten unsere Verantwortung für unser Volk wahrzunehmen. Stellung zu nehmen zu den Lebensfragen unseres Volkes bedeutet heute: einzutreten für den Menschen und für eine auf Recht und Gerechtigkeit beruhende menschliche Gemeinschaft.

Wir werden alle Menschen, die bestehenden Parteien und die neuen Gruppierungen, darauf hinzuweisen haben: Schützt die Würde des Menschen! Es geht dabei um die Würde des ungeborenen Kindes und des behinderten Menschen. Es geht um die Würde des jungen Menschen in den Erziehungs- und Bildungseinrichtungen und in den Kasernen und um die Würde des straffällig Gewordenen. Vergeßt dabei aber auch nicht die Würde des nach der „Wende" Ausgegrenzten, in welchem Bereich er auch tätig gewesen sein mag.

Wir werden aber auch auf die Pflichten des einzelnen gegenüber der Gemeinschaft hinzuweisen haben, die jeder Mensch erfüllen muß, um seiner Sozialnatur gerecht zu werden.

Und wir werden darauf zu achten haben, daß sich Gesellschaft und Staat nicht Zuständigkeiten aneignen, die den Menschen in seiner Freiheit und Verantwortlichkeit einschränken. Was der einzelne Bürger oder die jeweils kleinere Gemeinschaft selbst leisten kann, soll der Staat nicht an sich ziehen.

Das Recht jedes einzelnen Menschen auf Glaubens- und Gewissensfreiheit muß gewährleistet sein. Dies allerdings kann nur geschehen im Rahmen einer rechtsstaatlichen Ordnung, durch klare, für alle verbindliche Normen. In dieser Rechtsordnung muß auch die Rechtsstellung der Kirche gesichert sein. Unabhängige Gerichte müssen die Rechtssicherheit garantieren.

Von besonderer Bedeutung war von jeher der Bereich des Bildungswesens. Das Recht der Eltern auf die Erziehung ihrer Kinder muß gewährleistet sein. Wir brauchen ein Schulwesen, das frei ist von ideologischer Bevormundung und das Chancengleichheit für den Zugang zu den Bildungseinrichtungen gewährt. Politische Kinder- und Jugendorganisationen – wie bisher Junge Pioniere, FDJ oder GST – haben an Schulen ebensowenig zu suchen wie die noch immer dort vorbereiteten Jugendweihefeiern.

Viele andere Bereiche wären noch zu nennen, wie der Verteidigungsbereich und das Gesundheits- und Sozialwesen, in denen wir unserer Auffassung Gehör verschaffen müssen, wenn es um die Neugestaltung von Staat und Gesellschaft geht.

Liebe Schwestern und Brüder!
Wir wollen aber bei unserem Bemühen, im Rahmen einer Neugestaltung Mitverantwortung zu übernehmen, nicht vergessen, welchen unverzichtbaren Beitrag wir Christen, wir Katholiken einzubringen haben. Uns ist es gegeben, die irdische Wirklichkeit auch im Licht des Glaubens zu sehen. Dies aber werden wir nur können, wenn wir lebendige Glieder am Leib Christi sind, der die Kirche ist. Wenn wir aber unser geistliches Leben, unsere seelsorglichen und caritativen Bemühungen vernachlässigen würden, weil vielleicht die gesellschaftliche Arbeit unsere Kräfte und unsere Zeit über Gebühr beansprucht, dann würde unser christliches Zeugnis verdunkelt.

Im Licht des Glaubens, in der Nachfolge Jesu, werden wir auf den Einsatz von Gewalt verzichten. Im Geiste Jesu widerstehen wir der Versuchung zur Rache; was wir wollen, ist Gerechtigkeit; dazu gehört auch, daß alle rehabilitiert werden, denen in der Vergangenheit Unrecht geschah.

Wir haben Eure Aufmerksamkeit auf das persönliche Leben aus dem Glauben gelenkt und auf die darin liegenden Möglichkeiten und Aufgaben. Die neuen Verhältnisse gestatten aber, über das Einzelengagement hinauszugehen. Wir können uns mit anderen zusammenschließen, um gemeinsam zu bewirken, was dem einzelnen nicht möglich ist. Zwar gibt es keine *katholische* Politik und es kann sie auch nach dem Verständnis der Kirche nicht geben. Denn bei gleicher Gewissenhaftigkeit können Christen in Sachfragen durchaus zu unterschiedlichen Auffassungen kommen. Doch steht diese Grundaussage nicht der Möglichkeit entgegen, daß sich die Laien bei der Wahrnehmung ihrer Verantwortung zu Gruppen und vielleicht sogar zu Verbänden zusammenschließen. Auch wird zu überlegen sein, ob nicht diese gesellschaftlich engagierten Gruppierungen katholischer Laien ein einziges zentrales Gremium auf der Ebene der Berliner Bischofskonferenz bilden, das eigenständig oder gemeinsam mit uns Bischöfen gesellschaftlich in der Öffentlichkeit tätig werden kann.

Liebe Schwestern und Brüder, unser Verantwortung ist groß. Der Spielraum für die Wahrnehmung dieser Verantwortung ist durch die Veränderungen in Staat und Gesellschaft gewachsen. Mit dem Blick auf unsere eigene Kraft könnten uns diese Aufgaben als *zu* groß erscheinen. Doch mit der Hilfe Gottes, die wir täglich im Gebet erflehen wollen, sollten wir den Mut aufbringen, uns unserer Verantwortung auch im Jahr des Herrn 1990 zu stellen.

Dazu segne euch der allmächtige Gott, der Vater und der Sohn und der Heilige Geist.

Berlin, den 19. Dezember 1989

Die Mitglieder der Berliner Bischofskonferenz

Georg Sterzinsky
Bischof von Berlin
Vorsitzender der
Berliner Bischofskonferenz

Joachim Reinelt
Bischof von Dresden-Meißen

Bernhard Huhn
Bischof und Apostolischer
Administrator von Görlitz

Johannes Braun
Bischof und Apostolischer
Administrator in Magdeburg

Dr. Joachim Wanke
Bischof und Apostolischer
Administrator in Erfurt und Meiningen

Theodor Hubrich
Bischof und Apostolischer
Administrator in Schwerin

Georg Weinhold
Weihbischof in Dresden

Norbert Werbs
Weihbischof in Schwerin

Wolfgang Weider
Weihbischof in Berlin

Hans-Reinhard Koch
Weihbischof in Erfurt

Rudolf Müller
Weihbischof in Görlitz

(Der Text ist mit folgenden Hinweisen versehen: „Sperrfrist: 30. 12. 1989, 17.00 Uhr. Termin der Verlesung: Sonntag, 31. Dezember 1989, in allen Sonntagsgottesdiensten einschließlich der Vorabendmessen. Berlin, den 20. 12. 1989, für den Ostteil des Bistums Berlin R. Steinke, Generalvikar".)

17. Februar 1990

116. ERKLÄRUNG ZUR WAHL

Der Gemeinsame Aktionsausschuß katholischer Christen in der DDR vor den Wahlen zur Volkskammer der DDR am 18. März 1990

Am 18. März 1990 werden die Bürger dieses Landes zum ersten Mal seit der Gründung der DDR die Möglichkeit haben, in freien Wahlen zu bestimmen, welche Frauen und Männer in diesem Teil Deutschlands über den künftigen Weg entscheiden sollen. Was für die meisten Menschen noch vor einem Jahr undenkbar schien, ist heute Wirklichkeit:

Gemeinsam mit unseren Mitbürgern können wir durch unser Wort und unsere Tat Staat und Gesellschaft so gestalten, wie es dem Willen der Mehrheit entspricht. Der Weg ist offen für ein einiges Deutschland als Glied eines zusammenwachsenden Europas und als friedlicher Partner aller Völker in Ost und West, in Nord und Süd.

Wir danken allen Menschen in Europa und der Welt und in unserem eigenen Land, die – von unterschiedlichen Überzeugungen herkommend – durch ihren Mut und durch ihre Entschlossenheit die Wende herbeigeführt haben. In besonderer Verbundenheit denken wir an den selbstlosen Dienst, den evangelische Christen während des schwierigen Weges zu dieser Wende auf sich genommen haben. Die Ökumenische Versammlung, die Schwestern und Brüder aus allen christlichen Kirchen zusammenführte und ein klares Wort für den Frieden, die Gerechtigkeit und die Bewahrung der Schöpfung sprach, war ein unübersehbares Zeichen auf dem Weg zur Umkehr und zu einem neuen Beginn. Wir sind froh, daß auch katholische Christen in dieser Versammlung, in den entscheidenden Tagen des Herbstes 1989 und in den langen Jahren davor durch ihr Zeugnis dazu beitrugen, daß das Licht der Liebe und der Wahrheit aus Gottes frohmachender Botschaft nicht verlosch. Dennoch müssen wir bekennen, daß viele von uns es oft für ausreichend hielten, zu einem Staat, den sie nicht errichtet hatten, und zu einer Gesellschaft, die sie nicht mitgestalten konnten, auf Distanz zu gehen statt sich einzumischen, wenn es galt, Lüge und Ungerechtigkeit entgegenzutreten. Nicht zuletzt wollen wir daher an jene bedrückend große Zahl von Menschen erinnern, die in ihren Hoffnungen betrogen, in ihren Idealen mißbraucht, in ihren Rechten eingeschränkt und um ihr Eigentum gebracht worden sind. Unsere besondere Achtung gilt allen, die ihrer Freiheit beraubt wurden und die ihr Leben verloren haben.

In dieser Situation tragen wir alle große Verantwortung, der kein katholischer Christ ausweichen darf. Wir wissen, daß es vielen unserer Schwestern und Brüder nicht leicht fällt, nach Jahren, in denen sie wie Unmündige behandelt wurden, und angesichts einer scheinbar verwirrenden Vielfalt von Programmen und Parteien, sich zu einer Entscheidung durchzuringen. Dennoch sagen wir mit großem Ernst: In dieser Lage ist Wahlrecht für einen katholischen Christen Wahlpflicht.

Die Wahlentscheidung ist die ureigene Verantwortung jedes einzelnen Bürgers, auch jedes katholischen Christen. Dieses Recht und diese Pflicht können und wollen wir niemandem abnehmen. Auch wissen wir, daß aus christlicher Verantwortung heraus unterschiedliche politische Sachentscheidungen möglich sind. Meinungsvielfalt ist auch unter katholischen Christen legitim, und wir wollen uns in dieser Meinungsvielfalt mit Achtung und Toleranz gegenübertreten.

In voller Wahrung dieser Meinungsvielfalt möchten wir einige Überlegungen und Gesichtspunkte zu bedenken geben, die katholischen Christen bei einer verantwortbaren Wahlentscheidung hilfreich sein können.

(1) Die Bürger dieses Landes durchleben zur Zeit ein Wechselbad von Euphorie und Panik. Einige erwarten von der nationalen Einigung eine kurzfristige Lösung aller Probleme. Andere sehen jahrzehntelange Sicherheiten und Gewohnheiten bedroht und sorgen sich um ihre soziale Stellung und um ihre wirtschaftliche Existenz. Als katholische Christen sollten wir beiden Haltungen in Nüchternheit widerstehen. Wir wissen, daß die deutsche Einheit nicht mit einem Schlage alle Probleme lösen kann, sondern zwangsläufig auch Schwierigkeiten und Härten mit sich bringen wird. Zugleich wissen wir, daß eine rechtsstaatliche Ordnung und eine soziale und ökologisch orientierte Marktwirtschaft in ganz Deutschland eine Fülle von Chancen mit sich bringen wird, die es verantwortbar und in solidarischer Haltung zu nutzen gilt. Christen können ihre Wertmaßstäbe nicht am individuellen Wohlstand festmachen. Die Frage lautet vielmehr: Wie können Rechte und Möglichkeiten für alle garantiert und wie kann soziale Angst und wirtschaftliche Not verhindert werden. Unabhängig davon, wie sich die Zukunft im einzelnen gestalten wird, bleiben uns unsere Mitmenschen wichtig – jeder einzelne von ihnen.

(2) Für den Fortbestand einer Gesellschaft und für das menschliche Miteinander sind die Grundwerte besonders wichtig, die das Leben des einzelnen und der Gemeinschaft bestimmen. Mit allen Menschen guten Willens wollen wir Christen uns einsetzen für Wahrhaftigkeit, Gemeinsinn, Verantwortungsbewußtsein und Rücksichtnahme. An diesen Werten muß jedes Streben nach gesellschaftsgestaltender Macht und nach persönlicher Selbstverwirklichung seine Grenzen finden.

(3) Wir Deutschen sind durch unsere Geschichte in besonderer Weise verpflichtet, unsere staatliche Existenz so zu gestalten, daß es dem friedlichen Zusammenleben der Völker dient. Wir alle müssen dafür einstehen, daß der Wunsch der Deutschen nach einem freien und rechtsstaatlichen Gemeinwesen, das in demokratischer Weise regiert wird, jetzt seine friedliche Erfüllung findet. Zugleich wollen wir mit allen verantwortungsbewußten Menschen darauf achten, daß dieses Deutschland in seinen heutigen Grenzen ein guter Nachbar, ein verläßliches Glied des sich einigenden Europas und ein verantwortungsvoller Partner in der Völkerfamilie wird und bleibt. Dabei wollen wir Christen es als unsere besondere Aufgabe ansehen, über unseren eigenen Sorgen und Problemen die übergroße Not der armen und armgemachten Völker nicht zu vergessen und ihnen in solidarischer Hilfe beizustehen.

(4) Die Achtung der Menschenrechte ist das Fundament jedes Gemeinwesens. In vielen Jahrzehnten haben wir Machtmißbrauch bitter erfahren müssen, und wir sollten jedem Ansatz in dieser Richtung entschlossen entgegentreten. Ein Maßstab für den Geist jedes Gemeinwesens ist der Umgang mit Andersdenkenden, insbesondere mit einer Minderheit von Andersdenkenden. Wir Christen – evangelische und katholische Christen zusammen – sind heute in dieser Gesellschaft eine solche Minderheit. Daher halten wir es für gerechtfertigt, auch auf unsere rechtliche und tatsächliche Stellung in der Gesellschaft zu achten. Diese Stellung wollen wir nicht als ein Privileg, sondern wir wollen uns zugleich für die berechtigten Anliegen anderer Minderheiten einsetzen. Eine schwierige Aufgabe, die unsere Gesellschaft lösen muß, wird darin bestehen, den Opfern und Leidtragenden der Vergangenheit Gerechtigkeit widerfahren zu lassen und zugleich den Tätern die Chance zur gesellschaftlichen Integration zu bieten. Hier sind wir Christen in besonderer Weise gefordert, und wir sollten uns in unserer von der versöhnenden Tat Jesu Christi getragenen Haltung auch dann nicht beirren lassen, wenn wir zwischen die Fronten geraten.

(5) Die Familie als eine wesentliche Form gemeinschaftlichen Zusammenlebens ist für die Gesellschaft von unverzichtbarem Wert. Diese uralte Erkenntnis droht heute in den Hintergrund zu treten. Um so mehr sollten wir Christen für den Wert und die Rolle der Familie eintreten und diese unsere Überzeugung auch vorleben. Im Interesse der kommenden Generationen treten wir dafür ein, daß die Erziehung von Kindern als gleichrangige Aufgabe von Vätern und Müttern neben ihren beruflichen Leistungen anerkannt wird, z. B. durch flexible Gestaltung der Arbeitszeit, durch alternative Modelle zur Kombination von Erziehung, Beruf und Weiterbildung, durch soziale Sicherheit für Eltern, die ihre Kinder bis zum 3. Lebensjahr zu Hause erziehen wollen, durch Hilfen für alleinerziehende Mütter und Väter und für Eltern mit kranken Kindern. Wir fordern, Familien und Alleinstehende zu unterstützen, die sich der Betreuung älterer, pflegebedürftiger Angehöriger widmen. Eine große Sorge ist uns die Tatsache, daß traditionell frauentypische Berufe häufig mit einem geringen Einkommen verbunden sind und diese Frauen auch nur relativ niedrige Renten erhalten. Mit aller Kraft sollten katholischen Christen gegen den Strom schwimmen und sich überall dafür einsetzen, daß der Gesellschaft wieder stärker der Wert und die Würde des ungeborenen Menschen zu Bewußtsein kommt.

(6) Das Bildungswesen ist in der Vergangenheit von christlichen Eltern, Schülern und Lehrer durch seine einseitige ideologische Orientierung weithin als bedrückend empfunden worden. Für katholische Christen ist und bleibt das Ersterziehungsrecht der Eltern ein unverrückbarer Grundsatz. Die Schule muß wirklich eine Einrichtung der gesamten Gesellschaft sein, die die Kinder und Jugendlichen zu selbstverantwortlichem und gemeinschaftsbewußtem Handeln befähigt. Sie muß so strukturiert sein, daß sie der Mitbestimmung von Eltern, Lehrern und Schülern Raum bietet. Nach unserer Überzeugung wäre es ein Gewinn für das Bildungswesen dieses

Landes, wenn auch Schulen in freier Trägerschaft und alternative Schulformen möglich würden. In jedem Fall treten wir dafür ein, daß kirchliche Erziehungseinrichtungen (Kindergärten, Kinderhorte, Schüler- und Studentenheime) finanziell und rechtlich öffentlichen Einrichtungen gleichgestellt werden. Zwei Aufgaben, die sich unmittelbar aus der gegenwärtigen Situation ergeben, bestehen darin, durch Bildungsangebote den Anschluß an den Leistungsanspruch der künftigen Gesellschaft zu ermöglichen und Möglichkeiten für bisher aus weltanschaulichen Gründen Benachteiligte vorzusehen, Bildungschancen nachzuholen.

(7) Im Blick auf die künftige wirtschaftliche Entwicklung sehen sich viele Menschen im Spannungsfeld zwischen den Anforderungen einer Leistungsgesellschaft, der Notwendigkeit einer Solidargemeinschaft und der Sorge um die Umwelt. Hier müssen wir alle Verantwortlichen auf die Erkenntnis der Katholischen Soziallehre hinweisen, daß freie Marktwirtschaft nicht sozusagen im Selbstlauf Wohlstand für alle bringt, sondern diese zwingend eines ausgebauten Systems sozialer Sicherheiten und wechselseitiger Unterstützung als fester Komponente bedarf, um zur sozialen Marktwirtschaft zu werden. Darüber hinaus hat die erschreckende Bedrohung der Umwelt in diesem Land – wie auch anderswo – zur Erkenntnis geführt, daß die Marktwirtschaft ökologisch orientiert sein muß, wenn nicht Katastrophen unvorstellbaren Ausmaßes uns und vor allem unsere Nachkommen bedrohen sollen. In dieser Situation müssen katholische Christen jedes Wirtschafts- und Gesellschaftskonzept daraufhin überprüfen, ob es den Menschen hilft und sie befähigt, den Herausforderungen einer Leistungsgesellschaft gerecht zu werden, wie es die Härten der notwendigen wirtschaftlichen Umstrukturierung vermeiden oder lindern und verkürzen will, ob es Randgruppen der Gesellschaft in den Blick nimmt, ob es den Menschen klar sagt, daß die solidarische Hilfe für andere – hier und überall in der Welt – und die Rücksicht auf die Umwelt Konsequenzen für das Leben des einzelnen haben muß.

Liebe Schwestern und Brüder!
Nicht häufig stehen Menschen und Völker vor Entscheidungen, die die Zukunft auf lange Zeit voraus bestimmen. Die Wahl am 18. März 1990 ist mit Sicherheit ein Ereignis, über das spätere Geschichtsbücher berichten werden. Treffen wir unsere Entscheidung so, daß wir vor unseren Mitmenschen und vor der Nachwelt, vor allem aber vor unserem Gewissen damit bestehen können.

(St. Hedwigsblatt. Katholisches Kirchenblatt im Bistum Berlin, Nr. 8 vom 25. Februar 1990, S. 1.)

20. Februar 1990

117. ZU DEN WAHLEN AM 18. MÄRZ UND 6. MAI 1990

Wort der Berliner Bischofskonferenz

Liebe katholische Christen!

Zum ersten Mal hat die Bevölkerung in der DDR und Ost-Berlin die Möglichkeit zu freien und geheimen Wahlen. Auf diese Möglichkeit haben die Menschen lange gewartet. Jeder Katholik sollte durch die Teilnahme an den Wahlen seine politische Verantwortung wahrnehmen. Dazu möchten wir Euch eindringlich auffordern.

Die Vorbereitungszeit zu den Wahlen war sehr kurz. Mancher wird unsicher sein und fragen: Wen soll ich wählen? Der gemeinsame Aktionsausschuß katholischer Christen in der DDR hat eine Stellungnahme vorgelegt, mit deren Hilfe man die Programme der Parteien und Gruppen prüfen kann. Dennoch werden Unsicherheiten bleiben. Das soll Euch aber nicht von der Wahl abhalten. Die Wahlen sind ja erst ein Anfang, wenn auch ein bedeutsamer. Was nach den Wahlen kommt, wird noch wichtiger sein.

Gebt darum denen Eure Stimme, die Euch am ehesten einen echten Neuanfang garantieren! Unterstützt jene, die das in die Gesellschaft einbringen wollen, was uns als Christen wichtig ist! Helft denen, die nach Eurer Meinung die Kraft haben, ein freies, demokratisches, rechtsstaatliches Gemeinwesen aufzubauen! Sorgt dafür, daß wir keinesfalls wieder die alten Machtverhältnisse bekommen!

Unterschiedliche politische Überzeugungen sollten wir respektieren, Fairneß und Toleranz sind Tugenden, die unsere Gesellschaft jetzt braucht. Christen müssen da ein gutes Beispiel geben.

Den älteren Menschen möchten wir sagen: Geht auch Ihr zur Wahl! Habt Vertrauen in die Zukunft und laßt Euch nicht ängstigen! Den jungen Christen rufen wir zu: Ergreift die Chance, nun selbst die Verhältnisse in diesem Land mitzubestimmen. Auf jede einzelne Stimme kommt es jetzt an.

Schließlich bitten wir Euch: Laßt nicht nach in Eurem Gebet für unser Vaterland, für unser Volk, für unsere Kirche! Das Gebet hat in den letzten Monaten in unserem Land Erstaunliches bewirkt. Es ist wichtig, daß in Zukunft nicht nur politisch gehandelt, sondern auch gebetet wird.

Berlin, den 20. Februar 1990

Die Mitglieder der Berliner Bischofskonferenz

Georg Sterzinsky
Bischof von Berlin
Vorsitzender der
Berliner Bischofskonferenz

Joachim Reinelt
Bischof von Dresden-Meißen

Bernhard Huhn
Bischof und Apostolischer
Administrator von Görlitz

20. Februar 1990

Johannes Braun
Bischof und Apostolischer Administrator in Magdeburg

Dr. Joachim Wanke
Bischof und Apostolischer Administrator in Erfurt und Meiningen

Theodor Hubrich
Bischof und Apostolischer Administrator in Schwerin

Georg Weinhold
Weihbischof in Dresden

Norbert Werbs
Weihbischof in Schwerin

Wolfgang Weider
Weihbischof in Berlin

Hans-Reinhard Koch
Weihbischof in Erfurt

Rudolf Müller
Weihbischof in Görlitz

(Der Text ist mit folgenden Hinweisen versehen: „Sperrfrist: 3. 3. 1990, 16.00 Uhr. Termin der Verlesung: Sonntag, den 4. März 1990, in allen Sonntagsgottesdiensten einschließlich der Vorabendmessen. Für den Ostteil des Bistums Berlin. Berlin, den 22. Februar 1990, R. Steinke, Generalvikar".)

118. EINHEIT TROTZ TRENNENDER HINDERNISSE BEWAHRT

Gemeinsame Erklärung der Berliner Bischofskonferenz und der Deutschen Bischofskonferenz in Augsburg

Zum ersten Mal seit einem Vierteljahrhundert sind in diesen Tagen wir Bischöfe aus beiden Teilen Deutschlands in Augsburg ungehindert und frei zu einer gemeinsamen Sitzung versammelt. Unsere Zusammenkunft bekundet den Willen zur Einheit der Kirche in Deutschland. Diese Einheit haben die Christen in unserem Land trotz aller trennenden Hindernisse immer bewahrt.

Wir teilen die Freude und die Hoffnungen so vieler Menschen, die in dem Aufbruch der letzten Monate eine neue Chance für die Gestaltung des persönlichen und öffentlichen Lebens sehen. Mit dankbarer Anerkennung blicken wir auf diejenigen, die mutig und unter persönlichen Risiken den Prozeß der Erneuerung begonnen und vorangetrieben haben. Dieser Dank gilt auch unseren evangelischen Mitchristen.

Nach der ersten Freude und Begeisterung werden jetzt Stimmen laut, die auf Schwierigkeiten hinweisen, die sich beim Zusammenwachsen der beiden Teile Deutschlands ergeben. In der Tat gibt es Fragen und Probleme, die Sachverstand und Opferbereitschaft verlangen und Offenheit, neue Wege zu gehen, herausfordern. Die Menschen in beiden Teilen Deutschlands besitzen die Fähigkeiten und Energie, diese Zukunftsaufgaben gemeinsam zu lösen.

Dabei haben sie aufgrund ihrer Ausgangslage ein unterschiedliches Maß an Möglichkeiten und tragen eine dementsprechende Verantwortung. Gegen alle Versuche, diese Unterschiede in der politischen Auseinandersetzung zu mißbrauchen, insbesondere gegen das Schüren von sozialen Ängsten und von Sorgen um den Besitzstand, betonen wir die gemeinsame Pflicht, die Zukunft solidarisch zu gestalten. Das geeinte Deutschland kann nur eine sozial gerechte Ordnung haben. Die Kirche wird wie bisher als Anwalt der sozial Schwachen nachdrücklich für die Erhaltung einer solchen Ordnung eintreten. Angesichts der Chancen, die sich durch die neue Entwicklung eröffnen, besteht unserer Ansicht nach kein Grund mehr, die Heimat zu verlassen.

Bei den Bemühungen um die Verwirklichung der deutschen Einheit stehen gegenwärtig wirtschaftliche und soziale Fragen im Vordergrund. Es darf dabei jedoch nicht übersehen werden, daß das Leben in einer freien Gesellschaft eine Übereinstimmung in grundsätzlichen Werthaltungen, insbesondere ein klares Bewußtsein von der personalen Würde jedes einzelnen Menschen, voraussetzt. Das christliche Menschenbild ist hierfür auch in Zukunft eine unaufgebbare Orientierung. Der Grundwertekonsens muß auch weiterhin die gesellschaftliche und staatliche Ordnung, insbesondere auch die Verfassung, prägen.

Die unterschiedliche kulturelle Entwicklung in den beiden Teilen unseres Landes ist eine Chance wechselseitiger Bereicherung. Die kulturelle Vielfalt in den verschiedenen Regionen muß auch in Zukunft erhalten und in einer föderalen Ordnung fortentwickelt werden.

In den Jahren der erzwungenen Teilung Deutschlands hat die katholische Kirche an der Einheit festgehalten. Viele Menschen haben trotz aller Hindernisse ihre persönlichen Beziehungen aufrecht erhalten. Was unter den schwierigen Bedingungen der Vergangenheit durchgehalten wurde, muß jetzt erst recht weitergeführt werden. Die beiden Bischofskonferenzen werden noch stärker als bisher ihre pastorale Verantwortung gemeinsam wahrnehmen; die Bischöfe der Berliner Bischofskonferenz werden künftig an den Vollversammlungen der Deutschen Bischofskonferenz teilnehmen.

Der Prozeß der Einigung Deutschlands wird bei manchen unserer Nachbarn nicht ohne Sorge beobachtet. Wir verstehen diese Sorgen. Dennoch sind wir überzeugt, daß diese letztlich unberechtigt sind und daß ein geeintes Deutschland ein verläßlicher Partner in der Völkergemeinschaft Europas sein wird, der bestehende Grenzen verbindlich anerkennt. Die Zukunft unseres Volkes liegt in einem einigen Europa, dessen Völker versöhnt miteinander in Frieden leben und das seine Verantwortung für die Gerechtigkeit in der Welt wahrnimmt.

Augsburg, den 8. März 1990

(Veröffentlicht in: Pressestelle beim Sekretariat der Berliner Bischofskonferenz, Informationen, Berichte, Materialien aus dem Bereich der Berliner Bischofskonferenz, Nr. 5 vom 15. März 1990)

119. ZUR „BERLINER KONFERENZ EUROPÄISCHER KATHOLIKEN“

Stellungnahme der Berliner Bischofskonferenz

Die Berliner Konferenz Europäischer Katholiken (BK) wurde seit ihrer Gründung im Jahre 1964 von der Berliner Bischofskonferenz abgelehnt. Den Priestern und Gläubigen wurde von einer Mitarbeit abgeraten. Die BK wurde als Versuch angesehen, Katholiken mit teilweise zweifelhaften Mitteln für eine Mitwirkung an der sozialistischen Friedenspolitik der SED und des Warschauer Paktes zu gewinnen, um damit den Eindruck zu erwecken, die katholische Kirche trage diese Politik mit. Zum anderen sahen die Bischöfe in den Aktivitäten der BK den gezielten Versuch, die katholischen Gläubigen und die Priester einem Prozeß der Spaltung zu unterwerfen mit der Absicht, die Kirche zu schwächen.

Nach der Wende konnte sich die BK dank der finanziellen Hilfe der Regierung Modrow in der DDR in Form eines Initiativkreises neu formieren und um neue Mitglieder werben. Die Berliner Bischofskonferenz sieht bislang keine Veranlassung, ihre ablehnende Haltung zur Berliner Konferenz (BK) zu verändern.

Die Mitglieder der Berliner Bischofskonferenz

Berlin, den 11. Juni 1990

(St. Hedwigsblatt. Katholisches Kirchenblatt im Bistum Berlin, Nr. 25 vom 24. Juni 1990, S. 6.)

120. ZUM SCHUTZ DES MENSCHLICHEN LEBENS

Erklärung der Berliner Bischofskonferenz

Die Mitglieder der Berliner Bischofskonferenz bekräftigen auf ihrer Sitzung am 11./12. Juni 1990 in Berlin die bisherigen Aussagen der Berliner Bischofskonferenz zum Schutz des menschlichen Lebens.

Als im Jahr 1965 der Schwangerschaftsabbruch gesetzlich erlaubt wurde, wiesen die katholischen Bischöfe und Bischöflichen Kommissare in der DDR darauf hin, „daß damit eine unheilvolle Entwicklung für das ganze Volk beginnen würde" (Erklärung der Berliner Ordinarienkonferenz vom 1. November 1965).

Bei der Ankündigung des neuen Gesetzes über die Unterbrechung der Schwangerschaft, das am 9. März 1972 von der Volkskammer beschlossen wurde und die Fristenlösung einführte, erklärten die katholischen Bischöfe, daß der Staat zum Schutz des menschlichen Lebens beauftragt sei: „Wenn eine Gesellschaft auf den gesetzlichen Schutz des werdenden Lebens verzichtet, wird sie mit ihrem Bemühen um wahren Humanismus unglaubwürdig" (Erklärung vom 3. Januar 1972).

In einem gemeinsamen Hirtenbrief „Ja zum menschlichen Leben" vom März 1988 wird diese Überzeugung erneut ins Bewußtsein gerufen.

Die Erarbeitung der Ökumenischen Versammlung für Gerechtigkeit, Frieden und Bewahrung der Schöpfung „Den Menschen dienen – das Leben bewahren" (Dresden, 30. April 1989) wurde ausdrücklich von der Berliner Bischofskonferenz auf ihrer Sitzung am 6./7. März 1990 bestätigt und auch die Erklärung der Europäischen Ökumenischen Versammlung von Basel im Mai 1989 zu dieser Thematik begrüßt.

Die Berliner Bischofskonferenz macht sich hiermit auch zu eigen die Gemeinsame Erklärung der Deutschen Bischofskonferenz und des Rates der Evangelischen Kirche in Deutschland in Verbindung mit den übrigen Mitglieds- und Gastkirchen der Arbeitsgemeinschaft Christlicher Kirchen in der Bundesrepublik Deutschland und Berlin (West) „Gott ist ein Freund des Lebens – Herausforderung und Aufgabe beim Schutz des Lebens" (November 1989).

Die Berliner Bischofskonferenz fordert, daß gesetzliche Regelungen zum Schutz des menschlichen Lebens dienen. Die in der DDR bestehende sog. Fristenlösung ist gegen den Schutz des menschlichen Lebens gerichtet. Sie hat in der Bevölkerung zu einem Bewußtsein geführt, das sich in einem nicht mehr zu verantwortenden Umgang mit menschlichem Leben zeigt.

Die Mitglieder der Berliner Bischofskonferenz rufen die Abgeordneten der Volkskammer und die politisch Verantwortlichen in der Regierung auf, alle Möglichkeiten für einen stärkeren Schutz des menschlichen Lebens, besonders auch im Hinblick auf verfassungsrechtliche Festlegungen, zu erwägen. Die katholische Kirche ist bereit, im Rahmen ihrer Möglichkeiten schwangeren Frauen in Konfliktsituationen durch Beratung und Hilfen beizustehen.

Die Mitglieder der Berliner Bischofskonferenz

Berlin, am 12. Juni 1990

(Anlage zu den Amtlichen Mitteilungen des Bischöflichen Ordinariats 1086 Berlin, 29. Jahrgang, Nr. 7 vom 2. 7. 1990)

26. Juni 1990

121. FÜR EINE GEMEINSAME ZUKUNFT

Gemeinsames Wort der Vorsitzenden der Deutschen Bischofskonferenz, der Berliner Bischofskonferenz, des Rates der Evangelischen Kirchen in Deutschland, der Konferenz der Evangelischen Kirchenleitungen in der DDR

Liebe Schwestern und Brüder,
liebe Mitbürgerinnen und Mitbürger!

In diesen wichtigen und schwierigen Tagen des Übergangs zu einer neuen gemeinsamen Ordnung der Deutschen möchten wir uns an Sie alle wenden.

So, wie das in vielen Begegnungen der Menschen von „hüben" und „drüben" auch sonst geschieht, haben wir als katholische und evangelische Bischöfe im Gespräch miteinander versucht, unsere Erfahrungen über die Situation in beiden Teilen Deutschlands auszutauschen. Dies ist nicht einfach. Lebensgeschichten und Erfahrungshorizonte sind spürbar verschieden.

Vielleicht können Ihnen unsere Überlegungen eine Hilfe zur eigenen Orientierung sein. Denn wir müssen uns darauf einstellen, daß wir in den kommenden Monaten erneut und auf schmerzliche Weise die Folgen aus der Geschichte unseres Volkes in den vergangenen Jahrzehnten zu spüren bekommen. Darum wollen wir uns bewußt einander zuwenden, wie es die Heilige Schrift ohnehin den Christen nahelegt: „Laßt uns aufeinander achten und uns zur Liebe und zu guten Taten anspornen." (Hebräer 10, 24).

I.

Wir alle sind Zeugen und mehr oder weniger Mitbetroffene eines tiefgreifenden politischen Wandlungsprozesses in einer Intensität und einer Schnelligkeit, wie Menschen ihn wohl nur selten erleben. Die Nachkriegszeit mit der Zweiteilung Deutschlands und Europas sowie der bedrohlichen Konfrontation geht – wie wir zuversichtlich hoffen – ihrem Ende entgegen. Wir sagen aus ganzem Herzen: Gott sei Dank!

Im Augenblick aber scheinen Unsicherheiten und Sorgen die erste Freude und die Dankbarkeit fast zu erdrücken. Der Übergang zu neuer menschlicher und staatlicher Gemeinsamkeit ist schwierig. Dies darf man offen und gelassen aussprechen. Wir sollten uns keinen Illusionen hingeben. Wir brauchen uns aber auch nicht von Ängsten lähmen zu lassen, sondern wir haben Grund, zuversichtlich in die Zukunft zu blicken. Gott hat uns vor große Aufgaben gestellt.

II.

Es ist ratsam, den zurückgelegten Weg aus einigem Abstand wenigstens kurz zu bedenken. Wo kommen wir her?

Vergessen wir nicht: Als Folge der nationalsozialistischen Diktatur und des von Deutschland verantwortungslos entfesselten Zweiten Weltkrieges sowie des stalinistischen Herrschaftsstrebens wurden unser Land und Europa geteilt. Was von der Geschichte her zusammengehörte, wurde gewaltsam getrennt. Den Menschen in der DDR wurden eine undemokratische Verfassung, ein ideologisiertes Bildungswesen und ein entmündigendes Wirtschaftssystem aufgezwungen. Es ist keine Frage: Ohne daß die Deutschen in der DDR größere Schuld an dem Geschehenen auf sich geladen hätten, mußten sie die größere Last der Kriegsfolgen, mußten sie das härtere Los tragen. Viele Menschen haben unter schwierigen Bedingungen durchgehalten und in ihrem Lebensbereich Beachtliches geleistet.

Die Kirchen haben die Überwindung der Teilung als Frucht der Wahrheit, der Gerechtigkeit und des Friedens in Freiheit erhofft und erbetet. Zusammen mit vielen Menschen guten Willens haben die Christen auch die Aussöhnung mit den Nachbarvölkern gesucht. So gut es ging, haben unsere Kirchen je auf ihre Weise ein hohes Maß an Gemeinsamkeit über die Grenze hinweg bewahrt. Die am 13. August 1961 errichtete Mauer verschärfte die Trennung und zerstörte viele Hoffnungen. Aber die Zahl der Menschen, die sich in der DDR und in den osteuropäischen Staaten gegen Unwahrhaftigkeit, Entmündigung und Bedrückung zur Wehr setzten, nahm zu. Bestärkt durch das beständige Eintreten vieler Christen und Kirchenführer für Freiheit und Menschenwürde erstarkte die Demokratiebewegung in Polen und anderen Ländern Osteuropas, ermutigt und ermöglicht auch durch eine neue Politik in der UdSSR. Schneller, als man zu hoffen wagte, brach das SED-System in der DDR zusammen.

Eine neue, gemeinsame Aufgabe liegt vor uns in Europa und in Deutschland. Sie ist nicht über Nacht zu lösen, sondern erfordert einen langen Atem. Für uns Deutsche hängt viel davon ab, daß wir uns der Last der Vergangenheit bewußt bleiben, daß wir nicht überheblich werden und daß wir vor allem auch die Lasten untereinander teilen. „Gerechtigkeit erhöht ein Volk, der Völker Schmach ist die Sünde." (Sprüche 14,34).

III.

Mit dem Abschluß des Staatsvertrages wird die Wirtschaft-, Währungs- und Sozialunion Wirklichkeit. Der damit begonnene Weg ist nicht frei von Gefährdungen und Risiken. Es ist eine beispiellose Herausforderung für alle. Unsere Situation ist ähnlich einer notwendig gewordenen Operation: Sie birgt Risiken und wird den ganzen Körper in Mitleidenschaft ziehen – und ist doch oft der einzig verantwortbare Weg zur Gesundung.

Es wird in diesem Zusammenhang verständlich, wenn vor allem in der DDR viele Menschen Sorgen und Fragen haben: Werde ich meinen Arbeitsplatz verlieren? Was wird aus mir und meiner Familie? Wie werden die Schuldigen zur Verantwortung gezogen? Werden die ungerecht Verurteilten rehabilitiert? Wie kann es Versöhnung geben? Werden die Fragen des Eigentums – von Wohnraum oder Grund und Boden – einer gerechten Regelung zugeführt werden? Oder werden wir erneut auf die Verliererseite geraten?

Veränderungen solchen Ausmaßes führen auch zu Verwerfungen der gesellschaftlichen Landschaft. Wo sich unsoziale Härten zeigen, müssen sie benannt, muß Abhilfe geschaffen werden. Darin hat sich eine demokratische Ordnung zu bewähren. Viele Menschen sind auch zu dieser Hilfe bereit. Wir sehen es gerade in dieser Zeit als eine wichtige Aufgabe der Kirchen und der Christen an, Fürsprecher und Anwalt der Armen und Schwächeren zu bleiben, die es auch in einer demokratischen Ordnung gibt. Es sind dies ältere Menschen zumal mit kleiner Rente, Wohnsitzlose, kinderreiche Familien, alleinerziehende Mütter und Väter, Arbeitslose, Ausländer, die ungeborenen Kinder, die Behinderten und auch die Kranken.

Unbedacht ist das Gerede, der finanzielle Einsatz für die Menschen in der DDR sei zu hoch. Wer vierzig Jahre das leichtere Los hatte und unter günstigen Bedingungen – gewiß mit großem Fleiß und Engagement – seine Fähigkeiten einsetzen und entwickeln konnte, darf sich nicht der Mitwirkung bei einem Ausgleich verschließen zu Gunsten derer, die an den Lasten aus deutscher Schuld, einem verlorenen Krieg und stalinistischer Gewaltherrschaft ungleich schwerer tragen mußten. Teilung kann nur durch Teilen überwunden werden. Wenn dies nicht überzeugend gelingt, haben wir es schwer, zu neuer Gemeinschaft zusammenzuwachsen.

Bei allem Verständnis für diese Sorgen möchten wir uns aber zugleich auch gegen Resignation in der DDR wenden. Gegen alle Unsicherheit und auch manche bewußte Schwarzmalerei möchten wir ein Wort der Ermutigung sagen: für ein Gemeinwesen, das die Anerkennung der Würde jedes einzelnen Menschen und seiner grundlegenden Menschenrechte zu Eckpfeilern macht und das sich dem Frieden in Wahrheit, Gerechtigkeit und Freiheit verpflichtet weiß, lohnt sich der Einsatz aller zur Verfügung stehenden Kräfte. Darum sollten wir auch versuchen, vor den ohne Zweifel aufkommenden Problemen nicht zu resignieren, sondern uns ihnen mit engagiertem Handeln, Phantasie und Zuversicht zu stellen. Manche sind unvermeidliche Übergangs- und Anpassungserscheinungen. Manche werden nur durch gemeinsame Anstrengungen in beiden Teilen Deutschlands zu bewältigen sein.

Kleinliches Denken und Handeln dürfen nicht die Chance dieser geschichtlichen Stunde zunichte machen. Es geht um die Zukunft nicht nur unseres Landes, sondern um die friedliche Zukunft Europas. „Denkt daran: Wer kärglich sät, wird auch kärglich ernten; wer reichlich sät, wird reichlich ernten." (2. Korinther 9,6).

IV.

Es ist nicht verwunderlich, wenn wir Deutschen seit Monaten stärker mit uns selber beschäftigt sind. Die Mahnung freilich ist berechtigt: das Gespür für die richtigen Proportionen zu behalten und den Blick für größere, wenn auch weiter von uns entfernte Probleme nicht zu verlieren. Dabei ist es ein Unterschied, ob ein zur Ruhe gekommenes einiges Deutschland in der Mitte Europas sich den weltweiten Problemen zuwendet oder ob ein gespaltenes Deutschland, seiner selbst nicht ausreichend gewiß, andere mit seiner Unsicherheit und Unruhe überzieht. Auch in dieser Hinsicht können die jüngsten Entwicklungen bei uns allen Völkern zugute kommen.

Überholtes nationalstaatliches Denken kann nicht unsere Sache sein. Das geeinte Deutschland muß seinen Platz in Europa finden. Von Deutschland müssen jetzt kräftige Impulse zur europäischen Zusammenarbeit ausgehen, die gleichzeitig die Mitte und den Osten Europas, jahrzehntelang eher im Schatten, stärker in unser Blickfeld rücken. Eine die Interessen der Nachbarn berücksichtigende deutsche Einigung wird für das größere Europa kein Hindernis sein; im Gegenteil, sie fördert und beschleunigt diese Entwicklung. Schwächen dürfen nicht ausgenutzt werden.

Doch auch die Offenheit für Europa ist nicht genug. Die Kirchen erfahren täglich durch ihre Verbindungen in alle Welt von den bedrückenden wirtschaftlichen Nöten, den politischen Problemen und der Verletzung elementarer Menschenrechte in vielen Ländern der Erde. Wenn die neue Einheit der Deutschen nicht auch verstärkte Kräfte mobilisiert zur Bekämpfung von Hunger und Armut und zum Einsatz für weltweite Gerechtigkeit, besteht sie ihre Bewährungsprobe nicht. Daher darf eine auch nur zeitweilige Verringerung staatlicher und kirchlicher Mittel zum Nachteil der Entwicklungshilfe nicht in Erwägung gezogen werden.

V.

In diesen Wochen sind in Ost und West fast ausschließlich wirtschaftliche Fragen diskutiert worden. Diese haben im Blick auf ein künftiges menschenwürdiges Leben, aber auch im Blick auf einen gerechten sozialen Ausgleich, große Bedeutung. Die wirtschaftlichen Probleme sind jedoch nicht alles. Ihre Lösung allein kann dem Leben noch keinen tragfähigen, letzten Sinn geben. „Der Mensch lebt nicht nur von Brot, sondern von jedem Wort, das aus Gottes Mund kommt." (Matthäus 4,4). Diese biblische Erkenntnis und Mahnung darf nicht verdeckt werden, gerade angesichts eines großen Sinnvakuums und tiefer menschlicher Verletzungen, die nicht einfach von selbst heilen.

Das vereinigte Deutschland und das gemeinsame Europa sind angewiesen auf starke Kräfte des Geistes und der Seele, des Glaubens, der Hoffnung und der Liebe.

Ohne eine neue Vitalität des christlichen Glaubens bauen wir Häuser, in denen die Menschen nicht wirklich atmen können und krank werden. Die Kirchen haben nicht zuletzt den Wandel der Verhältnisse in Mittel- und Osteuropa fördern können, weil in ihnen eine größere Hoffnung lebt. Gott, der uns Staunenswertes hat erleben lassen, wollen wir um den Beistand des Geistes und um seinen gedeihlichen Segen bitten auf dem Weg eines geeinten Deutschland in einem einigen Europa.

Wir grüßen Sie herzlich
Ihre

Christoph Demke, Magdeburg, + Karl Lehmann, Mainz,
+ Georg Sterzinsky, Berlin, Martin Kruse, Berlin.

Berlin, Magdeburg und Mainz, am 26. Juni 1990

(St. Hedwigsblatt. Katholisches Kirchenblatt im Bistum Berlin, Nr. 26 vom 1. Juli 1990, S. 1f.)

18. September 1990

122. ZUM TAG DER EINHEIT DEUTSCHLANDS AM 3. OKTOBER 1990

Wort der Berliner Bischofskonferenz

Liebe Schwestern und Brüder im Herrn!

Am 3. Oktober 1990 geht eine tiefe Sehnsucht der meisten Deutschen in Erfüllung. Was vor einem Jahr noch wie ein Traum erschien, erfahren wir jetzt als Wirklichkeit: *Wir sind ein Volk.*

Da nun der Tag der Einheit und Freiheit gekommen ist, sehen wir darin auch eine Erhörung unserer Gebete. Immer wieder haben wir in den vergangenen Jahren dem „Engel des Herrn" die Fürbitte hinzugefügt: „Daß du der Kirche die Freiheit, unserem Volk die Einheit und der Welt den Frieden schenken wollest."

Viele unter uns haben die gewaltsame Trennung Deutschlands in zwei Staaten miterlebt. Familien wurden zerrissen, Kinder von ihren Eltern getrennt, Mauern errichtet und Freunde und Verwandte zu Staatsfeinden erklärt. Kinder durften ihre Eltern nicht beerdigen. Wir alle wurden in Unfreiheit gehalten. Eine von Marxismus und Atheismus geprägte Ideologie war in diesem Staat wichtiger als der Mensch. Jeder Widerstand wurde im Keim erstickt. Die Wirtschaft wurde ruiniert.

Dennoch überwanden die Menschen ihre Angst und protestierten gegen Unterdrückung und Mißwirtschaft. Immer stärker wurde die Beteiligung an den ökumenischen Friedensgebeten in den Kirchen und bei den sich anschließenden Demonstrationen mit dem unvergeßlichen Ruf: Wir sind das Volk! Der Mensch erwies sich stärker als das System.

Sicherlich wurde unsere Freiheit und Einheit auch durch das verantwortliche politische Handeln westlicher und östlicher Regierungen ermutigt. Besonders dankbar sind wir, daß die Revolution in unserem Land friedlich und ohne Blutvergießen verlief. Das alles erfüllt uns mit großer Dankbarkeit gegen Gott, den Herrn der Geschichte.

Verglichen mit dem, was hinter uns liegt, können wir uns von Herzen freuen über das Geschenk der Freiheit, die uns ganz neue Möglichkeiten eröffnet. Doch wir wissen alle: Die Freude ist nicht ungetrübt. Viele sind nach der ersten Begeisterung nachdenklich geworden und verunsichert. Viele wissen nicht so recht, wie sie mit der neuen Freiheit umgehen sollen. Mancher stellt sich sogar die Frage, ob sein Arbeiten und sein Einsatz in den zurückliegenden Jahren umsonst gewesen sind. Wir hören und erleben, daß auch eine freiheitlich – demokratische Gesellschaft nicht frei von Zwängen ist, daß es neben den vielen positiven Möglichkeiten auch die negativen Erscheinungen gibt. Viele sorgen sich um den Arbeitsplatz und ihre wirtschaftliche Existenz.

Dennoch dürfen wir nicht übersehen, daß uns die Chance für einen wirklichen Neuanfang geschenkt ist, uns aus der Kraft des Glaubens für eine menschlichere Welt einzusetzen.

Da wir Unfreiheit erlebten, haben wir die Freiheit ersehnt; da wir Ungerechtigkeit erdulden mußten, haben wir nach Gerechtigkeit verlangt; da uns Unmenschlichkeit begegnete, sollten wir besonders besorgt sein um die Menschlichkeit in einer Welt, die immer in Gefahr ist, Leistung und Profit höher zu veranschlagen als Menschenwürde und Menschenrecht.

Lüge, Unfreiheit, Ungerechtigkeit und Unmenschlichkeit haben bei uns allen tiefe Wunden hinterlassen. Gerade diese Verletzungen aber wurden zum Antrieb des gesellschaftlichen Umbruchs in unserem Land.

Wir Christen bringen etwas mit in die deutsche Einheit: Wir haben versucht, an Gott und seiner Kirche in einer atheistischen Gesellschaft festzuhalten. Viele von uns haben Nachteile um des Glaubens willen auf sich genommen. Wir bringen mit unsere ökumenischen Erfahrungen, die uns als Christen in der Bedrängnis und Anfechtung geschenkt wurden.

Dieses alles möchten wir einbringen als unseren bescheidenen Beitrag für eine gemeinsame deutsche Zukunft. Wir wollen auch künftig engagiert im Geist des Evangeliums mitwirken an der Gestaltung Deutschlands: in den Ämtern, die einige übernommen haben, bei der Lösung der anstehenden Probleme, aber auch durch die Teilnahme an den bevorstehenden Wahlen.

Mit den Nachbarvölkern in Ost und West, in Süd und Nord möchten wir den Weg gehen zu einem geeinten Europa, das sich auch in die Pflicht genommen weiß für die armen, in Unfreiheit und Ungerechtigkeit lebenden Menschen der anderen Kontinente. Gott hat uns unsere Welt anvertraut, damit wir sie zum Wohl aller nutzen. Wir Christen dürfen und wollen unseren unverzichtbaren Beitrag dazu leisten. Unser christlicher Glaube kann dabei das einigende Band für eine gute gemeinsame Zukunft sein.

Darum wollen wir weiter beten, daß Gott nicht nur unser Volk, sondern auch die Völker Europas und alle Völker der Erde zu immer größerer Einheit in Freiheit und Gerechtigkeit führen möge.

Dazu segne Euch alle der allmächtige Gott, der Vater, der Sohn und der Heilige Geist.

Berlin, den 18. September 1990

Die Mitglieder der Berliner Bischofskonferenz

gez: + Georg Sterzinsky
Bischof von Berlin
Vorsitzender der Berliner Bischofskonferenz

+ Joachim Reinelt
Bischof von Dresden-Meißen

+ Bernhard Huhn
Bischof und Apostolischer Administrator von Görlitz

+ Dr. Joachim Wanke
Bischof und Apostolischer Administrator in Erfurt und Meiningen

+ Theodor Hubrich
Bischof und Apostolischer Administrator in Schwerin

+ Leopold Nowak
Bischof und Apostolischer Administrator in Magdeburg

+ Georg Weinhold
Weihbischof in Dresden

+ Norbert Werbs
Weihbischof in Schwerin

+ Wolfgang Weider
Weihbischof in Berlin

+ Hans-Reinhard Koch
Weihbischof in Erfurt

+ Rudolf Müller
Weihbischof in Görlitz

27. September 1990

(Der Text ist mit foldenden Hinweisen versehen: „Sperrfrist: 29. 9. 1990, 16.00 Uhr. Termin der Verlesung: Sonntag, den 30. September 1990, in allen Sonntagsgottesdiensten einschließlich der Vorabendmessen.")

27. September 1990

123. ZUM 3. OKTOBER 1990

Wort der deutschen Bischöfe

„Am 3. Oktober 1990 geht eine tiefe Sehnsucht der meisten Deutschen in Erfüllung. Was vor einem Jahr noch wie ein Traum erschien, erfahren wir jetzt als Wirklichkeit: Wir sind ein Volk". Mit diesen Worten wenden sich die Bischöfe der Berliner Bischofskonferenz an ihre Gläubigen.

In den zurückliegenden Jahren haben viele katholische Christen dem „Engel des Herrn" die Fürbitte hinzugefügt: „Daß du der Kirche die Freiheit, unserem Volk die Einheit und der Welt den Frieden schenken wolltest". Die Gebete um die Einheit und Freiheit haben nie aufgehört. Wenn wir jetzt den Tag der Einheit begehen können, dann ist dies nicht allein das Ergebnis menschlichen Handelns. Wir danken Gott für dieses Geschenk.

Wir wollen aber auch derer gedenken, die diesen Tag nicht mehr erleben durften; derer, die an der unmenschlichen Grenze ihr Leben verloren haben oder Opfer des staatlichen Terrors geworden sind.

Nach der ersten großen Freude über die Öffnung der Grenze gibt es in beiden Teilen Deutschlands Zeichen der Unsicherheit. Auf der einen Seite gibt es manche Enttäuschung, daß sich nicht alles so schnell zum Besseren entwickelt hat wie erhofft; vor allem bedrängt viele die Sorge um den Arbeitsplatz und die Zukunft; auf der anderen Seite findet man manch unverständliches Klagen über notwendige Opfer und die Kosten der Einheit. Wir dürfen uns davon nicht anstecken lassen. Die jetzige Herausforderung ist eine große, ja einmalige Chance. Gemeinsam können wir die Probleme lösen. Fleiß, Einsatzbereitschaft und Phantasie sind gefordert. Solidarität, von der in der Vergangenheit im Westen immer wieder gesprochen wurde, kann und muß sich jetzt bewähren. Es geht nicht mehr um Worte, sondern um Taten.

Der Mensch lebt aber nicht vom Brot allein. Die materiellen Fragen haben zwar ihre Bedeutung und beherrschen derzeit weitgehend die Diskussion. Eine freiheitlich-demokratische Gesellschaft und eine an der Würde der Person orientierte politische Ordnung sind aber auch angewiesen auf Bürgerinnen und Bürger, die bereit sind, die eine solche Ordnung tragenden Werte überzeugend zu vertreten und glaubwürdig zu verteidigen.

27. September 1990

Wir Deutschen sind eingebettet in die Völkergemeinschaft Europas. Wir werden als vereintes Deutschland gute Nachbarschaft mit den anderen Völkern pflegen. Die Vision eines geeinten Europas, das die kulturelle Eigenart der einzelnen Völker bewahrt, das aber den nationalen Grenzen ihre trennende Bedeutung nimmt, beginnt Wirklichkeit zu werden. Die Einheit der Welt und eine gerechte Ordnung für alle Menschen bleiben unsere Aufgabe.

Wenn wir der wahrhaft geschichtlichen Stunde gerecht werden wollen, dann müssen wir uns jetzt bewähren. „Das Reich Gottes ist nicht Essen und Trinken, es ist Gerechtigkeit, Friede und Freude im Heiligen Geist. Und wer Christus so dient, wird von Gott anerkannt und ist bei den Menschen geachtet. Laßt uns also nach dem streben, was zum Frieden und zum Aufbau beiträgt". (Röm 14,17-19).

Fulda, den 27. September 1990

(St. Hedwigsblatt. Katholisches Kirchenblatt im Bistum Berlin, Nr. 40 vom 7. Oktober 1990, S. 4)

ZEITTAFEL 1945–1990

1945	Daten	Dokumente
8. Mai	Bedingungslose Kapitulation Deutschlands	
5. Juni	Übernahme der obersten Regierungsgewalt in Deutschland durch die Alliierten; Bildung der Besatzungszonen, Aufteilung Berlins in Sektoren; Konstituierung des Alliierten Kontrollrats	
9. Juni	Einrichtung der Sowjetischen Militäradministration in Deutschland (SMAD)	
1.-3. Juli	Abzug der anglo-amerikanischen Truppen aus den westlichen Teilen der SBZ (Sachsen, Thüringen, Mecklenburg); Einrücken der Westalliierten in die Westsektoren von Berlin	
6. Juli	Kardinal Adolf Bertram, Erzbischof von Breslau und Vorsitzender der Fuldaer Bischofskonferenz, in Jauernig (Mährisch-Schlesien) gestorben	
9. Juli	Bildung von fünf Ländern in der SBZ auf Grund eine Verfügung des SMAD	
14. Juli	Bildung einer „Einheitsfront“ in der SBZ aus KPD, SPD, CDU, LDP	
17. Juli - 2. Aug.	Konferenz von Potsdam der Staats- bzw. Regierungschefs der USA, UdSSR und Großbritanniens; Abschluß des Potsdamer Abkommens	
22. Juli	Erste katholische Morgenfeier im Berliner Rundfunk	
10./12. Aug.	Wiederinbetriebnahme der ehemaligen KZ Buchenwald und Sachsenhausen durch die SMAD	

1945	Daten	Dokumente
23. Aug.		Einen neuen Anfang machen. Erstes gemeinsames Hirtenwort der deutschen Bischöfe nach dem Ende des Zweiten Weltkrieges Der deutsche Episkopat an den Alliierten Kontrollrat
27.-31. Aug.	Konstituierung der Evangelischen Kirche in Deutschland (EKD)	
31. Aug.		Runderlaß des Bistums Meißen über die Mitarbeit von Priestern im öffentlichen Leben
3.-11. Sept.	Verordnung der Länder- bzw. Provinzialverwaltungen zur Durchführung einer Bodenreform in der SBZ	
20. Nov.	Einigung des Alliierten Kontrollrats auf einen Plan zur Ausweisung der deutschen Bevölkerung aus der Tschechoslowakei, Ungarn und Polen in die vier Besatzungszonen (insg. 6,65 Mio)	
1946		
9.-11. Febr.	Gründung des Freien Deutschen Gewerkschaftsbundes (FDGB) in Berlin	
7. März	Gründung der Freien Deutschen Jugend (FDJ)	
21./22. April	Gründungsparteitag der SED	
8.-10. Juni	1. FDJ-Parlament in Brandenburg mit heftigen Auseinandersetzungen zwischen kommunistischen und kirchlichen Jugendvertretern	
15.-17. Juni	Erster Parteitag der Christlich Demokratischen Union Deutschlands (CDUD) in Berlin	
30. Juni	Sperrung der Zonengrenzen und Einführung des Interzonen-Passes	

	Volksentscheid in Sachsen über die Enteignung der Großbetriebe von „Kriegsverbrechern und Naziaktivisten" (77,6% stimmen für Enteignung)	
17. Aug.	Erste katholische Morgenfeier im Sender Leipzig, gestaltet von Propst Spülbeck	
30. Sept./ 1. Okt.	Urteilsverkündung im Nürnberger Kriegsverbrecherprozeß	
20. Okt.	Wahlen in der SBZ zu den Land- und Kreistagen (SED: 47,5%, CDU: 24,6%, LDP: 24,5%) sowie zum Berliner Abgeordnetenhaus (SED: 19,8%, CDU: 22,9%, LDP: 9,3%, SPD: 48,7%)	
15. Nov.	Veröffentlichung des „Entwurfs einer Verfassung für die deutsche demokratische Republik" durch den Parteivorstand der SED	

1947

11. Jan.	Der Vorsitzende der Fuldaer Bischofskonferenz, Kardinal Frings, protestiert im Namen der deutschen Bischöfe beim Alliierten Kontrollrat gegen Menschenrechtsverletzungen in den Internierungslagern in der Sowjetischen Besatzungszone	
7. Febr.	Kardinal von Preysing wendet sich in einem Schreiben an den in Berlin-Karlshorst residierenden Oberbefehlshaber der sowjetischen Streitkräfte in Deutschland, Marschall Sokolowski, gegen unmenschliche Behandlung der unschuldig Inhaftierten in sowjetischen Internierungslagern	

1947	Daten	Dokumente
25. Febr.	Durch Kontrollratsgesetz Nr. 47 wird der Staat Preußen aufgelöst	
9. März		Hirtenbrief der deutschen Bischöfe zu den in Moskau beginnenden Friedensverhandlungen über Deutschland
10. März - 4. April	Außenministerkonferenz der vier Siegermächte in Moskau	
6./7. Juni	Konferenz der Ministerpräsidenten der deutschen Länder in München; deutsche Zentralverwaltung im Sinne der SED kommt nicht zustande; Auszug der Ministerpräsidenten der SBZ	
21. Juli	Erklärung der ehemaligen preußischen Provinzen Brandenburg und Sachsen-Anhalt zu Ländern	
21. Aug.		Die Not ist groß. Hirtenbrief der deutschen Bischöfe
6./7. Dez.	1. „Deutscher Volkskongreß für Einheit und gerechten Frieden" in Berlin	
19. Dez.	Absetzung von Jakob Kaiser und Ernst Lemmer, Vorsitzende der CDUD, durch die Sowjets wegen Nichtteilnahme am „Volkskongreß"	
20. Dez.		Erklärungen zu Zeitfragen im Namen der katholischen Kirche Deutschlands. Anweisung des Bischofs von Berlin
1948		
20. März	Die UdSSR (Marschall Sokolowski) verläßt den Alliierten Kontrollrat, nachdem Londoner Außenministerkonferenz die Gründung eines westdeutschen Staates empfohlen hatte	
1. Mai	Gründung des Priesterseminars Bernardinum in Neuzelle	

1948	Daten	Dokumente
20. Juni	Währungsreform in den Westzonen	
24. Juni	Die SMAD verhängt eine Blockade über die Westsektoren Berlins	
24.-28. Juni	Währungsreform in der SBZ	
26. Juni	Einrichtung der Luftbrücke von und nach Berlin durch die Westalliierten	
3. Juli	Bildung der Kasernierten Volkspolizei	
14. Juli	Die Sowjetunion bezeichnet in einer Note die Westsektoren von Berlin als Teil der SBZ	
26. Aug.		Aufruf zur Neuordnung. Hirtenbrief der deutschen Bischöfe
1.-5. Sept.	72. Deutscher Katholikentag in Mainz (erster seit 1932)	
20. Okt.	Eröffnung des Seelsorgehelferinnenseminars in Magdeburg	
30. Nov.	Die SED-Stadtverordneten und Vertreter des Demokratischen Blocks bilden „provisorischen demokratischen Magistrat" in Ost-Berlin unter Friedrich Ebert; Vollzug der Spaltung Berlins	
10. Dez.	Die Generalversammlung der Vereinten Nationen in New York verkündet die Allgemeine Erklärung der Menschenrechte	
13. Dez.	Gründung des Verbandes der Jungen Pioniere in Ost-Berlin	
1949		
5. Jan.	Gründung des Rates für Gegenseitige Wirtschaftshilfe (RGW) in Moskau	
4. April	Gründung der Nordatlantischen Verteidigungsorganisation (NATO) in Washington	
4. Mai	Einigung der drei Westmächte mit der UdSSR, die Blockade	

1949	Daten	Dokumente
	West-Berlins am 12. 5. zu beenden	
12. Mai	Die Westmächte genehmigen das Grundgesetz	
23. Mai	Verkündung des Grundgesetzes in Bonn; Gründung der Bundesrepublik Deutschland in Bonn	
29. Mai - 3. Juni	3. Deutscher Volkskongreß; Annahme einer Verfassung für eine „Deutsche Demokratische Republik"	
1. Juli	Dekret des Hl. Offiziums bekräftigt Verbot der Mitgliedschaft für Katholiken in kommunistischen Parteien	
4. Okt.	Proklamation der „nationalen Front des demokratischen Deutschland" durch den Parteivorstand des SED	
7. Okt.	Gründung der Deutschen Demokratischen Republik in Ost-Berlin; Inkraftsetzung der Verfassung der DDR durch die Provisorische Volkskammer Erklärung der Bundesregierung, daß sie die Regierung der „SBZ" als rechtswidrig erachtet, da sie nicht aus freien Wahlen hervorgegangen ist	
29. Dez.		Lebensrecht und Lebensmöglichkeit für die katholische Kirche im Gebiet der Deutschen Demokratischen Republik. Kardinal von Preysing an den stellvertretenden Ministerpräsidenten in der DDR, Nuschke
1950		
12. Jan.	In einer öffentlichen Erklärung protestiert Kardinal von Preysing gegen die Fortexistenz von	

1950	Daten	Dokumente
	„Konzentrationslagern" im Gebiet der DDR	
1. Febr.		Beteiligung der Kirche an politischen Bestrebungen. Runderlaß des Bistums Meißen
3. Febr.	Konstituierung des Nationalrats der Nationalen Front des demokratischen Deutschlands	
8. Febr.	Bildung des Ministeriums für Staatssicherheit	
14. Febr.		Kardinal von Preysing: Gegen den Mißbrauch katholischer Priester für die parteipolitischen Ziele der SED. Schreiben an die Priester des Bistums Berlin
1. März		Die christliche Wahrheit und der gottlose Materialismus. Hirtenwort der deutschen Bischöfe
14./15. März	Parteivorstand der SED erörtert Probleme des ideologischen Kampfes und der Verbesserung der massenpolitischen Arbeit der Partei	
22. April		Die Bedrängnis steigert sich von Tag zu Tag. Kardinal von Preysing im Namen der Ordinarien in der DDR an die Provisorische Regierung der DDR, Ministerpräsident Grotewohl
28. April	An der Fortsetzung eines Gesprächs vom 6. 4. zwischen der provisorischen DDR-Regierung (u. a. Grotewohl, Ulbricht, Nuschke) und Vertretern der evangelischen Kirchen (u.a. 5 Bischöfe) in Ost-Berlin nehmen nach kurzfristiger Einladung zwei Vertreter von Kardinal Preysing teil (Weihbischof Weskamm, Prälat Adolph)	
9. Mai		Verfassungsrechtlicher Schutz der katholischen Kirche im Gebiet

1950	Daten	Dokumente
		der DDR. Kardinal von Preysing an alle Seelsorgestellen des Bistums Berlin in den Ländern Brandenburg und Mecklenburg
6. Juli	Unterzeichnung des Abkommens über die Oder-Neiße-Grenze zwischen Polen und DDR in Görlitz durch die provisorische DDR-Regierung und die Regierung der Republik Polen	
12. Juli	Papst Pius XII. erteilt die Zustimmung zu einer Konferenz der Bischöfe Ostdeutschlands unter Vorsitz von Kardinal von Preysings	
25. Juli	Walter Ulbricht Generalsekretär des ZK der SED	
28. Juli	Monitum des Hl. Offiziums untersagt Mitgliedschaft katholischer Kinder in kommunistischen Kinderorganisationen	
29. Juli		Die Kirche verkündet den Frieden. Gemeinsames Hirtenwort der Bischöfe und Bischöflichen Kommissare in Meißen, Görlitz, Magdeburg, Erfurt und Schwerin
15. Okt.	Wahlen zur Volkskammer, zu den Landtagen, Kreistagen, Stadtverordnetenversammlungen und Gemeindevertretungen nach den Einheitslisten der Nationalen Front; Wahlbeteiligung: 98,44%, Ja-Stimmen: 99,7%	
16. Nov.	Strafvollzug in der DDR wird dem Ministerium des Innern übertragen	
15. Dez.	Gesetz zum „Schutz des Friedens" zur Bekämpfung von Gegnern des DDR-Regimes	
21. Dez.	Kardinal von Preysing †	
Dezember	Das sorbische katholische Kirchenblatt „Katolski Posol" be-	

1950	Daten	Dokumente
	ginnt mit der Weihnachtsausgabe sein Wiedererscheinen	
1951		
25. April	Der St. Benno-Verlag Leipzig erhält die Lizenz	
27. Mai	Erste Ausgabe des im St. Benno-Verlag erscheinenden „Tag des Herrn. Katholisches Kirchenblatt"	
4. Juni	Wilhelm Weskamm Bischof von Berlin (1951-1956 Vorsitzender der Konferenz der ostdeutschen Ordinarien)	
26. Juni	FDJ wird in der Bundesrepublik für verfassungswidrig erklärt	
22. Aug.		Laßt Friede sein! Hirtenwort der deutschen Bischöfe
20. Sept.		Wahl der Elternbeiräte an allgemeinen Schulen. Anweisung des Erzbischöflichen Kommissariates Magdeburg
1952		
8. Mai	„Nationale Streitkräfte der DDR" angekündigt	
11. Mai	Eröffnung des Priesterseminars auf der Huysburg bei Halberstadt	
19. Mai	Eröffnung des Norbertuswerkes in Magdeburg für spätberufene Priesteramtskandidaten	
26. Mai	Errichtung einer 5-km-Sperrzone entlang der Demarkationslinie zur Bundesrepublik Deutschland	
5. Juni	Eröffnung des Regional-Priesterseminars in Erfurt	
9.-12. Juli	2. Parteikonferenz der SED beschließt „planmäßige Errichtung der Grundlagen des Sozialismus in der DDR"	

1952	Daten	Dokumente
23. Juli	Verwaltungsreform in der DDR: Aufteilung der 5 Länder in 14 Bezirke und 217 Kreise	
7. Aug.	Gründung der paramilitärischen „Gesellschaft für Sport und Technik“ (GST)	
13. Aug.		Über die innere Lage der Kirche in Deutschland. Hirtenbrief der deutschen Bischöfe
19.-24. Aug.	75. Deutscher Katholikentag in Berlin	
5./6. Dez.	Beschluß über die Bildung und den Ausbau der Landwirtschaftlichen Produktionsgenossenschaften (LPG)	
1953		
11. Jan.		Religionslose Schule und christliche Elternpflicht. Hirtenwort der ostdeutschen Ordinarien
5. März	J. W. Stalin gestorben	
29. März	Verordnung über die Anmeldepflicht von Veranstaltungen	
3. Mai		Recht auf Glaubens- und Gewissensfreiheit. Wort der ostdeutschen Ordinarien an die katholische Jugend
17. Juni	Volksaufstand in Ost-Berlin und in der ganzen DDR; Niederschlagung durch die sowjetische Armee; Ausnahmezustand bis 11. 7. 1953	
11. Juli		Sorge um den Lebensweg des deutschen Volkes im Gebiet der DDR. Memorandum von Bischof Weskamm
1954		
1. Jan.		Zur „Berliner Konferenz“ der Außenminister der Siegermächte

1954	Daten	Dokumente
		über Deutschland. Wort der deutschen Bischöfe
3. Jan.	Erste Ausgabe des in Ost-Berlin erscheinenden „St. Hedwigsblatt. Katholisches Kirchenblatt im Bistum Berlin"	
25. Jan. - 18. Febr.	Außenministerkonferenz der vier Siegermächte in Berlin	
23. Mai	Bonifatius-Wallfahrt nach Erfurt mit über 70 000 Wallfahrern unter Teilnahme des Apostolischen Nuntius in Deutschland, Erzbischof Muench	
28. Aug.		Zum Entwurf eines Familiengesetzbuches. Die ostdeutschen Ordinarien an Ministerpräsident Grotewohl
17. Okt.	Wahlen zur Volkskammer, zu den Bezirkstagen und zur Volksvertretung in Berlin (Ost) (Wahlbeteiligung: 98,4%; 99,46% für Einheitsliste)	
14. Nov.	Zentraler Ausschuß für Jugendweihe in der DDR konstituiert sich in Berlin	
12./15./ 21. Dez.		Zur geplanten Jugendweihe. Hirtenworte von Bischof Weskamm (Berlin), Kapitelsvikar Piontek (Görlitz), Bischof Wienken (Meißen), Weihbischof Rintelen (Magdeburg)

1955

25. Jan.	UdSSR erklärt Kriegszustand mit Deutschland für beendet	
1. Febr.		Zur Jugendweihe. Kanzelverkündigung in den Kirchen des Bistums Berlin in Ost-Berlin und in der DDR
15. März		Zur Jugendweihe. Pastoralan-

1955	Daten	Dokumente
		weisung des Bistums Meißen an den Klerus
27. März	In Ost-Berlin werden die ersten zentral organisierten Jugendweihen durchgeführt	
1. Mai	Erstmaliges Auftreten von bewaffneten Betriebskampfgruppen	
5. Mai	Inkrafttreten der Pariser Verträge; die Bundesrepublik Deutschland erlangt ihre Souveränität	
9. Mai	Beitritt der Bundesrepublik zur NATO	
14. Mai	Abschluß des Warschauer Vertrages unter Beteiligung der DDR	
25. Aug.		Aus Sorge um den Frieden der Welt, die Einheit Deutschlands und die Freiheit der Kirche. Wort der deutschen Bischöfe
8.-14. Sept.	Kanzler Adenauer in Moskau; die Aufnahme diplomatischer Beziehungen zwischen UdSSR und Bundesrepublik werden vereinbart, desgleichen die Heimkehr der deutschen Kriegsgefangenen	
20. Sept.	Vertrag UdSSR–DDR, der der DDR volle Souveränität zuerkennt; Aufhebung des Amtes des Sowjetischen Hohen Kommissars	
23. Okt.		Zur Jugendweihe. Erklärung der Berliner Ordinarienkonferenz
1956		
18. Jan.	Volkskammerbeschluß über die Schaffung der Nationalen Volksarmee	
10. Febr.	DDR-Justizministerin verfügt Unzulässigkeit der Zwangsvollstreckung bei Kirchensteuer („Benjamin-Erlaß")	

1956	Daten	Dokumente
14.-25.Febr.	XX. Parteitag der KPdSU beschließt Entstalinisierung	
19. Febr.		Gegen den dialektischen und den praktischen Materialismus. Hirtenbrief der deutschen Bischöfe
13. April		Zum Religionsunterricht an den Schulen in Ost-Berlin und in der DDR. Hirtenwort des Bischofs von Berlin
21. Juli	Einführung der Allgemeinen Wehrpflicht in der Bundesrepublik, verbunden mit dem Recht auf Wehrdienstverweigerung	
17. Aug.	Verbot der KPD in der Bundesrepublik durch Bundesverfassungsgericht	
21. Aug.	Bischof Weskamm †	
1. Sept.		„Wir halten die Fundamente für falsch". Predigt von Bischof Spülbeck während des 77. Deutschen Katholikentages in Köln
11. Sept.		„Es wäre undemokratisch, das Christentum auszuschalten". Predigt von Weihbischof Freusberg anläßlich des 8. Parteitages der CDU in Weimar
23. Okt. - 4. Nov.	Volksaufstand in Ungarn; durch sowjetische Truppen niedergeschlagen	
1957		
17. Jan.	Dr. Julius Döpfner Bischof von Berlin (1957–1961 Vorsitzender der Berliner Ordinarienkonferenz)	
1. Febr.		Zur religiösen Unterweisung der noch nicht schulpflichtigen Kinder. Anweisung des Erzbischöflichen Kommissariats Magdeburg

1957	Daten	Dokumente
22. Febr.	Bundeskanzler Adenauer und der Ratsvorsitzende der EKD, Bischof Dibelius, unterzeichnen Vertrag über die Militärseelsorge in der Bundeswehr	
8. März	DDR-Regierung setzt einen Staatssekretär für Kirchenfragen ein und beruft Werner Eggerath in dieses Amt	
25. April	FDJ wird zur „sozialistischen Jugendorganisation" der DDR erklärt	
21./22. Sept.	Elisabeth-Wallfahrt nach Erfurt mit 80 000 Wallfahrern unter Teilnahme des Apostolischen Nuntius, Erzbischof Muench	
23. Okt.		Zu Schule und Erziehung in unseren Tagen. Hirtenwort der Berliner Ordinarienkonferenz
6. Nov.		Auskünfte über innerkirchliche Angelegenheiten und kirchliche Personen. Anweisung des Ordinariates des Bistums Meißen
26. Nov.		Einheitliches Handeln gegenüber Staat und Partei. Anweisung des Bischofs von Berlin
4. Dez.		Zur Situation des religiös-kirchlichen Lebens in der DDR. Memorandum der Berliner Ordinarienkonferenz
11. Dez.	Volkskammer beschließt Änderung des Paßgesetzes und Ausdehnung der Strafbestimmungen auf den innerdeutschen Reiseverkehr	
1958		
12. Febr.	Einschränkung des Verfassungsrechts auf Erteilung von Religionsunterricht in Schulen („Lange-Erlaß")	

1958	Daten	Dokumente
15. April		Anwalt in Gewissensnot. Hirtenwort der Berliner Ordinarienkonferenz Grundsätze für die Pastoral „in der gegenwärtigen Stunde wachsender Gewissensbedrükkung". Pastoralanweisung an die Priester der Diözesen und Jurisdiktionsbezirke in der DDR
1.-4. Juni	Gründung der „Christlichen Friedenskonferenz" in Prag	
13.-17. Aug.	78. Deutscher Katholikentag in ganz Berlin	
20. Aug.		„Wir bleiben zusammen in den Sorgen unseres geteilten Volkes". Hirtenwort der deutschen Bischöfe
8. Okt.		Für die Respektierung der Gewissensfreiheit. Die Berliner Ordinarienkonferenz an den Vorsitzenden des Ministerrates der DDR, Grotewohl
9. Okt.	Papst Pius XII. †	
19. Okt.		Für die Rechte der Christen und die Freiheit der Kirche. Hirtenwort der Berliner Ordinarienkonferenz
28. Okt.	Der Patriarch von Venedig, Angelo Giuseppe Roncalli, zum Papst gewählt: Johannes XXIII.	
10. Nov.	Berlin-Ultimatum Chruschtschows: West-Berlin soll innerhalb von sechs Monaten entmilitarisiert und in eine „selbständige politische Einheit" (Freie Stadt) verwandelt werden (27. 11. Kündigung des Besatzungsstatuts für Groß-Berlin durch die UdSSR; 31. 12. Protest der drei Westmächte)	
16. Nov.	Wahlen zur Volkskammer, zu den Bezirkstagen und zur Stadt-	

1958	Daten	Dokumente
	verordnetenversammlung von Berlin (Ost) (Wahlbeteiligung: 98,89%; 99,87% für Einheitsliste)	
24. Nov.		Zu Fragen des Kirchenaustritts und sozialistischer Ersatzriten. Pastoralanweisung des Bischöflichen Ordinariats Berlin
1959		
25. Jan.	Ankündigung des II. Vatikanischen Konzils durch Papst Johannes XXIII.	
8. Febr.		Kirche unter dem Kreuz. Hirtenbrief der Berliner Ordinarienkonferenz
19. März	UdSSR anerkennt die Berlin-Rechte der drei Westmächte	
12.-15. Mai	VI. FDJ-Parlament verkündet: Programm der jungen Generation für den Sieg des Sozialismus	
17. Mai		Die Sendung der Kirche. Predigt der Bischöfe und Bischöflichen Kommissare in der DDR
3. Juni	Volkskammer beschließt Gesetz über die Landwirtschaftlichen Produktionsgenossenschaften (LPG)	
2. Dez.	Volkskammer beschließt Gesetz über die sozialistische Entwicklung des Schulwesens; Einführung der 10klassigen allgemeinbildenden polytechnischen Oberschule	
1960		
9. Jan.		Zum Gesetz über die sozialistische Entwicklung des Schulwesens in der DDR. Die Berliner

1960	Daten	Dokumente
		Ordinarienkonferenz an Ministerpräsident Grotewohl
20. Jan.		Der Christ in atheistischer Umwelt. Hirtenbrief der Berliner Ordinarienkonferenz Die seelsorgliche Betreuung des Christen in der atheistischen Umwelt. Pastoralanweisung an die Priester der Diözesen und Jurisdiktionsbezirke in der DDR
10. Febr.	Bildung des Nationalen Verteidigungsrates der DDR (Vorsitzender Walter Ulbricht)	
6. April		Gegen Verletzung von Menschenwürde und Menschenrechten bei der Werbung zum Eintritt in die LPG. Die Berliner Ordinarienkonferenz an Ministerpräsident Grotewohl
14. April	Abschluß der Kollektivierung der Landwirtschaft in allen Bezirken der DDR	
30. April		Zur Durchführung der religiösen Unterweisung der katholischen Kinder in den Schulferien. Anweisung des Bischöflichen Ordinariats Berlin Gegen die Einschränkung des Erziehungsrechtes der Eltern. Anweisung des Bischöflichen Ordinariats Berlin
17. Juli		Über die (Nicht-)Teilnahme von Gemeindevertretern aus der DDR am Eucharistischen Weltkongreß. Mitteilung des Bischofs von Berlin an die Geistlichen in der DDR
31. Juli - 7. Aug.	Eucharistischer Weltkongreß in München	
12. Sept.	Konstituierung des Staatsrates der DDR, Vorsitzender W. Ulbricht	

1960	Daten	Dokumente
4. Okt.	Programmatische Erklärung Ulbrichts vor der Volkskammer mit negativen Äußerungen gegenüber der katholischen Kirche	
15. Nov.	Hans Seigewasser wird Staatssekretär für Kirchenfragen	
1961		
11. Juni		Die deutschen Bischöfe zum Eichmann-Prozeß. Gemeinsames Hirtenwort
15. Juni	Erklärung W. Ulbrichts vor der Presse: „Niemand hat die Absicht, eine Mauer zu errichten"	
22. Juni	Kardinal Döpfner, Bischof von Berlin und Vorsitzender der Berliner Ordinarienkonferenz, zum Erzbischof von München und Freising ernannt	
16.-23. Juli	Evangelischer Kirchentag kann aufgrund eines Verbots der DDR-Behörden nur im Westteil Berlins veranstaltet werden	
25. Juli	US-Präsident Kennedy bekundet Entschlossenheit, West-Berlin zu verteidigen; wesentlich für die westliche Berlin-Politik sind: Anwesenheit westlicher Truppen, freier Zugang, Freiheit und Aufrechterhaltung der Lebensfähigkeit der Stadt	
3.-5. Aug.	Beratung der Warschauer-Vertrag-Staaten in Moskau über „Regelung der Westberlin-Frage"	
13. Aug.	Errichtung der Mauer	
16. Aug.	Sperrung der Grenze zur Bundesrepublik für alle Einwohner der DDR und Ost-Berlins	
	Dr. Alfred Bengsch Bischof von Berlin (1961–1979 Vorsitzender	

1961	Daten	Dokumente
	der Berliner Ordinarien-/Bischofskonferenz)	
17. Aug.	Protest der Westmächte gegen Verletzung des Vier-Mächte-Status von Berlin durch den Mauerbau	
31. Aug.	Ausbürgerung des (Ost-)Berliner evangelischen Präses Scharf bei der Rückkehr aus West-Berlin	
11. Okt.		Nach dem Mauerbau. Hirtenschreiben der Berliner Ordinarienkonferenz
2. Nov.	Unterredung zwischen dem Stellvertretenden Vorsitzenden des Ministerrates, Stoph, und Bischof Bengsch vor allem zu Fragen des Zugangs nach West-Berlin für den Berliner Bischof	
1962		
24. Jan.	Volkskammer beschließt Gesetz über die allgemeine Wehrpflicht	
6. Febr.		Zum Wehrpflichtgesetz der DDR vom 24. 1. Stellungnahme der Berliner Ordinarienkonferenz
11. Okt.	Eröffnung des II. Vatikanischen Konzils	
1963		
10. Febr.		Erneuerung aus dem Geist des II. Vatikanischen Konzils. Hirtenbrief der Berliner Ordinarienkonferenz
11. April	Enzyklika „Pacem in terris" von Papst Johannes XXIII.	
23. Mai		Zur Enzyklika "Pacem in terris". Hirtenwort der Berliner Ordinarienkonferenz

1963	Daten	Dokumente
3. Juni	Papst Johannes XXIII. †	
21. Juni	„Verordnung über Maßnahmen zum Schutz der Staatsgrenze zwischen der DDR und West-Berlin"	
	Der Mailänder Erzbischof Giovanni Battista Montini zum Papst gewählt: Paul VI.	
23.-26. Juni	Präsident Kennedy in der Bundesrepublik und in West-Berlin („Ich bin ein Berliner")	
20. Okt.	Wahlen zur Volkskammer, zu den Bezirkstagen und zur Stadtverordnetenversammlung von Berlin (Ost) (Wahlbeteiligung: 99,25%; 99,95% für Einheitsliste)	
1. Dez.		Zum Entwurf eines neuen Jugendgesetzes. Die Berliner Ordinarienkonferenz an Ministerpräsident Grotewohl
1964		
2. Jan.	Ausgabe neuer Personalausweise mit dem Vermerk: Bürger der Deutschen Demokratischen Republik	
4. Mai	Volkskammer beschließt Jugendgesetz	
7. Sept.	Anordnung des Nationalen Verteidigungsrates der DDR über die Aufstellung von Baueinheiten im Bereich des Ministeriums für Nationale Verteidigung („Bausoldaten")	
9. Sept.	Beschluß des Ministerrates über eine jährliche Besuchsreise von Bürgern der DDR im Rentenalter in die Bundesrepublik und nach West-Berlin	
17.-19. Nov.	Gründung der regimetreuen	

1964	Daten	Dokumente
	„Berliner Konferenz europäischer Katholiken" in Ost-Berlin	
31. Dez.	Volkszählung in der DDR: 17 003 632 Einwohner, darunter 1 375 237 Katholiken (= 8,1%) (1950: 18 388 172 Einwohner / 2 021 260 Katholiken)	
1965		
25. Febr.	Volkskammer beschließt Gesetz über das einheitliche sozialistische Bildungssystem	
12. Juli		Zum Entwurf des Familiengesetzes. Erzbischof Bengsch, Vorsitzender der Berliner Ordinarienkonferenz, an Ministerpräsident Grotewohl
1. Nov.		Zu neuen Weisungen über die Unterbrechung der Schwangerschaft in den Einrichtungen des Gesundheitswesens in der DDR. Erklärung der Berliner Ordinarienkonferenz
18. Nov.	Botschaft der polnischen Bischöfe an ihre deutschen Brüder im Hirtenamt	
5. Dez.		Gruß und Antwort der deutschen an die polnischen Bischöfe
8. Dez.	Abschluß des II. Vatikanischen Konzils	
21. Dez.	Volkskammer beschließt Familiengesetzbuch der DDR	
1967		
20. Febr.	Volkskammer beschließt Gesetz über die Staatsbürgerschaft der DDR	
2. Juli	Wahlen zur Volkskammer, zu	

1967	Daten	Dokumente
	den Bezirkstagen und zur Stadtverordnetenversammlung von Berlin (Ost) (Wahlbeteiligung: 98,2%; 99,93% für Einheitsliste)	
1. Sept.		Zum Glaubensjahr 1967. Hirtenbrief der Berliner Ordinarienkonferenz
4. Sept.		Was zur Festigung des Glaubens notwendig ist. Pastoralbrief der Bischöfe an ihre Mitbrüder im Presbyterium
1. Dez.	Bildung einer Kommission zur Ausarbeitung einer neuen sozialistischen Verfassung unter Vorsitz von W. Ulbricht	
1968		
1. Jan.	Erster katholischer Weltgebetstag für den Frieden	
12. Jan.	Volkskammer beschließt neues Strafgesetzbuch der DDR	
5. Febr.		Zum Entwurf einer neuen Verfassung der DDR. Der Vorsitzende der Berliner Ordinarienkonferenz an den Vorsitzenden des Staatsrates, Ulbricht (1. Eingabe)
26. Febr.		Zum Entwurf der neuen Verfassung. Der Vorsitzende der Berliner Ordinarienkonferenz an den Vorsitzenden des Staatsrates (2. Eingabe)
		Unterrichtung der Gläubigen über Vorschläge und Forderungen an die Verfassungskommission. Erklärung der Berliner Ordinarienkonferenz
31. März	Erste Kollekte des Bischöflichen Werkes „Not in der Welt"	
6. April	Volksentscheid über Annahme der neuen „sozialistischen" Ver-	

	fassung der DDR (Stimmbeteiligung: 98,05%; Zustimmung: 94,49%)	
8. April	Inkrafttreten der neuen Verfassung	
20./21. Aug.	Truppen der NVA beteiligen sich am Einmarsch in die CSSR. Ende des „Prager Frühlings"	
14. Sept.	GST beschließt vormilitärische Ausbildung für alle Jugendliche	

1969

25. Febr.		Zur Frage der Jugendweihe. Stellungnahme der Berliner Ordinarienkonferenz
10. Juni	Die bisher der EKD angehörenden Landeskirchen der DDR schließen sich zum Bund der Evangelischen Kirchen in der DDR zusammen	
13. Juni	Eröffnung der ersten Sitzungsperiode des Synode des Bistums Meißen in Dresden	
14. Sept.		„Nicht Ja zu allem, sondern Ja zum Guten". Predigt von Kardinal Bengsch in Bernau

1970

19. März	Treffen zwischen Bundeskanzler Brandt und Ministerpräsident Stoph in Erfurt	
9. April	Konstituierung der Arbeitsgemeinschaft Christlicher Kirchen in der DDR (AGCK); Beobachterstatus der katholischen Kirche	
12. Aug.	Unterzeichnung des Vertrages über Gewaltverzicht und die Normalisierung der Beziehungen	

1970	Daten	Dokumente
	zwischen der Bundesrepublik und der UdSSR (Moskauer Vertrag)	
16. Sept.	Volkskammer beschließt Gesetz über die Zivilverteidigung	
7. Dez.	Unterzeichnung des Vertrages zwischen der Bundesrepublik und der VR Polen	
1971		
1. Jan.	3. Volkszählung in der DDR (17 040 926 Einwohner)	
28. Febr.		Zur Vorbereitung einer Pastoralsynode für die Jurisdiktionsbezirke in der DDR. Hirtenbrief der Berliner Ordinarienkonferenz
3. Mai	Honecker löst Ulbricht als Ersten Sekretär des ZK der SED ab	
15.-19. Juni	VIII. Parteitag der SED beschließt „Erhöhung des materiellen und kulturellen Lebensniveaus"	
3. Sept.	Unterzeichnung des Vier-Mächte-Abkommens über Berlin	
23./24. Okt.	Abschlußsitzung der Synode des Bistums Meißen in Dresden	
14. Nov.	Wahlen zur Volkskammer, zu den Bezirkstagen und zur Stadtverordnetenversammlung von Berlin (Ost) (Wahlbeteiligung: 98,48%; 99,85% für Einheitsliste)	
1972		
3. Jan.		Zur neuen gesetzlichen Regelung zum Schwangerschaftsabbruch (Fristenregelung). Erklärung der Berliner Ordinarienkonferenz
3. März		Zur Frage der Jugendweihe. Pastoralbrief der Berliner Ordinarienkonferenz an die Priester

1972	Daten	Dokumente
9. März	Volkskammer beschließt Gesetz über die Unterbrechung der Schwangerschaft (14 Gegenstimmen, 8 Enthaltungen)	
28. Juni	Errichtung der Apostolischen Administratur Görlitz durch den Hl. Stuhl	
6./7. Juli	ZK der SED beschließt Maßnahmen zum Abschluß der Verstaatlichung von privaten Industrieunternehmen und Betrieben mit staatlicher Beteiligung	
24. Aug.	Gespräch zwischen Ministerpräsident Stoph und dem Vorsitzenden der Berliner Ordinarienkonferenz, Kardinal Bengsch	
26. Sept.	Dekret der Römischen Bischofskongregation über die Ausgliederung des Bistums Berlin aus dem Metropolitanverband Breslau und seine Unterstellung unter den Hl. Stuhl tritt in Kraft	
21. Dez.	Unterzeichnung des Vertrages über die Grundlagen der Beziehungen zwischen der Bundesrepublik Deutschland und der Deutschen Demokratischen Republik (Grundlagenvertrag)	
1973		
22.-25. März	1. Vollversammlung der Pastoralsynode der Jurisdiktionsbezirke in der DDR in Dresden	
14. Juli	„Aus der Sorge um eine angemessene Ordnung der kirchlichen Jurisdiktion in der Deutschen Demokratischen Republik" ernennt Papst Paul VI. die Bischöfe Aufderbeck (Erfurt), Braun (Magdeburg) und Theis-	

1973	Daten	Dokumente
	sing (Schwerin) zu Apostolischen Administratoren	
18. Sept.	Aufnahme der Bundesrepublik und der DDR in die UNO	
18. Okt.		Zum Entwurf des Jugendgesetzes. Stellungnahme der Berliner Ordinarienkonferenz
1974		
28. Jan.	3. Jugendgesetz der DDR von der Volkskammer verabschiedet	
2. Mai	Eröffnung der Ständigen Vertretungen in Bonn und Ost-Berlin	
27. Sept.	Ergänzung und Änderung der Verfassung der DDR (Beseitigung des Begriffs „deutsche Nation")	
17. Nov.		Zur christlichen Erziehung. Hirtenwort der Berliner Ordinarienkonferenz
4. Dez.		Glaube heute. Aus dem Beschluß der Pastoralsynode
1975		
3. Juni		Zur Reise des Sekretärs des Rates für die Öffentlichen Angelegenheiten der Kirche, Erzbischof Casaroli, in die DDR. Information für die Priester und Gemeinden
9.-14. Juni	Erzbischof Casaroli führt Gespräche mit Vertretern der DDR-Regierung und besucht kirchliche Einrichtungen in Ost-Berlin und in der DDR	
19. Juni	Volkskammer beschließt Zivilgesetzbuch der DDR	

1975	Daten	Dokumente
10. Juli	Vereinbarung zwischen Caritas und DDR-Regierung über Ausbildung von medizinischem Personal in katholischen Krankenhäusern	
1. Aug.	Unterzeichnung der KSZE-Schlußakte in Helsinki	
7. Okt.	(26.) Gründungstag der DDR wird erstmals als „Nationalfeiertag" bezeichnet	
28.-30. Nov.	7. und letzte Vollversammlung der Pastoralsynode in Dresden; die Synode verabschiedet insgesamt neun Dokumente	
1. Dez.		Dienst der Kirche für Versöhnung und Frieden. Beschluß der Pastoralsynode
1976		
10. April	Errichtung der Berliner Bischofskonferenz (auctoritas territorialis) durch Dekret des Apostolischen Stuhles (Anerkennung der Statuten durch die Bischofskongregation: 25. 10. 76); die Mitgliedschaft des Bischofs von Berlin in der Deutschen Bischofskonferenz bleibt davon unberührt	
22. Aug.	Selbstverbrennung des evangelischen Pastors Brüsewitz in Zeitz aus Protest gegen die schwierige Situation der Christen in der DDR	
17. Okt.	Wahlen zur Volkskammer, zu den Bezirkstagen und zur Stadtverordnetenversammlung von Berlin (Ost) (Wahlbeteiligung: 98,58%; 99,86% für Einheitsliste)	
18.-26. Okt.		Zur Errichtung der Berliner Bischofskonferenz. Erklärungen
29. Okt.	Erich Honecker Vorsitzender des Staatsrates	

1976	Daten	Dokumente
7. Dez.		Die christliche Ehe in unserer Zeit. Hirtenwort der Berliner Bischofskonferenz

1977		
7. Jan.	Veröffentlichung der „Charta 77" in Prag	
1. Juni		Gespräche mit staatlichen Stellen. Die Berliner Bischofskonferenz an alle Geistlichen

1978		
6. März	Grundsatzgespräch zwischen E. Honecker und dem Vorstand des Bundes der Evangelischen Kirchen in der DDR unter Leitung von Bischof Schönherr	
12. Juni		Zur Einführung des Wehrunterrichtes in den 9. und 10. Klassen. Die Berliner Bischofskonferenz an die Regierung der DDR
6. Aug.	Papst Paul VI. †	
26. Aug.	Wahl des Patriarchen von Venedig, Albino Luciani, zum Papst: Johannes Paul I.	
1. Sept.	Einführung des Wehrunterrichts in den Klassen 9 und 10	
22. Sept.	Papst Johannes Paul I. †	
16. Okt.	Wahl des Krakauer Kardinals Karol Wojtyla zum Papst: Johannes Paul II.	

1979		
2.-10. Juni	Erster Besuch Papst Johannes Pauls II. in Polen	
28. Juni	Beschluß der Volkskammer über	

1979	Daten	Dokumente
	die Verschärfung des politischen Strafrechts (3. Strafrechtsänderungsgesetz)	
17. Okt.	Friedensnobelpreis für Mutter Teresa	
7. Nov.	Klaus Gysi Staatssekretär für Kirchenfragen	
13. Dez.	Kardinal Alfred Bengsch †	
1980		
25. März	Umbenennung des Bistums Meißen in „Dresden-Meißen"; Verlegung des Bischofssitzes von Bautzen nach Dresden	
17. Mai	Bischof Schaffran, Dresden-Meißen, zum Vorsitzenden der Berliner Bischofskonferenz gewählt	
4.-8. Juni	86. Deutscher Katholikentag in West-Berlin	
13. Juni	Staatliches Martin-Luther-Komitee unter Vorsitz E. Honeckers zur Vorbereitung der Feier des 500. Geburtstages des Reformators gebildet	
9. Okt.		Zum Besuch von Johannes Paul II. in der Bundesrepublik Deutschland. Hirtenwort der Berliner Bischofskonferenz
13. Okt.	Geraer Forderungen Honeckers für die Normalisierung der Beziehungen zwischen beiden deutschen Staaten: Anerkennung der DDR-Staatsbürgerschaft, Umwandlung der Ständigen Vertretungen in Botschaften, Abschaffung der Zentralen Erfassungsstelle in Salzgitter	
8.-19. Nov.	Erste evangelische Friedensdekade unter der Losung „Frieden schaffen ohne Waffen"	

1980	Daten	Dokumente
15.-19. Nov.	Papst Johannes Paul II. in der Bundesrepublik Deutschland	
1981		
15. Jan.	„Antrittsbesuch" des Vorsitzenden der Berliner Bischofskonferenz, Bischof Schaffran, beim DDR-Staatsratsvorsitzenden Honecker	
25. Jan.		Haben Christen noch eine Chance in der DDR? Hirtenwort der Berliner Bischofskonferenz
14. Juni	Wahlen zur Volkskammer, zu den Bezirkstagen und zur Stadtverordnetenversammlung von Berlin (Ost) (Wahlbeteiligung: 99,21%; 99,86% für Einheitsliste)	
15. Sept.	Sozialenzyklika Johannes Pauls II. „Laborem exercens"	
20. Sept.	Wallfahrt zum 750. Todestag der hl. Elisabeth nach Erfurt mit ca. 55 000 Wallfahrern aus Thüringen, dem Eichsfeld und aus allen übrigen Jurisdiktionsbezirken in der DDR	
11.-13. Dez.	Besuch von Bundeskanzler Helmut Schmidt in der DDR	
13. Dez.	Verhängung des Kriegsrechts in Polen	
1982		
14. Febr.	Friedensforum in der Dresdner Kreuzkirche mit ca. 5000, meist jugendlichen Teilnehmern	
8. März	Dekret der Römischen Kleruskongregation verbietet katholischen Priestern erneut, sich zu berufsständischen Vereinigun-	

1982	Daten	Dokumente
	gen mit politischer und gewerkschaftlicher Zielsetzung zusammenzuschließen	
25. März	Volkskammer beschließt Gesetze über den Wehrdienst, die Staatsgrenze und Gesellschaftliche Gerichte	
11. April	In evangelischen Kirchen wird ein Pfarrbrief verlesen, in dem die Eigenständigkeit christlicher Friedensarbeit unterstrichen und das Vorgehen gegen das Symbol „Schwerter zu Pflugscharen" kritisiert wird	
6./7. Sept.	Bischof Meisner, Berlin, zum Vorsitzenden der Berliner Bischofskonferenz gewählt	
1983		
1. Jan.		Zum Weltfriedenstag 1983. Hirtenbrief der Berliner Bischofskonferenz
27. Febr.		Zum Lutherjubiläum. Wort der Berliner Bischofskonferenz
7./8. März	Berliner Bischofskonferenz errichtet Arbeitsgruppe „Justitia et Pax"	
16. Okt.		In der Gemeinschaft der Weltkirche. Kanzelwort der Berliner Bischofskonferenz zum 5. Jahrestag der Wahl von Papst Johannes Paul II.
9. Nov.	Festveranstaltung des staatlichen Luther-Komitees in Ost-Berlin	
10. Nov.	Kirchliche Gedenkfeier zum Luther-Jubiläum in Eisleben unter Teilnahme des Präsidenten des Päpstlichen Sekretariats für die Einheit der Christen, Kardinal Willebrands	

1984	Daten	Dokumente
4. Dez.		Zur Vorbereitung auf den katholischen Jugendkongreß 1985. Hirtenwort der Berliner Bischofskonferenz
1985		
6. März		Beziehungen zu staatlichen Organen sowie zu politischen und gesellschaftlichen Organisationen. Verlautbarung der Berliner Bischofskonferenz
11. März	Michail Gorbatschow wird neuer Generalsekretär der KPdSU	
24. April	Papst Johannes Paul II. empfängt DDR-Staatsratsvorsitzenden Honecker in Audienz	
17.-19. Mai	Katholischer Jugendkongreß in Ost-Berlin mit 1000 Delegierten aus allen Jurisdiktionsbezirken in der DDR zum Thema „Christus – unsere Zukunft“	
1986		
8. Juni	Wahlen zur Volkskammer, zu den Bezirkstagen und zur Stadtverordnetenversammlung von Berlin (Ost) (Wahlbeteiligung: 99,74%; 99,94% für Einheitsliste)	
8. Sept.		Katholische Kirche im sozialistischen Staat. Pastoralschreiben der Berliner Bischofskonferenz an die Priester und Diakone
27. Okt.	Ökumenische Friedensgottesdienste in den Kathedralen von Berlin, Dresden und Görlitz, im Erfurter Dom, in der Magdeburger Petrikirche und in der Propsteikirche St. Anna in	

1986	Daten	Dokumente
	Schwerin aus Anlaß des Friedensgebetes der Religionen mit Johannes Paul II. in Assisi	
1987		
10.-12. Juli	Katholikentreffen 1987 in Dresden mit ca. 100 000 Gläubigen aus dem Bereich der Berliner Bischofskonferenz unter dem Thema „Gottes Macht – unsere Hoffnung"; 3000 Delegierte beraten beim vorausgehenden Kleinen Katholikentreffen aktuelle Themen	
		Gottes Macht – unsere Hoffnung. Predigt von Kardinal Meisner beim Katholikentreffen in Dresden
27. Aug.	Gemeinsames Dokument der Akademie der Gesellschaftswissenschaften beim ZK der SED und der Grundwertekommission der SPD: Der Streit der Ideologien und die gemeinsame Sicherheit	
7.-11. Sept.	DDR-Staatsratsvorsitzender Honecker besucht die Bundesrepublik Deutschland	
25. Nov.	Staatsanwaltschaft und Angehörige des Ministeriums für Staatssicherheit durchsuchen die Räume der evangelischen Zionskirchgemeinde (Umweltbibliothek) in Berlin und nehmen Verhaftungen vor	
27. Nov.		„Der euch umgebende Atheismus und Materialismus hat viele Gesichter". Ansprache von Papst Johannes Paul II. beim Ad-limina-Besuch der Ordinarien der Berliner Bischofskonferenz

1987	Daten	Dokumente
1. Dez.		Gerechtigkeit, Frieden, Bewahrung der Schöpfung. Aufruf der Berliner Bischofskonferenz an die katholischen Gemeinden zur Mitwirkung bei der Vorbereitung der Ökumenischen Versammlung der Christen und Kirchen in der DDR Pressemitteilung der Berliner Bischofskonferenz
1988		
17. Jan.	120 Festnahmen anläßlich der Demonstration für Karl Liebknecht und Rosa Luxemburg in Ost-Berlin; 54 Personen erhalten die Ausreise bzw. werden dazu genötigt	
1. Febr.		„Es macht uns besorgt, wenn Menschen ihre Heimat verlassen wollen". Kardinal Meisner an die Priester und Diakone im Ostteil des Bistums Berlin
12.-15. Febr.	1. Vollversammlung der Ökumenischen Versammlung in Dresden	
21. Febr.		Ja zum ungeborenen Leben. Hirtenbrief der Berliner Bischofskonferenz über Wert und Würde des ungeborenen Kindes
14. März	Erklärung der Konferenz der Evangelischen Kirchenleitungen in der DDR: Die Kirche wolle zu Verhältnissen in der DDR beitragen, in denen Menschen keine Anträge auf Entlassung aus der DDR-Staatsbürgerschaft mehr stellen wollen	
13. Juli	Kurt Löffler löst Klaus Gysi als Staatssekretär für Kirchenfragen ab	

1988	Daten	Dokumente
6. Sept.		Zum Gedenken an die Judenpogrome im November 1938. Hirtenwort der Berliner Bischofskonferenz
14. Sept.		Kirche – mit den Menschen und für die Menschen. Hirtenbrief der Berliner Bischofskonferenz
8.-10. Okt.	2. Vollversammlung der Ökumenischen Versammlung in Magdeburg	
20. Okt.	Gemeinsame Erklärung der Berliner, der Deutschen und der Österreichischen Bischofskonferenz zum 50. Jahrestag der Novemberpogrome: „Die Last der Geschichte annehmen"	
20. Dez.	Kardinal Meisner, Bischof von Berlin und Vorsitzender der Berliner Bischofskonferenz, zum Erzbischof von Köln ernannt	
1989		
8. Jan.	Die in Leipzig bisher 14täglich erscheinende katholische Kirchenzeitung „Tag des Herrn" erscheint erstmals als Wochenblatt	
13. Jan.	Konstituierung eines Arbeitsausschusses in Ost-Berlin zur Bildung des Verbandes der Freidenker der DDR (VdF) (Gründung des VdF am 7. Juni 1989 in Ost-Berlin)	
26.-30. April	3. und letzte Vollversammlung der Ökumenischen Versammlung in Dresden	
7. Mai	Kommunalwahlen in der DDR (Wahlbeteiligung: 98,78%; 98,85% für Einheitsliste); erstmals weisen Bürgerrechtler die Wahlfälschung nach	
15.-21. Mai	Europäische Ökumenische Ver-	

1989	Daten	Dokumente
	sammlung „Frieden in Gerechtigkeit" in Basel	
4. Juni	Studentendemonstration auf dem „Platz des himmlischen Friedens" in Peking von der chinesischen Armee mit brutaler Gewalt beendet	
24. Juni	Georg Sterzinsky Bischof von Berlin (7.11.1989 - 24.11.1990 letzter Vorsitzender der Berliner Bischofskonferenz)	
6. Aug.		Zum Beginn des Zweiten Weltkrieges vor 50 Jahren. Gemeinsames Wort der Berliner Bischofskonferenz
5. Sept.		Über die gegenwärtige Situation. Veröffentlichte Protokollnotiz von der Vollversammlung der Berliner Bischofskonferenz
10./11. Sept.	Ungarn läßt im Alleingang alle ausreisewilligen DDR-Deutschen in den Westen ausreisen	
12. Sept.	Gründungsaufruf der Bürgerbewegung „Demokratie jetzt"	
		„Wir sind beunruhigt und besorgt". Interview mit Bischof Wanke, Stellvertretender Vorsitzender der Berliner Bischofskonferenz
19. Sept.	„Neues Forum" beantragt staatliche Anerkennung als Vereinigung und wird als „staatsfeindlich" bewertet	
20. Sept.		„Tausende haben die DDR verlassen". Hirtenbrief von Bischof Braun, Magdeburg
24. Sept.		Gehen oder bleiben? – Entscheidung im Licht des Glaubens. Predigt von Bischof Sterzinsky in der Berliner St. Hedwigskathedrale
28. Sept.		Bischof Huhn, Görlitz, Zur gegenwärtigen Situation

1989	Daten	Dokumente
30. Sept.	5500 DDR-Flüchtlinge in Prag erhalten die Ausreiseerlaubnis in den Westen	
2. Okt.	In Leipzig fordern 20 000 Demonstranten Reformen in der DDR	
6./7. Okt.	Der SED-Staat feiert den 40. Jahrestag der DDR in Ost-Berlin in Anwesenheit von Gorbatschow. Es kommt zu brutalen Übergriffen der Sicherheitsorgane Gründung der Sozialdemokratischen Partei in der DDR (SDP)	
9. Okt.	In Leipzig und Dresden demonstrieren nach Friedensgebeten Zehntausende von Menschen	
		Information zum Inhalt eines angestrebten Gesprächs mit der Regierung der DDR. Der Stellvertretende Vorsitzende der Berliner Bischofskonferenz, Bischof Wanke, an alle Priester und Diakone
16. Okt.		Hoffnung auf wirkliche Veränderungen. Hirtenbrief von Bischof Reinelt, Dresden-Meißen
18. Okt.	SED-Generalsekretär und Staatsratsvorsitzender Honecker wird durch das ZK der SED von allen Ämtern entbunden; Egon Krenz wird Generalsekretär des ZK der SED	
19. Okt.	Treffen zwischen Krenz und dem Vorsitzenden des Bundes der Evangelischen Kirchen in der DDR, Landesbischof Leich	
20. Okt.		Zum gesellschaftlichen Dialog. Hirtenwort von Bischof Hubrich, Schwerin
24. Okt.	Volkskammer wählt Egon Krenz zum Staatsratsvorsitzenden	
4. Nov.	In Ost-Berlin demonstrieren etwa	

1989	Daten	Dokumente
	1 Million Menschen für demokratische Verhältnisse in der DDR	
7. Nov.	Rücktritt der DDR-Regierung	
		Zur gegenwärtigen Situation in Staat und Gesellschaft. Erklärung der Berliner Bischofskonferenz
8. Nov.	Rücktritt des Politbüros des ZK der SED; Krenz wird erneut Generalsekretär	
9. Nov.	Grenzöffnung nach West-Berlin und zur Bundesrepublik	
13. Nov.	Hans Modrow Vorsitzender des Minsterrates	
28. Nov.	Zehn-Punkte-Plan von Kanzler Kohl für die Deutschland-Politik	
	Appell „Für unser Land" will eine eigenständige DDR retten	
1. Dez.	Volkskammer beschließt die Streichung der „führenden Rolle der SED" aus der DDR-Verfassung	
	Papst Johannes Paul II. empfängt den sowjetischen Staats- und Parteichef Michail Gorbatschow	
3. Dez.	Rücktritt des Politbüros des ZK der SED; Honecker und andere hohe Funktionäre werden aus der SED ausgeschlossen	
4. Dez.		Zu den Vorgängen im Strafvollzug. Erklärung der Berliner Bischofskonferenz
5. Dez.		Kontakte zu Parteien und gesellschaftlich relevanten Gruppen. Veröffentlichung des Bischöflichen Ordinariats Berlin (Ost)
6. Dez.	Rücktritt von Egon Krenz als Staatsratsvorsitzender	
7. Dez.	Erste Sitzung des Runden Tisches in Berlin; Moderatoren sind je ein Vertreter der evangelischen Kirche, der katholischen Kirche und	

1989	Daten	Dokumente
	der Arbeitsgemeinschaft christlicher Kirchen in der DDR	
13. Dez.	Treffen zwischen Ministerpräsident Modrow, dem Vorsitzenden des Bundes der Evangelischen Kirchen in der DDR, Landesbischof Leich, und dem Vorsitzenden der Berliner Bischofskonferenz, Bischof Sterzinsky, in Berlin	
16./17. Dez.	Sonderparteitag der SED in Berlin beschließt Umbenennung in „SED-PDS"	
19. Dez.		Der Wandel in Staat und Gesellschaft und unser kirchlicher Auftrag. Hirtenbrief der Berliner Bischofskonferenz
20. Dez.	Gespräch zwischen Bundeskanzler Kohl, Bischof Sterzinsky als Vorsitzendem der Berliner Bischofskonferenz und Bischof Reinelt anläßlich des Treffens Kohl/Modrow in Dresden	
1990		
13. Jan.	„Gemeinsamer Aktionsausschuß katholischer Christen in der DDR" als Vereinigung der Laienbewegungen aus den sechs Jurisdiktionsbezirken in der DDR gegründet	
17. Febr.		Erklärung zur Wahl. Der Gemeinsame Aktionsausschuß katholischer Christen in der DDR vor den Wahlen zur Volkskammer am 18. 3.
20. Febr.		Zu den Wahlen am 18. März und 6. Mai 1990. Wort der Berliner Bischofskonferenz
7./8. März	An der Frühjahrsvollversammlung der Deutschen Bischofs-	

1990	Daten	Dokumente
	konferenz in Augsburg nehmen erstmals die Mitglieder der Berliner Bischofskonferenz teil	
8. März		Einheit trotz trennender Hindernisse bewahrt. Gemeinsame Erklärung der Berliner Bischofskonferenz und der Deutschen Bischofskonferenz in Augsburg
18. März	Erste freie Wahlen zur Volkskammer in der DDR; stärkste Kraft wird die Allianz aus CDU, DA und DSU	
6. Mai	Erste freie Kommunalwahlen in der DDR; Wahlsieger ebenfalls „Allianz für Deutschland"	
23. Mai	Zentralkomitee der deutschen Katholiken (ZdK) und Gemeinsamer Aktionsausschuß katholischer Christen in der DDR verabschieden am Vorabend des Katholikentages in Berlin die Erklärung „Für eine gemeinsame Zukunft in Deutschland, in Europa und in der Einen Welt"	
23.-26. Mai	90. Deutscher Katholikentag in Berlin unter dem Leitwort „Wie im Himmel so auf Erden"	
11. Juni		Zur „Berliner Konferenz Europäischer Katholiken". Stellungnahme der Berliner Bischofskonferenz
12. Juni		Zum Schutz des menschlichen Lebens. Erklärung der Berliner Bischofskonferenz
21. Juni	Volkskammer und Bundestag verabschieden den deutsch-deutschen Staatsvertrag zur Wirtschafts-, Währungs- und Sozialunion sowie die Erklärung zur Endgültigkeit der polnischen Westgrenze	
26. Juni		Für eine gemeinsame Zukunft.

1990	Daten	Dokumente
		Gemeinsames Wort der Vorsitzenden der Deutschen Bischofskonferenz, der Berliner Bischofskonferenz, des Rates der Evangelischen Kirchen in Deutschland und der Konferenz der Evangelischen Kirchenleitungen in der DDR
1. Juli	Inkrafttreten der Wirtschafts-, Währungs- und Sozialunion; Einführung der DM in der DDR	
23. Aug.	Sondersitzung der Volkskammer beschließt den Beitritt der DDR zum Geltungsbereich des Grundgesetzes der Bundesrepublik Deutschland mit Wirkung vom 3. 10. 1990	
18. Sept.	Außerordentliche Vollversammlung der Berliner Bischofskonferenz unterzeichnet den Antrag an den Hl. Stuhl, die Konferenz aufzulösen; mit Anerkennung der geänderten Statuten der Deutschen Bischofskonferenz am 24. 11. 1990 durch die Bischofskongregation wird dem Antrag entsprochen; alle Mitglieder der Berliner Bischofskonferenz sind wieder Vollmitglieder der Deutschen Bischofskonferenz	
		Zum Tag der Einheit Deutschlands am 3. Oktober 1990. Wort der Berliner Bischofskonferenz
20. Sept.	Billigung des Einigungsvertrages durch Volkskammer und Bundestag	
27. Sept.		Zum 3. Oktober 1990. Wort der deutschen Bischöfe
3. Okt.	Wiederherstellung der deutschen Einheit: Die DDR tritt dem Geltungsbereich des Grundgesetzes bei	

Bischöfe, Ordinarien und Weihbischöfe im Bereich der Berliner Ordinarienkonferenz / Berliner Bischofskonferenz 1945–1990

Kurzbiographien

BISTUM BERLIN

Bischöfe

Preysing, Konrad Graf von, geb. 30. 8. 1880, 1912 Priesterweihe, 1932 Bischof von Eichstätt, 1935 Bischof von Berlin, 1946 Kardinal, † 21.12. 1950.

Weskamm, Wilhelm, geb. 13. 5. 1891, 1914 Priesterweihe, 1932 Pfarrer in Merseburg, 1943 Propst in Magdeburg, 1944 Leiter des Erzbischöflichen Kommissariats Magdeburg, 1949 Weihbischof von Paderborn mit Sitz in Magdeburg, 1951 Bischof von Berlin, † 21. 8. 1956.

Döpfner, Julius, geb. 26. 8. 1913, 1939 Priesterweihe, 1948 Bischof von Würzburg, 1957 Bischof von Berlin, 1958 Kardinal, 1961 Erzbischof von München und Freising, † 24. 7. 1976.

Bengsch, Alfred, geb. 10. 9. 1921, 1950 Priesterweihe, 1956 Dozent für Dogmatik und Homiletik in Neuzelle, 1959 Weihbischof in Berlin, 1961 Bischof von Berlin, 1967 Kardinal, † 13. 12. 1979.

Meisner, Joachim, geb. 25. 12. 1933, 1962 Priesterweihe, 1966 Rektor Diözesancaritas in Erfurt, 1975 Weihbischof in Erfurt, 1980 Bischof von Berlin, 1983 Kardinal, 1989 Erzbischof von Köln.

Sterzinsky, Georg, geb. 9. 2. 1936, 1960 Priesterweihe, 1966 Pfarrer in Jena, 1981 Generalvikar in Erfurt, 1989 Bischof von Berlin, 1991 Kardinal.

Weihbischöfe

Tkotsch, Paul, geb. 29. 6. 1895, 1923 Priesterweihe, 1948 Weihbischof, † 14. 5. 1963.

Bengsch, Alfred, 1959–1961 (siehe Bischöfe).

Theissing, Heinrich, 1963–1970 (siehe Bischöfliches Amt Schwerin).

Kleineidam, Johannes, geb. 9. 8. 1935, 1960 Priesterweihe, 1970 Weihbischof, † 2. 6. 1981.

Weider, Wolfgang, geb. 29. 10. 1932, 1957 Priesterweihe, 1982 Weihbischof.

BISTUM DRESDEN-MEISSEN (bis 1980: Bistum Meißen)

Bischöfe

Legge, Petrus, geb. 15. 10. 1882, 1907 Priesterweihe, 1924 Propst und bischöflicher Kommissar in Magdeburg, 1932 Bischof von Meißen, † 9. 3. 1951.

Wienken, Heinrich, geb. 14. 2. 1883, 1909 Priesterweihe, 1922 Leiter der Hauptvertretung Berlin des Deutschen Caritasverbandes, 1937 Koadjutor des Bischofs von Meißen mit dem Recht der Nachfolge, 1937 Leiter des Kommissariats der Fuldaer Bischofskonferenz in Berlin, 1951 Bischof von Meißen, 1957 emeritiert, Titularerzbischof, † 21. 1. 1961.

Spülbeck, Otto, geb. 8. 1. 1904, 1930 Priesterweihe, 1945 Propst in Leipzig, 1955 Koadjutor des Bischofs von Meißen, 1955 Apostolischer Administrator des Bistums Meißen, 1958 Bischof von Meißen, † 21. 6. 1970.

Schaffran, Gerhard, geb. 4. 7. 1912, 1937 Priesterweihe, 1952 Rektor des Katechetenseminars in Görlitz, 1962 Weihbischof in Görlitz, 1963–1972 Kapitelsvikar in Görlitz, 1970 Bischof von Meißen (ab 1980: Dresden-Meißen), 1987 emeritiert.

Reinelt, Joachim, geb. 21. 10. 1936, 1961 Priesterweihe, 1980 Pfarrer in Altenburg, 1986 Diözesancaritasdirektor, 1988 Bischof von Dresden-Meißen.

Weihbischof

Weinhold, Georg, geb. 28. 11. 1934, 1959 Priesterweihe, 1973 Weihbischof.

APOSTOLISCHE ADMINISTRATUR GÖRLITZ
(bis 1972 Erzbischöfliches Amt Görlitz)

Kapitelsvikare

Piontek, Ferdinand, geb. 5. 11. 1878, 1903 Priesterweihe, 1910 Pfarrer in Köslin (Pommern), 1923 Domkapitular in Breslau, 1945 Kapitelsvikar der Erzdiözese Breslau, 1959 Titularbischof, † 2. 11. 1963.

Schaffran, Gerhard, 1963–1972 (siehe Bistum Dresden-Meißen).

Apostolischer Administrator

Huhn, Bernhard, geb. 4. 8. 1921, 1953 Priesterweihe, 1955 Diözesanjugendseelsorger in Görlitz, 1959 Rektor des Katechentenseminars in Görlitz, 1971 Weihbischof in Görlitz, 1972 Apostolischer Administrator der Apostolischen Administratur Görlitz.

Weihbischöfe

Schaffran, Gerhard, 1962–1963 (siehe Bistum Dresden-Meißen).

Huhn, Bernhard, 1971–1972 (siehe Apostolischer Administrator).

Müller, Rudolf, geb. 24. 6. 1931, 1955 Priesterweihe, 1987 Weihbischof.

BISCHÖFLICHES AMT ERFURT-MEININGEN

A. Generalvikariat Erfurt (bis 1973)

Generalvikare

Freusberg, Joseph, geb. 18. 10. 1881, 1906 Priesterweihe, 1916 Pfarrer von St. Severi in Erfurt, 1923 Dompropst und Direktor des Geistlichen Gerichts in Erfurt, 1946 Generalvikar für den in der SBZ liegenden Teil des Bistums Fulda, 1953 Weihbischof von Fulda mit Sitz in Erfurt, † 10. 4. 1964.

Aufderbeck, Hugo, 1964–1973 (siehe C. Bischöfliches Amt Erfurt-Meiningen).

Weihbischof

Aufderbeck, Hugo, 1962–1964 (siehe C. Bischöfliches Amt Erfurt-Meiningen).

B. Bischöfliches Kommissariat Meiningen (bis 1973)

Bischöfliche Kommissare

Schönauer, Joseph, geb. 5. 11. 1894, 1921 Priesterweihe, 1950 Bischöflicher Kommissar des Bischofs von Würzburg in Meiningen, 1971 emeritiert, † 25. 4. 1984.

Ebert, Karl, geb. 15. 10. 1916, 1941 Priesterweihe, 1971 Bischöflicher Kommissar in Meiningen, 1973 Weihbischof des Apostolischen Administrators in Erfurt und Meiningen, † 12. 11. 1974.

Mit der Ernennung von Bischof Hugo Aufderbeck zum Apostolischen Administrator „in Erfurt und Meiningen" (1973) wurden beide Jurisdiktionsbezirke dem Ordinarius in Erfurt unterstellt:

C. *Bischöfliches Amt Erfurt-Meiningen (ab 1973)*

Apostolische Administratoren

Aufderbeck, Hugo, geb. 23. 9. 1909, 1936 Priesterweihe, 1948 Leiter des Seelsorgeamtes Magdeburg, 1962 Weihbischof von Fulda mit Sitz in Erfurt, 1964 Generalvikar für den östlichen Teil des Bistums Fulda, 1967 Bischöflicher Commissarius, 1973 Apostolischer Administrator in Erfurt und Meiningen, † 17. 1. 1981.

Wanke, Joachim, geb. 4. 5. 1941, 1966 Priesterweihe, 1975 Dozent/Professor für Exegese des NT am Regional-Priesterseminar/Phil.-Theol. Studium in Erfurt, 1980 Weihbischof in Erfurt, 1981 Apostolischer Administrator in Erfurt.

Weihbischöfe

Ebert, Karl, 1973–1974 (siehe B. Bischöfliches Kommissariat Meiningen).

Meisner, Joachim, 1975–1980 (siehe Bistum Berlin).

Wanke, Joachim, 1980–1981 (siehe Apostolische Administratoren).

Koch, Hans-Reinhard, geb. 27. 11. 1929, 1955 Priesterweihe, 1985 Weihbischof in Erfurt.

BISCHÖFLICHES AMT MAGDEBURG
(bis 1973 Erzbischöfliches Kommissariat Magdeburg)

Erzbischöfliche Kommissare, Apostolische Administratoren

Weskamm, Wilhelm, 1945–1951 (siehe Bistum Berlin).

Rintelen, Friedrich Maria, geb. 12. 12. 1899, 1924 Priesterweihe, 1935 Generalsekretär des Bonifatiusvereins, 1941 Generalvikar der Erzdiözese Paderborn, 1952 Weihbischof von Paderborn mit Sitz in Magdeburg, 1952 Erzbischöflicher Kommissar und stellvertretender Generalvikar in Magdeburg, 1970 emeritiert, † 9. 11. 1988.

Braun, Johannes, geb. 28. 10. 1919, 1948 Priesterweihe, 1952 Leiter des Norbertuswerkes Magdeburg, 1970 Titularbischof und Commissarius in Magdeburg, 1973 Apostolischer Administrator in Magdeburg, 1990 emeritiert.

Nowak, Leopold, geb. 17. 3. 1929, 1956 Priesterweihe, 1975 Leiter des Seelsorgeamtes Magdeburg, 1990 Bischof und Apostolischer Administrator in Magdeburg.

Weihbischof

Hubrich, Theodor, 1976–1987 (siehe Bischöfliches Amt Schwerin).

BISCHÖFLICHES AMT SCHWERIN
(bis 1973 Bischöfliches Kommissariat Schwerin)

Bischöfliche Kommissare, Apostolische Administratoren

Schräder, Bernhard, geb. 26. 9. 1900, 1926 Priesterweihe, 1936 Pfarrer in Schwerin, 1946 Bischöflicher Kommissar für Mecklenburg, den in der SBZ liegenden Teil der Diözese Osnabrück, 1958 Generalvikar für Mecklenburg, 1959 Weihbischof von Osnabrück mit Sitz in Schwerin, 1970 emeritiert, † 10. 12. 1971.

Theissing, Heinrich, geb. 11. 12. 1917, 1940 Priesterweihe, 1946 Diözesanjugendseelsorger in Görlitz, 1960 Domkapitular in Görlitz, 1963 Weihbischof in Berlin, 1970 Adjutorbischof in Schwerin, 1970 Commissarius für Mecklenburg, 1973 Apostolischer Administrator in Schwerin, 1987 emeritiert, † 11. 11. 1988.

Hubrich, Theodor, geb. 13. 5. 1919, 1948 Priesterweihe, 1959 Caritasdirektor in Magdeburg, 1968 Leiter der Zentralstelle Berlin des Deutschen Caritasverbandes, 1972 Generalvikar in Magdeburg, 1976 Weihbischof in Magdeburg, 1987 Apostolischer Administrator in Schwerin, † 27. 3. 1992.

Weihbischof

Werbs, Norbert, geb. 20. 5. 1940, 1964 Priesterweihe, 1981 Weihbischof.

REGISTER

ABKÜRZUNGEN

BBK	Berliner Bischofskonferenz
BK	Berliner Konferenz europäischer Kirchen
CIC	Codex Iuris Canonici
DFD	Demokratischer Frauenbund Deutschlands
EOS	Erweiterte Oberschule
FDJ	Freie Deutsche Jugend
GST	Gesellschaft für Sport und Technik
LDP	Liberal Demokratische Partei
LPG	Landwirtschaftliche Produktionsgenossenschaft
NVA	Nationale Volksarmee
RKW	Religiöse Kinderwochen
SED	Sozialistische Einheitspartei Deutschlands
SBZ	Sowjetische Besatzungszone
SMAD	Sowjetische Militäradministration
SVK	Sozialversicherungskasse

ISBN 3-7462-1023-2

1. Auflage 1992
Einbandgestaltung: Hans-Jürgen Willuhn, Blankenfelde
Computersatz: Competext, Hohenstein
Druck und Binden: Offizin Andersen Nexö, Leipzig

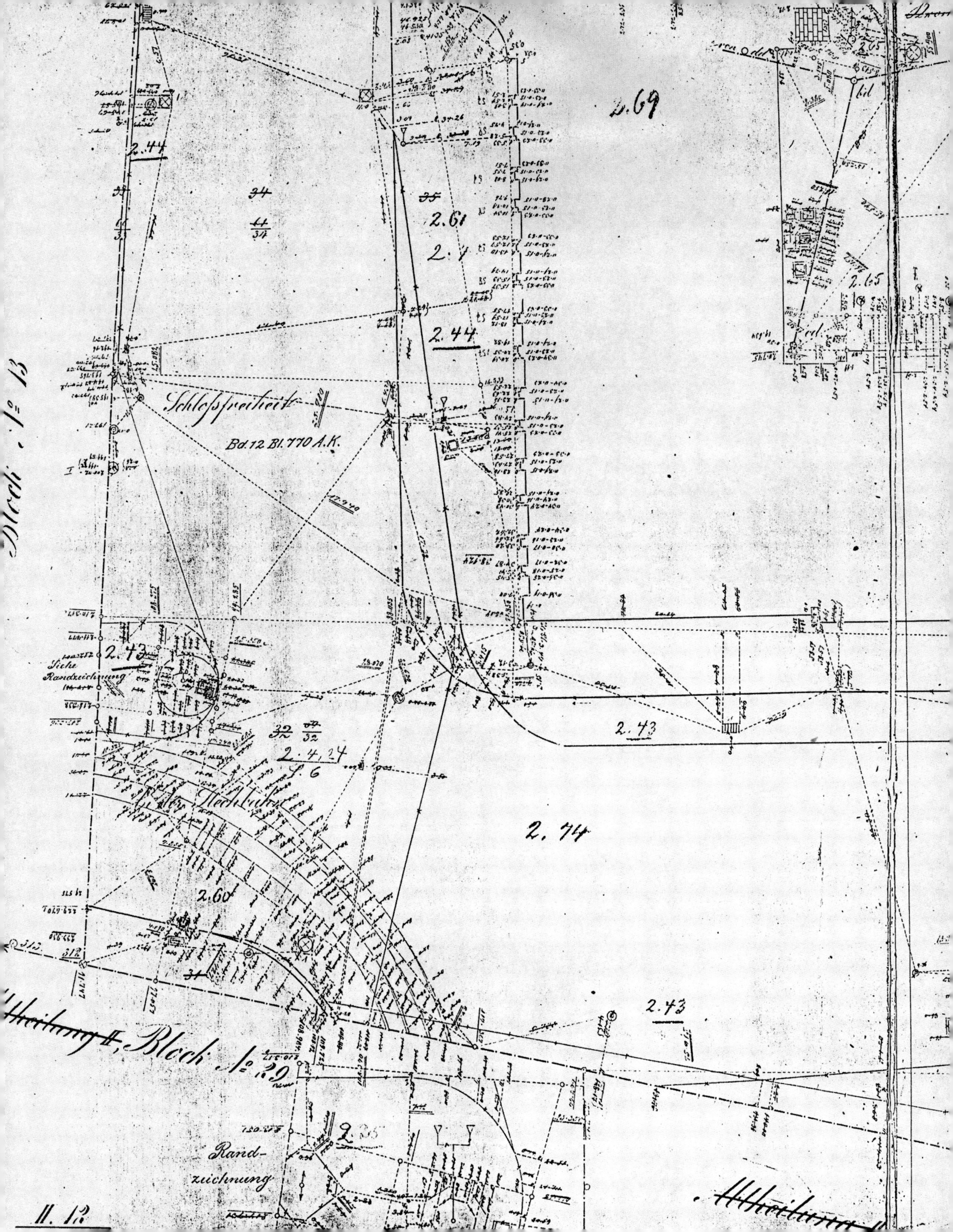

2.69
2.44
2.61
2.4
2.44
Schloßfreiheit
Bd. 12 Bl. 770 A.K.
Block No 13
2.43
Siehe Randzeichnung
2.4.24
2.74
2.60
2.43
Abtheilung II, Block No 29
Rand-zeichnung
2.65
II. 12